世界传世藏书

【图文珍藏版】

中外未解之谜

王书利⊙主编

第六册

线装书局

第二节　古迹寻踪问底

高加索石冢之谜

已经有数千年历史的、中间有一个小圆洞的高加索石冢是世间的一大奇观。它们被称作巨人建的小石屋、外星人的天文台，甚至是落到地面上的不明飞行物。这些石冢许多年来一直是科学界争论不休的话题。它们也逐渐地成了人们朝圣的地方。

到这里来的人沿着陡峭的山路步行一个半小时，眼前就会呈现一片奇特的景象。蔚蓝色的天空，茂盛的阿尔卑斯山植物，郁郁葱葱的灌木围成了天然的篱笆。从这里可以望见奇特的小石屋。这一切使人感到仿佛在这片荒无人烟的地方还有人气。

这是一个有 5000 多年历史的石冢。大约在 30 年前，在这个石冢中找到了两女一男的遗骨，还有一匹马和几只羊的骨架、铜和金的饰物及陶土器皿的残片。

看来，在这个石冢中曾经埋葬过当地的公爵，陪葬的有他的坐骑和两个妻子。从残骸看，这两个女子是被活活关进石棺的。

化学副博士、俄罗斯物理和地理学协会会员奥·特卡琴科说，无论泥石流还是滑坡都未能破坏石冢。科学家从来没有发现过它们遭到破坏的痕迹。奇怪的是，这种外形如儿童乐园中小屋的石冢居然能经得起风暴的袭击。

石冢的主要建材是石英和含石英的岩石。这种材料能够在受压时产生电流并且能够经受住不停的振动。生物学副博士、莫斯科国立大学教授亚·孔德拉多夫认为，石冢能够产生与次声波相近的低频振动。众所周知，次声波对人是有危害的，长时间作用会引发癫痫病，这恰恰可以防止石冢被盗。不过看来，石冢的用途并不限于此。

俄罗斯自然科学院院士、技术学副博士格·叶廖明说，屋顶式石冢的倾斜度为 94.4 度，圆洞的直径均为 40 厘米，如此严谨的构造绝非偶然。这位学者认为，石冢可以产生频率约为 23 赫的定向超声波。圆洞盖犹如现代技术中聚焦超声波束用的辐射器。石冢都建在山口等战略要地，可以用作军用激光器。也许，古人正是靠着这种看似渺小的石屋抵挡住了来犯的敌人。

技术学博士、俄罗斯工程科学院院士瓦·布尔达科夫说，石冢像埃及和墨西哥的金字塔一样，是史前巨石的一个组成部分。也许这就是负责承传宇宙文明发展信息的石头导体。

如果果真如此，就会产生一个问题：谁能造出如此复杂的建筑物呢？难道祖先比我们还聪明？

物理数学副博士、莫斯科国立大学教授瓦·皮缅诺夫说，当年住在这些地方的阿第盖族连自己的文字都没有。流传最广的说法是,这些石冢出自把生命从宇宙的深处带到地球上的人类始祖之手。可惜,科学界现在既不能肯定也不能否定这一推测。

巴格达的神秘电池

1936 年 6 月的一天,一群筑路工人在伊拉克首都巴格达城外修筑铁路时,挖掘出一个巨大的古代石棺。打开石棺,发现大量从公元前 248 年~公元前 226 年古波斯时代的文物,在大量的金银器和 613 颗珍珠组成的捻珠等贵重殉葬品旁边,还有一些奇特的陶制器皿、锈蚀的铜管和铁棒。

当时担任伊拉克博物馆馆长的德国考古学家威廉·卡维尼格作了这样的描述:"陶制器皿类似花瓶,高 15 厘米,白色中夹杂一点淡黄色,边沿已经破碎,上端为口状,瓶里装满了沥青。沥青中有一个铜管,直径 2.6 厘米,高 9 厘米,铜管顶端有一层沥青绝缘体。在铜管中又有一层沥青,并有一根锈迹斑斑的铁棒,铁棒高出沥青绝缘体 1 厘米,由一层灰色偏黄的物质覆盖着,看上去好像是一层铅,铁棒的下端长出铜管的底座 3 厘米,使铁棒与铜管隔开,看上去好像是一组化学仪器。"

经过鉴定,卡维尼格宣布了一个惊人的结论:在巴格达出土的陶制器皿、铜管和铁棒是一个古代化学电池,只要加上酸溶液或碱溶液,就可以发出电来。卡维尼格的结论震动了考古学界,因为众所周知,世界上第一个电池是意大利科学家伏特在 1800 年发明的,而现在卡维尼格的发现则把电池的发明推早了 2000 多年。

然而,正当各国科学家从世界各地赶来,希望仔细研究一下这个古代化学电池的时候,卡维尼格和古代化学电池却突然失踪了。原来,他已经带着这些电池悄悄地回到柏林,在那里进行另一项重要的试验。

他用带来的陶制器皿、铁棒、沥青绝缘体和铜管组合成了 10 个电池。几个月后,卡维尼格又宣布了新的研究成果:古代人很可能是把这些电池串联起来,用以加强电力,制造这种电池的目的在于用电解法给塑像和饰物镀金。

有人指责卡维尼格是骗子、神经病,考古学界为此争论不已。时至今日,卡维尼格的结论。仍未得到考古学界的公认。

后来,访问巴格达的英国科学博物馆馆长、物理学家瓦尔特·温通说:"尽管卡维尼格的论断颇有道理,但自然科学家很难相信,早在世界上第一个电池发明者伏特和伽伐尼之前,世界上就诞生了电池。"

卡维尼格则坚持说:"没有任何科学家能够驳倒我的观点。"虽然科学界始终不承认卡维尼格的发现,但是另一位德国学者阿伦·艾杰尔布里希特却用自己的试验来进一步论证了卡维尼格的论断。

他仿照巴格达电池制作了一些陶瓶、铜管和铁棒,然后取来新鲜的葡萄汁倒入铜管内,结果和电池连接在一起的电压表的指针竟然移动起来,显示电池有半伏特的电压。

艾杰尔布里希特有一个公元前 5 世纪的古埃及银像，它外面镀着一层又薄又软的金箔，他认为这样的镀金用粘贴或镶嵌的办法是做不到的，于是他用雕像进行了镀金试验。他将一个小雕像浸没在金溶液里，然后用仿制的巴格达电池通电，两个多小时以后，一个镀金雕像完成了。经过反复试验，他最后宣称自己已经证实了卡维尼格的论断。

与此同时，美国科学家们也模仿巴格达电池进行了一系列类似的试验，他们也成功地从电池中获得了半伏特的电压，而且持续工作了 18 天之久。试验中他们使用了多种溶液，其中有葡萄酒、硫酸铜、亚硫酸和溶度为 5% 的醋等。而这些溶液都早已为古代人们所使用。通过这些试验，卡维尼格的论断得到了新的证实。

巴格达电池的发现，已经半个多世纪了。尽管至今尚未得到科学界的公认，但已引起了越来越多的考古学家、电气学家、化学家的关注和研究。从巴格达电池的发现，人们联想起古代埃及人也可能使用过电灯，他们使用的电灯也可能利用类似巴格达电池发出的电源。

人们在古埃及金字塔内部进行考古发掘时，曾发现有一些石刻壁画，这些壁画是古代工匠在金字塔建成后，在金字塔黑暗的洞穴里雕刻成的。

当然，要进行这种精细、颇费工夫的工作必须要有明亮的光线。众所周知，在古代唯一的光源就是火。可是如果工匠在金字塔内使用过火来照明，不管是火把或者是油灯都会留下或多或少的烟火痕迹。

这样便产生了一个问题，壁画的雕刻者究竟使用了其他光源没有？

早在 19 世纪，一位名叫诺尔曼的考古学家就曾匍匐爬进金字塔里，仔细考察塔内的壁画，分析作画的过程，然后大胆地推断，雕刻金字塔内这些壁画时，古代埃及人可能使用了电灯。

诺尔曼的推断一经宣布，立刻引起哗然，人们认为，说古代埃及人有电灯，还不如说有《天方夜谭》中提到的神灯。但这只能是一种幻想而不是科学。

然而，100 年后，考古学家的新发现和科学家们的一系列试验使人们不得不回头重新考虑诺尔曼的论断，也许古埃及人真的使用过电灯——因为，当人们重返埃及金字塔考察，居然又发现了一幅壁画，上面的画面很像是一组巴格达电池。

当然，这一切仍然有待于人们进一步研究，彻底搞清它们的真相。

死海古卷之谜

死海位于耶路撒冷以东 25 千米和特拉维夫以东 84 千米处的约旦河谷南端，是世界上最低的内陆湖。死海的水具有全世界最高的含盐量和密度，比通常的海水咸 10 倍。因此，死海一带的空气中含有世界上含量最高的起镇定作用的溴。这样的空气不仅是治疗呼吸系统疾病和进行日光浴的绝好场所，也为古代人隐藏物品提供了最好的地点。

1. 发现死海古卷

死海西岸是典型的沙漠地区，以色列人就是在这里和上帝签约的。近半个世纪以来，死海之所以一直备受世人关注，并非因为它是世界上最大的"床"，而是因为在死海的库姆兰发现了死海古卷。

那么，死海古卷到底是怎么一回事呢？

贝都因在阿拉伯语中意为"住帐篷的游牧民"。阿狄布是个 15 岁的贝都因族小牧童。像大多数贝都因族人一样，他们家也是牧民，养着很多的羊群。

1947 年 3 月，为了寻找一只迷失的羊，他来到死海西北角的一个叫库姆兰的地方。他一边走，一边四处张望着，当他抬头看到高处的悬崖绝壁上有一个狭窄的洞口时，这个调皮的小牧童就随手捡了几块石子扔了进去。突然他听到洞里好像有东西被击碎的声音，于是他便把小伙伴阿美·穆罕默德找来，两人一同钻进洞里。

进洞之后，他们才发现里面的沙土下有一些高身圆陶罐和一些破陶罐碎片。这两个孩子急忙打开陶罐，但很快大失所望，因为里面并没有他们所期待的黄金和珠宝，而是一卷卷用麻布裹着的黑色发霉味的东西。其中有 11 幅卷轴用薄羊皮条编成，外面盖着一层腐朽的牛皮。

这些卷轴长 3～24 英尺不等。他们把卷轴打开，发现上面密密麻麻写满了字。两个孩子不知道这到底是些什么东西，于是，便拿了几捆羊皮卷到耶路撒冷去卖，得到一点钱。

原来，这两个孩子所发现的就是后来被称之为无价之宝的"死海古卷"。虽然当初巴勒斯坦文物部的一位官员认为那些东西"不值一文"，但几经周折，第二年这些东西到了耶路撒冷古城圣马可修道院叙利亚东正教大主教阿塔那修·塞缪尔的手中。

他仔细研究了羊皮卷上的文字后大吃一惊。他认出来这是几篇最古老的希伯来文《圣经》的抄本，便立即找到那两个贝都因族男孩，让他们把山洞里的羊皮卷都弄出来，然后全部买走。

与此同时，耶路撒冷希伯来大学的考古学家 E. 苏格尼克教授知道这一消息后，也设法从一个贝都因人手里购买到了三卷羊皮古经书。

很快，贝都因牧童阿狄布发现死海古卷的消息像长了翅膀一样在世界各地传开。许多国家的考古学家、历史学家和宗教界人士闻讯纷纷前往库姆兰山谷进行发掘。其中最大的一次发掘是从 1948 年下半年起由法国天主教多明戈会和约旦文物部共同组织的。经过 1952 年、1953 年、1954 年的几次发掘，他们在库姆兰山谷又找到了大约 40 个洞穴，其中 11 个洞穴中有经卷，共发现古经卷 600 多种，其中数十卷较为完整，另外还有数以万计的残篇碎片。

后来，一些当地的贝都因族人也开始在死海沿岸展开搜索。到 1956 年时，他们又找到 10 个洞穴,发现了更多的卷轴和残卷。因这些古卷都发现于死海的库姆兰地区,后来就被学术界统称为"死海古卷"。

那么,这些古羊皮经卷是什么时候被藏在这里的? 上面到底写了些什么内容呢?

2. 古卷的内容

美国约翰·霍普金斯大学考古学家威廉·奥柏莱博士在鉴定古卷的卷轴之后,认为其年代应在公元前 100 年左右。而芝加哥核子研究所的专家们,把第一个洞中包扎稿卷的麻布碎片经用碳 14 放射性同位素测试后,确定这些古经卷产生的时间是在公元前 250 年~公元 68 年之间,距现在已两千多年了!

专家们发现这些古卷中大多数文件和碎片都用希伯来文写成,少数是希腊文和阿拉米文,其中有些尺寸还不及一枚邮票大。这些古卷包括 500 多种远古经书,内容主要是《圣经》抄本以及其他一些希伯来文、拉丁文、希腊文文献。大致可分为以下几类:

《圣经》与"死海古卷"

一、《希伯来圣经》共有 39 卷,其中除《以斯帖记》外,其他各卷都有全部或者部分的抄本。这些抄本对于断定古卷的年代和研究《圣经》的翻译情况具有重要的参考价值。

二、从公元前 2 世纪到公元 1 世纪在犹太人中广泛流传的经书,如《多比传》《所罗门智训》《以诺书》《巴录启示书》《禧年书》等。

三、《圣经》的注释和评论。

四、库姆兰社团法规。它们主要是记述当初居住在库姆兰的人们的宗教活动、遵守的行为准则以及举行的礼拜仪式等文献。

五、感恩诗篇以及其他文献,包括文书、信件等。

六、还有两卷特殊的古卷:一卷刻在铜片上,由于铜卷锈蚀严重,不得不将它锯开成条,上面记载的是耶路撒冷圣殿财宝的名称、数量和埋藏的各个地点。另一卷是长达 28 英尺、有 66 栏经文的《圣殿商卷》,详细记述了耶路撒冷圣殿的建造结构和装饰,以及有关献祭、守节、洁净礼仪方面的一些具体规定。

除经卷外,在洞穴、遗址及周围一带还发现不少的陶器、钱币、武器、农具、生活用具等。在距离第一个洞穴不到 600 码的地方,发现了一座道院的废墟,里面有一张长写字台和长凳、两个墨汁瓶和一些陶罐。那么,是谁把这些古卷藏在库姆兰的山洞里,他们又为什么要这样做呢? 专家们经过对死海古卷的整理和研究之后,提出了种种设想:

有人认为，发现古卷的这一地带原来可能是古犹太人的一个图书馆，否则不可能藏有如此浩繁、包括各种派别的经籍。

也有人认为，这里可能是一个抄经、写经的场所，后来大概遇到什么突发事件来不及转移，而使大批经卷保存在这里。

也有人认为库姆兰当时是犹太人的一个军事要塞，公元 1 世纪犹太人起义反对罗马人的统治，在同罗马大军决战时，为了防止这些重要经籍散失或被毁，就将它们集中存放在库姆兰一带。后来犹太人起义遭到失败，他们在逃亡之前就把藏有经卷的洞穴封起来。于是，这批经卷就在库姆兰山洞中保存了下来。

另有一种意见认为，库姆兰是犹太教艾赛尼派社团的集中居住地。公元前 1 世纪，艾赛尼派因赞成弥赛亚运动，反对马卡比王朝而受到迫害，纷纷逃至边远山区。有些信徒来到库姆兰一带，他们过着一种公社式的宗教集体生活，并收集和抄写了大量的宗教文献典籍。

罗马大军进入巴勒斯坦后，为了避免受到迫害和担心《圣经》抄本散失，就把它们装入陶瓮封藏在周围悬崖的洞穴中。后来犹太人被罗马人打败后，艾赛尼派也遭到杀戮，库姆兰社团被彻底毁灭，此地成为一片废墟。

岁月流逝，那些存放在洞穴中的经卷也就湮没于死海的荒漠之中，直到近两千年之后才被人发现，重见天日。

从发现的《库姆兰社团法规》等文书来看，大多数学者也都赞同最后一种观点。那么，什么是犹太教艾赛尼派社团呢？

艾赛尼派社团的团员们自认为是真正的以色列后裔，他们忠实地信守以色列人与上帝订立的约定，一般都采取禁欲苦行的生活方式，包括大量的斋戒、经常举行洁净沐浴，并进行秘密修行。新成员要经过长时间的考察才能被吸收。

公元 1 世纪时，著名的古罗马作家老普林尼就曾这样记述道："在死海西岸的陆地上，居住着艾赛尼派的人们。他们孤寂独处，从不接近女人。他们摒弃了一切性的欲望。他们没有钱，以与棕树林结伴为乐。他们自己不生养儿子，却千秋万代永远长生。如今，他们的居住地早已成荒凉之地。此地离死海不远，犹太人的边界到此为止。"

然而，就是这样一个与世无争、消极避世的犹太社团，也未能躲开罗马征服者的铁蹄，最后竟然消失在茫茫的沙海之中。只有他们在库姆兰山洞里留下的经卷，在两千年之后向世界揭示了他们的命运，以及他们独特的社团生活方式。

正是由于这些文献被发现，人们才明白，有座相当规模的图书馆隐藏在库姆兰的旷野中，而手抄本不过是其中一部分藏品而已。

那么，"死海古卷"的发现有什么意义，它的价值又在哪儿呢？

3.古卷的价值

首先，现在世界各国流传的《旧约圣经》最古老的全集抄本，时间是在公元 1010 年。

最古老的单卷抄本是在公元 9 世纪才确定的"马所拉文本"。作为犹太教和基督教最重要的经典,《旧约圣经》在长期的口传和传抄中难免会发生一些错漏和谬误,而"死海古卷"中的《圣经》抄本却从未经后世修改、增删,保留了最古老的原来样式,因此可以作为更权威、更准确的文本来对现行的《旧约圣经》进行校订。因为谁都知道,假如没有权威的古文本为依据,任何人都不敢对《圣经》做任何改动。所以,世界上所有的信徒们都企盼着将来能在研究"死海古卷"的基础上出版一种新的校勘本。

其次,由于"死海古卷"中有很多不同文字的抄本,对历史和语言学家研究古代语言文字的发展演变是非常珍贵的。

还有,自古以来,人们对犹太教艾赛尼派知之甚少,人们仅仅知道该派是当时犹太人中的四大派别之一。然而,这次发现的"死海古卷"中有大量关于艾赛尼派情况的材料、社团法规、感恩诗篇,还有他们描写光明之子与黑暗之子战争的作品。这对以后了解和研究艾赛尼派的宗教思想和社团生活是非常珍贵的。

再有,"死海古卷"对研究基督教与犹太教之间的关系,以及两者之间在教义、经典、仪式、组织形式等方面的联系也具有特殊的意义,对研究古代西亚地区的社会生活、政治制度、经济状况、文化艺术、民族关系等许多方面,也都是极其珍贵的材料。

有人也许会问,既然"死海古卷"这么珍贵,可谓无价之宝,那么,这些被发掘出的"死海古卷"现在流落在哪里呢?

最早的一批,也就是小牧童阿狄布偶然发现的那一批经卷,一开始就被耶路撒冷的叙利亚东正教大主教塞缪尔以教会的名义买走。但他并不是真正做学问搞研究的人,他买下这些古物,是想利用它来发财。于是,不久他就开始寻找买主。当时以色列政府倒是愿意出钱买,但由于以色列刚与阿拉伯国家打完仗,双方彼此敌视,互不往来,耶路撒冷城当时在约旦的控制之下,所以,这些东西是不可能卖给以色列的。

1954 年,塞缪尔来到美国,希望能在美国找一个买主。他在《华尔街杂志》上登了一条关于出售这批经卷的广告。碰巧的是,耶路撒冷希伯来大学考古学教授苏格尼克的儿子伊格尔·亚丁当时也在美国。此人不仅是以色列国防军一名著名将军,还是一位优秀的考古学家。

看到广告后,他意识到这是一个千载难逢的机会,但他也知道塞缪尔是不敢违反约旦政府的规定把东西直接卖给以色列人的。于是他立即通过中间人与塞缪尔进行联系洽谈,同时又通过纽约美国犹太人的戈斯特曼基金会筹集到了 25 万美元,最后将这批宝藏买了下来,送到以色列的耶路撒冷希伯来大学。

另一批较完整的"古卷"由法国和约旦文物部于 1952～1956 年发掘出来后,存在东耶路撒冷的洛克菲勒博物馆里。因为当时东耶路撒冷是在约旦的控制之下,而发掘工作得到了洛克菲勒基金会的慷慨资助。然而,1967 年 6 月,在第三次中东战争中,以色列大获全胜,一举占领了整个耶路撒冷和约旦河西岸。所以,这批经卷也就全部落入了以色列人的手中。

这样一来，大部分"死海古卷"都到了以色列人手里，只有少量的残卷流散在西方国家。

4. 未解的谜团

对所有关心"死海古卷"的普通民众来说，目前有几个谜等待人们去解开：

第一，认真的读者一定不会忘记，我们在前面提到，在"死海古卷"里有两卷最为奇特的刻在铜片上的古卷，而在这卷铜片上恰恰记载的是耶路撒冷圣殿宝藏的名称、数量和埋藏的各个地点。如果人们能够准确地解读这两卷铜片，那就能找到人类历史上最具精神文化价值的那笔瑰宝——圣殿宝藏。但因为这是两千年前的古铜卷，发现时已严重锈蚀，有关人员不得不将它锯开成条。万分遗憾的是，铜卷被锯成小条条之后，却再也无法完整地拼凑起来，以致人们至今尚无法识别宝藏的地点。

第二，库姆兰地区已发现的六卷虽然已数量惊人，但是未被发现的到底还有多少呢？

第三，尽管以色列政府在1969年拨巨资在以色列专门建造了"死海文卷馆"，尽管来自世界各地参观的人们可以看到被置于玻璃展柜中的极少古卷的原件，尽管经过半个世纪的研究，专家们从"死海古卷"中发掘到许多珍贵的材料，但一方面因古卷浩瀚繁杂，许多经卷还有待于进一步整理和研究。另一方面，发现古卷时，它们历经两千多年的风雨，好多已支离破碎，现在学者还在竭尽全力地拼凑和研究数以万计的残篇断稿，因此，大部分"死海古卷"中的内容至今尚未公布。

那么"死海古卷"里面到底有多少秘密呢？"死海古卷"的全部秘密什么时候才能公之于世？目前，这一切都是未知数。

神秘的卡拉奇木乃伊

20世纪90年代，一具2600年前的木乃伊出现在巴基斯坦南部城市卡拉奇的博物馆中。在埃及之外发现木乃伊，无疑是世界考古史上石破天惊的事件。由于木乃伊胸前有一块刻有古波斯语祭文的金盘，伊朗声称要索回国宝。而巴基斯坦则说：木乃伊的身世，需要时间去探寻答案——

1. 宝从天降

卡拉奇是暴力恐怖活动频繁的都市，该市警察局特别设有反恐怖组。10月的一天，正在负责调查一宗谋杀案的反恐怖组副组长法鲁克警官突然接到一份电报，称来自俾路支省首府奎塔的阿里兄弟藏着一盘录有一具2600年前的木乃伊的录像带。

这一线索引起了法鲁克的高度注意，他立即传讯阿里兄弟。阿里哥俩在警方的连番追问下，终于将事情和盘托出：阿里和一个名叫瑞奇的人合伙倒卖文物，录像带只不过是阿里兄弟兜售文物的介绍品，真正的木乃伊则藏在瑞奇在奎塔的住所内。

木乃伊在巴基斯坦出现,听来像是天方夜谭,走私倒卖文物也不属于反恐怖组的职责,但警方仍不敢怠慢,法鲁克立即向上级汇报,并从巴内政部申请了调查令。17日,法鲁克警官由阿里·阿克巴尔引路直趋奎塔,在当地警方的协同下,来到了瑞奇的住所。

经过仔细搜查,警方终于发现了一具棺木,打开棺木,人们惊呆了:躺在棺内的,果然是一具充满了古埃及色彩的木乃伊。

2. 水落石出

警方立即将木乃伊棺木小心翼翼地运送到卡拉奇博物馆收藏。为便于鉴定,木乃伊在一个很小的范围内进行了展示。这具木乃伊长196厘米,宽56厘米,尸身整个被浸泡在石蜡和蜂蜜的混合液中,保存相当完好,与古埃及木乃伊的风格如出一辙。木乃伊头顶一只黄金铸成的皇冠,另有黄金面具蒙面。唯一与古埃及木乃伊不同的是,这具木乃伊胸前的一块金盘上,刻的是古波斯语的祭文。

"木乃伊案"惊动了巴警方和政府高层,查清木乃伊的来龙去脉成为一项重要任务。卡拉奇警方顺藤摸瓜,很快便将瑞奇捉拿归案。

原来,这具木乃伊最早埋在俾路支省哈朗村庄的一户地主家中,在地下安然度过了100多年,但在去年的一次地震中,地主的房屋轰然坍塌。地主一家在挖掘后墙时,偶然发现了木乃伊的棺木。

看着这具不知从何而来的无价之宝,地主一家喜出望外,但他们又觉得从自己家中挖出尸体,并非吉祥之兆,便到处找寻文物贩子,想及早将木乃伊脱手。

不久,地主就和瑞奇谈成了生意,木乃伊由瑞奇负责联络买家,事成之后两人平分钱财。瑞奇来到卡拉奇,很快就找到了买主,瑞奇开始提出与地主商量好的6亿卢比要价,

现代的卡拉奇

遭到买家拒绝。地主唯恐夜长梦多,最终敦促瑞奇以6000万卢比(约合100万美元)的价格成交。

3. 公主传说

木乃伊案件经媒体披露,在巴社会引起了广泛关注,众多历史和考古名家纷纷参与了对木乃伊的考证。经科学研究,这具木乃伊系公元前600年的产物,亦即距今2600年。

这具木乃伊为一女尸,死时年仅18岁。一些历史学家依据有关史料,作出了大胆推测:女尸是一个名叫"卡姻"的古埃及公主,后被远嫁波斯,成为古波斯卡如什王朝第一个

国王卡比尔的儿媳。

公主的传说虽然充满了神奇色彩,但一些人依据木乃伊胸前一块刻有波斯语祭文的金盘,又相信这一推测是确凿无疑的。然而,对于全世界的考古界来说,公主的传说则像是一枚重磅炸弹。因为迄今为止,人们还没有在埃及之外发现过木乃伊的踪迹。

世界历史和考古界早已确认,木乃伊是古埃及人独有的创造。由于古埃及人相信人死后生命仍能延续,便通过制作木乃伊的方式将尸体完整保留,希望有朝一日其生命能在神灵的召唤下复苏。

如果当前发现的这具木乃伊真的是出自古波斯,那么世界历史和考古学的教义将被重写。但不论怎样,考古界一致认定,在埃及之外发现神奇的木乃伊,是考古史上的重大发现,堪称世界一大奇迹。

4. 政治风波

在获悉巴基斯坦发现古波斯公主的木乃伊后,伊朗各界也引起了轰动。伊朗文物部门立即致信巴基斯坦政府,称尽管伊朗方面不知木乃伊是如何流落到巴基斯坦的,他们将敦促伊朗政府对此进行调查。但既已查明木乃伊系波斯公主,他们希望巴基斯坦政府将其完璧归赵,否则伊朗方面将采取有关措施索回国宝。一时间,木乃伊在巴伊两国掀起了一场不小的纷争。

巴基斯坦政府在木乃伊案初露端倪时,就表现出高度的关注和兴趣。面对由此而起的风波,巴外长萨塔尔表态说,关于木乃伊的身世之谜,巴方正在进行深入的调查研究,在真相大白之前,巴伊两国应尽量保持克制,不要因为一具木乃伊而引发政治风波。

5. 权威鉴定

伊朗文物部门索要木乃伊的信函,引起了卡拉奇博物馆馆长易卜拉欣博士的不满。她说,这具木乃伊明显不是埃及的产物,虽然其胸前有一块波斯语祭文的金盘,但这并不表明木乃伊是伊朗的文物。木乃伊可能出自卡如什王朝的墓中,但也有可能一直就埋在巴哈朗地区的古墓之中。况且,迄今伊朗政府并未发表正式声明,指出木乃伊为该国之宝。

易卜拉欣博士的谈话,进一步加剧了巴伊历史和考古学界对木乃伊的纷争。巴政府不得不请德高望重的哈桑·达尼教授出山,进行权威鉴定。达尼教授就职于巴真纳大学,已年逾八旬,是国际上享有盛誉的历史和考古大师,他的鉴定当一言九鼎。

达尼教授对木乃伊进行一番鉴别后,发出了如下感慨:世所周知,木乃伊是古埃及的一大文明现象,我迄今没有听说在埃及以外的任何地方发现木乃伊的存在,这具木乃伊实在是令人难以置信。

达尼教授称,要真正查出木乃伊的来历,只有破译金盘上的古波斯语祭文,而这不仅需要时间,还需要埃及、伊朗以及有关国家的通力合作。

6. 万人翘首

达尼教授的一番话,暂且平息了人们探知木乃伊身世之谜的急切心情。但卡拉奇仍有成千上万的人按捺不住,翘首欲睹木乃伊的风采。卡拉奇博物馆不得不加紧筹备,使木乃伊尽早对外展出。易卜拉欣馆长称,他们将制作一个特别的展台,使全体卡拉奇市民都能尽情领略木乃伊的神奇和奥妙。

然而,由于卡拉奇气候恶劣,潮湿、高温和空气污染已使木乃伊发生了一些化学变化,文物工作者在木乃伊的肌体上发现了真菌等微生物活动的迹象。

要长久妥善保存这具木乃伊,必须对其进行真空烟熏消毒处理,而这需要较大的资金投入。卡拉奇博物馆已就此向政府申请特别资金,但囊中羞涩的政府迄今没有表态。

看来,卡拉奇人想要走近历史,探询古人的智慧,还要耐心地等上一段时间才成。

从高空摄制的古地图

1929 年,在土耳其伊斯坦布尔的托普卡比宫,发现了一张用羊皮纸绘制的古代航海地图,地图上有土耳其海军上将皮里·雷斯的签名,时间是 1553 年。

皮里·雷斯是一位著名的船长,同时又是一个旅游制图家和收藏家。据他在自己著名的地图集和这幅地图的说明中说,该图是根据前人的 20 幅地图绘制的,这 20 幅地图中有 8 幅是绘制于距今 2400 年前的亚历山大大帝时代。

这张地图被送到美国鉴定,美国海军水文局绘图专家沃尔特斯和马利,给地图画上坐标,同现代化的地球仪进行对比研究后宣布了一个轰动一时的发观:这张地图绝对精确,不只是北美和南美沿岸,甚至南极洲也被准确地勾画出来,这张地图不只画下了各大陆的轮廓,而且连内陆地形、山脉、高峰、河流、岛屿和高原,都标画得清清楚楚。

这张地图还准确地标识了南北美洲的相对经度,而南北美洲的相对经度是直至 18 世纪才确定的。

这张地图还准确地描绘了南极大陆,而南极大陆直至 1818 年才被发现,绘制成图则是 100 年以后的事了,地图中的山脉几百年来一直被厚厚的冰层覆盖,肉眼无法看到,直到 1952 年,我们依靠地震回声探测仪才发现它的存在,难道这张地图是南极洲被冰封雪盖之前的产物?

不久前,一艘宇宙飞船飞经开罗,摄下了一张高空照片,以开罗为圆心的周围 8000 千米内的地貌非常准确,但是,因为地球是个球形,所以 8000 千米以外的大陆好像在下沉,而且被奇怪地拉长了,令人惊异不安的是,皮里·雷斯的地图正是如此,美国的月球探测器拍摄的照片也是如此!

难道皮里·雷斯的地图是根据一张高空拍摄的图片绘制的?是谁给他提供了这张原始照片呢?而且,南极洲上的山脉,冰封雪盖,至少已有 15000 年,谁能了解 15000 年前即使这张地图是 18 世纪刚刚发现南极时伪造的,以上事实也无法解释。

除了这张地图之外,其他的一些古代地图也同样叫我们惊诧莫名。奥尤斯·菲瑙斯的一张 1532 年以前绘制的地图,在南极洲上绘有河流和河流注入的海湾,根据这张地图的标记,我们居然发现了一条在厚达两英里的冰川之下,向大海缓缓移动的冰河。

土耳其的另一张标明时间为 1559 年的地图上,有一条桥梁一样的狭长地带把亚洲的西伯利亚和美洲的阿拉斯加连在一起,而根据地质学家的研究,这一地带曾经存在,但至少消失了 1 万年,有谁能画出万年前的地貌呢?

绘制这样的地图,需要准确地知道地球的大小、形状,还要在数学测量中应用球面三角学和超现代的制图投影术。在大洪水后不久,在冰川汇集两极之前,有谁能绘制出这些奇妙的地图呢?

印度古钱币之谜

我们久已知道 2000 年前的罗马人步亚历山大大帝后尘,到过印度。在当时交通既不便利也不快捷,做这么远的旅行可算是一项壮举。罗马人千里迢迢,甘冒种种艰苦到东方来,是完全可以理解的行动,因为任何一个欧洲商人只要经营东方奢侈品贸易,多有厚利可图。但罗马人面对那些文化迥异、似乎亦无所求于罗马商贾的印度人,有什么可以提供呢? 原来在印度南部曾有罗马钱币多半是大量埋藏在一起的。

那么,是否有少数魅力过人的印度人垄断了与西方的贸易,而迅速取得大量在印度不能使用的钱财? 或者,这些窖藏钱币,对印度收集者具有某种特殊意义? 历史学家细心地将东西方贸易的证据集合起来,详加研究,终于对印度宝藏之谜提出别具匠心的答案。

当时罗马帝国国泰民安,商业贸易兴旺发达,罗马富有公民渴求各大洲、各文明地区的奢侈品,多能满足所欲。商贾从未开化的北方人那里贩入琥珀和皮毛,从非洲运来象牙、黄金、香料及竞技用的野兽,从印度次大陆则运来充满东方色彩的奇货。

奥古斯都在位期间(公元前 27 年~公元 14 年),罗马与印度贸易兴盛。远自亚历山大大帝时期到东方发财的故事本已人人乐道,到这时许多印度商旅来到罗马帝国,更激发罗马人做贸易的兴趣。有一队印度商人带来了许多奇珍或异物,诸如天生无手臂的人、大河龟、蛇,还有"大如秃鹰"的鹧鸪,其他商旅则带来珍珠和宝石,这些才是罗马市面洋洋大观、更有代表性的进口货。当时每年总有 120 艘船,由受罗马控制的埃及乘着季风驶往印度,去装运这些珍贵货物。

在这种贸易中最活跃的代理商就是罗马帝国的批发商人。他们是以亚历山大港为根据地的希腊人。亚历山大港在地中海海岸,是西方主要港口,东方的货物和原料即经此集散和转运。在印度,商人首先沿马拉巴海岸建立贸易站,在这些贸易站采购得大批香料,特别是胡椒,还有平纹细布、香水和象牙。公元1世纪末期,罗马商人从今日称为斯里兰卡的地方,借以物贸方式采购到珍珠和宝石,并且向印度商人购到远东地方的产品,最著名的当然是中国丝绸。

要购买所有这些商品必须有一种方法付款,但是当时印度这个国家的人民多不知有货币,对于罗马商人惯用的钱币,他们并无多大需求,所以免不了产生买卖时如何付款的难题。不过,这种麻烦最后以很巧合的方法解决了。

1775年,首次有一大批罗马钱币在印度出土。当时的考古学家和历史学家都假定这些窖藏钱币,是印度商人的积蓄,由于某种不幸遭遇或意外事故,致使钱币长久埋没了。但现代历史终于了解,印度人有兴趣收藏这许多钱币,并非因为罗马钱币可用于购货流通,当时印度人完全没有货币概念,而仅是把钱币作为金锭或银锭看待。

因此每一批窖藏钱币都已称过重量然后印上证明戳记,代表的是某一定量的金子或银子,要购买某种整批的货物时,拿出这样的一批钱币作为货款便行,就像现在印度市集上,有时也称出银铸为一个个有统一标准的金圆或银圆,这样印度人收集和应用起来就很方便,从而大大提高了罗马人的商誉。

罗马学者普利尼曾经说过,因为罗马钱币质量不变,尽管上面所铸为历代不同帝王的头像,但所有钱币重量相同,其金或银含量也始终如一,所以斯里兰卡国王有了好感,对诚实的罗马商人颇为优待。

当时的印度人为避免这些钱币重新用作货币,所以在钱币帝王头像上凿上一道刻痕,很多在印度出土的罗马钱币是这样毁损的。尽管印度人不用这些钱币做小额交易,但他们并不漠视钱币上的精美可爱图案,印度人更以这些图案为蓝本,用赤陶仿钱币制成穿孔或带环孔的首饰,可能还镀金然后佩戴。这样仿制确实是捧足了场。

但从罗马人的观点看来,钱币不断流往东方,而且一去不回,显然并非健全的营商之道,因此很快便实施了钱币出口限制。后来暴君尼禄降低了罗马银币的成色,印度人对罗马钱币的实在价值丧失了信心,于是拒绝再接受任何罗马钱币。商人不得不另谋易货的代用品,因而开始以商品互换,通用商品包括精美餐具、玻璃、亚麻布、珊瑚、灯饰、加工的宝石和酒类等。

1940年,印度的阿里卡梅杜发掘出一个罗马人主要的贸易站,发现了大量地中海地区所制陶器的碎片,表明罗马商人运用这种新贸易策略十分成功。阿里卡梅杜的仓库贮藏着意大利陶罐、碟、美酒和餐具,在作坊里则可以把珠宝加工和织染平纹细布。

但罗马军团要维持强大的战斗力,罗马人民要安居乐业,并不仰仗与印度的贸易。公元3世纪罗马内部危机重重,引致商业和贸易衰退,商人信息不足,与印度的直接贸易便停顿下来,而从前充任中间人的阿拉伯人和波斯人则将贸易接管了过去。由于亚历山大港的商人不再顺季风扬帆渡洋做买卖,从此在西方人的心目中,印度再次成为了一个充满神秘和难以接触的传说之邦。

亚历山大大帝在位期间(公元前336年~公元前323年)东征西讨,首开地中海地区居民与印度互相交往风气。但由于波斯地方强大的帕提亚帝国的兴起,古代横贯亚洲内陆的路线遭阻截,从地中海至次大陆即不能经陆路往来。于是,商人转而向海上谋求安全的商路。

公元前1世纪,一位叫希帕洛斯的希腊商人发现可以利用西南季风来往印度次大陆,并且提供了准确的地理资料。于是,其他商人迅即利用希帕洛斯所说的风与东方做着史无前例的大规模贸易。在七八月间,善于利用季风的商人有40天时间可以从阿拉伯港口直航印度南海岸的马拉巴。12月至次年1月完成交易后,则经红海或波斯湾及陆路回到地中海。

到公元1世纪,西方商船队已绕过印度南端到达次大陆东岸的贸易站(此前则经陆路),从此也建立起地中海与斯里兰卡的直接贸易,有的船只更远航至缅甸、马来、越南,甚至中国。不过,上述说法仅仅是一种推测而已。要想真正揭开所有的谜团,还需要考古学家们提出更为有力的证据来。

班清古镇之谜

当我们提到远古人类文明,读者们马上就会想到幼发拉底和底格里斯两河流域的巴别通天塔,想到古埃及的金字塔和狮身人面像,想到耶利哥城和"死海古卷",想到地中海上腓尼基人的帆船和文字,想到荷马史诗和特洛伊战争……

是的,这些都是人所共知的最早的文明发源地,代表着远古人类文明的最高成就。它们的名字早已传遍四海,被写入各种历史教科书中,为天下人所敬仰。

但是,你知道班清吗?不仅我们不知道,43年前,世界上所有的考古学家们也都不知道。

也许有人会问,班清在哪儿?它是泰国的一个小镇,是个过去所有的历史书中都没有提到过的一个小镇。

一次偶然的机遇,这个地球上没有标记、鲜为人知的小镇班清名扬天下。

班清位于素有万塔之国称号的泰国东北部呵叻高原。这个小镇上的人们已经习惯了单调和闭塞,多少年来一直过着他们那种与世无争的平静生活。但是,1966年,一些似乎不起眼的发现改变了这个小镇的命运。一夜之间,班清这个名字像长了翅膀,飞到了美国费城和法国巴黎那些大名鼎鼎的考古学家案头。

原来,在这座小镇的地下,考古学家们发现了一些史前墓地,里面除了骸骨,还埋藏着价值连城的稀世珍宝:陶器、石器及精美的金属制品。

1966年,美国哈佛大学学生斯蒂芬·扬来班清进行社会调查。一天,他经过一个筑路工地时,看到工人挖出一些陶器碎片。这些碎片上有一些奇怪的图案,他便好奇地随手捡了几个图案美丽的残破陶罐带了回去。

1968年，美国著名的艺术史学家伊丽莎白·莱昂斯把一些陶器碎片送到费城大学的考古研究中心。费城大学博物馆的考古研究中心将陶器碎片进行碳14测定。检测结果令所有在场的学者们大吃一惊，原来这些陶器是在公元前4000年左右制造的。此后，他们又多次用不同的碎片通过不同的手段鉴定，但鉴定的结果都是一样的。

学者们马上把伊丽莎白·莱昂斯找来，问她这些东西是在哪儿发现的，为什么过去考古学从没提过这个地方。

伊丽莎白·莱昂斯也满怀疑惑地说，这些碎片来自泰国一个叫班清的小镇。难道过去从没人知道这个地方？

费城的学者们马上和泰国的有关文物部门联系，说他们准备来此地考察。

但班清在哪儿呢？为了接待费城的学者，泰国官员们马上拿来地图，因为他们也不清楚这个小镇的位置。

1974年，在联合国的资助下，泰国艺术厅和美国宾夕法尼亚大学博物馆对班清开始联合考古发掘。

开工的第一天，人们的期望值并不很高，很难想象这个人口不足5000人、世代以种稻为生的小镇会有很悠久的历史。然而，当挖掘到地下5米时，考古学家们惊呆了，原来，他们发现这是6层界线分明的墓葬。最深的一层可追溯到公元前3600年，最浅的也可追溯到公元前2500年。

这简直令人难以置信，因为史学界过去一直认为，泰国的可考历史至多有1500年，而他们眼前的一切都大大超过了传统认识中的泰国历史。

挖掘工作愈发不可收拾，每天都有大量的文物被挖掘出来，到后来实在多得让工作人员无法一时清点出来，只能以吨来计算。到1975年，班清已挖出了各种文物共计18吨。其中除了大量的青铜器和金银装饰品之外，还有一些用象牙和骨头雕刻的人像，用玻璃和次等宝石制作的光彩夺目的珠串。

经过对挖掘的文物测定，这些珍宝至少已在班清埋藏了5000年之久。同时，发掘表明，早在公元前3000年，班清人已经掌握了青铜的冶炼技术。因为这些青铜器的制作年代大约在5000年前，是世界上历史最悠久的发明。

过去的历史学家一直认为，5000年前的东南亚人还生活在原始的石器时代，而青铜器最早起源于美索不达米亚的两河流域，冶金术是从西亚传播到世界各地的。班清的考古发掘，对以往的这种结论将是一个最为有力的挑战。班清的青铜器将会促使考古学家对过去的观点提出新的见解。

事实上，那时的班清居民已经相当进步了。他们居住在固定的居民区，种植水稻及其他农作物，并且会制作漂亮的陶器。

那么，是不是青铜器的发源地可能就在泰国的班清呢？

考古学家切斯特·戈尔曼是这次发掘工程的主任。他说，我们深信，炼铜术的起源最早可能追溯到公元前 4000 年,其发源地就在泰国呵叻高原边缘的山脉之中。这里从古至今都以锡、铜储量丰富而闻名。班清的出土文物是丰富多彩的,有众多形状不一的陶器,有许多是在浅黄的底色上,绘着深红色的图案。

这些图案看来是古代艺术家们随心所欲、一挥而就的,有些则是经过深思熟虑而精心绘制的几何图形,如同古希腊的骨灰罐上的图案。从外形上看,有些是颈部很细的高花瓶,这需要很高的制作技巧;有些是矮胖的大缸,上面却有着极为精致的图案,显得甚至不太协调。看得出他们在制作中的自由发挥和潇洒自如。

有关专家通过对班清挖掘的文物经过严格地清理、分析之后,认为,班清文化最引人注目的是青铜制品,并且在制作技术上有不断的创新。在早期的墓葬中,出土的青铜锛和青铜手锅的含锡量只有 1.3%,制作也较粗糙,严格地说只能算作红铜制品。而班清人早在公元前 1000 年左右就制作了各种精致的青铜手镯、项链、戒指和长柄勺。

从班清人的制作工艺来看,他们的技术相当精湛,能在一把长柄勺的勺把上刻出栩栩如生的动物图案。

同时,班清人在这一时期制作的青铜器就其铜锡配比来讲也比较科学。说明此时的班清人已熟练地掌握了'青铜的冶炼和制作技术了。除青铜器外,班清的地下还出土了为数不多的铁器,有铁脚蹦、铁手镯和双金属的矛头、斧头等。

在晚期的青铜制品中,有用含锡量高达 20% 的青铜锻打成的颈圈。因为含铜量这样高很容易碎,所以制作时须煅打成多股再扭曲而成。至于班清人是如何掌握这项重要技术的,考古学家们至今无法揭开这个谜底。

班清文化不仅是东南亚,而且也很可能是世界上最早的青铜文化。最初的中东青铜是红铜与砷的混合物,后来,在接近公元前 3000 年时,锡取代了砷,青铜就变成了铜与锡的合金。

据此,有人认为,班清的青铜文化可能是世界青铜文化的源泉和源头。人们甚至猜想,班清的地下文明也许是人类文明的摇篮之一。

当然,大多数学者还是认为,那种把所有重大发明都归于一个源泉的观点是片面的。就冶金术来说,它完全有可能是在世界各地独立演化出来的,也可能是同时产生的。

随着时间的推移,班清出土的宝藏会越积越多,有关它的争论也将更深更广泛,但有一点是确定的,一个曾被认为是不可能存在的文明,确确实实是存在过的。

有人猜测,班清宝藏的发掘仅是窥见冰山一角,因为这里有成千上万座古墓葬,数量之多远远超过埃及的帝王谷。

那么,班清的地下到底还有多少古墓、多少珍宝呢?至今,没有一个人能够说得清楚。

"仙蜕"之谜

陕西省蒲城县号称"化石之乡"。据史料记载，汉武帝时修建引洛水渠时，曾在此处挖出巨型龙骨，于是就将山改名为龙首山。唐明皇时曾在此地挖得奇异之石，状如盘龙。

1961年，离蒲城不远处又掘出了著名的大荔人化石，至于其他动物化石，如古象、古马，以至三叶虫，更是数不胜数。因此，蒲城颇受考古专家学者们的重视。

《蒲城县志》记载着800年前的一次奇异人类化石的发现，被称为神人"仙蜕"，使考古学者们惊骇不已！

蒲城县尧山之上，有座古庙，供奉着女神灵应夫人，据说此庙求雨甚灵。金代皇统年间，蒲城遇旱，人们到古庙求雨，事也极巧，没隔几天，蒲城普降甘霖，为答谢神灵，蒲城人决定扩建夫人殿。

夫人殿旁边有一块巨石，阻碍了工程进程，施工者决定凿去这块巨石的一部分，以拓展地基，半个月后，巨石被凿去一半。这时，工匠们发现巨石中出现了像蛛网一样的小空隙。继续凿下去，在空隙间，发现"枯骸一躯，印于石内"，头颅、臂、胚、肢体具存，石骨相合，犹如印人。

据记载，当时在场的工匠都非常惊讶，他们不明白的是何人将此人这样置人石中，因为这块巨石俨然一个整体，脉理相连，没有半点缝隙断裂的痕迹。

蒲城县的县令马扬，是个博学多才之人，听说此事，迅速赶到现场。他认真地查看了被凿去的石头，发现其断裂处还可以合起来，他琢磨半天也琢磨不出其中的奥妙，于是他命令在旧址上一丈处重凿一处新穴，装好骸骨，洞口封以石块，上题"仙蜕"二字，以使后人瞻仰。

后来，马扬把发现经过及详细情况刻成石碑，最后感叹地说："然则石中之骸，人耶？神耶？固不可得而知矣！"

令人万分遗憾的是，在1976年仙蜕被毁掉了。20世纪80年代的时候，许多学者纷纷到蒲城寻访仙蜕下落，均没有收获。后来，又有人到庙址附近考察，发现刻有记载"仙蜕"的残碑数块，这一切证明，县志的记载是可信的。

学者们又考察了庙址北侧及东西两侧，发现均为石灰岩质陡崖，水平层理，地质上届奥陶纪沉积，岩层年龄已有4亿年。

"人"为什么会夹在4亿年前的岩石之中？800年前的古人曾感到迷惑不解。现代的科学家们，更是瞠目结舌。因为，众所周知，人类的历史至多只有几百万年。

撒哈拉壁画群之谜

"大漠孤烟直，长河落日圆。"这是唐代大诗人王维奉命以监察御史的身份，到凉州河西节度使府第慰劳将士时写的千古名句。意思是在广大无边的沙漠中远远看去，边塞上用作军事联络信号的烽烟格外挺拔;那横贯在沙漠中的长长的黄河和傍晚落山的太阳,大大的,圆圆的,莽莽苍苍让人感到温暖和亲切。

如果王维与唐朝的将士们经过长途跋涉,历经千辛万苦,来到非洲撒哈拉大沙漠的话,他绝不会以欣赏大漠的笔调,写下这两句神来之笔的。

撒哈拉壁画

在阿拉伯语中,"撒哈拉"就是荒凉之意。撒哈拉大沙漠位于非洲北部,东起红海沿岸,西至大西洋,北迄地中海,南部深入非洲大陆高原腹地,东西长达 5600 千米,南北宽约 1600 千米,总面积为 960 万平方千米,约占非洲总面积的 32%,占全球沙漠总面积的一半,是世界上最大的沙漠。它的最低高度为海平面下 132.9 米,最高则达到海拔 3400 米,一般海拔 200～500 米。

在如此广袤辽阔的大荒漠中,除了极个别的点状绿洲外,到处都是黄色的沙子,一条条平行排列的沙垄,高度 100 多米,延伸达数百千米。像金字塔一样的沙山高高耸起,还有令人生畏的沙海,纵横千里,显示着大沙漠的浩瀚和壮观。

撒哈拉沙漠降水极少,是典型的热带干热气候。白天,烈日当空,气温急升,烤得沙丘如同火炉,鸡蛋放在沙堆上很快就可以烤熟,地表温度最高达 70℃。然而一到晚上,温度骤降,有时竟降到零下 15℃。这样强烈的温差,使裸露地表的岩石剧烈地热胀冷缩。每当夜晚,到处都可以听到岩石爆裂的声音。更令人胆战心惊的是沙丘和沙山也因为剧烈的胀缩,促使大堆的沙砾坠落下滑,使整个沙丘像山崩一样从高处轰然滚落下来,接着又激起一连串的连锁反应,使那闷雷般的轰鸣此起彼伏地在沙海中经久不息地回荡着,令人夜不能寐。

2000 年来,撒哈拉的河流和湖泊变小了,留下许多布满砾石的河床。植物普遍枯萎退化,动物被迫迁徙,气候越来越干燥,沙漠化的程度也越来越严重,日积月累地风化和冲刷着横亘绵延于沙漠中部达 700 多千米的雄伟奇特的塔西利·恩·阿耶山。天长日久,周而复始,大自然的鬼斧神工将整座大山割裂,风化得千姿百态,怪石嶙峋、横空出世,平直立的千仞石柱,岌岌可危的石桥,森严峻峭的石壁,迷宫一般的小洞,真可谓是光怪陆离,令人目不暇接。此外,阿耶山中还有存活数千年的鲃鱼和巨柏,丰富多彩、绚丽迷人的史前岩画。这些大漠中的"艺术长廊"是一部向世人展现这一地区沙漠化历程的生动画卷,具有很高的科学研究和艺术审美价值。

令人惊叹不已的首先是,在这块连生存力极其顽强的野草都难以生长的干旱地带中,居然有活着的鳄鱼、鲃鱼和巨柏。

那么人类又是怎么发现这些"艺术长廊"的呢?

1924年,有一支考察队在阿耶山的一个山洞里捕捉到了一条大鳄鱼,在另外一些半干涸的岩洞里发现了地中海鲃鱼。由于沙漠地带的气候十分干燥,因此,为了适应这里严酷的自然环境和生存条件,地中海鲃鱼这一与世隔绝的稀有鱼种也在漫长的岁月里逐渐地改变了自己的生活习性,形成了自己独特的生状,成为撒哈拉鲃鱼,充分体现了适者生存的自然规律。此外,在阿耶山的南坡生长着成片的巨柏,它们顶风抗旱,生长得粗壮挺拔,根深叶茂,很有生机。其中,有些巨柏树围6米以上。考古学家根据鳄鱼、鲃鱼和巨柏这些"活化石"有力地向世人证明:这一地区在几千年以前曾经有过与今日地中海沿岸极为相似的气候条件和地理环境。

然而,最令人感兴趣的无疑是遗留在塔西利·恩·阿耶山石壁上那数千幅生动逼真、栩栩如生的史前岩画。半个世纪以前,这些处在大漠深处的史前岩画还与世隔绝着。

公元1934年,法国一支远程探险队到撒哈拉沙漠探险。这天,他们来到阿尔及利亚东南部的塔西利。一天的沙漠跋涉,使队员们又渴又累,困乏不已。队伍只得在一条早已干涸了的河床边石荫下休息。突然,队长布雷南斯惊叫了起来。原来,在他躺下昏昏欲睡时,看到石壁上有一头犀牛,与真犀牛一样大小,呼之欲出。这个惊奇的发现,使布雷南斯激动不已。接着,他沿着河谷仔细寻找,又发现了许多岩画。他将发现的河马、大象、骆驼、长颈鹿、狮子、羚羊和头戴面具的人物等岩画一一描绘在记事本上。

几个月之后,布雷南斯的这本记事本转到了考古学家亨利·洛德的手中。亨利·洛德对此极感兴趣,并敏锐地意识到这一发现在考古学上的重要价值。他立即组织了一支考古队来到了撒哈拉沙漠的深处,对岩画进行了一系列考察,并运用现代科学技术对这些岩画进行了研究和分析。

这些岩画或刻在山洞的石壁上,或绘制在裸露的岩石和山崖上,虽然经过了几千年的风雨侵蚀,但大部分岩画仍然得以保存下来,而且线条清晰,成为考察和研究撒哈拉历史的珍贵文物。

在这5000幅岩画中,最引人注目的是一幅120平方米的大型岩画,画面上的大象、狮子、长颈鹿和其他动物神态各异,惟妙惟肖。另外,面积约20平方米的一幅狩猎图也很有特色,上面画着135个人,正在追杀围猎一群疾奔如飞的羚羊。一只身负重伤的大犀牛鲜血淋淋,表露出痛苦绝望的神情,正在猎捕者的追杀下拼命抵抗和挣扎,给人以深刻的印象。

岩画向人们展示的是撒哈拉地区的一幅幅历史长卷。譬如在利比亚的乌德马西多斯和阿尔及利亚的恩阿杰尔伊赫伦等地发现的大量壁画,都是反映狩猎时期的艺术作品,绘制年代大约在距今8000年前。壁画上主要画的是大象、长颈鹿、羚羊等野生食草动物,甚至还有水牛在画面上出现。这些岩画至少可以说明当时的撒哈拉是一片水草丰美茂盛的大草原,自然条件湿润而多雨。在这样气候温暖、河流纵横的森林和草原地区里,不仅生长着种类繁多的植物和动物,还繁衍着人类。

在塔凯德杜马廷发现了一幅绘制得十分精致的牧牛图,至今大约有5000多年历史。从图上可以看出,当时人们养牛的规模很大,而且饲养技术已经非常进步,反映了放牧时期的特色。养牛业的发达,除了表明人类生产技术水平有提高之外,自然物质条件也是不可忽视的重要因素。

在丁阿尼乌因发现的一幅壁画,上面绘着一个男子驾驭着双马牵引的车辆在飞驰,这种车辆既可用于打猎、装载货物,也可用于战争。此外壁画上还有几个只在腰上缠着一块布,手执长矛围攻一头叼着羊的狮子的猎人和一个穿着阔袍,戴着有花饰头巾的人物,显然是地位较高的贵族。在这些壁画上出现了穿着统一制服、带着武器、排列着整齐的队伍的军队。

据分析,专家们认为这些壁画所表现的是部落进行掠夺和战争的时期,距今约3000多年。再往后,壁画的题材出现了商业贸易和马队运输的内容,特别值得注意的是,这时也有一些反映干涸和沙漠化内容的作品。这些作品虽然很少,但至少也向人们提供了这样的信息:即这时的撒哈拉已经成为即将被人类抛弃的荒漠地带。

值得注意的是,壁画中没有出现一向被人们称之为"沙漠之舟"的骆驼。据记载骆驼出现在非洲的时间在公元46年,显然在此之前,由于撒哈拉沙漠的生活条件迅速恶化,人们不得不迁往他乡。于是撒哈拉岩画的创作也到此结束了。

那么,谁是这些形象生动、绘制精巧的史前岩画的作者呢?这个谜一直萦绕在考古家的心头。

马里驻联合国科教文组织的代表,一个班乌尔族人在看了那些只有头和身躯、没有腿的牛的岩画后指出,这些奇特的画可能和班乌尔人的传统信仰有关。班乌尔人认为牛来自水中,因此,在一年一度的洛托里节,班乌尔人把牛牵到池塘中,而牛进了水中,腿部自然就看不见了。

这些解释是否就是答案?人们还难以下定论,有待考古学家们继续探讨。但有一点是可以肯定的,那就是,这些大漠中的"艺术长廊"是人类艺术史上的又一个伟大发现。

古埃及直升机之谜

据俄罗斯《真理报》报道,1848年,一名考古探险家在埃及古城阿比杜斯的塞蒂神庙入口10米高的横梁上发现了一些奇怪的图像,当时没有一名科学家知道那些象形图画描绘的是什么东西,就像其他许多神秘的阿比杜斯象形文字一样,这些奇怪的图像随着时间的流逝渐渐被世人忘却。直到150多年后,考古学家才震惊地发现,那些由3000年前的古埃及艺术家雕刻下来的图像,竟然是直升机和潜水艇的模型。

在神庙的墙壁上,古代艺术家竟然镌刻下拥有明显螺旋叶片和机尾的战斗直升机图像,而另外几个航空器图像也像极了现代的超音速战斗机和轰炸机。

3000多年前的塞蒂一世是古埃及最著名和最成功的法老,他曾扩张自己的领土,击败过许多敌人。但塞蒂一世法老时代的艺术家怎么会画出直升机和飞机图像？这在考古学家中引发了强烈争议。

埃及考古学家阿兰·艾尔福德在研究了塞蒂神庙上的象形文字后，确信古埃及艺术家描绘的"直升机"或飞机都是真实的。艾尔福德说，古埃及人描绘的是一个真实的直升机模型，就像他们经常用图画描述日常生活一样。

然而怀疑论者认为，塞蒂一世法老有个别名叫做"蜜蜂"，而古埃及艺术家画在神庙墙壁上的，只不过是一只蜜蜂图形而已，他们无论如何也不相信3000多年前的古埃及人竟然看到过20世纪才发明的直升机。

事实上，不仅古埃及拥有神秘的"飞机"图像，几乎在所有的古代文明中，都能找到有关"古代宇航员"的传说。近百年来，考古学家在哥伦比亚、秘鲁、哥斯达黎加和委内瑞拉等国，也发现了33个模样极像飞机的古文物模型。其中一个被称作"哥伦比亚黄金飞机"的模型显然曾在3000多年前被用作护身符或装饰品。据悉，所有发现的"黄金模型"都符合飞机原理，拥有垂直和水平的尾翼。

早在1956年，美国纽约首都艺术博物馆曾举办了一场"前哥伦布时期黄金展"，展品中就有一个拥有三角翼和垂直尾部的"黄金飞机"模型，它立即吸引了众多美国航空设计师的注意。科学家在实验室对同样的模型进行了测试，结果发现这种模型竟然能够以超音速速度飞行。一个传闻称，正是对这架"黄金飞机"的研究，才使得洛克希德公司的航空设计师们发明出了当时最好的超音速飞机。

但是直到如今，有关"法老直升机"的争论依然没有任何结果，一些研究人员相信，古埃及人了解航空学的奥秘，并且曾经学会飞行，但后来这一知识却不知为何失传了。

历史学家威廉·迪乌奇就曾宣称，古埃及神庙上描述的奇怪飞行器事实上是人类历史上最早的飞行器。迪乌奇甚至根据这些图案制造了一些模型，并发现许多模型都符合空气动力学原理，能够在风洞中飞翔。

当然，事实真相究竟如何，还有待于科学家们的进一步研究。

狮身人面像之谜

提起古埃及的文明，人们马上会联想到狮身人面怪物——司芬克斯。

在古埃及文明的发祥地有众多的司芬克斯，最古老最著名的要算是吉萨地区的大司芬克斯卧像。有关大司芬克斯的建造年代至今还无法确定。

司芬克斯两爪之间竖立的图特斯四世的碑文中叙述了这样一个故事。即位前，这位国王在狩猎途中困倦了，就在沙漠上打瞌睡，意想不到的是在他的旁边恰好卧着被沙子埋没的司芬克斯。传说司芬克斯出现在梦中，对他说："如果将我从沙中挖掘出来，那么你将成为一国之王。"

姑且不谈传说之真假，从碑文中可以肯定司芬克斯是在这个时代以前建造的，但是确切年代，学者们众说纷纭，至今尚未做出定论。

号称埃及学研究鼻祖的英国学者皮特里指出："不早于第一王朝第二代胡夫王，但也不迟于第三代卡夫勒王。"其根据是卡夫勒王第二金字塔的甬道两侧有许多坟墓，唯独在甬道上什么东西都没有。

狮身人面像

法国学者马斯佩罗最初则说建造可以追溯到史前时代（约公元前 3000 年），但是，后来他又说是卡夫勒王建造的，而且大司芬克斯的容颜是临摹了卡夫勒王的肖像。他还认为大司芬克斯是国王的金字塔墓与神庙的守护神。

埃及学者萨里姆·哈桑从 1935 年开始对吉萨地区进行了 4 年的发掘，最终他认为是卡夫勒王建造的。

他的根据有以下几点：

第一，大司芬克斯的甬道两侧有沟，这表明是建于胡夫王之后的时代；

第二，远离第三个金字塔，显然也不是孟考拉王建造的；

第三，卡夫勒王的金字塔与神庙的配置，对照大司芬克斯，是一个整体的设计。

日本早稻田大学考古队自 1966 年以来，历经了几十年的考察，作为考古队主要队员的吉村对这些学说发表了另外的看法。

吉村在长期仔细的观察中发现，从建筑的石料来看，卡夫勒王神庙多半是花岗岩，大司芬克斯是石灰岩；从建筑的式样来看，卡夫勒神庙沿袭古王国时代的式样，可是就在与甬道连接的部分，不仅偏北，离开了原先的式样，而且甬道不是在卡夫勒神庙的中央，而是对着金字塔构成锐角。

这一切使吉村产生了一个疑问，如果两个神庙同时建造，显然这样的配置很不自然，何以会这样呢？唯一的可能是，其北侧已经有大司芬克斯神庙存在，致使设计者在设计时必须加以考虑，不得不作如此改变。由此，吉村推断大司芬克斯在胡夫王建造金字塔之前已存在。

灯塔谜团

埃及最大海港城市亚历山大，在公元前 332 年是希腊马其顿国王亚历山大的都城，公元前 304 年又是统一埃及的托勒密王国的国都，公元前 30 年成为罗马行省的首府。当时人口曾达 40 万，与罗马、君士坦丁堡（今伊斯坦布尔）并称为世界三大城市。

今日亚历山大拥有 250 万人口，夏天有 100 多万人来此避暑，港口年吞吐货物量 2760 万吨。海角立有一座新灯塔，但比古灯塔大为逊色。滨海大道延伸 26 千米，一边是豪华旅馆,一边是海滩浴场。

　　1892 年由避暑行宫改建的希腊——罗马博物馆,收藏着本城零散的文物,展示亚历山大饱经沧桑的悠久历史。奇怪的是,这里古希腊、古罗马时代的文物荡然无存,连遗址也找不到了。硕果独存的是因建于罗马庞贝大帝时代而得名的庞贝大石柱,高 28 米,底径 2.8 米,顶径 2 米,孤零零地竖在一人高的石座上。其他文物跑到哪里去了?特别是闻名世界的最高灯塔和历代王宫,怎么踪迹全无呢?脍炙人口的亚历山大灯塔,其真面目如何?到底是怎样失踪的?

　　最权威的记载应数公元前 2 世纪罗马哲学家安蒂培特的著作。他亲睹过灯塔的盛况,将当时埃及、希腊、巴比伦和七个建筑并称为"世界七大奇迹"。后人对亚历山大灯塔又有进一步的描述,并画出精细的图样。

　　灯塔总高 134 米,比现代最高的日本横滨灯塔还高 28 米。塔分 4 层,全部以纯白色大理石砌成,缝隙用熔化了的铅液浇铸,坚如磐石。

　　底层是四方形的基座,高约 69 米;

　　第二层是八角形塔身,高 38 米,每面有精美的雕刻;

　　第三层是圆形环廊,中间置一大铜盘,燃烧柴火,靠大陆一侧廊边架设一面大铜镜,将火光反射到海洋上;

　　第四层是雕像,用圆柱在环廊上托着塔盖,顶端屹立海神波谢伊顿的全身像。

　　塔身外围筑环形驰道盘旋到炉室,供马车拉运燃料。这灯塔实际上也是一座摩天大楼,内设 300 间厅室,供管理人员和卫兵居住。

　　灯塔建造年代是公元前 285～公元前 247 年,监督者是托勒密国王普图莱梅·菲莱代夫,设计师是希腊人。建造空前绝后的灯塔,一是航海的需要,一是显耀亚历山大王的赫赫战功。自从亚历山大海角尖端的法罗岛有了它以后,塔顶的薪柴燃烧不息,地中海航船有了导航方向,夜航海难事件大大减少。它一直工作了 15 个世纪,即使亚历山大城多次地震,大片房舍被毁,灯塔仍巍然屹立。

　　公元 1302 年的大地震,亚历山大遭到毁灭,灯塔也不能幸免,顶截坍落。1375 年又一次猛烈地震,全塔毁坏。随着地层沉陷,法罗岛连同附近海岸地区慢慢沉入海底,千古奇观从此烟消云散。

　　没有见到实物,终归是一个谜。谁敢相信两千多年前能够造出那样庞大的灯塔?许多历史学家、考古学家、海洋学家不断追寻灯塔的踪迹。

　　1978～1979 年,美国和埃及的考古专家历尽艰辛,在当地巫师的帮助下,从城东海港的水下找到灯塔的遗骸。经过大规模的清淤、发掘,灯塔渐露端倪,证明历史上记载的亚历山大灯塔绝无夸大不实之词。

　　更大的收获还在后面。灯塔附近还发现了公元 3 世纪地震时沉入海底的一批文物。其中有托勒密王朝末代女王克里奥巴特拉的王宫,她的情夫、罗马统帅安东尼的宫殿,许多小型的人面狮身石像。

在伊西丝·法里亚神庙残址上,发现更多的雕刻品。此庙的女神是古埃及三大神之一,形象是头戴牛角王冠、手执权杖的裸女,专司人间生育繁殖事宜。

灯塔的遗骸是找到了,然而古人用什么方法造出如此宏伟的灯塔,这还是一个谜。

斯瓦希里文明之谜

"从前镶嵌瓷器的壁龛,如今野鸟在那里哺雏孵卵。"这是一位斯瓦希里诗人咏叹已消失了的中世纪斯瓦希里文明,"斯瓦希里"一词既是语言和民族的名称,也可表示东非海岸中世纪形成的一种文明。

这种文明形成的历史包括斯瓦希里语的产生和演变;奴隶制城邦制国家的形成;与印度洋北缘贸易的兴起和繁盛;东非海岸本土文明与东亚、东南亚、印度、波斯以及阿拉伯文化的交流与融合。

在伊斯兰教未传入东非沿海地带的 7 世纪以前,东非沿岸文明是由班图等族创造的以农耕为主,辅之采集、狩猎和商业的文明。7 世纪后,随着伊斯兰教的传入和阿拉伯人等外族的移民,逐渐形成斯瓦希里人的文明。

这种以商业城邦为特色的文明在 13 ~ 15 世纪达到极盛;至 15 世纪,沿肯尼亚至莫桑比克海岸兴起的比较大的商业奴隶制城邦即达 37 个,如一串明珠散布于东非海域。这些城市与阿拉伯、印度、波斯和中国进行贸易。从东非出口的商品有黄金、象牙、肉桂、乳香、玳瑁、琥珀和奴隶,进口的有来自中国的青瓷、丝绸、漆器,中东的织品、铁器,印度的宝石,商业十分繁荣,城市建筑也很壮丽。

14 世纪的著名旅行家俨本·巴图塔称赞基尔瓦是世界上建筑得最好的城市。郑和船队下西洋时记载其城市:"濒海而居,堆石为屋,四五层高。"它的农业与园艺业也达到相当高的水平。16 世纪还有人称赞:桑给巴尔、奔巴等地区,土地富庶,食物充足,种植稻米、小米、小麦,栽培橘子、柠檬、石榴、蜜果等。其语言文学、宗教信仰和政治制度也达到相当高的水平。16 世纪随着葡萄牙人闯入的浩劫,其文明发展才戛然而止。

斯瓦希里文明的创造者是谁呢?这一直是学者们争论不休的一个谜。

一些学者认为,斯瓦希里人的祖先来自伊朗的设拉子地区,东非海岸是"伊斯兰教的前哨站",斯瓦希里文化受外来影响而成,14 世纪达到顶峰。

此论认为:来自波斯的哈桑·阿里及其六子和一些跟从者在 10 世纪率领七艘船离开伊朗,远航至东非海岸。每艘船的人到东非后都建立了一个居留地。其中为人所熟知的 4 个居留地是蒙巴萨、奔巴岛、科摩罗群岛中的约翰纳以及基尔瓦。哈桑本人就定居在基尔瓦。由于这些移民加之阿拉伯人的到来,这些居留地经过一定的时期逐渐形成为城市并演变成为城邦,斯瓦希里文明由此产生。

另一些学者则认为,阿拉伯人是斯瓦希里文化的创造者,英国东非史学者科普兰把东非城邦叫做"阿拉伯的殖民地"。

他劝告读者"把沿海的一系列殖民地和其文明当做是阿拉伯式的"。他承认有一些受波斯文化影响，但认为非洲本地人所作的贡献很小，甚至根本不存在。

上述两种观点 20 世纪 60 年代后都受怀疑，一些学者认为斯瓦希里文明的创造者应为东班图人。据研究，斯瓦希里语带有明显的班图语特征。如班图语的特征之一是名词有单、复数之分，而无阴阳性之别。并按性质分为若干类，斯瓦希里语也是如此。

肯尼亚斯瓦希里族服饰

又如斯瓦希里语与其他班图语一样，每个单词通常是由词根和词缀组成的。当形容词或数词修饰名词时，必须根据名词的类别及单、复数，分别在形容词（或数词）词根前加上相应的前缀，以保持语法关系的一致。

斯瓦希里语也是非洲最古老的语言之一。记载东非沿海最早的文献是《红海回航记》。该书记载，在任何外来者未曾达到东非沿岸前，班图人已在那里定居。当地居民已有自己的语言，用于经商及日常交往，只是未形成书面文字。据说这就是最早的斯瓦希里语。

坦桑尼亚学者马希阿斯·姆尼亚帕拉认为，这种原始的斯语很可能就是班图语中古老的恩戈兹语。当时恩戈兹语曾通行于肯尼亚北部沿海的拉木地区，包括发扎和帕特直至塔纳河流域。

另据大不列颠百科全书介绍，斯瓦希里语属于尼日尔——刚果语系中贝努埃——刚果语族的班图语支系。

也有些语言学家认为，班图语本身可自成体系。斯语应属于班图语系中的东班图语族。各种关于斯瓦希里人口头传递的伊斯兰教殖民地的历史来看更容易使人理解些。

因此，根据上述各学科的材料，一些学者如艾伦、霍顿、鲁尔斯、斯比尔、马修，特别是上文提到的巴兹尔·戴维逊认为，斯瓦希里文明不是阿拉伯式的，也不是波斯式或印度式的，它们是非洲式的，而且主要是尼格罗非洲式的。

不过，事实真相究竟如何，还有待考古学者们进一步研究后方能揭晓。

非洲谜城

在人类的文明史中，有许多令人难以解释的现象。特别是在古代建筑方面，人们所发现的古代建筑的旧址竟是那么的宏伟壮丽，这与当时落后的生产力极不协调。人们很难猜透当时的人靠什么建造出这一切。其中，非洲就有这样的两座古城。

据史书记载，公元 11 世纪，在非洲西部和南部分别建有两座古城"廷巴科"和"森巴维"，都是那么雄伟壮观，可是根据当时的建筑水平推测，当时的人们不可能有那么高的文化智慧建起这样的城堡。传说中的廷巴科城在非洲西部撒哈拉沙漠的西南端，那里美女如云，宫殿金碧辉煌，到处都是奇珍异宝。美好的传说和巨大的财富具有极大的吸引力，像磁石一般吸引了众多的探险家。

19 世纪，法国巴黎地理协会拿出 1 万法郎作为奖金，鼓励人们前往廷巴科，去寻找神秘的古城。两个英国人历尽千辛万苦终于到达了古城，可是展现在他们眼前的不是财宝，只是一些残垣断壁，似乎向人们展示着它风华不再的当年。

后来，法国人占领了廷巴科城，他们对该城进行了研究后确认，这座城始建于 11 世纪，是由一名叫廷巴科的女人建筑的。至于这个叫廷巴科的女人是怎样的一个人，她是怎样建成这样一座不被当地人认可的城堡就不得而知了。

非洲的另一大谜城——森巴维坐落在赤道以南的南罗得西亚国的南边，它具有上千年的历史，是一座拥有宏伟建筑和庙宇的坚固城堡。森巴维城中最大的一个建筑是长达 116 米、地基深达 5 米、墙头宽 3 米的庙宇，其他建筑也同样宽厚坚实。

在这荒无人烟的非洲南部，是什么人能够建起这样一座宏伟巨大的古城？这一现象吸引着无数的史学家和考古学家。这些科学家们都努力工作，力求能找到揭开谜底的钥匙。

他们首先对建筑物的年代进行了检测，结论是该城建于公元 1100 年。通过对一块出土的木头进行考证，确认这是 900 年前的东西。通过对挖掘出的装在两个陶瓮中的男女尸骨的鉴定，确认男性身高约 1.8 米，骨骼不像当地黑人，而类似南欧人。

根据这两具尸骨埋葬的情况推断，他们生前就住在这里，是这里的居民。由此看出，这座古城就是这些外来民族所建，居住了大约 300 多年，直到公元 15 世纪中叶被当地的土著人消灭或者赶走，使这段文明留在荒野中。

根据考古学家的考证，公元 11 世纪，居住在那里的居民仍过着原始的穴居生活，他们甚至没有城堡的概念，更不可能掌握建设城堡的技术。

那么，这两座古城是否真的存在？如果存在，又是什么人，在什么时间，为什么要建造这两座古城？又是什么原因使这里毁灭？这些问题的答案还有待考古学家们认真探索。

恐怖的死尸之地

据《东非晚报》报道，肯尼亚有一个名叫梅南加伊的火山口，坑里树木郁郁葱葱，是当地的自然奇观。可是，尽管梅南加伊火山拥有宁静而令人窒息的奇观，当地人却认为邪恶的精灵附在了它的上面,因为最近几年,坑里频频发生一些令人费解的事,被当地人越传越邪乎。那么,这个神秘的大坑里究竟有什么?

1. 死尸之地

当地人都知道这个大坑里面经常发生一些稀奇古怪的事情,在附近居住的男孩仍旧愿意冒这种被他们所说的"鬼怪"围住的风险而去这里探访游玩。有些人真的一去不复回。于是,传言四起,很多当地人说,如果有人进入坑内,邪恶精灵便在火山口四周拉起很多美丽的墙,这时人就会被他们困住而分不清东西南北。

有的人在此丢了性命,也有一些人神秘消失,至今活不见人,死不见尸。当然,也有一些人因意外事故而去世,还有一些则被证明是自杀身亡。然而,这座火山口仍旧持续不断地吸引着数百好奇的人来这里探险。导游通过陪同游人参观并给他们讲述一些在这里发生的令游客十分震惊的奇怪事情,可以获得一定的收入。

发生在这个火山爆发形成的大坑里的奇事听起来非常可怕,当然这些故事也令人迷惑不解,真假难辨。有些人在坑里迷路,找不到回家的方向,即使在数小时之后他们被当地人找到,也不能解释自己当时究竟是如何迷路的。当地居民保罗·纳都说:"这些事说起来很多人并不相信,但是这里的确发生了那么多奇怪的事情。"

当地居民曾把这个地方称为"恶魔之地",因为按他们的理解,这个地方受邪恶精灵的控制,否则如何解释这里发生的怪事?当然,没有人知道这座火山口名字的由来,但是当地人说,这个名字是坦桑尼亚语里的一个词语,意思为"死尸之地"。

丹尼尔·凯因说:"有理由相信这个名字在坦桑尼亚语中的意思是死人之地,因为在19世纪非洲人自相残杀时,他们中的很多人就死在这里。"即使这个坑里发生过部落之间的战争,可这仍然无法解释这里发生的怪事。

2. 妇女失足掉进了大坑

"梅南加伊"这个名字的第二个意思"魔鬼居住地"。与"死尸之地"相比,这个名字的由来更清楚一些,它涉及到曾经在这里居住的一个神秘部落的故事。

纳都说:"这个火山口的声音听起来有时像母牛发情的叫声,而且坑里仍有一些炽热的区域,坑里有动物,但它们显然不会生火,有当地人便据此推断说这里必定居住着恶魔,这里的火都是恶魔点燃的。"

最近,一个妇女在寻找她的儿子时,不小心失足掉进了这个火山坑里。她12岁的儿子困在了这个深谷里面,而这个妇女当时也参加了营救她儿子的救援小组。约翰斯通·卡姆目睹了事情发生的经过,他说,这个妇女当时喊她孩子的名字,而且也听到了孩子的回答,在这之后,她就使劲往坑里面窥探。

他说:"当她听到孩子的应答声时,她就把身子往前移,力求可以看到洞里面的一切,但是她的脚下一滑,跌进了火山坑里面。尽管如此,这个小孩后来被警察营救出来,得以生还。"

去年,一个人曾在火山口附近放牧,尽管很早他对那一带地形就非常熟悉,但还是在那里迷了路。约翰·克鲁图在和他的伙伴玩耍时突然掉进了洞穴里,几天之后,这个 12 岁的孩子才被救了出来。在救援人员开始寻找他两天之后,他才被发现正在火山洞的深处四处转圈。凯因说,还有一个小孩也在这里迷路了,7 天之后才被发现,当时他正在洞穴里望着小鸟发呆,但是健康状况良好。

他说:"一些人虽然几天都不能找到他们的来路,但是他们被救援人员发现的时候,却没有显示出任何疲劳或饥饿的迹象。"他说,这个男孩告诉救援队,他在洞里一直在观察一个美丽的景象,而没有意识到时间的流逝。

尽管有那么多耸人听闻的故事发生,火山洞却给那些宗教信徒们提供了一个有益于他们祈祷和斋戒的安静环境。当然,不时地传出信徒在这里自杀的消息,其中就有两位天主教牧师撞进这个休眠的死火山中一命归西。

纳都说,这个事件发生在去年 11 月,当时一位天主教牧师跳进他的汽车,冲向这个距他仅有 900 米的火山洞。他说:"他瞄准看到的一个点直直地冲了上去,其间没有任何停顿,几秒之后,剩下的仅仅是一堆扭曲的汽车外壳和他失去生命的身体。"

鬼怪也会保护环境?

然而朝圣者仍旧会聚到这里进行祈祷。近来,当地《旗帜报》记者遇到了从卡卡梅加来的保罗·瓦林格,他待在这个洞穴里面祈祷斋戒将近两个星期了。他说:"这个地方简直太好了,在这里我可以把生活中的敌意淹没,从而接触到一个人内在的灵魂。"

他还说:"每当我在此祈祷的时候,我都感觉自己离神非常近。这里的确是个映照和反思个人生活的好地方。"他并不相信这里有什么鬼怪,他把这些鬼怪故事看成是人们丰富想象力的产物。他说:"我经常在这里祈祷至晚上很晚的时候,从来没有看见当地人所谈论的东西。"

但是 69 岁的西蒙·卡木吉仍然认为这个坑里确有恶魔。他说:"在播种期间,他们会朝着火山口的南端犁地,接下来种上小麦和玉米,但是庄稼不久就会被鬼怪没收。"他还说:"事情发生得太快了,你会看到一些庄稼和鬼怪收割的场景,但不久收割的慌张局面就结束了,而且土地也恢复到原来没种庄稼时的乱草丛生的状态,这时鬼怪也将会消失。"

卡木吉回忆说,这些鬼怪曾经在 20 世纪 60 年代在火山口的底部从事大规模农业生产。他断言称:"我们现在看到的鬼怪从事的农业劳动规模很小,他们居住在火山口的底部,并没有像 40 年前那样疯狂劳动。"他说,这些鬼怪负责捉拿人类,然后在阴间把他们藏起来。然而,这些鬼怪却只捉拿了那些试图破坏火山口动物群的生态破坏分子。他补充道:"那些游荡在火山口的人在砍伐完洞穴里面的木材后,就会骚扰那里的动物。但是一旦他们丢下他们手中的木材,就会找到来时的路。"

3. 鬼怪之说站不住脚

虽然这座火山进入休眠期，但是当地居民仍说，火山洞里面还有一些炽热区域，蒸汽喷嘴会不时给这些区域注满水蒸气。还有一个传说同样神乎其神：这座火山口的最新神秘之处是一把会飞行的伞，每当有雨时，这种伞就会出现。但是还没有人知道雨后这把伞的去处。卡木吉说："下雨时，就有一个看起来像伞的巨大的不明物，它似乎想为火山口遮挡住雨水，但是一旦雨小的时候，它就会消失。"

由于这个地方困住了很多游客，当地居民十分担心他们的小孩。悬崖四周没有护栏，因此对在这个地方附近玩耍的孩子来说是个危险。撒拉·玛尼娅说："我们担心我们孩子的安全，特别是没有人看管他们的时候。"

梅南加伊火山口发生的所谓"怪事"引起了一些社会学家和科学家的注意，但他们到当地调查后发现，这些"怪事"并没有什么特别之处，很多都是以讹传讹，经不起推敲。其实，非洲是一块古老的大陆，很多地方科技落后，鬼怪之说特别盛行，有些甚至成为当地文化的重要组成部分。当地人相信这些鬼怪的故事情有可原，外地游客不妨当做传说听一听，可是，如果也像当地人一样信以为真，那就未免太可笑了。

当然，如果想要真正揭开这一神秘所在的谜团，还需要进一步深入探究。

神奇的长明灯

世界各地都有盗墓者，他们想尽千方百计，到古墓中去偷窃埋藏了千百年的金银珠宝，古墓往往与世隔绝，使宝物历经千年还保存得相当完好。在这终年不见天日的古墓中，盗墓者通常会认为里面应该是伸手不见五指。可是他们有时却惊恐地发现，在一些古墓的拱顶上，一盏明灯投射着幽幽的光芒。

1. 神灯屡次现身

公元 527 年，叙利亚处于东罗马帝国的统治，当时在叙利亚境内的东罗马士兵们曾发现，在一个关隘的壁龛里亮着一盏灯，灯被精巧的罩子罩着，罩子好像是用来挡风的。根据当时发现的铭文可知，这盏灯是在公元 27 年被点亮的。士兵们发现它时，这盏灯竟然已经持续燃烧了 500 年。遗憾的是，野蛮的士兵们很快毁坏了它，这盏神秘的灯的原理已无人知晓。

一位希腊历史学家曾记录了在埃及太阳神庙门上燃烧着的一盏灯。这盏灯不用任何燃料，亮了几个世纪，无论刮风下雨，它都不会熄灭。据罗马神学家圣·奥古斯丁描述，埃及维纳斯神庙也有一盏类似的灯，也是风吹不熄，雨浇不灭，真有点像从《西游记》所述的火焰山上寻找的火种。

公元 1400 年，人们发现古罗马国王之子派勒斯的坟墓里也点燃着这样一盏灯，这盏灯已持续燃烧了 2000 多年。风和水都对它无可奈何，熄灭它的唯一的方式就是抽走灯碗里那奇怪的液体。这难道是神话中的阿拉丁的神灯吗？

公元 1534 年，英国国王亨利八世的军队冲进了英国教堂，解散了宗教团体，挖掘和抢劫了许多坟墓。他们在约克郡挖掘罗马皇帝康斯坦丁之父的坟墓时，发现了一盏还在燃烧的灯，康斯坦丁之父死于公元 300 年，这意味着这盏灯燃烧了 1200 多年。

公元 1540 年，罗马教皇保罗三世在罗马的亚壁古道（一条古罗马大道）旁边的坟墓里发现了一盏燃烧的灯。这个坟墓据说是死于公元前 44 年古罗马政治家西塞罗的女儿之墓。显然，这盏灯在这个封闭的拱形坟墓里燃烧了 1584 年。更有趣的是，坟墓里的尸体浸在一种未知的液体中，看起来像是刚刚才死去一样，原来古人用这种液体来保存尸体。

这些长明灯只是全世界所有发现中的几例。考古记录显示，这种古庙灯光或古墓灯光的现象在世界各地都有发现，例如印度、中国、埃及、希腊、南美、北美等许多拥有古老文明的国家和地区，就连意大利、英国、爱尔兰和法国等地也出现过。

2. 古人的魔咒？

如此神奇的长明灯为何没有保留到今天？古代人对所发现的长明灯不够重视吗？其实古代人的确保存过这些神灯，可是很奇怪，上述这些灯一旦现身，就会以某种方式很快毁坏掉，例如被野蛮的掠夺者和挖掘者毁坏。难道古人在利用某种魔咒来保守他们的技术秘密？

17 世纪中期，在法国的格勒诺布尔，一位叫杜·普瑞兹的瑞士士兵偶然发现了一个古墓的入口。费尽九牛二虎之力进入古墓后，这个年轻人并没有发现任何他想要的金银珠宝。不过，让他惊讶的是，在这与世隔绝的坟墓，竟然还有一盏正在燃烧的玻璃灯，惊异之余，他把这盏神秘的灯带出了坟墓，送给了修道院，修道院里的僧侣们同样目瞪口呆，这盏灯至少已经燃烧了千年。他们像宝贝一样保存着它，可惜的是，几个月后，一位老年僧侣竟然不小心把它碰掉在地上，摔碎了。

另一件趣事发生在英格兰，一个神秘的不同寻常的坟墓被打开了。打开这个坟墓的人发现，在坟墓拱顶上悬挂着一盏灯，照亮了整个坟墓。当这个人往前走时，地板的一部分随着他的走动在颤动。突然，一个身着盔甲、原本固定的雕像开始移动，举着手中的某种武器，移动到灯附近，伸出手中的武器击毁了这盏灯。这个宝贵的灯就这样被毁坏了。

3. 谁之杰作？

这种不寻常的灯代表着远古的高科技吗？我们的祖先如何发明出这些永不熄灭的灯？

不熄之火最早出现在各种神话故事中。据说这种不熄的火光是天宫之火，是普罗米修斯把它偷偷带给了人类。总之，人类由于机缘凑巧，知道了这个秘密。也许是某位先哲把它传给了人类，就像神农氏教会了人类种植农作物，有巢氏教会了人类建造住所。

一旦人类得知如何制造永久的灯光时,消息不胫而走,全世界的庙宇都想装上这种永不熄灭的灯。

根据古埃及、希腊和罗马等地的风俗,死亡的人也需要灯光驱逐黑暗,照亮道路。因此,在坟墓被密封前,习惯于放一盏灯在里面,而富贵荣华之家就要奢侈一些,放上一盏不熄的灯,永远为死者照亮。千百年以后,当这些坟墓的拱顶被打开时,挖掘者发现里面的灯还在好好地燃烧着。

制造不熄的灯,古人是否轻车熟路? 并非如此,一般平民的墓穴里都并没有这种灯。不过,并不富贵奢华的古代炼金术士的墓穴里也会出现这种灯。例如,公元 1610 年,一位叫洛斯克鲁兹的炼金术士的坟墓在他死后 120 年被掘开,人们发现里面也亮着这样一盏不熄的灯。于是人们怀疑古时的炼金术士和铸工懂得制造这种长明灯的技术。难道不熄的灯光与金属有关?

4.长明灯不熄之谜

遗憾的是,这种不熄的灯现在再无踪影,那些过去记载的见闻是不是真实的呢? 永不熄灭的灯很自然成为学术界争论的话题。

一部分人认为,世界各国有关长明灯的记录足以让人肯定,确实存在这样一种不熄的灯,或者长久燃烧的灯,只是技术失传,我们现在的人理解不了。中世纪时期的大部分有识之士认为,确实存在这种不熄的灯,并且认为这种灯具有某种魔力。

另一部分人则认为,虽然有那么多有关长明灯的记录,但现实中并没有一盏长明灯摆在众目睽睽之下,而且这种灯的能源问题严重违背能量守恒定律,因此这种不熄的灯应该不存在。还有许多人认为,这也许是古人在书中开的一个聪明的玩笑。

如果长明灯真的存在,那么它们的能量来源是什么? 或者它们并不是永久长明的,但千百年长久地燃烧,若是普通的煤油灯,就要耗费多少万升的煤油。难道它们的燃料是能够不断补充的?

中世纪以后,许多思想家曾经试图用补充燃料的方式制造一盏长明灯,即在燃料将耗尽时,快速补充燃料。但是没有一个实验成功过。即使利用现代的燃料连续补充技术,制造一个千百年长明的灯,也不太现实。

还有一些人大胆推测,这种灯就是使用电的灯,灯碗里那看似燃料的液体可能就是用来导电的汞,所以燃料看起来永不见少,这种用电的灯也不会怕风吹雨打。古时的希伯来人就秘密地保守着现代叫做电的技术。

据描述,13 世纪,一个叫杰彻利的法国人拥有一盏灯,没有任何油或灯芯。通常灯被放置在他房间的前廊,每一个人都可以看见。当杰彻利被问及灯为什么会亮时,他总是微微一笑:"保密!"

杰彻利做过许多与电有关的实验。为了保护自己不被仇家侵犯,他发明了一种放电按钮,能够放出一股电流到门上的铁把手。当杰彻利按下按钮时,闪亮的蓝色火花就会突然冒出来。

如果神灯真的是用电能点亮,那么电能是如何产生的?难道庙宇或古墓中安装有能够发电的机器吗?要做到一劳永逸地不断供应电能,只有太阳能发电可以做到。神灯真的是利用太阳能发电吗?古人似乎不愿告诉我们秘诀。

巴泽雷克古墓葬群之谜

位于苏联境内丘雷什曼河及其支流巴什考什河之间,有一块狭长的谷地。每逢冬季,这里朔风怒号,冰封雪掩。

1927 年,苏联考古学家鲁坚科率领考古队来到这片谷地。在艰苦的钻探考察中,他们发现了一片用巨石和封土堆成的古代墓葬群。

在鲁坚科的指挥下,队员们移开一块又一块的砌石和冻土块,终于使墓穴显露了出来。但是在积石层下面,考古学家发现有一层厚厚的冻结层覆盖于墓室上面,用镐使劲挖下去,冰层纹丝不动,只不过在透明的冰层上留下了一个小小的白印。

有人提议"用火烧化它",但马上遭到了同伴们的反对,因为从墓口可以看到,冻结层以内的墓室,是用原木堆积至顶,顶上又铺以树皮和树枝,万一烧坏墓室怎么办?

鲁坚科猛然想到,既然高温可以融化冻土,只有用开水才能浇融冻结层。

开水浇下去以后,工作进展十分顺利,墓冢被依次掘开,两口木棺内安卧着一男一女尸体,神态安详,犹如正在熟睡。男的脸色较黑,颧骨凸出,上身刻满黑色的纹身图案,女的则深目高鼻,皮肤白皙。

这两具尸体都经过防腐处理,内脏已被清除,塞满各种香料缝合、浸泡在油膏中,因而尸体保存得很好。

棺壁上挂着做工精细的毛织毡毯,其中最为华丽的一幅面积达 30 米,还有一幅巨大的地毯,上面绣着手执生命之树的女王,接受一个骑士的致敬。据考证,这张毛毯可说是迄今为止所知的世界上最早的拉绒多彩毛毯。

棺内随葬品中还有不少中国的玉器、漆器、金器、青铜器和整块的丝绸、布匹和铜镜等,甚至日常用品,尸体的衣物用丝、毛和皮革的材料制成并饰以上等的皮子,缀着串珠及成百上千的金片。所有器物颜色仍然十分鲜艳。鲁坚科和考古队员们现场临摹,使这些精美的纹饰图案资料能得以完整地保存了下来。

这次发掘之后,由于战争的原因,发掘考察工作直到 20 年后的 1947 年才再度进行。考古队员们大致用了两年时间,一共发掘了 5 座大墓,收获是巨大的。不仅发现了大量的纺织艺术珍品、乐器、烟具和青铜工具、武器等,甚至还发现了 45 匹配备整套马具的马尸。

巴泽雷克的古墓葬群的发现震惊了世界。世界上许多考古学家和历史学家对此高度重视,对巴泽雷克古墓葬群中的一些难解之谜也作了大量的研究、考证工作。

例如,对于古墓葬群的这种特殊的冷冻密封方式,一些考古学家认为,这是由于高山酷寒的自然条件所造成的,再加上墓葬特殊的结构,使流人墓内的积水常年冰冻不化,这主要是自然的力量在起作用。

另一种观点认为,当地地表并非常年积雪,而墓内的冰土层却经久不化,这完全是人工有意识采取的一种严密措施。建墓的日期很可能是在秋季,湿冷空气能够在这个季节中进入墓内,冻结墓内物,然后再在其上砌筑木石,夏季的阳光热气便被阻隔,使墓内形成了不会融化的冻结层。

巴泽雷克古墓葬群中的族属是什么?考古学家们也众说纷纭,无法给出一个肯定的结论。墓中所提供的人类学资料,既有与蒙古人种接近的部分,也有和欧罗巴人种相像的部分。因而有人认为他们是东迁的欧罗巴人种居民。相反的意见则认为他们可能是中国历史文献中记载的"月支"族,也即波斯文献中所记载的"塞种"东北支等。

关于古墓葬群建于何时?比较统一的看法认为在 2000 多年前,有的考古学家认为是公元前 5 世纪~公元前 4 世纪,也有一些考古学家则认为是在公元前 3 世纪~公元前 1 世纪等。

近年来,对巴泽雷克古墓葬群的研究又有了一些新的突破,有的学者将俄国彼得大帝所搜集的西伯利亚古物与巴泽雷克墓葬中出土的器物进行了对比,不仅艺术风格相近,而且都具有共同的欧亚草原游牧民族的特点。

考古学家和历史学家们还在努力考证,相信有关巴泽雷克古墓葬群的一些不解之谜的谜底将会很快水落石出。

西班牙洞穴壁画之谜

阿尔塔米拉洞穴遗址位于西班牙北部桑坦德西面约 30 千米的地方。1875 年,一个名叫索特乌拉的工程师到这里收集化石时,发现了许多动物的骨骼和燧石工具,但并没有发现其中的壁画。

时隔 4 年后,索特乌拉再次来到这里,并把他 4 岁的小女儿玛丽娅带在身边。据说玛丽娅因对父亲的工作不感兴趣而独自爬进了一个小洞口,因为洞内黑暗,她点亮了一支蜡烛。

这时候,她突然看见一头公牛,眼睛直瞪瞪地望着她,顿时把她吓得大哭起来。索特乌拉爬进去看时,只见洞壁上面的公牛和其他动物栩栩如生,不禁惊讶异常。

于是,闻名世界的阿尔塔米拉洞穴壁画就这样被发现了。

阿尔塔米拉洞穴是一个很大的洞穴,其长度大约 300 多米,索特乌拉所发现的壁画是绘制在洞穴的顶部,壁画 12 米长,6 米多宽,上面绘有各种动物的形象,整个画面线条活泼、色彩鲜艳,而且布局合理、疏密有致。所画的动物有奔跑的、有长嘶怒吼的、有受了伤半躺着的。这些动物形象逼真，呼之欲出。

西班牙洞穴壁画

发现这幅大壁画以后，索特乌拉随即从马德大学请了一名地质学教授来帮助考证。这位地质学家断定此为原始人类的壁画，于是，索特乌拉历尽艰辛，把这幅大壁画全部复制下来，并交给里斯本一个国际性学术组织。

但当时西班牙学术界对此发现持怀疑态度，他们认为原始人不可能具有如此惊人的艺术成就。有人说是索特乌拉为了沽名钓誉，或者为金钱所迷而雇佣当时的画家伪作的。

1888 和 1893 年，索特乌拉和那位地质学教授相继去世，但他们所发现的这幅大壁画仍然未被世人承认。1902 年，经考古新方法审定，这幅壁画是 3 万年前的作品。

现代考古成果表明，凡是人类曾居住过的洞穴遗址绝大部分都有原始壁画的痕迹。然而，我们从现在世界各地的洞穴遗址看，原始人类的艺术成就是十分低下的，它既幼稚又朴拙，大多是线条呆板，比例不当。即使在几千年前的洞穴壁画中，其绘画水平同样是十分低劣的。而阿尔塔米拉洞穴壁画造型准确，线条生动流畅，所绘画的各种动物栩栩如生，十分逼真，使人难以相信是 3 万年前的作品。

难怪在考古新方法测定之前，西方学术界认为是近人伪作。年代虽然确定，但问题并未解决，3 万年前居住在阿尔塔米拉洞穴的原始居民怎么能够创造出如此惊人的艺术成就？这个谜底尚未揭开。

众神聚居之所

特奥蒂华康，印第安语的含义是"众神聚居之所"。它是古代墨西哥人的宗教和经济中心。从古城遗址的规模可以判断，全盛期的城区面积 21 平方千米，人口将近 20 万，相当于同时期的罗马城，为古代世界最大城市之一。

出土遗物证明，特奥蒂华康始建于公元前 20 多年。全城以两条垂直相交的大道为基线，向四方延伸。南北向的中轴干线叫"黄泉大道"或"死亡大街"，长 1.6 千米以上，有几段路面宽达 42.3 米，全城主要建筑物分列两旁。"黄泉大道"是由 1325 年南迁的阿兹特克人取的。当年他们进军到这里时，见城市破败，没有一座完整的房屋，大道两旁却有连绵不绝的棱锥形高台，误认为是坟墓，故取此名。城内有华丽的宫殿、神庙，平民的住宅非常庞大，每座房屋有一个内院，环着内院排列着 50~60 个房间。可惜这些建筑现在都已荡然无存。

出土文物中，彩绘陶器和石雕像最多。一尊水神雕像以几块巨石精心拼接而成，水神头戴冠冕，两耳佩垂饰物，脸部表情严肃，双眼深邃有神，衣袍上的几何图案和装饰线条相当严整。在没有铁器的年代，印第安人就已能将粗石雕琢得如此明快、洗练、准确。至于三足鼎式陶罐，釉面的光洁，花纹的精致，造型的巧妙，完全可以列入古代艺术名作之林。

黄泉大道北端东面，屹立着修复了的太阳金字塔。它呈四方体，分五层，逐层斜缩，总高 64.5 米，底边分别为 220 米和 230 米，占地 50600 平方米。塔身铺镶着打磨平滑的素色、彩色或有雕刻图案的火山岩石板。太阳金字塔台阶陡峭，攀登颇为不易。塔顶平台上本来应当有座太阳神庙，据说当年太阳神像面向东方，胸披金银饰片，在阳光照射下熠熠生辉。

越过太阳塔前面的大广场，便可见到规模较小的月亮金字塔，这是祭祀月亮神的地方。广场可容数万人，可见当年祭祀规模之大。现存第三座大建筑在黄泉大道南端，那里有凹入式广场，三面环以平台式神庙多座，犹似城堡。最大的一座是六层金字塔，每层装饰着带羽毛项圈的蛇头和玉米轴组成的浮雕像，前者代表蛇神，后者代表雨神。蛇神是托尔特克人崇拜的图腾。

据推测，太阳塔的建造年代是在公元 7 世纪，建筑周期至少 50 年，蛇神庙是稍后时间建的。在拉丁美洲的北部，从墨西哥到尼加拉瓜，到处有金字塔。公元前 7 世纪到公元 15 世纪，居住此地的各个时代的印第安民族，相继兴建了 10 万多座大小金字塔。埃及金字塔虽然出名，但数量和规模难与拉美金字塔相比。它们的区别是，前者是帝王的陵墓，后者是供奉和祭祀诸神的祭坛。可惜的是，拉美金字塔连同它们所在的城市都已淹没了，成了当今世界千古之谜。

公元 8 世纪，特奥蒂华康消失了，可能是天灾、饥饿、瘟疫所致，或者是北方部落的入侵。也有人认为是一个新的贵族阶级兴起，与祭司（部落首领）抗衡，摧毁了最高神权统治，导致派系纷起，干戈不已，最终城毁人亡，同归于尽。

近年对中美洲古文明的研究有了新的发现。特奥蒂华康等古城的毁灭，同祭坛杀人太多有关系。当年奴隶主的残暴统治令人齿寒，广大奴隶除了为建造金字塔无偿劳役外，还要忍受在金字塔顶用活人祭天的可怕牺牲。

为了祈求风调雨顺，奴隶主要用活人的心脏献给太阳神、雨神，牺牲得越多，神"施恩"越大。金字塔那陡窄的阶梯，据说是为了祭天后便于尸体从塔顶滚下来。祭天时，先在塔顶的神庙旁，由四名祭司将人摔昏，然后用刀开膛，取出跳动的心脏供于祭台。若逢金字塔落成大典，杀害成千上万人活祭并不稀罕。

那么多的金字塔，那么频繁的祭事，再大的民族也会趋于衰亡。如此繁华的特奥蒂华康，为何消失于热带丛林之中？由于没有文字记载，哪一位考古学家也不能作出准确的回答。

神秘的科潘

1839 年,两个旅行者出现在中美洲的热带雨林之中。他们一个是英国人,一个是美国人,在当地向导的指引下,正沿着泥泞的马帮小道,艰难地向洪都拉斯崎岖的高地行进着。绿色的丛林世界,轻柔飘荡的树蔓,不绝于耳的树蛙声,这一切真会让一个生物学家如痴如醉。但是这两位旅行者到洪都拉斯来可不是为了研究珍稀动植物的,他们正在寻找一个消失掉的城市——科潘。

英国人名叫佛雷德里克·加瑟伍德,40 岁,是一位绘画艺术家,有丰富的旅行经验。在有照相技术之前,艺术家在科学探险中占有很重要的地位,他们的作品既记录了实景,又宣扬了新的发现。加瑟伍德曾经在埃及的一个考古队中干过,他关于近东地区遗迹废墟的素描和绘画让人羡慕不已。美国人叫约翰·李约德·斯蒂芬斯,34 岁,出生于一个殷实的家庭,自己又是一位律师,但他放弃了这一本行,这些年来一直在欧洲、俄国、近东地区、阿拉伯地区以及埃及周围漫游。

1836 年,斯蒂芬斯正要启程回国之际,在伦敦碰上了加瑟伍德。对古文化和废墟遗址的兴趣使两人成为至交好友。加瑟伍德很快就举家迁居到斯蒂芬所在的纽约,并开始计划对中美地区进行一次探险考察。两人当中,虽然加瑟伍德并不富有,但斯蒂芬斯却通过卖《阿拉伯佩特拉区游记》一书小赚了一笔。这本书发表于 1837 年,记叙了他在近东以及阿拉伯佩特拉古城旅行时的奇闻轶事,所赚的钱可以用来贴补这次新的探险考察。

他们选定中美洲作为他们的探察目标。虽然人们早就知道在墨西哥南部、龙卡坦半岛、危地马拉和洪都拉斯存在着大量的废墟,但对于这些遗址文化的真正了解却几乎等于零。对于建立于墨西哥中部峡谷平原的阿兹台克文明和建立于南美洲的印加帝国,早期西班牙征服者以及追随他们来到新大陆的随后几代传教士和殖民地官员都曾有过记录,然而对于存在于这两大富有殖民地之间的地貌和人种,西班牙的年史编撰家们却鲜有记载。

一些 16 世纪、17 世纪的牧师的确研究过那些被称为玛雅人的种族,并且在西班牙人到达尤卡坦半岛、洪都拉斯和危地马拉时,研究过居住在那里的农民和渔夫。然而这些牧师的目标是消灭当地的文化和宗教,让当地人民都皈依基督耶稣。这些狂热牧师中的典型就是狄亚哥·兰达,他以耶稣基督的名义折磨着成千上万的印第安人。

为了证实他的行为正确有理,兰达仔细地研究了他们的文化,结论是野蛮加迷信。他承认玛雅文化有自己的字母,而且他确实在自己的年鉴中抄录下了一些这样的符号,然而他坚信玛雅书籍一文不值,甚至充满邪恶。一次他见到了 30 本这样的书籍:捶打过的树皮表面用石膏刮平,上面画满图像和符号,可以像扇子一样折叠起来,现代考古学家把这样的书卷称之为精典抄本,然而残酷无情的兰达竟然不顾可怜的印第安人的苦苦哀求,把这些书籍付之一炬。

　　兰达以及与他同时代的牧师们的记录也包括一些有关玛雅失落的城市、庙宇和废墟的信息,但非常支离破碎,它们躺在西班牙殖民地的档案馆里,没人加以理会。18世纪晚期,一些勇莽的旅行者开始对这些废墟打起了主意。

　　安东尼·德里奥是墨西哥军队的一名军官,他于1786年探察了位于墨西哥南部巴伦克的废墟。20年后,另一名军官几勒尔莫·都潘克斯再次专访巴伦克。他俩对废墟遗址的描述于19世纪初期发表,但由于文章刊载的杂志名气不大,他俩的描述均未引起世界的注意。

　　但是他们并未停止努力,旅途的艰险也只能吓退那些胆小的。都潘克斯在形容通往巴伦克的小道时说:"除了飞鸟外,其他动物极难通过,小径盘旋于崖顶,蜿蜒于山间……"

　　18世纪30年代初,当时的北危地马拉总督胡安·加林杜来到了这些崎岖的丛林小道上。他先后访问了巴伦克和科潘这两处废墟遗址,并发表了一篇有关于它们的报告。

　　另一名叫金·佛雷德里克·王尔德克的冒险家几乎在同一时间也去了巴伦克,花了好几个月的时间对废墟遗址进行了素描。他们的书发表于1838年,里面有很多图片。在拜读了这些饶有兴趣的游记之后,斯蒂芬斯显然大惑不解,他不懂为什么这样的报告也未能激起人们更多的兴趣。他毅然决定由他和加瑟伍德共同担当起这一重任,即把中美洲这些鲜为人知的文化遗址废墟推向世界。

　　对于印加、阿兹台克和玛雅文化,一些学者已经提出了他们的理论,19世纪的学者对于文明这一概念非常感兴趣。从欧洲人在北美殖民开始,绝大多数的欧洲人就认为无论从文化、道德和智力各方面来讲,欧洲人都优于土著的印第安人。他们认为印第安人的文明原始野蛮,对其内在的价值不屑一顾,然而这些文明里存在着一些给人留下深刻印象的东西,如巨型石碑、精细艺术品、高深的天文、计时知识和技术。这些高级文明才可能拥有的东西怎么存在于低级野蛮的文明当中? 对此,欧洲人不得不作出解释。

　　西方人提出一个文明扩散论的理论来回答这个问题。扩散论的持有者认为文明并不是同时在全世界迸发的,得由一个集中、令人振奋的中心点向周边地区扩散。由此,美洲所发现的任何高级文明的特征都可以溯源到欧洲或其他陆上一个更早的文明,激进的扩散论者提出一长串建议,说中美洲发现的废墟遗址一定是由埃及人,或腓尼基人,或斯堪的纳维亚人、罗马人或威尔士人和爱尔兰人中的流放者,甚至可能是传说中的城市——亚特兰提斯消亡时逃出避难的人修建的。

　　两位荷兰学者为此喋喋不休,一位宣称斯堪的纳维亚人是美洲印第安人的祖先。另一位却义愤填膺地坚持赛思人才是他们的祖先,赛恩人是2500年前居住在黑海边草原上的一个游牧民族,至于他们是怎么到达北美洲土地上的,后一位学者也提不出令人信服的证据。

在 18 世纪和 19 世纪初,有许多人认为北美印第安人是《圣经》中所提到的、失散了的以色列部落的后裔,因此和犹太人大有关系。

就是那些极少数亲临过中美洲废墟遗址的人也完全搞不清究竟谁是这些建筑的修造者。德里奥弄不明白,都潘克斯也茫然不知所措,但他坚信一条:肯定不会是居住在这一带的玛雅印第安人修建的,因为他们过于原始愚昧,不可能是如此一个伟大文化的传人。

加林杜持另外一种意见,他相信中美洲是世界文明的起源地,然后整个文化和文明向西移动,传到中国、印度、美索不达米亚,最终传到欧洲,与此同时,作为文明发祥地的中美洲却坠落、沦落为野蛮之荒。

沉湎于印度风情和大象的王尔德克提出的理论听来异乎寻常,他宣称湮没无闻的中美洲文明只是印度文明的一个旁支,那些雕刻在巴伦克石碑上的奇异符号其实是大象的头部。可见当斯蒂芬斯和加瑟伍德在通往科潘的丛林小道上艰苦行进之时,他们也踏入了相互矛盾的理论荆棘丛中。

当两位探险家到达科潘谷地时,即今天位于洪都拉斯西部的科潘·瑞纳斯镇,看见了一条河,河的那面是长长的石墙似的建筑,高度达到 100 英尺。虽然有些地方已是残缺不全,小树和灌木丛生,但他两仍然一眼就认出这是一座巨大的石建筑遗迹。

后来,斯蒂芬斯在回忆中写道:"我们沿着宽大的石阶梯往上爬,有的地方还完整无缺,有的却被石隙里长出的树所拱翻,最后我们来到了一个平台之上。由于丛林杂草的覆盖,很难辨认出它的形状。"

尽管科潘大部分都被热带雨林所吞没,但是斯蒂芬斯和加瑟伍德还是找到了一个石头砌成的半圆形的竞技场;一些前肢跃起,飞向前方猛扑的美洲虎的雕像;还有砖石建筑上部巨大的石雕头像。他俩的正前方,一级一级的石梯最终引向一个巨人金字塔的顶部,简直就是一座人工的石头山,顶部原来是一座庙宇,墙体已全部倒塌,并被无花果的盘根所覆盖。周围都围立着石碑或有雕花的石柱。有些雕刻内容显然是人和动物,还有一些图像两人见所未见,闻所未闻。

斯蒂芬斯和加瑟伍德气喘吁吁地爬到 100 英尺高的金字塔顶部,坐下后放眼向掩盖在丛林中的其他金字塔和废墟望去,一幅凄凉和神秘的景象。斯蒂芬斯把半掩在丛林中的科潘比喻成大海中的一条沉船,"她躺在那里像大洋中一块折断的船板,立桅不知去向,船仓被淹没了,船员们也无影无踪";谁也不能告诉我们她从何处驶来;谁是她的主人;航程有多远;什么是她沉没的原因。"当被问及玛雅文化被毁灭的原因时,当地的向导也只能张口结舌。

谁知道呢? 他们总是这样一成不变地回答他们的咨询者,面对着科潘城的全部景貌,斯蒂芬斯心中只有一个信念:这些废墟只能是一个颇具成就的、有高度文明的种族留下的遗址。两人在科潘一待就是好几个星期,忙于探察、绘制地图和搞素描、勾草图。两人都认为科潘绝不逊色于埃及任何一座著名的金字塔。斯蒂芬斯事后回忆道：

完全不可能用文字来形容在探测时我的浓烈兴趣。我面临的一切都是新鲜的，既没有向导，又没有导游图，一片处女地。眼睛看不出 10 码以外，完全不知道双脚下一步又会踩踏上什么文物。我们不时地停下来砍去覆盖在石碑表面的树枝和藤蔓，然后又挖掘一番，挖出一些破碎的、从地下半伸出地面的石雕像。

当伴随我们而来的印第安人进行挖掘时，我俯身向前，心里充满了焦虑和期盼：一只眼、一个耳朵、一只脚或一只手被发掘出来。当印第安人的大砍刀铮地碰撞上了石雕品时，我急得一把将他推开，用自己的双手把坑里的浮土捧了上来。

令人振奋的发现使斯蒂芬斯大受鼓舞，急于探察更多的废墟遗址。他和加瑟伍德穿过危地马拉，进入了墨西哥南部的契阿帕斯地区，继续进行范围广泛的探测旅行，他们访问了巴伦克和其他十来座别人告诉他们顺路就可以到达的废墟。用斯蒂芬斯的话来讲，就是墨西哥谷地那边的伟大城市，可现在只剩下残垣断壁，荒芜孤寂，为热带雨林所覆盖，连个名字也没能留下来。

他们注意到这些遗址的石碑上刻有许多和科潘石碑上相似的图像，于是断定这一整个地区曾经为一个单一的种族所占领。并且他们的文化艺术是独立存在的，决不雷同于其他任何已知种族，属于一个新的文明。

值得称赞的是，斯蒂芬斯断然拒绝了当时风靡一时的文明扩散论，坚信这些废墟遗址肯定源于美洲本土，其建造者和现在还居住在这里的玛雅印第安人的祖先有相当接近的关系。随着这一论断的宣布，玛雅文化研究就从此诞生了。

回到纽约后，斯蒂芬斯和加瑟伍德共同发表了《中美洲、契阿帕斯和尤卡坦游记》（1841）。他们于 1842 年又回到尤卡坦半岛，访问了契晨·伊特萨和其他地区的玛雅废墟遗址，其结果发表于《尤卡坦探险轶事》（1843）。这两部书吸引了众多的读者，为推进玛雅文化研究起到了很大的作用。

若干年后，斯蒂芬斯和加瑟伍德又一次回到了中美洲，不过这一次的身份是铁路公司的代表，准备修一条贯穿巴拿马的铁路，不幸的是斯蒂芬斯染上了疟疾和肝炎，于 1852 年在他纽约的家中去世；两年后，加瑟伍德在一次大西洋沉船事件中也不幸身亡。

严肃正规的考古工作于 19 世纪 90 年代在科潘展开，哈佛大学皮波蒂博物馆派了一系列的考古工作队来。这些考古人员也对诸如契晨·伊特萨那些地处尤卡坦半岛的玛雅废墟遗址进行了考查，在此期间，摄影师和画家则忙于捕捉废墟遗址和工作中的考古学家的镜头。

一位名叫阿弗雷德·P.孟斯莱的退休英国人于 1881 年来到了中美洲，他自费整整花了 10 年的时间来拍摄玛雅废墟。他所整理收集的档案，其中包括许多从科潘拍下的照片，为那些试图追踪研究在过去一个世纪中废墟所发生变化的现代科考工作者提供了巨大的帮助。一位英国画家阿黛拉·布莱顿于 1900～1908 年之间在契晨·伊特萨精心画出了十几幅关于废墟的作品。她的作品也被现代考古学家作为重要的参考依据之一。

对于斯蒂芬斯来讲,科潘意味着一大堆无法解答的问题,而如今的科学家在很大程度上已经了解了这座古玛雅城市,科潘地区是一个80平方英里的河谷地区,而城市本身不过几平方英里多一点,位于河谷地区的最低处。这一地区内有3500座草木覆盖的高岗,每一处都是一座文化遗址,还有其他千余座高岗沿着河谷地区零散地分布着。

科潘城的中心是一个占地约30英亩的地区,考古学家称之为主建筑群,也是当年斯蒂芬斯和加瑟伍德看见一连串大型废墟的地方。包括大金字塔在内的最重要的建筑雄踞于土石砌成的平台之上,傲视着周围的一切。小型的金字塔、庙宇、院落及其他建筑散布于大金字塔的周围。金字塔之间建有大型广场,上面点缀着石碑,有的竟高达13英尺。

中央大型广场的一端修有一个球场,可是考古学家们并不清楚,在这个球场上,以及在整个墨西哥和中美洲类似的球场上游戏是怎么进行的。游戏使用沉重的橡胶球和石栏,很显然,这一地区曾有许多种族参加玩这种游戏。

有的考古学家相信它具有宗教方面的意义,可能输家就会被当做供奉的祭品。球场周围则是突兀的金字塔,就像陡峭、笔挺的山峰。

其他地区的玛雅建筑多为石灰石,但是科潘地区却迥然不同,它是这一地区暗绿色的火山岩石所造建的。在它的鼎盛时期,科潘的一切可能更加多姿多彩,因为有证据表明石雕和壁画上曾被涂成过红色或其他的什么颜色。虽然这里建筑上用的石料十分经久耐用,可石料之间采用的黏合剂竟是泥浆,而其他地区采用的是石灰浆。多少世纪过去了,当泥浆被雨水完全冲刷掉后,建筑开始崩塌;当然偶尔发生的地震也加快了这一过程。于是直接的结果是:科潘建筑的保存状况远不如其他玛雅废墟遗址。

科潘仅是玛雅许多文明中心中的一个。考古学家把玛雅的势力范围分成了三个区域:从南到北是高地(即今天危地马拉、西萨尔瓦多和洪都拉斯的山区地区);南部低地(即危地马拉、南墨西哥和比奈滋的丘陵和平坦低地相连接的地区);北部低地(即尤卡坦半岛)。科潘位于高地和南方低地之间。就其地形来讲,它属于多山的高地,但它与南方低地的玛雅城市有着最紧密的文化联系,这些城市中包括巴伦克和汰柯。

公元前1100年开始在郁郁葱葱的科潘河谷里有人定居,玛雅文化诞生于公元前2世纪,大约在公元前250年就进入了今天学者们所说的古典玛雅时代。从那一时期起,玛雅人开始在包括科潘在内的各地修建大型城市。到了5世纪,一位名叫宝兰色鹦鹉的国王统治了科潘(宝兰色鹦鹉是玛雅人供奉的一种热带鸟)。他下令修建了第一座大型的庙宇。他的后代接着统治了科潘15个朝代。科潘在他们的统治下成为数一数二的古典玛雅城市。

科潘另一位著名的国王叫灰色美洲虎,他在7世纪统治了大约70个年头,在他的治理下,科潘的领土扩大了,大概是因为战争征服的结果,城市不断地扩大,直到人口达到了 20 万左右，人口的增加也带来了城郊（如果能算成是郊区的活）的发展。皇亲贵戚们在中央金字塔周围修建了庙宇、广场和住宅，其余的人只得搬迁进了玉米地，在那里修建起一连串的新的住宅。渐渐地，原来那些住在城边的农民被迫交出谷地上开垦出来的良田，搬迁到了周围不大肥沃的坡地上。他们改变了原来的耕种技术，用石头围造了梯田，以免大雨冲刷走泥土，无论怎样，生产力开始下降。

灰色美洲虎的儿子兔子十八在 8 世纪初统治着科潘，那里的领土扩大到了 100 平方英里。为了记录下历史知炫耀科潘的辉煌，兔子十八下令修建了许多石雕和石刻壁画。可惜好景不长，这位国王战败后被邻国俘获，斩首示众。他的儿子灰色贝壳为了复国，和巴伦克国的一位公主成了亲。灰色贝壳也修了一个新的神庙金字塔，其造型很有自己的特点：72 级台阶，每级 50 英尺宽，上面刻了 1250 多幅图画，倾诉着科潘王国和它的统治者的故事，这可是全美洲最长的石刻故事。不幸的是，该台阶于 18 世纪崩塌，现在只有几幅画还保持着原来的状态。碑文研究家们正竭尽全力地工作，想恢复这些图画的原始状态，他们把这项工作的难度比喻成解决世界上最大最难的拼板游戏。

宝兰色鹦鹉王朝的最后一位国王叫雅克斯·潘克，他于公元 763 年登基。尽管他下令修建了许多纪念碑和祭坛，把自己描绘成一个强大的君主，但仍然无法挽救已走上颓势的科潘。人口过剩和庄稼歉收导致了食物的短缺，科潘人体质整体下降。科学家们分析研究了当地的骨骸，发现科潘后期人口中的 90% 都患有营养不良或其他病症。

大约在公元 1200 年，除了少数一些农民和猎户外，科潘已无人居住，热带森林开始慢慢地、极为耐心地吞噬已开垦出来的河谷地区，用树林、树叶、枝蔓和杂草覆盖掉所有的石碑和庙宇。

科潘的衰败反映了玛雅文明的整体衰退。汰柯、巴伦克和其他的南部低地城市似乎大约在 10 世纪左右就被遗弃了，只是在北部的尤卡坦，玛雅文化继续在契晨·伊特萨、犹克斯莫、图拉和玛雅潘等城市繁荣，但是也未能持续到 15 世纪，当西班牙人于 16 世纪入侵时，玛雅文明已经衰败不堪，它的鼎盛时朗已经是几个世纪以前的事了。古代的玛雅人相信时间的轮回，认为世界将灭亡于公元 2012 年，然而玛雅文化的辉煌却在几个世纪前就毁灭了。

历史学家们至今仍然弄不明白是什么力量终止了玛雅文明，用美国宾夕法尼亚大学考古学家罗伯特·L.仙诺的话来讲，这是"人类历史上最为彻底全面的一次文化失落"。

大多数的研究人员认为玛雅城市之间的战争，城市内部贵族之间的争斗，再加上由干旱、毁林和人口过剩所引起的经济和环境恶化导致了玛雅文化的全面崩溃，常年不息的战争的拖累，不断歉收的粮食，可能还加上农民的躁动不安，等级森严的玛雅社会终于不堪重负，趴下了。

研究人员今天仍然在致力于解释和完善玛雅文明消亡的原因。例如，在 1995 年，地质学家发现，有证据表明 8 世纪南部尤卡坦玛雅城市的衰落恰好与发生在那一地区的干旱相契合,那可是 7000 年一遇的特大灾害。

宾夕法尼亚大学考古与人类学博物馆馆长吉瑞米·沙布诺夫却认为这次干旱仅是一连串事件中的一件:这些事件共同迫使玛雅人放弃了刚刚才达到峰巅时期的图拉和周围的其他城市。

学者们一致认为"玛雅文化为什么崩溃"和"玛雅文化是怎样崩溃的"是当今玛雅研究中最引人入胜的两个题目。

我们知道我们对玛雅文明的了解来自三方面的信息。历史学家在各个国家档案馆里进行逐一的梳理,找出那些由狄亚哥·兰达和其他那些见证过玛雅文化后期衰亡的欧洲人所撰写的年鉴,它们常常是覆满灰尘,被世人所遗忘。

考古学家对科潘以及其他废墟的神庙和金字塔进行挖掘,同时也研究农村村舍、交通系统、农业灌渠和农田等遗址,希望能找到有助于理解玛雅社会、经济和政治的东西;而碑文研究者则拼命致力于破译玛雅雕刻文字——这可是美洲土著文化唯一的文字。

要想破译这些文字绝非易事。玛雅人曾留下过几千本书或抄本,但能幸免于西班牙传教士的怒火和时间蹂躏的仅仅有 4 本。当年斯蒂芬斯凝视着这些神秘的符号,问道:"谁能读懂它们呢?"但他还是相信,总有一天,总有人会破译这已经失传的文字。

第一批研究玛雅文字的碑文学家们把它当成象形文字来研究,每一个雕刻下的文字都代表一个物体、概念或数字。学者们首先试图破译玛雅人的数字系统,结果令人振奋:玛雅人是造诣很高的数学家,其数字系统里包括有零,其使用时间竟早于阿拉伯人好几个世纪。作为非常熟练的天文学家和计时专家,玛雅人相信时间是反复循环的。他们发明完善了详尽严密的日历来计算太阳历的季节和神的圣年。

到了 20 世纪中叶,研究人员逐渐为玛雅人塑造出一个雏形:一个集数学家、天文学家和祭师为一身,并带有哲理性的民族,他们对于计算时间的流逝和观察星相特别感兴趣。许多考古学家相信,那些正处于破译过程之中的玛雅雕刻文字肯定与历法、天文和宗教有关系。

俄国学者余里·罗索夫于 20 世纪 50 年代采用了一种全新的方式来研究玛雅文字,引起了玛雅碑文研究领域里的一场革命。罗索夫提出玛雅文字和古埃及、中国的文字一样,是象形文字和声音的联合体,换句话来讲,玛雅雕刻文字既代表一个整体概念,又有它的发音。

在罗索夫突破性研究的启发下,碑文研究工作者也不惜余力开始给雕刻文字找配对的音标。他们利用了 16 世纪兰达所作的记录,这些记录在 19 世纪中叶又被重新发现,其中包含不少有关玛雅文字发音的信息。

另一位出生于俄国,现在美国工作的学者塔约娜·普罗斯科拉亚科夫在 1960 年有了另一个突破。在研究玛雅文字期间,她意识到许多文字中都含有固定的时间段,相隔大约 56~64 年——这不是玛雅时期人的平均寿命吗?于是她作出结论,玛雅文字里写的不是宗教,而是历史,记录下来的是皇族人员的诞生、统治、死亡及其战争。人们第一次从另一个角度去理解玛雅文字,它记录的是栩栩如生的人的故事。古玛雅的历史突然间变得有了特定的意义,讲述了统治者和皇族生平的事迹,他们怎样被命名、他们的生日等。

自罗索夫和普罗斯科拉亚科夫所取得的突破以来,科学家们已经破译了所有玛雅文字中的80%以上,对玛雅文化和社会有了一个新的认识。现在我们知道了古玛雅世界并不是一个单一的统一王国,而是由许多相互对立的小国和城邦拼凑而成,多数时间它们都疲于相互征战而不是相互联合。这批咄咄逼人、穷兵黩武的城邦却有共同的宗教,在玛雅人的宇宙观中,人类社会十分危险地介于魔鬼的下层世界和神的上层世界之间,战战兢兢,随时可能遭受毁灭性力量的打击。

为了不让这些毁灭性力量降临,他们诚惶诚恐,对神诚心侍奉,包括用牲口和人祭祀。于是出于宗教原因和胜利者力量的炫耀,战俘常常遭到杀戮。玛雅宗教仪式中最重要的一条就是血祭——祭祀者以一种极为痛苦的方式献出自己的鲜血,因为他们相信只有让神祇感到满意后宇宙才能运转得井然有序,有些雕像就塑造了国王和王后在自己身上放血时的情形。

当时,斯蒂芬斯和加瑟伍德眼中的科潘是许多被丛林覆盖的城市中第一个被发现的。对于当今世界了解玛雅文明,它作出了极大的贡献。正是由于科潘的许多石碑和碑文为碑文研究者提供了源源不断的丰富材料,他们才得以成功地破译玛雅文字,从而打开了玛雅政治和历史的卷宗。虽然说科潘的考古和探察工作已经进行了整整一个世纪,重要的发现仍然不断地出现。

1989年,一队洪都拉斯和美国的联合考古小组成功地在科潘发掘发出第一座皇家陵墓。墓体掩藏在大金字塔的石阶梯之下,被埋葬者是个中年人,随葬品中是科潘有史以来所发现的最丰富的玉器装饰品和耳饰收藏品。墓里发现的彩陶和其他线索提示了被葬者的皇家身份,可能是国王灰色美洲虎的小儿子。1992年宾夕法尼亚大学的考古队又在同一金字塔的中心部分发掘出另一座皇墓,被葬者可能是科潘6世纪时的一位国王。

1982年联合国教科文组织宣布科潘为世界级文化遗产之一,这使联合国可以提供经费来保护废墟遗址免遭文物盗贼的荼毒和自然力量的侵害,同时能为进一步的研究提供经济援助。两年之后,洪都拉斯政府宣布在科潘成立国家考古公园,并且筹备一个考古博物馆,于1996年对公众开放。虽说废墟遗址已发掘了许多,然而在未来的几十年里,考古学家和碑文研究人员仍有很多实地工作要做。一个世纪以前,斯蒂芬斯和加瑟伍德面对科潘的神秘赞叹不已;一个世纪以后,科潘仍然是一个谜,还有许多秘密等待人们去揭开。

第三节　城邦消失谜团

印度河文明毁于史前核战争吗

印度河文明最早引起人们注意是 18 世纪哈拉帕遗址的发掘。在这里发现了大都市残址。19 世纪中叶，印度考古局长康宁翰第二次到哈拉帕时，发掘出一个奇特的印章，但他认为这不过是个外来物品，只写了个简单的报告，此后 50 年，再也无人注意这个遗址了。

1922 年，一个偶然的机会使人们发现了位于哈拉帕以南 600 公里处的摩亨佐·达罗遗迹，这里出土的物品与哈拉帕出土的相似，人们才想起了 50 年前哈拉帕出土的印章，考古学家开始注意这两个遗址间的广大地区。这些遗址位于印度河流域，所以被称为印度河文明。据考证，遗址始建于 5000 年以前甚至更早的年代。然而令人激动的还不仅是它的面积和年代，不久，人们就发现虽然这些遗址属于同一文明，但生活水平并不一样，这是什么原因呢？

对哈拉帕出土的印度印章进行研究的结果令人失望，没有人能释读印章上的文字。文字是一个国家文明的水准，有文字的印章可能在政治、经济活动中担任重要角色。而且印章只在摩亨佐·达罗和哈拉帕有出土，于是专家们推断，摩亨佐·达罗与哈拉帕都是都市，这就可以解释为什么处于同一文明的人生活水准不一样，当然这只是推测。

为了进一步证实摩亨佐·达罗和哈拉帕的都市性质，考古学家对摩亨佐·达罗进行了最广泛的发掘。摩亨佐·达罗面积约 100 平方公里，分西侧的城堡和东侧的广大市街区。西侧的城堡建筑在高达 10 公尺的地基上，城堡内有砖砌的大谷仓和被称为"大浴池"的净身用建筑等，其中最令人惊讶的是谷仓的庞大，这似乎显示了这个城市当时的富足。不过装满大谷仓的谷物是怎样征集来的呢？

市区有四通八达的街道，东西走向和南北走向的各宽 10 余公尺，市民的住房家家有井和庭院，房屋的建材是烧制过的砖块。如果不是亲眼所见，这是难以置信的，因为在其他古代文明中，砖块只用于王宫及神殿的建筑。最令考古学家惊异的是完整的排水系统。其完善程度就连现今世界上数一数二的现代都市也未必能够达到。二楼冲洗式厕所的水可经由墙壁中的土管排至下水道，有的人家还有经高楼倾倒垃圾的垃圾管道。从各家流出的污水在屋外蓄水槽内沉淀污物再流入有如暗渠的地下水道，地下水道纵横交错，遍布整个城市。从挖掘结果看，这是一个十分注重市民生活公共设施的城市，这是一个什么社会形态的社会呢？为什么它没有宫殿，所有的住房水准又都一样？

那些当时在今天已经无法居住的地方建设如此高度文明的城市的人，如果不是印度人的先人,那又是什么人呢?印度河文明是怎样被废弃的?后者可以从摩亨佐·达罗出土的人骨上找到一些线索。这里出土的人骨,都是在十分奇异的状态下死亡的,换言之,死亡的人并非埋葬在墓中。考古学家发现这些人是猝死的,在通常的古文明遗址中,除非发生过地震和火山爆发,否则不会有猝死的人。摩亨佐·达罗没有发生过上述两件事,人骨都是在居室内被发现的,有不少居室遗体成堆地倒着,惨不忍睹。最引人注目的是,所有的遗体都用双手盖住脸呈现出保护自己的样子。如果不是火山爆发和地震,那是一种什么样的恐怖令这些人瞬间死去呢?这在很长时间内是一个谜,考古学家们提出了流行病、袭击、集体自杀等假说,但均被推翻了。无论是流行病还是集体自杀,都不能解释"一瞬间"死去。而且有谁一边又在井边洗物品,一边在浴池里洗澡呢?为了解开这个谜团,印度考古学家卡哈对出土的人骨进行了详细的化学分析。卡哈博士的报告说:"我在 9 具白骨中发现均有高温加热的痕迹……不用说这当然不是火葬,也没有火灾的迹象。"是什么异常的高温使摩亨佐·达罗的居民猝死呢?

人们想起了一些科学家推断的远古时代曾在世界不少地方发生的核战争。摩亨佐·达罗遗址与古代假想中的核战争有无关系呢?事实上印亚大陆是史诗神话中经常传诵的古代核战争的战场。公元前 3000 年的大叙事诗《马哈巴拉德》中记叙的战争景象一如广岛原子弹爆炸后之惨景,提到的武器连现代化武器也无法比拟。更重要的是如此毛骨悚然的惨痛记忆留传至今,是非 1945 年"广岛"事件所能相提并论的。

另一首叙事诗《拉马亚那》描述了几十万大军瞬间完全被毁灭的景象。诗中有一点值得注意:大决战的场地是被称为"兰卡"的城市,而"兰卡"正是当地人对摩亨佐·达罗的称呼。据当地人说:1947 年印巴分治后属巴基斯坦而被禁止发掘的摩亨佐·达罗,有不少似广岛核爆炸后遗留下来的"玻璃建筑"——托立尼提物质,即世界上第一颗原子弹在美国托立尼提沙漠中试爆量,沙因高温凝固成的玻璃状物质。答案似乎出来了。但推断毕竟是推断,虽然科学家越来越相信地球上出现过数次文明并被毁灭,但在完全结论以前,要人们信服摩亨佐·达罗的遗弃与核战争有关还为时过早。

揭开"艾哈文化"之谜

最近,在"艾哈文化"遗址发掘出五具古人类遗骸,这是一个惊人的发现。早在 20 世纪中叶,印度的一些考古学家在该国西部的拉贾斯坦邦发现了一处庞大的古人类文化遗址群,面积达 1 万平方公里。考古学家认为,约 4500 年前,一个叫做"艾哈"的古人群迁移到这里,他们不仅成为梅瓦及邻近地区最早的居民,还创造了"艾哈文化"。

考古学家发现,"艾哈人"有着氏族社会的文明特征。遗址群分为 90 个主要居住地,每处面积约 500 平方米,均用泥砖砌成堡垒模样。后来,南亚的考古学界在巴基斯坦境内发掘了规模宏大的"哈拉帕文化"遗址,其文明特征与"艾哈文化"如出一辙。人们据此相信,"艾哈文化"是哈拉帕文化的一个分支,并将考古和研究的重点转移到哈拉帕地区。

尽管如此,一些细心的考古学家对"艾哈文化"的起源仍存有疑问。从1994年开始,在美国考古学家的参与下,印度考古界沿着不同的地质层,对"艾哈文化"进行了更大规模的发掘。这是人们在"艾哈文化"地区首次发掘出古人类遗骸。研究表明,这些古人死时的年龄均在35~50岁之间,除一人的性别无从辨别外,其余为两男两女。其中四具遗骸是在公元前2000~公元前1800年的红铜时代地质层发现的。更为惊奇的是,这些遗骸分明有着被火化过的痕迹,与哈拉帕文化的土葬习俗不同,最后一具出土的遗骸还保持着印度教持定三昧的姿势。一些考古学家提出:难道"艾哈文化"与哈拉帕文化并非同宗?果真如此,二者又有何关系?

考古学家在"艾哈文化"遗址同时发现了布满牛粪的痕迹,并发掘出大量雕刻有牛图形的文物。起初发掘的文物上刻的均是公牛图形,这契合了印度人历来奉牛为神明的传统。但之后又发现了刻有母牛图形的文物,这使考古学家大惑不解。考古学家深入分析后认为,不管是公牛还是母牛,"艾哈文化"与以雅利安人为代表的印度人种的文化,有着更大的共同点:对牛的崇拜。"艾哈文化"与哈拉帕文化不存在同源的特性,因为哈拉帕文化丝毫没有对雌性动物崇拜的现象。

随着考古研究的深入,谜团进一步被揭开。人们确信"艾哈文化"是一种较之哈拉帕文化历史更为久远的文化现象,"艾哈人"制作陶器的技术不仅更为精湛,而且运用了比哈拉帕文化的"黑色陶器"更丰富的红黑色彩绘手法。此外,"艾哈人"在建筑工艺上也采用了较为先进的烧砖。考古学家相信,当哈拉帕文化于公元前2500年处于鼎盛时期时,"艾哈人"从哈拉帕文化中学到了不少先进的技术和知识,从而推动了"艾哈文化"的发展。

考古学家研究发现,"艾哈文化"在历史上形成了以农业、畜牧业、狩猎和捕鱼为特色的混合经济模式,只是到公元前1800年前后,由于气候变化和自然灾难,"艾哈文化"才逐渐消亡。哈拉帕文化在同期也开始没落,这也是"艾哈文化"灭绝的一个因素。

失落的奥尔梅克文化

除了玛雅文化,中美洲还曾经出现过另一种神秘文化,那就是奥尔梅克文化。

3000多年前,就在地球上的大多数角落仍然处于文明的黑暗中时,美洲的墨西哥湾海岸上出现了这样一种文明——奥尔梅克。它曾在高原上大兴土木,建造城市;它曾在这些古远的城市中创造了自己的文明。他们曾经很强盛,但到公元前900年前,不知是什么原因,他们突然消失了。他们的遗迹中也没有任何遭到外敌入侵的痕迹。所以科学家猜测也许是他们赖以生存的河流由于淤泥堵塞而改道,导致他们不得不放弃这里,远走他乡。据说今天的墨西哥圣洛伦索就建立在它的遗址之上。

奥尔梅克文明被普遍认为是中美洲文明的始祖,它为日后的社会提供了许多文明财富:有恢宏的宫殿,有奇特的陶器,有人形美洲虎图案。但最卓著的当属奥尔梅克特有的雕像,这些雕像以巨大的石头头部雕像工艺见长,大都雕刻着厚厚的嘴唇和凝视的眼睛。科学家认为,这些雕像很可能是当时帝王的纪念碑。

雕像的高超工艺,连几千年后的现代人都叹为观止。它们不仅体积巨大,栩栩如生,尤其令观者震撼的是,这些雕像所用的石头均来自很远的地方,而在当时没有先进机械设备的情况下,奥尔梅克人却把沉重的玄武岩石块从40里外的火山区拖到圣洛伦索,还把巨大的石头打磨成了10英尺高的石头头像,其中的力量与智慧实在不容小视。所以,科学家认为,这些石像是文明的标志。

高度发达的奥尔梅克文明对中美洲宗教、艺术、政治结构和等级社会存在着重大影响。也有少数人认为奥尔梅克文明只是当时文明的一个"姊妹"文明,算不上什么始祖。

奥尔梅克文化和玛雅文化都是人类文明史上的谜团,而且它们都曾存在并兴盛于中美洲。所以,很多考古学家一直认为二者之间必然存在着某种联系。近来,研究分析发现奥尔梅克文化与玛雅文化确实存在着密切关系,那就是玛雅文化传承于奥尔梅克文化。

耶鲁大学的考古学家迈克尔·科博士在自己最新一版《玛雅》中指出,奥尔梅克文化的影响曾在中美洲地区各部分都遍及,唯一疏漏了一个地方,就是玛雅。科博士也感到很奇怪,但他猜测很可能是当时的玛雅人对日益壮大的奥尔梅克丝毫不感兴趣,所以没有融进奥尔梅克文化。

后来,科博士和同事在史前古器物上找到了奥尔梅克文化对玛雅文化影响的痕迹。从痕迹中他们推断,从公元前100年起,玛雅城市中开始清晰地出现奥尔梅克艺术、宗教信仰、橡皮球游戏和奥尔梅克统治者在庆祝仪式上的着装。玛雅经典金色神像也和奥尔梅克神像有许多相似之处。除此之外,玛雅城墙上还涂着一群人围着一个神,纷纷献上食物和水的图像。"神的头像分明就和奥尔梅克石头头像一样。"科博士说道。

所以,科博士认为,奥尔梅克文化对玛雅文化的影响是以一种非直接的方式进行的,它们中间经过了另一种文化——伊扎帕文化。伊扎帕是墨西哥恰帕斯内的一个地方,曾经有过很多古代寺庙。在这里,你既可以看到奥尔梅克雕像,又能看到玛雅油画,可见,它曾经连接了奥尔梅克文化和玛雅文化。

苏美尔文明之谜

位于两河之间的美索不达米亚平原是人类文明最早的发祥地之一,这里曾经哺育了包括四大文明古国之一的巴比伦在内的许多古代文明,但是文明的最初源头要追溯到公元前4000年的苏美尔文明。

苏美尔人很早就掌握了丰富的知识和高超的技术。他们在两河之间修建了复杂的水利系统,驯服了时常泛滥的河水,开垦出富饶的田地。他们不仅发明了楔形文字,记录下许多神话、史诗、演讲词等作品，还发明了 1~5 的数字，历法也相当先进。最为人称道的是他们建立了一套较为完备的法律体系。著名的汉谟拉比法典就是后来的巴比伦人根据苏美尔法典订立的。

苏美尔人从哪里来并开创了辉煌的文明？苏美尔民族究竟从何而来，至今仍未有明确的答案，它的出现就好像奇迹一般。有些人认为如此发达的文明只能来自外星球，这一点可以从苏美尔人的传说中找到证据。据说他们的祖先是降落到人间的众神子孙，从一些古老的史诗中也能发现类似描写空中飞行的词句段落。但更多的人则坚持认为苏美尔人是某个古老民族的一支。他们的神庙往往建在由泥砖堆起来的建筑物上，看上去很像坐落在群山之巅，于是有些学者猜测他们来自东方的山区。从出土的一些图章看，苏美尔与古印度文明的图章风格极为相似于是有人认为他们与印度人有某种联系。还有人从语音考证，认为苏美尔人可能来自中国。众说纷纭，要想得出结论，还有待进一步研究。

迈锡尼文明之谜

迈锡尼文明的繁荣始于公元前 17 世纪，谁才是这一文明的创造者，一直是个争论不休的话题。自从迈锡尼的文字被识读，他们属于希腊人已经不成问题，而迈锡尼文明和米诺斯文明曾经相互影响也是不争的事实。人们还相信迈锡尼的繁荣来自与其他国家的广泛而平等的贸易，所以为这一文明作出了贡献的应该不只是一个民族的人们。

公元前 13 世纪，迈锡尼的自负国君倾尽全力去攻打特洛伊，花费了 10 年时间，耗尽了人力和财力，虽然最终攻克了特洛伊城，整个国家却已经大大地伤了元气，迈锡尼文明从此一蹶不振。几百年之后，它自己的城池也被攻破，迈锡尼就永久地消失于人类的视线中了。

被挖掘出的迈锡尼城堡高耸在山顶，平面呈三角形铺展开去，守护在城堡门口的是一对已经无头但仍然威武的石刻雄狮。两只狮子顶着的是一条柱子的石板雕，被认为是皇族权势的象征。因此，迈锡尼城堡的大门得一美名——"狮子门"。狮子门往里，就是一处单独围着石墙的皇家墓井。

墓井里发现的尸体多为黄金所包裹，有一具男尸脸上还戴着精致的黄金面具，妇女头上也装饰了各种黄金首饰，连墓内的小孩儿也是被黄金片所覆盖。由此可见迈锡尼享有"黄金之城"的美誉确实当之无愧。

除了墓地，城堡里还有皇家宫殿、楼阁、冠冕厅及起居室。城堡的东面还有大量商人的住处，在那里发现了不少陶器。人们由此推断迈锡尼古城里居住的全是皇族、政要和商人，是他们享有着迈锡尼文明的富裕果实。但是，迈锡尼本身并不出产黄金，那么多的黄金都是从哪里来的呢？迈锡尼高踞高山之上，也算是固若金汤，可为何在历史上却多次被攻破呢？更让人不明白的是，迈锡尼文明已经创造了自己的文字，并且被用来书写进行贸易时的货物清单,但他们却不在墓碑上刻下死者的名字和业绩,这有别于同时代及后世民族的树立丰碑的习惯,又是为什么呢?

吴哥窟衰落之谜

位于柬埔寨的吴哥窟世界闻名,它是迄今为止发现的在工业时代之前最大的人类聚居地。最近科学家使用新型雷达设备在吴哥窟中心庙宇的附近又探测到了 74 座新的庙宇和 1000 多个人工湖泊。

吴哥古国兴起于公元 9 世纪,吴哥文明繁荣兴盛长达 600 年,直到其统治者将整个都城搬迁到位于今天柬埔寨首都金边附近的地方。

这一文明最辉煌的代表就是建立了位于吴哥窟的巨大庙宇,这一遗址也被称为目前世界上发现的最大的独立宗教建筑物,而它始建于公元 12 世纪早期,这不能不称为人类文明史上的一个奇迹。

吴哥窟

尽管吴哥古国把他们的文明成就都雕刻在了庙宇的石刻上,但是他们并没有留下文明为什么衰落的信息,于是这个神秘的原因吸引了来自世界各地的考古学家,也引发了广泛的学术争议。

最近新西兰奥塔格大学的人类学家查尔斯·海曼认为,文明衰落的原因可能还是与战争和宗教信仰的改变有关,他在之前的研究里已经揭示了吴哥文明的起源。海曼博士认为泰王国的入侵者在 1453 年攻入吴哥古国的中心地区,原先的文明信奉的来源于佛教的女神也被其他佛教神灵所取代。而大量的市民和无产者不再相信国王的神力,也是一个原因。

另一个可能的原因就是过度耕种、人口爆炸和环境污染使得这个依靠季风雨水抚育的土地不堪重负。

为了使得这么多人口有饭吃,大量的水利设施也被兴建,这些水利设施不仅可以用于灌溉,还能在雨季发挥防洪的作用。

科学家发现这种发展模式使土地和环境不堪重负,最终导致了吴哥文明的衰落。由于人口的激增,大量的原始森林被砍伐,增加了发生洪水和泥石流的风险;由于水利设施的设计不合理,河流的天然泄洪功能被破坏,古代吴哥人选择了不合理的非可持续发展方式,使得局部生态循环完全被破坏了。

在北部地区的地雷被逐渐排除以后,考古学家有望深入遗址腹地,逐渐揭开这个曾经伟大的文明衰亡的真正原因。

消失的示巴古国

人们已初步断定《圣经》中提到的示巴王国位于濒临红海的阿拉伯半岛西面,在现今阿拉伯也门共和国境内。它是公元前 10 世纪兴盛一时的文明古国之一,在古代东方的发展史上曾产生过积极影响。示巴古国由于紧靠当时的通商要道——红海,同与红海相接的以色列、埃及、埃塞俄比亚、苏丹等国结成了密切的贸易关系,商业一度十分发达。示巴古国盛产香料、宝石和黄金,这使它在产品交换中处于十分优越和有利的地位。据说,示巴商人当时已经会利用红海的季风之便远洋航行了。他们在每年 2 ~ 8 月海风吹向印度洋和远东时,便加大对这个地区的贸易运输量。

等到 8 月以后海风回吹时,他们又溯红海而上与以色列和埃及交往。这个季风的秘密长期未被泄露,直至公元 1 世纪时才被希腊人发现。示巴的陆路贸易也很发达,骆驼商队活跃在阿拉伯半岛和西亚的广阔地带上。示巴古迹的发掘,已透射出这个文明古国的奇光异彩。但失落的示巴文化这个历史之谜,还远未全部揭开。

曾经的亚马逊女人国

在希腊神话中,关于亚马逊女人国的故事是最为丰富和最为精彩的一部分。这是一个异常凶悍的女性国度,她们一族发源于小亚细亚的峡谷和森林之中,其大体位置在希腊以东黑海沿岸的庞图斯地区,都城在铁尔莫东河畔的泰迷细拉。据说亚马逊人有两个女王,一个负责战事,另一个则负责政务,并一同管理这个国家。相传每一个亚马逊女战士长大成人时都会烧掉或切去右边乳房,以方便于投掷标枪或拉弓射箭。亚马逊人在女王的统治下,相信自己是战神阿瑞斯的后代,此外她们也崇信狩猎女神阿尔特弥斯。战争、狩猎、简单的农业构成了女人国女人的全部生活。绝大多数的亚马逊女战士都是马背上作战,精于骑射,甚至有不少亚马逊人以雇佣兵的身份出现在世界各地的军队中。

传说中男人不能进入亚马逊人的国境,为了避免种族灭绝,她们一般会一年一度地访问临近部落加加里亚人,之后所生的若是女婴,就妥善抚养起来,倘或是男婴,一般直接杀掉,偶尔也送还给他们的父亲。

长期以来,在神话和事实之间,人们存在着许多的疑问,许多人认为,亚马逊女战士不过是一个神话,因为直到今天,我们也没能找到她们的遗迹。但是假如她们压根儿就不存在,那为什么希腊人不惜浪费时间和笔墨去雕刻亚马逊女人的雕像,并且为她们谱写赞歌?

有人说所谓亚马逊女儿国不过是男性统治的希腊人的想象,并且这种想象从来没有中断过。实际上中国也有类似的记载,例如中国唐朝圣僧玄奘法师写的《大唐西域记》中就提到一个女儿国,说东罗马帝国的西南海岛上"全是女人","有产男子皆不养也"。一直到了 16 世纪,一支西班牙寻宝队还宣称在亚马逊河遭到一酷似传说中亚马逊女战士的袭击。

但是除了神话传说、美术雕刻和文学作品之外,亚马逊女人国在历史典籍中也有提及,这就不能不引起人们的重视了。古希腊历史学家希罗德的《历史》中对亚马逊女人国的轶事作了详尽的描述,其中最为详尽的是亚马逊人与希腊人的最后一场战争。希腊人最后打败了她们,并准备把大量俘虏运到雅典,可是当船到海上时,由于看守不严,亚马逊女战士杀死了押运她们的希腊人。但是她们却对航海知识一无所知,于是随船漂流到黑海东北部的亚速海地区,遇到了塞西亚人,旋即与他们发生了战斗。可是塞西亚人一发现这些身着男人服装的剽悍女人,便马上放下武器,转而向她们求爱,这样最终他们中的年轻男子和这些女人开始生养孩子,组成了一个"女权制部落"。希罗多德说这是绍罗马特亚人的起源。但是究竟希罗多德自己有没有见过亚马逊女战士,就不得而知了。

1997 年的考古大发现,也许为这个千古之谜打开了冰山一角。这一年,美国和俄罗斯联合组成的考察队在靠近哈萨克斯坦的俄罗斯南部草原上开启了 150 多个公元前 600 ~公元前 200 年前的游牧部落的坟墓。里面的兵器和女性骨骼被埋葬在一起,其中一个女的身上深深地嵌着一个箭头,估计是在战斗中被射死的。其中最为惊人的是一个年纪约在 14 岁左右的女孩子,她的骨架旁边除了放着一把剑外,颈上的一个皮革小袋子里还放着一个护身符和一个铜制的箭头,右边是一把匕首,左边一个箭袋有 40 多支箭。她的双腿有些弯曲,估计和长时间骑马有关。由此可见她所在的部落是从小就开始训练打仗的。

亚马逊女儿国是否子虚乌有,看来仍要时间来验证了。

古格王国

神秘的古格王朝 300 年前一夜之间在历史上消失,留给我们的只有那记录了古格灿烂辉煌的文化艺术成就的遗址。

传说古格王国时期这个地方素以精于冶炼与金银器制造而闻名,当年阿里三围以托林寺为主寺的下属 24 座寺院的金属佛像与法器,都由鲁巴铸造。据说鲁巴铸造的佛像用金、银、铜等不同的原料合炼而成,工艺精湛,通体全无接缝如自然形成,其价值甚至超过了纯金佛像。

其中,最为神奇的还有一种名叫古格银眼的铜像,只有古格才能制作,更是被视为佛像中的精品,因为极少流传于世,所以尤为珍奇。长期以来,无人知晓其究竟为何物。

直到 1997 年夏季,在皮央遗址杜康大殿的考古发掘中,出土了一件精美的铜像,才终于揭开了古格银眼之谜。这尊铜像头戴化佛宝冠,4 臂各执法器,结跏趺坐于兽座莲台,头生 3 眼,额上正中眼为纵目,3 只眼的眼球都采用镀银的技法做成,在金黄色的铜像背衬之下银光闪闪,晶莹锃亮,这就是所谓古格银眼,看来的确名不虚传。由此可见,古格王国时期金属制造业已经达到相当高的水平。

近数十年间古格遗址周围不断发掘出的雕刻、造像及壁画等揭开了古格王朝的神秘面纱。

古格盛产黄金白银,在托林寺、札不让、皮央东嘎都发现过一种用金银汁书写的经书,而且出土的数量极大。这种经书以文书写在一种略呈青蓝色的黑色纸面上,一排用金汁、一排用银汁书写,奢华程度无以复加。

然而,古格王国的身影究竟消失在何处? 至今,仍无人知晓。

纳斯卡文明

在秘鲁共和国西南沿海伊卡省的东南隅,有一座名叫纳斯卡的小镇。这座小镇稀稀疏疏地散居着近百户人家,祖祖辈辈以捕鱼为生。

这座小镇的东面,是绵延巍峨的安第斯山脉。在它们之间,横亘着一片广袤的荒原,面积约有 250 平方公里,当地人称作纳斯卡荒原。20 世纪中叶的一个夏季,一支秘鲁国家考古队辗转来到纳斯卡荒原。他们在茫无涯际的荒原上考察了好几天,发现荒原上有大面积的人工挖成的"沟槽","沟槽"里竟填塞着无数像生锈的铁块一样的石子。

考古队发现这些"沟槽"的深度一般为 0.9 米,而宽度却不一样,有的宽度只有 0.15 米,有的却达 20 米,尤其令考古队员不可思议的是:"沟槽"的形状和走向十分奇特,有的舒展飘逸,有的短促顿挫,有的回环宛转,更有的似乎直通天际,真是鬼斧神工,难以捉摸。

这些"沟槽"是什么时候由谁挖成的? 起初,考古学家把这些"沟槽"称为"一个不知为何建造的巨大而玄妙的工程"。后来,考古学家决定乘飞机对纳斯卡荒原进行空中摄影和观察。当他们从高空向下俯瞰时,映入眼帘的景象顿时使他们瞠目结舌:荒原上的"沟槽"不是原先猜测中的灌溉渠道,也不是地表的裂沟,而是一幅幅绵亘无垠的图画。这些画的每一根线条,都是把荒原表面的阳砾石挖开后形成的。其中一些"沟槽"所组成的线条,平直而有规则,构成大大小小的三角形、长方形、梯形、平行四边形和螺旋形之类的几何图案,好像是经过数学家精心的计算才开挖的,极具匠心。更令人惊奇的是:荒原图案有许多是动物、植物以及人的形象。例如有一个人形,只有一头和两手,一手长了 5个手指,另一手却只长了 4 个手指,画长约 50 米,是一个典型的印第安人的轮廓。动、植物图案的大小不一,大多在 15~300 米之间,最大的占地 5 公里。从拍摄的照片上看,这些形象惟妙惟肖,非常逼真,可称得上是一位画家的杰作。有些恰似蜥蜴、蜂鸟、鸭子、鲸;有些又宛若长爪狗、蜘蛛、鹦鹉、苍鹰;还有些极像海草、仙人掌、花朵。其中有一只猴子的形象足足比一个足球场还大,它的一个巴掌就有 12 米宽,看起来活灵活现,风趣盎然。另有一只大鹏的翼长约 50 米,鸟身长达 300 米,远远望去,恰似扶摇直上于飓风中,轻盈飞舞,又如海中的巨大旋涡,飞流而上,缓缓升腾。还有一幅章鱼的图案,腹下插着一把锋利的长刀,甚至可以想象出章鱼悲痛欲绝的情状……

纳斯卡荒原图案之谜,轰动了全世界,这些图案是什么时候如何创制出来的? 这些图案有什么含义? 是用来做什么的?

半个多世纪以来,许多学者对这一系列问题进行过深入细致的研究,但都困惑不解,众说纷纭,莫衷一是,至今仍是一个尚未完全揭开的人类文化之谜。

国外有些人认为纳斯卡荒原在那极遥远的古代曾经是"外星人"设在地球上的一个"宇宙航空港"。有研究资料表明,从 1948 年以来,飞碟频繁地光临南美洲。在 1 万多起飞碟事件中,秘鲁就占 70% 以上。有研究人员说,秘鲁境内有 4 个飞碟起落基地,其中纳斯卡荒原是其当之无愧的大本营。经过测试,纳斯卡荒原表面无论用风钻钻,或用炸药炸,都丝毫不能损害它。它的平面倾斜角与火箭发射台的倾斜角相同。纳斯卡荒原所处的地理位置正好是世界上磁场强度最弱的地方之一。这种情况适于宇宙来的飞行物较省力地降落和起飞。显而易见,要确定这么一处合适的降落点,不对重力和磁偏角进行精密计算就根本办不到。

大约在公元几百年,也就是在古纳斯卡文化鼎盛时期,古纳斯卡人已经同时具有两种历法,这在人类文明史上是独一无二的。一种是典仪历法,在这种历法中,古纳斯卡人把一年按 260 天计算,这 260 天又分成 13 组,每组 20 天,用来进行朝觐、祭祀、册封等各项国事活动。另一种是民用历法,每年分为 365 天,包括 18 组,每组 20 天,另外 5 天一般被看作是不吉利的日子。它们当中每一天都按一定次序,通过循环的方式置换。这两种历法,每经过 52 年,便重新回归到同一起点上,然后再周而复始地循环下去。另外,他们还测出金星的整个变化过程需要 584 天,印第安人通过天文观测很早就发现,每经过两次 52 年的周期,正好与金星的 65 会合周吻合。根据这种初步观测,并使用这几种星体的运动交会法,即可分析月相、月食。聪明绝伦的古纳斯卡人按照这一独特的方法,准确进行了天文历法的运算和制定。在南美只有古纳斯卡人能够进行这种精妙的工作,每 481年的误差只有 0.08 天,每 6000 年才有一天的误差,而他们推算出的天文数字高得令人难以置信。

为什么只有古纳斯卡人才能取得这些杰出的成就呢? 至今仍没有一个结论。

特洛伊战争究竟是真是假

一场战争引出了两大史诗,从而成为西方文学的源头,这场战争就是特洛伊战争,而两大史诗就是荷马的《伊利亚特》与《奥德赛》,那么,这场战争是真是假呢?

在那样一个人神界限特别模糊、人类很像神灵而神灵身上又表现出太多人性的时代,特洛伊成为这一时代人神之中最伟大者交锋的场所。很多事情发生在这儿,特洛伊国王普里阿摩斯的儿子帕里斯,把世界上最美的女人海伦从希腊带到这里。希腊国王阿伽门农为了夺回海伦,率领他的军队来到这里。后来,在这个战场上,希腊最伟大的战士阿喀琉斯,杀死了帕里斯的哥哥赫克托耳。在荷马史诗《伊利亚特》的最后一幕,特洛伊国王普里阿摩斯与阿喀琉斯谈判请求归还他儿子的尸体并停战。

在史诗《奥德赛》中，故事并没有到此结束。帕里斯为他哥哥报仇，给了阿喀琉斯的脚踵致命的一击，杀死了这位希腊伟大的勇士。而希腊人则通过"木马计"，潜入特洛伊城内并最终摧毁了它。此后特洛伊的黄金时代也就结束了。

到了19世纪下半叶，只有极少数学者相信荷马史诗是对历史上的真实事件的记录。而相信特洛伊——假如它真的存在过的话——就在希沙立克的人则更少。然而还是有人相信特洛伊的存在，这其中包括业余考古学家弗兰克·卡尔弗特—美国驻这一地区的领事。19世纪60年代中期，卡尔弗特与其合作者德国富翁海因里希·谢里曼对希沙立克进行了发掘，发现了古典时期的神殿和一些高大的建筑物。后来，曾做过谢里曼助手的威廉·德普费尔德继续进行他未竟的事业。德普费尔德发现了更多的大房屋、一座望塔、300码长的城墙。

德普费尔德的看法一直流行，直到40年后，一支美国探险队在卡尔·布利根的带领下来到希沙立克。布利根认为，特洛伊的覆灭，绝对不可能是希腊人的入侵造成的。因为城墙的一部分地基发生了移动，而其他部分则似乎彻底坍塌了。他认为这种破坏不可能是人为的，可能是一场地震导致如此。

看来，究竟是特洛伊战争成就了荷马史诗，还是荷马史诗成就了特洛伊战争，特洛伊战争究竟是真是假，这一切都湮没在漫漫的历史长河之中了。

破解印加帝国书写之谜

秘鲁安第斯山脉的崇山峻岭上有座神秘古城——马丘比丘印加古城遗迹，隐藏着消失了的印加帝国的神秘世界。据史料记载，印加帝国在15世纪末达到鼎盛时期，曾控制南美洲广大土地。后来，西班牙入侵者来到美洲四处掠夺屠杀，印加帝国于1533年在腥风血雨中消亡，印加末代国王图帕克·阿马鲁被斩首。印加人留下了不朽的建筑和谜一般的绳结，日前，科学家对上百个系有不同的绳结的绳束进行分析，发现了古印加人书写的秘密。

一直以来，科学家们就对这些绳结困惑不已——大多数文明早期都使用象形文字或图像，然而印加人（古代秘鲁土著人）留下的却是棉线和绳结，难道印加帝国没有任何形式的书写方式？若是这样，那国家大量的数据信息将如何保存和传递？这些绳节仅仅是算盘一样的计算工具还是用来记数的，或者具有比记数形式更加复杂的书写形式——绳索的三维空间书写方式？

神秘的绳结被印加人称为奇谱，是用棉线、骆驼或羊驼毛线制成的。它是在一根主绳上串着上千根副绳组成。主绳通常直径为0.5～0.7厘米，上面系着很多细一些的副绳，一般都超过100条，有时甚至多达2000条。每根副绳上都结有一串令人眼花缭乱的绳结，副绳上又挂着第二层或第三层更多的绳索，编织形式类似古代中国人用于防雨的蓑衣。在目前所发现的 700 个左右奇谱中,大多数都是公元前 1500 ~ 公元前 1400 年间打的结。不过,其中还有一部分只有 1000 年左右的历史。

奇谱是一种与众不同的三维立体的书写体系,记载着 5500 公里帝国的信息。科学家为每一块"奇谱"都创建了相应的数据库,详细记录了它们的各种情况:绳索的大小、长度与颜色,垂挂的穗的数量,绳结数目,每股绳的旋转方向与次数、年代等。

在现存 700 个左右奇谱中,科学家目前共收录有 300 件奇谱的目录。当他们在这个数据库中搜寻 1956 年在印加重要的政治中心普鲁楚柯发现的 21 个奇谱绳结的共同点时,结果令人震惊,他们发现了一个至关重要的数学联系——在某些奇谱的副绳上的绳结结合起来后,正好和另一个更为复杂的奇谱上的数字相同。这表明,奇谱曾被用来记录这个纵宽达 5500 公里的帝国的信息。

奇谱代表的数字通常有三种:8 字结代表 1;长结依据其扭转的次数依次代表数字 2 ~ 9;单结代表 10、100 和 1000 等等。0 结当然就简单了,根本不用打节,只在绳索上留一空段绳子就行。单根绳子代表几个数字,可能是小计或总和。假设一根绳子从上到下有一个 4 个单结串,再有一个 5 个单结串,还有一个扭了两圈的长结,这一绳子将表示数字 452。

每一个当地的会计师将从下级得来的账目总和通过绳结的形式表现在奇谱上,并将这些数据汇总在一根主绳上,然后层层上递。这种交流可能曾被用在国家最重要的信息记录上,包括农作物的产量、国库的收入账目以及其他与人口、财政和军事相关的数据。经过进一步的深入研究,他们还成功破译了第一个用"奇谱"记载的印加文字。他们认为既然不同的奇谱表示从不同区域收集到的数据,那么,一个单一的绳结位于其他结之上就可能是一个单词,表示的是这个地方自身或财政数据。其中,一种绳结的组合模式可能表示印加的宫殿所在地就是普鲁楚柯城,这很可能是从印加的奇谱上认出的第一个文字。

三星堆文化之谜

自 20 世纪 20 年代起至今,中外考古学家对三星堆进行了大量的考古发掘和专题研究,发现了城墙遗址和大量精美文物,也产生了许多的未解之谜。

1986 年 7 月 ~ 9 月,两个商代大型祭祀坑的发现使三星堆名扬海内外,两坑上千件国宝重器的轰然显世震惊了世界。对三星堆遗址进行的 13 次发掘发后,比较系统和科学地确立了三星堆是古蜀文化的中心,它将四川的历史向前推进了 1000 多年,并再次证明了中华文明起源的多元学说。这一期间的研究也使三星堆遗址的面积,其东、西、南三面城墙和北面的天然屏障位置得以确认。

在广汉市郊,有一座为三星堆遗址专门修建的博物馆,这里存放着大量珍贵的文物。包括造型极其神异的人面鸟身青铜像,这在中外考古史上从未发现过。陈列在此的还有几块成吨重的巨形玉石和大量玉璋、戈、剑等玉器。其实，玉石碾琢磨制雕刻均非易事，大量玉器的出土证明，那个时代的人们已经掌握了后人几千年后才拥有的雕刻技术；这些青铜造像，铸造精美、形态各异，组成了一个千姿百态的神秘群体；此外，三星堆还出土了大量精美绝伦的金杖、黄金面罩、多种黄金动物图形和装饰品等，显示了古代蜀人是世界上最早开采和使用黄金的古老部族之一。

三星堆文化

然而，专家对三星堆遗址及其出土文物的许多重大学术问题，至今争论不休：三星堆文化来自何方？是蜀地独自产生发展起来的，还是受中原文化、荆楚文化或西亚、东南亚等外来文化影响的产物？三星堆遗址居民的族属为何？目前有氐羌说、濮人说、巴人说、东夷说、越人说等不同看法。三星堆古蜀国的政权性质及宗教形态如何？三星堆青铜器群高超的青铜器冶炼技术及青铜文化是如何产生的？三星堆古蜀国又何以突然消亡？这些谜团，终因无确凿证据而成为悬案。

迪奥狄华肯古城

20 世纪 60 年代，一个由考古学家和测量员组成的研究小组绘制出整个迪奥狄华肯古城遗址的全貌。古城布局严整，呈棋盘格状。迪奥狄华肯古城北起月亮金字塔，南至死亡大道，长大约 3.2 公里。一条东西走向的建筑与这条南北中轴线交叉。

天文学家兼人类学家安东尼·阿维尼在北半球春天（5 月 18 日）当天发现太阳正好当头顶时，昴星团的一串星星会在每年黎明前第一次露面。在昴星团落到西面地平线上这一点时，建筑师们测量好了东西中轴线。此外，太阳也会在 9 月 12 日（目前中美洲日历循环每年开始的那一天）落到这一点，这是由学者和独立人士确定的。显然，迪奥狄华肯古城遗址就是根据反映天体、地理和测量关系的一组排列进行布局的。

迪奥狄华肯古城是美洲第一个真正的城市中心，19 世纪末期到 20 世纪初期，墨西哥政府陆续挖掘出迪奥狄华肯古城遗址，出土的月亮金字塔面积与埃及大金字塔相当，但高度仅有大金字塔的一半。考古学家还在月金字塔中发现人类骨骸，并在附近发掘出澡堂、戏院和完善的下水道系统。最令考古人员吃惊的是，他们在遗址发现了许多云母，云母的产地是巴西，这更增添了神秘色彩。

南美洲蒂亚瓦纳科文化遗址

位于南美洲玻利维亚与秘鲁交界处的蒂亚瓦纳科（Tiahuanaco）文化遗址位于海拔4000 米左右的高原上，距离的的喀喀湖不远，是由重达几十吨甚至数百吨的巨石严密砌成。考古学家还在巨石的缝隙中发现了一些小金属钉,其作用是固定石头。据推测,这些金属钉是把金属熔化后再倒入凿出来的石头模子中制成的。可能最引人注目的还是整块岩石凿成的石门,它矗立在长30英尺、宽15英尺、厚6英尺的基座上,而基座和门是用同一块岩石雕凿而成的。在蒂亚瓦纳科古城的太阳门上雕刻有12000年前灭绝的古生物"居维象亚科"(跟现在的大象类似)和同期灭绝的剑齿兽。太阳门上还雕刻有既繁复又精确的天文历法。在蒂亚瓦纳科遗址挖掘出了大量的海洋生物贝壳、飞鱼化石,显示它过去曾是一个港口,拥有完善的船坞和码头,其中有一座庞大的码头可供数百艘船舶同时装卸货物使用。而建造这座码头所用的石块每块大致在100~150吨之间,最大的达440吨。根据毕生研究蒂亚瓦纳科文化的玻利维亚学者Posnansky教授用天文黄赤交角推算,该古城可能建于17000年前。

这座古代都市据考古学家推测,在公元前2030~公元前1930年间消失。

魔鬼城中有什么

1986年6月初的一天,哈密地理学会的刘志铭与同伴一行4人前往沙尔湖进行一次常规的野外考察活动。就在深入距离五堡乡20多公里外的戈壁腹地后不久,科考小组开始徒步在沿途进行一些地质考察,突然,什么东西强烈地吸引了他们的目光。在阳光的映照下,一座座辉煌壮观的庞然大物拔地而起,连接成片,好像地下浮出的城堡群一样。那里就是人们所说的"魔鬼城"。

其实,这就是人们常说的"雅丹"地貌,它存在于世界上很多干旱地区,在中国则是新疆分布最多,而"雅丹"的名称就恰恰源于新疆这块土地。

戈壁中的魔鬼城死一般的寂静,似乎扼杀了所有生命的呼吸,让人不得不相信这里从来都是死神的领地。然而,刘志铭却从这些雅丹土丘上注意到这样一些细节:不仅土丘的土质与戈壁的沙砾土壤截然不同,而且从土丘剖面上可以看出,土丘剖面都无一例外地拥有非常清晰的层理结构,不同层理间的土质也有所区别,这显然与戈壁荒漠的环境反差是极大的,这种差异也许暗示着一种不同寻常的信息。

这就是荒凉的戈壁深处竟然有大面积水域遗迹。有水自然会有生命的存在,魔鬼城就不是一座天生的死亡之城。

由于这次偶然的发现,激发了刘志铭强烈的好奇心。一天,他来到一片还未曾踏勘的雅丹区域。突然,他看到地面上随处散布着细小的像骨头棒一样的东西,他再次仔细地查看,原来这竟然是一些骨头化石。经专家鉴定,这是鸟类骨头化石,是侏罗纪时期的,属于始祖鸟。

此后,人们又发现了一个位于魔鬼城南部南湖地区盛产怪石的地方。经过专家鉴定,那里的石头叫做硅化木,距今有1.2亿~1.4亿年的历史,是侏罗纪时期的历史遗存。大量硅化木的发现说明魔鬼城曾经拥有大片茂密的森林。

就在已然确定魔鬼城是森林环绕内陆湖的古地理环境后,另一个意外的发现似乎又推翻了这个结论。一天,同样在南湖戈壁,刘志铭看到远处有些发亮的、像水的反射一样的区域,他好奇地走了过去,原来那里是几座石灰岩山,然而正是这几座石山,又暴露出一个不为人知的秘密。

刘志铭首先发现了一些表面呈孔状的石头,这立刻引起了他的兴趣。他有意识地把随身所带的饮用水泼向石壁,上面马上清晰地显现出许多一块块像野山蜂的蜂房一样的图案,而且中心还有放射纹。根据过去的经验,他几乎可以肯定,这些带有图案的石块就是蜂房状的珊瑚化石。

但是,依据珊瑚的生活习性判断,它应该是生活在水深不超过 200 米、水温在 18 摄氏度以上的热带浅海域中。

刘志铭的推测显然是有根据的,但让他想不明白的是,过去推断侏罗纪时期,整个魔鬼城所在的哈密盆地甚至新疆都是内陆湖盆,森林分布其间,而珊瑚则是热带浅海生物,它生存的环境应该是热带海洋,这是完全不同的两个概念。

诡异神秘的魔鬼城原来竟是一个鲜活的生命世界。然而,另一个惊人的发现即将到来,既然众多的动植物都在这茫茫戈壁上的魔鬼城中留下了生命的印记,那么,人类的足迹会不会也曾留在这里呢? 如果真有的话,又会是怎样的一段历史呢?

东女国消失之谜

女儿国在历史上的的确确存在过,而且现在有一些村寨一直将女儿国的古老习俗留存至今。专家经过长期研究和实地考察发现,今天四川甘孜州的丹巴县至道孚县一带就是《旧唐书》中记载的东女国的中心。

据史书记载,东女国建筑都是碉楼,女王住在九层的碉楼上,一般老百姓住四五层的碉楼。女王穿的是青布毛领的绸缎长裙,裙摆拖地,贴上金花。东女国最大的特点是重妇女、轻男人,国王和官吏都是女人,男人不能在朝廷做官,只能在外面服兵役。宫中女王的旨意,通过女官传达到外面。东女国设有女王和副女王,在族群内部推举有才能的人担当,女王去世后,由副女王继位。一般家庭中也是以女性为主导,不存在夫妻关系,家庭中以母亲为尊,掌管家庭财产的分配,主导一切家中事务。

根据专家的考察,历史上的东女国就处在今天川、滇、藏交汇的雅砻江和大渡河的支流大、小金川一带,也是现在有名的女性文化带。而扎坝极有可能是东女国残余部落之一,至今保留着很多东女国母系社会的特点。

扎坝过去是一个区,现在有 7 个乡,5 个乡在道孚县境内,2 个乡在雅江县境内,一共生活着将近 1 万人。专家在扎坝调查时发现,女性是家庭的中心,掌管财产的分配和其他家庭事务,与东女国"以女为王"相似,有的家庭有 30 多个人,大家都不结婚,男性是家中的舅舅,女性是家中的母亲,最高的老母亲主宰家中的一切。很明显是母系社会的残余,经过现代社会的冲击,已经和原始的母系社会不完全一样,只是保留了一些基本特点。

扎坝人依然实行走婚,通过男女的集会,男方如果看上了女方,就从女方身上抢来一样东西,比如手帕、坠子等,如果女方不要回信物,就表示同意了。到了晚上,女方会在窗户边点一盏灯,等待男方出现。扎坝人住的都是碉楼,大概有十多米高,小伙子必须用手指头插在

梦回东女国

石头缝中,一步一步爬上碉楼。此外,房间的窗户都非常小,中间还竖着一根横梁,小伙子就算爬上了碉楼也要侧着身子才能钻进去,就好像表演杂技一样,这个过程要求体力好,身体灵活,这其实也是一个优胜劣汰的选择。第二天鸡叫的时候,小伙子就会离开,从此两人互相没有任何关系。男方可以天天来,也可以几个月来一次,也可以从此就不来了,他们之间的关系叫做“甲依”,就是伴侣的意思。女方可以同时有很多“甲依”,但也有极少数姑娘一辈子只有一个“甲依”,两个人走婚走到老。

女方生小孩后,“甲依”一般都不去认养,也不用负任何责任,小孩由女方的家庭抚养。但奇怪的是,当地的小孩一般都知道自己的父亲是谁。

圆沙古城之谜

考古学家们在沙漠的中心地带,发现了一座 2000 多年前的古城。它位于世界第二大流动沙漠塔克拉玛干沙漠腹地,南距于田县 200 余公里处,坐标为东经 $81°31'$,北纬 $38°$~$52°$。这个点恰好在沙漠中央。北庭故城遗址是古代中国屯田制度的史证。

维吾尔族人称这里为“九木拉克库木”,意思是“圆沙丘”。这里的沙山的确都是圆的,这座古城也的确堪称“圆沙古城”。

斯文·赫定、斯坦因以及我国考古学家黄文弼先生,都到过距离圆沙古城不远的喀拉墩遗址。喀拉墩遗址在于田县北的沙漠中,与于田县的直线距离约 190 公里。这个遗址的年代大约在魏晋时期,比新发现的古城要晚得多。也许他们认为这里便是人类在沙漠中的最后据点了,没想到一个更大、更古老、也更神秘的古城正在 40 公里外的沙海里默默地等着他们。

1994 年,一支由许多富有经验的考古学家和探险家组成的中、法考古队员在沙山、沙梁、沙垄间穿行。一路上,他们不断发现人类活动的踪迹,一根骨骼、一块陶片……它们像是古人故意留下的路标,引导着他们一步步走向沙漠更深处。当他们极度疲惫的时候,远方红色的夕阳里突然出现一团浓重的黑色。浓重的黑块在眼中逐渐清晰、扩大,连

绵成一条若隐若现的带状——是城墙！

城墙顶部宽约三四米，残存高度也约三四米。以两排竖直的胡杨木棍夹以层层红柳枝当墙体骨架，墙外用胡杨枝和芦苇类淤泥、畜粪堆积成护坡。墙的拐角处有一些直角的"土坯"。法国考古专家经仔细考察后认为，这并不是真正的土坯，因为它不是经过人工和泥模拓制的，而是将河道中的淤泥切割成块，直接砌到残墙上的。城墙残存473米，城周长约一公里，呈不规则的圆形，颇像一只桃子，南北最长处距离为330米，东西最宽处距离为270米。

根据对城墙中的木炭进行的碳14测定，年代距今约为2200百年。这是新疆目前发现的最早古城，其下限早于西汉。圆沙古城中没有发现西汉以后的文物，与测定的年代相对照，这座古城应该在西汉以后便废弃了。

圆沙古城最大的神秘之处在于，当时人为什么要在沙漠中心地带筑一座规模如此大的城？有城就有国，这是一个什么样的国家？有邦就有王，谁是这里的统治者？筑城为御敌，谁能穿越无尽的沙山入侵这个沙漠深处的城池？弃城为求生，古城的居民到底遭受了什么样的危险以致不得不远走他乡？这样一座规模空前的沙漠之城，竟然不见于任何记载。难道他们与外部世界没有任何联系？古城的文化沉积层厚达1.2米，这也肯定是经过漫长的岁月累积而成的。在这样漫长的时间里，难道他们竟可以做到不让外面得知他们的任何信息？

1996年10—11月，中法考古专家对圆沙古城及其周围发现的6个墓地的20座墓进行了部分发掘，结果不仅没有使古城的面目更加清晰，反而加重了它的神秘色彩。

古城周围纵横交错的渠道依稀可辨，其中一条渠道的遗迹宽达1米左右，说明这里有着发达的灌溉农业。这些渠道也成为新疆目前最早的古渠道遗存；城内发现炼渣，说明这里有冶炼业；城中散布数量很多的动物骨骼，羊、骆驼量较多，其次为牛、马、驴、狗，还有少量的猪、鹿、兔、鱼、鸟骨等，说明畜牧渔猎在该城经济生活中都有重要地位。

考古学家发现的20多座古墓葬，大都因风吹沙走暴露于地面，葬具、人骨已朽酥，个别保存较好的还可以约略看出圆沙人的一些特征。他们内穿粗、细毛布衣，上身着皮衣，有的还有帽饰和腰带。毛布分平纹和斜纹，织有几何形图案，有的色泽鲜艳如新。头发是棕色的。男的头发绕成发辫一有的还饰以假发。高鼻深目，不属黄皮肤的蒙古人种，应为白皮肤的欧罗巴人种。考古学家发掘到一个带柄铜镜，这种铜镜是古希腊罗马文化中独有的。

在圆沙古城中，考古学家们发现了许多神秘的圆洞。尤以城南的圆洞最为密集，数量最多，大约有16个。大大小小的袋状圆洞密密麻麻地排列在沙漠上，黑洞洞地朝向天空，像一双双深陷的眼睛，似乎大有深意。谁能解读这穿越2000年时空，从远古射过来的神秘"目光"呢？也许在挖掉座座沙山，对圆沙古城进行更完整的发掘、更详细的研究之后，才会揭开这个谜底。

玛札塔格古堡之谜

新疆和田河畔的玛札塔格山，由红、白二山组成。玛札塔格山是塔里木地块内部断裂错动构造形成的，共有南北两个山头，南山头由红沙岩泥构成，俗称红山嘴；北山头由白云岩构成，故俗称"白山嘴"。

有一个难解之谜是关于这座山的名字。"玛札塔格"维吾尔语意为"坟山"，因山上安葬着"圣战"中伊斯兰殉教者而得名。山头上屹立着汉代的古城堡、唐代的佛寺，唐代文献称此山为"神山"，《宋史·于阗志》则把它叫做"通圣山"，可它孤悬于茫茫塔克拉玛干沙漠中间，它能"通"向何处？"圣"又指的是什么？莫非还有一个神秘的所在，可以从这座山通达到那里？这是一个令人不解的疑团。

玛札塔格山头耸立的汉代古堡和烽燧，历经1000多年仍巍然屹立。这里是丝绸之路上的古国——于阗重要的军事要塞和驿站，蕴藏着神秘的历史玄机。长方形的古堡顺山势而建，城门、城墙历经千年沧桑，仍在山头巍然屹立。城堡建置分内外三重，占地面积约1000多平方米。这些建筑就地取材，用棕色砂岩抹泥巴垒成，并在其中夹筑胡杨、红柳树枝，所以非常坚固。西墙有马面，可供巡逻瞭望；北边为缓坡，有墙两道防守；东墙开城门，直通山前的和田河；唯有南边是悬崖，凭险不筑墙。不过，断崖上有洞窟，洞中石板上刻有梵、汉文字。从玛札塔格古堡遗址往东，把克里雅河、尼雅河、安迪尔河下游三角洲上的遗址连接起来，就显示出一条横向的古代交通线。顺着玛札塔格南麓西行，沿和田河、叶尔羌河、喀什噶尔河至和田、莎车、疏勒等地，这又是一条沟通喀什至帕米尔山路的古代交通线。玛札塔格正由于濒临和田河，才成为这两条古代交通要道上的重要驿站和戍所。

斯坦因在1903年4月和1913年11月两次到达玛札塔格，考察发掘了古堡遗址。他雇了一些当地的民工，获得的文物有木弓箭、木笔、木梳、木钥匙、木锁、木栓、木纺轮等；毛制品有红、紫、黄、棕各色羊毛衣物和鞋袜，染色毡片、羊毛线团等；还有陶器、铁片、铜扣、铜戒指、皮革制品、渔网、草鞋、毡靴等。

1903年斯坦因第一次来到玛札塔格时，因为疏忽而没有发现古堡对面的佛寺遗址。虽然在古堡挖掘出了硬红土做成的坐佛浮雕模子，在城墙西端垃圾物中发现了古藏文木简、纸文书和汉文、古于阗文、古维吾尔文、阿拉伯文及法卢文的文书，还有一本奇异的僧侣汉文账本，但都没有满足他对玛札塔格发掘的更大愿望。

当他第二次来到和田时，一个名叫阿希木的人告诉他，自他1903年走后，这里的村民一直在玛札塔格挖宝，并带给他一些木制器具和古藏文及波罗谜文文书，最使他感兴趣的是一件供奉用的饰板，上面有一个坐佛和一个小佛塔，非常精巧生动。他深信这里有佛寺，所以才第二次重访玛札塔格。这次，佛寺终于被他找到了。经过挖掘清理，佛寺内出现了半圆形塑像泥基座和台基，建筑样式与他在丹丹乌里克发现的神龛建筑一样。

他还发掘到精致的圆球形和覆钵形相结合的尖顶雕刻饰物，以及从浮雕上掉下来的石膏残片、从彩色壁画上掉下来的墙皮，还有图案十分精美的装饰木板。斯坦因认为，这个佛寺和古堡在公元8—9世纪吐蕃人占领期间仍然存在。他写道："这些遗迹说明了一个事实，即为当地世代相传的礼拜风俗提供了直接的考古证据。这个地方和中亚其他地方经常见到的一样，人们把佛教圣地变为穆罕默德玛札崇拜。"他指的是在"通圣山"上后来竟建起了伊斯兰教的"玛札"——坟墓。

特别有趣和令人费解的是，斯坦因在古堡中得到的那个汉文书写的僧侣账本。它卷成一个书卷，装在一个绸袋里。账本记载了寺院和尚在上一年最后三个月和下半年第一个月的日常开支。遗憾的是上面没有年号，有学者认为这个账本属于7—8世纪之物。这个奇怪的账本还有关于买酒买菜和给军队护卫总秘书买水果及给中国驻军高级军官的葬礼送礼品的记载。斯坦因由此提出这样的疑问："在玛札塔格这个沙漠地区，这种支出难以想象。这个奇怪的账本，或许是从某一个地方流传到这里来的。"这其中究竟藏匿着什么秘密，至今尚没有被解开。

第四节　神秘建筑疑云

金字塔巨石是人造混凝土吗

埃及，大大小小的金字塔有七八十座之多，其中最大的一座是胡夫金字塔。该塔高约146.5米，共用了230万块巨石。人们一直存在种种疑问，这些石块是怎样开采、运送的，又是怎样堆砌的呢？要知道，即使在今天，拥有世界上所有现代化技术手段的建筑师也很难完成如此艰巨的工作。尤其令人疑惑不解的是，在附近数百英里范围内，竟然找不到类似的石头。

金字塔

不久以前，科学家约瑟·大卫杜维斯提出了他惊人的见解：金字塔上的巨石是人造的。大卫杜维斯借助显微镜和化学分析的方法，认真研究了巨石的构造。他根据化验结果得出这样的结论：金字塔上的石头是用石灰和贝壳经人工浇筑混凝而成的，其方法类似今天浇灌混凝土。

由于这种混合物凝固硬结得十分好，人们难以分辨出它和天然石头的差别。此外，大卫杜维斯还提出一个颇具说服力的佐证：在石头中他发现了一缕约1英寸长的人发，唯一可能的解释是，工人在操作时不慎将这缕头发掉进了混凝土中，保存至今。

一些科学家认为,鉴于现代考古研究业已证实人类早在数千年前就知道如何制作混凝土,所以大卫杜维斯的论断颇为可信。但少数学者提出了质疑,他们说:既然开罗附近有许多花岗岩山丘,那么,古埃及人为什么要舍此而去用一种复杂的操作方法来制作那难以数计的石头?看来,金字塔之谜并未完全揭开,还有待人们进一步去研究、探索。

金字塔的数据之谜

等式一:(金字塔)自重 × 1015 = 地球的重量;

等式二:(金字塔)塔高 × 10 亿 = 地球到太阳的距离 1.5 亿公里;

等式三:(金字塔)塔高平方 = 塔面三角形面积;

等式四:(金字塔)底周长∶塔高 = 圆围∶半径;

等式五:(金字塔)底周长 × 2 = 赤道的时分度;

等式六:(金字塔)底周长 ×(塔高 × 2) = 圆周率(π = 3.14159);

谁能相信,这一系列的数据仅仅是偶然的巧合?

还有,延长在底面中央的纵平分线,就是地球的子午线,这条线正好把地球的大陆和海洋平分成相等的两半;金字塔的塔基正位于地球各大陆引力中心;大金字塔的尺寸与地球北半球的大小在比例上极其相似。因此有人推断埃及人在 4000 年前就已经计算出了地球的扁率。还有,地球两极的轴心位置每天都有变化,但是,经过 25827 年的周期,它又会回到原来的位置,而金字塔的对角线之和,正好是 25826.6 这个奇怪的数字。人们知道,在金字塔建成 1000 年以后,才出现毕达哥斯拉定律;3000 年后,祖冲之才把圆周率算到如此精确的程度,而西方直到 16 世纪,才有比较精确的计算;在金字塔建成 4000年后,哥伦布才发现"美洲",人们对世界的海陆分布才有初步的了解;在金字塔建成将近 5000 年后的今天,我们才能测算出地球的重量、地球和太阳的距离。

然而,4500 年前的古人,怎能有如此精确的计算呢?

金字塔地道网

著名的埃及吉萨高地占地约 50 平方公里。几千年来,它一直以众多的金字塔、狮身人面雕像和多处古庙宇的残垣让人们叹为观止。不仅如此,来自世界各地的考古学家还不断有新的发现。一名埃及考古队员在发掘一座陵墓时,无意中往墙上一靠,石墙随即坍塌,人们便发现一条不知有多深的黑黢黢的地道。这是一个迄今为止尚未被人发现的庞大地下建筑群。考古学家们认为,金字塔地下的地道网有可能伸展到好几十公里开外。

金字塔周围是个大坟场,这里埋有法老们的近亲和忠臣,因此得出结论,整个吉萨高地的下面都可能穿透了地道。现在,当地和外国的考古学家正在忙于绘制金字塔下面地道的地图,既在地面上开展工作,也求助于空中摄影。人们都坚信,通过对地道的研究,可望进一步揭开吉萨地区众多金字塔的秘密。

金字塔万古长存之谜

据说古代世界有七大奇迹，随着岁月的流逝，有的倒塌了，有的消失了，只有金字塔岿然傲立，万古长存。其中的奥秘又是什么呢？

先让我们来做一个实验吧：把一定数量的米、沙、碎石子，分别从上向下慢慢地倾倒，不久就会形成三个圆锥体，尽管它们质量不同，但形状却异常相似。假如你愿意测量一下，它们的锥角都是52度，这种自然形成的角是最稳定的角，人们把它称为"自然塌落现象的极限角和稳定角"，奇怪的是金字塔正好是51度50分9秒，说明它就是按照这种"极限角和稳定角"来建造的。

沙漠的风是暴戾的，由于金字塔独特的造型，迫使凌厉的风势不得不沿着塔的斜面或棱角缓缓上升，塔的受风面由下而上，越来越小，在到达塔顶的时候，塔的受风面趋近于零，这种以逸待劳、以柔克刚的独特造型，把风的破坏力化解到最小程度。人们还知道，磁力线的偏向作用可以使地面建筑，甚至高山崩坍，而这座金字塔塔基正好处于磁力线中心，它随着磁力线的运动而运动，随着地球的运动而运动，因此，它所承受的振幅极其微弱，地震对它的影响也就不大了。52度角，方锥体的"形"，与磁力线同步运动的"位"，是金字塔稳定之谜。

金字塔巨石运输之谜

金字塔需要大量石料，这么多的石块从哪里采的呢？据考证：一般石料，可能是就近取材。而用于外层的11.5万块上等白石灰石，则取之于尼罗河东岸的穆卡塔姆采石场；内部墓室的花岗岩，则取自500英里外的阿斯旺。采石、运输、下河、上岸，不仅需要大批的石匠、建筑工人、运输工人、水手，而且需要一批相当规模的工程师、施工员和管理人员。另外，一支有足够的镇压能力的军队也是必不可少的。而且，他们要吃、要穿、要住、要消耗，这就又要有一支庞大的服务人员。当然，这不包括劳力较弱的老人、妇女和儿童，也不包括不劳而获的僧侣和贵族。据估计：支持这样的建筑工程需要5000万人口的国力，而一般认为，公元前3000年左右全世界的总人口也不会超过2000万人。何况，已经发现的金字塔有80座之多，即使像希罗多德在《历史》中所说的，30年完成一座，总计也需2400年，埃及承受得了这样浩繁，这样长久的消耗吗？

最紧迫而又最现实的问题是运输问题。即使有足够的人力，也无法把这2.5～160吨的巨石运送到工地。有人认为是用撬板圆木棍运法。但是这种方法需要消耗大量的木材，而当时埃及的主要树木是棕榈，无论是数量，生长速度，还是木质硬度，都远远不能满足运输的需要，而进口木材几乎是不可能的。有人认为是水运法。1980年，埃及吉萨古迹督察长哈瓦斯进行岩心取样，挖到100多英尺深时，发现了一个至少50公尺深的岩壁,这可能是埃及第四王朝时开凿的港口。后来,又有人还发现了连通港口的水道。但是,没有滑轮,没有绞车,没有足够先进的起重设备,让这样笨重的巨型石块下坡、上船、起岸,比陆地撬运还难。法国一工业化学家从化学和微观的角度对金字塔进行了研究,他认为这些石块并不是浑然一体的,而是石灰、岩石、贝壳等物质的黏合物。因为使用的黏合剂有很强的凝固力,所以人们几乎无法分辨出它到底是天然石块,还是人工石块。这当然可以恰当地解决运输困难的问题。但是,这位化学家用了现代化的手段,也还没有分析出来黏合剂的成份。因此,运输问题,依然是一个不解之谜。

金字塔建造之谜新解

胡夫金字塔是埃及最大的金字塔,也是世界上规模最大的巨石建筑,又称"大金字塔"。建造中使用了234万立方米的石块,总重量超过470万吨。经过多年腐蚀后,金字塔现在高度为137米,边长230.34米。

被列为世界"七大奇迹"之一的埃及金字塔以其神秘色彩一直吸引人类不断探索,其中尤以胡夫金字塔最为神秘。巨大的胡夫金字塔到底如何建成一直是专家研究的课题之一,千百年来争论不休。

一名法国建筑师提出新理论说,建造金字塔时运送材料的通道是建在金字塔内部。采用这一方法,巨大的金字塔只需要4000人就可以建成。

此前,关于胡夫金字塔的建造顺序有两个理论,其中一个理论认为在金字塔修建面建一个长土坡,利用这个土坡运送建金字塔所需的石材,而且随着工程进展土坡需要不断增高;另一个理论则认为,土坡紧贴金字塔外墙呈螺旋形增高。这两个理论的共同点在于运送石材的土坡都在金字塔外侧。

而乌丹的理论认为,建造金字塔时运送材料的通道是建在金字塔内部。他利用先进的三维技术制作的计算机模拟图形显示,运送石材的通道在金字塔内部形成,距离金字塔外墙10~15米,在金字塔内部形成一个稍小的金字塔。

现年56岁的乌丹8年前受父亲影响开始专职研究金字塔的建造之谜。3年后,他亲身前往埃及访问胡夫金字塔。

乌丹说,他提出新理论前考虑了多方面因素,包括当时使用的铜器和石器工具、花岗岩和石灰岩石块、金字塔的位置以及当时埃及人的力量和智慧。

乌丹认为,根据新发现的建造技术,建造整个金字塔仅需要4000人,而并非此前专家学者所说的10万人。

对于乌丹提出的新理论,部分专家学者表示认同。研究埃及古文物的美国长岛大学学者鲍博·布赖尔认为:"乌丹的理论具有可信性,每个人都认为应该严肃对待这个理论。"乌丹目前正发动全球专家学者组建一支研究队伍,计划利用雷达和热能探测相机探测胡夫金字塔。

巴比伦的空中花园之谜

巴比伦空中花园是什么时间建造的呢？

一般认为，巴比伦空中花园是在幼发拉底河东面，距离伊拉克首都巴格达大约 100 公里，是堪称四大文明古国巴比伦最兴盛时期尼布甲尼撒二世时代（公元前 604～公元前 562 年）所建。千年古都巴格达曾是阿拉伯鼎盛时期阿拔斯王朝的首都，向来以文学艺术和雕塑绘画著称于世，世界名著《一千零一夜》中许多故事的出处都在巴格达。然而，美丽的巴比伦空中花园究竟在哪里呢？

空中花园

据历史记载，巴比伦是公元前 626 年迦勒底人建立的新巴比伦王国的遗址，主要由阿什塔门、南宫、仪仗大道、城墙、空中花园、石狮子和亚历山大剧场等建筑组成。遗址一直被埋在沙漠中，直到 20 世纪初才被发现。而汉谟拉比（公元前 1792～公元前 1750 年）时代的古巴比伦王国遗址，至今还被埋在 18 米深的沙漠底下。进入巴比伦古迹区，首先映入眼帘的是鲜艳夺目的阿什塔门，它位于巴比伦城的正东面。

巴比伦城有 9 个城门，建筑面积 1000 万平方米，人口达 30 万，是当时名副其实的国际大都会。根据对这块遗址的实地测量，巴比伦城有两座城墙，外墙原长 16 公里，内墙长 8 公里。原来的城墙大多已经残损不整，伊拉克于 1978 年开始大规模修复巴比伦时，重点就是修复城墙和宫殿。据说，花园建于皇宫广场的中央，是一个四角锥体的建筑，堆起纵横各 400 公尺，高 15 公尺的土丘。共有 7 层，每层平台就是一个花园，由拱顶石柱支撑着，台阶上铺上石板、芦草、沥青、硬砖及铅板等材料，眼前只有盛开的鲜花和翠绿的树木，而不见四周的平地。同时泥土的土层也很厚，足以使大树扎根。虽然最上方的平台只有 20 平方米左右，但高度却达 105 米（相当于 30 层楼的建筑物），因此远看就仿似一座小山丘。

然而这么豪华的"天堂"现在却什么也看不到了，经过考证，现在仍不能确认真正的空中花园遗址，因为这里离幼发拉底河 20 多公里，而资料记载空中花园就在河边上。

事实上，大半描绘空中花园的人都从未涉足巴比伦，只知东方有座奇妙的花园，波斯王称之为天堂，在大家想象的拼凑下，形成遥远巴比伦的梦幻花园。实际上，在巴比论文本记载中，它本身也是一个谜，其中竟没有一篇提及空中花园。所以真正的空中花园在哪里，至今没人能说得清楚。

海底神秘城市之谜

在秘鲁沿岸的水下 2000 米深处，人们发现了雕刻的石柱和巨大的建筑。1968 年以来，人们不断地在比米尼岛一带发现巨大的石头建筑群静卧在大洋底下，像是街道、码头、倒塌的城墙、门洞。

令人吃惊的是，它们的模样，与秘鲁的史前遗迹斯通亨吉石柱和蒂林特巨石墙十分相像。今天虽然已经无法考证这些东西始于何年，但是根据一些长在这些建筑上红树根的化石，表明它们至少已经有 1.2 万年的历史。这些海底建筑结构严密，气势雄伟，石砌的街道宽阔平坦，路面由一些长方形或正多边形的石块排列成各种图案。

1967 年，美国的"阿昌米诺"号潜水艇在佛罗里达、佐治亚、南卡罗林群岛沿岸执行任务时，曾发现一条海底马路。"阿昌米诺"号装上两个特殊的轮子之后，就能像汽车奔驰在平坦的马路上一样前进。

1974 年，苏联的一艘"勇士号"科学考察船，在直布罗陀海峡的外侧的大西洋海底，成功地拍摄了 8 张海底照片。从照片中可以清楚地看出，除了腐烂的海草外，有海底山脉、古代城堡的墙壁和石头阶梯。这些照片足以证明，这里曾经是陆地，并且有人类居住过，曾经有过一个古代大陆以及文明社会被埋葬在大洋底下。然而这就产生了一个疑问：1.2 万年前，难道人类文明就如此发达了吗？

沧海变桑田，在地球的激烈变动之中，桑田也会变为沧海。或许曾经一部分先进的人类文明此刻正被深深掩埋在海水和泥土之中，等待着人们去揭开它的面纱。

神秘的太阳门

在海拔 4000 米高的层峦叠嶂的安第斯高原上，有一座前印加时期的蒂亚瓦纳科文化遗址。自 1548 年西班牙殖民主义者发现了这个被印加人称作蒂亚瓦纳科的小村落，向外界报道后，以精美的石造建筑为特征的蒂亚瓦纳科文化就此著称于世。随后围绕这个遗址是什么时代建造的、由何人建造的、究竟是什么所在整整讨论了 4 个多世纪。

这是一个分散在长 1000 米、宽 400 米的台地上的大遗迹群。它地处太平洋沿海通往内地的重要通道上，被一条大道辟为两半，大道一边是占地 210 平方米、高 15 米的阶层式的阿加巴那金字塔，另一边是由长 118 米、宽 112 米的台面组成的卡拉萨萨亚建筑。该建筑至今仍完好无损，四周围以坚固的石墙，里面有梯级通向地下内院，西北角就坐落着美洲古代最卓越、最著名的古迹之一——太阳门。它被视作蒂亚瓦纳科文化的最杰出的象征。

蒂亚瓦纳科文化是公元 5～10 世纪之际影响秘鲁全境的一支文化。作为该文化的代表太阳门，则是由重达百吨以上的整块巨型中长石雕镂而成，造型庄重，比例匀称。它高 3.048 米，宽 3.962 米，中央凿一门洞。门楣中央刻有一个人形浅浮雕，人形神像的头部放射出许多道光线，双手各持着护杖，在其两旁平列着三排 48 个较小的、生动逼真的神象。其中，上下两排是面对神像的带有翅膀的勇士，中间一排是人格化的飞禽，浮雕展现了一个深奥而复杂的神话世界。这块巨石在发现时已残碎，1908 年经过整修，恢复旧观。据说每年 9 月 21 日黎明的第一缕曙光总是准确无误地射入门中央。

在印加人创造蒂亚瓦纳科文化年代，尚未使用有轮子的运输工具和驮重牲畜，因此在这云岚缭绕、峭拔高峻的安第斯高原上建造起如此雄伟壮观的太阳门，确实不可思议。为弄清蒂亚瓦纳科文化的来龙去脉，美国考古学家温德尔·贝内特用层积发掘法证明该文化最早年代为公元 300 ~ 700 年，太阳门等建筑在公元 1000 年前正式建成。这里原是宗教圣地，朝圣的人群跋山涉水去那里举行朝拜仪式，可能就在朝拜同时运来了建筑材料，建造了这些宏伟建筑物。前苏联历史学家叶菲莫夫、托卡列夫也赞同这一观点。但问题是，在当时生产力极为原始，怎么把重上百吨的巨石从 5 公里外的采石场拖曳到指定地点呢？要完成这项任务至少每吨要配备 65 人和数英里长的羊驼皮绳，这样得有一支 26000 多人的庞大队伍，而要安顿这支大军的食宿，非得有一个庞大的城市，但这在当时还没出现，这个问题是怎么解决的呢？另有不少人认为，当初是用平底驳船从科帕卡瓦纳附近采石场经过的的喀喀湖运去石料的。据地质考察，当时湖岸与卡拉萨萨亚地理位置接近，后来湖面降低才退到现在的位置，如这一说法成立，那使用的驳船要比几个世纪后的殖民主义者乘坐的船还要大好几倍，这在那时也是不可能的事。

玻利维亚著名的考古学家、蒂亚瓦纳科考古研究中心主任卡洛斯·庞塞·桑西内斯和阿根廷考古学家伊瓦拉·格拉索用放射性碳鉴定，蒂亚瓦纳科始建于公元前 300 年，公元 8 世纪以前竣工，一般认为在公元 5 ~ 6 世纪。建造者可能是安第斯山区的科拉人。他们都认为太阳门是宗教建筑。不过前者认为蒂亚瓦纳科是当时举行宗教仪式的中心场所，太阳门是卡拉萨萨亚庭院的大门，门楣上的图案反映了宗教仪式的场面。伊瓦拉·格拉索认为，太阳门很可能是阿加巴那金字塔塔顶上庙堂的一部分，因为把它看做凯旋门或庙堂的外大门，显得过于矮小，尤其是中间的门道，稍高的人非得弯腰才能通过。美国的历史学家艾·巴·托马斯也认为遗址是科拉人建造的，但不是宗教活动场所，而是一个大商业中心、文化中心，阶梯通向之处是中央市场。太阳门上的浅浮雕，其辐射状的线条表示雨水，两旁的小型刻像朝着雨神走去，以象征承认雨神的权威。

虽然 400 多年来，考古学家们对蒂亚瓦纳科文化，对太阳门众说纷纭，各持己见，但相信有那么一天，太阳门的本来面目会揭示天下。

古崖居之谜

它坐落在京郊延庆西北部山区一条幽静的峡谷中，它是由一支不见史志记载的古代先民在陡峭的岩壁上开凿的岩居洞穴，计有 117 个。这是我国已发现的规模最大的岩居遗址。在峪古三面直立陡峭的岩壁上，布满了人工刻凿的石室，或长方形，或方形，大的

20 多平米,小的仅 3~4 米;或单间,或 2~3 室通连;或套间平行,或上下两层,并有典型的"三居室"。其中,有一石穴上下两层,并配耳房,可能是穴居的主人集会或祭祀之地,宏敞雄伟,山民俗称"官堂子"。全部洞穴内,门、窗、炕、灶、马槽、壁橱、烟道等一应俱全,且圆则圆,方则方,均中美学规矩。关于古崖居开凿的年代,有认为是元或魏或唐辽。其目的与用途,草寇山寨?戍边驻军?应避战乱?少数

古崖居

民族聚居?据不确切考证,此为唐辽间奚族聚居岩寨。但昔人已故,此地空余古崖居。这里曾有过一个被遗忘的民族,这里曾烟火繁荣,这个民族已经销声匿迹,不知魂系何方。

城下城之谜

早在 20 世纪 30~40 年代,在当今的徐州城出现了两件怪事。彭城路上的西盛丝线店和对面的张同合酱菜店,两家店主挖地下室时,先后发现两座古代的城门。对照《徐州府志》的府城图判断,这是城下城南瓮城的一对耳门。

在 20 世纪 50 年代初,徐州市委机关在鼓楼北建房,掘出了地下梁柱。经考证这里是项羽西楚故宫的原址。而且唐宋以后,这里一直是府地,可见这是"府下府"了。

1964 年,工人在修建街道时,发现地下有石板铺道,与地下街道重合,可见这是"街下街"了。

1976 年,市公安局建大楼,挖基坑时,发现了地下庙,人们说这是"庙下庙"了。

接着又发现了"闸下闸"等等。

地下的古城是什么时代的?为什么与地面城重叠,为何这样奇巧呢?原来,城下城重叠的奇巧是同黄河有直接关系的,翻开同治刻本《徐州府志》可揭开它的秘密。明代天启四年(1624 年),"秋七月癸亥,河决徐州魁山东北堤。灌州城,城中水深一丈三","官廨民庐尽没,人溺死无算"。黄河"担水六斗泥",每立方米水的平均含沙量是 37 公斤,最大含沙量达 651 公斤,所以洪水漫灌以后,古城便被淤泥的泥沙淹没了,崇祯年间在原址又重新建城,因为城廓、街坊和主要建筑设施,多在原处兴建,这才出现了上下城相重叠的奇迹。城下城是记载灾难的见证。

马尔杜城和"比米尼墙"

菲律宾密克罗尼西亚群岛中的波纳斯,保存着面积达 175 英亩的巨大的石头城遗址,古城用又重又大的火山岩砌成,巨大的石块长达 25 英尺;古城中有皇宫、神庙、房舍、

大厅、地窖、王陵等,都鳞次栉比地坐落在整治得非常标准的平台上,至少有千年以上的历史。它的存在使考古学家们困惑。显然,建造这座古城至少需要数万名技艺高超的工匠。但是,据统计,密克罗尼西亚群岛1500英里范围内,总人口也不足5万,它是怎样建成的呢? 当地农民传说,这是欧希巴和欧索巴兄弟施展魔法,一天之内建成的。

1937年,潜水员在距马尔杜古城不远的海域,还发现了一座沉没的古城,从海底捞出了不少金银财宝,这座海底的古城同海上的古城又有什么联系呢?

1933年,千里眼人埃德加曾经预言,古大西洋的神庙遗址,可以在比米尼附近的海域找到。随着科学技术的进步,水下遗址的发现愈来愈多,在美国东海岸海底,发现了规模可观的古代巨石建筑,有近50处之多,大多是1万年以前的遗址。

1967年,美国"阿吕米诺"号潜水艇,在佛罗里达、佐治亚、南卡罗林群岛沿岸的海域,发现了一条平滑宽阔的马路,可以供现代化的交通工具行驶。

1968年,在巴哈马群岛的比米尼岛一带,发现广大的海下建筑群,有房屋、街道、堤坝、仓库等。最为突出的是一道由巨大石块砌成的石墙,迤逦1600米,石块每块长约5米,高约3米,厚约1米,石块与石块之间,有水泥浇注的痕迹,这就是著名的"比米尼大墙"。一座42米×54米的平顶金字塔沉睡在3.5米的水下,根据同位素碳14测定,附着在墙上的红树根化石,已有12000年以上的历史。

是谁修建了这座规模巨大的"比米尼大墙"呢?

屯溪石窟群之谜

屯溪石窟群呈线形沿江遍布于新安江屯溪段下游南岸的连绵群山中,分布线总长约5公里,其间林木葱郁,环溪蛇行,迄今已经探明共有36处古石窟就隐藏在树遮草封的山间。

根据地质学家的研究判断,屯溪石窟群始建于晋朝,距今至少有1700年的历史。如今,在屯溪石窟群中,已有两个石窟(2号、35号)被开发并接待游客了。其中,35号石窟是已开发的两座石窟中面积最大的。

35号石窟又称地下宫殿、清凉宫,洞深170米,面积约1.2万平方米,全系古代人工开凿而成,是全国最大的古代人工石窟。据专家考证计算,从35号开掘出的石料足以铺成一条由黄山通往杭州使用1米长、0.2米宽的石料全长约200公里的公路。洞内有26根石柱,呈品字形排列,撑起洞府天地,规模恢弘,气势雄伟。其中的石房群、石床、石桥和石雕楼阁巧妙分布,宛若仙境。石窟内通风良好。洞内有潭水数口,常年不枯,清澈见底,最低的水面低于洞外新安江水面约2米。

诸多专家学者、探险家和旅游者在游览考察过屯溪石窟后,提出了一个个破谜大猜想。

石窟屯兵说:据《新安志》载,公元208年,孙权为削平黟歙等地山越,派大将贺齐屯兵于溪水之上,后改新安江上游这些水域为"屯溪"。这段史实既是"屯溪"地名的由来,也似乎印证了屯溪石窟群是贺齐屯兵储备兵器弹药的地方。

道家福地说:离石窟不远的地方有一座齐云山,它是中国四大道教名山之一,而道家是有喜欢群洞以作福地修身养道的传统。从齐云山到石窟群有新安江水路直达,这种猜想可以解释石窟中的众多房之谜。

功能转化说:这些石窟群并非某一个朝代某一个时期一次性完成的,而是在漫长历史中不断开凿而成的,最初可能是为采石,但后来人们又将它用作避难、屯兵、储粮等用途。这种假说可以解释同一石窟中石纹凿痕不同、花纹图案不同的现象。

山丘说:上海复旦大学一位教授前来考察石窟时,花了大量时间在石窟区爬山越坡,最后大胆提出:石窟群中的几十万方石料运出洞口后就地堆积,日积月累形成新的山丘。此说是揭开石窟之谜的最具震撼力的进展,因为这一论点若成立,石料去向之谜便可揭开,而石料去向是破解石窟之谜的关键。

此外,还有被弃皇陵说、采石场说、盐商仓库说、巨型石文化建筑说、方腊洞说、杀人坞说、临安造殿说等,但以上所有假说都不同程度地遭到质疑或否定。

波纳佩岛上的石头宫殿之谜

在西太平洋加罗林群岛的波纳佩岛上,有一座神奇的、叫人叹为观止的石头宫殿。这个小岛面积334平方公里,居民仅2万人左右。

一圈又高又厚的黑色石墙里,散布着一幢幢石头城堡、神庙和古墓,这些宫殿用材极其坚固,虽长年受台风暴雨侵袭,却没有被风化毁蚀。

这些建筑共有80多座,占地18平方公里,这个宏伟的建筑群体,似乎和小岛并不相称。现在,这个建筑群里一派荒凉,墙壁上苔迹斑斑,宫室内冷清无比。

在一些庙宇的墙壁上,画有精致的壁画,这些壁画反映了小岛当时繁盛的面貌,一条运河从庙宇直通海湾,人口稠密。

是什么民族,出于什么目的,在这个小岛上建造了如此宏大的建筑群? 有人把波纳佩岛和复活节岛相联系,推测这里就是"古太平洋帝国"的首都,而复活节岛则是帝国的宗教圣地和墓场。

还有人说,从前岛上有一个先进的民族,创造了辉煌灿烂的文明。可是,这个先进的民族,他们为什么离开了这里,丢下这孤零零的宫殿?

神秘山之谜

美国新罕布什州的北撒冷28号公路上,竖着一块永久性的标志历史陈迹的路牌,上面写着"神秘山从此往东4英里,在111号公路边有一组私人拥有的奇怪石头建筑……"

这组奇怪的石头建筑便是著名的神秘山石室遗址,整个遗址中心由22个散乱的石板结构组成,占地约一英亩。这些干燥的石室有的采用翅托筑法,使石墙上部逐渐向中央延伸以支持顶盖,其余则用大块石头或石板搭建。地面上草皮覆盖,使有些石室看起来像地下洞穴。石室外还散布有石头的矮石墙,占地12英亩以上。

是谁,什么时候,出于什么目的建筑了这奇怪的石室?这成了科学家、考古学家久久争论不休的问题。

众多的专家们前往神秘山考察,从建筑的结构、奇怪的装饰和形状断明,它不可能是当地印第安人建筑。科学家对遗址采用放射性碳测定,得出结论:遗址建筑于公元前2000~公元前175年之间,距今至少有4000年以上的历史。进一步的考察中,人们惊异地发现:这个遗址的形状是一个"圆周日历"。在遗址中有两块标示冬至日出和日落,两块标示夏至日出和日落的巨石。当人们站在遗址中的一块特殊的石头平台上时,在冬至那一天,太阳便从冬至石上冉冉升起,最后渐渐从标志冬至日落的石上坠下,夏至也是同样。

同时,在神秘山上还发现了刻在一块长20英尺巨石上的星象图。它以北极星为中心,左边是仙后星座,右上角是大熊星座。另外,神秘山上还发现了大量刻有腓尼基和欧甘两种文字的铭名,其中一块起名叫贝尔坦的巨石上,刻着一组神秘的罗马数字。神秘山遗址引起考古界的轰动。天文学家认为这是一个古代记录太阳移动的观象台,但是4000年前美洲还是一片不毛之地,即便近几百年,哥伦布发现美洲时,那儿居住的还是原始的印第安人。因而4000年前,那儿绝不可能出现有这种精深天文知识的民族。那么,这些奇特的石室到底是谁建造的,那巨石上神秘的星图、数字到底要告诉我们什么呢?至今还没人揭开这个谜。

令人费解的米拉多古城

1978年,在中美洲的佩腾密林中,美国天主教大学的考古队在距离危地马拉城约360公里的地方,发现了建于公元前200年前的米拉多古城遗址。城址面积大约有16平方公里,人口约1万人,是2000余年前美洲大陆的第一大城市。在城市西部一块1000米×800米的地段内,发现两座大金字塔。其中一座以当地最厉害的动物——美洲虎命名,叫虎塔,大约占地5.8万平方米,仅塔基就有1.8万平方米,有三个足球场那么大。全塔共有18层,高达55米,在12层顶上竖立着三个小金字塔,其中心的塔高达18米。另一座在虎

米拉多古城

塔北边,以美洲的猴子命名,称猴塔,高40米,面积大约1.7万平方米。这两座塔均属于玛雅人的最大建筑。两座塔都是在公元前200年左右建造的,所用的建筑材料都超过25

万立方米。

虎塔以东2公里有米拉多遗址中最大的建筑群，实际上这也许是玛雅历史上的最大建筑群。这个建筑群叫鹿塔，它由两层300多米宽的台地组成，好像两个庞大的台阶，在其上面耸立着一座10层楼高的两层金塔，高达45米。虎塔和鹿塔遥遥相对。虎塔在东南边迎日出，鹿塔在西边送日落，这是玛雅人对太阳及其运行周期的崇拜。玛雅人把自己看做"太阳的保卫者"，往往在日出和日落之际举行礼拜仪式。不仅如此，这两座金字塔还跟玛雅人的天文学观察有关。在一定年份春分时节前后，从虎塔顶上观察，木星、火星、水星和土星仿佛是从鹿塔顶部升起。

从现今航空勘测的资料得知，在当时有20条进入米拉多的通道。在米拉多城西南21公里处是达丁塔尔城址，东南12公里处是那克别城。从种种迹象看，当时此地已存在一个大的贸易网络。在米拉多城发现的海螺和珊瑚，是来自太平洋、加勒比海和墨西哥湾的；火山灰是来自300公里以外的危地马拉高地；花岗岩和大理石是来自最近的伯利兹；红色的颜料也可能来自高地。

米拉多城址的发现给人们带来了许多费解的疑问。

玛雅人在建筑当时第一大城市的时候，为什么会挑上米拉多这个地方？这是令人奇怪的。这里既没有湖、河，也不靠海，仅有的只是建筑用的石灰石以及做燃料用的木材，此外，再也不出产什么了。今天此地已被密林所覆盖，周围60公里内无人居住，除了偶尔有树胶采集者出现外，罕为人至。现在，发掘者几经研究推测，认为之所以在此建城，主要是因为这里是通往尤卡坦半岛的交通要道，可以控制整个地区的贸易，从战略地位上讲十分重要。

另外，令大多数玛雅学者更加迷惑不解的是，现在传统的观点认为玛雅国家产生于公元3世纪，但在玛雅国家产生前的500年就出现了这样大规模的城市和如此庞大的金字塔工程，这又是在什么样的社会发展水平上出现的呢？它向人们提出这样一个问题：是否玛雅国家出现的年代要比传统的看法提前呢？总之，这座2100年前美洲大陆的第一大城市——米拉多古城，给我们留下了许多至今尚待解决的难题。

米诺斯迷宫之谜

相传位于爱琴海地区的克里特岛，早在公元前16世纪左右，出现了一个强大的王国。国王米诺斯在流传颇广的希腊神话中，被说成是天神宙斯和腓尼基国王阿革诺耳的女儿欧罗巴之子。

据传米诺斯是一个野心勃勃的君主，因而触怒了天神宙斯，决定要狠狠地惩罚他，让他的妻子在生下几个正常的儿女后，别出心裁地又让其妻产下一个牛头人身的怪物，人称"米诺牛"，意即"米诺斯之牛"。米诺斯令代达罗斯特为怪物米诺牛营建了一座迷宫。迷宫是一座巨大建筑物，米诺牛的住所居中，有很多纵横交错的曲折道路与该住所相通，不晓机关的人误入这座宫殿,不是饿死在暗道,就是米诺牛的盘中之物。另一则希腊神话说及雅典王子提修斯,英勇超人,为拯救雅典的童男童女,决意只身闯宫,杀死米诺牛。由于米诺斯的女儿阿里阿德涅深深地爱上了提修斯,她按照代达罗斯的劝告,给提修斯一团线一把剑,提修斯正是借助于这一团线一把剑,才杀死了米诺牛,救出童男童女,逃出迷宫的。

以上的神话传说历来吸引着人们的注意,在古希腊历史学家希罗多德、修昔底德等的著作里都曾提及米诺斯的名字,但真正解开这个谜团的是著名的英国学者阿尔图·伊文思(1851～1941年)。1900年3月,在克里特岛的克诺索斯,伊文思率领一批考古学者开始发掘工作,发掘工作进展得非常顺利,不久就发现了一个规模极大的宫殿遗迹。这座宫殿依山而筑,离中央克里特北岸4公里,占地面积总计16000平方米,高低错落有致,中央是一长方形的庭院,周围环以国王宝殿、王后寝宫,以及有宗教意义的双斧宫等房舍建筑。其间有长廊、门厅、复道、阶梯等错杂相连,千门百户,曲折通达。宫里有水管和浴室设备,墙壁上有琳琅满目的浮雕和绘画,陈列着精美的陶器、织物和金银象牙制成的奢侈品。宫外西北角的场地可能是表演斗牛戏的剧场。

发掘的结果是十分惊人的,但使考古学家迷惑不解的是这座宫殿为什么屡毁屡建。究其原因,说法各异。有史家认为,废墟中无火烧痕迹,推测城市可能毁于地震。例如在1966年,美国有一批海洋地理学家在爱琴海地区进行科学考察,发现该区海底里沉积着一层很厚的火山熔岩,经研究认为,在公元前1480年左右,克里特岛以北不远的地方曾发生过一次罕见的火山大爆发,因此推断,可能就是那次火山大爆发所引起的强烈地震和海啸,毁灭了克诺索斯等城市。另一些研究者认为王宫在毁坏前曾遭到浩劫,因此否定地震说。约在公元前1400年左右,克诺索斯的最后一个王宫被毁,此后不复重建。史家对此也有不同的说法。有人认为,可能是克里特人发动了反希腊人统治者的起义。有些学者则认为,这可能是希腊半岛上的迈锡尼人发动入侵的结果。然而,创建克里特岛米诺斯"迷宫"的是何种族,他们来自何方?

也许等到从克诺索斯宫里发现的线形文字被解读出来的那一天,克里特岛米诺斯"迷宫"之谜,才能大白于天下。

史前南美的地下隧道之谜

1941年12月2日,德军第258步兵师的一个侦察营突入莫斯科城郊,克里姆林宫就在他们眼前,士兵们已看见了镶嵌其上的红星。4天之后,1941年12月7日,日本偷袭珍珠港,一场不宣而战的空袭使美国太平洋舰队几乎全军覆没。当天美国参众两院一致通过了对日宣战决议。面对如此惨烈的战争状态,美国总统罗斯福的日程安排时间表可谓分秒必争。然而,就在此时,总统忽然要用一天的时间接待两位从墨西哥来的客人,并吩咐他的助手,不要安排任何外界的干扰。

那么，是什么人，什么事值得美国总统如此关注呢？

原来他们是在墨西哥的恰帕斯州进行考古研究的戴维·拉姆夫妇。拉姆夫妇给总统带来一个惊人的消息：他们终于发现了传说中的墨西哥地下隧道及守卫隧道的印第安人。与此同时，希特勒派往南美的间谍也正在不惜一切代价寻找地下隧道，以及可能隐藏其中的黄金和远古文明的秘密。

回国后，拉姆夫妇向总统汇报说，他们在恰帕斯密林中曾遇到一些印第安人，这些印第安人守卫着地下隧道并拒绝他们通过。而他们早就听说，恰帕斯的腹地存在着早已荒废的玛雅人城市，在这些城市地下分布着构成网络的隧道。他们此行的目的就是寻找这些隧道。

其实，早在戴维·拉姆夫妇之前，人们在中、南美洲就已经相继有了一系列重大发现。

17世纪，一位西班牙传教士发现了中美洲危地马拉的一条地下隧道。它位于普乔塔一个住宅区下面，似乎与南美洲库斯科的地下隧道相连。此后，一位名叫斯蒂芬斯的犹太人又发现了一条从危地马拉西部到墨西哥的地下隧道。后来，又有人在秘鲁的库斯科发现一处地下隧道。它向北可直接通向利马，向南可以通向玻利维亚。

从地图上看，它位于安第斯山脉地下，可能长达1000千米以上。秘鲁政府为了更好地保护这一远古文明遗址，考虑到以现在的科技水平，还没有能力对其进行开发和保护，便把这些被发现的隧道入口重新封闭。它也被联合国教科文组织列为世界文化遗产。

秘鲁政府刚刚把这个被发现的隧道口封闭，紧接着，又从秘鲁北部沿海地带的河谷里传来一个更惊人的消息：考古学家们在那里的一个古代墓室里发现了大量的艺术品和两座金字塔形状的建筑。

据初步考证，这是一个统治者的坟墓，里面的艺术品包括金光灿灿的王冠、王杖、金花生，精致的项链和精美的陶器。在很多的金银制品中镶嵌着玲珑剔透的玉和耀眼的宝石。当这些金光闪闪的稀世珍宝展现在世人面前时，很多人简直不敢相信它们来自地下。这些宝藏发掘后，被带到了美国展出。因秘鲁政府一是缺钱，二是缺乏保存这些珍宝所需要的技术和资金，所以，目前，人们不知道这些珍品何时才能荣归故里。

其实，也许人们并不知道，在南美大陆地底深处，还有一条更大规模的、绵延数千千米的庞大隧道体系。

这条庞大的隧道是1965年6月阿根廷考古学家胡安·莫里茨在厄瓜多尔偶然发现的，他沉寂3年之久才向世人公开。当他勘察了数百千米隧道，并发现了许多文物之后，直到1969年，莫里茨才请求面见厄瓜多尔总统，向他作了有关隧道的汇报。

1969年7月，胡安·莫里茨获得由厄瓜多尔国家授权并经过公证的证书，证明他拥有厄瓜多尔地下洞穴的所有权，但要受厄瓜多尔国家政府监控。

这条隧道位于地下240米深处，属于一个极为庞大、复杂的隧道系统，估计全长达

4000 千米以上，人们尚不知道其最终通向何处。隧道的秘密入口位于莫罗纳——圣地亚哥省的瓜拉基萨——圣安东尼奥——亚乌皮三角地。目前只有在厄瓜多尔和秘鲁境内的数百千米被人们考察和测量过。现在，这个隧道的入口处由一个未开化的印第安部落日夜严密把守。

德国作家冯·丹尼肯曾在莫里茨陪同下进入过这个隧道。从隧道口进去不久，就有个加工得平整光滑面积达两万多平方米的大厅。隧道里面的通道时窄时宽，墙壁光滑，顶部被人工加工得十分平整，好像还被涂过一层釉。他极其惊讶地见到了宽阔、笔直的通道和墙壁，多处精致的岩石门洞和大门，还有许多每隔一定距离就出现的平均 1.8～3.1 米长、0.8 米宽的通风井。隧道那惊人的宏大与神奇，使这位以想象大胆著称的作家也惊得目瞪口呆。他毫不怀疑地认为，这是我们这个世界上最大的工程，也是世界上最大的、最难破解的谜。

在这条隧道里还蕴藏着无数对人类具有重大文化和历史价值的极为珍贵的古代遗物。大厅中央放着一张桌子和七把椅子，这些桌椅像金属般坚硬，像是人造材料制造的。大厅里还有许多纯金制作的动物模型，如巨蜥、大象、狮子、鳄鱼、美洲豹、骆驼、熊、猿猴、野牛、狼，以及蜗牛与螃蟹等。而其中有些动物如大象、狮子和骆驼等并不产于美洲。那么，是谁制作了它们的模型，又置放在隧道中的呢？更令人吃惊的是，在隧道里一块长 53 厘米、宽 29 厘米的石板上，竟然刻着一只恐龙！恐龙早已在 6400 万年前灭绝，今天人们对恐龙的所有认识，都是从对恐龙化石的研究中得来的。那么这些隧道的制造者是怎么知道恐龙的呢？或许他们像现代人一样用高科技手段研究过恐龙化石？

在隧道里还发现了一个 12 厘米高、6 厘米宽的用石头制作的护身符，经鉴定是公元前 9000～公元前 4000 年的遗物。它的背面是半弯月亮和光芒四射的太阳，正面是个小生灵，这个小孩右手握着月亮，左手握着太阳，他竟然还站在一个圆形的球体上。从 1522 年麦哲伦完成环球航行，人类才第一次证实地球是一个球体。那么，在史前时代，有谁早已知道我们是生活在一个球体上的呢？隧道里还有一个奇异的石雕人像，这个人像戴着形状奇怪的头盔和耳机，穿着带有许多按键的服装。这种怪异的服装让人很自然地联想到外星宇航员。但在这一切的珍宝中，最珍贵的还是那本在许多民族远古传说中提到的金书。金书大部分用一种不知名的金属板制成，而另一部分是用同样的金属薄箔制作的。书页大小为 96 厘米×48 厘米，每页上都盖有奇怪的印章，估计有数千页之多。书上的文字好像是用机器压上去的，这些文字与现在任何一种文字都不相同。在遥远的史前时代，是谁建造了这规模宏伟的隧道？是谁留下了这些隧道中的宝藏？也许目前人类的智慧和心灵还不足以回答这样的问题。

巴别通天塔之谜

今天的伊拉克首都巴格达的所在地 5000 年前是一马平川，那里曾屹立着一座无比壮观的巨塔——巴别通天塔。它为何称作"巴别塔"？它真的能够"通天"吗？它到底有什么用途？

巴别通天塔

人们并不知道巴别塔最初从何而来，只知道早在远古时代，它就走进了犹太人的《圣经·旧约》之中。

根据犹太人的《圣经·旧约》记载：洪水大劫之后，天下人都讲一样的语言，都有一样的口音。诺亚的子孙越来越多，遍布地面，于是向东迁移。在示拿地（古巴比伦附近），他们遇见一片平原，定居下来。由于平原上用作建筑的石料很不易得到，他们彼此商量说："来吧，我们要做砖，把砖烧透了。于是他们拿砖当石头，又拿石漆当灰泥。"他们又说："来吧，我们要建造一座城，和一座塔，塔顶通天，为了传扬我们的名，免得我们分散在各地。"由于大家语言相通，同心协力，建成的巴比伦城繁华而美丽，高塔直插云霄，似乎要与天公一比高低。没想到此举惊动了上帝。上帝深为人类的虚荣和傲慢而震怒，不能容忍人类冒犯他的尊严，决定惩罚这些狂妄的人们，就像惩罚偷吃了禁果的亚当和夏娃一样。他看到人们这样齐心协力，统一强大，心想：如果人类真的修成宏伟的通天塔，那以后还有什么事干不成呢？一定得想办法阻止他们。于是他悄悄地离开天国来到人间，变乱了人类的语言，使他们分散在各处，那座塔于是半途而废了。在希伯来语中，"巴别"是"变乱"的意思，于是这座塔就称作"巴别塔"。

公元前586年，新巴比伦国王尼布甲尼撒二世灭掉犹太国，拆毁犹太人的圣城耶路撒冷，烧掉神庙，将国王连同近万名臣民掳掠到巴比伦，只留下少数最穷的人。这就是历史上著名的"巴比伦之囚"。犹太人在巴比伦多半沦为奴隶，为尼布甲尼撒修建巴比伦城，直到70年后波斯帝王居鲁士到来才拯救了他们。亡国为奴的仇恨使得犹太人刻骨铭心，他们虽无力回天，但却凭借自己的思想表达自己的愤怒。于是，巴比伦人的"神之门"在犹太人眼里充满了罪恶，遭到了诅咒。他们诅咒道："沙漠里的野兽和岛上的野兽将住在那里，猫头鹰要住在那里，它将永远无人居住，世世代代无人居住。"

事实上，巴别塔早在尼布甲尼撒及其父亲之前就已存在，古巴比伦王国的几位国王都曾进行过整修工作。但外来征服者不断地将之摧毁。尼布甲尼撒之父那波博来萨建立了新巴比伦王国后，也开始重建巴别通天塔。但尼布甲尼撒之父只将塔建到15米高，尼布甲尼撒自己则"加高塔身，与天齐肩"。塔身的绝大部分和塔顶的马尔杜克神庙是尼布甲尼撒主持修建的。备受称赞的巴别塔一般指的就是那波博来萨父子修建而成的那一座。

这座塔的规模十分宏大。公元前460年,即塔建成150年后,古希腊历史学家希罗多德游览巴比伦城时,对这座已经受损的塔仍是青睐有加。根据他的记载,通天塔建在许多层巨大的高台上,这些高台共有8层,愈高愈小,最上面的高台上建有马尔杜克神庙。墙的外沿建有螺旋形的阶梯,可以绕塔而上,直达塔顶;塔梯的中腰设有座位,可供歇息。塔基每边长大约90米,塔高约90米。据19世纪末期的考古学家科尔德维实际的测量和推算,塔基边长约96米,塔和庙的总高度也是约96米,两者相差无几。

在人们看来,昔日的"巴别"通天塔,比之列为世界古代七大奇迹之一的"空中花园"并不逊色,它一直被视作5000年前美索不达米亚鼎盛时代的标志。

非洲石头城为谁所建

大律巴布韦遗址地处津巴布韦首都哈拉雷以南300公里,津巴布韦在土著班图语中是石头房子或可尊敬的石屋的意思。

石头屋遗址最早是被葡萄牙人发现的。1868年的一天,一个葡萄牙猎人亚当·伦德斯在搜集猎物时经过一片葱茏茂密的原始林海,走出这人迹杳然的林海,一座用花岗石垒砌而成的古堡呈现在他眼前。这一发现使他惊喜万分,此后不少科学家先后来到这里参观考察。

整个遗址由内城、卫城、谷地残垣三部分组成。所有建筑物均用长约30厘米,厚10厘米的花岗石砌成。面积达1万多亩,其中以内城最雄伟壮观,而且保存得也最完整。内城形状如椭圆形,东北、南、北三面分别有一个进出口。城墙高约6米,东面城高为9米。城墙底部宽约5米,顶部约2.5米。城墙内还有历史更为久远的矮墙,与其他几道断壁残墙连接,从而将城内分割成好几个大小不等的围场。

卫城建在离内城不远的小石山山顶上,周长244米,它是顺着山势的自然走向建造的。聪明能干的石匠凭借熟练的技巧,将山上天然的岩石和用花岗岩砌成的石块制作成一座天衣无缝的宏伟建筑物。整个卫城犹如一座要塞,通往城墙的走道仅能一人行走,十分有利防守。卫城内还有一个古时皇宫举行祭祀活动的场所,一些科学工作者在那里找到了不少文物,其中有的陶瓷,阿拉伯的玻璃,中国的青瓷残片,一块圆形白瓷片上还用青釉刻了"大明成化年制"六个字,这很可能是明朝郑和下西洋时带到非洲去的中国瓷器。

从已经发掘到的文物看,大津巴布韦遗址曾经是一座非常繁荣的城市,农业、冶炼业、对外贸易都相当发达,而且一度与中国、阿拉伯、波斯等许多国家有着经济、文化的交往。这里的居民已通晓建筑学、力学、数学等多种知识,掌握了不少生产技能。

不少考古学家认为这个建筑群是古代非洲文明的杰出代表,是津巴布韦人民的创造,在13~15世纪达到相当繁荣的程度。在这鼎盛时期,居民达万人以上。持反对意见者中一派认为,遗址是由公元前来自地中海的腓尼基人建造的,认为非洲土著居民愚昧无知,不可能有如此高超的建筑工艺水平。

至于遗址原是什么所在,那就更莫衷一是了。有说是部落酋长府邸的,有说是祭奠已故酋长亡灵场所的,有说是开采、提炼黄金所在的。

为了弄清真相,一部分考古学家在战后对遗址进行挖掘、考察,但仅在内城地基中发现了两块木片。经科学仪器测定,木片是从公元 500~700 年间一种叫登布提的树上砍下来的。由此一部分人推断说遗址建于公元 6~8 世纪,但还有一些人不同意此说,认为证据不足,木片也可以是后来用上去的,也可能是其他建筑物上用过后再到这里来的。

总之大津巴布韦遗址至今仍深邃莫测,也许将永远成为一个无法揭开的谜。

巴黎的地下迷宫

在法国巴黎年轻艺术家摇篮大街有一家名叫"蒙帕娜斯"的咖啡馆,这座咖啡馆是法国不少艺术家的沙龙。例如著名画家毕加索等就常在此聚会,讨论艺术与人生等问题。可是就在这个充满温馨的艺术气息的沙龙附近,有着一个骇人听闻的地下迷宫。

这个迷宫的发现还是近年的事情,人们发现,进入地下通道后,约走 15 米后,会看到一幅无法想象的奇景。迷宫的墙壁是用一根根人骨堆砌而成,大概在砌墙时作过选择,墙底都是大胯以下的腿骨和臂骨,长短差不多,排列相当整齐。上面用了其他的骨料,墙的四周还镶了边。迷宫中央还设有祭坛,祭坛的底座是用人骨横着堆放的,祭坛高约两米,上面是用一个个人的头骨镶成的圆形图案,那些头骨保留了骷髅的原状,有的露出了两个眼洞,有的咧开了大嘴,使人看了毛骨悚然。祭坛后还矗立着高高的人骨十字架纪念碑,这些经过精心挑选的白骨一根根闪着白森森的寒光。迷宫里还有许许多多用人骨拼成的海盗符号,周围有许多完整的人骨柱,靠墙根还有不少未加整理的人骨堆。

据估计这阴森恐怖的地下迷宫中共有数百万具尸骨,这么多的尸骨是从哪儿来的?这地下迷宫又是如何建造起来的呢?

一些历史学家对此已经作了结论。据说,公元 1 世纪初,罗马人经过几百年的掠夺战争,建立起了庞大的罗马帝国,这个版图辽阔、幅员广大的帝国在当时不可一世,地中海仅仅成了它的内海。这个庞大的帝国实行奴隶主专政,奴隶主强迫亿万奴隶戴上锁链,在鞭笞拷打下被迫劳动,稍有反抗,便横加杀戮。当时的巴勒斯坦是罗马的一个行省,罗马帝国驻巴勒斯坦的总督彼拉多尤为残暴。公元 66 年,犹太人不堪压迫举兵起义,一度消灭了耶路撒冷城中的罗马驻军。罗马帝国调集重兵围攻镇压,犹太人坚持战斗 4 年,终因寡不敌众,粮尽援绝,不幸失败。7 万多名起义奴隶全部被俘房,又被残暴的罗马帝国统治者下令全部钉死在十字架上。在绝望之余,愤怒的奴隶们寄希望于上帝,他们幻想在天国中解脱现实的苦难。于是人们经常挖地道,在地下秘密修造祭坛,集会布道。同时诅咒罗马城早日崩溃,罗马帝国早日灭亡,奴隶主不得好死。

这种集会活动更遭到罗马帝国的残酷镇压,但是越镇压越激起了被压迫者的愤怒和反抗,一次又一次起义反抗被罗马帝国镇压的基督教徒的尸骨就安放在地下密室之中,随着岁月的流逝,基督教徒反抗者的尸骨日益增多,地下墓室也逐渐扩充,规模更大。

公元前4世纪到公元4世纪前后,高卢(即现在的法国)也是罗马帝国的一个行省,基督教徒也同样惨遭镇压和迫害,他们的尸骨也被安放在地下密室之中,经年累月,基督教徒的尸骨堆积如山,巴黎的地下迷宫来历也是如此。

活着的基督教徒为了纪念死者,强化宗教意识,就用尸骨砌成祭坛、纪念碑、墙壁和柱子等,巴黎地下迷宫中的各种景观就是出于这样的原因而形成的。

这种以地下墓室安葬基督教徒的风俗不仅流行于巴勒斯坦、高卢,在一切信奉基督教的民族和国家中都存在。一直到公元313年,罗马皇帝君士坦丁宣布宽容基督教的"米兰敕令"之后,基督教徒的尸骨才渐渐从葬在地下改为葬到地上来。

第五节　珍稀文物之谜

巴颜喀拉山石盘之谜

1938年,中国考古学家到青海省南部巴颜喀拉山探险考察。他们在距今1.2万年前的古岩洞里,发现了716块花岗岩碟状物。它中心稍凹无孔,每块厚2厘米,从中心向四周辐射出水纹状线条,形似唱片。而且这些奇怪的石盘上刻有无法理解的图案、符号和文字,这种文字符号是中国乃至世界从未发现过的。人们把石盘的碎块送到莫斯科分析。前苏联学者们吃惊地发现:花岗岩圆盘含有大量钴和其他金属元素。石盘的振荡频率特别高,这说明它们长期用于高压之中,仿佛石盘带电或是电路中的一种部件。1962年,徐鸿儒教授及其合作者破译了石盘上的文字,译文是:"特罗巴人来自云端,他们乘坐的是古老的滑动船。当地男女老幼躲在洞里不敢出来,直到东方升起太阳。这样的事共发生了10次,可是,最后一次他们终于明白,特罗巴人来此不怀恶意……"

特罗巴人到底是什么人种? 考古学家们在巴颜喀拉山的古洞穴中找到了一种遗骸,他们身材很矮,大约只有1.3米左右,有硕大的头颅和不发达的四肢。考古学家们称它们是"业已消失的猿",可是有哪种猿会制造石盘,会构筑墓穴呢? 更为神秘的是,洞穴内壁的好几处覆盖着不少画:有旭日东升的画,有月亮和星星间布满黑点的巨幅画,这更难让人相信,它们是1万多年前的猿人绘制的。

帕伦克飞船

1952年6月15日,在墨西哥的帕伦克发现了一座壮观的金字塔形的纪念碑,这是一个隐秘的墓穴,下面安放着一个人的遗骸。此人身高1.70米,而当地人的身高从来没有超过 1.54 米。

而最激动人心的是掀开石棺上的浮雕石板,石板长 3.80 米,宽 2.20 米,厚 0.25 米,在掀开石板的一刹那,一幅精彩绝伦的浮雕便显现出来。一眼就可看出,浮雕的内容是一个人正在驾驶着一个奇特的飞行器。浮雕上的人上半身前倾,骑坐在一个像火箭一样的飞行座舱里,双手握着某种把手或旋钮,飞行器前尖后凹,许多管道连通前面的控制室和后面的推进装置。

有人考证出这是公元 683 年去世的玛雅王巴卡尔,这也无异于他死后仍然向往某种遥远目标的坚毅形象。谁也不能肯定他乘坐的就是火箭或就是宇宙飞船,但肯定是一个高速行驶的机械装置。令人迷惑不解的是,古代美洲根本没有任何种类的飞行器或者机械装置,人们至今也没有发现当时的玛雅人使用过的任何车辆,哪怕是一辆简单的马车。

大火星神

1956 年,法国考古学家、人类学家亨利·罗特在撒哈拉沙漠中的塔西里山区发现了400 多处岩画,这批岩画大约是 5000 年前的作品。在数以千计的描绘得非常逼真的猎人、大象、牛、马、羊等作品中间,夹杂着一些现代的人像:他们有的穿着精致的短上衣,有的带着细长的文明棍,棍上还似乎安装着不明用途的盒子,使我们产生了是收音机、对讲机之类的可笑的联想。

但是,一个被罗特命名为"大火星神"的画像使我们吃惊:他头戴密封的头盔,头盔用一种摁扣与躯干部服装连结,头盔上还有供观赏的小孔,显然,这是一件"宇航服",和今天的宇航员在造型上惟妙惟肖。特别要指出的是,这幅岩画的原件,超过 5.5 米。难道,当年衣不蔽体的"野蛮人",有这样的闲情逸致,搭起笨重的脚手架,来描绘这个在生活中并不存在的怪物?而且在比例上如此协调?

当这样装束奇怪、笨头笨脑的人像不是一幅,而且是多幅的时候,当另一名着宇航服的宇航员两手向前平伸,流露出一种潇洒的风度的时候,我们不得不相信,这绝不是一个爱幻想的古人的即兴之作,而是某种生活原型的真实写照。

绅士淑女像之谜

南非布兰德拜格的白种女人壁画像,完全像一幅 20 世纪的绘画,她身穿短袖套衫和马裤,臀部包得很紧,戴着手套,还有吊袜带和便鞋,她的身边还站着一位瘦瘦的男子,手拿一根奇怪的有刺的棒,戴着一具非常复杂的头盔或面具。这完全是一幅现代画,虽然它也同原始的动物画夹杂在一起,这种打扮和画中洋溢的现代派情调,是蛮荒时代赤身裸体、穴处巢居的先民想象得出来的吗?

法国卢萨克的史前壁画中的人物也是一派现代化打扮:他们戴着帽子,穿着夹克衫和短裤。当考古学家艾贝·布留尔经过细致鉴定后宣布这是真品的时候,我们的思维又一次陷入混乱：先民们的想象力竟如此地跨越时空，撇开自己的羽毛兽皮、花草树木不画，却画出几千年后子孙的时髦服装？

防毒面具还是宇航头盔

20 世纪 20 年代，来中国考察的瑞典考古学家安德森在甘肃购得几件新石器时代半山文化的陶塑半身人像。这个陶塑圆头、长颈，颈上似乎围着多圈金属软片，头上似乎戴着头盔，盔上有一对玻璃状的"风镜"。西北高原，风沙弥漫，风镜也许是必不可少的，但当这风镜，这头盔与颈下的服装连接得如此紧密、浑然一体的时候，除了防毒面具、宇航服之外，我们还能想象什么呢？

10 年之后，日本也发掘了两个 5000 年前的陶制陶塑神像，他们头戴密封的头盔，盔上有两个装置成一定角度的观察镜，有现代暗扣的扣眼，一个类似呼吸过滤器的装置清晰可见，衣着宽大臃肿，两道背带从双肩开始，向胸部臀部延伸交合，一条缀满铆钉的腰带绕过臀部，神气十足。美国宇航局科研人员认为：陶像是穿着宇宙服的宇航员，他们的服装和装备为美国宇航局设计宇航服提供了参考。

日本的熊本县与 UFO 颇具渊源，1984 年当地一家公司的职员，意外地成功拍摄到 UFO 照片，一时轰动海内外，而从熊本县的一幅古墓画上，我们就可以看到一个头戴三角形面具、头盔的宇宙人！

据考证：人类穿衣的历史不过 4600 年，裸体的原始人想到了衣，但绝对想不到漂亮的夹克衫和连体服，也绝对想不到密封的头盔和时髦的吊袜，不管是写生画也罢，记忆画也罢，想象画也罢，他们的依据是什么呢？

50 万年前的"火花塞"

美国矿石寻宝者沃莱斯·莱恩、弗吉尼亚·马克塞和迈克·迈克塞尔，1961 年冬天在加利福尼亚州奥兰查附近海拔 4300 多英尺高的山峰上找到了一块化石，他们认为这块化石是空心的，好不容易将化石打开后，他们发现里面竟有一个白色陶瓷做成的东西，在它的中间有一个金属圆芯，这个东西看起来就像是汽车用的火花塞。

据地质专家分析，包围该物体的化石形成至少需要 50 万年的时间，而化石中的物体显然属于人造物件，这个人造的火花塞怎么会进入到具有 50 万年历史的化石当中？

公元前 80 年的齿轮

一些希腊潜水员 1900 年为躲避风暴泊在了克里特岛西北部的安蒂基希拉小岛上，在那儿潜水员们意外地发现了一艘古希腊船只的残骸。

潜水员从船的残骸中发掘上来大量的艺术品和大理石像，其中有一块里面装配着许多复杂齿轮和刻度的铜盘，铜盘上的文字显示它制造于公元前 80 年。专家一开始以为它是古代天文学家使用的星盘，但是科学家后来对它拍摄的 X 光照片显示，它比人们想象的还要复杂，因为它的内部包含着许多复杂的齿轮系统，而如此复杂的传动装置要到1575 年后才被人类发明出来。

目前尚不清楚是谁在两千多年前就发明出了这种令人惊奇的齿轮工具为何这种科技后来又失传了。

厄运蓝钻石之谜

美国华盛顿史密斯研究院的珠宝大厅里，有一只防弹玻璃柜，里面陈列着一颗由 62 块小钻石装饰着的稀世之宝——"希望"蓝钻石。300 多年来，它给占有它的人带来的厄运比所有巫师的诅咒还要坏。这使它蒙上了一层极其神秘的色彩，因而又有"神秘的不祥之物"之称。

300 多年前，在印度发现了一颗硕大无比的蓝钻石，经粗加工后重量还有 112.5 克拉。路易十四时代之后，法国珠宝商塔沃尼在印度从当地王公贵族那里用翡翠换取了价值 33 万美元的钻石，其中包括这颗名贵的蓝宝石。他回到法国后，这块蓝钻石落入法王路易之手，取名为"王冠蓝钻石"。

此后不久，灾难就降临到法王路易的身上，他最宠爱的孙子突然死去。他早年的光辉战绩也开始衰退，并且娶了一个宗教的狂热信徒梅恩特侬为妻。她给路易的生活带来许多不幸，而塔沃尼后来据说在俄国被野狗咬死。

路易十六在得到了这块"王冠蓝钻石"后不久，他和天皇玛丽·安东尼在法国大革命的风暴中上了断头台。1792 年大革命中，法国国库遭到劫掠，这颗蓝钻石一度去向不明。

1830 年，这颗失踪 38 年的蓝钻石重新出现在荷兰，属于一个钻石切割人威尔赫姆·佛尔斯所有。为防止法国政府追寻，他将这颗钻石切割成现在的样子，重量为 44.4 克拉。后来，佛尔斯的儿子汉德利克从其父那里将这颗钻石偷走，并带到了伦敦，在那儿，他自杀了，无人知道自杀的原因。

几年之后，英国珠宝收藏家亨利·菲利蒲侯普用 9 万美元买到了这颗钻石，从此这颗钻石得名"希望"，因为"侯普"这个名字在英文中意为"希望"。1839 年，老侯普暴死，他的侄子托马斯·侯普继承了"希望"钻石。小侯普与他的前人不同，没有把这颗钻石藏于密室，而是放到水晶宫展览馆公开展出，据说他后来寿终正寝。

20 世纪初，"希望"钻石和侯普收藏的其他珠宝被一个叫杰奎斯·赛罗的商人买去。不久之后他便莫名其妙地自杀了。这颗钻石又被俄国人康尼托夫斯基买去，此人不久遇刺而死。

"希望"钻石的下一个主人是商人哈比布·贝，在他将其卖给了一个叫西蒙的人后不久，他和全家人都淹死在直布罗陀附近的海中。而西蒙在把这颗钻石卖给土耳其苏丹阿布达尔二世后，在一次车祸中全家 3 人都跌到悬崖下死去。阿布达尔苏丹在获得这颗无价之宝后于 1909 年被土耳其青年党人废黜。

后来"希望"钻石再次出现在巴黎,并且经珠宝商皮埃尔·卡蒂尔之手以 15.4 万美元的价格卖给了华盛顿的艾沃林·沃尔斯·麦克林。麦克林和丈夫是《华盛顿邮报》和《辛辛那提市问询报》的出版商。这夫妇二人自从买了这颗钻石后也遭到了许多不幸。1918 年他们去看肯塔基马赛时,他们在华盛顿的 8 岁的儿子在街上被车轧死。此后不久,奈德便开始酗酒,最后失去了健全头脑并丢了报业。他们的一个女儿死于误服过量安眠药。1967 年 12 月他们 25 岁的孙女因酒精药物中毒死于得克萨斯的家中。

1947 年麦克林夫人死后,珠宝商海里·温斯顿用 110 万美元买下了她的蓝钻石"希望"。此后 10 年中,温斯顿带着这颗钻石和其他名贵宝石行程 64 万公里,在世界各地巡回展出,为慈善事业募捐经费,共募捐到 100 多万美元。

1957 年温斯顿和史密斯研究院协商,要把"希望"钻石送给该院作为一系列宝石中的中心展品,与英国伦敦塔上的那些加冕礼用的珠宝媲美。1958 年 11 月 8 日,这颗蓝钻石被放进了一只山羊皮盒子,用褐色纸包好送给纽约邮政总局,寄往华盛顿。温斯顿是"希望"钻石的最后一个主人,也是 300 年来最幸运的一个主人。

至今前往史密斯研究院参观的人络绎不绝,人们在赞叹这颗稀世之宝历尽沧桑的同时,仿佛感觉到那闪闪的蓝光在向人们默默地诉说着它那神秘不祥的历史。

中国出土 4000 年前的面条

考古学家在中国一个古老的居民地进行挖掘,当翻转过来一个陶土制成的碗后,发现里面居然安静地"睡"着一小堆保存完好的面条!这堆"植物化石"可以追溯到 4000 年前,是迄今为止发现的世界上最古老的面条。而此前,许多人认为面条起源于阿拉伯。

这个装着面条的碗是在中国西北黄河流域一个小村子的废墟中被挖掘出来的,4000 年前的一次地震将这个小村庄埋在了地下 10 英尺处。

这些面条看上去细细黄黄,大约 20 英寸长,极像中国西北部经常使用的一种用小麦粉做成的面条——拉面。这种面条用生面粉做成,并且反复抻拉成细条。

面条如何制成仍是谜,通过对这些出土面条的形状、成分、工艺进行了深入的研究后,结果令人十分惊奇,因为面条并不是由麦子做成,而是由小米和粟合成的。

小米是没什么黏性的,怎么可能做成面条呢? 这是我们一直以来的一个疑惑,什么样的工艺能做出即使是我们现代的厨房也难以做成如此高工艺的面条。目前我们尚不明白,还需要进一步考究。

在中国,关于面条最早的记载在东汉年间出现,到了宋代,面条花样逐渐增多,而中国各地的面食风味也十分不同,烹调方法有凉拌、烹捞、脆炸、煨烩、汤煮及炒溜等等。

古时民间卫生条件很差,因饮食不洁,患胃肠病者颇多,而面条在粮食中最为洁净。面条用水沸煮,吃原汤面,就会大大减少疾病的发生。所以千百年来,侍候病人的饮食,多用面条。

两万年前留下的"速冻巨象"

在西伯利亚的毕莱苏伏加河畔,1979年在冻土里曾发现了一头半跪半立的古代长毛象。这头长毛象显然是被"速冻"的,因为它不但身上的肉新鲜如初,最奇异的是它的毛发里藏着鲜花。在西伯利亚的冻土带,有许多这样的巨象。经专家测定,它们和前面提到的那头长毛象一样,至少生活于距今两万年以前。毕莱苏伏加河流域的很多人见过那头象的肉,既鲜嫩又富有弹性。而以往或其他地方发现的被深埋冰藏的古动物,都是骨肉难分,粘成一团。

那么,古长毛象的鲜肉是怎样保存下来的,它们的死因是什么呢?有人说,这是古长毛象在觅食时失足坠下冰川而死,最后被天然冰箱冻藏起来,所以能历经万年而保持新鲜。

有人推测,这头古代长毛象正在西伯利亚的冻土带上吃草时,寒冷的狂风突袭了它。这种温度极低的狂风,像电冰箱里循环的冷气,瞬间包围住长毛象的全身,使它的内脏立刻冻结,血液也全部冻成冰。几秒钟之内,它就死亡,几小时之内,它变成了坚硬的塑像,年复一年地沉入地下。

然而,很多人并不同意上述推断,因为如果真有那样的狂风的话,所有的动物甚至整个地球都被毁灭了。

这头古长毛象的肉为何万年新鲜不变,可能是一个永远的谜了。

敦煌遗书之谜

作为中国汉唐时期中原与中亚、南亚以及西方交通的重要通道,敦煌是著名的"丝绸之路"上的一颗璀璨的明珠,是东西方文化交通的会合点。随着商路的开通,一批批的宗教信徒,一批批的宗教经典纷纷云集在繁荣的宗教圣地敦煌。宋代以后,由于海上丝绸之路的开通和发达,曾经十分辉煌的敦煌逐渐为人所忘却。当年王道士发现的这些所谓古董就是"敦煌之书"或"敦煌遗书",其内容包括佛教、道教、景教、摩尼教等宗教文献,有官私文书,有儒学经典,还有藏文经卷等。

如此丰富的文书是何时被封上的?

有人持废弃说,认为洞中的文字是被敦煌各寺院集中在一起的废弃物;还有人持避难说,认为洞中的文书是因为避免战乱而有目的地藏起来的。

主张废弃说的代表人物是斯坦因,他是第一个来掠取这批宝物的外国人。他对其中的物品进行研究,发现这些写本和绢画及佛教法器等,都是宗教用品,但都是当时敦煌各寺院中的废弃物,因为具有神圣性,是不可随意毁弃的。于是,宗教人士就把这些没多大用处的东西集中在一起,保存起来。同时,根据所见到的写本和绢画上所题写的时间最晚是 11 世纪初,斯坦因断定这个藏经洞封闭于 11 世纪初。

主张避难说的代表是法国人伯希和,他是一位汉学家。他认为这些文物是为了避免当时的战乱而被封起来的。在唐代"安史之乱"期间,驻扎在敦煌的军队被调入内地平定叛乱,生活在青藏高原的吐蕃乘机占领了敦煌。唐宣宗时,敦煌一带的人民举行起义,摆脱了吐蕃的控制。此后,敦煌又一度被沙州回鹘占领。1036 年,党项攻占敦煌,随后又被沙州回鹘赶走。1068 年敦煌又被党项建立的西夏占领了。伯希和认为在第一次党项攻打敦煌时,为避免兵灾,当时僧人匆忙将这些东西堆入洞中,封了起来。所以藏经洞中的藏品没有西夏文书,而且藏品的堆放也没有一定的顺序和分类。

孰是孰非?这个问题从藏经洞被发现至今,一直是一个谜。

南越王国印章上的"老外"头像之谜

在南越王宫殿考古挖掘时,在堆积成山的出土物件中,最令考古学家感到兴奋的是一枚大约 5 厘米高、质地坚硬、未完成的象牙印章。

别看这枚象牙印章只有一只核桃大小,上面还有一道裂痕,来头却实在不简单。

首先,这枚象牙印章刚好出土在唐代的温道上,在它的周围还有一些象牙材料、水晶、外国玻璃珠等文物,广州出土的唐代文物向来非常有限,直令广州的考古学家有"盛唐不盛"之叹,它的出土正好弥补了这一不足。同时南越王墓曾出土过 5 根象牙,明清时期的大新路是有名的象牙作坊,这枚唐代象牙印章也使广州的象牙工艺制造史中间的空白得以填补。

其次,该印章虽然没有打磨完成,也没有刻字署名,其上却大有乾坤——上面的头像无论从脸形还是发式上来看,都是一个明显的外国人头像。从开关上看,这枚印章不是中国传统的长方形或正方形,而是椭圆形,而西方印章的形式正是以椭圆形为主。种种迹象表明,这是枚给外国人刻的印章,反映了当时广州外国人的存在。这一意义非同小可,因为据文献记载,唐代广州聚集了数万名外国人,尤其以西亚阿拉伯人为多,但苦于缺乏具体物证。

但这枚印章上面的"老外"到底是哪一国人?当时的广州外国人的数量有几何?这些谜底仍待揭开。

三叶虫上的足迹

梅斯特是赫克尔公司的临察人,自称是"岩石狂",也是三叶虫收藏家。

1968 年 6 月 1 日,他偕同家人到犹他州的羚羊喷泉度假,意外地发现了三叶虫的化石。

三叶虫是一种节肢动物,生存在古生代的寒武纪和奥陶纪,距今约 5 亿年。这种小生物的背面,从头到尾有两条明显的纵沟,把身体分为中和左肋、右肋三叶模样,是目前人类所知的最古老的化石之一。

使他吃惊的是，这些三叶虫化石上居然有人的脚印，其中，一只穿着凉鞋的脚正好踩在三叶虫上，脚印长10.25英寸，前端3.5英寸宽，后跟3英寸宽，后跟比前端深，是一只右脚。

盐湖城公立学校的一位教育家比特先生在同一地点也发现过两个凉鞋脚印，而且也踩在三叶虫上。

不久后的7月20日，地质学家伯狄克又在同一地区发现了一块泥版岩，上面留有一个小孩的清晰的赤脚脚印，五根脚趾隐约可见。大家知道，5亿年前没有人类，甚至也没有猴子、熊等与人足类似的动物，当然也没有鞋，何况是凉鞋。

到底是什么样的"人"，能在5亿年前的地球上行走？

恐龙化石中惊现外星人头盖骨

在一个偶然的机会，在美国俄克拉荷马州竟然发现了一个怀疑是外星人的头盖骨。当时，出土了一个一亿一千万年前的大型长颈龙的化石，据推断这只长颈龙有18米高。但更令人吃惊的是，在它的腹部竟然发现了一个神秘的头盖骨。这个头盖骨的形状与人类十分相似，不过相当小，而且头顶部也比人类的往外突出了许多，眼窝呈杏仁状。当然了，还没有足够的证据表明在长颈龙兴旺的时代就有人类生存的事实。这样一来，这个神秘的头盖骨就必然是一个类似人类而并非人类的生物的了。

这个头盖骨因此被送到了华盛顿德比特·波斯比博士的研究所里以供调查研究。据流传出来的消息说，这个头盖骨的主人很有可能是一个个子比人类小，拥有足以与现代人匹敌的高智能生物。难道说，外星人在史前就已经访问过地球了？另外，迄今为止普遍都认为长颈龙是草食恐龙，但在这次的发现中，却发现它也有可能是食肉或是杂食恐龙。这个头盖骨的发现，不但外星人的存在学说，就连与恐龙有关的一些定论说不定也会因它而改变。

可是，这些谜题还有待于科学家作深一步的研究。

钩纹皮蠹

长沙马王堆汉墓以发掘出西汉女尸和金缕玉衣等诸多珍稀文物而闻名于世，而今又有一项发现令人迷惑而又惊奇。

那是在一号汉墓里，考古工作者在墓椁西室的食物筒和衣物筒中，发现了三只钩纹皮蠹的尸体。

钩纹皮蠹是一种昆虫，喜食动物于制品和烟草、茶叶、衣服、粮食。它天生懒惰，只是附在货物上从一个地方转到另一个地方，和其他昆虫相比，传播比较困难。

问题的关键在于：钩纹皮蠹原产美洲。

昆虫学家告诉我们,这种昆虫在哥伦布到达美洲之后,才逐渐传播到世界各地的,就是传播到别的地方以后,也因为其自身的惰性,它的发展也非常缓慢,就是海运工业发达的英国,也是近几十年才传入的。那么,这三只钩纹皮蠹怎么会出现在2100多年前的西汉古墓之中呢?

是后来有人将这种昆虫带入了墓室吗?例如:盗墓。但是这座古墓封闭严密,从未遭到过破坏。

难道中国原本就有这种昆虫?科学严正地告诉我们:由于新旧大陆区系不同,这种昆虫只可能产于美洲,而且在哥伦布之前,这种昆虫在广阔的旧大陆连生存的可能都没有,何况是中国?

事实只能这样认定,一批来自中国的货船越过茫茫烟水,把石锚"交流"给了美洲,然后,一批来自美洲的船只又跨过茫茫烟水,把钩纹皮蠹"交流"给了中国,如果不是这样,那该怎样解释?

据悉,在中国某处古墓,发掘出了玉米,也是原产美洲,也是在哥伦布发现新大陆后才逐渐传到世界各地的。

很显然,这座古墓的年龄要比哥伦布的年龄大得多。

马王堆汉墓出土文物

一座距今2100多年的西汉墓葬,于1974年4月底在湖南省长沙市郊的马王堆出土,被命名为"马王堆一号汉墓"。这座古墓葬女尸一具,外形基本完整。尸体包裹各式丝织衣着约20层,半身浸泡在略呈红色的水里。经研究,尸体的皮下松结缔组织有弹性,纤维清楚。股动脉颜色与新鲜尸体的动脉相似,出土后注射防腐剂时,软组织随时鼓起,以后逐渐扩散。

墓的结构复杂,从突起地面的墓顶到椁室深20米。椁室构筑在坑底部,由三椁(外椁、中椁、内椁)、三棺(外棺、中棺、内棺)以及垫土所组成。三椁三棺层层套合。木椁四周及上部填木炭,厚30~40厘米,共约1万多斤。木炭外面又用,白膏泥填塞封固,厚度60~

马王堆汉墓

130厘米。可能是木炭和白膏泥密封层的防潮防腐作用,以及其他防腐处理,使尸体、葬具以及大量的随葬器物得以保存完整。这座墓的随葬器物,数量很多,共有千余件,多放在外椁与棺之间。其中有丝织品、漆器、竹木器以及粮食、食品、明器等。随葬品上,有写着"軑侯家丞"、"軑侯家"字样的封泥和墨书题字。

据《汉书》和《史记》记载:"侯"是惠帝二年(公元前193年)封,传四代即废。墓中女尸极有可能为第一代"軑侯"——利仓侯的妻子。《汉书·高惠高后文功臣表》记载:"軑侯黎竹苍,以长沙相侯,七百户……"(《汉书》的黎竹苍即《史书》的利苍)由此可见,軑侯是汉初诸侯王中一个封地仅有 700 户的小侯。他的妻子死后,仍动用这么多的人力,消耗这么多的财物。

马王堆一号汉墓出土的素纱蝉衣,长 128 厘米,袖长 190 厘米,在天平上称量,仅重 49 克,还不到一两。如果除去领和袖口较厚重的缘边,重量仅半两多一点。根据计算,每平方米衣料仅重 12 ~ 13 克,真够得上薄如蝉翼,轻若烟雾了。纱,是我国古代丝绸中出现得最早的一种,多半采用单经单纬交织,组织结构比较简单,是一种方孔平纹织物。高级的纱料,不在于空隙多,而在于以蚕线纤度匀细见长。利苍妻子葬于汉文帝十二年(公元前 168 年)以后数年,距今已有 2000 多年。当时蚕丝纺织已有如此高超的技术,确实令人难以置信。

古印度战神之车

印度南部的古城甘吉布勒姆有 424 座神庙。据说最多时曾达到 1000 座,被称为"寺庙之城"。在这里的神庙中,除了湿婆、毗湿奴、黑天、罗摩等众多古印度的神灵雕像外,还有一种飞船的雕塑。这种飞船雕塑被雕成不同样式,上面刻有众多神话人物,但它们有一个共同的名称——战神之车。

一般人往往认为,这种飞船就是神话中人物乘坐的器具,是神话杜撰的子须乌有之物。然而,1943 年,印度南部的迈索尔市梵语图书馆却从一座倒塌的庙宇地下室中,发现了一份题为"Vy - maanila—Shaastra"的古代梵文本简稿件。在这份稿件中,以 6000 行的篇幅,详细记载了战神之车飞船的构造、驱动方式、制造飞船的原料乃至飞行员的训练与服装等众多细节。据记载,战神之车的飞行速度,如换算成现代计算单位为每小时 5700 公里。印度梵语学者和技术专家们合作,依据这份文献和其他古籍中的记载,对战神之车进行了仿造。仿造后的研究结果表明,就技术水平来说,这种战神之车并不是惊人的奇迹。但这是与现代科技对比而言,而飞船是在史前时代建造的。

研究者们认为,战神之车是一种多重结构的飞船,当时的飞船已装备了绝缘装置、电子装置、抽气装置、螺旋翼、避雷针,以及安装在飞船尾部的喷焰式发动机。文献中多次指明飞船呈金字塔形,顶端覆盖着透明的盖子。建造这样的飞船,无疑需要多种现代高科技水平的能力,更需要现代物理学特别是空气动力学的理论基础。这对现代人来说,也是在 20 世纪初才刚刚解决了的难题。2000 多年前,是谁在古印度造成了这样的飞船呢? 古印度人似乎并不是飞船的建造者,他们既没有建造飞船必要的技术能力,也没有驾驶飞船的科学知识。对他们来说,飞船只是神灵们的交通工具。那么,这些驾驶飞船的古印度神灵究竟又是谁呢?

海底玻璃之谜

我们每天都要与各种各样的玻璃制品打交道,如玻璃杯、玻璃灯管、玻璃窗户等等。普通的玻璃以花岗岩风化而成的硅砂为原料,在高温下熔化经过成型、冷却后便成为我们所需要的玻璃制品了。

然而在很难找到花岗岩的大西洋深海海底,居然也发现了许多体积巨大的玻璃块。为了解开这个海底玻璃之谜,英国曼彻斯特大学的科学家们进行了多方面的分析和研究。

首先,这些玻璃块不可能是人工制造以后扔到深海里去的,因为它们的体积巨大远非人工所能制造。

有些学者认为,这种玻璃的形成有可能是海底玄武岩受到高压后,同海水中的某些物质发生一种未知的作用生成了某种胶凝体,从而最终演变为玻璃。由于这个设想,有些化学家把发现海底玻璃地区的深海底的花岗岩放在实验室的海水匣里,加压至400个大气压力,结果是根本没有形成什么玻璃。那么,奇怪的海底玻璃到底是怎样形成的呢?迄今仍然是一个未能解开的自然之谜。

水晶人头之谜

世界现存三具水晶人头,均来源于拉美地区,其中两具在墨西哥发现。

水晶人头完全仿造人头制成,重约5公斤,人头全部用水晶雕成,牙齿整齐地镶在牙床上,鼻骨用三块水晶拼成,两只眼睛用两块圆形水晶制成,工艺非常精巧,人头的下巴,甚至可以开合。

据科学测定,水晶人头在地下埋藏了3600年,而在同一时代,人类文明最发达的两河流域的人们,也只能制作简单粗糙的玻璃制品。

玛雅人很早就会冶铜,从发掘现场来看,水晶人头可能是用铜制工具雕成的。可是,几位考古学家都提出不同看法他们认为在20世纪40年代,拉丁美洲的印第安人还在过着原始的丛林生活,他们的遥远的祖先,不可能知道怎样冶炼铜。而且,他们需要这么精致的工艺品干什么?据推算,雕刻一具水晶人头,至少费时150年。

其实,用铜制工具来雕琢水晶人头的推断,本身就是错误的。在矿物学上,水晶的硬度为7,铜制工具的硬度为5~6,较"软"的铜怎么能雕琢较"硬"的水晶呢?

这些水晶人头还具备奇妙的功能,有一具藏在大英博物馆里的水晶人头,一到晚上,便发出耀眼的白光。这时,人头面目狰狞,十分可怕,人们只好用一块黑绸子遮住它。著名心理学家希特博士认为:水晶人头,是在给病人手术时,催眠用的,人如果凝视它,很快就能进入睡眠状态,而且,用人头催眠后的手术,患者没有痛楚的感觉,出血极少。

可是,古玛雅人能够进行外科手术吗?如果不能,是谁在给玛雅人做手术呢?

关于水晶人头的来历、功用，以及如何制成，至今也还是一个不解之谜。

从这些奇异的水晶头颅来看，也许玛雅人掌握的科学技术，比我们所想象的还要高超得多。但他们又是怎样获得这些科学技术的呢？这就更是谜中之谜了。

20 亿年前的金属

南非的一个金矿里曾经发生了一件令人惶惑不解的怪事，一群矿工在岩石中挖出了数以百计的金属球。这些金属球似乎是人造的物体，它的顶端和底部都是平的，中间有 3 条镂刻清晰的槽线。尤其令人惊奇的是，其中有一个球，能在它的轴线上自动旋转。

据地质学家说，从岩层构造来看，这些金属球很可能是 20 亿年前的物体。但是，它们是如何冶炼和制造的？又是怎样埋藏在那里的？以及其中的一个球为什么能自动旋转？没有人能够作出令人满意的回答。

1891 年 6 月 10 日，美国伊利诺依州，一位叫卡普尔的老太太在往炉中加煤时，发现了一条做工精巧的金项链。这个项链嵌在该煤块中，而煤块形成于石炭纪，距今数百万年。

此外，人们还曾在金库德采石场坚硬的岩石中，发现过铁钉；在美国内华达州的一块长石中，发现过螺丝钉；1880 年，美国科罗拉多州的一位农民，在煤块里砸出一只铁铸嵌环；1885 年，奥地利的一位作坊工人，在煤块里砸出一个金属六面体……这些显然都是人工制品。但是，在几千万年以前的地球成煤、成岩时期，哪有人的踪迹呢？

古老的合金

1976 年，原苏联瓦什卡河岸上，发现了一块拳头大的闪着白光的怪石。经分析：是一块稀有金属的合金，其中锡占 67.2%，镧占 10.9%，钕占 8.78%，还有铁、镁、铀、铝，但没有铀的衰变物。专家们认为：这是一块人造合金，年龄不超过 10 万年。理由是，地球上没有类似的天然物，它很可能是用只有几百个原子的微小粉末做原料，在几十万个大气压下冷压而成。对这样小的物质，加如此高压，其设备和手段，即使是现代文明社会，也无法达到。是谁，用什么方法，制造了这块合金，并把它遗落在瓦什卡河岸呢？

在秘鲁高原，考古学家发现了铂的装饰品。人们知道：铂在 1800℃ 的温度中，才开始熔化。但是，谁在远古时期，就搭起了能产生如此高温的熔炉呢？

四万年前的弹孔

在英国的一个博物馆里，保存着一个生活在旧石器时代的古尼德人的颅骨。它是1921 年在非洲罗德西亚的一个铅矿附近发现的。这个颅骨的左颞骨上有一个圆洞，边缘平滑整齐。专家鉴定，这个创伤与长矛、弓箭或者动物狼牙所造成的裂洞完全不同，唯有子弹的高速冲击才能形成。

在原苏联科学院古生物博物馆里,保存着一条在千万年前就灭绝了的欧洲野鬃牛头骨。这块头骨上也有一个圆圆的伤洞,经鉴定,该洞是由一种束状高压气体冲击而成。由于这头野牛当时未死,创伤周围又新长出了颗粒状骨质结构。因此,伪造是不可能的。但是,袭击古尼德人和欧洲野牛的先进武器,怎么可能在 4 万年前甚至千万年前产生?

五千年前的人造心脏

原苏联人在西瓦湖附近,挖出了一件 4000 年前的女性古尸。尸体表明:她不但被枪弹之类的东西击中,而且还被做了外科手术。

一支由日本、埃及联合组成的考古队伍,在一座金字塔里发现了一具大约 10 岁的男童木乃伊,距今约 5000 年。奇怪的是,在他的左胸腔中,居然有一副类似心脏的仪器,是经过精密的外科手术安装进去的。

德国、比利时、埃及的考古学家在埃及挖掘了 15 个月的古代坟墓后,也惊异地发现了一具木乃伊的胸腔内有一个人造心脏,这和 1986 年考古学家在一具小孩子木乃伊里发现的人造心脏一模一样。

这具木乃伊女尸死时约 35 ~ 40 岁,因为患了晚期心脏病,才被施行了人造心脏的移植手术。这颗人造心脏,和成人拳头般大,是用塑胶和一种不知名的合金制成的,和现在被广泛采用的人造心脏相似,手术可能持续了数星期之久。

科学家说:即使是今天,做这种手术也不太容易实施。人类第一例心脏移植在 1962年,病人在手术后 18 天死于肺炎。正式把人工心脏移入人体是 1982 年 12 月,这人也只活了 111 天 17 小时 53 分。难道是聪明的埃及人,在 5000 年前就创造了这个人间奇迹?

四千年前的彩电

考古学家威交劳·加勒博士,在日内瓦发布了一条震惊世界的新闻:在埃及新发掘的古墓中,发现了一台制作工艺相当先进的远古彩电,它和现在彩电的主要区别是:它只有一条线路,却有四个三角形的荧光屏,屏的周围镀了黄金,机件是用目前世界上最先进的金属——钛制造的,经有关专家鉴定:它是 4200 年前的产品。

使人迷惑不解的是:它只有一条线路,为什么要设计四个屏幕,难道它能用一条线路同时接收多个频道的节目? 地球上至今没有发现任何古老的电视台,难道它是一只太空远距离联络工具? 它又是怎么出现在埃及古墓里的呢? 人们至今没有寻找到答案。

三千年前的微刻艺术

1976 年,我国陕西岐山县古周原出土了一批微型刻字的甲骨文。文字小如芥籽,笔画细如蚊足,不可辨认,在 5 倍放大镜下,不仅字迹清晰,而且直笔遒劲,圆笔婉逸,是一帧帧书法精品,共 293 片。其中一片面积仅 2.7 平方厘米,像一只小纽扣,上面刻字 30

个,刻字部分仅占用 1.17 平方厘米。

据鉴定,这是 3000 年前的作品。那时候,如果没有坚硬的合金工具,没有高级的显微技术,很难想象能完成这批微刻。难道,现代人都忽略了古人的先进智慧? 还是另有隐情? 这个未解之谜一直困扰着考古学家。

雍正龙袍不褪色之谜

在一大批国宝级文物公开展出时,一件明黄底、上绣五爪金龙海水江崖的龙袍吸引了观众的目光。因为这件龙袍虽然历经 300 年历史,但依然金光灿烂,像新的一样。这是怎么回事? 文博专家吕济民先生解释说,这件龙袍不褪色的秘密,在于上面的金龙是用纯度 99.9% 的金丝绣制的,所以依旧耀眼夺目;而其他彩色的部分,是用不同颜色的孔雀羽毛织成的,这样就避免了矿物颜料漂染后的丝线易褪色的问题。这样一件龙袍,从量尺寸到最后由江宁织造府的工匠完成,至少需 1 年时间,耗费工料之巨难以算计,堪称无价之宝。

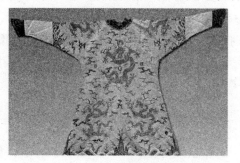

雍正龙袍

第六节　未知历史之谜

荒原石头标记之谜

在乌兹别克的乌斯秋特大草原,有一些规模宏大的巨型图案——神秘的箭头。站在宽广的草原上极目远望,天苍苍,野茫茫,一段一段的土石筑成的矮墙在草丛中露出,似乎是一个被弃置的建筑工地的残垣断壁。然而,如果临空俯瞰,它活像一个用特号铅笔在军用地图上标志兵团出击方向的箭头,箭头长约 1500 公尺,宽约 400 公尺,造型大体相同,令人惊讶的是,所有的箭头都指向北方,一个接一个,连绵达数百公里,宏伟、奇特、蔚为壮观!

矮墙高约 80 公分,每个图案像是个小孩的开裆裤,裤腿向外倾斜、张开,形成两个箭头,裤腿终端,也就是箭头之头呈三角形,角部似乎有一直径十几米的圆坑,开裆处设有矮墙屏风,好像是箭头图案的入口。

原苏联有关科学家提出假说:它是一座古代围猎场,专门猎取草原上的野驴、羚羊等游走动物。每当草肥兽壮之际,成千上万的原始人,拿着叉棍、石块,吆喝着号子;

"嘘——"、"嘘——",把一群一群剽悍的野兽赶到已布置好了的"裤袋"。反对者认为,这种可能性不大,因为和数百平方里的大草原相比,400米宽的连续箭头不过是一条细线,把10里之外,或者百里之外的野兽逼近这固定的"牢笼"谈何容易!需得有几倍甚至几十倍的人力,这样多的人力从何而来?再者,野生动物的灵性最强,一次围猎之后,那些幸免于难的漏网者,必将携"儿"带"女",奔走相告,狼奔豕突,远走高飞,方圆几十里恐难再有同类生物,花费如此浩大的力量,修建如此宏伟的工程,来捕捉那些越逃越远的动物并不划算。那浩繁的工程也是惊人的,粗略计算一个箭头占地约60万平方米,墙体占地约3200平方米,不管是砖筑还是石砌,至少需要2000个劳动日,无数个箭头,在原始时代人烟稀少的草原,有承担如此工程的能力的群体吗?

当然,有人怀疑它和所有巨大的地表图案一样,是宇宙航船的航标,但是,是谁修建了它?它,又能把航船指向哪里?

石怪公园之谜

在意大利首都罗马的北部山谷里,树丛中隐藏着一座神话般的石怪公园。园中丛林密布,怪石狰狞,千姿百态。当人们走进这个公园,门口立着一个庞然大物,似人非人,似怪非怪。它满脸堆笑,像是对每一位游览观光者以示欢迎。

园的后面是一片开阔地,这里耸立着一座雄伟的爱神庙。庙的一侧站着一个头大如斗的怪物,它圆睁怪眼,张开血盆大口,像要吞噬一切。怪物的大口下面却有一张精美的小石桌,供游人进餐或小憩。前方草地上一头石象在低头吃草。象的身旁却伫立着一位天姿国色的妇女,她双目呆滞,似乎沉浸在悲痛之中。大象的一侧约3米处,一条凶猛的龙在与一头威猛的母狮搏斗,那头幼狮却已被龙爪抓住。一旁的男人形的巨怪,却勇施侠胆,与龙厮杀,手里还举起一块血淋淋的龙肉。除此之外,园中还有娇美端庄的人鱼公主、风姿绰约的仙女、美丽的狮身天使、神奇的四头公狗……

20世纪50年代,意大利的画家萨利瓦多尔·达利发现了这些石怪。他认为这些稀奇古怪的石头,可能是经过了雕塑家粉饰加工了的。但学者鲍尔盖却认为是很早以前由于这一带发生过强烈地震而留下的痕迹。他们二人的观点引起众说纷纭。

但石怪公园的种种巨石怪物究竟是自然的产物还是人为创造的?如果是人为的那又是谁创造?始建于何时?一直是个谜。

原始丛林中的石像

墨西哥中部塔巴斯科州的西境,是一大片潮湿的丛林,1939年土著人在这片丛林之中,发现11颗全由玄武岩雕刻而成的石头像。这些石头像大小不一,最大的16米,最小的6米,最重的约20吨以上。所有的石像都只有脑袋,而没有身躯和四肢。其中一个石头像上刻了许多奇怪的象形文字,至今没有人能看懂。

这些头像都是威武的军士,雕刻得十分精致,形态也十分逼真。赶到现场的考古学家们断定:这些石像的雕刻法,与当地的古代民族奥尔美卡·印第奥的雕刻手法极为相似,并下定论说,这些石像乃是公元前5世纪到公元开始之间的作品。

科学无法解释的难题是,那些古代印第安人如何把这些巨大石像搬到丛林里面?因为石头像皆是以坚固的玄武岩石凿成,而这个丛林离它最近的玄武岩产地,至少有100英里。科学家们一致认定,无论是当时或现在,这个地方的地质学环境没有发生过任何变化。

美国考古学界的权威、纽约自然博物馆古学长爱克·赫尔博士对此亦感大惑不解。他说:"印第安族人不懂得使用车辆,而在当时,此地绝不可能有牛马,那么说来,他们能够搬运这些巨大的石头像是不可思议的。"

墨西哥政府耗费了巨大的劳力,企图把这些石像搬运到贝拉克鲁斯的哈拉巴博物馆去,但由于石头像太过笨重,最后政府只好放弃了这种努力,只搬了3个较小的石头像去。

运用现代如此先进的运输工具亦未能顺利地搬运这些石头像,那么,古代的人以何种方式搬运这种石像呢?他们如何成功地做到这一点的呢?

难以解读的墨西哥石雕像

19世纪末的一年,墨西哥天气大旱,河水涸竭,文物工作者在夸特林昌村的一条河床发现一座石雕像,高7.5米,直径4米,总重量167吨。这庞然大物是1300多年前由能工巧匠精心雕琢而成的。石雕像上镌刻着"不得随意移动,否则暴雨无情"的字样,并注明因挪动石雕像,酿成水患的年月日。

为了保护这一文物,墨西哥政府于1964年作出决定,将石雕像运往首都。夸特林昌村民闻讯,人人反对。一些曾经领略过石雕像之"报复行为"的年迈者,也纷纷进谏和告诫政府工作人员:"若动石像,黎民遭殃。"人们再三阻拦。但是,这一切都无济于事。石雕像被搬到河岸,并用一辆72轮的巨型卡车运走了。

1964年4月16日,石雕像在人群的簇拥下,进入墨西哥城,并被安放在国家博物馆的主楼前。令人难以置信的是,庞然大物刚刚安顿完毕,暴雨便滂沱而至,仅仅第一天的降水量达40毫米,这是墨西哥105年来的最高降雨量。于是,墨西哥全城乡闹水灾,百姓不宁,唯独夸特林昌村安然无恙。

因为村民们在石雕像运走后便筑堤修路,作了防洪抗涝的一切准备。

后来,政府组织了一个探索与研究石雕像奥秘的工作小组,至今这个小组已经进行了40多年的悉心研究,但专家们仍未识破其真实面目。这座神秘莫测的石雕像现在由专门的警卫队昼夜守护,以防有人冒犯闯祸。

圣女像之谜

在墨西哥瓜德罗普大教堂的祭坛上,有一幅神秘的圣女像。据传,这是一幅16世纪30年代初印第安人的作品。

1929年,该教堂的一位名叫阿方索·马尔古埃的摄影师,偶然在这位圣女的右眼中发现了一个奇怪的人影。当时的教会知道了这件事之后,请求这位墨西哥人别声张出去。这样,这则消息直到1951年,当另一个名叫卡洛斯·萨里那斯的画家也同样发现这一奇迹时才公开。于是,这一发现轰动了世界,招来了许多外科医生、五官科专家以及历史学家。

从此,圣女像便成了科学家们研究的对象。通过20多位著名的专家们在放大40倍的显微镜下仔细观察,证实圣女像的右眼中确实有个人影,并且能够辨认出这是一个右手捋着胡子、头发已经斑白的印第安人半身像,从他的神情看来,若有所思。这就引起了更多人的兴趣。1979年2月,美国纽约大学的约瑟·阿斯特·汤斯曼教授,利用他的电脑装置,把图像放大2700倍,终于在圣女像的双眼中发现了12个人影,有正坐着做祈祷的半裸体印第安人,有手捋胡子的白发老人,有带着一群孩子的年轻妇人,还有手拿帽子、披着披风的印第安族老农等。

在仅有8毫米长的圣女像的双眼中,竟容纳这么多的人,这在科学上是很难解释的。这些图像是怎样形成的,难道古代墨西哥的印第安人已经有了这么高超的绘画技术? 关于这些,有待于科学家们进一步考察和探索。这个谜,终究会被揭开。

英格兰石阵之谜

在英国英格兰南部威尔特郡的历史名城索尔兹堡附近,有一个小村庄叫阿姆斯堡,村西的旷野上耸立着一组高大的巨石,在直径140米的圆形洼地上由30根巨石竖起四个柱状同心圆圈,圆心是一块平坦的石块,世人称之为巨型方石阵。

巨石阵的主体是由一根根巨大石柱排列成的几个完整的同心圆。周围由一道深20多英尺、宽70英尺的壕沟勾勒出轮廓。沟是在天然的石灰土里挖出来的,挖出的土方正好作为土岗的材料。紧靠土岗的内侧,由56个等距离的坑构成又一个圆圈。由于考古学者奥布里于公元17世纪首先发现这里,所以这些坑被称为"奥布里坑"。坑是用灰土填满,里

英格兰石阵

面还夹杂着人类的骨灰。

据放射性同位素测定，巨型方石阵是一项历时近千年的伟大工程。这一工程的建造开始于新石器时代后期，约公元前2750年左右，分三个阶段进行。

据考古学家们分析，那平均重达二十五六吨的青色巨石、砂岩石是从30～200千米以外运来的。建造者们首先挖出一道圆形的深沟，并把挖出的碎石沿着沟筑成矮墙，然后在沟内侧挖了56个洞，但这些洞挖好之后又被莫名其妙地填平了。也就是说，最令人费解的奥布里坑就是这一时期所造。公元前约2000年开始巨石阵建筑的二期工程，这次最早修筑的是一条两边有并行的通道。三期工程大约始于公元前1900年，建成了庞大的巨石圆阵。其后在500年期间，巨型方石柱的位置被不断调整，二期工程的青石也重新排列，终于形成了欧洲最庞大的巨石结构。可惜的是双重圆阵西面部分始终没有竣工，不知何故，建造者虽然费尽气力把青色巨石运来，但终于没有付诸行动。

历经数千年的风吹雨淋，巨型方石阵有些地方已严重损坏，但整个大石结构依然屹立。尽管现代科学家们借助先进的高科技手段已准确地确定了它的建造年代和建造方法，但却始终无法回答建造这样的庞然巨阵到底出于什么目的。

建造这个巨阵是做什么用的呢？

有人认为它是早期古代人建造的墓地，有人认为它是宗教场所，有人认为它是古代罗马祭司建造的祭坛，有人认为它是战争纪念物，也有人认为是作供奉用的神殿，还有人认为巨石阵很可能是一个刑场，原因是最近从巨阵挖掘出了一颗年代久远的人类头骨。现代分析技术认为，这是一具男性骨骸，曾有一把利剑将他的头颅齐刷刷地砍下。考古学家在这颗头颅的颈部发现了一个细微的缺口，同时在第四颈椎上发现了明显的切痕。由于其墓穴孤独地埋在那里，有理由相信，他并非死于一场战争，而是被一柄利剑执行了死刑。在巨石阵及其周围还曾发现数具人类遗骸。1978年，一具完整的人类骨骼在围绕巨石阵周围的壕沟中被发现，这个男人是被像冰雹一样密集的燧石箭射死的。

最近一种流行的说法是，巨石阵有天文观测的功用。早在200多年前就有人注意到，巨石阵的主轴线指向夏至时日出的方位，其中有两块石头（现在的标号为94号和93号）的连线指向冬至时日落的方位。

20世纪，英国天文学家洛基尔进一步研究巨石阵。他指出：从巨石阵中心望去，有一块石头（93号）指向5月6日和8月8日日落的位置，而另一块石（91号）则指向2月5日和11月8日日出的位置。因此他推断，在建巨石阵的年代（约公元前2000年）已有一年分8个节气的历法。

20世纪60年代，天文考古学家纽汉声称，他找到了指向春分日和秋分日日出方位的标志，并提出91、92、93、94号四块石头构成一个矩形。矩形的长边指向月亮的最南升起点和最北下落点的方位。

1965年，天文学家霍金斯使用电子计算机对巨石阵中大量石头构成的各种指向线进行了分析计算,又找出许多新的指示日、月出没方位的指向线。考虑到现存的巨石阵遗址是分三次、前后相隔几个世纪建造的,而每次建造中都有指向日、月出没方位的指向线,因此霍金斯认为,巨石阵是古人建造的观测太阳和月亮的观象台。他甚至还认为,巨石阵中56个围成圆圈的奥布里坑能预报月食。后来天文学家霍伊尔更认为巨石阵能预报日食。果真如此的话,那么石阵的建造者在天文学和数学方面的造诣,将远比希腊人、哥白尼甚至牛顿还高。天文学家迈克·桑德斯则认为,石阵是在已经了解太阳系构造的基础上建造的。新石器时代科学技术真能达到如此高的水平吗?那他们为什么没有发明其他东西,改善一下自己的生活环境呢?显然,这一切只能是"假设"。曾有一块巨石倒塌下来,现代学者们曾试图把它准确地放回原来的位置,但几经努力,终难如愿。为此,有位学者指出:在地球上的位置若有几厘米的偏差,在外太空的计算上就可能达到若干光年。奇怪的是,曾有学者用当前最先进的仪器设备,检测出巨石竟能发出超声波!古人在刀耕火种的时代怎么会知道超声波呢?难道是外星人在遥远的史前时代光顾了英格兰?一切都在探索中。

美洲人头像之谜

在哥伦布到达美洲之前,美洲一直是印第安人的家园。但是,令人百思不得其解的是,在墨西哥和南美一些地方发现的古代艺术品中,竟出现了陶制或石制的其他种族人物的头像。在墨西哥的特南哥地方,曾发现过一个奥尔梅克文明时代雕刻的翡翠人头像。

虽然该头像的鼻部已经失损,但人们从其扁平的脸形、并不凹陷的眼窝、眉毛前额和颧骨的特征,仍然一眼就能看出,这是个中国人的头像。在危地马拉发现的另一个石雕人像,也明显地具有中国人的特征。而在墨西哥的委拉卢克斯发现的另一个石雕人头像,一看就是个非洲黑人。那厚厚的嘴唇、圆圆的前额,明显地表现出尼格罗人种的特征,而与美洲印第安人的相貌完全不同。在危地马拉还发现过一个石雕人头像,鼻梁又高又直,下巴上蓄着长长的胡子,看上去像个闪族人,有人认为这是古代腓尼基人的雕像。

按常理说,艺术是生活的反映,古代美洲的印第安人很难雕出自己完全不熟悉的种族的头像,那么这些没在美洲生活过的人的雕像是怎么来的呢?关于古代中国人曾到过美洲的说法由来已久,史前腓尼基人曾到过美洲的传闻也有人相信。但是,这几种推断毕竟还都是尚未证实的假设。最难理解的是那个非洲黑人的头像,唯一可能的解释是:黑人可能作为古代腓尼基人船队中的划桨奴隶。

在蒂瓦纳科著名的太阳门帝边,也伫立着48个巨石人像。人们曾经以为它们是祭神的仪仗队或侍卫,如同通常的神庙前的石像一样。然而引人注目的是,这48个石像容貌各不相同,有的嘴唇厚,有的鼻梁高,有的鼻梁矮,有的耳朵大。这引起了考古学家和人类学家的注意。经过仔细考察,他们发现,这些石像实际上表现了地球上人类各个种族和主要民族的形象。这就是说,这些石像是在有人掌握了人类各个人种和民族的基础上制作的。有的考古学家认为,如果从陈列或展览的角度去理解,才能窥见制作者们的真正意图。如果是这样,那么中美洲其他地方零星出现的那些中国人、非洲黑人和腓尼基人的石像,也就不足为奇了。然而,这些石像的制作者们又是怎样知晓人类各个人种和民族的情况的呢?

神秘的卡纳克石柱群之谜

濒临大西洋的城镇卡纳克,是法国布列塔尼半岛的一个神秘地方。在它郊外长达8千米的范围内有一片片整齐排列的石阵,这就是著名的卡纳克石阵。英国考古学家海丁翰教授称其为比金字塔更神秘的石柱群。

据说,卡纳克石阵曾有石柱1万根,如今仅存2471根。石阵被农田分为三片:位于卡纳克城北1.5千米处的勒芒奈克石阵,以11排向东延伸,共1099块石头,排列在长1千米、宽100米的矩形内,最高的巨石露出地面部分达4.2米。石柱行列稍有弯曲,柱与柱间距离不一。起点石柱高约4米,最高7米,愈往东愈低愈小。再向北走,过了一座古老的石磨坊界线,便进入克马里欧石阵,共10行,长约1.2千米。与其相邻的克勤斯坎石阵,长约400米,共13行,每行都很短,共540块巨石,排成正方形。它的末端是一个圆形石阵,由39块巨石组成。各组石阵都沿东西方向分行排列,越远南北,边缘行距越密,每一行巨石的

卡纳克神殿石柱群

大小和排列距离也并不均匀,每行越近东端,石块越高且排得越紧。石块排列以直线为主,也有排成平行曲线的。

经考证,石阵大约是从公元前4300~公元前1500年,分期竖立的。这个时期欧洲人还没有发明轮子,但石块中最大的重约350吨。高达20米,竖立者是如何把如此沉重的花岗岩竖立在指定位置的?难道是借助一种神秘的力量?他们竖立这样的石阵有什么用途呢?

当地有一个传说,公元前56年,恺撒征服高卢。被罗马人打败的卡纳克守护神科内利逃到了城北的山坡上,眼看就要被追上了,情急之下,就用魔法将追赶他的罗马士兵变成了一队队排列整齐的石阵。虽然这只是一个传说,但在18世纪,不少学者坚信石阵营造于恺撒时代。

有人认为,石阵是蛇崇拜的产物。如果身临其境,仔细端详,那一排排巨石列队蜿蜒

前行,真有点巨蛇飞舞的意味。19 世纪,考古学家在卡纳克周围发现许多蛇崇拜的遗迹,但未发现与石阵有什么直接的关系。

有人认为,石阵是一片墓碑群。这些高高竖起的石块可能是埋葬死人时树立的墓碑。这仅仅是推测而已,还没有找到有力的证据。

还有人认为这些石块是妇女的吉祥石。只要不孕妇女蹲在石头上或是在石头上睡上几夜,石头的魔力就可使她怀上孩子,届时孩子就会呱呱落地,如同在人间竖起了一根根人柱。这也只是盼子心切。

在遥远的史前时代,在不可能有什么高超技术的前提下,却能竖起这样庞大的巨石阵,这是奇迹,也最令人不可思议。有些学者因此认为,卡纳克石阵是外星人访问地球的飞船基地,或许只有这样才能使人们的心灵得到些许慰藉。

20 世纪 80 年代,考古学家勒霍斯带队发掘卡纳克海滨格夫尔林尼岛上的一个甬道墓,发现此墓是个刻意经营的地下建筑,大理石块砌成的同心圆台宛如露天运动场的看台,墓壁上有精美的浮雕图案。经同位素鉴定,它与石阵的营造时间大致相同。他们在 20 千米外发掘的另一古墓,墓内石雕也有类似的图案。

在甬道墓内,29 块墓道壁石板中 23 块刻了图案。许多同心圆弧、斧头、蛇、牧羊者手杖等图形,还有类似女神的人像跃然石板上。墓的内室顶板的一个大石板上,刻着一头长角牛的牛头及其前身,还有一把斧头的前半截。在 20 千米外那座古墓的内室,也发现了相似的一段;把它们拼合在一起,正是一方完整的 14 米长、总重量在数吨以上的刻图石板。这方石板明显是人为截断的。为什么要将完整的石板截断?为什么要分装在相距 20 千米的两墓中?又用什么工具来运输 30 多吨的巨板?人们百思不得其解。

史前卡纳克人有本领营造这么宏大的地下殿堂,自然也有能力架设简单的地面柱林。而要建造石建筑,就必须有石材,而石柱阵和古墓葬所在地都没有岩石资源,所有石柱必须从数千米外的岩山甚至更远的地方采取。新石器时代人类最先进的搬运工具无非是绳索、滚轴、杠杆等,操作方法无非是推、拉、滚,或利用土坡下滑。但无论采用什么工具,采取什么操作方法,要把数吨、数十吨的巨石搬运数千米、数十千米都不是一件容易的事,更何况,要搬运的是成千上万块。

究竟把那么多的巨石搬到卡纳克,凿平磨光,再把它竖立起来,组成石阵,或雕镂图案,构筑巨大墓穴,靠的是什么"神"力?是什么鼓舞他们狂热地进行如此浩大的工程?

尽管聪明的现代人绞尽脑汁,还是难以了解远古的卡纳克石阵的奥秘。正如对石阵进行过长期考察的英国考古学家欧文·霍丁霍姆所说,它像金字塔一样,为人类留下了永恒的不解之谜。

阿勒泰草原石人之谜

在新疆阿勒泰市郊外的旷野上,有一堆黑色巨石,有人说是陨石,也有人说是一种特殊的金属矿石,但引起考古学家注意的却是黑石头上雕刻着的草原石人。

北方草原上曾生活过多个游牧民族,谁才是石人真正的主人?

由于现在生活在石人地区的民族,比如说哈萨克族、维吾尔族、蒙古族都没有立石人的习俗,因此石人的族属必须到古代民族中去寻找。据说石人身后都会有墓葬,因此专家首先想到要在墓穴中寻找证据,但现实中关系保存完好的石人和墓葬极少,即使找到了类似遗迹,出于文物保护的需要,专家们一般只清理那些被盗和被破坏过的墓葬。由于游牧民族葬俗本来就很简单,从这种被破坏的墓穴里,就更难找到直接的证据。一时间,鉴定石人身份的问题遇到了很大困难。

20世纪60年代,考古学家在荒原深处发现一大片古墓葬群,在这座被称为切木尔切克的墓葬群前,人们看到有5尊石人立于墓的东面,都是由黑色岩石雕成,石人的脸廓和眼睛都呈圆形,面颊上还刻有三角状饰纹。

专家们一共在此挖掘了30多座墓葬,在出土文物里,有一类陶罐引起了他们的注意,这种陶罐呈橄榄形,上面雕刻着水波样的弧线纹。他们认为陶罐属于一种叫卡拉苏克文化的范畴,卡拉苏克文化大约在公元前1000年左右,而突厥人生活于隋唐时代,它们至少有上千年的差距,石人当然就不可能是突厥人的遗存。那么在3000多年以前,是谁在黑石头上留下了自己的雕像呢?

在中国早期古籍《庄子·逍遥游》当中,有一极北之国被称为"穷发国",同时古希腊史学家希罗多德在其著作《历史》中说,阿尔泰山下居住着一种"秃头人",这很可能就是指某个民族不留发辫的习俗,而这些石人的典型特点,就是圆形头顶上没有任何发饰。希罗多德的著作中还说:秃头人长着"狮子鼻和巨大的下腭",这种蒙古人种的脸型恰恰和这些石人身上的表现相吻合。

更有意思的是,希罗多德说秃头人在山中看守着黄金,而阿尔泰山蒙语的意思就是金山。

在布尔津县文管所里收藏着两个奇特的小型石人,它们是在3000年前的古墓葬里作为陪葬品出现的。其实无论是墓地石人,还是随葬石人,都具有灵魂保护的含义,它的根源就是对石头本身的崇拜,认为石头具有通灵的作用,所以一般石人身后的墓葬也是用石碓垒砌而成。

在这些石碓的周围,还可以看到半隐半现的散石,其实它们是围绕着石碓的同心圆,圆圈和石碓由放射状的线条连接,它们构成的图形只有站在至高点才能看得清楚。一种观点认为,立有石人的墓葬并不仅仅是死者的坟墓,可能还是部落的祭祀场所。

石人什么时候消失的?突厥石人是最后的终结者吗?

石球之谜

1930年,美国联合果品公司有个森林砍伐队来到哥斯达黎加,打算在这里的热带丛林中开辟一片空地，建一个大型香蕉园。当他们走进森林后，惊奇地发现，在森林深处整齐地放着几十个一人多高的大石球，旁边还有些小石球。最大的石球直径达 2.4 米，重 16 吨，最小的仅有数公斤重。球面异常光滑，光可鉴人，上面刻着一些莫名其妙的图案，有直线的，有斜线的，还有三角形的等等，相互交织。砍伐队员面对这些奇异的大石球面面相觑，大惑不解。

哥斯达黎加森林中发现大石球的消息一经传出，就引起了世界各国考古学家的重视。首先来到这里的是美国哈佛大学考古学家穆维勒·罗斯卢卡教授所率领的考古队。他们竭力想找到一点儿能说明这些神秘的大石球来历的线索，可是林海茫茫，除了参天大树和这些大、小石球之外，其他连大一点儿的石块都没有找到。可是当他们走到附近的马尔苏尔城的时候，不禁大吃一惊：城里街道上的空地上几乎到处都有大石球，成了花园、门庭前的一种装饰。

这些大石球是何人制作的？怎样制作的？制作它有何用？罗斯卢卡整天在这些大石球旁转来转去，百思不解，只好暂时率队回国。

美国考古队的到来，引起当地人的猜测，一时传闻四起，说大石球里有稀世珍宝。居民们便纷纷砸碎石球，有的人还用火去烤它，以为一旦烧裂就可以得到一笔巨大的财产。这种愚昧的举动使不少石球毁于一旦。

随后，许多国家的考古学家纷纷来到哥斯达黎加，经过艰苦的考察和研究，他们得出了一致的结论：森林中的巨型石球是人工凿成的，石球的材料是花岗岩，然而当地并没有这种石料。制造一个直径 2.4 米的石球，需用一块重达 20 多吨的正方体石料。制造者是怎样找到那么大的石料的，做好后，又是怎样运来的？制造者是谁？是何时制造的？哥斯达黎加的史册中并无记载。

世界上最大的一处"石球之乡"在埃及的哈尔加绿洲，一望无际的石球散落在地面，可惜由于沙子和暴风的侵蚀，已失去了原来的形状。据说这些石球形成于 200 万年以前。其他地方如墨西哥和罗马尼亚等国，也发现过石球。

哥斯达黎加的石球与世界各地发现的石球，成因不尽相同，各有千秋。科学家们虽说已经提出了不少假说，但是石球成因的确切而完整的解释至今尚未作出。

永不生锈的铁柱

在印度德里城附近的夏麦哈洛里，矗立着一根公元 5 世纪铸造的巨大铁柱。这根铁柱高 6.7 米，直径约 1.37 米，用熟铁铸成，实心，柱顶有着古色古香的装饰花纹。据说这根铁柱是为纪念旃陀罗王而铸造的。

但最令人惊异的是，铁柱在露天中耸立了 1500 余年，经历了无数风吹雨打，至今仍没有一点生锈的痕迹。人们都知道，铁是最容易生锈的金属，一般的铸铁，不用说千年，几十年就锈蚀殆尽了。

直到现在，人们也没有找到能够防止铁器生锈的有效办法。尽管从理论上说，纯铁是不生锈的，但纯铁难以提炼，造价昂贵。而且有些科学家分析了铁柱的成分，发现其中含有很多杂质，绝非纯铁。照理说应该比平常的熟铁更容易生锈才是。

如果说古代的印度人早就掌握了冶炼不锈铁器的技术，只是这种技术后来失传了，那他们为什么没有在同时代冶炼出其他任何不生锈的铁制器具呢？而且古印度的典籍中，也没有任何关于这方面的记载。铁柱孤零零地矗立在那里，好像一个不可理解的物证，在向人类的智慧挑战。

刘邦斩蛇碑现武士宫女幻影

陈文钦是永城市芒山镇的一位农民。1983 年 3 月的一天深夜，陈文钦驾驶一辆三轮车路过刘邦斩蛇碑时，三轮车突然莫名其妙地熄火。收拾了半天才弄好，他启动车辆准备继续前行时，前方一个神秘的魅影让他惊呆了：只见车灯照射的前方石碑上，出现了一个清晰的人影，这个人影好像一个武士，一手执剑，一手捋着胡须，昂首挺胸，气度非凡。"难道是看花眼了？"陈文钦将信将疑地揉揉眼睛，再仔细地看了几遍，没错，的确是一个武士的影子。

一位不信鬼神的文化工作者为了揭开石碑显像之谜，于这年 8 月的一天晚上，约了几位朋友一同前往斩蛇碑看个究竟。当他们找到斩蛇碑时，已经是晚上 9 点多。他们悄悄摸到斩蛇碑前，打开手电筒，期待看到那传说中的神秘武士像。但失望的是，神秘武士并没有如约出现。

是照射的角度有问题吗？他们换了几种角度，但结果依然。他们发动汽车，准备倒车回去的时候，刹那间奇迹出现了：只见车灯远远地正面照射过去，一个金光灿灿的武士出现了。人们恍然大悟：原来是距离的问题。他们赶紧下车又试了几次，才发现了刚才没有看到的原因，的确是因为离得太近了，什么也看不到，而且只有正面照射才能看得到。碑身的正面可以看到武士像，那么背面能不能看到呢？

他们如法试验，结果看到一个头戴凤冠的宫女模样的妇女，温柔慈祥地抱着一个小孩子。"一定是有什么玄机藏在石碑上。"是不是石头中含有发光的原料？他们想起斩蛇碑所用的石头取自紫气岩。

如果是石质的原因，那么其他的石碑也应该出现人像。芒砀山下埋葬着陈胜、西汉梁王家族等数不清的墓葬，所以山上石碑如林。这些石碑应该大多取材于紫气岩。他们趁着闲暇的晚上一个个照下去，奇怪的是，照了数百座石碑，没有一个能演绎刘邦斩蛇碑的神奇。

直至今天，这个谜还没有人能揭开。

第七节　待解考古悬疑

中国最古老的铜镜之谜

　　为探索中国古代铜镜起源提供新材料的首先是商代的铜镜。1934 年 12 月 23 日应该是一个值得铭记的日子,在河南安阳侯家庄西北冈 1005 号殷墓出土了一面有钮的圆形铜器。中国著名的考古学家梁思永先生立即在他的发掘日记中写下"重要的发现——铜镜"几个字。遗憾的是,这面铜镜只是一个孤证。为什么在其他商代的墓葬中没有镜子被发现呢?

　　自盘庚迁殷后,商代的经济和文化得到了空前的发展,特别是手工业中的青铜铸造业发展得更为迅速,铸造的器物种类繁多,花纹细密、繁缛。当时铜器铸造的数量很大,据学者们估计:历来出土的商代青铜容器可达数千件之多,兵器、工具、车马器数以万计。但是,与庞大的青铜容器、工具、武器相比,铜镜出土的数量则相当少。除上述五面外,只在安阳大司空墓发现了一面铜镜。可以说在数千座商代墓葬中,只在三个墓发现了六面铜镜,出铜镜的墓还不到已发掘墓葬总数的千分之一。可见当时铜镜的使用并不普遍,是一种相当稀罕的物品。而且与发达的商代青铜文化相比,这几面铜镜不仅少,而且其工艺水平也太简陋,似乎与这一时代很不相称。

　　梁思永先生发现的铜镜曾被认为是中国最古老的铜镜,但是新的发现推翻了这个论断。1975 年,当妇好墓四面铜镜还在地下沉睡的时候,甘肃广河齐家坪墓葬出土的铜镜宣告了齐家文化已有铜镜。接着,1976 年青海贵南的齐家文化墓葬中也出土了铜镜。以后被冠名为齐家文化的铜镜愈发多了起来。如果我们把这些极为破旧的铜镜扔在街衢上,不少人会把它当做破铜片看待。不过,这些破铜片却不是普通的铜片,它记录着中国古代铜镜发展的最初岁月。

　　那么,这些铜镜究竟是什么样子呢? 我们还是从一件中国历史博物馆藏的齐家文化铜镜说起吧。该铜镜相传出土于甘肃省,直径 14.6 厘米,边厚 0.15 厘米,钮高 0.5 厘米。桥形钮,镜背面饰弦纹与"勿"字纹。镜面中心略凸,形成凸面镜,照面时可将人形缩小,便于把整个形象映现在镜中。

　　在中国古代,存在着一些被人们认为是不足置信的铸镜传说。传说在神农氏之后,中华民族的历史进入黄帝时期。黄帝又号轩辕氏,他发明和创造了养蚕、舟车、文字、音律、医学、算数等,就连小小铜镜的制造和使用也被说成是起始于黄帝。《轩辕内传》中说黄帝与西王母在王屋这个地方相会,铸了 12 面镜子,每个月使用一面。比黄帝稍晚的尧舜时代,还有尧的臣子尹寿做镜子的传说。这些传说也并非纯属无稽之谈,因为齐家文化等铜镜的发现使人们对这些传说有了新的认识。齐家文化是指中国黄河上游地区新石器时代晚期至青铜时代早期的文化，因首先发现于甘肃广河齐家坪遗址而命名。根据放射性碳素断代并校正，齐家文化的早期年代为公元前2000年左右，即距今4000年左右，与距今5000年的黄帝铸镜传说的时代极为靠近。因此，这件齐家文化铜镜尽管古朴简拙了一些，却开阔了人们的视野，唤醒了人们探索中国铜镜起源的希望。

"随侯珠"是什么东西

人们常说的"春秋二宝"，乃指"随侯珠"及"和氏璧"。"和氏璧"因"完璧归赵"这个典故而家喻户晓；而"随侯珠"虽然也有"随珠弹雀"的典故，却不太为大家所熟悉。其实，关于"随侯珠"还有一个神话传说呢！

据《随州志》记载："春秋随侯是汉东国姬姓诸侯。随侯出游，见一大蛇伤断，顿生怜悯之心，令人以药敷而涂之，蛇愈，于夜中衔大珠以报随侯救命之恩。"

据《搜神记》记载："随县溠水侧，有断蛇丘。随侯出行，见大蛇被伤中断，疑其灵异，使人以药封之，蛇乃能走。因号其处'断蛇丘'。岁余，蛇衔明珠以报之。珠径盈寸，纯白，而夜有光明，如月之照，可以烛室。故谓之'随侯珠'，亦曰'灵蛇珠'，又曰'明月珠'。"《淮南子》中也有类似记载，只有"蛇于江中衔大珠以报之"一句稍有不同。现在湖北省随州市城内，还有"断蛇丘"、"夜光池"等地名。

那么，随侯珠究竟是神话的产物，还是现实世界的客观实体呢？

许多人认为，随侯珠应是客观现实中的实体，它应当是一颗熠熠生辉、照夜如昼的夜明珠。古代有不少关于夜明珠的传说，而且还写进了诗篇。

"随侯珠"究竟是何物呢？

根据现代科学研究，知道珍珠是贝类动物的特殊胶体胶结起来的碳酸钙晶体。每颗珍珠含90%以上的碳酸钙和4%左右的水分，珍珠表面是一层光彩的角质素，水分子多胶含在其中。珍珠就是靠了这水分使其闪亮生辉。晚上没有光亮，珍珠是不可能发光的。而且，长期不使用的珍珠，容易跑掉水分，大约经过六七十年就会使水分失去一半，光泽大减；若再过六七十年就会变成一抔泥土了。由此可知，珍珠的寿命也不长。据说：1900年，李鸿章与瓦德西订了条约，赔偿四万万两白银，慈禧太后将头上的四颗夜明珠摘下来，作为信物，派遣一个小宫女送去。小宫女见到要把宝贝送给外国人非常气愤，就拿了宝物隐入民间。后来，在西安发现了四颗明珠，并经郭沫若考证，这正是失踪多年的慈禧头上的夜明珠。这四颗夜明珠传到慈禧太后手中之前，至少已有几十年的历史，照此推算到郭沫若考证时，至少有100年的历史，如果是珍珠的话，早已该"人老珠黄"了，怎还能"放出耀眼的白光"呢？因此，根据上述两个原因，随侯珠不可能是珍珠。

《史记·邹阳传》中记有"随侯之珠，夜光之璧"。璧者，玉也。历史文献上记载和氏璧是"光彩射入"的玉石，随侯珠也应是一种能发光的玉石。现在已经知道，自然界许多矿物和岩石都能发光。如磷在空气中氧化能发光；莹石发光，因莹石中混入硫化砷；钻石能发光，因为其成分中含有磷质，它们在白天经太阳曝晒，发生"激化"，晚上就会释放出能量来，变成美丽的蓝光或蓝色火焰。

近年的科学发现，似乎更加证实了这种观点。

1982 年 11 月，广东省冶金地质勘探公司地质科霍永锵等人，到广东某矿山考察，在选矿带上发现了一种浅棕色的莹石，在无光亮的夜间，相距 3 米远即可看到清晰的光。光呈浅蓝、浅绿、浅紫到深紫色，非常美丽。

慈禧头上的夜明珠

随侯珠应确有其物，而且应当是一颗可发光的、十分珍贵的莹石，只不过像"和氏璧"一样已经失踪了，要知道它的真相还得找回原物。

"一捧雪"宝杯之谜

明朝嘉靖年间(1522～1566 年)，江苏省太仓县有一个官员名叫王涊，带兵负责河北到辽宁一带的边防。在他的家里，保存有一只玉雕的杯子，洁白晶莹，玲珑剔透，被当做传家之宝。

这只价值连城的宝杯，数百年来无人能解开它的奥妙。那就是每当炎热夏天到来的时候，向杯里倒进滚烫的开水，水会立即自动冷却下来，像雪水般清凉，仿佛是一捧冰冰，因此被取名为"一捧雪"，并成了闻名远近的稀世珍宝。

可是不久以后，这件玉雕宝杯被当朝的奸臣严嵩父子知道了，他们想谋取这件珍宝，便下令王涊将宝杯进献到严府来。王涊不忍世世代代的传家宝就这样落入奸臣严嵩的手里，于是便请人暗地里连夜赶雕一只仿制品派人给送去。不料此事被一个裱褙匠知道，他跑去向严嵩告密，于是严嵩大怒，便借口倭寇窜犯沿海与王涊失职有关，迫害王涊，然后利用抄家的机会要夺取那只"一捧雪"宝杯。就在这紧急关头，王涊家里有一个为人老实正直的仆人，名叫莫成，他挺身而出，化装成主人王涊替主人赴死，而让王涊带上祖传的"一捧雪"宝杯改名换姓逃避他乡。后人因感王涊由于"怀藏古物"而遭到如此横祸，便把王涊改名为"莫怀古"以表示警喻。

莫怀古逃到哪里去了呢？他带走的那只无价之宝"一捧雪"古杯最终流落到谁手里？

几百年来,一直无人知晓。到了20世纪70年代初期,河南乡下有一个农民向有关部门报告说,他家里珍藏有一只世代流传下来的"一捧雪"宝杯,一时引起了轰动,成了一大新闻。消息传到了北京,北京有关部门派出了专家前往鉴定,发现这只所谓的"一捧雪"宝杯是赝品。这样看来,这只被那位农民世代收藏的"一捧雪"宝杯很可能就是当年王泾送给严嵩的那只仿制品,而真的"一捧雪"宝杯却一直下落不明。

随后,笔者在福建《平潭县志》第八卷《冢墓》这一篇里,发现了一个非常难得的记载:"莫怀古墓,在东庠岛大山中。莫怀古因避严嵩之迫害,隐居在东庠岛上的大帝宫里。"东庠岛是平潭县东面的一个岛屿,上有高山,四面环海,地势险要,是古代避乱的好地方。这个岛在明代的时候,曾经是民族英雄戚继光率领军民抗击海上倭寇侵犯的一个前沿阵地。据当地老百姓说,当年莫怀古(即王泾)从家里连夜逃出来后,便参加了戚继光的部队南下来到东海前沿,如今东庠岛上还残留有当年戚家军安营扎寨的遗迹,而化名为莫怀古的王泾死后便被埋葬在这座海岛上。

可是,400多年过去了,虽然曾经有人前往东庠岛上寻找莫怀古墓,但只见满山遍野乱坟残碑,野草没径,无从辨认。莫怀古墓里是否藏有那只他随身携带的传家宝"一捧雪"古杯?这给后人留下了一个谜。如果那只宝杯曾随主人一起下葬,那么人们就盼望着今后有朝一日考古挖掘时,能发现莫怀古墓,那么"一捧雪"宝杯就将会有重见天日的机会。

中国远古的头盖杯之谜

西藏解放之前,当地的农奴主常常使用"头盖杯"饮酒,"头盖杯"就是将人的头颅砍下,用头颅骨制成饮器。

这种残忍的生活方式,曾经在中国的远古时代颇为流行。

公元前2600～公元前2000年左右,中国进入龙山时代。在河北邯郸的涧沟曾发现的这个时期的遗址的两座半地穴式房址中,各放置三个人头盖骨,位置在房屋中央。

所有头盖骨都是从眉弓经颞骨到枕后砍下来的,目的是为了获得一个完整的头盖。从头盖上的斧痕来判断,砍头的方法当是将被砍者打倒在地并捆绑起来,甚至被他人踩在脚下。先砍后部,因为那里斧痕最多,且有砍偏了的痕迹,表明被砍者尚在挣扎,然后顺次把脑盖揭下来。

用头盖做杯碗的风俗曾经广泛地流行于欧亚大陆的北方草原地区,以斯基太人为最甚。我国中原地区也很盛行。例如郑州商城东北宫殿区的一条壕沟中就堆集着近百个人的头盖骨,其中有80多个层层叠压成两大堆。这些头盖多是从眉弓和耳际的上端截锯开的,不少标本上保留着明显的锯切痕迹,因而断口比涧沟那种用斧子砍的整齐一些。涧沟的头盖杯与西伯利亚托木斯克出土的头盖杯几乎完全相同,后者也是齐眉弓经耳际到后枕砍下来的,断口不大整齐,由此认为它是古代北方游牧民族所使用的头盖杯。而涧沟的头盖骨也是作为饮器的头盖杯——战士或首领用它喝酒或喝敌人的血以显示自己的勇武和战功。至于商代头盖杯的发展，除承袭龙山时代的风俗外，还应掺进了阶级压迫和民族斗争的内容。

商代晚期曾有不少人头骨片上刻着文字。由此推断，到商代晚期用人头或头盖作祭祀可能还较普遍，而所用人头往往为敌方部族者。《战国策·赵策一》记载："及三晋分智氏，赵襄子最怨智伯而将其头以为饮器"。所谓将其头者自然是将其头盖骨，否则无法作为饮器。如果战国时代根本没有用头盖杯做饮器的遗风，赵襄子是很难想出这个办法来的，可见用人头盖做饮器的风俗，在素称文明礼仪之邦的华夏民族中是有传统的。

玉琮之谜

玉琮是良渚文化重器，因其造型奇特精巧、构图优美对称、寓意深奥神秘而著称于世。1986 年浙江省余杭县反山、瑶山良渚文化大墓中玉琮上发现雕琢精细、令人叹为观止的"徽像"（或称"神徽"），更为中外学者所瞩目，激起人们去揭示其蕴涵奥秘的热情，玉琮遂成为一项世界性的研究题目。

良渚文化玉琮一般可分为扁圆筒形和方柱形两大类：前者外壁以减地法突出四块对称的长方形凸面，每一凸面上都以阴线琢刻有兽面纹，其琮身低矮如镯状，故又称镯式琮。后者数量最多，其琮身外表呈正方形柱体，上比下稍大，四面正中各琢刻有竖向的凹槽一道，同时又多在竖槽两侧凸面上刻出等距的横向凹槽，把琮身分成若干节，每节以四角为中轴，在相邻的两个凸面上对称琢刻出或繁或简的"兽面纹"。琮身上下端（射面）作圆形，中心对钻有圆孔。这便是人们所称的"内圆外方"而中穿；孔的方柱式琮，是规范化后的典型玉琮。玉琮最早起源于良渚文化，分布范围以太湖流域江、浙、沪为中心，然后向四周传播，在山东、安徽、江西、广东等地新石器时代晚期遗址中也有零星出土。大致在商周之时传入黄河流域，其后历代各地均偶有发现，甚至到明代还有仿自玉琮的青瓷器流行于世，可见玉琮前后延续了数千年之久，是我国珍贵的文化遗产之一。

然而，玉琮的用途是什么？古今学者歧议不一，莫衷一是。

1915 年法国学者吉斯拉据《礼记》所载"家主中霤国主社"文，主张玉琮是古代中霤崇拜的礼仪之物。"中霤"即是古代穴居时，屋子中央的烟筒，也是家族祭礼的对象。日本滨田耕作先生认为"琮在初始，或是一种有圆孔方柱形的实用品，以后偶然生出以内圆象天外方象地的解释，终则确定它作为地的表号，乃在外方柱上雕刻易的四象、八卦，以加深其替象的意义"（《有竹斋藏古玉谱》，1925 年）。安克斯（Eduard Erkes）更是颇具开拓性地主张琮是象征地母的女阴。而瑞典学者高本汉则认为琮是盛男子性器之函，是祖（或祖主）的宗器。凌纯声先生据此认定琮"象征女阴与男根，代表最原始的祖先崇拜的性器对象"（台湾《中央研究院民族学研究所集刊》第八册）。1947 年，比利时学者密舍尔先生更认为是《尚书》《舜典》所记的"玉衡"，用以观测天象的一种玉视管。

冯汉骥、童恩正先生主张"琮是一种阴性和土地的象征"(《文物》1979 年 2 期);诸汉文则认为那种单节的外方内圆而中空的方柱式玉琮的外壳是代表人们耕种的田地经界和范围,中心简体结构是谷仓或社坛实物的缩影(《文博通讯》1983 年第 5 期)。石志廉先生指出琮最初起源于母系社会对女性生殖的崇拜,认为其形体越高大,器身节数越多,象征着持有者的权势越大,财富越多,身份地位也越高(《中国文物报》1987 年 10 月 1 日)。李文明则认为琮是束髻之具(《东南文化》1989 年第 6 期)。

　　日本著名考古学家林巳奈夫教授主张玉琮便是"主",又称为"宗",是宗庙祭祀时神明祖先的灵魂降临时的凭依之物。中心圆孔是用作神明祖先灵魂驻留的小屋。祖灵既可从天而降,亦可从地而出,所以中孔自上而下贯穿。玉琮上不规则的带蛋形眼的脸为太阳神的原形。器表所刻的"神面",可以保护死者灵魂,若生人佩戴它,还可以加福于人(《东方学报》第 60 册,1988 年)。美国著名学者张光直教授则根据琮呈"内圆外方"的特点,认定是原始先民"天圆地方"宇宙观的体现。张氏指出:"方器象地,圆器象天;琮兼方圆,正象征天地的贯串";"琮的方、圆表示地和天,中间的穿孔表示天地之间的沟通。从孔中穿过的棍子就是天地柱。在许多琮上有动物图像,表示巫师通过天地柱在动物的协助下沟通天地。因此,可以说琮是中国古代宇宙观与通天行为的很好的象征物"(《文物与考古论集》1986 年)。

　　我国台湾著名古玉器研究专家邓淑萍曾著文称玉琮是"良渚文化中的图腾柱",是"套于圆形木柱的上端,用作神祇或祖先的象征"(《故宫文物》1986 年 34 集;《中华五千年文物集刊·玉器篇一》)。众多的研究者则把琮与璧联系起来,并引《周礼》中的"以苍璧礼天,以黄琮礼地"为证,主张琮是祭祀天地的礼器,或是巫师的通神工具。汪遵国先生则根据江苏常州武进寺墩 3 号墓中出土多达 32 件的玉琮排列现状,结合《周礼》"驵璧琮以敛尸"的记载,主张玉琮具有"敛尸"功能,寺墩 3 号墓是我国玉殓葬的最早实物例证(《文物》1984 年第 2 期)。

　　林华东先生广征博引,认为玉琮并非全为"内圆外方",有不少玉琮"射"面(即"内圆"部位)均作委角的方形,而且也有的玉琮中心圆孔并无钻通,甚至有的出土时还带盖,显然不能"沟通天地",说琮是中国古代先民"天圆地方"的象征物也不能成立。林氏经过深入研究,结合玉琮的出土现状分析,主张玉琮是一种复杂的实体,其高矮方圆、大小各异,用途当不可一概而论。琮是寓宗教、装饰、仪礼、权力于一体的复杂而特殊的玉器。小型玉琮可能是玉钺的挂饰或附件,多具装饰之功,规范典型的玉琮为原始宗教巫术活动有关的工具;而随葬入墓中的玉琮,应是良渚人用以敛尸、保护死者、镇墓压胜、避凶祛邪的法器。由于拥有玉琮的主人均属氏族显贵,故玉琮也就成为死者生前权力、地位、财富的标志。同时,玉琮还可能是良渚方国同其他氏族部落间交聘或馈赠的礼器(《东南文化》)1991 年第 6 期)。

　　周南泉先生认为良渚文化方形祭坛与仿地之形制作的方柱形玉琮同时发现于一处,

它与古人所谓大地是方形说相符。这就是说,玉琮仿自"地"形,应为礼地,即祭地之用,或可能象征地祖。再者中国古代有所谓"阴阳说",认为地属阴,故凡与阴有关的内容,如月、星、地等,以及由阴性派生的后、夫人等,都可能使用、享有、代表琮,进而用琮去聘请、馈赠和祭祀。同时,玉琮象征女性生殖器官也是有可能的(《故宫博物院院刊》1990 年第 1 期)。

如此看来,要揭开玉琮用途的真正奥秘,尚需今后的考古新资料(尤其是出土现状)来加以剖析。

流传千年的"龙脉"之谜

1. 满族龙脉的传说

在辽宁省抚顺有个小镇叫"永陵",满族话称之为"赫图阿拉"。在这个小镇上一条清澈的河流从两山之间流过,对于这点当地人说"两山夹一杠,代代出皇上"。这条河叫做"启运河"。在河北面有一座连绵的山,12 个山峰可以清晰看见——这就是传说中满族人的龙脉。风水先生说这 12 座山峰正好是个龙脉,爱新觉罗氏要出 12 代的皇帝。说来也巧,清朝正好 12 位皇帝,更巧的是皇帝在位时间越长者所对应的山峰越高,在位时间越短山峰越矮。所以康熙皇帝所对山峰是最高的,而末代皇帝溥仪的山峰几乎是平的一样。

2. 八百里秦川

一直被中原视为偏僻边陲小国的秦国,仿佛是在一夜之间就强大起来,如同一个巨人突然耸立在中原各国的面前,令各国君主目瞪口呆。

七雄并争,秦很快以超强的国势位于六国之上。

有着三寸不烂之舌的纵横术士们,开始在四处鼓动,说秦灭六国,只是时间的问题,因为,秦起于龙乡,真龙地脉、紫气氤氲、云蒸霞蔚。西起宝鸡、东到潼关的渭河流域广大地区,就是历史上有名的八百里秦川。它的北部是半圆形的黄土高原,河渠纵横的高原山地、巍峨雄壮的秦岭山脉和大巴山脉,成为它标志性的风景线。

关中地势险要,易守难攻。咸阳北枕高耸入云的九仲山,在雄伟壮丽的山脚下,是云雾缥缈之中莽莽苍苍的八百里秦川,古城咸阳就安卧在这秦川的腹地。秦王称为圣水的渭河,从南穿行而过。古城因位于山南水北,山南水北谓之阳,故称咸阳。

咸阳之南的渭河,发源于甘肃渭源的乌鼠山,东经潼关,蜿蜒向北抵达白于山,再呼啸南下,穿越秦岭。葫芦河在天水三阳川汇入渭河、泾河在六盘山东麓注入渭河,还有雄奇之水的北洛河流入。渭河波翻浪急,不断接收、融合各支流,以破竹之势横穿关中平原,流域宽广,土地肥沃。渭河、灞河、沣河等河的汇流处,就是历代建立都城的风水吉地。

咸阳与东边的古城长安(西安)比邻而居,是历史上两个十分重要的古城,也是中原通往西域的咽喉要道。

3. 龙兴之地

古代选择吉祥之地,注意六项:一看水口,二看野势,三看山形,四看土色,五看水理,六看朝山朝水。

具体察看地理的时候,关注五点,这就是地理"五诀":龙、穴、砂、水、向。

"五诀"就是五种方法和窍门,内容不同,方法各异,因而称谓各不相同,"五诀"分别称为龙法、穴法、砂法、水法、向法;又因其重点各异,因之又分别称为觅龙、察砂、观水、点穴、择向。

道家研究风水,曾提出了玄空造化场的思想,将山、光、水、气、方位、气流等融为一体。山环水抱必有气,气遇风则散,风是送气之媒。

选择京师风水吉地,重点之处是要考察其山势和风水之势,看其祖山、主山、龙脉、龙穴、风水、穴青龙、白虎、护山、案山、水口山等。

龙脉,指连接祖山、少祖山、主山脉络的山脉。龙穴,指主址的最佳地点称之为龙穴。通常是在主山之前,位于藏风蓄水的风水怀抱之中央,是世间吉祥紫气的最佳凝结点,也是最适宜于居住的风水吉地和停放祖先棺木的福地。水口山,指主址前河水流出之地的左右两山,山峰隔水对峙,通常是繁华市镇的入口,人称龟山、蛇山、象山、狮山。水主财,这里是河水的汇合处,也就是汇水聚气之地,自然是适合于人居住的佳地。

道家以中国的四条大河来划分龙脉,称为三大干龙:长江以南为南龙,长江、黄河之间为中龙,黄河以北为北龙。

三大干龙的龙脉,都起源于昆仑山。每条干龙,从西部昆仑山的起点到东部人海的终点,按照远近大小,分远祖山、老祖山、少祖山等,依次由老到嫩。山老无生气,山嫩则生气勃勃。因此,寻山要寻少祖山,不要寻老祖山。

他们把龙形的山脉从优到劣分成四龙:进龙、退龙、福龙、病龙。

干龙的祖山,必定是名山,山势雄伟,地域广大,山环水绕,河渠纵横,山脉绵延千余里。祖山的主脉,通常是一个地方的名山、名峰,在历史的发展过程中,一般为重要疆域的分界线。

主脉蜿蜒东进、南行,形成一块块福地,当它们跨过河谷峡地时,形成一个个土地肥沃的盆地,就是适宜于人类生存的通衢都会:千里之地为大郡,300里之地为河川,百里之地为县市,百里以下为城镇。

中国的山川河流的走势、巍峨蜿蜒的龙脉和潜藏的龙脉大势,从西到东,将龙脉蜿蜒的地势视为风水地脉,分为三势,称为三龙。

三龙的祖脉就是远在西域边陲的昆仑山,昆仑山绵延向西,分成三支,就是三龙:

第一支:起自昆仑山,从阴山、贺兰山到秦岭,进并州到太行山、燕山,东至大海,称为北龙;

第二支:从昆仑山到岷山,循岷江左右,出左江到关中,直至武;

第三支:自昆仑山出吐蕃沿丽江而下,趋云贵到横断山,往东由武关到湘江,东经黄山、天目山到苍括山,称为南龙。

北龙的山势巍峨雄壮,出昆仑山向东,秦岭、嵩山绵延纵横,河北众山环拥相抱,形成一系列进龙、福龙佳地。山西之水入龙门西河,山东之水入幽州东流至海。一支是恒山,一支是绵延千里的太行山,山势最高、最雄伟。还有一支就是燕山山脉,是北龙之中最长的一支,向东一直延伸到平乐。

北龙的核心之地是太行山,山之西面是吕梁山,北边是五台山,南边是滚滚不绝的黄河。

太行山是南北走向,绵延的山势,犹如蛟龙,逶迤南行,在黄河沁阳之地突然向西,由王屋山直抵崤华山。

太行山群山耸立,绵延起伏,峡高谷深。山中古木参天,浓荫蔽日,幽深河谷绿浪翻滚。悬崖峭壁造型奇特,倒映山水千奇百怪,如雪的瀑布仿佛从天而降,气势磅礴的山势,犹如一条巨龙腾空飞跃在天地之间!

太行山与吕梁山相邻,两山之间的山川构成肥沃的土地,这里就是著名的黄河流域的并州地区。黄河之水滋润灌溉,汾河蜿蜒流过,群山耸立,富水东流,环形的山川地势藏风蓄水,形成难得一见的风水宝地。

紫禁城档案谜团

清朝灭亡以后,安放档案的内阁大库由于年久失修,档案都暴露在外面。这些档案有的流散出去,有的因日晒雨淋生了霉斑。

1921年,北洋军阀政府曾经把清宫的部分档案装了8000麻袋,共7.5万千克,卖给了造纸厂作为造纸原料。幸亏有识之士及时得知这一消息,到造纸厂把这些秘档抢救了下来。

这件事,就是有名的"8000麻袋"事件。当时国学大师王国维在《清华周刊》上撰文,把这8000麻袋的清宫档案和安阳殷墟甲骨文、西域木简、敦煌汉唐写经一起,并称为近代中国文化的"四大发现"。到了1924年,在社会各界的呼吁下,北洋政府成立了清室善后委员会,负责清点登记清宫的财产和文物。至此,以清内阁大库和宫中各处档案为主的大批珍贵清代官方档案陆续被发现,一时间在社会上引起很大轰动。

1925年,故宫博物院成立,下设文献部管理这部分档案,后更名为文献馆。中华人民共和国成立后,改称故宫博物院历史档案馆,1955年,这部分档案划归国家档案局管理,1980年改称中国第一历史档案馆。

1.紫禁城内的秘档

在档案馆简朴的大楼里,收藏着中国最后一个封建王朝——清王朝268年间的秘密档案,共1000多万件。在这些档案里,有记录了十多万皇室成员生卒年代的皇室族谱,有无数件皇帝的指令和批示,有十多万件历代大案要案、冤案、疑案的卷宗,有皇帝传位的绝密遗谕,有记载着皇帝的饮食起居、婚丧嫁娶、生老病死、每日膳食、医疗病历的档簿,以及丧权辱国条约签订过程的原始记录等等。

有关清王朝的许多传说在民间广为流传,像"顺治出家"、"孝庄下嫁"……所有这些传说的真相,都会在档案里找到。

这里有清朝最早的一种档案,刻有满文的木简。满文是满族人借鉴蒙古文创立的一种拼音文字,入关后又进行了改进。作为清代官方文字之一的满文,皇帝和满族官员必须掌握。现在这种木简仅存26块,清朝初时,由于战事频繁,又地处关外,纸张极其稀少,于是满族人想到用木简记事。现在清代档案中,约有200多万件是用满文或满汉两种文字写成的。

档案中的满文木牌是传递作战消息的,上面记载了清朝太宗皇太极的弟弟武英郡王阿济格等将领,与明军作战时追杀敌军的情况。

2.珍贵史料之谜

清代有一种机密的文书——奏折。奏折最早出现于康熙时期,开始时像君臣间的私人通信。雍正时期,奏折成为正式公文。乾隆初年形成相应文书制度,皇帝朱批后,先交军机处抄录副本备查,原件发还本人阅看后定期缴回宫中保存。档案馆收藏了皇帝批示奏折70余万件,副本90多万件。

"杨乃武与小白菜"是清末四大奇案之一。相关题本和奏折都详细叙述了案件经过,案情从一个豆腐店伙计暴病死亡开始,案件审理过程极其曲折,历经数年,县、州、省级许多官员受到处分。杨乃武与葛毕氏也就是小白菜最终被平反。

玉牒,即清代皇室的族谱,是一种非常特殊的历史资料。清代玉牒以太祖努尔哈赤的父亲塔克世为大宗,大宗又分近支和旁支,皇帝的直系亲属都属于近支,称为宗室,近支的玉牒是用黄绫做封面,非直系亲属为旁支,满语叫觉罗,玉牒为红绫封面。每次所修玉牒都要抄成满汉两种文本。清代玉牒还有一个特别之处,就是设有专册记录皇族女子,这是清朝以前所有朝代都没有的。清朝皇帝规定每10年重修一次。档案馆存有各种玉牒2600多册。

每次重修皇室族谱,都要把新生人口添加进去,这样玉牒就越来越厚。1921年,溥仪小朝廷最后一次修订的宗室玉牒共7000页,记录了清代宗室男性十余万人,成为世界上最大的一份族谱。

中国第一历史档案馆还保存着清朝的大、小"金榜"上百幅,这是极为稀罕的史料。

所谓金榜,即科举考试中最高一级考试殿试的成绩排名榜。小金榜是送给皇帝看的,大金榜一般长约 15～20 米,满汉文合璧,考试结束后,文武科金榜分别悬挂在东西长安门外,昭示天下。

中国第一历史档案馆收藏的清宫秘档,对历史研究具有十分重要的价值。2002 年,清代《玉牒》《金榜》《秘密立储档案》登入《中国档案文献遗产名录》。

清代《内阁秘本档》中有关 17 世纪在华西洋传教士活动档案共 24 件,于 1999 年被联合国教科文组织列入《世界记忆名录》。

世界三大超时空悬案

1. 达·芬奇是来自未来的发明家吗

16 世纪著名画家、发明家达·芬奇(1452～1519 年)一生的发明之多令人咂舌,至今许多人依然感到迷惑,为何他的创造力会那么旺盛?

达·芬奇有超乎常人的智能,一辈子走在时代的前端,却不被当世人了解,甚至遭到讥嘲。达·芬奇执意选择孤独,对世俗情缘冷淡看待。他有满腹才华,但是一生遭遇坎坷,落得寂寞以终,给后世留下许多谜,像他那些未完成的发明。如果达·芬奇生在 20 世纪,他会有多少成就呢? 这也是一个无法解开的谜。

在 20 世纪 70 年代末的一次科幻小说家举行的大会上,有人提出了一个惊人的大胆猜想:达·芬奇很可能是一名来自未来世界的人! 在穿越时空的旅行时,他由于某种原因被困在了 15 世纪,无法返回他自己的时代,于是只好利用他掌握的大量知识,发明出无数新鲜玩意,以满足他在那个年代的生活需要。

达·芬奇

2. 15 世纪的画家画出了冲浪板

和达·芬奇生活在同一时代的荷兰画家希罗尼莫斯·波希(1460～1516 年)是当时最伟大的幻想画家,他的艺术作品充满了中世纪社会末期普遍存在的对邪恶的困扰,包括大量神秘、虚幻的内容。

最不可思议的是,他甚至曾画过一名男子驾驶着滑板在水中冲浪,手中还抓着一根金属把手,而这绝对是他一生中不可能见过的景象!

3. 爱伦坡小说描写液体水晶

1837 年,美国著名神秘小说作家兼诗人爱伦坡还未成名时,一位神秘的陌生人曾拜访过他。陌生人从兜里掏出一张纸给爱伦坡,"将这张纸上那段关于神秘液体的文字添进小说里,而且一个字都不许改动"。爱伦坡接过那张纸,尽管他觉得那人的要求实在太奇怪,但还是依命而行。

1838 年,他的小说《亚瑟·格登·皮姆的历险故事》在纽约出版,书中讲述的是主人公在南极洲附近某小岛上一次非同寻常的探险。在探险过程中,主人公遇到了一种神秘液体。书中主人公说:"我很难用语言描述这究竟是什么样的一种液体,它并非透明,但同时它也没有一种固定的颜色,而是如同彩虹一般幻化出各种光芒。我们将一些水放入玻璃杯中,隔了一会儿之后,我们注意到它自动分成了许多小块,每块液体都有自己的形状,似乎一种强大的力量将它们各自分开。我们用一把小刀将那些液块切开,但很快它们又会融合到一起。"

科学家们一定会认为,这段文字是对液体水晶非常精确的描述。但问题是,液体水晶直到 1 个世纪之前才被世人发现!而且,液体水晶无法在常温常压自然状态下被人们看见,因此爱伦坡也绝对没有可能见过它们,那么他是如何写出那段生动文字的呢?难道真有神秘客人从未来返回过去,告诉他该如何写小说吗?也许,这一切超时空悬案的答案只有留待未来的科学家解释了。

世界四大"凶宅"

1.有关"凶宅"的争论

近百年来,有关"凶宅"是否真正存在的争论,一直沸沸扬扬、莫衷一是。存在论者和不存在论者均拿不出让人信服的证据来证明自己的观点。然而,尽管绝大多数"凶宅"并没有幽灵的传说,然而,一旦有人住进了这样的屋子里,就会大难临头,不是得了重病九死一生,就是与死神相吻一命呜呼。此类现象在欧美国家常常用"凶宅"来解释,而在中国古代则用"风水"和"报应"来解释。

传说中的世界四大"凶宅"

埃及:在埃及一座高大的法老墓附近,有一幢"一战"时期英国军队修建的兵营。当英国士兵入住 3 个月后,就接连有人出现身体颤抖、口齿不清、牙齿脱落的症状,一直发展到双目失明,最后全身扭曲一团,在强烈的抽搐中发出悲惨的嘶叫声痛苦地死去。当地人认为,凶因是因为居住者触犯在地下已安眠几千年的尊贵无比的法老。

美国:有一处有名的凶宅在美国迈阿密,那是早期白人殖民者用一种黏土以"干打垒"的方法建成的住宅。但是最早的主人很快放弃了这座建筑。因为他们在这里住上两个月,就有出现咳嗽、胸痛等症状并逐渐加重,夜里有被一双魔爪拼命压住胸口、几乎窒息而死的感觉。离开这里后,症状就会很快消失。

印度:在印度的凶宅,往往是连成一片的住宅群。传说那些人在死去的时候,撕破自己的衣服,抓烂自己的皮肉,含糊不清而又声嘶力竭地呼叫着人们并不认识的某个人的名字。当地人认为死者所指的那个人是一个古老的神灵,而那片地方就是神灵的领地。

比利时:上面所说的三座"凶宅"因为年代较为久远而被罩上了一层神秘的面纱。而在比利时有一座著名的凶宅,这座住宅只建造了50余年,完全是当代文明的产物。这是建在布鲁塞尔远郊的一幢现代化别墅,建成后主人搬进不久就出现程度不同的头痛、精神恍惚,女主人甚至出现严重的精神错乱,最终因心智发疯而试图跳崖自杀。可是当搬出别墅后她的精神病便不治而愈。

美国和欧洲一些国家的地质生物学家对美国、英国、比利时、印度、埃及等国家的20多座"凶宅"进行实地勘探,通过考察得出了以下结论:

2."凶宅"现象与电磁污染有关

欧美科学家经过对"凶宅"长达数十年的科学考察,惊喜地发现:形成"凶宅"现象多半与不良的地质因素有关,此外,还与缺乏绿化和环境污染等因素有关。其中最常见的有电磁污染、水污染和大气污染等。比如,在不少城市中的工业区内,整个地面上都是密密麻麻如蜘蛛网似的地电流,以及局部性的磁力扰动,遍及面更广。如果在这种地电流与磁力扰动交叉的地方建造住宅,便会导致对人体损害极大的电磁波,辐射到住宅内,造成居住在这里的人们产生精神恍惚、惊慌恐怖、烦躁不安和头疼脑昏以及失眠等症状。

还有,比利时布鲁塞尔远郊的那幢别墅,是因为对面山丘上有一处封闭的军事重地,那里有自"二战"期间建立起来,并不断进行技术改造的一个雷达站,雷达站发射功率极强,因三面拥立的石壁阻挡着电磁波的延伸扩散,交叉反射投向别墅,住在里面的人一天24小时几乎要接受48次电磁波的强烈震荡和"射击"。在这样恶劣的环境中,他们怎能不遭受精神损害呢?

3."凶宅"现象与重金属、放射性元素有关

科学家们还发现,有些"凶宅"在宅基有重金属矿脉隐藏,或附近有排放有毒重金属的加工厂;还有一些住宅由于地下有一种无色无味的放射性气体"氡",不时向地面放射,同时通过人的呼吸道进入并沉淀在肺组织中,破坏人的肺细胞,从而引起肺癌以及其他呼吸道方面的癌症。

在印度曾发现过这样的"凶宅",凡居住在这类"凶宅"里的人,过不了多久就会得上一种怪病,口齿不清、面部发呆、手脚发抖、双目失明、精神错乱,最后全身扭曲而死。这样的"凶宅"在印度各地接连不断地出现,在全国上下闹得人心惶惶。

对此,印度政府专门派出一个专家小组对"凶宅"进行了实地调查,经过分析取证,最终得出结论:死者是因汞中毒所致。原来这些"凶宅"附近都有一家水银温度计厂,由于环保措施滞后,放任水银溢出渗入地下,严重地污染了地下水源,从而酿成数人死亡的惨剧。

对美国迈阿密的那处"凶宅"勘探化验发现，"凶因"来自造房子的那种灰白色黏土。这种黏土富含肉眼难以发现的矽尘，而人在不知不觉中吸入后，就会发生呼吸道反应。埃及那座"凶宅"的成因是因为当年的法老为了使自己的陵墓得到保护，在墓室的内壁涂刷厚厚的蓝色灰层，这种由多种岩石研磨而成的粉末，含有汞和钴等可怕的有毒物质。使人死于非命的是他们饮用了取自法老墓地下一口水井里的水，因此遭受了汞中毒和钴的放射性辐射，这种在体内骨骼、脏器、神经细胞沉积的毒素，就是停止饮用这种水也无法彻底清除。

在波兰华沙附近的一个被称为"陆地百慕大三角"的公路中心，那里虽然没有"宅"，却"凶"得很。据说那里发生的车祸事件多得令人难以置信。令人迷惑不解的是，许多车祸竟发生在天气晴朗，可视度良好的条件下，而且驾驶员又多是经验丰富、技术娴熟的老司机。公路管理部门请来专家"会诊"，发现该处地电流纵横交错、重叠交叉，并有局部地磁扰动，形成了一股较强的力量，影响了活动于其上的人的精神状态和行为。据认为这可能是事故的原因。

据说，这种地电流交叉点的存在已经得到证明，并能用仪器测量其辐射强度。正统医学已承认有些房屋人住进去容易得癌症，这种房屋被称为"癌之家"或"癌屋"。有的地质生物学家认为，这种"癌屋"正是处在上述那种神秘的交叉点上。不少动物如狗、马等，能觉察出这种神秘地点的所在，从不在那里睡觉。但有些动物如猫、蜜蜂、蛇类，却偏死于氡气引起的肺癌。据测定，在抽样的 1.4 万所房间中，有 21% 的房间，其氡气含量偏高，或多或少地超过了允许数值。

由此可见，"凶宅"的形成，其原因是多种多样的，大多与"风水"环境条件有关，不能简单地斥之为无稽之谈或迷信，要用科学的头脑，分别加以研究和分析。如果说有"煞神"、"白虎星"的话，那么，上述那种神秘的交叉点、氡气、有毒重金属元素的污染，电污染等，才是真正的"煞神"、"白虎星"。

4. 住宅选址的秘密

在中国，古人为了避免"凶宅"之祸，对住宅建筑的选址十分讲究。

清代的高贝南曾说过："欲求住宅有数世之安，须东种桃柳，西种青榆，南种梅枣，北种奈杏。"细究起来此种说法很有些科学道理，因为它符合植物学中树种的生理特性，如桃、柳喜欢温暖向阳，因此宜栽于宅之东；而梅树、枣树树干不干，因此宜种于宅之南；榆树的枝叶可挡住西晒太阳，故栽于宅之西最佳；而杏树不喜欢阳光，因而宜种于宅之北面。

又如，榆树与槐树树龄很长，古代民宅的大宅，往往在外宅和内宅之间设中门，并有一天井，天井内种槐树，一方面能够绿化，另一方面也能对内宅起到掩蔽作用，而如果再在宅后栽上常青树，更可常见的"凶宅"避免深宅大院赤裸裸地暴露在外人面前。

所以,古人在民宅选址上,一大原则就是在住宅的正门前不能种大树。用今天的科学观点来看,这里面包含着一定的科学道理:因为大树会挡住阳光的照射,使宅内阴暗无光,并会影响屋内的空气流通,还极易招致雷击。

古人为了避免"凶宅"之祸,凭着对自然界的朴素认识,在建筑民宅选址时的目标是有"紫气东来"、能"五世其昌"的"吉宅"。

一般说来,人们在选择"吉宅"的地址时,讲究的是居住环境的幽静、透光、通风、舒适和绿化,能够在住宅周围营造出"吉宅"的氛围。

随着现代科学技术的发展,我们能够从古人的民宅选址中,发现其中的诸多内容具有一定的科学道理。这些内容在很多方面用现代地质、地理、生态、生理、心理、建筑和美学等科学来得到解释。同时人们对自己因住宅因素引起的身体不适,也懂得从采光、通风、环境污染等方面去找原因,而重视科学的当代建筑设计,也为现代人提供更加有益于身心健康的安全家居。

凶宅将成为过去古老的故事,日新月异的现代科学将还其古环境工程学的本来面目,并最终揭开罩在"凶宅"头上的神秘面纱。

精绝国重现于世

1931年2月,一个名叫斯坦因的英国人在新疆自治区民丰县北境塔克拉玛干沙漠腹地约150千米处的尼雅河畔发现了一座古城遗址,并从这里挖掘出封存了千年的珍贵文物多达12箱。当这些文物被运回英国之后,西方学者大为震惊,原来斯坦因发现的正是被称为东方"庞培城"的尼雅遗址,即精绝国遗址。

据考证,尼雅遗址南北约25千米长,东西约7.2千米宽,总面积约180平方千米的范围内,遍布着寺院、官署、住宅群、种植园、冶铁作坊和墓地等古代遗存。斯坦因在这里发现的一枚汉简上写着"精绝"二字。该汉简称"……汉精绝王承书从……"大意是:×年×月×日,负责西域事务的官吏向臣属于汉朝的精绝国王下命令等。正是从这枚汉简中获知,尼雅古城即是西域三十六国中的"精绝国"故址。

据《汉书·西域传》记载,精绝国位于昆仑山下,塔克拉玛干大沙漠南缘,接受汉王朝西域都护府统辖,国王属下有将军、都尉、驿长等。精绝国虽是小国,但它位于丝绸之路上的咽喉要地,地理位置十分重要。史书所描述精绝国所处的环境是:"泽地湿热,难以履涉,芦苇茂密,无复途径。"从寥寥数语中显然可以看出,当时的精绝国是一片绿洲,公元3世纪以后,精绝国突然消失了,斯坦因的发现又使精绝国惊现于世。

然而,问题也随之而来,精绝国是如何从历史上消失的? 它为何被埋没于滚滚黄沙之中? 为什么璀璨的绿洲变成了死亡的废墟? 为此,历史学家们既困惑不解又争论不休?

有人认为,精绝国之所以被废弃埋没于沙海之中,是因为精绝国人大肆砍伐树木,破坏生态环境,致使水源枯竭,风沙肆虐,绿洲消失,最终被淹没于茫茫沙海之下,也有许多人对此持疑问和否定的观点。

为了揭开这千古之谜,1995 年 10 月,中日两国考古学家深入塔克拉玛干沙漠,开始了对精绝国遗址的大规模科学考察。此次挖掘是近一个世纪以来收获最为丰硕的一次,被评为"95 全国十大考古发现"之一。出土文物之丰富,保存之完好震惊了中国乃至世界考古界。这次考古价值最高的发现是大量保存完好特色鲜明的织锦和写有怯卢文的木简函牍。其中"五星出东方利中国"织锦质地厚实,纹样瑰丽流畅,色彩艳丽,世所罕见。大量的怯卢文档案也让考古学家们喜之若狂。

怯卢文最早起源于古代犍陀罗,是公元前 3 世纪印度孔雀王朝的阿育王时期的文字,全称为"怯卢虱底文",最早在印度西北部和今巴基斯坦一带使用,公元 1~2 世纪时在中亚地区广泛传播。公元 4 世纪中叶随着阿育王朝的灭亡,怯卢文也随之消失了。18 世纪末怯卢文早已经成了一种无人可识的死文字,直至 1837 年才被英国学者普林谢普探明了怯卢文的奥秘。

最诱人的当然是怯卢文木牍的内容。解读它们发现,精绝国长期受到来自西南方 SUPIS 人的威胁与入侵,可以说,精绝国是在预感大难临头中,忧心忡忡地度过了最后的日子。木牍的文字表明 SUPIS 人对精绝国威胁到入侵是一步步地加深,如"SUPIS 人之威胁令人十分担忧,余等将对城内居民进行清查";"现有人带来关于 SUPIS 人进攻之重要消息";"现来自且末之消息说,有来自 SUPIS 人之危险……,兵士必须开赴,不管有多少军队……"显然尼雅人无法抵御强大的 SUPIS 人的进攻,"SUPIS 人从该处将马抢走";"SUPIS 人抢走彼之名菩达色罗之奴隶"。考古学家们在这个沉睡了 1600 年的废墟上,看到了宅院四周尸骨累累,内部各种遗物四处散落,房门敞开或半闭。用来存放怯卢文的陶瓮密封完好没有拆阅,储藏室里仍有大量的食物,甚至纺车上还有一缕丝线。这一切似乎告诉人们精绝国在面临长期的入侵威胁后,遭到了到惨重一击,甚至没有留下最后的文字记载。

东汉末年,汉朝国力日竭,东汉官兵撤离西域。中原陷入长久的分裂与战乱之中,西域出现了政治真空,西域各国也陷入了弱肉强食的争战之中。

弱小的精绝国最终淹没在这血腥的厮杀中,而"五星出东方利中国"的织锦则透出了精绝国心归中原祈盼和平,也让人们面对这千年织锦,为精绝国的命运扼腕叹息。

不过,令学者们难以猜透的是,各种史书上从来没有关于 SUPIS 人的任何记载,这个凶猛好战而富于侵略性的民族会是些什么人? 精绝国后裔们的命运如何? 唯有等待进一步的科学探索了。

西藏神秘现象

西藏,因为它的神秘,吸引了众多的好奇者。

1. 香巴拉之谜

香巴拉,又译为"香格里拉",意为"持安乐",是佛教所说的神话世界,时轮佛法的发源地。关于香巴拉是否存在人们始终持怀疑态度,而佛学界则认为香巴拉是一个虚构的世外桃源。藏文史籍对于香巴拉的记载很详细:香巴拉位于雪山中央的西端,圆形如同莲瓣,周围被雪山环抱,从白雪皑皑的山顶到山脚下的森林,生长着各种鲜花和药草,大小湖泊星罗棋布,青草茂盛,绿树成荫,有许多修行圣地。其中央耸立着富丽堂皇的迦罗波王宫殿,宫殿中央是各种王的寝宫宝座,各王拥有许多大臣和军队,可以乘骑的狮子、大象、骏马无数。这里物产丰富,人民安居乐业,从王臣权贵到庶民百姓都虔信佛法,供奉三宝。

2. 珠峰旗云

天气晴朗时,珠峰峰顶常飘浮着形似旗帜的乳白色烟云,这就是珠峰旗云。旗云是由对流性积云形成,可以根据其飘动的位置和高度,来推断峰顶风力的大小。如果旗云飘动的位置越向上掀,说明高空风越小,越向下倾,风力越大;若和峰顶平齐,风力约有9级。因此,珠峰旗云又有"世界上最高的风向标"之称。

3. 野人之谜

西藏"野人"是"世界四大谜"之一。早在1784年,我国就有西藏野人的文献记载。近些年,在喜马拉雅山区不断有人目击野人活动,并有女性野人抢走当地男子婚配生子之事。

4. 象雄之谜

象雄,意为"大鹏鸟之地",汉史记载"单同",是西藏高原最早的文明中心。据考古研究和史籍记载,象雄在公元前10世纪就已在西藏高原崛起,且早于吐蕃与唐朝建立关系。在公元6~7世纪,象雄已是以牧为主,兼有农业了。古老的象雄产生过极高的文明,它不仅形成了自己独特的象雄文,而且还是西藏传统土著宗教的发源地,对后来的吐蕃以至整个西藏文化都产生了深刻的影响。象雄王朝鼎盛之时,曾具有极强的军事力量,其疆域包括了西藏高原的大部分地区和青海、四川的一部分,以及西部的克什米尔和拉达克。后来,吐蕃逐渐在西藏高原崛起,到公元8世纪时,彻底征服了象雄。

5. 巫师之谜

在原始宗教观念支配下的藏族先民们认为:无论是在天上、地下或是水中,都有神灵,而且世间万物也都无不听命于这些神灵。在人类发展的过程中,人们不断幻想能控制和影响客观事物以及部分自然现象,于是便产生了祭祀和巫术活动,巫师也随之出现。作为藏族原始宗教祭祀主持人的巫师,据说都能通神,且能同鬼神通话,以上达民意、下传神旨;可预知吉凶祸福,除灾祛病;还能从事征兆、占卜、施行招魂、驱鬼等巫术。他们是人与神之间的桥梁和媒介，享有十分崇高的威望。随着时间的流逝，我们对巫师的各种情况，如名称、传承、服饰、法器、神坛、咒语、巫术、占卜等，几近一无所知。

6. 伏藏之谜

伏藏是指苯教和藏传佛教徒在他们信仰的宗教受到劫难时藏匿起来，日后重新挖掘出来的经典，分为书藏、圣物藏和识藏。书藏即指经书，圣物藏指法器、高僧大德的遗物等。最为神奇的就是识藏，据说当某种经典或咒文在遇到灾难无法流传下去时，就由神灵授藏在某人的意识深处，以免失传。当有了再传条件时，在某种神秘的启示下，被授藏经文的人（有些是不识字的农牧民）就能将其诵出或记录成文。

7. 说唱艺人

《格萨尔王传》是藏族著名长篇英雄史诗，从其原始雏形发展到现在共有百余部之多，可谓鸿篇巨制。《格萨尔王传》在民间以两种形式流传，一是口头说唱形式，一是以抄本、刻本形式。口头说唱是其主要形式，是通过说唱艺人的游吟说唱世代相传，而说唱艺人有着各种传奇。在众多的说唱艺人中，那些能说唱多部的优秀艺人往往称自己是"神授艺人"，即他们所说唱的故事是神赐予的。"神授说唱艺人"多自称在童年时做过梦，之后生病，并在梦中曾得到神或格萨尔大王的旨意，病中或病愈后又经喇嘛念经祈祷，得以开启说唱格萨尔的智门，从此便会说唱了。在藏区，有些十几岁目不识丁的小孩病后或一觉醒来，竟能说唱几百万字的长篇史诗，令人大为惊异。这一神秘现象仍然在研究中。

8. 古格之谜

9 世纪中叶，吐蕃王朝第 9 世赞普朗达玛被杀，其曾孙逃往阿里地区。约公元 10 世纪，其后裔建立了古格王国，在近 700 年的历史长河中创造了灿烂的文明。1630 年，拉达克人入侵并消灭了古格。然而，从记载上看，战争造成的屠杀和掠夺并不足以毁灭古格文明，但它却悄无声息地消失了。古格文明的消失和玛雅文明有着惊人的相似之处，都发生得异常突然。在现今的遗址附近经常可以看到这样的景象：10 多户人家守着一座可供上千人居住的城市，而这 10 多户人家并不是古格后裔。那么当日 10 万之众的古格人如何消失得无影无踪了呢？如今，浩大的古格王国遗址、神奇的"古格银眼"、无头干尸洞和无数的古物珍宝吸引着考古学家的探索。

史前三位地图板之谜

2000 年 7 月 26 日，俄罗斯拜西克省国立大学物理学教授、著名科学家亚力山大·丘维诺夫博士在《真理报》网站上公布了一个让人震惊的消息：有充分的证据证明，在远古的乌拉尔山脉之中，曾经存在过一个高度发展的文明。在此之前，他和他的研究机构在乌拉尔山脉的考古过程中发现了一块远古时代的石板：一块用高科技机器制成的三维立体地图！丘维诺夫博士称，据初步估计，这块"三维地图"石板的年龄至少有 1.2 亿年之久。

丘维诺夫博士说："一开始，还没发现这块神奇的石板时，我们的研究主题是，在几千年前，是否有古代的中国人曾经居住在西伯利亚和乌拉尔山脉一带？因为我们在该地区的一些岩石上发现了一些像是3000多年前古中国的甲骨文一样的文字。我们通过研究所有乌法地区的档案资料，发现了一些18世纪末写成的档案笔记上，记载描述了200多块有象形文字和图画的远古时代的神奇石板。我们当时的想法是，这些石板可能跟古代中国在乌拉尔山脉的移民有一种莫名的联系。"

"因此，"丘维诺夫接着说道，"接下来我们要做的，就是努力寻找这个远古时代的文明遗迹。可是随着研究的逐步深入，我们惊讶地发现，这些岩石上的图画和文字跟3000年前的那个时代毫无关系。在这些岩石上的图画中，根本一次都没有出现那个时代应该有的动物，譬如鹿什么的。为了更深入地探究其中的奥秘，我们先后组织了6个探险队考察了乌拉尔山脉无人区，终于在1999年7月28日，在地下1.06米的地方，挖掘出了这个石板——我们称它为'神奇之石'。这块石板长度是1.5米，宽度超过1米，厚度仅有16厘米，重量超过1吨。许多科学家参观这块石板后认为，这是一块浮雕——一幅三维的立体地图！"

刚开始发现这块神奇石板后，丘维诺夫博士和他的同事们异常激动，他们以为发现了一块2000多年前制成的产品。很明显，这块石板是人造的，它共分3层，用一种特殊的黏合剂粘在了一起，而第三层更像一种白色的人造瓷！

尤其让人惊讶的是，石板表面的浮雕并不像是古代石匠用手工雕刻出来的，有足够的证据显示，一种先进而细腻的机器参与了该浮雕的制作。

丘维诺夫介绍说："在这块石板地图上，能够一眼认出从乌法到撒拉维特的广大地区。石板地图上，乌法山脉的一侧和现实中乌法山脉的走向轮廓完全一致，地图上乌法山脉的另一侧跟现实中的则稍微有一点不同。

其次让我们疑惑的是石板地图上所谓的乌法峡谷，地图上，从现在的乌法城地区到斯特里托马克地区，地球的表面裂开了一个长长的大口子，足有二三千米深、三四千米宽。我们通过地理学研究发现，这种地貌只在1.2亿年前才可能存在过，也就是在理论上的确有这条峡谷存在！

因此，这块石板地图如果描绘的是它被制作时的地貌，那么，石板地图的历史至少也有1.2亿年！后来我们设想，现在的乌夏克河可能就是由地图上的这条远古时代的峡谷演变而来的。"

据丘维诺夫博士说，除此之外，还有更让人惊讶的，在三维石板地图上还雕刻着两个宽500米、总长度达1.2万千米的河道系统，在这个河道系统内，包括12道300米宽、10千米长、2千米多深的大水坝，这些水坝使水产生一个巨大的落差，能从一边很容易地倾斜向另一边，整个水道系统极像现代的水力发电站！

"如果当年真的建成过这个水道系统,那么,总共将有1000万亿立方米的泥土将被挖走。那将是几十个大金字塔的工程。"丘维诺夫博士最后说道。

那么,究竟是什么人绘制了这张地图?他们的目的又是什么呢?如果当时的文明已经达到了如此之高的程度,那为什么在历史上会没有留下一丝一毫的痕迹呢?太多的谜团纠缠在一起,让科学家们百思不得其解。

楔形文字起源之谜

1472年,一个名叫巴布洛的意大利人在古波斯也就是今天的伊朗游历时,在设拉子附近一些古老寺庙残破不堪的墙壁上,见到了一种奇怪的、从未见过的字体。这些字体几乎都有呈三角形的尖头,在外形上很像钉子,也像打尖用的木楔,有的横卧着,有的则尖头朝上或者朝下,还有的斜放着,看上去像是一只尖利的指甲刻上去的。巴布洛非常诧异。这是文字吗?还是别的什么?他带着这种疑惑回到了意大利。但是,当时没有人对他在西亚的这个发现感兴趣,人们很快淡忘了这件事。欧洲人并不知道,这就是楔形文字。

一百多年后,又有一个意大利人造访了设拉子,他就是瓦莱。瓦莱比巴布洛要勤奋,他把这些废墟上的字体抄了下来。后来,他在今天伊拉克的古代遗址,又发现了刻在泥板上的这种字体,因此他断定这一定是古代西亚人的文字。瓦莱把他的发现带回了欧洲。他让欧洲人第一次知道了这样一种奇怪的文字。

通过近两百年对美索不达米亚的考古发掘,以及语言学家对大量泥版文献成功的译读,人们终于知道楔形文字是已知的世界上最古老的文字,它是由古代苏美尔人发明,阿卡德人加以继承和改造的一种独特的文字体系。巴比伦和亚述人也先后继承了这份宝贵的文化遗产,并把它传播到西亚其他地方。西方人最先看到的楔形文字,是伊朗高原的波斯人加以改造了的楔形文字,与苏美尔人、阿卡德人、巴比伦人以及亚述人使用的楔形文字有很大的不同。

但是,楔形文字究竟是怎样起源的一直是人类文化史上的未解之谜。这个问题,争论了近两个世纪。长期以来有下列两种观点盛行。

传统的考古学家和历史学家认为,楔形文字起源于美索不达米亚特殊的渔猎生活方式。这是较为通行的看法,西方的各种百科全书大都持这一观点。

也有学者持不同见解,认为楔形文字的起源与古代苏美尔地区发达的社会组织有密切关系,苏联科学院编的《世界通史》就持这一观点。该书在论述楔形文字的发明时写道:"两河流域各族人民文化的最大成就,就是文字的创造。公元前4世纪中叶,苏美尔人就有了文字的胚胎。为了行政管理,它需要比较有条理的通讯,于是,这种文字的胚胎遂变成真正的文字。"

上述两种观点长期并存,相持不下。然而,从20世纪70年代起,考古天文学家却提出了一个爆炸性的观点，认为楔形文字起源于 6000 年前的一次天文事件——船帆座 x 号超新星的爆发，从而引起世界学术界对楔形文字起源的新一轮争论。

这一观点起源于一个苏美尔学专家的假设。苏美尔学专家乔治·米查诺斯基在对楔形文字的研究中发现了一个现象，即在较早的泥版文书记载中大量出现对同一颗星的记录，因此他提出了苏美尔文明的起源与这颗星有关的假设。

1980 年，美国国家航空和宇宙航行局的天文学家里查德·斯特塞经过精确计算，论证了这一假设的合理性。他认为，米查诺斯基所说的这颗文明之星，就是 6000 年前爆发的船帆座 x 号超新星，这是人类历史上能记忆的最大一次天文事件。这颗星在今天只能勉强分辨，但在 6000 年前，其光芒白天可以与太阳同辉，夜晚与月亮并悬，在两河的水面上拉开了一条长长的光带。

可以想象，这种神秘的自然现象给早期人类带来的心理影响是巨大的。他们对这颗星的敬畏和崇拜演化成了神话和宗教，关于这颗星的图画就演变成了最初的文字。专家们果然发现，在楔形文字中最早和最多使用的两个字是"星"和"神"，而这两个字惊人地相似。

来自自然科学的探索是令人振奋的，它对楔形文字的起源提出了全新的见解。但是，很多学者也提出了怀疑，一颗新星的爆发是否真的具有创造人类文明的威力？这是否说明，楔形文字与世界上其他文字发展的一般规律完全不同？

另外，来自亚述和巴比伦的考古发掘成果也证明，美索不达米亚人确实把文字看得很神圣，对文字极其敬畏，认为人生的命运是靠文字规范的。因此他们常常随身佩戴刻有文字的护身符，修建神庙或宫殿时也常常在地基中放置文字碑板，向神祈祷。

凡此种种，都给楔形文字蒙上了一层神秘色彩。

古希腊计算机之谜

1900 年复活节期间，一群希腊海绵捕捞者在返乡途中忽然遭到风暴的袭击。他们被吹得偏离了航线，后来终于在克里特岛西北的小岛安蒂基西拉找到了一个避风港。他们想捞些海绵，却在无意之中惊奇地发现了一艘大船的遗骸。

在这些渔民看来，这艘古代沉船尽管装有许多货物，但最吸引人的物品却是一大堆青铜和大理石雕像。他们向当局报告了这一发现，并于 11 月同几位考古顾问一道返回安蒂基西拉寻找船骸。随后清理沉船的工作一直延续到 1901 年 9 月。

这些文字在水下经历了漫长的岁月，终于在将近 8 个月的发掘工作完毕后得以重见天日。从这些物品中，找到了一些刻有希腊铭文的青铜碎片。不久后，又发现了一些残片。至此，一套完整的齿轮终于展现在人们面前，其中的几只齿轮还带着文字。

从一开始，这些发现便引起了争议。有些考古学家坚持认为，这件装置太过复杂，不可能出自这艘沉船，因为根据货物中的陶器判断，这艘船应当是建造于公元前 1 世纪。

至于这件物品的用途，有专家认为，它来自一个星盘，即一种测量天体高度的仪器；还有专家认为，它来自一架天象仪，即一种用来显示行星运行轨道的装置。双方意见大相径庭，莫衷一是，安蒂基西拉装置成了一个无法解决的难题。

制作安蒂基西拉装置究竟作何用途呢？

专家们经过两次认真地拆卸、清洗之后，摆在他们面前的那许多的细节部分显出原形，奇迹很快就出现了，它的价值远远超过了所有雕像。原来它竟是一台真正的机器，由活动指针、复杂的刻度盘、旋转的齿轮和刻着文字的金属版组成。经复制发现它有 30 多个小型齿轮，一种卷动传动装置和一只冠状齿轮，在一侧是一根指轴。指轴一转动，刻度盘便可以以各种不同的速度随之转动。指针被青铜活动版严密地保护了起来，上面有长长的铭文供人阅读。

1951 年，耶鲁大学的德雷克德·索拉·普赖斯教授对安蒂基西拉机器之谜产生了浓厚的兴趣。在此后的 20 年里，他借助 x 光照相术，对这件物品进行了长时间的缜密研究。他说，这部机器过去可能用来"计算太阳明亮和其他一些行星的运行轨迹"。

原来，安蒂基西拉装置是一台计算太阳和月亮日历的计算机。主轮转动一圈等于一个太阳年，较小的齿轮则显示太阳和月亮以及最重要的恒星上升时的位置。这些齿轮都放置在一个木箱内，打开箱子的几扇小门，便可以看到里面的奇妙装置。这个装置并非船长使用的航海具，同那些雕像一样，它大概也是货物的一部分。

安蒂基西拉的这一发现为某些引人入胜的文字线索提供了明显的证据，表明这一时期的希腊科学家已在使用这类复杂的机械做天文实验。据记载，安蒂基西拉船舶沉没后仅过了几年，罗马律师西塞罗（公元前 106～公元前 43 年）便写道，他的友人兼导师、哲学家波塞多尼奥斯已于"最近制作了一架地球仪，在转动的时候，它便能展示白天和黑夜时太阳、恒星和行星在天空中运行的情况，恰如它们真的出现在天空一样"。他还提到，此前伟大的阿基米德也设计了一个模型，能够"模拟天体的运动轨迹"。有人甚至认为，在那艘沉船中发现的那台机械就是阿基米德制作的。

安蒂基西拉装置的确为后人了解古希腊技术带来了无穷无尽的启示。同样，带齿轮的日历虽然不那么复杂，但直到大约公元 1050 年起，才开始为伊斯兰世界所熟知。

天文学家阿布·赛义德·西伊兹设计过这样一种历书，它能同黄道带的标记相对照，记录月亮和太阳的运行轨迹。这类装置是欧洲中古时代天文钟的原型。这类复杂装置曾一度被认为是很久之后才出现的产物。

现在，正如德雷克德·索拉·普赖斯教授所断定的那样，在安蒂基西拉的发现"要求我们彻底地重新考虑我们对古希腊技术所持的态度。有能力建造该装置的人，可能已经建造了他们想建造的几乎任何东西。希腊人确曾掌握这些技术，但这些技术并没有像宏伟的大理石建筑、雕像和频频复制的文献作品那样流传至今"。

据检测，安蒂基西拉的制造年代是公元前 82 年，这不能不令世人感到惊异。

要知道,计算机的历史可以说是从算盘开始的。它于 5 万多年以前在东方出现,现在中东和远东的某些地区仍然习惯于使用算盘。1617 年,对数的发明者、苏格兰数学家 J.纳皮尔设计了一种通过"杆"来进行乘除运算的巧妙方法。

可以说,他用这种方法再结合自己早先设计的对数表,实现了人们利用机械进行计算的一个历史性的突破。1642 年法国科学家 B.帕斯卡制成了世界上第一台类似于计算机的数字计算机器,而且当时他制造的计算机准确度很差。

虽然世人公认希腊人是古代最有智慧的民族,这个卓越的民族涌现出了人类思想史上最具影响力的哲学家苏格拉底、柏拉图、亚里士多德,也出现了世界上最伟大的数学家欧几里德,但这台古代计算机的出现,还是令人感到不可理解。

还有,这个机械装置全部是由金属制成的,使用了精密的齿轮传动装置,而人们都知道金属齿轮传动是在文艺复兴时代才被首次使用。因工艺复杂,制作它时必须具备车、钳、铣、刨等机械加工工具,而这些工具在古希腊都是根本就不存在的。

那么,这台"安蒂基西拉机器"究竟是何人制造的呢?

如果是古希腊人,那么人们对历史的理解恐怕要彻底改写。但这个计算机毕竟只是一个孤证,关于它的设计、制造、用途等一切,人们都无法得知,在古希腊和其他一切古代民族的文献中,也从来没有任何关于计算机的记载。

如果它不是古希腊人所造,那么必定出于远比古希腊人更有智慧、科学技术和工艺水平也要高得多的智慧生命之手。那么,这种智慧生命又是什么呢?

如今,人们正在试图拨开安蒂基西拉机器带来的"谜"雾。

第八节　宝藏未解之谜

黑萨姆的宝藏

1717 年 2 月,满载金银珠宝和黑奴的"维达"号从西非出发返回英国。途中,"维达"号遇上了有名的海盗萨姆·贝尔拉密。船员们还未做好迎战准备,海盗们的炮火就如雷雨般猛砸过来。顿时,"维达"号乱作一团。没支撑多久,船长罗伦斯·普林斯就投降了。虽然萨姆·贝尔拉密和手下共劫持了 50 多艘船,但是唯有劫持"维达"号这一重大战利品后使他们感到尤为骄傲。劫持这艘船后,萨姆把船上的黑人奴隶放了,邀他们入伙当海盗。受尽凌辱的黑奴大多数都宁愿当海盗也不愿再当奴隶,于是他们选择了跟随萨姆。

同年 4 月 26 日,萨姆带着截获的"维达"号和另外 5 只船前去科德角。天不凑巧,他们刚离开不久天气骤然变坏,暴风雨猛烈地击打着海面。在这样恶劣的天气里,"维达"

号艰难地航行着。虽然"维达"号的驾驶员是个非常有经验的黑奴,但是风浪实在太大,他最终也无法控制住局面。当"维达"号行驶到美国马萨诸塞州卡普·库德湾的时候,一个巨浪把船打翻。船上的人还未来得及逃生,船体就裂成两半迅速沉入海底。除了几个人幸存外,其他的人和海盗们的财宝全部沉入了海底。据说,萨姆之所以会去科德角是因为他的情人玛利亚·哈里特住在那里,他常去那里与她幽会,而"维达"号的厄运就是从萨姆的这段罗曼史开始的。

那个暴风雨夜之后,人们一直渴望知道那些财宝沉到哪里去了。267年以后,贝瑞·克利福德揭开了这个谜,缔造了新的探宝传奇!

孩提时代,贝瑞·克利福德从叔叔给他讲的故事中知道了海盗船"维达"号沉船和财宝的故事。此后,他梦想着有一天自己能够亲自揭开这个海盗沉船之谜。为了弄清"维达"号沉船之谜,他阅读了许多资料,进行了一连串探险。1984年的一天,克利福德和他的伙伴们对外宣布:他们发现了"维达"号上的炮弹、3门大炮以及1688年制造的铜钱。1985年9月,刻有"维达号1716"的船钟被克利福德和他的探险队发现了。这是勘测中最有价值的发现,它证明这些残片的确来自黑萨姆的旧旗舰。此外,根据船钟在船上的摆放位置,一些专家还推测,与当时大多数海盗船长一样黑萨姆倾向共和党派。

自发现船钟后,克利福德和他的探险队不断有新的发现,一共从沉船上找到10万件物品。除了盘子、衣服、扣子等各种用品外,他们还找到了西班牙铸币、非洲稀有宝石、金条、大炮、手枪、航海工具、用来磨刀剑的砂轮等。直到一年夏天,克利福德和队员在离海岸0.25英里、水下25英尺处发现了一条木质梁。当他们铲除上面淤积的沙土后,"维达"号的船体赫然呈现在眼前。传说中,"维达"号载有5吨重的银币与金条。在发现船体前,克利福德就已经找回2000多枚铸币和大量的金条。除了一些西班牙金币外,大部分铸币都是西班牙银币。其中,除了一些来自秘鲁的金币外,多数金币都是墨西哥铸造的。专家推测,如果金币真的来自秘鲁将具有特别的价值,因为这些金币很可能是用印加金器物重熔铸造而成。此外,专家发现海盗们的确想公平地分配他们的战利品,因为那些来自非洲大块宝石都被砍成小块。

"维达号"海盗船

"维达"号是史上第一艘证实有宝物的海盗船。克利福德探险队发现的不仅是价值连城的宝藏,这些沉寂百年的铸币、器具同样是艺术品,对历史研究有着不可估量的价值。今天,克利福德和他的探险队发现的这些东西都被陈列在博物馆里。尽管如此,至今船上的大部分东西还没找到。现在,仍有人做着海底寻宝的美梦。

北欧海盗的金银岛

哥特兰岛是隶属瑞典的波罗的海岛屿,北欧海盗在这里埋藏了大量的财宝。迄今为止,人们已在这里找到了 700 多件银器,其纯银重量达 15 吨。那么这些银器从何而来?哥特兰岛又是如何成为北欧海盗的金银岛的?

这座波罗的海的普通岛屿似乎对白银有着非凡的吸引力。专家们认为,哥特兰岛地下的宝藏密度比世界上其他任何地方都要高,各种银器遍布整个岛屿。估计地下还应该有 70% 的宝藏没有被发现。考古学家们在古代北欧海盗的墓地附近发现了一根模样古怪的骨头,这根猪肋骨上刻有北欧文字。研究表明,这是一个神秘的预言。此外,考古学家还在附近挖到了一具奇怪的女尸。她的面部朝下,看上去像是有人把她的头按进了土里,让她永远保持沉默。考古学家们还发现这个女人的手臂是在背后交叉着的。难道她是被绑着投入墓穴的吗? 然而,令人奇怪的是研究表明:这个女人并不是北欧人,她来自俄罗斯。这个结果是否意味着北欧海盗的财富来自俄罗斯呢?

在哥特兰岛南部加尔德市教堂的墙上绘有一条北欧海盗的船只,这幅画表现的是在中世纪编年史中提到的"瓦兰吉人的希腊之旅",它讲述了挪威人是如何不远万里前往拜占庭的。教堂的洗礼盘上印刻着欧洲东南部某个传说中城市的标志性图案。制作者是一位拜占庭工匠。这次具有传奇色彩的海上航行走的是哪条线路呢? 北欧海盗是如何获得拜占庭人的工艺品的? 他们是否像在英国那样洗劫了拜占庭呢?

在很少的壁画上有对北欧海盗沿着俄罗斯河流探险的描述。壁画上有船员、绳索和风帆。虽然没有任何关于航行目的地的暗示,但是这些船只面向东方,在向神秘的未知大陆驶去。壁画上经常出现瓦尔哈拉殿堂,那是北欧主神奥丁会见英雄亡灵的地方。他们很可能穿越波罗的海和拉多加湖,沿沃尔霍夫河逆流而上,最后到达了古俄罗斯的心脏——诺夫哥罗德港口。诺夫哥罗德是俄国最早的权力中心之一,它的崛起经历了上千年的漫长岁月。

据 12 世纪的编年史记载,诺夫哥罗德市民曾把一位叫做鲁瑞克的北欧海盗称做俄罗斯的第一位王子。这件事的确有些令人匪夷所思。不过,除了浪漫的想象之外,人们还没有发现任何考古学证据能够证明确实存在过这样一位名叫鲁瑞克的海盗头领。诺夫哥罗德附近有个名叫鲁瑞克沃·哥罗德奇的地方,据说它在俄罗斯历史上曾扮演过重要角色。这个地名似乎与鲁瑞克这个人物有关。1901 年,考古挖掘从这个地方开始了。人们在这里发现了一些刻有北欧文字的金属装备、剑、标刻着北欧海盗特有符号的骨头。此外,还有一枚来自斯堪的纳维亚的戒指,上面镶嵌的那种珍珠只能在北部海湾才能找到。是什么将北欧海盗吸引到了俄罗斯呢?

鲁瑞克沃·哥罗德奇考古挖掘的负责人说，斯堪的纳维亚人最初来这里的目的主要是为了白银，他们希望更靠近白银出产地，能够更便于同东方人进行贸易往来，他们希望离交易场所更近一些。

诺夫哥罗德逐渐发展成了一个繁荣的大都市。但考古学家即便使用金属探测器也只在这里找到很少的阿拉伯银币。可能当时的北欧海盗把大部分银币都运往瑞典了。尽管他们社会地位显赫，但北欧海盗相对于斯拉夫人来说仍然只是少数民族。于是许多北欧海盗继续向南航行，准备到白银的出产地去。他们逆流而上，越走越远，最后不得不跨越陆地前行。他们需要把几吨重的船运到下一条可以向南航行的河上去，这份工作异常艰苦。尽管他们带着拖车，但要通过那些崎岖的地形仍很费时间。俄罗斯那个时候最便利的交通路线是水路。不过，财富的诱惑力太大了，北欧海盗克服了一切艰难险阻，一路向南前行。北欧海盗向南走得越远，他们的货物价钱卖得也就越高。他们卖得最多的是猎鹰，训练有素的猎鹰非常值钱。在巴格达和大马士革，富人们愿意出大价钱购买既英武又敏捷的猎鹰。来自北欧的这些商人无论有多少水貂皮、貂皮、猞猁皮都供不应求。这也是北欧海盗获得白银的途径之一，还有就是波罗的海的琥珀。这也是这些来自斯堪的纳维亚的商人身边必备银锭的原因，而且他们会在银锭上刻上北欧文字以示所有权。银锭和阿拉伯银币是东欧这一地区最重要的货币。另外，北欧海盗还得到了一些珍贵容器，比如拜占庭碗，他们也会在上面刻上北欧文字。

在距离那条北欧人的贸易线更远的地方就是现在的乌克兰，考古学家发现了拜占庭与北欧海盗之间曾发生的接触。有考古队伍在切尔尼戈夫镇附近的森林里考察发现了一个军营遗址，最新的考古证据表明至少曾有 500 名北欧海盗住在这个以壕沟和围墙构筑的军营中。考古学家之所以如此确定斯堪的纳维亚人曾在这里生活过，是因为他们发现了一支刻有北欧文字的笛子。

还有斯拉夫海盗历史上的一个重要地点：利斯特芬。利斯特芬木头城堡只剩下了这么一个大土堆。来自斯堪的纳维亚的雇佣兵曾驻扎在这里。他们像征收航运税那样为切尔尼戈夫王子收集了大量贡品。他们的城堡可能是这个样子，

1024 年，两位王子为争夺利斯特芬的统治权大打出手。其中一位王子依靠的就是海盗雇佣兵。不过这位王子战败了。斯堪的纳维亚人的伤亡人数比斯拉夫人大得多。可以说，利斯特芬战役是一个转折点。此后北欧人的势力便如江河日下。

那么他们的痕迹是否从切尔尼戈夫彻底消失了呢？多年来，考古研究者一直在东欧寻找北欧海盗的足迹。最后，他们找到了相互交织的动物图形，这种图形带着明显的北欧海盗风格装饰艺术。新近修复的装饰图案显然深受多年来被否定的北欧艺术风格的影响。

沿着北欧海盗的足迹，考古研究者向南来到了基辅（如今乌克兰的首都）。离开基辅后，北欧海盗踏上了对他们来说最危险的一段旅程——沿着汹涌的第聂伯河向黑海前

进。巨大的水声在 20 公里以外就能听到。只有最大胆的水手才敢在这样的河流中航行。显然，对白银的渴望战胜了对死亡的恐惧。不过，湍急的河水最后成为了许多北欧海盗的坟墓。我们甚至知道他们中间有一个人名叫"拉芬"。我们根据哥特兰岛上的一块石头铭文得知，这个人曾冒险进入了最危险的"艾佛"河段。

湍急的河流过后，迎接他们的是好战的游牧民族派塞尼格人。河岸边的树林为派塞尼格人提供了掩护。北欧海盗的船只很容易成为攻击的目标。现在，这些来自北欧的商人又成为了骁勇善战的士兵。这些北欧海盗挥舞战斧抵挡来自河岸两边弓箭手的利箭。

北欧海盗从波罗的海前往黑海的旅途漫长而且充满了危险。不过对于那些活下来的人来说，等待他们的将是拜占庭的无比财富。当北欧海盗抵达科提查岛时，他们知道第聂伯河最危险的河段已经过去了。他们在这里停下来通过祭祀活动表达自己的感激之情，并祈求在接下来的航行中能够获得好运。然后他们继续向第聂伯河汇入黑海的河口进发。考古学家在贝雷赞岛上找到了北欧海盗曾在这里登陆的证据：岛上有一块刻有北欧铭文的墓碑。上面写着：卡尔之墓，好友格拉尼永远怀念你。卡尔没能活着看到旅途尽头的欧洲东南部。不过他的伙伴格拉尼一定得到了非常丰厚的回报。

在贸易交往中，北欧海盗是以黄金和白银来衡量货物重量的。这就是在漫长的返程之旅后，有数吨重的财宝抵达哥特兰岛的原因。1000 年后，这些财宝被考古学家挖掘了出来。而其中 80% 的财宝来自拜占庭和东方。

作为商人，北欧海盗聚敛了大量的财富。作为政治家，他们对早期俄罗斯帝国的建立起到了至关重要的作用。过去，人们的意识形态曾在考古学家面前设置了重重障碍；而新一代的考古学家必将揭开更多的谜底。这些发现将比北欧海盗的财宝更有价值。

"黑胡子"的宝藏

1713 年，"英西海战"以西班牙战败而宣告结束。这一战使大英帝国成了名副其实的海上霸主，它不仅获得了贩卖奴隶的垄断权，而且还迫使西班牙将直布罗陀海峡拱手相让。此后，"三角贸易"开始兴起。它不仅使很多人在短时间内变得非常富有，而且也为英国带来源源不断的金钱。在这样的贸易氛围中，好多水手都成了职业海盗，他们不仅仅抢劫别国的商船，而且还抢英国的船。如此一来，加勒比海成了海盗们的狩猎场。于是，英国女王不得不下令禁止武装民对商船的进攻。就是在这种历史背景下，航海史上最为著名的海盗之一"黑胡子"开始了他惊心动魄的海盗生涯。

对"黑胡子"来说，1716 年是他"海盗事业"的转折点。这一年，他开始跟随著名的霍尼戈尔德船长当海盗，并当上了一艘小船的指挥官。黑胡子忠心耿耿地跟随霍尼戈尔德船长干了几年后，霍尼戈尔德船长送了"黑胡子"一件礼物———一艘荷兰建造的、非常豪华的、并配备了 36 门火炮的三桅帆船。这是霍尼戈尔德船长在加勒比海一带成功地抢掠的一艘从非洲到美洲贩卖奴隶和运送珠宝的大商船。船上除了有数量众多的奴隶之外,还满载了金银珠宝。接过来这艘战斗力极强的大商船后,"黑胡子"从此就另起炉灶,并将其重新命名为"复仇女王"号。

起初,"黑胡子"还是默默无闻,但后来却一举成名。原来,他指挥"复仇女王"号和英国皇家海军大战了一场,使整个大西洋沿岸陷入了连皇家海军都无法确保安全的恐怖之中。"黑胡子"的这一疯狂举动是普通海盗所不敢的,因为当时的海盗们都打着为女王服务的旗号。他们总是想尽办法避开大英帝国皇家海军,即便是狭路相逢,也尽量避免战斗。然而,"黑胡子"却在出海后直奔东海岸的英国海防处,并明目张胆地在军港的港口抢劫了英国商船"爱伦"号。在与皇家海军的大战中,"黑胡子"的自杀性攻击把英国皇家的海军们吓得目瞪口呆、手足无措。无疑,在这一战中英国官兵死伤惨重。从此,"黑胡子"的名号响彻整个大西洋,来往船只听到这个名字无不望风而逃。正当人们被"黑胡子"吓得闻风丧胆之时,他却消失得无影无踪了,就连追捕他的英国海军也没有找到蛛丝马迹。

两年后,"黑胡子"在人们忘记他的时候又悄悄地冒了出来。从此,南至洪都拉斯、北至弗吉尼亚之间的航线上所有的船只都成了他劫掠的对象。在长达18个月的疯狂抢劫后,许多商船成了他的囊中之物,其战利品堆积如山。然而,令人奇怪的是"黑胡子"在美国北卡罗来纳州的一些港口城市低价处理掉了他的战利品。

1718年,"黑胡子"率领四艘海盗船封锁了南卡罗来纳州首府查尔斯顿,并将港内的船只洗劫一空后放了一把大火。对"黑胡子"来说,这次抢劫堪称是他整个海盗生涯中最大胆的一次突袭。也正是在这次劫掠之后,黑胡子设下一条毒计除掉那些跟他出生入死的兄弟,独吞了战利品。

为了捉拿"黑胡子",皇家海军派出了"里姆"号、"珍珠"号两艘战舰前去帮忙,并由罗伯特·梅纳德海军中尉担任这两艘战舰的总指挥官。1718年秋,狂欢醉酒的"黑胡子"被罗伯特·梅纳德一枪打中了肚子后被一群水兵打死,而且把他的头砍下来喂了鲨鱼。

"黑胡子"一死,他埋藏的财宝就成了好多人搜寻的目标。虽然"黑胡子"低价处理了很多战利品,但是他留下来的金银珠宝肯定不少。然而,"黑胡子"被打死后,士兵们搜遍了海盗船上所有可以隐藏财宝的地方却没有找到金银珠宝,只发现了11桶葡萄酒、145袋可可豆、1包棉花、1桶蓝靛,并没有找到金银珠宝。凡是被黑胡子抢掠过的商船船长们都知道,他肯定藏起了大量的财宝,不可能只有士兵们找到的这些东西。然而,没有人知道那些财宝究竟在哪里。"黑胡子"在死前不久曾宣称:除了他和魔鬼,没有人能找到他藏宝的地点。

此后,有关"黑胡子"的宝藏开始流传成无数种说法。于是,凡是与"黑胡子"有关的生活用品、住所都成了寻宝者搜索的目标。多少年之后,寻宝者们不得不承认黑胡子太狡猾了,因为他没有留下任何线索,至于藏宝图就更别提了。

海盗"黑胡子"很早就引起考古学家们的注意,但由于缺乏相关资料,专家们一直没有什么收获。为了获得关于他生平的一些蛛丝马迹,专家只能期望通过考古挖掘。据美、英两国媒体报道:为了寻找"黑胡子"海盗船的残骸,一个由考古学家、历史学家和水手组成的打捞队开始了寻宝之旅。然而,他们和其他寻宝者一样收获甚微。

1997年,一位美国潜水员发现了"黑胡子"沉没了200多年的"复仇女王"号。考古学家断言,"复仇女王"号的残骸位于距北卡罗来纳州海岸两百米的那个所谓的"飓风走廊"处。虽然寻宝者们期待着能在水下捞出一批财宝,但是他们的愿望何时能实现还需要时间。

海盗拉比斯的藏宝图

拉比斯出身于法国加莱的一个富翁家庭,曾经是法国海军耀眼的明星,因为在军舰上私斗打死了自己的上级而成了逃犯。犯下了死罪的拉比斯趁乱逃走后,成了18世纪大西洋上叱咤风云的海盗。其全名是埃德加·D·别恩克,拉比斯只是他当海盗后的化名。后来,法国海军得到其同伙密告的情报,将其捕获。1730年7月7日下午5时,当拉比斯在印度洋的波旁岛椰树底下即将被套上绞索时,他突然大喊道:"我要公布宝藏的秘密,谁能读懂它就有好运得到这笔巨宝。去寻找吧,我的密宝就藏在那个地方。"

虽然拉比斯临死前交出了藏宝图,但是这密码信上17排稀奇古怪的图样就像天书一样晦涩难解,地球人根本无法读懂。要想把17个图样都成功破译出来何其难。其实,从字面上逐字逐句译出拉比斯密件并不难,但这样做是远远不够的。难道拉比斯珍宝只是海市蜃楼般见影不见物吗?

1949年,英国探险家瑞吉纳·克鲁瑟韦金斯得到了拉比斯密码的一份影印件。在他看来,在印度洋上的塞舌尔岛很可能藏着拉比斯财宝。于是,此后的28年他一直待在该岛上孜孜不倦地探索着17排图样。皇天不负苦心人,他终于破译出了其中的16排密码。遗憾的是直到他因病逝去也没有破译出第十七排图样。

除了瑞吉纳·克鲁瑟韦金斯破译的密码外,法国"寻找藏宝国际俱乐部"也掌握了一份与拉比斯宝藏有关的一份遗嘱、两份说明书和三封信件。这些有关拉比斯藏宝秘密的资料本来是属于海盗贝尔纳坦·德莱斯坦的,可是他死了。德莱斯坦在给兄弟埃蒂安的信中,曾说拉比斯有三笔财宝埋藏在毛里求斯岛。他在给侄子的信中也写着让他到毛里求斯岛来,并让他按照遗嘱、密码手册等文件寻找宝藏。尽管有这么多关于拉比斯藏宝秘密的资料,但是除了一点蛛丝马迹外并没有找到宝藏。

20世纪初叶,有个寻宝队在毛里求斯岛上砍倒一棵大树。他们发现树根下的一块大理石板上赫然写着宝藏的位置和相关信息。按照石板上的指引,寻宝队发现了铁球、石头和铜板。然而,寻宝队没有人能读懂铜板上的密码。后来,寻宝队请来的古文字教授足足研究了3个月仍然一无所获。

为了解开铜板上的密码，寻宝队派了四名身强力壮的小伙子把铜板护送到欧洲去找语言和古文专家破译。然而，一夕之间四名小伙子看管的铜板却不翼而飞了。原来，在开往欧洲的船上四个小伙子遇到了一位迷人的、金发碧眼的姑娘。看到如此迷人的姑娘，尤其是她脸上始终带着甜甜的笑容，而且裙子底下还露着丰腴光洁的大腿，四个小伙子都想得到她的欢心。于是，他们竞相和她搭话。几乎不费吹灰之力这个姑娘就和他们成了朋友，而且还无话不说。当得知小伙子们要找古文专家时，她告诉他们自己的父亲就是这方面的专家，而且还帮印度一个寻宝的老人解开了一封谁也看不懂的海盗密信，老人也因此找到了海盗的宝藏。这位年轻漂亮的姑娘还答应帮他们找自己的父亲帮他们翻译古文。就这样，小伙子们彻底被这个婀娜多姿、能言善辩的姑娘迷住了。下了船之后，他们一行五人住进了一家旅店。然而，令人吃惊的事情发生了。第二天早上起来后，小伙子们发现那块铜板不翼而飞了，那个答应帮他们找父亲翻译古文的漂亮姑娘也不见了。

这些颇具诱惑力的故事不知道哪些是寻宝人编造出来的，也不知道哪些是真实的。总之，这些虚虚实实的故事为拉比斯宝藏更增添了神秘色彩。虽然法国政府获得了拉比斯的藏宝图，但他们始终没有找到埋藏价值 50 亿法郎的这一巨大财宝的岛屿群。拉比斯的藏宝图一共有 17 句偈语，而其中又暗藏了寻找密宝的密码。只有得到密码，并把密码进行一定的排列组合后才能找到确切的藏宝之处。然而，200 多年过去了，拉比斯的藏宝图陈列在卢浮宫的展览室里，至于他的密宝到底藏在什么地方依然没有人知道。也许，早就被人发现转移了。

"海盗首都"罗亚尔港

牙买加岛是名副其实的天堂，四周的海洋为游客提供了食物、娱乐和天堂般的美景。300 年前，牙买加最南端的"盐水坟墓"是世界上最动荡不安、罪孽深重的地方。罗亚尔港公开身份是牙买加首府，非正式身份是海盗首都。海盗抢夺来的金银珠宝在这里堆积如山，一船船金子有的时候都轮不到卸船，只有停放在港口里等候。这里是人类历史上最邪恶的城市，也是最堕落的城市，虽然只有几万人生活在这里（其中大约 6500 人是海盗）。他们都是参与邪恶勾当的海盗或私掠船船员。海盗的生活方式充满危险，这些粗暴的海盗在加勒比海航行，抢劫从美洲载满财富回欧洲的商船，经过数星期的不义之战后，他们带着满身的堕落驾船回到皇家港。罗亚尔港的名声比罪恶之都所多玛和哥摩拉还要恶劣，但城市的奢侈程度远远超越当时的伦敦和巴黎。整个城市没有任何工业，却可以享受最豪华的物质生活。中国的丝绸、印度尼西亚的香料、英国的工业品一应俱全。当然最多的还是金条、银条和珠宝。

1692 年 7 月 7 日，罗亚尔港仍像往常一样热闹，酒馆人声嘈杂，销赃市场顾客如云，各式船只频繁进出港口，满载着工业品的英国船在码头卸货，美洲大陆的过境船在修帆加水。海盗船混迹其间，一般人难以辨别出来。但是这个罪恶之城注定要受到上帝的惩罚。

中午时分，大地忽然颤动了一下，接着是一阵紧过一阵的摇晃。地面出现巨大裂缝，建筑物纷纷倒塌。土地像波浪一样在起伏，地面同时出现几百条裂缝，忽开忽合。海水像开了锅，激浪将港内船只悉数打碎。穿金戴银的人在屋塌、地裂、海啸的交相逼迫下疯狂奔走，企图找到一个庇身之所。11 时 47 分，一阵最猛烈的震动后，全城三分之二没于海水底下。残存在陆地上的建筑物也被海浪冲得无影无踪。当它在大灾难中被彻底毁灭时，人们认为这是上帝在惩罚他们。

不管这是神的报复还是自然的愤怒，1692 年 7 月 7 日，这个现在被称为"罪恶之城"的加勒比海盗居留地彻底毁于一场灾难性的地震。随后，发生了三次潮汐波。潮汐波来了又去，把一切都带回到海洋。皇家港的 6500 位居民中，大约有 3500 人失踪了。在罪恶之城陷落为盐水坟墓约 300 年后，这个港口的遗物仍躺在一片阴暗的海底下。

罗亚尔港从此消失在大海中，直到 1835 年，在风平浪静的日子里，人们仍能清楚地看见海底城市的痕迹——一些沉船、房屋依稀可辨。当时测量，沉城处于海平面之下 7 ~ 11 米。之后，泥沙和垃圾层层覆盖，罗亚尔港在人们的记忆中湮灭了。

牙买加独立以后，政府一直没有放弃寻找这个海葬城市。1959 年，牙买加政府和海下考古学家罗伯特·马克思签订挖掘条约。条约规定马克思只负责挖掘，而挖出的全部财宝都归牙买加政府所有。在之后的时间里，马克思找到了一部分城市遗址，并挖出了价值几百万美元的珠宝和大批生活用品。其中最有历史价值的是一只怀表，表针指向 11 时 47 分，由此确认了古城沉没的时间。而最有趣的是一尊没有头的雕像，专家研究证实这是中国人信奉的观音。4 年以后，马克思以"再也挖不到财宝"为由离开牙买加。所有的人都不相信罗亚尔港只有这一点财宝，而且谁也猜不出马克思离去的真实原因。

1990 年，美国得克萨斯州 A&M 大学接到牙买加政府的邀请，再次开始罗亚尔港的挖掘工作。在将近 10 年的时间里，学生小组每天都冒险进入金斯顿海港，发现马克思只是挖了点皮毛。他们发掘出无数的艺术品，数不尽的物品仍被困在水底。大部分珍宝还在等待人们去发现。这是世上最后剩下的伟大宝藏之一。A&M 大学的专家们准确地找到罗亚尔港的主要沉没地点，他们发现当年马克思挖出来的宝藏只是非常小的一部分，99% 的宝藏还沉在海水里。现在罗亚尔港宝藏的寻找工作还在继续，不过牙买加政府没有决定打捞已经发现的物品和金银。没有人知道这个被海葬的海盗首都到底还能给人类带来多少惊喜。

基德船长的宝藏

1645 年，威廉·基德生于英国格里诺克。20 岁当基德移民到美洲的时候，他已经是一个常年在海上漂泊、见多识广的优秀水手了。1689 年，英国和法国开战后基德应征入伍,并当上了英格兰海盗船"布莱斯特·威廉"号的船长。在西印度群岛和加勒比海一带,基德在同法国人的作战中屡建战功。1691年,基德结婚后在曼哈顿过起了陆地上平静的生活。然而,基德的朋友贝洛蒙特勋爵却改变了他的命运,使这个屡建战功的人成了英格兰最引人注目的海盗船长。

1696年,英国政府忙于和法国的战争。与此同时,印度洋上的海盗活动猖獗。虽然东印度公司一再催促他们派遣皇家海军前去围剿海盗,但是英国政府除了发愁之外根本无暇顾及这些海盗。后来,贝洛蒙特勋爵建议召集几位英格兰的贵族出资经营一艘武装船来攻击海盗船,并委托基德当船长。这样不仅可以使英国政府坐收渔翁之利,出资入股的贵族得到大批战利品,而且还可以打击海盗的嚣张气焰,使英国的海上贸易往来变得安全。

早已厌倦平静生活、习惯海上刺激生活的基德欣然答应了朋友贝洛蒙特勋爵,并表示自愿为英国政府效力前去对付海盗。于是,基德和贝洛蒙特勋爵签署了协议。协议规定:每一笔收入基德分得15%,水手分20%,剩下的全部归投资者所有。除了贝洛蒙特勋爵外,包括海军大臣在内的四位权贵也联合赞助了这次行动。此外,基德还拿到了一份委托书、一张私掠特许证。委托书授权他抓捕四名情节严重的海盗头子;而特许证则授权他大胆地袭击并没收敌方商船。

1696年12月,基德船长和水手们乘坐"冒险"号出发了。然而,航海经验丰富的基德出师并不利。因为疏忽"冒险"号被皇家海军的军舰拦下,并扣留了基德亲手选拔的大部分水手。后来,部分水手因得热带病而悲惨地死了。为了扩充水手,基德在普利茅斯稍做休整后并在当地临时招募了一批新水手。然而,基德招募的新水手大部分原来就是海盗和私掠者。无疑,这些水手使基德后患无穷,甚至为之付出了生命。原来,近一年的时间里"冒险"号一无所获,所以水手们怨声载道。于是,新招来的水手蛊惑大家去当海盗。为了稳定局势,为了给资助自己的权贵们一个说法,基德被迫驶往红海。

1697年,基德的船队挂起一面红色的海盗旗,先后袭击了一支来自默卡的船队和一艘来自亚丁的、打着英格兰国旗的贸易船。为了安抚人心,基德把抢来的财物全部分给了水手。尽管如此,基德的行为严重违反了他当初与赞助人的约定,而且犯了海盗罪。然而,基德船长并没有因此收手,而是铤而走险开始袭击商船,而且同他们作战的人竟然是英国皇家海军,遭袭击的商船竟然是英国东印度公司的船队。当基德发现这一点立即撤退的时候,对方却认出了"冒险"号。这次,基德算是霉运当头。他手里的特许证在任何情况都不能袭击本国船只,只能打劫非本国船只。当皇家海军和东印度公司向英国政府递交了报告后,英国政府毫不犹豫地取消了当初颁发给基德的特许证,并宣布他不受法律保护。从此,基德被打上了海盗的烙印,和他要抓捕的四名海盗一样成了臭名昭著的海盗头子。

虽然基德当上海盗是完全不自觉的行为,然而后来他却成了真正的海盗,甚至犯下了最不可宽恕的海盗罪行——1698 年 1 月，基德和他的水手们劫掠了英格兰船长指挥的三桅帆船，而船上载的竟是莫卧儿帝国的无价之宝。基德这次疯狂的举动不仅激起了英国的愤怒，同时也激起了印度的愤怒。

此后两年，基德抢掠了大量的商船，积聚了巨额的珍宝，成了马拉巴海岸线和马达加斯加之间的"海上恶魔"。1699 年 7 月，基德在拉丁美洲的伊斯帕尼奥拉岛停下来后给贝洛蒙特勋爵写了一封信。在信里他说希望得到勋爵的支持，并愿意为此支付 40 万英镑。虽然贝洛蒙特勋爵口头答应保证基德的自由，但最终却出卖了基德。在基德入狱的时候，人们在他的驻地找到了一些银币、金制品和价值约 1000 英镑的金粉。在基德临死前夕，与妻子诀别的时候他悄悄塞给妻子一小块羊皮纸。他们夫妻的言行被看守们密切监视着，后来看守没收了那个小羊皮纸团。当看守打开羊皮纸团时看到上面写着：44—10—66—18。

最终，基德被带回英国处以死刑。虽然基德死了，但是念叨他的人却越来越多。原来这都是因为小羊皮纸团上的那组数字，那里藏着找到基德宝藏的秘密。后来，有人破解了那串数字：44—10 暗示西经 44 度 10 分，而 66—18 则是北纬 66 度 18 分。这个坐标所处的位置就是离纽约不远、一个叫做"加地纳"的小岛。于是，寻宝者纷纷来到这座不知名的小岛。他们用长长的大木杆在沼泽地钻来钻去，但始终一无所获。渐渐地，有关基德宝藏的事情被冷落了。然而，20 世纪 50 年代中期，基德的宝藏在鸡骨岛的传闻又在世界各地传开了。然而，纷纷前来鸡骨岛寻宝的人不是在海上触礁而亡，就是发生火拼两败俱伤。时至今日，基德的财宝仍然是个谜，寻宝迷们仍在追踪。

洛豪德岛的海盗遗产

在澳大利亚，有一个名为洛豪德的小岛，该岛并非鸟语花香、景色宜人的胜地，然而，"岛不在美，有宝则名"。相传岛上藏有无数财宝，周围海底也铺满了耀眼炫目的宝石。

17 世纪 70 年代，一位名叫威廉·菲波斯的人，偶然中发现了一张有关洛豪德岛的地图，图上标有西班牙商船"黄金"号的沉没地，他惊喜若狂，感觉一个发财的机会到来了。原来，"黄金"号商船有一段神秘的故事，那是在 16 世纪 50 ~ 70 年代，西班牙人沿着哥伦布的航迹远征美洲。为了征服美洲，西班牙人无比残酷地屠杀印第安人，并从他们手里掠夺了无数金银珠宝，然后载满船舱回国。然而，回国途中他们的行动被海盗们觉察了。于是，海盗们疯狂袭击每一艘过往的商船，惨杀船员，抢夺了大量财宝。如山般沉重的财宝，海盗们无法全部带走，于是将剩余部分埋藏在洛豪德岛，并绘制了藏宝图以备随后来取，海贼们发血誓表示严守秘密，以图永享这笔不义之财。哪知海盗终归是海盗，哪有信用可言，一些阴谋者企图独吞宝藏，一时间血肉横飞，一场火拼留下了具具尸体，胜利者携带藏宝图浪迹天涯，过着花天酒地、骄奢淫逸的生活，而藏金岛的传说也不胫而走，风靡世界。

17 世纪 70 年代,菲波斯怀揣这张不知真假的藏宝图,登上荒岛,四处勘察,然而却一无所获。正当他徘徊海滩时,无意中脚陷入沙中,触及到一块异物,经发掘是一丛精美绝伦的大珊瑚,在珊瑚内竟藏有一只精致木箱,箱中盛满金币、银币和珍奇宝物。菲波斯狂喜万分,接连拼命寻找。他在岛上待了 3 个月,疯狂地寻觅,整整 30 吨金银珠宝装满了他的帆船,他实现了发财梦。

菲波斯发财的消息像飓风一样疯传。一时间,寻金的人蜂拥而至洛豪德岛。此外,不少人认为海盗的大部分藏金还在岛上,菲波斯发现的金银财宝,仅仅是海盗藏金的一小部分。于是,许多真真假假的"藏宝图"应运而生,充斥欧洲,并被高价出卖。不少发财狂们重金购买,不惜血本高价买图寻宝。然而,并非所有人都像菲波斯那么幸运。有的人苦苦寻觅久无踪影,有的人非但没有奇遇金银珠宝,反而丢了性命,不是葬身海底,就是暴死荒岛。于是,海盗的遗产成了一个充满诱惑的谜团。至今,洛豪德岛上到底有没有金银财宝还是个谜。

所罗门的宝藏

公元前 11 世纪,犹太国王大卫(公元前 1000 年～公元前 960 年)统一了以色列和犹太,建立了以色列一犹太王国,将迦南古城耶路撒冷定为首都和宗教中心。大卫死后,儿子所罗门(公元前 960 年～公元前 930 年在位)即位。所罗门统治时期,是以色列——犹太王国的全盛时期。他在耶路撒冷锡安山上建筑豪华的宫殿和神庙。按《圣经》所说,所罗门建造这一神殿历时 7 年,它结构严谨、造型美观,教徒们都去那里朝觐和献祭敬神。"亚伯拉罕圣岩"围在神殿中央,圣岩长 18 米,宽 2 米,是一块花岗岩石,它由大理石圆柱支撑着,下面的"岩堂"高达 30 米。"岩堂"里设有祭坛,坛上存放着刻有《摩西十诫》的石块和圣箱。圣箱内除存放着这些戒条外,还收藏着《西奈法典》。圣箱被称为"耶和华约柜"("神圣约柜"),它被古代犹太人视为关系民族兴衰存亡的"镇国宝物"。所罗门在"亚伯拉罕圣岩"下修建有地下室和秘密隧道。据说所罗门把大量的金银珠宝存放在这里,这就形成了举世闻名的"所罗门财宝之谜"。

公元前 586 年,新巴比伦王国国王尼布甲尼撒二世派军队攻打耶路撒冷,神殿也付之一炬,变成废墟,巴比伦军队没有发现"所罗门财宝"和"神圣约柜"。据一些人估计,有两种可能:第一,巴比伦军队未入城前,祭司们早已将"财宝"和"约柜"搬运到别的地方隐藏起来了;第二,可能仍放在神殿圣岩的地下和秘密隧道里,但由于它们结构复杂,像"迷宫"一般,巴比伦军队根本无法进入。从此以后,关于它们究竟藏于何处的问题,众说纷纭,谁也弄不清真相。

公元前 4 世纪起,马其顿、托勒密、塞琉古诸王国相继侵占耶路撒冷,都曾设法寻找但没有结果。1～2 世纪罗马帝国时期也曾千方百计寻找,同样毫无踪影。罗马皇帝君士坦丁在耶路撒冷也曾设法寻找,没有结果。11～13 世纪,十字军东征,许多人涌进耶路撒冷,四处寻找,仍没找到。

2000 多年来,直到现在,寻找它们的活动从未停止过。有些人认为,在公元前 586 年巴比伦军队入侵前,已转移到"尤安布暗道"(尤安布通过暗道攻入耶路撒冷,击败以布斯人,以此得名)。直到 1867 年,英国军官沃林上尉在耶路撒冷近郊游览时,偶然发现一个洞窟,并由此进入耶路撒冷城内,他宣称:古代的"尤安布暗道"被他发现了。但暗道里没有"财宝"和"约柜"。有些人认为沃林上尉发现的不是古代"尤安布暗道",而是另一条暗道。

20 世纪 30 年代,美国两个冒险家——理查德·哈里巴特与莫埃·斯泰布悄悄地钻进传说中古代尤安布发现的那个洞窟,为流沙所堵,沿原路退回。后来两人竭力夸大和宣扬地道里恐怖可怕的情景,令人听而生畏。1939 年 3 月,理查德·哈里巴特乘小帆船在太平洋遇风暴身亡,从此再也没有人知道那条神秘的暗道在哪里了。

另一些学者认为,所罗门担任国王时,经常派船出海航行,每一次归来总是金银满舱,所以人们纷纷猜测,在茫茫大海中必有一处"宝岛",那些黄金就是从那里运来的,但这始终是个谜。到 1568 年,西班牙航海家门德纳率领一支考察队第一次踏上这个海岛时,见土著居民都戴着黄金饰物,以为找到了黄金宝库,于是把这里命名为"所罗门群岛"。此后,欧洲很多人都跑到这里来寻找"所罗门财宝"。由于该海岛位于西南太平洋中,由 6 个大岛和 900 多个小岛组成,散布在 60 万平方公里的海岛上,岛上全境 90% 的面积覆盖在密林丛莽之中,因此,寻宝活动很难展开。几再年来,千千万万的寻宝者在该岛上一无所获。有些人认为,所罗门群岛上并没有"所罗门财宝"。

"财宝"和"约柜"究竟在什么地方?目前仍是难解之谜。直到今天,国外还有许多人在兴致勃勃地想方设法力图发现这个古代秘密,掀起一股股寻宝热潮。

图坦卡蒙的陵墓

发现法老的坟墓和带有神话色彩的宝藏是考古学家的梦想。当霍华德·卡特踏进那座陵墓时,可以说他是回到了 3500 年以前。失落文明的回响,伟大君王的领土,耸立的金字塔,魂灵不散的坟墓,这些都是古埃及荒弃的遗产。在砂岩绝壁之间,一座传说中的坟墓深藏其中并安睡了 3000 多年。

埃及的帝王谷位于尼罗河西岸的沙漠中,古埃及新时期(首都设在底比斯以后)的大多数法老都埋葬在这里。在 1900 年左右,几乎所有帝王谷里的陵墓都被发现了,考古学家和盗墓者在这方面平分秋色。但是仍然有成群的人在帝王谷里转悠,他们都是在寻找传说中的图坦卡蒙的陵墓。

很久以来,大部分皇室陵墓被盗了,多数陵墓在古代就已被洗劫一空。比如说,所有金字塔都被偷过;有些被偷得一干二净。图坦卡蒙的陵墓曾被一次性封闭起来,并在随后的 3500 年中,一直保持着完整。

图坦卡蒙王，一般称为图坦王。历史学家认为，他死于16至19岁之间。他可能是死于事故或疾病。但很多人猜测，有人想早点结束他的统治。不管怎么说，他的意外死亡都意味着，古埃及人来不及为他建造庞大而华丽的法老陵墓。在埃及漫长的法老时代中，图坦卡蒙因为在位时间短而名不见经传，他的猝死也使得他没有事先修建豪华的金字塔陵墓。正因为不起眼，其陵墓在很长时间里始终没有被发现。

这座陵墓很小，又隐藏在山谷里，这就是它能保存这么久的原因。人们忽略了它的存在。考古学家霍华德·卡特熟悉古埃及历史，发现图坦卡蒙陵墓是他毕生的梦想。从1903年起，他就带领助手在帝王谷的每一寸土地上搜索，寻找这位被遗忘的法老的陵墓。但当他开始对这个神圣的国王之谷进行大型挖掘时——大家都认为他疯了，因为帝王谷已被考察过无数遍。但卡特相信，如果有人真正走到底，进行系统的挖掘，就会有了不起的发现，他是对的。1922年11月5日的上午，在阳光炙烤的埃及沙漠挖掘了5年后，卡特的考古小组发掘出那位年轻法老的坟墓入口。这么一来，他继续往下挖，直到墓室大门。当卡特第一眼看到墓室里到处闪闪发光，到处都是闪烁的金子时，他所有的忧虑马上打消了。看到这些珍贵的遗产，他马上明白了，他做出了埃及考古学上最伟大的发现。把所有墓室都清空后，掏空的坟墓贡献出一批珠宝，世人从未见过的珠宝，至少也有数百件物品。他必须仔细检查，记录每件物品的位置，然后小心翼翼地取出来，这些物品已经幸存了3500多年。

这是3500年来唯一一个完好无缺的法老陵墓，也是埃及最豪华的陵寝，更是埃及考古史乃至世界考古史上最伟大的发现。卡特之前以为这个年轻法老的墓葬品会比较简单，谁知之后长达3年时间的挖掘向全世界证实了这种预想的愚蠢。卡特说过，图坦卡蒙一生唯一出色的成绩就是他死了并且被埋葬了，这话是有道理的。因为其陵墓的发现成为古代文明对现代人类最彻底的一次震撼和嘲笑。那个成为埃及文明象征的纯金面具，那个纯金制成的棺材，那个由纯金雕制镶满宝石的王位，那些铺满墓室墙壁的纯金浮雕，那具完整无缺的木乃伊……所有一切都让人类惊叹，3500年前埃及人的工艺技巧和现在的我们到底有什么不同？

图坦卡蒙王耀眼的珍宝无愧为有史以来最迷人最独特的艺术发现。最引人注目的珍品之一是戴在图坦卡蒙头上的木乃伊面具。这也是用黄金做的，并且镶嵌着宝石。当然，陵墓里出土的最珍贵的单件物品是一口纯金棺。保护图坦卡蒙的贴身棺木是用300磅黄金打造的，而且装饰着数百颗宝石。图坦卡蒙王陵墓出土的珍宝是无价的，从未发现过类似的物品。区区几百万美元的价值与融在各种物品中伟大的艺术技巧相比，又算得了什么呢？

图坦卡蒙陵墓的发现是世界考古工作成功的顶峰，也是考古史的重要转折点。所有出土文物超过1万件，每件都是无价之宝。卡特花费3年的时间把它们全部运出墓室，当时挖掘人员从墓的出口抬出女神哈托尔牛头灵床的镜头已经成为考古史上无法超越的经典;埃及政府又花费了整整 10 年的时间把它们运到开罗,开罗博物馆之前的所有藏品都因之而黯然失色。整个世界都可以目睹那绚烂的光彩。而彻底研究它们可能需要未来人类全部的时间。

英国王室珠宝

大约在 1600 年前,地球上崛起了一个强大的王族——英国王室。英国王室是现存最古老的王族,而每代君主的加冕仪式都严格奉行完全一样的传统,这使得英国王室的加冕典礼成为现存的、依然举行的最古老的仪式。在加冕仪式上,国王或者女王头戴的王冠和手持的权杖都成为全球瞩目的焦点。

为了使王冠和权杖成为世界上独一无二的权力象征,历代王室想尽办法收集钻石和珠宝,认为稀世的钻石最能体现王室尊贵。长达几个世纪收集的钻石逐渐成为了世界上最有名的家族珍宝。早期那些伟大英王和王后佩戴过的王冠已经找不到了。国王及其亲属为了发动战争、重建毁于大火的王宫和举办王室婚礼,不得不卖掉了许多珍宝。在中世纪,国王通常在作战时带上御宝,因为他们不信任留在宫中的皇亲国戚。1648 年,英国爆发的反王权运动对英国王室冲击极大,很多珍贵王冠和权杖流失了。1660 年英王室复辟以后,开始大规模地重新制作王冠和权杖的工程。从那时起,很多稀世珍品都被保存了下来。随着王室的发展,从 18 世纪开始英王室有了专用的珠宝工匠,他们用非凡的技艺制作出最精美的首饰。

随着势力的不断扩张,英国成为世界上最强大的殖民帝国。其中殖民地印度和南非都以出产钻石以及珍稀宝石闻名,这两地向英王室供应了无数一流钻石。而一些弱小的国家也愿意把本国最珍贵的珠宝献给英国,大多怀着破财免灾的想法。

王室成员都根深蒂固地习惯于把珠宝换来换去。本以为镶嵌在国王爱德华一世入棺时所戴戒指上的一枚蓝宝石,却闪耀在"帝国之冠"上,这顶王冠上还镶有两串珍珠。据报道,那正是苏格兰女王玛丽 1587 年被斩首时戴的项链。19 世纪的君主维多利亚女王尤其热衷于收藏珠宝,从帝国各地搜罗来的奇珍异宝令她陶醉不已。她的珍品中一枚拇指大小的、名叫"光明之山"的印度钻石是现今发现的最古老的钻石。该钻石原重 191 克拉,于 1304 年发现于印度。后来,维多利亚女王嫌它光泽度不好要再加工,它被磨得只剩 108.93 克拉。正是这枚被镶嵌在女王王冠上的钻石激发了威尔基·科林斯的灵感,使他写出了《月亮宝石》这部经典作品。

然而,在有史以来最大的钻石"非洲之星"面前,"光明之山"也相形见绌。1905 年南非发现了重达 3106 克拉的钻石原矿,新开通的跨大西洋电缆将消息迅速传遍全球,当时宝石界行家就估计原矿的价值高达 75 亿美元。由于南非当时是英国的殖民地,大家一致认为应把它运往伦敦,献给爱德华七世国王。这件举世无双的珍品引起世界各地珠宝大盗想入非非,有关人员花了几个月时间考虑如何保障运输安全。最后,伦敦警察厅决定，最佳原则是"越简单越安全"。大如茄子的钻石被装进一个没有任何标志的包裹邮寄出去，一个月后出现在白金汉宫的皇家邮袋里。1908年2月10日，这颗巨钻被劈成几大块后加工。加工出来的成品钻总量为1063.65克拉，全部归英王室所有。最大的一颗钻石取名为"库利南1号"，也被称做"非洲之星"，重530.02克拉。第二大的被命名为"库利南2号"，重317.4克拉。现在鸡蛋大小的"非洲之星"被镶嵌在英王的权杖顶端，权杖上还有2444颗钻石。鸽子蛋大小的"库利南2号"被镶嵌在英王室最重要的王冠"帝国王冠"上。

说起王室珠宝中的宝贝，无疑要数帝国王冠。这件装饰奢华的头饰镶嵌了大约3000颗钻石和珍珠，底座四周是蓝宝石、绿宝石和红宝石。帝国王冠首先是为维多利亚女王的加冕仪式制造的，1953年为女王伊丽莎白二世的加冕典礼再次重造。

人类开采利用钻石的历史已近几千年，但大于20克拉的钻石就极为罕见，而大于100克拉的钻石更被视为国宝。但是这样国宝级的钻石在英王室的收藏中就有好几颗。

现在王室已不再盲目追求将最大的钻石全部集中在王冠上。要知道威廉四世国王1830年加冕时就闹出笑话而未能尽兴。这位喜爱奢华的君主坚持把所有钻石和宝石镶嵌到王冠上。结果王冠太沉，国王的脖子一阵剧痛，不得不中断加冕典礼，随后拔掉一颗白齿。

400年来，王室珠宝被戒备森严地守护在伦敦塔里。1994年，伊丽莎白女王首次举行了小范围的个人展览。这使更多人能够更好地欣赏到它们。大卫·托马斯接受了皇室珠宝管理员的职位。皇室珠宝管理员的第二职责是监察未来王室珠宝的设计制造。这些珠宝的制造首先将在伦敦爱司伯利盖拉兹珠宝店进行。英王室拥有22599件宝石和宝器，其实际价值难以统计。

沙皇彩蛋

1846年，彼得·卡尔·法贝热出生在圣彼得堡。他的父亲古斯塔夫·法贝热在那里兢兢业业地经营着一间小小的银器和珠宝作坊。卡尔·法贝热在接手父亲的珠宝店之前做足了准备，他先在德国德累斯顿一家商业学校学习了几年，之后又到欧洲各国游历。到1872年他接下家族的珠宝作坊时，已经有了丰富的商业知识和非凡的艺术眼光。那时，法贝热家的珠宝店和别家一样做着圣彼得堡上流社会的生意。年轻的法贝热经过思考后认为，只有独树一帜才能让法贝热珠宝扬名于世。

当时，俄国权贵们在珠宝首饰方面的品味着实令人不敢恭维。在他们眼中，珠宝价值主要还是取决于尺寸和重量、个头越大，分量越重，就越能吸引艳羡的目光。为了与其他珠宝商区别开来，法贝热将重点由珠宝的克拉数转移到对艺术创造性和工艺水平的追求上。他一改过去珠宝店一味堆砌名贵材料的做法，大胆使用陶瓷、玻璃、钢铁、木材、小粒珍珠等材料。法贝热最注重的是设计，他的作品体现出歌德、文艺复兴、巴罗克、新艺术等多种风格,有的作品甚至有强烈的现代感,预见了20世纪的简单几何线条和简约风格。当他的对手们还守着传统的白色、淡蓝色及粉红色等颜料不变的时候,法贝热却锐意创新,起用了黄、紫红、橙红和各种各样的绿色——总共有超过140种全新的颜色。法贝热还把年末尚未售出的所有产品全都毁掉,这是法贝热最伟大的一点,他从不重复自我。

懂得巧妙地推销自己也正是法贝热所擅长的,虽然他原本只是一个珠宝和金器工匠,却懂得抓住每一个机会。在得到沙皇赏识之前,他努力争取到皇家艺苑工作。在那里见识了皇室历代传下来的各种奇珍异宝,同时做一些修补和估价工作。这段经历使他赢得了同行的承认和赞许,并于1882年获邀参加泛俄展览会。法贝热竭尽所能,做了一批精美的珠宝参展,他得到了丰富的回报——一枚金质奖章,多家报纸对他进行了报道。更重要的是,沙皇亚历山大三世和他的妻子玛利亚·费奥多罗芙娜皇后也来参观了展览,并被别致的法贝热展品所吸引。1886年,法贝热得到一个珠宝匠人所能得到的最高奖赏:被封为"皇家御用珠宝师"。1885年他接到了那个著名的订单:沙皇命令他为皇后做一枚复活节彩蛋。

1885年是俄国沙皇亚历山大三世登基20周年,在这一具有特殊意义的复活节里,亚历山大三世想给心爱的妻子——皇后玛利亚·费奥多罗芙娜准备一份特别的节日礼物。亚历山大三世召来年轻的珠宝设计师法贝热,他之所以被沙皇相中是因为其作品曾经吸引过玛利亚的眼光。在复活节当天早上,法贝热向亚历山大三世呈上一只外表看上去简单无奇的复活蛋。出乎众人意料的是,白色珐琅外层的蛋壳里面竟然有黄金做的鸡蛋,鸡蛋里面是一只小巧的金母鸡,金母鸡肚子里还有一顶以钻石镶成的迷你后冠和一个以红宝石做成的微型鸡蛋。

一只小小的复活节彩蛋里隐藏的数层"机关"给皇后带来了无比惊喜,玛利亚对法贝热的礼物爱不释手。挥洒千金为博红颜一笑的亚历山大三世马上下谕令要求法贝热以后每年设计一只复活节彩蛋呈贡,并要求每只彩蛋必须是独一无二,而且必须让皇后欢喜不已。精湛工艺再加上与生俱来的艺术原创素质,令法贝热从纸醉金迷的宫廷生活中借来创作灵感。年复一年地胜任挑战,为俄国两朝沙皇与皇后设计了50只独具匠心的复活节彩蛋艺术精品。法贝热自此成为沙俄宫廷的御用艺术家,他半生的精力都服务于沙皇。

1894年10月,亚历山大三世的健康突然急剧恶化,猝死于生命最旺盛的时期。他的儿子尼古拉二世不情愿地继承了王位。从来未经训练的尼古拉二世继位后对治国之术毫不通晓,却不得不去管理一个占全世界八分之一人口、疆域广阔的泱泱大国。因此,为了确保自己的统治不出任何差错,尼古拉二世决定,最简单的办法就是原封不动照搬父亲在位时的所有政策与措施,甚至包括每年复活节让法贝热设计一只独一无二的彩蛋的传统。

于是，始于亚历山大三世的制作沙皇复活节彩蛋的传统就因这糊涂的沙皇而得以延续下来。刚继位时，尼古拉二世命令法贝热继续为母亲制作彩蛋，随后又下了第二道命令，也要求法贝热为其新迎娶的皇后亚历山德拉·法朵罗弗娜每年设计一只彩蛋，如同父亲送给母亲的一样。

构思精巧、做工华丽的法贝热彩蛋将珠宝艺术提升到了文艺复兴以来装饰艺术的最高水平。在1900年的巴黎世界博览会上，沙皇彩蛋首次公开展出，让评委大吃一惊，法贝热的盛名由此远播整个欧洲。法贝热成了时髦和高贵的同义词，拥有一件法贝热产品不单是为欣赏，更是一种地位的象征。贵族们互相攀比，几乎每一件私人的物品都必须经过法贝热之手，才能称为珍品。每当沙皇和皇后出访或在俄国四处巡游时，总是随身带着装满了法贝热珠宝的箱子，以备在适当的时候送给别人做礼物。到1896年尼古拉二世继位的时候，俄国沙皇大部分礼物都出自法贝热之手。

1918年，罗曼诺夫王朝覆灭后，法贝热的家产被充公，部分还遭到洗劫。法贝热和他的家人登上最后一辆前往里加的外交列车离开了俄国，再也没能回到自己深爱的故乡。

革命后不久，罗曼诺夫王朝的财产被新政府没收。以前属于皇室的金、银、珠宝和画像，包括大部分复活节彩蛋被一一记录在册，打包后被运到克里姆林军工厂。有一些彩蛋在皇宫遭到洗劫时流失了。当时唯一没被发现的彩蛋是圣乔治勋爵彩蛋，这也是法贝热制作的最后一枚彩蛋。皇太后是1916年在圣彼得堡的克里米亚收到这份礼物的，她再也没有回到圣彼得堡，而当英国的巡洋舰打到那里时，玛利亚才撤退。她随身带着这枚彩蛋和其他一些贵重物品，乘坐英国的战船马尔波罗号从雅尔塔逃亡到大不列颠帝国。圣乔治勋爵彩蛋也成为她最珍视的彩蛋。

在罗曼诺夫王朝的宫殿里，曾有过数千件法贝热的艺术珍品。如今，这些珍品大部分都散落在世界各地的收藏家手里或博物馆里。法贝热沙皇复活节彩蛋一共有50枚，现在只有10枚仍收藏在克里姆林宫，有8枚不知所终。虽然沙皇彩蛋十分昂贵，但彩蛋本身的材料其实没有那么贵，它的价值在于其艺术性。在收藏家眼中，彩蛋还有另一层价值，它是俄国末代皇朝的缩影。除了法贝热，没人能造出这样的艺术品；除了罗曼诺夫王朝，没有谁能赋予他这种灵感。法贝热的沙皇彩蛋和罗曼诺夫王朝紧紧相连，记录了一个处于历史十字路口的皇族的喜悦和哀伤。

俄罗斯的钻石库

18世纪初，彼得大帝颁布了一道保护珍宝的专项命令，要求国人不准随便变卖珍贵珠宝和首饰，在一定重量以上的钻石和珠宝必须由皇家收购。此外，彼得大帝还在世界范围内搜索钻石珠宝，很多小国得知他的心头所好，就把本国最好的珠宝亲手献上，希望因此得到庇护和福祉。

彼得大帝在自己居住的圣彼得堡冬宫内修建了一座神秘建筑物，所有收集到的珠宝都被珍藏在里面,世人称之为钻石库。彼得大帝之后,最痴迷于收集珠宝的是女皇叶卡捷琳娜二世,可以说她是世界上最爱钻石的女人。她对钻石的痴迷程度几近疯狂,每天都佩戴价值连城的钻饰,而且花样经常翻新。她对钻石切割和镶嵌的工艺要求极高,俄国历史上最出色的钻石切割专家就是在叶卡捷琳娜二世时期出现的。曾经有个皇宫卫士壮着胆子称赞女皇的钻饰漂亮,他就被升官至侍卫总管。大小官员于是都把进献钻石当成最直接的升官途径。一次女皇过生日,结果在收到的上万件生日礼物中超过半数的是钻石。女皇的钻石不仅镶嵌成首饰,就连她日常用的东西都要镶满钻石。她有一本17世纪的《圣经》,银制的封面上就镶嵌了3017颗钻石。

在几代皇室不停的收集下,俄国的钻石库成为珍贵钻石最集中的地方,其中光世界前10位的大钻石就有3颗。最出名的是"奥尔洛夫"钻石,这是目前世界第三大钻石,重189.62克拉。除了"奥尔洛夫"之外,钻石库中世界级的钻石还有很多。像重99.52克拉的"波斯沙皇",它曾镶嵌在波斯国王的王冠上,后来被沙皇文狄拥有;重130.35克拉的"保罗一世",这颗紫红色美钻曾经镶嵌在印度皇冠的中央,后来被彼得大帝拥有;"沙赫"虽然只重88.7克拉,但是它是世界上唯一一颗刻字的大钻石。最初"沙赫"是在印度被发现的,先后被两位印度国王拥有,然后辗转到波斯国王手中。钻石的三个晶面上分别刻有三个国王的名字,每次转手到新主人手中,都会被刻上新主人的名字。要知道钻石极为坚硬,在上面刻字难度惊人。宝石工匠从钻石上磨下一些极细的粉末,再用尖尖的细棍蘸取这种粉末给这颗钻石刻字。三次刻字之后,"沙赫"的重量从发现时的95克拉变为88.7克拉。1829年,俄国驻波斯大使被人刺死,沙皇威胁要报复。为了平息沙皇的怒火,波斯王子霍斯列夫·密尔查率代表团到圣彼得堡谢罪。王子送给沙皇一件宝物,就是这颗饱经沧桑的"沙赫"钻石。它的价值在当时看来是可引起两个国家之间的一场战争。此后,"沙赫"一直保存在俄国。

俄罗斯国宝以其世上罕见的精美绝伦而著称于世,在世界上向来享有盛誉。它们也将因其美丽而继续流传于世。

单颗巨大钻石已经令世人惊叹,由几千颗钻石镶嵌成的流光溢彩的大皇冠简直是钻石的荟萃。1762年,宫廷珠宝匠为叶卡捷琳娜二世加冕专门制作了大皇冠,上面十几颗最重要的钻石分别是从当时欧洲国王的王冠上拆下来的。工匠在皇冠上镶嵌了4936颗钻石,共重2858克拉,整个王冠重1907克。皇冠顶端是世界上最重的尖晶石,重398.72克拉。长期以来宝石专家都认为这是一颗红宝石,后来才发现原来是稀有的尖晶石。目前这颗尖晶石是俄罗斯"必须保护的七颗宝石"之一。

虽然钻石库的珍宝成了俄罗斯国家财富的象征,但它也曾有坎坷经历。一战期间、俄国内战期间、二战期间俄国流失了大量珍宝。其中,有号称"天字第一号珠宝盒"的琥珀屋就是二战期间流失的。

1922年,前苏联国家委员会对这些珍宝做了鉴定,并决定由国家珍宝馆保存,现在由俄罗斯国家贵重金属宝石管理委员会管理。虽然遗失了不少珍宝，但钻石库里还有25300多克拉的钻石、1700克拉大颗粒蓝宝石、2600克拉小粒蓝宝石、2600克拉红宝石和许多又大又圆的优质精美珍珠。

1977年，罗曼诺夫家族的珍宝开始了重大的旅美展览。这是克里姆林宫珍宝首次获准离开俄罗斯的土地。它们的艺术性、技巧以及它们的美丽无疑是令人惊叹的。克里姆林宫收藏的珍宝无论从哪方面来说都很重要。这不仅是俄罗斯的宝藏，也是全世界最珍贵的宝藏。

"琥珀屋"神秘失踪

18世纪初，以追求豪华生活而著称的普鲁士国王腓特烈一世心血来潮，异想天开，建造了被他称为世界第八奇观的琥珀屋。琥珀屋面积约55平方米，屋顶及墙壁全部用琥珀板镶成，室内的装饰板也全部用带银箔的琥珀板镶成，共用了6吨琥珀，上面饰满了钻石、绿宝石和红宝石，堪称旷世珍宝，世界一绝。

为了讨好俄国、庆祝普鲁士与俄国结盟，腓特烈一世的儿子威廉一世皇帝将稀世之宝——琥珀屋送给彼得大帝。彼得大帝病逝后，继位的女皇又对琥珀屋加以扩整、装修，使之更加精美、珍贵、华丽，成为皇宫里的一颗灿烂明珠。1770年修饰最终完成时，大厅华丽得让人眼花缭乱，565支蜡烛照亮整个大厅，烛光洒在珠宝上流光四射，令人目眩神迷。

1941年秋天，侵略前苏联的德军占领了原叶卡捷琳娜二世的皇宫。希特勒下令将琥珀屋拆散，把它们装入27个柳条箱运回德国，安放在克罗列维茨市（即今天的加里宁格勒）。于是，一个以掠夺文物为目的的法西斯组织将琥珀屋拆卸装箱运往柯尼斯堡。战后，前苏联的一个寻找琥珀屋的组织根据一个德国人的指点，在波罗的海的海水中打捞起17个箱子，可是，箱内装的并不是琥珀屋，而是滚珠和轴承。在重新研究大量材料时，寻宝人员发现德国一位研究琥珀极有造诣的艺术教授罗德博士是位知情人。原来罗德不仅从纳粹手中接收了琥珀屋，还亲自为它编排目录，举办过小范围展览，而且在法西斯失败前曾下令拆卸琥珀屋，但是罗德对琥珀屋的确切收藏位置模糊不清，正当他继续考虑线索时却不明不白地暴死了。搜寻队又将线索转向一位名叫库尔任科的前苏联妇女身上，她曾与罗德共事，并负责保管被认为是包括琥珀屋在内的艺术展品。这位妇女回忆说：在德军撤退时，一群军人曾歇斯底里地破坏这些艺术品，接着城市又燃起了熊熊大火，那些展品和放置它们的城堡被烧成灰烬。因此出现这样一个问题：琥珀屋是否就混同在这批艺术品中？

线索中断了，但并没有阻止搜寻队的行动，而且不少德国人也纷纷协助寻找琥珀屋，一家图文并茂的杂志甚至登出广告，号召人们提供有关琥珀屋的线索，一时间，从柏林、莱比锡、慕尼黑、汉堡等地来的信件犹如雪片般飞向编辑部。一位青年提供了一条有价值的情报:他的父亲乔治·林格尔曾是纳粹的军官,具体过问并执行了掩藏琥珀屋的命令,并在生前曾亲口告之,琥珀屋藏在一个名为斯泰因达姆的地下室。这份情报又给人注射了一针兴奋剂,搜寻队推断,琥珀屋至今未转移出罗德博士所在的那座城市,也许它仍在一个地下室静静地沉睡着,但揭开琥珀屋之谜是件不易的事情。

赛般墓室

秘鲁是南美文明古国,境内古文化遗址密布。秘鲁到处是考古遗址,你在任何地方都能看到考古遗迹。在秘鲁发现的伟大遗迹有很多,比如说马丘比丘,但是绝大多数遗址都没有宝藏遗留。

一方面是因为当时的殖民宗主国西班牙在秘鲁境内翻得底朝天,大部分财宝都被掠夺走了;另一方面,秘鲁民间盗窃文物的现象极为猖獗,当地人只要发现文物马上就一哄而上,一抢而光。赛般墓室其实就是被盗墓者发现的。1987 年前后,国际文物黑市上频频出现显然是来自秘鲁,但是绝对不属于印加文明的文物。敏感的考古学家阿尔瓦博士意识到,这些独特的文物表明很可能又有一个重要遗迹被盗了。他和助手火速赶到秘鲁北部奇科拉约附近,一边询问一边搜寻,终于在 1988 年发现了赛般墓室。远在哥伦布发现新大陆以前,一个名叫莫舍的古代部落生活在人称赛般的地区。直到最近,在秘鲁北部山区,这个神秘社会的文明遗址才被发掘出来。

在 1987 年的一个早晨,赛般镇农民碰巧发现了古代莫舍墓室。赛般墓室刚一发现,这个叫做赛般的小村子就抢成了一窝蜂,村民们几乎都靠这个发财了。赛般墓室隐藏在一个山谷里,位置很隐秘,周围没有任何显著标志,几乎可以说是很卑微,但这成为它一直没有被打扰的原因。

阿尔瓦博士到达赛般时发现墓的入口已经被打开,为了保护文物不被继续盗窃,阿尔瓦博士固执地坚持住在墓里,守住入口直到秘鲁国家文物局的官员到达。当地的农民憎恨阿尔瓦断了他们的财路,在洞口威胁说要把他杀死。他和一个学生——他的一个助手睡在遗址里,身旁放着枪,因为他们绝对担心自己的生命安全。但阿尔瓦和他的助手已下定决心,再也不能让任何东西落入盗墓者手中了。他的第一举措就是把墓室现场保护起来,这样就不会有人或动物爬上去了。采取了这个措施以后,就按需要的大小挖开一块地。经过数星期的挖掘,阿尔瓦挖到了一位古代国王的墓室。当时他就意识到,他中了一笔拥有 1700 年历史的头彩。

今天它值多少黄金呢? 500 万? 1000 万? 你愿出多少就值多少。作为艺术品,它的价值就更高了。数百件艺术品,从最大的金质圆形徽章,到最小的各种装饰品,都焕发出原有的异彩。毫无疑问,赛般墓室无论从哪方面来说都是惊人的宝藏。当然,从货币价值的角度来看,新大陆从来没有过这样的发现。赛般墓室唤醒了秘鲁历史上一个黄金时代的记忆。

幸运的是，文物最终被保护。在之后的挖掘工作中，阿尔瓦博士挖到了密封的、从未被进入的赛般墓室，他也因此成为世界考古史上的明星。

赛般是古代莫舍人的一位帝王。莫舍人生活在公元 100～700 年之间，后来被印加人征服。一直以来，印加文明是秘鲁古代文明的中心，很难想象在莫舍人的古迹中却发现了令印加文物黯然失色的宝贝。

这些土砖建筑高达 100 英尺，深约 300 英尺，守护着莫舍国王们的遗骨和财富。赛般墓室里摆满了琳琅满目的陪葬品，赛般王的尸骨放在墓室的最中间，他的手中抓着一个重达 0.5 公斤、纯金制成的小铲子。他的头上和前胸覆盖着华丽的金制面具，他手臂的骨骼上挂满精美的首饰，就连他的尸体周围都堆满了数不清的首饰和工艺品。赛般王似乎想把生前收集到的所有财富都带到来生的世界里去。这些还不算全部，最夸张的是，赛般王的四周有几十具陪葬者的尸体，他们中有年轻的女人、侍卫、仆人，而这些人的尸体上无一不是堆满了金银制成的首饰。整个墓穴中，死者的骸骨只是点缀在一堆金银珠宝中的星星白色。阿尔瓦博士说，之前在文物黑市上看到的东西简直没法和赛般王墓室中的发现相比，如果让盗墓者先发现主墓室，那么后果不堪设想。赛般王墓室的发现是整个西半球最辉煌的墓葬文物发现，被喻为新大陆的"图坦卡蒙墓"。现在所有的金银首饰和工艺品都被当地博物馆保管。

沙漠中的金矿

麦罗埃的皇家墓地群距尼罗河东岸大约五公里，位于今天的苏丹境内。在埃及的周边地区，这里的金字塔数量最多。这些庄严而神秘的建筑具有十分陡峭的坡面，金字塔见证了一个古老帝国的变迁。

1834 年 10 月，吉斯普·费利尼发现了努比亚统治者梅洛伊女王的宝藏——阿曼尼·沙凯赫特的金字塔。里面有带有异国情调、精美绝伦珍珠、宝石以及纯度非常高的黄金。费利尼凭借在一个麦罗埃金字塔中发现的这些无价之宝引起了轰动，成了考古界的名人。当时埃及还是奥斯曼土耳其的一个属国，他在苏丹首都喀土穆做埃及军队的内科医生。最终，他藏起了自己的军服，变成了一个盗墓者。

费利尼发现的这些珠宝的生产年代与埃及艳后克莱奥帕特拉统治埃及北方的时间大体相当，它们已经在地下静静地躺了两千年。费利尼将宝物带到了尼罗河，然后悄悄运到开罗，接着装上大船运往欧洲。没有人怀疑意大利医生的行李中藏着偷来的东西——努比亚女王的财富。这些金子与法老墓中的金子来自同一个产地。

金子是神秘之源，是梦想的制造者，是欲望的催化剂。世界上许多博物馆的金质物品中，有很多都是从开罗到喀什穆的尼罗河河谷中发掘出来的。

对于曾经辉煌一时的文明而言，这些金子只是很小的一部分。几千年来，没有人知道有多少珍贵的艺术品曾经被熔化掉。没人知道这些成吨重的金子到底来自哪里。图坦卡蒙和阿曼尼·沙凯赫特金字塔里的金子构成了巨大的宝藏，人们都想知道这个黄金国究竟是什么样子。

古代努比亚就是今天的苏丹，难道这里就是传说中囚徒都戴着纯金镣铐的"神秘土地"，难道这里就是谱写法老的黄金传奇的地方？

为了揭开这个秘密，在慕尼黑的地球化学与经济地质学教授迪特里希·克莱姆的带领下，考古研究探险队来到了尼罗河与红海之间的贫瘠荒野上——苏丹人的聚居地，开始了搜寻古埃及人金矿的旅程。

离开了麦罗埃的金字塔后，探险队沿着尼罗河顺流而下。尼罗河的对面就是西岸的沙姆克雅，这里曾是古老的炼金中心，一直闻名遐迩。这里与 4000 年前相比不会有太多变化，泥砖垒成的建筑为人们提供了躲避毒辣日照的阴凉。这是个荒凉的所在，因此要穿越通向红海的不毛之地非常困难，因为附近根本没有人居住，是个完全未知的世界。在这块千百年来外人一直很少涉足的古老土地上，探险队能找到法老的黄金吗？

在这个荒凉的地方，探险队员在河道弯曲的地方发现了一段人造的墙垣。这是建坚固堡垒的遗址，保存得很好，没有遭到挖掘。克莱姆教授估计，这堵墙可以追溯到马库里亚基督教王国时期。在墙垣高处的后方，克莱姆发现了一些古代炼金铺的遗迹。除了发现一些像金子的云母外，探险队员并没有发现金块。此外，他们还发现了一些带有金子的石英和磨石。这些磨石可以追溯到"新王国"时期，有些能追溯到公元前 1600 左右的图坦卡蒙和拉美西斯大帝时期。更深的凹陷表明，有人在 2000 年前左右的梅洛伊时代重新使用过这些石头。

无疑，这些发现令探险队非常兴奋，他们坚信附近一定有古代的金矿。据说，当地居民已经找到了金矿的位置。然而，探险队并没有发现金矿。尽管如此，他们并没有放弃，反而决定到广袤的努比亚沙漠远行。

在沙漠中采矿困难可想而知，还好探险队获得了一点帮助。在一个小高地上，克莱姆教授发现了一个石堆——一种被称为"阿拉玛特"的古代路标的遗迹。这些石堆是古埃及人用来标记矿藏路线的。这意味着探险队正沿着这条古道穿过河谷，并最终靠近目标，这是矿工的黄金通道，也是商队运送补给的通道。古埃及人创建了非凡的基础设施，拥有准确的陆地测量系统。阿拉玛特就是其中之一，许多这样的标志都放置在金矿旁边。

在一个地道的入口，探险队员们发现了闪光的石英矿脉。矿藏的入口已经被扩大了，克莱姆教授发现了一些古埃及人留下的痕迹。进入矿井后，克莱姆教授发现地道是沿着石英矿脉开凿的。克莱姆教授考察过几百个矿藏点，每次都会发现古埃及人到过这里，甚至包括那些沉积物不容易鉴定的地方。在公元前 1600 年左右的"新王国"时期，古埃及人开始研磨石头。那些含金的石英就蕴藏在这里，这些金子在这里就地加工，然后运送到尼罗河上，用船运到皇家宝藏。这里就是传说中法老们的采金点之一，它为"新王国"的繁荣铺平了道路。

两千年后,阿拉伯人和罗马人又开始在这里采矿。圆形磨是罗马人的发明,研磨石英的速度比过去快了五倍。今天,在尼罗河谷地,这种技术仍在使用,只不过石块换成了面粉。这些石磨的下半部分仍然躺在这里,看起来就像不久前才被人丢弃一样。它们的后面有一座阿拉伯矿工曾经使用过的小清真寺。实际上,阿拉伯人也只能重新开采法老的工匠已经开采过的矿藏。

探险队终于发现了法老的黄金国,而且从皇家侍从收藏的陵墓壁画中可以看出,图坦卡蒙的黄金也是来自于努比亚的金矿,而且图坦卡蒙曾是努比亚的总督。

探险队发现的宝藏不是用黄金垒建的城市,而是位于努比亚沙漠中的金矿和冶金工厂。那些金矿为年轻的图坦卡蒙国王、还有梅洛伊王朝的统治者阿曼尼·沙凯赫特以及埃及女王提供了黄金。

埃及艳后的海底沉城

公元前100年,繁荣了近两个多世纪的世界文化中心亚历山大城再也无法抵御罗马人的骚扰。为了疆土的完整,托勒密十二世不得不向罗马帝国缴纳贡品。

为了守住帝国,埃及艳后时代的克娄巴特拉女王,这位绝世美人与罗马的数位统治者有染。然而,最终她的努力并没有成功,只是成就了后世的电影票房。

朱利叶斯·恺撒是克娄巴特拉的第一位罗马情人。在他的帮助下,克娄巴特拉铲除了与她争夺王位的劲敌——托勒密十三世,也就是她的亲兄弟。恺撒被暗杀后,克娄巴特拉女王寻求的新庇护者是迈克·安东尼。在城市东海岸的皇家官邸中,克娄巴特拉女王和被她引诱来的安东尼在这里共筑爱巢。出于对克娄巴特拉疯狂的爱与忠贞,安东尼决心为她建一个强大的帝国。然而,这却惹恼了罗马人。

埃及艳后

公元前31世纪,安东尼的老对手奥古斯都对其发起了进攻。克娄巴特拉眼睁睁地看着情人安东尼被打败,她因为害怕被俘到罗马游街最后选择了自杀。据传说,克娄巴特拉是用一种叫角奎的毒蛇来自杀的。至于克娄巴特拉是用何种方式自杀的,至今尚无人能证明。随着克娄巴特拉女皇的死,埃及作为世界最强大帝国也成了历史。此后,虽然亚历山大城依然是埃及的首府,但是却受罗马帝国统治。传说1500年前,一场巨大的地震使亚历山大这座古城沉没于海水之中。

20 世纪后期，为了重现亚历山大城的辉煌，海洋探险家弗兰克·戈迪奥和他的探险队开始了惊人的海底探险。1992 年，戈迪奥和他的欧洲海洋考古学院得助于最先进的海底工具接近海底的物体。他们先进的海底工具不仅可以为海底工作特别设计声纳定位仪、全球定位系统，还可以测出水下磁场最微小的变化，正确判断埋藏的物体。在仔细梳理了 Antirhodos 岛的河床后，戈迪奥确信他们发现的石灰石海底建筑物就是史料记载的亚历山大古城。在一个淹没的半岛，他们还找到了一个同克娄巴特拉的府邸一样雄伟壮观的建筑。无疑，戈迪奥认为那是安东尼的避难所。虽然凭借先进的工具戈迪奥的探险队找出淤泥掩盖下的大宗物体，然而，他们发现的这座沉睡了千年的宝藏能见度非常的低，到处是污水、污物，潜水员除了看到几英尺外的地方外根本无法看得更远。后来，没有人可以对这里的海港做详尽的探察，因为埃及军队一直把这里的海港用作一级戒备的军事区。

后来，戈迪奥的探险队取得当地政府的允许，在发现公司的资助下再次得以钻到水下探个究竟。然而，这次的发现却和上次不一样。这次探险队发现，原来发现的所谓的安东尼府邸只是个无比巨大的暗礁。于是，戈迪奥不得不改变战略。他不再一味地依靠仪器来判断，而是开始依靠人来完成判定工作。很快，就有探险队员发现了一个古时的葡萄酒器和一个双耳细颈酒罐。在这些器皿的附近就是古码头，接着石头铺的古老路面也显现出来了。随后，埃及艳后的海底沉城亚历山大城里的雕像、街道等都慢慢显现出来了。就这样，埃及克娄巴特拉女王和情人的爱巢、这座极富有传奇色彩的皇家古城获得重生。

在过去的几年里，戈迪奥和他的探险队发现了一大批令人惊叹的史前古物，尤其是雕像方面的收获甚丰。在海底，戈迪奥和他的探险队的发现主要有：两座狮身人面像，其中一座是克娄巴特拉的父亲——托勒密十二世；可追溯到公元前五世纪的城市码头的木质遗迹；一座比真人还高的白色大理石全身像，它是神化了的托勒密皇帝；古埃及主掌生育和繁殖的女神伊希斯的雕像；一个巨大的黑花岗岩头像，它是古罗马皇帝奥古斯都。此外，还发现了一艘属于 Anrirhodos 私人海港的沉船。后来，为保护文物，生动记录历史上传奇人物丰姿的雕像又被送回沉静的海底。

无疑，戈迪奥的发现为这座海底沉城提供了第一幅可视地图。然而，许多学者认为亚历山大城的雄伟并非几条街道、几座雕像，戈迪奥的发现只是冰山的一角罢了。

纳粹藏宝之谜

第二次世界大战中，纳粹法西斯对被侵略国的财宝大肆抢掠，贪得无厌。德国元帅戈林曾向他的部下指示："你一发现有什么东西可能是德国人民所需要的，就必须像警犬一样追逐，一定要把它弄到手……送到德国。"纳粹德国每占领一个国家，它的财政人员马上便夺取这个国家的黄金和外国证券、外汇等。德国法西斯用种种理由迫使占领国支付数目惊人的"占领费"、"罚金"、"贡金"。

据美国调查统计,德国共榨取被占领国金额达 1640 亿马克(约合 410 亿美元)。希特勒政府除了掠夺别国金融财产外,还抢夺了无数珍贵文物。在征服波兰后,戈林下令掠夺波兰文物。据德国官方的一份秘密报告表明,到 1944 年 7 月为止,从西欧运到德国的文物共装了 137 辆铁路货车,计有 4174 箱,21903 件,单单绘画就有 10890 幅,其中不乏名家杰作。纳粹头目们借机扩充"私人"收藏,经过瓜分形成了令人垂涎的八大宝藏,即希特勒金库、隆美尔藏宝、墨索里尼东林宝藏、凯瑟林财宝、福斯中潜艇藏宝、南太罗的三处宝藏,仅戈林一个人所收藏的文物,据他自己估计价值就达 5000 万德国马克。他的家简直就是一个"博物馆",有 5000 幅世界名画,16 万件珍宝镶嵌的宝物,2400 多件古代名贵家具,其中 1500 件属于世界珍宝。1945 年 4 月 20 日,戈林离开希特勒,坐着他的装甲"梅塞施密特"汽车飞快地开往巴伐利亚——他认为安全的地方,后面紧跟着装满财宝的卡车护送队。其中,最后一批在运送途中被美国部队截获,其中有 27 箱绝版的书,4 箱贵重玻璃器皿,8 箱金银器,无价的东方地毯等。

据已经缴获的德国文件表明,自 1940 年以来,纳粹党积累了约 10 亿美元的财富。按照不同的折算标准(购买力或黄金等价)相当于今天的 200 亿到 1200 亿美元。其中最令盟国追查人员感到棘手的是党卫军在德国国家银行开设的"梅尔默"和"马克斯·海利格"这两个巨额纳粹账户。国家银行贵重金属部门负责人艾伯特·托马斯向盟国解释说,德国国防军在战争中所缴获的战利品一直归帝国中央统计局或者财政部所有,而党卫军的缴获品,包括从集中营的灭绝营里抢来的全部贵金属、纸币、珠宝和衣物,则存入国家银行的这两个专门账户中。所有的战利品都先存到梅尔默账户,经银行人员评估、分类后再转移到海利格账户上。梅尔默账户的存在,意味着可能还有其他党卫军账户以私人的名义存在于世界各地的银行中。到战争后期,纳粹军队里上校以上级别的人或多或少都曾经在占领区聚敛过自己的财产。某些私有财产是与国家财产混为一体的,他们通过这种公私不分的糊涂账来侵吞德国的财产及抢来的外国财产。

美军在占领默克斯后,迅速向柏林和捷克方向逼近。与此同时,残余的纳粹奋力把德国国家银行余下的财产运往南部的阿尔卑斯山区,这也是他们为保住这些财产所做的最后努力。许多纳粹高官为保住其私人财产也逃往了那里,例如帝国中央保安总局的头目恩斯特·卡尔登布隆纳。目前仅存的一份文件记录了卡尔登布隆纳运往阿尔卑斯地区的这份私人财产:50 箱金币与金制品(每箱重 200 磅);200 万美元;200 万瑞士法郎;5 箱钻石珠宝;价值 500 万金马克的邮票收藏品;重达 110 磅的金砖。戈林也将其私人财物运往了那个地区,其中包括数目惊人的上好年份的葡萄酒。

德国国家银行的黄金与现金并不是全部运到了默克斯。有一部分被留在柏林,用做军费和其他开销。这部分财产包括 730 块金砖和数百万枚 20 马克金币,总价值约 2000 万美元,此外还有数目惊人的大量纸币。4 月 13 日,前苏联军队攻克柏林前夕,在该城固守的纳粹留下了其中价值约 350 万美元的黄金和外汇,将其余的财宝用代号为"鹰"和"寒鸦"的两列特别专列运往南部巴伐利亚。由于盟军的快速逼近和空中袭击,这两列火车无法到达目的地慕尼黑。4 月 16 日,火车被困在了离捷克斯洛伐克城市比尔森大约 10 公里的地方,部分财宝在那里被装上卡车运往慕尼黑。4 月 19 日,两列专列抵达慕尼黑以南大约 50 英里的佩森堡,又用卡车运走了一部分财宝。剩下的财宝原本打算藏到当地的一个铅矿里,但这个铅矿已经断电,还被水淹了。德国国家银行行长丰克接到报告后,下令将这些财宝用卡车运到一个叫米滕瓦尔德的小城。这些财宝包括金砖 365 袋(每袋 2 块,包装方法与规格与默克斯藏金相同)、9 箱秘密档案、4 箱银条、2 袋金币、6 箱丹麦纸币、94 袋外汇、34 块印钞版和大量的印钞纸。

在纳粹最后的日子里,卡尔登布隆纳还将部分截留的财宝分给了盖世太保和党卫队的军官们。例如著名的党卫军上校奥托·斯科尔兹内就得到了两笔款子,一笔是价值约 900 万美元的黄金、钻石和现金,这笔钱后来在藏匿地被美军发现(又神秘地丢失了);另一笔包括 5 万金法郎、1 万西班牙金币、5000 美元、5000 瑞士法郎和 500 万德国马克,斯科尔兹内将其藏在奥地利的提罗尔,这笔钱再也没能被盟国追回。战后斯科尔兹内在西班牙露面,并过着贵族般的生活。他在那里一面维持纳粹高官逃往南美的秘密通道,一面兼做军火生意。美国情报机关直到 1950 年才查清斯科尔兹内侵吞了大量财富。

从 1945 年 4 月 19 日开始,美国军方组织的"淘金队"开始全面出击,寻找藏匿在德国和奥地利的各处纳粹宝藏。这支队伍由 G5/SHAEF 的财政副主管伯恩斯坦上校及其助手菲舍尔中校和杜波伊斯中校领导,并由普厄和托马斯协助。4 月 26 日,美军探宝人员在哈勒的国家银行分部找到了 35 袋外国金币,包括 100 万金瑞士法郎和 25 万金币。随后又在邻近的普劳恩发现了 65 袋外汇,价值大约 100 万美元。4 月 27 日,他们得知在奥厄还有 82 块金砖,但仍在德军的严密保卫之下。4 月 28 日,他们又发现了 600 多块金锭和 500 箱银锭,这是匈牙利国家银行的储备。4 月 29 日,他们在埃施韦希发现了 82 块金砖,第二天又在科堡城的粪堆下发现了 82 块金砖,5 月 1 日在纽伦堡找到了 34 箱零 2 袋外国黄金。所有这些财宝全部被运到了法兰克福,存放于美国陆军外汇存放处(负责人亦为伯恩斯坦上校),在德国国家银行法兰克福分行征用的金库里,并登记在册。"淘金队"还通过悬赏等途径在德国中部图林根地区发掘出好几处宝藏,其中一处小型宝藏包括 19 袋金币和金砖(总价值约 1.1722 万美元),以及 16.0179 万美元和 9.6614 万英镑纸币。在德国和奥地利,像这种小型宝藏还有许多。

通过审讯和查阅缴获档案,"淘金队"得知德国国家银行在各地的支行里储存着价值 1700 万美元的黄金,除了约 300 万美元的黄金在柏林被前苏联人缴获、同样数目的黄金被"淘金队"发现以外,其余 1100 万美元的黄金已被运往德国南部。5 月初,伯恩斯坦奉召返回华盛顿与杜鲁门总统商讨战后在德国推行的"反卡特尔化"计划,朴布瓦中校接管了他在德国南部的寻宝工作。直到 6 月 7 日,"淘金队"才在德国南部发现其他一些黄金。由威廉·盖勒少校领导的先遣队总共找回了 782 块金砖。不过这个数字与预先的估计相差甚远。

除了德国国家银行的黄金外，一位专门负责审问德国外交官员的美国检察官坎普纳还在一份报告中谈到了德国外交部黄金的问题，说德国外交部还有一批大约重达 150 吨的黄金专门由里宾特洛甫掌管。纽伦堡审判结束后，坎普纳继续搜寻这批失踪的黄金。1950 年，他游说国会授权调查这个案件，可国会并没给他任何回复。

部分纳粹黄金的最终下落被确认。然而战争结束前已被运出德国，用于纳粹复兴计划的那部分黄金至今依然下落不明，其价值也不为人知。纳粹宝藏中价值更为巨大的是那些数额巨大的无记名股票、债券以及他们在全世界建立的企业和公司。这些公司持有大量专利，并暗中为纳粹提供稳定的财政收入。

关于纳粹财富还有许多疑点，也许人们永远不可能完整地了解其来龙去脉。纳粹法西斯灭亡后，人们只见到极小的一部分。纳粹的大量财宝藏在什么地方呢？谁也不知道。那批失踪纳粹财富的命运将继续埋藏在秘密和阴谋中。

默克斯宝藏

1945 年 3 月 22 日晚，乔治·巴顿的第三集团军渡过了莱茵河。4 月 4 日傍晚，一辆美军巡逻吉普车在默克斯村看到两名德国妇女违反宵禁令在街头行走，于是停下来对其盘问。她们自称是法国难民，其中一人即将分娩，要到邻近的基瑟尔巴赫村去找接生婆。美国士兵把该妇女带卜吉普车，送到了基瑟尔巴赫村，还为接生婆提供了帮助。次日清晨，在送这两名妇女回家的路上，当吉普车路过凯瑟岁达矿井的井口时，美军士兵问这是一座什么矿。令他们大为惊讶的是其中一名妇女告诉他们说是藏金子的矿井。

该地美军指挥官拉塞尔中校得到这个消息后，立即于当天中午前往默克斯。经过询问，难民证实了消息的真实性。此外拉塞尔还得知，德国国家博物馆馆长保罗·赖夫博士正在那里看护一些藏在矿井中的名画。拉塞尔接着盘问了矿上的大小官员以及德国国家银行外汇部首席出纳员维尔纳·维克。维克向美军交代说，从 1942 年 8 月 26 日起，德国国家银行就把其黄金储备，以及党卫军掠夺的财物藏到默克斯的矿井中。藏匿活动一直持续到 1945 年 1 月 27 日，一共运来 76 批次财物。此外，在 1945 年 3 月 16 日、20 日和 21 日，德国东部地区的 14 家博物馆和美术馆也将其藏品运到了那里。由于美军进展神速，德国人曾想将默克斯宝藏转移到别处，但还没来得及筹集车辆，美军先头部队就已经到达了该地。

为了加强对矿井的保卫工作，美军将领拉塞尔下令在其周围拉起军用电网。他起初命令第 712 坦克营前往默克斯保卫矿井入口，但到晚上又发现了其他 5 个入口，一个营显然不足以担任警戒任务。于是，赫伯特·厄内斯特少将命令第 773 反坦克营和第 357 步兵团前往默克斯增援。拉塞尔还将这个矿的情况通知了美军第 12 军的指挥官。

1945年4月7日清晨,这个矿井的所有入口已全部被发现,美军立即派兵守卫。上午10点钟,拉塞尔和另两位美军军官,以及赖夫博士和矿上的官员从主坑道进入矿井。在离地面2200英尺的主隧道内,他们发现了堆放在墙边的550个大麻袋,里面全是德国马克钞票。再往里走是一堵三英尺厚的砖墙,中心是一扇厚重的钢制保险门,后面可能藏有一座地窖。此时巴顿的部队正在闪电般地进入德国,急需人手执行战斗和占领任务。当他得知矿内只发现大量德国马克纸币而没有黄金的消息后,立即下令357步兵团撤离该矿,只留下第一营继续驻守。

4月18日清晨,拉塞尔、一名部队公关人员、摄影师、记者和第282战斗工兵营的工程师再次进入该矿。他们来到地窖前。现代化的钢门很难撬开,但是保险门周围的砖墙很容易就用炸药炸开了。美国人发现他们进入了天方夜谭般的宝库。周围的景象难以用语言形容:展现在他们面前的是一个有照明的、宽23米、长45米的密室。里面有超过7000个作了标记的袋子,高度齐膝,足足码了20排,每排间距大约是1米。房间另一边发现成捆的现钞,每捆的标签上都印着"梅尔默"的字样。这些箱子明显属于纳粹党卫军的化名账户,这是关于纳粹在欧洲所掠夺财富的首条线索。他们打开袋子,将这些财物列入清单:8198块金锭;55箱金砖(每箱2条,每条重10公斤);数百袋黄金器皿和制品;超过1300袋的金马克、金法郎和金镑;11袋美元金币;来自15个国家的数百袋金银币;数百袋外汇钞票;9袋珍稀的古代金币;2380袋和1300箱的德国马克现金,面值达27.6亿;20块各重200公斤的银锭;40袋银条;63箱零55袋银盘子;1袋白金(内有6块白金锭);还有110袋钻石和珠宝。在其他的隧道里还发现大量来自欧洲各国博物馆以及从私人那里抢来的珍贵艺术品:油画、版画、铅笔画、雕刻、古董钟表、集邮册……这些宝藏还揭露了纳粹的残忍性:在金制品中包括数袋从灭绝营的囚犯口中拔掉的金牙。

巴顿注意到其中的外国货币和艺术品,迅速认识到这笔巨大的财富背后的政治意义。他立即请求将该笔财富交由盟国远征军最高统帅部接管。艾森豪威尔任命伯恩斯坦上校为财政副主管。接着,在战斗机的护卫下,这些财宝由数百辆卡车运往法兰克福的德国国家银行。8月中旬,盟国对其进行了称量和估价。其中的黄金价值2.62213亿美元、白银27.0469万美元。

1946年初,默克斯宝藏中的货币黄金被移交给盟国战争赔款委员会,最后交给美、英、法三国黄金归还委员会,他们负责尽快将这些黄金交还给受害国的中央银行。在欧洲找到的其他纳粹宝藏没有任何一批能与默克斯宝藏相匹敌。另一笔规模近似的宝藏是克罗地亚乌斯塔沙政权掠夺的黄金,但这批黄金最终并没有被找到。有迹象表明,它们极有可能被梵蒂冈和中央情报局秘密运出了欧洲。这份宝藏究竟有多少留在梵蒂冈仍然是个不解之谜。在奥地利的阿尔卑斯山地区还发现了几处规模较小的纳粹藏宝。纳粹曾经在这里设立了坚固的"人民堡垒",试图进行最后的顽抗。人们对于默克斯宝藏的具体价值并不存在分歧。争论在于这些宝藏的来源,以及后来是如何处理的。另一个谜团是这份宝藏在纳粹掠夺的巨大财富中占多大比重。

隆美尔的珍宝

　　德国陆军元帅隆美尔生性凶残、狡猾,惯用声东击西的伎俩。在北非的大沙漠上,他以力量悬殊的兵力与强大的英美联军交锋,出奇制胜,因而赢得了"沙漠之狐"的称号。

这个"沙漠之狐"在北非的土地上疯狂地屠杀土著居民,掠夺他们的财富,尤其是当地无比富裕的阿拉伯酋长,只要他们稍稍表示拒绝支持纳粹的事业,隆美尔即令格杀勿论。隆美尔用极其野蛮的手段在很短的时间里积聚起一批价值极为可观的珍宝。这批珍宝包括满装黄灿灿金币和各种珍奇古玩的90多只木箱及一只装满金刚钻、红宝石、绿宝石和蓝宝石的钢箱。

　　虽然隆美尔曾数次违抗希特勒的命令,甚至当面顶撞他,但他真的犯有叛国罪,曾参与了刺杀希特勒的计划吗?历史上,普遍的看法是他不仅没有直接参与,而且也没有同意刺杀计划。他曾说:死希特勒可能比活希特勒更有危险。

隆美尔

　　这批珍宝价值多少?谁也估算不出来。那只钢箱里的财宝太迷人了,可谓价值连城,隆美尔本人也不清楚这批珍宝的价值究竟是多少。这批珍宝,除供隆美尔大肆挥霍外,还用以收买少数阿拉伯统治者。

　　不管隆美尔怎么挥霍,也仅仅只动用了这批珍宝的极少一部分。随着战局的进展,隆美尔自吹所向无敌的非洲军团全线崩溃。为了不让这批珍宝落入英美联军之手,隆美尔秘密调动了一支亲信部队将这批珍宝藏在世界上某一个不为人知的角落里。

　　1944年,法西斯德国日暮途穷,德军一些高级军官谋刺希特勒,事涉隆美尔。10月14日,希特勒派人至隆美尔住所,要隆美尔考虑决定接受审判还是服毒自杀。隆美尔选择了后者。15分钟后,隆美尔便离开了人世。隆美尔一死,唯一知道这批珍宝的埋藏地点、方位、标志的线索便中断了。

　　对于隆美尔这批珍宝,西方一些冒险家们垂涎三尺、朝思暮想,希望有朝一日发掘到这批珍宝,成为珍宝的主人。他们不惜重金,派专家南来北往,查阅有关密档,又千方百计地寻找所有可能知情的人。调查的结果,各种传说都有,但均不甚确凿,冒险家们抓耳挠腮,一时不知从何下手。

　　一种传说是这样讲的:在隆美尔的非洲军团崩溃前夕,"沙漠之狐"隆美尔曾调集了一支快艇部队,命令将90余箱珍宝分装于艇中,由突尼斯横渡地中海运抵意大利南部某地密藏。某日晚,快艇部队在夜幕的掩护下秘密出航,按预定计划行动。不料在天将拂晓时,快艇部队被英国空军发现。原来英军情报部门早就密切注视着这批珍宝的去向。英军情报部门除派出大批地面特工人员外,又动用飞机与舰艇,在空中和海上昼夜侦察,随时准备拦截。

英军发现鬼鬼祟祟的德军摩托快艇后,料定珍宝即在其中,下令从空中和陆上不惜一切代价截获。当摩托快艇行至科西嘉附近海面时,德军深知已无望冲出英军密织的罗网。当此绝望之时,隆美尔竟下令炸沉所有快艇。这支满载着珍宝的德军摩托快艇部队就这样在科西嘉浅海区沉没了。

从那以后,不时有人用高价雇佣潜水员一次又一次在科西嘉海底搜寻,可是一无所获。是科西嘉的海面过于辽阔呢,还是沉船的具体地点并不在科西嘉岛?抑或是隆美尔并没有炸沉快艇,甚至艇上并未载有珍宝?谁也说不清楚。

1980 年,美国《星期六晚邮报》二月号刊载了一篇令冒险家们十分感兴趣的文章《"沙漠之狐"隆美尔的珍宝之谜》,作者署名肯·克里皮恩。作者说,"沙漠之狐"声东击西并未用快艇载运珍宝。这批珍宝密藏在撒哈拉大沙漠中的一座突尼斯沙漠小镇附近。小镇的附近遍布形状相差无几的巨大沙丘。这批珍宝即埋藏于某座神秘的沙丘之下。

作者说,1942 年 11 月,美英联军从北非登陆。次年年初,兵分两路从东西夹击德意军队,前锋逼近濒临地中海的突尼斯城。1943 年 3 月 8 日清晨,居住在距突尼斯城不远的哈马迈特海滨别墅里的隆美尔发觉英军已控制了海、空权,他的珍宝已无法由海路安全运出,于是决定就地藏宝。

3 月 8 日深夜,在隆美尔与他的亲信严密监视下,这批珍宝被分装在 15 至 20 辆军用卡车上,车队在汉斯·奈德曼陆军上校的押运下连夜向突尼斯城西南方向行驶,在撒哈拉大沙漠边缘的一座小镇——杜兹停下。汽车驶至杜兹后,前方即是大沙漠,无法行驶。汉斯·奈德曼购买了六七十匹骆驼,将珍宝分装在骆驼上,于 3 月 10 日踏入撒哈拉大沙漠。

驼队在沙漠中跋涉两天,最后将珍宝按预定计划埋入数以万计的令人无法分辨的某座沙丘之下。负责押送、埋藏珍宝的德军小分队在返回杜兹途中,意外地遭到英军伏击,小分队全部丧生。藏宝人连同宝藏的秘密一起被撒哈拉大沙漠无情的黄沙埋葬了。撒哈拉大沙漠一望无垠,白天温度常在华氏百度以上,人称之为无情的地狱。谁敢贸然叩开这无情的地狱之门?隆美尔的大批珍宝能有重见天日的一天吗?

有的人对以上说法表示怀疑。他们认为,所谓隆美尔密藏珍宝云云,只不过是一个引人入胜的传奇故事,谁要是对它认起真来,谁就是一个傻瓜。

美国与纳粹宝藏

自前苏联解体后,就不断传来一些被苏军掠夺的纳粹赃物被重新发现的报道。许多二战末期从德国缴获的美术品存放在圣彼得堡的埃尔米塔什博物馆和莫斯科的普希金博物馆。但是几乎没人知道美军当时也从德国缴获了大量战利品,而且其中包括不少纳粹从别围掠夺的赃物。陆军军官吉尔凯在战后曾负责将美军从德国缴获的美术品进行无菌处理,永久保存在五角大楼的保险库内。他一定是个相当忙碌的人——因为有大约1.1万幅美术品需要处理。那些绘画中最有价值的被储藏在美国军事历史学会大楼内。

美国掠夺者的名单可以从前任总统一直排到普通大兵。期望美国大兵在面对庞大的战利品诱惑时不为其所动是不切实际的。许多美国军人参加了对战利品的掠夺,某些时候甚至包括军官。在慕尼黑的纳粹党老巢"褐宫"发生的抢夺就很能说明问题。褐宫是3栋以地下通道连在一起的房子,第1296战斗工兵营被派来守卫该建筑群。他们发现地下通道内到处都是纳粹掠夺来的战利品,包括银器、名画、档案,以及其他众多价值连城的东西。该营列兵波尔斯基和弗莱塞回忆说,他们进入这个地方后发现一些士兵和军官正在把银器作为纪念品打包,于是也加入了他们的行列。波尔斯基拿了一套印有希特勒姓名缩写字母 AH 和纳粹标记的银器,弗莱塞则拿走了一套共有 80 件器物的银餐具。他们两个回到自己的营部,向他们的长官麦克凯上尉展示了战利品。他俩小心翼翼地把这些银器打包、装好,麦克凯上尉在包裹上写下了"已经通过麦克凯上尉审查"的字样。波尔斯基把这些银器寄到了明尼苏达州圣保罗的老家,弗莱塞也把他的赃物寄了回去。这次抢夺活动一直持续到 1945 年 6 月 10 日,也就是"褐宫"被盟军宪兵用高压电网围起来之时才告终止。

对纳粹高官财富的争夺也相当激烈。戈林数量庞大的艺术收藏就被藏匿在好几个不同的地方,由于这些艺术品数量过于庞大,以至于没有办法将其统一集中到一个安全的隐蔽地。在前苏联军队逼近柏林郊外戈林豪华的游猎行宫"卡琳大厦"时,许多不能转移的艺术品被就地焚毁,剩下的用火车运到了戈林在费尔登施坦因的城堡。当盟军逼近那里时,戈林又霸占了 4 列火车,将这些财宝运往贝希特斯加登。这里是纳粹德国高官显贵们的第二个政治活动中心,位于德军在巴伐利亚和阿尔卑斯山区修建的"人民堡垒"的核心地带。戈林、希姆莱、鲍曼等人的宅邸如众星捧月一般散布在希特勒的高山别墅"鹰巢"周围,镇上还有为纳粹党和党卫军的中级官员们修建的豪华旅馆和宿舍。在战争末期,大约有 1.4 万辆卡车到达这里,一部分装着纳粹准备用来在阿尔卑斯山地区进行最后挣扎的装备和补给,另一些则载着纳粹高官们的黄金、外币、艺术品和美酒。盟军逼近贝希特斯加登时,戈林又从其财宝中精选了 5 卡车珍品送往附近的温特施泰因,剩下没有来得及转移的东西仍旧留在了火车车厢里。

美军第 101 空降师的官兵们开入贝希特斯加登镇后,立即为戈林的庞大艺术品收藏所震惊。他们在他的一座豪宅里发现了一处如同阿拉丁宝库般的地窖,里面堆满了琳琅满目的珍宝和油画,其中包括伦勃朗、雷诺阿等人的名作,还有大量的珍稀邮票、小雕像、钟表、勋章、古金币、镶有珍珠和珐琅的手枪、钻石袖扣和别针、金银烛台和盘子、古董盔甲和兵器。这些士兵们没有任何犹豫便开始各取所需,许多体积较小的珍宝迅速消失在他们的口袋中。一位士兵拿到了戈林在卡琳大厦的客人签名本,上面有着众多尊贵客人的签名(其中当然包括那位赫伯特·胡佛)。戈林的一把元帅节杖被美国第7集团军司令帕奇拿走,至今仍陈列在其母校西点军校的博物馆中。另一把节杖和一些纪念品被埃克尔格中尉拿走后寄到了芝加哥他母亲家,他母亲将其中的一枚金质大奖章出售给了一位珠宝商,后者在报纸上登出了出售戈林奖章的广告。美国海关人员读到广告后,没收了那枚奖章及其他所有寄回美国的东西。另一些戈林的私人物品(主要是容易藏在军服里带出去的东西,如手表、手枪、匕首和短剑等)也被士兵们抢走。怀特中校是在贝希特斯加登收获最丰的家伙,他将一大箱约400件希特勒专用的银器和水晶餐具寄给了妻子。

另一个贪婪的美军掠夺者是布朗中校。他的军队驻扎在图林根地区的魏玛和布痕瓦尔德一带。布朗疯狂搜刮财富的行为被当地居民告发,因而在1945年6月27日接受了军事法庭的询问。根据美军颁布的法令,军人在敌国得到的一切财产都属于美国政府。

被美军抢夺的另一份德国财产于1990年露面,其中包括许多中世纪文物:黄金和白银制作的耶稣受难像;一座雕刻精美、镶有宝石和珐琅的银制圣骨箱;众多水晶和象牙制成的宗教艺术品;大量中世纪手稿;其中最珍贵的也许是一本9世纪的金制福音书,书中配有精美的插图,书皮包银,镶嵌黄金和珠宝。这些珍宝与其他文物在战争后期从柏林的各博物馆里运出,藏在马格德堡以南奎德林堡镇的废弃矿井隧道中,被美军中尉米德尔发现。他与其他三人负责保卫这批珍宝时,趁人不备将其中最精美的宝物一件件地偷走并邮寄回家。奎德林堡矿井中其余的珍宝后来归还给德国的博物馆,但德方很快发现其中一些珍品已经失窃,于是美国军方展开调查活动。但因奎德林堡被划分到苏占区,该调查很快就结束了。米德尔死于1980年,此后其战利品迅速流入文物黑市。1990年美国海关发现了金福音书和一份写于1513年的手稿,经过进一步的调查后又在米德尔的家乡得克萨斯州怀特赖特找到了上面名单中剩余的宝物,但仍有一些当年被米德尔拿走的文物不知下落。

日本与纳粹宝藏

日本对东亚和东南亚的抢掠,是触目惊心的。劫掠的国家和地区,包括中国、印度、泰国、缅甸、马来西亚、婆罗洲(加里曼丹的旧称)、新加坡、菲律宾及荷属东印度群岛等;抢掠的对象,是以上各国和地区的个人、教堂、寺庙、银行、公司、倒台的政府、流氓犯罪集团,以及地下经济团体。

虽然现在仍无法确切知道被鲍曼转移的纳粹财产的数量,但它无疑是未被追回的最大一笔纳粹财富,唯一可与之相比的是二战期间日本在亚洲掠夺的巨额财富。盟国在追回纳粹德国掠夺的财富时投入了很大精力，对日本的战争赃物却很少提及。其原因与这笔财富的性质有关：其中绝大多数夺自私人，而且其中很多受害人已经被日军杀害灭口。

纳粹德国曾通过党卫军特别组织外汇保护部来搜刮欧洲财富，日本军方也有同样的秘密组织，称为"山百合会"。裕仁天皇任命皇族成员竹田宫恒德亲王为该组织在大陆的负责人，其他几名皇族亲王，如朝香宫鸠彦王、闲院宫载仁王也参与了这项任务。被掠夺的中国财产包括贵金属、文物、图书、铜镍币等，总价值在 10 亿~20 亿美元之间，这些财富运至朝鲜后装船运回日本本土。1940 年，裕仁天皇的亲弟弟秩父宫雍仁被任命为"山百合会"在东南亚地区的主管，负责将日军从菲律宾、新加坡、马来西亚、荷属东印度和法属印度支那掠夺的财宝通过船队运回日本。战争结束后不久，秩父宫便在 1953 年神秘地死亡，而他的 3 个兄弟中除裕仁天皇（1989 年病毙）外都活到了 20 世纪 90 年代。

随着 1942 年以后美国潜艇的活动增加，大量日本运输船在本土和南中国海被击沉。为了保护掠夺财富的安全，秩父宫亲王于 1943 年将"山百合会"总部由新加坡搬至菲律宾的吕宋岛。在接下来的两年半时间里，日军将这批财宝登记注册，然后埋藏于吕宋岛上的 172 处地窖、隧道和山洞中。此时日本仍在幻想与盟国实现有条件停战，并在战后保住对菲律宾的占领，这样的话便可将这笔财富从容运回日本。

在二战期间，日本还公然违反国际法，用医院船来转移掠夺的财富。1942 年 10 月，日本医院船"天应丸"从东南亚装载了 2000 吨黄金和大量水雷前往日本，并在横须贺军港卸下了这些黄金。该船在 1945 年 8 月 17 日被日本海军秘密炸沉，以毁灭罪证。另一艘医院船"阿波丸"号于 1945 年 2 月 17 日从门司港出发，3 月 24 日抵达新加坡，在那里装上了大量的橡胶、锡、铝、大米，以及撤回本土的军政人员。该船于 3 月 28 日起航返回日本，4 月 1 日夜间在台湾海峡被美国海军"皇后鱼"号潜艇击沉。根据记录，船上除了战略物资和非伤员的人员外，还装有 40 吨黄金、12 吨白金、15 万克拉工业钻石、40 箱珍宝、文物和艺术品（有人推测"北京人"头盖骨化石也在其中），以及大量的美元、英镑和港元纸币。

另外，日本还曾用军舰运送过掠夺来的物品。1944 年 11 月 5 日，"那智"号巡洋舰在马尼拉湾附近被美国海军舰载机击沉，但是日本一直有人说该船是被日军潜艇击沉的，幸存的船员被潜艇上的机枪打死以灭口。不管这种说法是真是假，"那智"号上装有黄金是真的。菲律宾总统马科斯派人在 20 世纪 70 年代从其残骸中捞出了大量黄金。1997 年，一个日本电视摄制组拍下了这批黄金，其中包括 1800 块金砖，价值 1.5 亿美元（1997 年价格）。

运回日本本土的"山百合会"财宝储存在一些废弃矿井中，还有一些藏在长野县的群山里。日本军方曾驱使数万名朝鲜劳工在那里挖掘了巨大的地下工事群，准备在美军登陆本土后将天皇、军部和原子弹专家转移到那里进行最后的顽抗。这些劳工后来都被秘密杀害。直到 1952 年缔结对日和约时为止，日本从战争中抢来的主要财富仍然藏在菲律宾。

战后发现的第一处日本藏金处位于菲律宾的圣罗马纳。当日军在菲律宾节节败退时,菲律宾游击队曾发现他们将大批沉重的箱子运到一个山洞中,然后用炸药将出口封死。一名战略情报局的少校当时和游击队在一起,记住了藏宝地点。该特工在战后重新打开了这个山洞,发现箱子中全是黄金。1945 年到 1948 年之问,这批约重 2300 吨的黄金被运到了美国。战略情报局头子威廉·多诺万、其部下朗斯代尔、驻日军事总督麦克阿瑟和以难民救济特使身份访问日本的美前总统胡佛参与了该过程,后来的中情局局长艾伦·杜勒斯也知道了此事。多诺万和朗斯代尔负责处理这批黄金,他们没有将其归还东南亚国家的受害者,而是分别存入了 42 个国家的 176 家银行,其中瑞士联合银行日内瓦分行以朗斯代尔名义开的一个账户上有 2000 吨黄金。战略情报局解散后,这笔巨大的财富被中央情报局接收,成为其账面外资金,用于各种秘密活动,其使用和支配不受任何监督。中情局还通过向有影响力的实权人物分发黄金信用证(可凭该信用证去瑞士银行直接提取黄金)的方法将他们和中情局绑在一起。

令人震惊的是,还有一部分"山百合会"黄金成为亲日派美国人的私财,其中最大的账户是以麦克阿瑟的儿子阿瑟·麦克阿瑟的名义在苏黎士的瑞士信贷银行开设的。其他资料显示,胡佛在瑞士信贷银行的私人账户上有 7.5 吨黄金。回顾一下美国政要在战后和日本的勾结活动就可以弄清楚这些黄金从何而来。

日本投降后,盟国除了惩治战犯外还对其进行了一些战后改造,例如废除财阀、解散大企业、进行币制改革、制定新宪法,以及让日本做出战争赔偿等。但是该过程受到美国驻日军事总督麦克阿瑟及其手下的阻挠,阻挠者还有前驻日大使约瑟夫·格鲁和前总统胡佛。

格鲁于 1932 年被任命为驻日大使,1943 年通过日美外交人员交换回到美国,1945 年曾任代理国务卿。他出身于波士顿的上层社会,妻子是海军准将马修·佩里的曾孙女,母亲则来自著名的卡博特家族。格鲁家族与亚洲有长久的渊源,在 19 世纪时曾以银行家的身份参与对华鸦片贸易。格鲁在战时就开始阻挠日本的民主化进程,他曾与日本驻瑞士大使进行秘密会谈,承诺美国不会起诉裕仁天皇,并让他保住皇位。该承诺完全违背了罗斯福和杜鲁门政府要求日本无条件投降和惩治战犯的主张。

证实"山百合会"黄金已被发现的证据之一,是一张于 1956 年签发给马科斯的黄金信用证。这是在他成为参议员之前的事。该信用证由瑞士银行公司发行,证明马科斯在那里存入了 7120 吨黄金。另一份黄金信用证是 1963 年 1 月 7 日由瑞士联合银行签发给沙特阿拉伯军火巨商阿德南·哈肖吉的,是马科斯的一个生意伙伴。哈肖吉的名字在信用证上写错了。

日军从东南亚地区掠夺的黄金一共有多少已经成为一个不解之谜。不过我们可以从马科斯及其代理人出售的黄金数量中看出一些端倪。他们随时都在伦敦、香港、悉尼等地的黄金市场上秘密出售大批黄金,有时一次卖出的金锭数量就高达 10 多吨,比已知的菲律宾所有的黄金储备还多。每隔一段时间,世界上规模最大的伦敦黄金交易所就会出现一次被称为"马科斯黑鹰"的秘密买卖。根据已出售的数量估算,马科斯的黄金约有6.5 万吨。这个巨大的数字不禁给人一种神话般的虚幻感觉,从而认为有可能是捏造的。但是根据计算,东南亚地区有史以来开采出的黄金总和与这个数字近似,而且马科斯黄金的绝大多数应该来自喜欢积攒黄金的华人,因此可能包括从其他地方通过贸易流入东南亚的黄金。二战结束后,许多在南洋活跃了几个世纪的华人巨商家族都已灭绝——他们在其黄金和财富被日本人抢走后通常都被杀光了。

除了马科斯以官方名义主持的黄金发掘行动外,还有许多人在菲律宾的山区中私自寻找日军埋藏的财富。20 世纪 70 年代在菲律宾发生过著名的"罗哈斯事件"。罗哈斯是一位菲律宾私人寻宝者,于 1970 年在吕宋岛北部山中发现了一尊纯金佛像,重约 1 吨,头部可以拆下,身体内部还藏有大量稀世珠宝。从当时报纸和电视上公布的照片上看,该佛像具有典型的暹罗—高棉风格。其时已任菲律宾总统的马科斯闻知此事后,派军队从其家里将佛像抢走,此事导致菲律宾公众舆论哗然,马科斯迫于压力"归还"了一尊样子相似的实心铜佛像。根据行家估算,仅这尊金佛像本身的价值就超过 2.6 亿美元。1996年,罗哈斯家族在美国夏威夷州法院起诉马科斯及其继承人(马科斯已于 1989 年病死),要求赔偿损失。该案件的法院审理编号为 Roxas V. Marcos,89Haw. 91,969 P. 2d 1209。法院于 1998 年作出判决,马科斯的妻子伊梅尔达必须将该佛像归还给罗哈斯。

尽管纳粹德国和日本掠夺的财宝仍有很多下落不明,但无疑日后会发现更多被藏匿起来的财富。

瑞士与纳粹宝藏

瑞士联邦委员会在战时拥有独裁权,因此可以不受限制地同纳粹进行政治和经济合作。1938 年 8 月德国吞并奥地利后,联邦理事会下令封锁边境。由于害怕犹太人入境避难,瑞士联邦委员会请求德国外交部在犹太人的护照上盖上"J"字戳记。纳粹最初并不热衷于这个主意,他们仍然想以移民出境的方式尽快流放大批犹太人。瑞士和德国之间的谈判持续了整个夏天和秋天。最终瑞士威胁德国说,所有德国人入境时都要专门登记,纳粹德国才开始在犹太人的护照上增加'J'字戳记。按照瑞士联邦委员会在战后不知羞耻的说法,这种甄别犹太人的方法反倒成了纳粹的主意了。

瑞士没有重要的地理位置和战略资源。它的煤炭严重依赖进口,一旦法国沦陷,瑞士冬季用煤就只能靠德国。纳粹向瑞士卖煤还有另一个目的:从德国运去的煤炭以记账方式结算,货款直接存入瑞士银行的德国户头。这将为德国攒下大量宝贵的外汇。此外,瑞士和德国的贸易范围还包括轴承、柴油机、工作母机、火车头、钟表、无线电设备,甚至武器和军火。其中最关键的两项出口是电力和铝。

长达 6 页的"安全港计划"第 2969 号报告详细评估了在瑞士的纳粹资产。该报告声称，纳粹拥有或控制了共计 358 家瑞士企业。纳粹对其中 263 个企业的投资达 1.14 亿美元。这些企业遍及所有经济领域：纺织业 6 家、运输业 6 家、保险业 15 家、零售批发业 67 家、化工业 15 家、机械制造业 11 家，以及其他 7 类企业，每类至少 3 家。此外还有 9 家银行、330 个持股和金融公司。对于这笔财富的总价值，美国财政部估价为 5 亿美元，国务院估价为 7.5 亿～10 亿美元。另外，纳粹还将巨额的黄金、货币、宝石和艺术品藏在瑞士银行的保险库中。英国在二战后对已追回的 53 幅绘画进行估价，其价值在 48 万美元左右。估计所有被掠夺的艺术品价值在 3.9 亿～5.45 亿美元之间。

德国投降后，美、英、苏三国于 1945 年 8 月 2 日签订了《波茨坦协定》，声明盟国对德国管制委员会将采取措施，合法查收和处理德国的海外财产，并要求中立国归还纳粹财产。瑞士与瑞典立即对此项要求作出了反应，声称这与他们国家的法律相矛盾。美国为此威胁说将冻结瑞士在美国的所有账户，而且除非瑞士同意遵守归还纳粹赃物的协定，否则将继续把瑞士公司留在盟国黑名单中。9 月，美国表示对瑞士的不合作很不满，准备开始实施制裁方案。

最后，瑞士方面提出了自己的条件：在瑞士的德国资产五五分成，瑞士吐出 5810 万美元的纳粹黄金，从而一揽子解决赔偿问题。盟国此时发现要瑞士人吐出赃物比拔他们的毛还要难，只好接受这个条件。英法方面起初要价 8800 万美元，最后同意以 7500 万美元解决这一问题。在三周的会议后，瑞士于 5 月 26 日签署了最终赔款协议。6 月 3 日，美国代表团向杜鲁门总统递交了总结。

然而，虽然时间之轮已经转过了半个世纪。瑞士的银行家们仍然用实际行动向全世界证明，他们依然与其 50 年前的父辈和祖父辈们一样不愿合作。1997 年出现了一桩几乎毁掉瑞士国家声誉的大丑闻：瑞士联合银行的警卫人员梅利带着证物出现在美国国会听证会上，这些证物就是瑞士联合银行准备销毁掉的文件。该年 1 月，在一次夜间巡逻时，梅利在瑞士联合银行地下室里发现了大量等待销毁的旧文件，其中包括该银行在战争年代的重要账目记录，以及许多犹太人存款账户名单。这个年轻的警卫意识到这些准备销毁的文件的重要性，从中拿了两本账簿和一些文件，放进了自己的储物柜，随后将这些账簿转交给了一个瑞士的犹太人组织。瑞士联合银行立刻开除了梅利，瑞士联邦政府也调查了梅利是否违反任何瑞士的银行保密法，却没有调查瑞士联合银行的行为是否合法——瑞士法律禁止销毁任何与二战调查有关的文件。甚至在逃亡到美国后，梅利仍然受到死亡威胁。瑞士政府这种做法引起了以色列、美国，甚至欧盟和德国的愤怒。克林顿总统专门签署了一份授予梅利全家在美永久居住权的文件，梅利成为唯一在美国政治避难的瑞士公民。在世界舆论的压力下，尤其在美国国会威胁对瑞士实施经济制裁、并禁止美国公司与瑞士银行进行商业往来的威胁下，瑞士联合银行和瑞士信贷银行最终在 2000 年 11 月与世界犹太人大会达成协议，拿出 12.5 亿美元赃款作为赔偿基金，用于补偿大屠杀受害者在瑞士银行的存款,以及大屠杀幸存者的救济事业。

西班牙、葡萄牙与纳粹宝藏

葡萄牙与德国的勾结始于西班牙内战时期。在这场战争中,葡萄牙独裁者萨拉查博士站在了佛朗哥和希特勒一边,帮助德国向佛朗哥的军队偷运武器,并派遣葡萄牙志愿者去协助佛朗哥战斗。到 1938 年底,德国成为了葡萄牙的第三大贸易伙伴。不过萨拉查曾在 1939 年抗议希特勒对信奉天主教的波兰的入侵。

1944 年 4 月,美国决定对葡萄牙采取经济制裁,以迫使葡萄牙中断对纳粹的钨砂供应。而葡萄牙需要依靠美国进口石油和其他产品。6 月 5 日诺曼底登陆的前一天,盟国逼迫葡萄牙停止对德国的钨砂运输。德国得知此事后立即将在葡萄牙的钨矿全部脱手,购买其他产业。根据盟国的估计,1944 年 6 月以后,德国通过开旅馆、办电影院等方式,在葡萄牙藏匿了 200 多万美元的资本。

1945 年 5 月 14 日,葡萄牙冻结了在其本土殖民地的所有德国财产,德国外交机构财产也包括在内。在盟国的要求下,葡萄牙查封了里斯本的德国公使馆,从里面搜到了大量金镑硬币。查封德国资产的同时,葡萄牙坚称在 1938～1945 年间没有德国黄金运到葡萄牙,但盟国掌握的情报显示葡萄牙已经从瑞士国家银行收取了 1.44 亿美元的纳粹黄金,其中 2260 万美元的金砖上有比利时银行的戳记,其余黄金中至少有 72% 也是纳粹掠夺的赃物。盟国提议葡萄牙应归还 1942 年以后获得的 5050 万美元黄金,最终葡萄牙只同意交还 440 万美元。

有证据表明,葡萄牙在收取德国黄金方面是相当诡诈的。早在 1940 年,葡萄牙国家银行秘书长阿尔比诺·比索就在同瑞士联邦中央银行高级官员高蒂埃的机密往来信函中说,葡萄牙不愿意从纳粹那里直接接收黄金,而是希望经过瑞士银行转手,使那些纳粹黄金的交易合法化。最初葡萄牙利用国际清算银行和南斯拉夫国家银行在巴塞尔的办事处洗钱。然而 1941 年纳粹入侵南斯拉夫之后,特别是英格兰银行行长蒙塔古·诺曼在 1942 年 1 月 8 日正式致函国际清算银行的美籍行长托马斯·麦柯里,宣布任何从国际清算银行划到葡萄牙的黄金交易都是非法的以后,葡萄牙开始寻找其他的洗钱途径。葡方要求德方先将其黄金以当日价卖给瑞士银行换取瑞士法郎,然后将这些钱存入葡萄牙国家银行设在瑞士的账户,再用这笔"干净"的钱向瑞士银行购买黄金。除银行外,肯定还有一定数量的纳粹黄金流入了葡萄牙民间。1986 年,在法蒂玛天主教堂请一家银行帮忙熔化重新铸造的金砖中,发现其中 4 块铸有德国国家银行的徽章。这些金砖总重 50 公斤,该教堂试图通过出售黄金来改善财政状况。该教堂是否持有更多的纳粹黄金还是未知数。

总的来说,二战期间葡萄牙采取的是比较亲盟国的中立路线,而西班牙的中立却倾向于轴心国。在西班牙内战期间,德国和意大利都为佛朗哥提供援助,1941 年,佛朗哥也派了4万名称为"蓝色军团"的志愿者到俄国前线,一直跟随其纳粹盟友战斗到1945年。尽管佛朗哥在二战一爆发就宣布西班牙为中立国,但在1940年到1941年间却一直犹豫是否加入轴心国。西班牙是否参战取决于德国与英国谁能取得战争早期的胜利,以及德国是否能支持其在摩纳哥、法属非洲甚至欧洲的领土扩张。"不列颠之战"的结果让佛朗哥选择了继续观望。

1943年2月,西班牙与德国秘密签署了一份新协定,德国同意用武器作为购买钨砂的费用。然而在谈判期间德国将武器的价格提高了4倍,引起了对方的愤怒。最后西班牙与德国达成协议:内战时欠德国的债务分4次还清,而德国将用这些钱购买钨砂。1943年内,德国购买的钨矿占出产量的35%,而该年西班牙的钨矿总产量大约是1940年的4到5倍。

关于西班牙的纳粹黄金问题,根据德国银行记录、瑞士银行官员的陈述,以及从德国驻西班牙各公司查获的记录显示,西班牙从德国和瑞士接受了价值1.382亿美元的黄金。归还这笔黄金的谈判于1946年11月在马德里开始,与瑞典谈判过类似问题的鲁宾再次成为代表团负责人。谈判从1947年一直僵持到1948年3月,才就纳粹财产和黄金问题达成一致:西班牙归还11.4329万美元的黄金。其中大部分是荷兰的黄金储备。作为交换条件,盟国必须发表声明承认"西班牙并不知道这些黄金是纳粹所掠夺的",尽管那些金砖上面的荷兰文戳记清晰可见。

虽然佛朗哥作出了这些讨好姿态,但是由于其政权的法西斯本质,盟国在波茨坦公告中仍将西班牙排除在联合国外。美国大使于1945年12月离开马德里,这个职位一直空悬到1951年。1946年5月,一个联合国委员会在一份报告中提出了关于西班牙法西斯本质的证据:支持纳粹活动,战后为纳粹战犯提供庇护所,对持不同政见者实施迫害。西班牙这个唯一从二战中苟活下来的法西斯政权被孤立于国际社会,直到1955年才加入联合国。

土耳其、阿根廷与纳粹宝藏

1941年10月,土耳其与德国签订了一份重要的贸易协定。德国用军需品和其他工业品与土耳其交换矿石原料,尤其是铬矿石。与此同时,土耳其与英美也保持友好关系,以铬矿石与英美交换先进的武器装备。铬是制造合金钢的必用材料,而土耳其正是纳粹的唯一铬进口国。纳粹生产部长阿尔伯特·施佩尔曾经指出,若是铬矿石的供应被切断,会导致德国的军火生产中断10个月。铬矿石经铁路由土耳其运往德国,其间要经过世界上最为崎岖不平的巴尔干山区,一路上到处是桥梁和隧道。盟军在战争结束前重点轰炸了这条铁路,以切断对德国的铬矿供应。

据美国专家估计,土耳其收到的纳粹黄金最多只有1500万美元,大部分来自比利时央行,德国人用其购买铬矿石。盟国并未努力追回这些黄金。由于土耳其控制着黑海的入口，又与前苏联接壤，美国认为它对冷战具有重大的战略意义。1946年，在土耳其召开了关于没收德国在土黄金和资产的谈判，盟国估计这笔资产共计5100万美元。"杜鲁门主义"的出台终止了这一谈判。1947年7月，美国与土耳其签署了一份价值1.5亿美元的贷款协定，该协定对向土耳其索要黄金的谈判不啻是致命一击。土耳其最终没有归还任何纳粹黄金。

二战爆发后，阿根廷分成两个阵营：政府、军人和大资本家支持纳粹，民众则支持盟国。欧洲战事刚一爆发，软弱的代总统卡斯蒂略就宣布中立。尽管阿根廷国会已经批准了1940年的哈瓦那决议——对任何一个西半球国家的进攻都被视作是对所有美洲国家的入侵，但它在珍珠港事件后依然坚持中立，拒绝对德日宣战。阿根廷政府深信德国将会获胜，并将控制欧洲，因此与其保持良好关系至关重要，甚至在1942年初两艘阿根廷商船被德国潜艇击沉后仍决心与其保持友好。作为回报，德国不仅赔偿了阿根廷的损失，而且答应说只要阿根廷船只把航行路线和时间通知他们，德国海军将保证其安全航行。

在战争期间，由于阿根廷政府的配合，大多数在阿根廷的德国公司将其利润交给当地的纳粹间谍组织，成为其活动经费。美国财政部还怀疑阿根廷为轴心国"洗"了大量的外汇，接收大批纳粹掠夺的货币和证券，并使其进入美国市场。阿根廷还充当了纳粹的供货商。尽管大宗的货物，如小麦、牛肉等很容易被盟国拦截，但小规模的走私——比如德国急需的工业用金刚石和白金——仍源源不断地从阿根廷流往德国。珍珠港事件之后，摩根索曾想立即冻结阿根廷的资产。1942年5月，他向罗斯福总统递交了证据，表明众多的阿根廷公司正在为美国境内的德国资金提供掩护，并将价值1000多万美元的纳粹资金带入美国以使其合法化。然而直到1942年10月，罗斯福才同意国务院对选定的阿根廷账户进行冻结。超过150家阿根廷公司和个人被列入了国务院的黑名单。

1945年2月7日，摩根索建议代理国务卿格鲁派一个特别代表团去阿根廷，查找并没收纳粹在那里的资产，格鲁出于政治方面的考虑驳回了该提议。1945年初，在墨西哥查普恰佩克城举行的美洲国家组织会议上，美洲国家（阿根廷除外）通过决议认可了各国家处理本国纳粹财产的自由权。由于阿根廷继续支持纳粹德国，它被排除在这次会议之外。直到希特勒自杀前一个月，由于意识到被西半球其他国家孤立，特别是美国准备采取更为严厉的制裁，阿根廷才不情愿地向德国宣战。

1946年5月22日，"安全港计划"成员报告说在阿根廷的德国资产大约为2亿美元，包括银行存款、房地产和各类货物，但未发现有艺术品和珍宝的藏匿处，他们错误地断定阿根廷并不是一个主要的纳粹赃物藏匿地。此外，尽管早在1942年美国就获知阿根廷和德国的非法货币交易，该报告却说没有证据显示阿根廷接收了纳粹的黄金。1942年4月，美国驻瑞士领事报告说，一位阿根廷外交官正在将纳粹掠夺的美元偷运回国销售，然后将获得的现金汇寄回瑞士。英国情报机关也在1944年查出阿根廷与瑞士之间密切的贸易往来，而且经常用黄金作为支付手段。1947 年 5 月，阿根廷中央银行计划将 1.7 亿美元的黄金转移到其联邦储备局的账户上，后因担心美国追查黄金来源而推迟了计划。1973 年庇隆重新掌权后，曾将他的 400 吨黄金投入黑市进行交易。庇隆货物的代号是"鲍曼1345"，买主是西班牙政府。销售人员自然将这批货物与政治挂上了钩。但没人追查这些黄金的最终来源是哪里。

由于冷战的原因，"安全港计划"在阿根廷也无疾而终。1947 年 6 月 3 日，杜鲁门总统和阿根廷大使发布一份联合声明：两国将与其他拉美国家重新商议建立新的互助条约组织。1947 年 9 月，阿根廷加入了美洲互助条约，即《里约热内卢条约》，鲍曼在阿根廷隐匿的公司和财宝安全地保存了下来。这时美国在西半球的主要目标是扼制共产主义，对纳粹战犯和纳粹黄金已无暇顾及。尽管阿根廷的黄金储备飞速增长，大量的纳粹战犯也藏匿在那里，可调查者们直到半个世纪后"仍未发现"阿根廷曾大量接收纳粹黄金的直接证据。

杀人湖宝藏

为了搞垮英国经济，德国决定发行大量假英镑，并把这项任务交给了帝国中央保安总局第四局，并成立了一个叫 SHARP4 的新部门监管此事。1942 年夏，党卫军在萨克森豪森集中营开设了印刷伪钞的工厂，伯恩哈德·克鲁格少校领导伪造工作，这就是"伯恩哈德行动"。该计划在柏林又被称做"一号行动"。纳粹为此集中了德国最优秀的雕刻专家、造纸技术专家和数学专家，并负责推算英镑纸币的编号规则。

萨克森豪森的印钞车间与集中营的其他区域互相隔离，由职业印刷匠博德领导 60 名囚犯日夜工作。

随着伪造工作的进行，假币的质量也不断提升。德国特工曾专门携带一批 5 镑和 10 镑纸币前往瑞士兑换成瑞士法郎，并大胆地要求检验这些英镑的真伪（他解释说这些英镑是在黑市买来的）。经过提醒，银行从中拣出了约 10% 的"伪币"，将剩下的假英镑全额收下。印刷精美、质量高超的假英镑甚至骗过了银行的资深职员。只是一次偶然，英格兰银行发现了一批假币，并为这名特工的"诚实"感谢不迭。英国人也是通过偶然机会才发现假英镑的存在：一位英格兰银行职员偶然发现她手里的两张钞票的序列号竟然是一样的。可见假币已经到了以假乱真的程度。只有通过检查序列号才能发现。

1945 年 5 月初的一天，一个常在湖上打鱼的渔夫，忽然发现湖中漂浮着一张印着莫名其妙符号的纸片。捞上来后他揣摸着，莫非这是一张哪国的钞票？第二天，渔夫拿着那张弄干展平的纸片来到巴特奥塞的一家银行，银行付给他一笔数目可观的奥地利先令。一夜暴富的渔夫更加仔细地寻查了那个地方，他又发现了同样的纸片。于是，他接二连三地来到那家银行，终于有一天在银行付款窗口旁被两个美国军官拦住了……

不久，党卫军曾把托普里塞湖当做保存财宝的"保险柜"的消息不胫而走。紧接着传闻四起,说托普里塞湖里埋藏着党卫军攫取的黄金,即德意志帝国的黄金储备。传闻过了很久后被证实了。

　　1946年2月,两位林茨的工程师——奥地利人赫尔穆特·梅尔和路德维格·皮克雷尔来到托普里塞湖。同行的还有一个叫汉斯·哈斯林格的人。在后来奥地利宪兵队的调查材料中,他们均被列为"旅游者"。三个奥地利人在湖边支起了帐篷。作为有经验的登山家,他们决定登上可以俯瞰整个托普里塞湖的劳克冯格山。哈斯林格或许感到了某种不妙,或许本来就知道此举的危险性,与另两位同行了一昼夜后,半路返回了出发地。一个月后,那两个登山家已是杳无音信,营救小组开始寻找。在山顶发现了一座用雪堆成的小屋,旁边有两具尸体,皮克雷尔的肚子被剖开,胃被塞到了背囊里。案情很长时间都是个谜。后来查明,原来,二战期间这两人参与过托普里塞湖边一个"试验站"的工作,德国海军在"试验站"进行过新式武器的研制。显然,两个知情者被灭口了。

　　1947年,时常出现在托普里塞湖周围的外地人当中,有一个人被指认出是前德军参谋官鲍曼。奥地利法院起诉他在战争快结束时曾从这里运走两箱黄金,但被告只承认从教堂金库里拿走过收藏的古币。在托普里塞湖地区一个别墅花园的干枯花丛里发现了一堆废弹药,下面藏着三只箱子,里面有1.92万枚金币和一块500克重的金锭。环湖一带的种种发现引起了跃跃欲试的骚动,人们趋之若鹜地拥向托普里塞湖。1950年8月,汉堡工程师凯勒博士和职业攀岩运动员格伦斯来到这里。他们试图爬上雷赫施泰因山南坡的一处峭壁,因为从那里观看托普里塞湖可谓一览无余。结果,格伦斯失踪了。他身上的安全绳"意外"地断了,凯勒博士做了见证,而不久他也突然失踪了。格伦斯的亲属进行了私人调查,他们注意到,失踪的凯勒博士战时曾在党卫军服役,担任潜艇秘密基地的负责人。回想起来,正是潜艇军人才有可能与托普里塞湖边的"试验站"发生瓜葛,才有可能成为转运和储藏帝国财宝的同伙。

　　同年夏天,三个法国学者光顾托普里塞湖。他们操着半通不通的德语在旅馆开了一个房间,然后前往当地警察局出示了一封奥地利因斯布鲁克市军方开出的介绍信。信中说,该三位法国学者专门研究阿尔卑斯山区湖泊的生物,他们需要潜入托普里塞湖湖底,请求当地警察机关在法国学者的科考过程中给予支持。奥当地警察局毫无保留地批准了三名外国人在托普里塞湖的考察。三个法国人返回的那天,他们迫不及待地把四只沉甸甸的箱子装到汽车上,慷慨地付了小费后便原路而返。当旅馆经理到银行兑换从三位学者手中得到的外币时,银行发现竟是假币。因斯布鲁克市军方对那封所谓的介绍信也是一无所知。旅馆的女服务员事后来到警察局反映说,她听到过三个"法国人"说着一口地道的汉堡方言。这三个人很可能就是前德军"试验站"的专家。

　　1952年是"杀人湖"托普里塞湖死亡人数最多的一年,先后有几个人神秘地死于非命。1959年夏,掩盖"杀人湖"秘密的帷幕开始徐徐拉开。由西德《明星》周刊资助的潜水队获得了在托普里塞湖潜水作业五周的许可证。工作进展得相当顺利:从湖底打捞出

15 只箱子和铁皮集装箱,在里面发现了 1935 年~1937 年版的 5.5 万英镑假钞。

1983 年初秋,又一件莫名其妙的悲剧发生在托普里塞湖。一位慕尼黑潜水运动员 A. 阿格纳不顾当地政府的禁令潜入湖底,漂上来的却是他的尸体。调查发现,不知是谁割破了他的氧气管。这次事件后,奥地利当局制止了一切在托普里塞湖的民间业余潜水活动,除非持有特别许可。1984 年 11 月,西德考察专家汉斯·弗里克教授宣布,他将乘特制的微型潜艇探察托普里塞湖。11 月 15 日,奥地利一家报纸披露,汉斯·弗里克乘特制的微型潜艇在水下 80 米处发现了假英镑,并打捞上一些水雷、轰炸机骨架、带水下发射装置的火箭破损部件等,可是关于大家都关心的第三帝国的黄金却只字未提。弗里克本人对此保持沉默。《巴斯塔》报揭露说,弗里克与西德侦察部门有密切联系。教授考察的资金来源也是个谜。持续了几个月的考察活动每天需 8 万先令的支持,而出面组织考察的西德科学考察学会不曾为弗里克支付过一个马克。发生在托普里塞湖所有事件的前前后后引起了奥地利政府的警惕,当局决定把托普里塞湖的探察工作置于自己的管理和监督之下。

1984 年 11 月,奥地利军队的考察专家门开赴托普里塞湖。宪兵队在所有通往湖区的大小路上实行戒严。专家们在湖底发现了假币,还打捞出一枚长 3.5 米、重 1 吨的火箭。沉在水底 40 年之久的金属骨架竟没有一点锈蚀的痕迹,这使美国工兵部队人员感到惊诧不已。在湖西南部的湖底,奥地利扫雷部队的专家们借助探雷器和检波器发现,湖底可能有大量金属存在,金属集中在大约 40 平方米左右的范围内。是黄金还是地下弹药库? 对此。奥地利侦察部门人员表示,目前还很难确定,到底是湖底原有的稀有金属,还是发现了第三帝国埋藏的黄金。奥地利军队的考察专家们收获颇丰。在距湖岸仅 70 米的环湖山岩的峭壁上发现了一个似乎是地下仓库的入口,但遗憾的是入口已被炸毁。专家们找到了有关的见证人,得知战争结束时入口还未被堵上,此人曾钻进洞口,顺着坑道爬进了一个人造的大山洞,里面放着写有"易爆品"的箱子。战时确实有一批囚犯被押解到托普里塞湖修筑地下工程,这些囚犯在湖底水下开凿过水平坑道及一些入口。

1985 年掀开了托普里塞湖寻宝的新一页。萨尔茨堡工兵小分队试图从森林密布的湖南岸进入湖底的地下坑道。但是,当专家们推断,希特勒分子有可能在通往财宝埋藏处的坑道里布下地雷之后,所有的考察活动便很快停止了。结果,这个"阿里巴巴山洞"里到底有什么始终是个谜。

黄金列车

1945 年 5 月,美国陆军第 3 步兵师第 15 团在奥地利小镇魏尔芬附近发现了一列被遗弃的列车,车中有大量的黄金、珠宝、艺术品、家具、高档裘皮和名贵地毯,其中还混有大堆的砖瓦碎石、空罐头、煤块和垃圾。这列火车是从匈牙利开出的,车中的财物大多是法西斯运动"箭十字"党徒从犹太人那里掠夺来的,他们上台不到一年就屠杀了匈牙利 80

万犹太人中的 60 万。前苏军解放匈牙利前夕，一些亲纳粹的匈牙利高官将这些财物装入 44 节车厢后向西转移，以免其落入红军手中。其中 24 节车皮后来在德国西南部的圣安东被法军俘获，剩下的 20 节车厢留在了奥地利，护卫列车的 42 名匈牙利军人在美军到达前就带着详细的货物清单逃跑了。

兴高采烈的美军士兵马上开始在"黄金列车"中各取所需，为自己及亲人搜刮财物。直到驻扎在奥地利西部的美军第 42"彩虹"师师长科林斯中将下令后，他们才将剩余的犹太人财物运到萨尔茨堡的一座军用仓库中。科林斯也抓紧时机为自己攫取好处，他在 8 月 28 日写信给萨尔茨堡仓库的主管，让他从仓库中精选出下列物品运到司令部以供其运回家中："可供 50 人用的宴会用瓷器；同样数目的银餐具，包括汤匙和调味瓶；全套水晶器皿和酒杯，包括威士忌酒杯、鸡尾酒杯、香槟酒杯和利口酒杯；30 套亚麻桌布，每套包括 12 条餐巾；质量最好的被褥、枕头和大号浴巾各 60 套。"此外他还索取了 12 座银烛台、11 条波斯地毯、2 块小地毯和 13 条挂毯，用于装饰其别墅和专用车厢。

随着越来越多的美军高级将领进驻奥地利，更多的手伸向了萨尔茨堡仓库。一位将军为装饰他在维也纳征用的豪华宅邸，从仓库里取走了 18 卡车的家具、地毯和装饰品；另一位将军将 30 多箱银餐具、瓷器和烛台寄回了美国。美军物资交流处也从 1945 年 11 月开始公然出售仓库中的裘皮和地毯。此外对仓库的盗窃活动也层出不穷，1946 年 10 月，该仓库曾报告说丢了两小箱砂金。这些事件都妨害了对匈牙利黄金列车财物的估价工作。一份不完全的报告列出了到 1947 年底尚保存在萨尔茨堡仓库中的东西：10 箱金制品，每箱 45 公斤；1 箱金币，重 100 公斤；18 箱金首饰，每箱重量从 30 到 60 公斤不等；32 箱金表；1 箱纸币，内有 4.46 万美元；360 个瑞士法郎、84 个意大利里拉、10 个巴勒斯坦里拉、66 个加元、5 个瑞典克郎、15 个德国马克、26.0484 万个便戈（匈牙利货币）；1560 箱银餐具；1 箱银锭；200 件以上的绘画作品；3000 多条名贵地毯；此外还有大量零散堆放的高级服装、名贵裘皮、皮鞋、照相机、集邮册、唱片、蕾丝花边、瓷器、水晶器皿、手表和怀表、玩具、烛台、桌子、椅子、镜框、吊灯、1 万多条亚麻桌布、床单、鸭绒被褥……

这份清单非常模糊混乱，但还是令一些人大为惊讶。1947 年 11 月，美军调查人员对其中的艺术品进行了清点，发现绘画作品不是 200 幅，而是 1181 幅！仓库管理人员认为这些画作里没有什么稀世珍品，于是漫不经心地将其胡乱堆放一气，调查人员却在里面发现了一幅 1639 年的伦勃朗作品和一幅凡·戴克的海景画。美国军方对缴获的文物和艺术品的通常做法是将其归还给原物主，但是这些原属于匈牙利犹太人的画作却在 1949 年 1 月 5 日移交给了奥地利行政当局，美国甚至没有告诉匈牙利政府（已经是共产党政府）有关这些画的事。

匈牙利犹太人组织从 1945 年 12 月起就要求美军归还这些被掠财物，匈牙利财政部长米克洛什·尼亚拉蒂为此在 1946 年多次到奥地利和美国游说，但被美军当局以"无法查明这些物品原主人"为由搪塞过去了。美方辩解道，它的财产归还政策是尽量避免将缴获的财物归还给某个具体的个人或家庭,而是将其移交给难民组织作为其救济经费。在这样的原则下,国务卿乔治·马歇尔让美国驻匈牙利公使馆在 1947 年 5 月 19 日致信匈牙利犹太人组织,称美国决定将"黄金列车"中 90% 以上的财物移交给国际难民组织,并指定将其专门用于救助欧洲犹太难民,其分配办法由美国犹太人大会和巴勒斯坦犹太人办事处制定实施。美国人这样做无疑也与匈牙利即将向共产党阵营转变有关。1948 年 7 月,"黄金列车"中的部分财物由国际难民组织筹委会在纽约拍卖。匈牙利犹太人幸存者及其后代至今仍在为讨还这笔财产对美国进行诉讼。

"玛丽·迪尔"号珍宝

1535 年,西班牙殖民者占领秘鲁;1621 年,秘鲁独立。86 年间,西班牙殖民总督驻地利马成了他们截获财物的中转站。殖民者大肆杀害印第安人,把从他们那里抢掠搜刮来的大批金银财物聚敛到利马,然后再定期运回西班牙。此外,当时号称富甲南美洲的利马还成了西班牙豪门贵族花天酒地的地方。

1621 年,南美人民组成了反抗西班牙统治的起义军。在海上,起义军击溃了西班牙人的 26 艘战舰、三桅战舰埃斯梅拉号。兵临利马城下的起义军令城内的达官贵族惶惶不可终日。千方百计想逃出利马城的时候,他们还不忘随身带走敲骨吸髓掠夺的珍宝。

贵族们每天都做着希望西班牙海军打胜仗、有军舰来接他们回国的美梦。然而,他们等来的却是令人沮丧的战报——西班牙的战舰一艘艘被击沉,利马城被圣马丁将军的部队包围了。一夕间,港内除了私人豪华船"玛丽·迪尔"号正准备拔锚起航外,所有的船都消失得无影无踪了。几个西班牙富商和"玛丽·迪尔"号的船长汤普森商量后,花高价搭乘他的船回西班牙。对汤普森来说,随便挣钱何乐而不为,而且还是高价;对达官贵族们来说,汤普森就是在救他们的命。然而,贵族们没有想到最后要他们命的不是利马人,而是他们以为的救命恩人。

一天一夜后,贵族们把整理好的值钱物品拼命搬到了"玛丽·迪尔"号上。随后,"玛丽·迪尔"号载着大量金银财宝和贵重物品从利马港起航了。晚上,贵族们都在举杯庆祝自己的财宝没有在战火中丢失的时候,汤普森却在挨个船舱巡视。汤普森原本就是一个贪财的人,当他看到大批珠宝首饰、法国古金币、威尼斯古币、埃及古金币、各种各样金制的餐具、祭祀用品、烛台和许多艺术珍品时就想据为己有。他这辈子也没有见过满船的金银珠宝,有的金制品他甚至从来没有见到过。当他伸手挪动箱子时,里面还发出金属声。

在头脑里,当邪念占主导时,罪恶行动也就要实施了。夜深人静之时,汤普森悄悄地与贪财的大胡子水手在船长房内共商"大计"。起初,大胡子觉得船长有些莫名其妙。后来,当他明白船长的意思后两人便一拍即合准备杀戮。然而,船上的西班牙人有 50 多个,水手只有 20 人,不能来明的。于是,大胡子设下一条毒计:让船上的医生下毒。在船长室里,船长、大胡子水手和医生 3 人策划了一个谋财害命的阴谋。

一天,船长假惺惺地招呼大家在大风来临之前多吃一点,大胡子也热情地给每个人端饭送菜,劝他们多吃。达官贵族们一听到下午有风浪,就都多吃了几口。和密谋者们设想的一样,饭后一个小时发生了中毒事故。其中,只有几个是吃自己带的东西因此没有中毒,剩余的 40 多人都昏迷了。见时机成熟,汤普森船长一声令下灾难就降临到了巨富们身上。没有中毒的被船员们五花大绑后捅死了,中毒昏迷的人则被扔进了大海。就这样,"玛丽·迪尔"号船上的财宝,就落入汤普森这伙人手里了。得手后,汤普森决定将船开往几乎与世隔绝的科科岛。科科岛是南美洲海盗们的天堂,不仅有利于躲避任何海上的监控和追捕,而且可以避风浪。因为"玛丽·迪尔"号外型很醒目,容易被发现和追踪。他们把"玛丽·迪尔"号开到科科岛附近,搬走了船上所有值钱的财物,然后留下几个人,凿穿船底,让船渐渐地下沉。汤普森与船员们分乘几艘小艇去了中美洲。

汤普森以为自己这一切做得天衣无缝,可是不曾想他已经成了英国和法国海军要追捕、通缉的要犯。19 世纪初,国际协定明确规定,对从事抢劫活动的海盗要处以死刑。直到有一天他在小镇的妓院发泄的时候被妓女告密了。事后,汤普森通过和镇长的交易幸运躲过了这一劫难。此后,汤普森一次次通过贿赂逃脱了。虽然汤普森后来去过科科岛,但是由于其行动已被跟踪,他不可能拿走大批珍宝。人们估计,"玛丽·迪尔"号上绝大部分财宝仍藏在科科岛。据有关历史资料记载,科科岛上藏着好几笔总价值高达两百多亿的财宝。其中,仅汤普森的"玛丽·迪尔"号船上的珍宝就高达 100 亿法郎以上。

沉没的"黄金船队"

18 世纪初,西班牙财政困窘,一支由 17 艘大帆船组成的庞大船队奉命载着从南美洲掠夺的金银珠宝火速运回西班牙,其间要经过一段最危险的海域。有一天,正当"黄金船队"驶到亚速尔群岛海面时,突然一支英、荷联合舰队拦住去路,这支由 150 艘战舰组成的舰队迫使"黄金船队"驶往维哥湾躲避。

面对强敌的包围,唯一而且最好的办法是从船上卸下财宝,从陆地运往西班牙首都马德里,但西班牙当局偏偏有个奇怪的规定:凡从南美运来的东西必须首先到塞维利亚市验收。他们显然不能违令从船上卸下珍宝,侥幸的是在皇后玛丽·德萨瓦的特别命令下,国王和皇后的金银珠宝被卸下,改从陆地运往马德里。

在被围困了一个月后,英、荷联军约 3 万人在鲁克海军上将的指挥下对维哥湾发起猛攻。3115 门重炮齐轰,摧毁了炮台和障碍栅,西班牙守军全线崩溃。由于联军被眼前无数珍宝所激奋,战斗进展迅速,港湾很快沦陷,此时"黄金船队"总司令贝拉斯科绝望了,他下令烧毁运载金银珠宝的船只,瞬时间,维哥湾成为一片火海,除几艘帆船被英、荷联军及时俘获外,绝大多数葬身海底。

这批财宝究竟有多少?据被俘的西班牙海军上将估计:约有 4000～5000 辆马车的

黄金珠宝沉入了海底。尽管英国人多次冒险潜入海下，也仅捞上很少的战利品。于是，这批宝藏强烈吸引着无数寻宝者。从此，在近 1000 海里的海底，出现了一批批冒险者的身影，他们有的捞起已空空如也的沉船，有的却得到了纯绿宝石、紫水晶、珍珠、黑琥珀等珠宝翡翠，有的仍用现代化技术和工具继续寻觅。随着岁月推移，风浪海潮已使宝藏蒙上厚厚泥沙，众多传闻又使宝藏增添了几分神秘，无疑给冒险带来了太多的麻烦。不幸的是那部分由陆地运往马德里的财宝，在途中有一部分被强盗抢走。这部分约 1500 辆马车的黄金，据说至今仍被埋藏在西班牙庞特维德拉山区的一个鲜为人知的地方，这显然又像一块巨大的磁铁吸引着梦想发财的人们。

阿托卡船上的货物

西班牙对殖民财富的掠夺采用了最野蛮的方式，当时南美洲被证实富含金银矿和其他稀有资源，于是西班牙殖民者在新大陆唯一的工作就是开采和经营矿山。一船又一船的金银财宝成为殖民掠夺的罪证。

西班牙的运金船最害怕海盗和飓风，为了对付海盗，每支船队都装备了大炮、船身坚固的"护卫船"，阿托卡夫人号就是这样一艘护卫船。1622 年 8 月，阿托卡夫人号所在的、由 29 艘船组成的船队载满财宝从南美返回西班牙。由于是护卫船，大家把最贵重、最多的财宗放在阿托卡夫人号上，遗憾的是阿托卡夫人号的大炮对飓风没有什么威慑力。当船队航行到哈瓦那和古巴之间的海域时，飓风席卷了船队中落在最后的 5 艘船。阿托卡夫人号由于载重太大，航行速度最慢，成为首当其冲的袭击目标。船很快沉到深 17 米的海底。其他船只上的水手马上跳下水，希望抢救出一些财宝。但是就在他们找到残骸、准备打捞金条时，又一场更具威力的飓风袭来，所有水下的人都在飓风中丧生。

梅尔·费雪给自己的定义是寻宝人。1955 年他成立了一个名叫"拯救财宝"的公司，专门在南加州一带的海域寻找西班牙沉船。20 年的打捞生涯里，费雪先后打捞起 6 条赫赫有名的西班牙沉船，成为圈中名人，也赚了大把钞票。不知不觉，费雪到了该退休的年龄，不过他不愿意离开打捞船，因为他曾发誓一定要找到传说中有着最多财宝的阿托卡夫人号。于是全家人为这个理想放弃了公司的正常运转，费雪的妻子、儿子和女儿陪着父亲一起下水，在海底寻找梦想。他们的搜寻一丝不苟，只要看到不是石头的东西都要用金属探测器探测。16 年过去了，几百万美元的投资付之东流，但费雪一家从来就没有放弃过。后来，潜水队遇到了一堆裹着一层厚壳的怪物。这就是他们大半生都在寻找的那艘船。视野中满是一堆堆银条，在银条顶上是一箱箱钱币，到处都是一堆一堆的金条和一些绿宝石。

1985 年 7 月 20 日，梅尔·费雪的打捞队得到了回报，费雪和家人找到了阿托卡夫人号和上面数以吨计的黄金，不过这种喜悦却被 30 年的艰难磨得平淡了。费雪认为上帝一定会让他找到阿托卡夫人号，只不过是一直在考验他的耐心而已。他们花了将近两年时间,取得了价值4亿美元的战果。1998年,梅尔·费雪去世了。如果他看到自己的博物馆里满是重见天日的珍宝,依然闪射着很久以前拥有的光彩,他会感到骄傲的。

这个号称海底最大宝藏的沉船上有40吨财宝,其中黄金就有将近8吨,宝石也有500公斤,所有财宝的价值约为4亿美元。费雪寻找阿托卡夫人号的故事在美国成了中国"铁杵磨成针"的故事,"寻找阿托卡"竟然也成了常用短语,意思是坚持梦想,必会成功。

有人碰巧发现了金银财宝,还有人用一生的精力追寻同一个梦想。珍宝确实是一种旷世财富,有时,它又可能带来危险。但是只要潜得再深一些,视野再扩大一点,或许,仅仅是或许,惊人的发现在等待着你,令人叹为观止的宝藏在等待着你。梅尔·费雪一家凭借30年持之以恒的无悔追寻,终于发现了传奇故事般的宝藏和数以吨计的黄金。

淹没在大西洋的珍宝

据统计,在佛罗里达州海岸,约有1200至2000艘沉船。其中有许多沉船的历史可以追溯到西班牙运宝舰队横行大西洋,到达南美洲的时候。从16世纪中叶到18世纪期间,船队都集中在哈瓦那。穿越佛罗里达海峡,顺墨西哥湾北向行驶,过了加罗纳时,趁着西风离开美洲驶回欧洲。

1715年5月,两支小舰队由两名名叫乌比雅和艾维兹的将军指挥,在哈瓦那会合。在全盛时期,西班牙海军曾集合100艘舰船,每年横渡一次大西洋,一直持续到18世纪。当时英、荷正同法国竞争,其辉煌灿烂的全盛时期也成明日黄花,好景不再。

1715年集合在哈瓦那的联合舰队,数目不上11艘,少得可怜。而且船只本身质量欠佳,几乎没有一艘可以胜任远航。乌比雅将军所率领的5艘战舰中最好的一艘,原来曾是英国军舰"汉普顿宫"号,后来被法国缴获,借花献佛,转赠西班牙。但这些船只都载有珍宝,其中还有一批是由中国工匠制作的彩瓷制品,越过太平洋运到美洲,再由骡子运到墨西哥。这些物件都有不可低估的艺术价值。

在哈瓦那装船后,11艘船只顿露险象。它们全部都吃水过深,侧缝使劲往里漏水。同年7月27日起航,其实已近飓风季节,每只船随时都有可能沉于海底。但舰队依然向巴哈马群岛以北驶去。最初几天,天气晴朗,阳光明媚,一派温馨和谐的景象。过了几天,天气陡然转阴,视线模糊。入夜后,强风劲吹,海面巨浪滔天,船若浮萍,随风摇动,乘客及货物在船舱里滚来滚去。翌晨,天空依然一片阴霾,溽热难忍,天空中突然涌出一片紫云——风暴来了!

舰队好不容易驶入佛罗里达海峡,不料风势大大增强。舰队卡在佛罗里达平坦海岸险峻的珊瑚暗礁与危险的巴哈马群岛浅滩之间,命运只在须臾之间。离开哈瓦那这一段航程,飓风猛吹。舰身沉重,头大尾小,各舰在风浪中已是难于驾驭,迅即被吹向佛罗里达海峡时,桅杆折断,甲板上全是碎木板和湿透的绳索。

有幸没有被冲下海去的人都跪在甲板上向天祷告。乌比雅的旗舰首先触礁,其他船只也跟着触了礁。10 艘战舰沉没,只有"葛里芬"号幸免,因为它的舰长不遵从命令,继续向东北航行,因此逃过暴风。丧生者 1000 余人,损失金银及其他货物约值 2000 万美元。有些运气好的生还者被冲上海岸,带着少量漂流出来的财宝,走向内陆,下落不明。还有人坐木筏漂流,到达佛罗里达西岸圣奥古斯丁。

西班牙人立即从哈瓦那及圣奥古斯丁派出 8 艘船只,从事大规模的打捞工作。他们在卡纳维拉尔岬设了一个营地,并建立了 3 个仓库收藏找回的财宝。潜水员只是吸一口气,便带着重石头加速潜下水底,把几百万枚西班牙银币打捞上来。

海难消息传抵英国海盗盘踞的牙买加。海盗中有一名绰号黑胡子的船长和另一名叫简宁斯的船长袭击西班牙营地,仅简宁斯一人便劫走几千枚西班牙银币。这样,西班牙人于 1719 年返回哈瓦那时,带回的财宝只是原数的三分之一。其余的就在海底埋藏了近 300 年无人过问。随后这些沉船残骸就成为佛罗里达州寻宝工作中历时最久而收获最丰富的一个寻宝线索。

直到现在还有人在寻宝。佛罗里达州一位业余寻宝人华格纳因此而闻名于世。华格纳于 1949 年迁到佛罗里达州海岸边,听到朋友在海滩上找到钱币的故事后,对西班牙沉没的船只大感兴趣。他用 15 元钱从陆军剩余物资中买到一架地雷测探器,在卡纳维拉尔岬南约 25 里的塞巴斯丹与瓦巴索之间的海滩上,找到了以前铸造的大量钱币。从钱币发现的地点,他有了关于沉船地点的一套设想。钱币集中在沿岸不同地点的小水道里,他猜想在每个地点都有一条沉船。

华格纳和一位同事凯尔索在美国各图书馆及研究机构广泛研究,凯尔索在国会图书馆的珍本书收藏室找到一本重要书籍《东西佛罗里达自然历史简介》,1775 年出版。它描述了 1715 年西班牙舰队船只遇难时的情形,并提及"沉船里可能还有很多西班牙一元及两元银币有时被潮汐冲上岸"。

他们两人与塞维尔的西班牙海军史迹馆馆长取得联系,馆长供应他们 3000 张古代文件微缩胶卷。经过研究翻译后获知 1715 年海难及打捞工作的全部经过,以及许多残骸的大略位置。

看起来华格纳好像已经找到了有关西班牙沉船的线索,但是要打捞藏宝还需要许多年的工作。佛罗里达沿岸气候不佳,每年仅有几个月能进行打捞,因而使这项工作更加网难。华格纳首先在卡纳维拉尔岬搜查当年西班牙打捞队营地及仓库,用地雷探测器在海滩后面的高地经过多日细心搜寻后,探得一艘船只上的大铁钉和一枚炮弹。他在现场挖掘并把一块半英里长的遗址绘入地图。随后,更多的炮弹、中国陶器碎片和一枚镶有 7 颗钻石的金戒指陆续出土。

从记录中,华格纳知晓在高地遗址对面有一艘沉船。他花了许多天时间,戴上自制面罩浮在一个汽车内胎上,向污泥和海草里仔细探寻,最后发现一堆炮弹。潜水下去又发现一个大铁锚，终于找到第一艘沉船。现在他已知道这些古物从上面看是个什么样子，于是立即租了一架专机，从空中逐一细看暗礁及浅滩，寻找其他沉船。他的空中搜寻工作很成功，把许多艘沉船的地点都绘入地图里。

1959 年，华格纳召集几位精于潜水的友人，成立了一个"八瑞公司"，当时西班牙 1 个比索等于 8 个瑞尔，比索是大银币，瑞尔是小银币。他们向佛罗里达州申请取得享有寻获物 75% 的权利。他们利用一艘旧汽艇和一部自制捞泥机，奋力工作了 6 个月，但毫无所得。他们的热情顿失，公司也快要破产了，但在最后，有一位潜水员浮上水面手里紧握着 6 枚楔形银块。其他人都大喜过望潜入水下，看看究竟能够在海底找到些什么宝物。

以后的几个礼拜内又找到 15 枚楔形银块，然后华格纳决定拉人到另一沉船地点。从那时起，他的寻宝美梦终于成为事实。在第二艘沉船处工作的第一天，发现一批数量惊人的银币。随后在暴风后的一天，华格纳带着侄儿到海滩仔细探察。当华格纳捡拾钱币时，他的侄儿找到一条金链，长 11 英尺半。此链共有 2167 枚金环扣在一起。一条做工精致的金龙缀在金链上，龙嘴张着，是一个可吹响的哨子，龙背上装着一支金牙签，龙尾可以作耳挖。这件宝物后来鉴定是属于当年乌比雅将军本人所有，售得 5 万美元。

发掘工作继续数年，公司组织扩大。海底寻宝最惊人的一次发现，或许是他们捞到几近完整无损的 30 件中国瓷器。西班牙人用特制的"自墩子"瓷土包装这些精致的碗、杯，以防破碎。1965 年 5 月 31 日，他们使用自己发明的一种机器，从船的推进器向下方喷射强大水流，能把海底的一层泥沙吹去，又不致吹动他们相信沉在海底的珍贵财宝。当海水澄清后，华格纳和他的同事望向海底，目力所及，遍地都是金币，顿时看得他们目瞪口呆。1967 年，华格纳把财宝拍卖，获得 100 余万美元。

日本"阿波丸"号沉宝之谜

传说中，令世界所有打捞者魂牵梦绕的"阿波丸"号是一座重达 40 吨的"金山"。1945 年 4 月 1 日午夜时分，"阿波丸"号在我国福建省牛山岛以东海域被美军潜水舰"皇后鱼"号击沉。美"皇后鱼"号艇长向上级报告说，击沉一艘敌国驱逐舰。对此，日本政府向美国抗议说美军无故进攻"阿波丸"，是战争史上最无信的行为，并要求美国负全部责任。然而，美国政府声称艇长已交军事法庭。美国政府不仅拒绝日本抗议，而且还质疑"阿波丸"号的正当性，指责日本把军政要员装载其中。虽然日本政府再次抗议，但似有难言之隐。拖了 4 年，此事因日本自动放弃赔偿而不了了之。

"阿波丸"号沉没时，除了三等厨师下田勘太郎一人幸免于难外，其他两千多名乘客和随船数不清的金银珠宝全部沉入海底。国际社会为之震惊，尤其是人们得知"阿波丸"号船壳内的惊人财富时这种震惊更是难以言表的。

据悉，美国人掌握的资料显示"阿波丸"号上除了金银财宝外，还有可能有"北京人"头盖骨化石。

1941 年，日本侵略者铁蹄肆虐。在研究"北京人"化石的学者魏敦的要求下，"北京人"头盖骨化石被秘密运往纽约自然历史博物馆。1941 年 12 月 5 日，美国海军陆战队专列护送化石由北平开往秦皇岛，两箱化石被放到美军专用的标准化绿色皮箱中和所有军人行李一起托运。几天后，太平洋战争爆发，日军迅速占领美国在华的所有机构。随之，"北京人"头盖骨化石也失踪了。然而，日本官方始终不承认获得了"北京人"头盖骨化石。

1977 年 1 月 13 日，我国对"阿波丸"号进行了为期 3 年的大规模潜水打捞作业，工程代号"7713"。经过 3 年的努力，"阿波丸"号沉船的船首被打捞出海面。共捞获橡胶等货物数千吨，还捞获了价值 5000 余万美元的锡锭，共计 2472 吨。然而，这次打捞没有找到"北京人"头盖骨化石，也没有发现黄金。看来，只有彻底打捞上阿波丸，真相才能大白于天下。

"圣母"号的财宝

1622 年 9 月 4 日，一支由 28 艘船组成的西班牙船队开往西班牙。航途中，船队遭遇台风，被刮到美国佛罗里达海峡，有 8 艘沉没。其中，沉没的"圣母"号中装有 47 吨西班牙军队从各地抢掠来的黄金、白银。为了不丢失这批财宝，西班政府立即组成一支打捞船队，并在海军的护航下来到沉船海域开始打捞。然而，由于那时海洋潜水技术有限、打捞工具落后，何况又要在 50 米以下海底打捞珍宝，所以打捞工作十分艰难。最终，这支打捞队在打捞了 4 年多后仍一无所获，西班政府只好无奈放弃。

1960 年，美国冒险家费希尔从书上看到"圣母"号沉没的记载。此后，他便到各大图书馆搜集了大量有关沉船的资料，还痴迷地查阅当年西班牙船队遭台风袭击的报道。财宝对许多人总是有无穷的吸引力，美国冒险家费希尔彻底被"圣母"号的财宝迷住了。于是，他决心要把自己一生投入这一事业。虽然费希尔只是一位中产阶级，但他还是拿出家里积蓄组建了一家打捞公司，并开始在"圣母"号遇难的海域进行搜寻。5 年的时间里，费希尔不仅往海里掷了万贯家财，而且人也变得又黑又瘦，但他却没有找到一块金子。尽管如此，但费希尔没有放弃，他坚持努力着。10 年过去了，费希尔不仅花光了所有的积蓄，而且开始变卖房地产继续着海底探宝的事业。然而，费希尔这么多年的努力依然没有得到回报。于是，有朋友劝他放弃。但是，费希尔仍然无动于衷。

为了寻宝，费希尔耗费了家产，甚至连儿子的命也搭进去了。一天，他的大儿子潜入海底，结果因为供气皮管被缠在一堆礁石上而活活在海底憋了 6 个小时。当费尽周折把儿子救上来的时候，他已经停止了心跳。与过去耗费的巨额金钱而一无所获相比，这次费希尔丧失儿子的打击是巨大的。付出了如此惨重的代价，人们以为费希尔会收兵归营了。可是万万没有想到，他安葬完大儿子之后又出海了。为此，费希尔的女婿被岳父的精神深深地感动了。于是，他去学校学习潜水技术后就当了费希尔的助手。

直到 1984 年为止，费希尔在海底寻找"圣母"号已经 24 年了，而且这 24 年里他一直一无所获。虽然精神可嘉的费希尔一直没有放弃，可是老天并没有眷顾他，他后来接二连三地遭受了沉重的打击。不仅他的潜水员被鲨鱼咬成重伤而亡，而且他的女婿也死在了海底。失去两位亲人，就算铁石心肠的人也该放弃了。然而，费希尔不但没有动摇，而且还购买了先进的地磁仪来收集数据。通过对若干个数据的分析，费希尔终于在 1985 年找到沉船的具体位置。这次，费希尔打捞上来 20 多万件金银宝物。其中，除了大量金银制造的精美工艺品外，还有 5 万枚银币、987 块金锭和 3200 颗绿宝石。

虽然费希尔打捞上来了不少金银珠宝，但是他只发现了"圣母"号三分之一的沉船残骸。于是，他决定继续搜索剩下的三分之二的沉船残骸。大海终究没有辜负费希尔的真诚，给了他丰厚的回报。很快，费希尔在海底发现文物中的无价之宝——一只装有古代使用的天文测量仪的大箱子。

很快，费希尔的打捞探宝公司名扬天下，甚至有许多投资人加入了他的探宝公司。后来，费希尔以 1200 名投资者的资金开始了在海底寻找"阿托查"号沉船。令他欣喜的是，很快就发现了"阿托查"号沉船，而且捞起了许多古代金币。

老子云:祸兮福所倚,福兮祸所伏。这次费希尔虽然成功打捞了阿托查号沉船，可是当局称这些宝物是该州的水下资源，是公共文化遗产，竟然一纸传票把他送上了佛罗里达州的法庭。几十年的时间耗在海底打捞事业上，吃了官司又要把全部精力用在对付法庭辩论上。100 多场法庭辩论过去了，马拉松似的官司结束了，美国最高法院判定费希尔有权保留他所打捞的物品。

荷马史诗中的宝藏

在《伊利亚特》等古希腊诗篇中。有这么一个传说故事:在斯巴达国王墨涅拉斯举行的一次宴会上，特洛亚王子帕里斯爱上了主人的妻子，美丽的海伦，海伦随帕里斯私奔还卷去许多财宝，这引起了希腊人的愤怒，引发了希腊人和特洛伊历时 10 年的战争。希腊人攻破特洛伊城后，进行疯狂的掠夺和血腥的屠杀，临走时又将这座繁华的城市付之一炬。

岁月悠悠，沧海桑田。随着时间的推移，世人对这些史迹传说渐渐忘却。直到近代，西方学者才开始注目于古希腊史的研究，但多数学者都认为荷马史诗中描述的一切仅是神话故事而已，不足为信。唯独德国考古学家亨利·谢里曼（1822～1890 年）并不这么认为。他自幼就对希腊神话、尤其是关于特洛伊战争的传说故事有着浓厚的兴趣，发誓有朝一日要使沉睡地下数千年的普里阿摩斯王宫重见天日。为使自己的梦想成真，1870 年，谢里曼千里迢迢来到近东沿海特洛伊平原，寻访他为之魂牵梦绕数十载的占城堡遗址。经过实地勘察，最后选定一个名叫希沙立克的小丘作为挖掘地点。经过 3 年的努力，谢里曼在这里挖掘出了层层叠叠的古城遗址。其中倒数第二个城，有着厚实的城墙和高耸的城门,城内有一处昔日甚为可观的宅院,城墙上也有大火焚烧的痕迹。所有这一切使谢里曼断定这就是他一直以来孜孜以求的特洛伊城,那个院也就是普里阿摩斯王宫,《伊利亚特》史诗中所提到的普里阿摩斯宝即将呈现在世人面前。然而,事与愿违,他几乎挖空了古城的一半却从没有发现一块金子。谢里曼已身心疲惫,心生退意,准备立即停止希沙立克丘的挖掘工作。

1873 年 6 月 14 日,谢里曼和雇工们到工地作最后一次努力。当他站到 28 英尺深、靠近普里阿摩斯王宫环形墙附近时,目光突然被废物层中一个形状很特别的器物吸引住了,因为那东西后面似乎有夺目的光彩在闪烁!谢里曼的心脏顿时狂跳不已,意识到那肯定是金子。他竭力压制内心的激动,找来妻子,要她告诉工人们:因为今天是他的生日,所以提前收工,工资照发。在遣散雇工后,谢里曼就迫不及待地扑向那件器物,扒开边上的灰烬一看,是一件铜制器具,可要把它挖出来实属不易,因为上面压着一截 19 英尺高的城墙。但谢里曼早已把安全置之度外,他在城墙下面挖呀挖,终于可以把手伸进去了,于是一件又一件金银财宝被取了出来。夫妻俩把这些价值连城的东西用围巾一裹,拖回他们居住的木屋。然后锁上门,开始仔细检查,发现共有金王冠 2 顶,还有 4066 个近似心形的金片、16 尊神像、24 条项链,以及杯、瓶、耳饰、纽扣、针、棱柱等,总计 8700 件各式金质物件。谢里曼认为这就是普里阿摩斯王宫的宝藏。

这些宝藏是怎么来到古城墙下的呢?

由于这些财物被发现时紧挨在一起呈长方体,所以谢里曼推断它们原来是装在一个木制箱子里的,后来木箱被战火焚毁,宝藏却保留了长方形状。对于这一点,宝藏附近发现的铜钥匙亦可作为佐证。具体情况可能是,希腊人攻进特洛伊城后,城内一片混乱,王宫内有人匆忙地把一些财宝装进箱子,连钥匙都来不及拔下来就仓皇出逃。走到城墙边,也许遇上了大火,也许是敌人的追赶,使他被迫丢下箱子逃之夭夭,而箱子也马上被倒塌的房屋和城墙所覆盖。但有人对此假设提出异议,他们认为这些财宝原是藏在王宫楼上的箱子里的,后来由于大火烧毁了王宫才使宝箱摔落到了离城墙不远的地方,因为不久后在离第一宝藏只有几码远的地方又发现了另一处宝藏。可事情还没有终结,后来在邻近王宫的墙脚下又找到了三处宝藏。这样,又有人解释说,这可能是当希腊人破城而入的时候,宫廷侍卫情急之中把国王的财宝装进几个大箱子,故意放到即将倾塌的城墙下面的。大家各执一词,真叫人不知所从。

这些宝物在历史上究竟为谁所有?

谢里曼直到去世都坚信他发现的就是普里阿摩斯国王的财物,宝藏所在的倒数第二座城址就是荷马史诗中描述的特洛伊城。但谢里曼的这一论断在他去世 3 年后就被人们推翻。考古学家德尔费德根据新的发掘材料,认为倒数第六座城才是荷马史诗所说的特洛伊遗址,而谢里曼至死不疑的特洛伊第二座城在特洛伊战争前 1000 年就已经存在了。20 世纪 30 年代,英国考古学家布列经研究后进一步指出,真正的特洛伊战争遗址也不在第六文化层,而在第七文化层,因为导致第六文化层城堡毁灭的原因是地震而不是战争。这样,人们不禁要问:既然谢里曼所谓的普里阿摩斯宝藏并非是真正的普里阿摩斯国王的财产,那么它的主人到底是谁呢?而真正的普里阿摩斯宝藏又在何处呢?这还有待学者们的进一步研究。

印加黄金之路

公元 1480 年,印加帝国的首都库斯科收到了一个令人振奋的消息。这是一个由彩色棉线结绳记录下来的消息。它辗转数百公里,经过众多印加信使的连续奔波,穿越热带雨林、大峡谷和白雪皑皑的峻岭最终到达首都的。其中,彩色棉线中的红绳代表的信息是我们打算在两河交汇处修建一座堡垒,但是突然遭遇敌军;而黄绳的含义是我们发现了黄金。在获得消息后,印加首领帕克带领数千名武士向热带雨林挺进。

520 多年之后,芬兰考古学家斯里艾林对一段结绳文字的西班牙译文展开研究。其中,提到印加首领图帕克带领探险队进入了亚马逊地区。对于印加人的东进程度,斯里艾林感到惊讶不已,他还想了解更多的信息。为了寻找线索,斯里艾林教授专程赶往玻利维亚。在茂密的热带雨林中寻找考古遗址无异于大海捞针,加上遗址已经被掩埋了数百年时间,还有河流航道的不断偏离使考古工作变得难上加难。

斯里艾林将由热带雨林进入群山,再到海拔将近 4000 米的的的喀喀湖。的的喀喀湖位于玻利维亚和秘鲁边境的一处高地上,而这里正好也是男一位考古学家探险之旅的起点。他就是加州大学洛杉矶分校考古学院的院长查尔斯。15 年来,这位美国科学家一直都致力于的的喀喀湖周围文明社会盛衰历史的研究。查尔斯已经做过几次长途跋涉,试图找到通往低地的印加之路。一张 16 世纪的祭祀品清单为他提供了线索,其中提到群山中有屈指可数的几处矿井。由此,查尔斯怀疑印加人的大量黄金就来源于亚马逊地区的河流中。

印加人拥有一套完善的交通和信息体系。正因为这套体系的存在,印加信使才可以在两天之内就能从 400 公里以外将消息或者鲜鱼送到上司手中,而驿站就是他们相互接力的中转站。

印加社会既有太阳神教,又有月亮神教,还有其他宗教形式,比如太阳岛上就有一处大型的朝圣地。和罗马的情况一样,他们吸收了大量的教徒,不过他们并不要求当地人放弃原有的宗教,而只是要求他们必须尊重印加宗教,所以当印加人在伊利卡亚定居下来后,他们就修建了神庙和其他圣地,他们肯定还有宗教仪式,这也是他们表现自己征服者身份的重要证据,而且是精神和物质双方面的控制。

印加人在的的喀喀湖供奉古柯叶,然后举行仪式,召唤太阳神。在印加人眼里,古柯叶是神圣之物,是人与神之间沟通的桥梁。直到现在,在安第斯山地区,古柯叶仍是一种重要的药材和祭祀用品。此外,他们还把玉米酿造的啤酒,连同金银神像一起进贡,通常还有一只美洲狮像。在印加人眼里,美洲狮也是神圣之物。

　　为了找到古书中所记载的印加首领图帕克的城堡,斯里艾林和同伴们继续沿着马德雷德迪奥斯河搜寻。考古探险队在马德雷德迪奥斯河与里奥本尼河的汇合处靠岸。在这里,斯里艾林和他的玻利维亚同事法尔丁终于有所收获:当地人向他们提到了一些石头建筑。原来这些建筑是一面倒塌的、600 米长墙壁,它环绕在一座庞大的建筑群周围。这面墙是部落建筑,还是探险队所要寻找的城堡墙壁呢?

　　根据记载,城堡就位于我们所知的印加帝国边境以东 400 公里的地方。考古学家进行了一系列探索性的挖掘,结果发现这里曾经是人口非常密集的地区。每次挖掘,单纯 1 平方米的地方就能挖出将近两公斤的陶器碎片。碎片上面的图画并不属于亚马逊地区的特点。碎片表面的底色为红色,上面有黑色的菱形图案,非常明显它来自典型的印加圆瓶,而且反映了库斯科或者印加传统古典陶器阶段的特色。可以肯定的是印加人曾经深入这里,甚至更远。印加帝国的疆土正像结绳文字的记载一样,非常庞大。

　　根据记载,现在的玻利维亚和巴西的交界处在过去有一个"帕提提"的岛屿,岛上的人拥有大量黄金,而那正是传说中印加队伍到达的地点。

　　在现在玻利维亚和巴西的交接处,里韦拉尔塔要塞南部曾经有许多巨大的湖泊,湖中还有小岛,其中就包括古书记载的"帕提提"岛吗?它们就像烙印在大草原上的巨型图案,而且和秘鲁的纳斯卡线条与塑像一样令人琢磨不透。这套复杂的居住系统和古代交通路线究竟是不是低地印第安人的杰作呢?

　　在丛林中找寻遗址是件很不容易的事情,但是一张古老的地图却为考古学家们提供了一些线索。他们发现了散落于乡村各地人工修建的居住洞穴。考古学家对其中一处洞穴的历史和结构进行了考古研究。放射性碳年代测试结果表明,这里在公元 500 到 1400 年之间曾经有人居住,而且洞里的人以某种蜗牛为食,这说明洞穴与河流相距不远,而河流在历史变迁中日益枯竭。随着时间的推移,人居洞穴的高度增加到了 6 米。与此同时,土层的色彩和构造都清楚反映了各个时代的社会发展。

　　在寻找新的遗址的时候,考古学家们发现了更多的居住洞穴。在一个香蕉种植园中,他们发现了一处洞穴,而且还发现了许多碎陶片。这一古代高度发达的文明是否和印加人有联系呢?考古学家们认为,两者之间密切相关。

　　科学家早就知道印加人曾住在靠近科恰班巴的玻利维亚高地。印卡加塔可能是保留在玻利维亚的最著名的建筑。它大概建于 1460 年,原来是保卫帝国东部边境的屏障。考古人员在附近发现了一些往北的道路,它们是否就通向热带雨林呢?

　　16 世纪,西班牙人来到这里之前这个地方是当时西半球最大的单间建筑。它被称为"卡兰卡",并且在重要的宗教祭坛的中央位置。这座巨大的建筑不仅是创造之神——维拉科嘉的神庙,同时它的内部也是举行重要祭祀活动的场所。广场后面的建筑很可能就是整个印加帝国东部的重要祭坛。巨型建筑长 78 米,宽 25 米。它的里面是不是只用来举行祭祀活动呢？或者还用来存放货物，比如谷物、古柯、玉米、羽毛，或者是来自热带雨林的黄金和其他财宝？按照考古学家的说法，它一定是印加帝国东部的重要祭祀中心。印加人的祭祀地有一块镀金石，黄金的神奇光彩将庞大的印加帝国紧密统一起来，而印加人也灵活地运用黄金来表现了他们对太阳神的崇拜。随着印加帝国的四处扩张，道路变得四通八达，草原和热带雨林紧密相连，这使得"太阳之子"和他的臣民之间变得不再陌生。

霍克森秘藏

在公元前 1 世纪罗马占领时期，英格兰萨福克县的一个小村庄被称为霍克森。村子里的人都靠务农为生，他们的生活宁静且平淡。1992 年 11 月 16 日，这种宁静和平淡被打破。霍克森历史上最重要的一天到来了，这个村庄因为一份宝藏被意外发现而名噪全球。

艾瑞克·劳斯是霍克森的一个普通农民。1992 年的 11 月，他打算把自己的住宅改装，为此好朋友和邻居都前来帮忙。11 月 15 日，屋子的装修工程结束了，但一个朋友却告知劳斯自己的锤子不见了。劳斯从不愿占别人便宜，因此在院子里找了整整一天，但一无所获。他猜想锤子可能被埋到了地下，于是 16 日一早，他买了一个金属探测器，继续在院子里寻找。到了中午，金属探测器突然发出警报声，劳斯以为发现锤子了，开始在院子里挖起来，可挖到 50 厘米深的地方时还没有东西。劳斯并没有打算放弃，随着坑越挖越深，探测器发出的声音也越来越大。在挖到差不多 1.5 米深的地方时，一枚银币突然跳了出来。仔细一看，这是一枚古罗马时代的银币，虽然金属已经严重变色，但古罗马帝王头像的浮雕还清晰可见。劳斯继续挖掘，接下来的情景让他一辈子都忘不掉——呈现在他眼前的是一堆古罗马银币，中间夹杂着不少闪闪发光的金币，偶尔还有银制的汤匙和小艺术品，他挖到了一个地下宝藏。

劳斯马上停止挖掘，并向萨福克郡文物管理委员会报告了发现。文物管理委员会的成员以最快速度赶到劳斯家。经过专业人士一天的挖掘，所有宝物都重见天日。其中有14191 枚银币、565 枚金币、24 枚铜币、一些工艺品、首饰和金块。

所有金币都是纯度超过 99% 的九分七币（一种古罗马金币的专称），在 394 ~ 405 年之间铸造。全部金币来自 13 个不同的铸币厂，从出厂到埋入地下都只有不到 50 年的流通时间，所以保存得格外完好。在一般文物市场上，这种金币是很罕见的，就算有，价格也高得吓人。而一下子发现 565 枚这样的金币在历史上还是第一次。

除了古罗马钱币以外，霍克森宝藏里还有至少 79 个银汤匙，20 多个银烛台，一些银制的小雕像和 29 件纯金制成的、做工精细的首饰。

这些首饰上镶嵌的宝石在被埋藏之前都已经被撬下来，或许宝藏的主人觉得宝石价值高而且容易携带。另外宝藏中还有令人瞠目结舌的重达 250 公斤的纯金块。

在被发现后的第三天，霍克森宝藏被运到英国国家博物馆，在众多顶级考古专家专业目光的审视下它依然灿烂夺目。据考古专家研究，这是历史上古罗马钱币最集中的一次发现，也是英格兰历史上最重要的一次文物发现。宝藏的主人在紧急情况下把它们埋入地下，希望在一段时间以后重新取回，当时大约是公元440年左右。不知道是什么原因，或许是主人意外死亡，或许是他无法再找到埋藏财宝的准确位置，霍克森宝藏一直被埋藏至今。

为了揭开霍克森宝藏的秘密，博物馆派专家进行了研究。霍克森宝藏在任何时候都意味着一大笔财产。不仅在不列颠是最大的，在罗马帝国以内的任何地方都是。然而，迄今研究的任何结果都不能显示有关这笔宝藏主人的任何信息。事实上，除了知道他们显然很富有之外，要了解这些主人是什么样的人是不太可能的。考古学家分析宝藏的主人生前地位一定显赫，可能突然遭遇变故。不过迄今为止，他的身份还是一个谜。但是无名的主人及其神秘的过去不会有损于这一发现的重大意义。

现在霍克森宝藏被收藏在英国国家博物馆里，为此博物馆支付了125万英镑给宝藏的发现者劳斯。虽然这些钱和宝藏的价值根本无法相比，但是劳斯很满足，他说就算一分钱都没有，他也不会后悔。宝藏的发现也为小村庄带来意外之财，很多人涌进村庄寻宝，金属探测器成为最畅销的商品。

陨石收藏

流星、陨星，实际上都是宝藏。这份宝藏非常古老，可以追溯到混沌初开的年代，它是来自太空的宝藏。你发现一颗很好的陨星，相当于黄金，或你能想象到的其他任何珍宝的价值。这种天体的何种特质使它们如此贵重呢？是陨星稀有的特点，点燃了大多数收藏者的热情。由于流星雨如此罕见，收藏者必须格外警觉，随时行动。

陨石

45岁的罗伯特·黑格是一个生活在美洲腹地的普通人，但这个看似普通的人却过着不同寻常的双重生活。他有双重身份，一方面是加州大学洛杉矶分校的教授，另一方面是全球最权威的陨石收藏家。从23岁起，黑格就开始收集陨石，当时还没有人意识到那是可以卖钱的好东西。到现在为止，黑格拥有的陨石已成为世界上最大的私人陨石收藏。虽然自1990年起，也有其他人加入这个行当，但从实力和收藏规模来说，还没有人能和黑格相比。最初黑格收集陨石只是出于兴趣，但后来他发现陨石因为稀有而珍贵，也可以卖好价钱。现在在专业的陨石市场上，贵的价格为每克超过8美元，几乎和黄金价格一样。就算最一般的每公斤也在30

美元左右。如果是含有稀有金属的陨石，那么价格就难以计量了。

黑格收集陨石的经历很像电影《夺宝奇兵》中的情节，充满惊险、刺激和传奇色彩。为了寻找从天而降的财富，他的足迹遍及地球上除南极以外的所有大陆。在智利、纳米比亚、澳大利亚、墨西哥和埃及，他都有在旷野中九死一生的经历。只要美国航天航空局预报什么时候什么地方将会有流星雨，他都会在准确的时间赶到那里，无论在什么地方，无论搭乘什么交通工具。除了自己寻找陨石，他还向当地人收购，当地人只要找到陨石，不论大小，黑格都会用现金买下。1992 年，黑格在阿根廷以重金收购了一块重达 37 吨的陨石，那是他一生中看到的最大的陨石。但是在把陨石运出海关时，阿根廷政府以走私罪罪名将他逮捕，认为这块罕见的陨石归阿根廷国家所有。后来黑格被释放了，但陨石就被永远留在了阿根廷。

有一次他听说了西非的一次流星雨，第二天，他就坐飞机去了。经过 24 小时飞行和穿越西非偏远地区的长途冒险，黑格到达了当地的一个村庄。当到了降流星雨的村子，那些孩子跑来跑去。黑格就跟他们说，如果你们找到这些石头，就付给你们很多钱。那边很快就有小块陨星送过来，黑格支付现金。为把西非陨石加入他的星际收藏计划，黑格觉得花再多的钱都值得。黑格说必须第一个赶到。找到陨石的人就是中了头奖。

没有流星雨的时候，黑格也会自己搜寻陨石。黑格总在寻找新的珍宝，甚至不放过他家附近的沙漠区域。他主要在非洲的沙漠地带搜寻，因为那里的陨石从来没被人捡走。黑格驾驶着滑翔降落软翼机在沙漠上方 120 米的高处慢慢飞翔，只要看到有突出物就降落，然后用金属探测器搜索。一般人认为这样无异于大海捞针，不过黑格 20 多年来在沙漠中发现的陨石占他私人收藏的相当一部分。尽管使用滑翔机比较安全，但地面搜寻依然存在着危险。

黑格不断在全球各地寻找星际宝物，积聚了一笔太空财富。目前，他的陨石收藏按市场价计算已经超过 3000 万美元，随着越来越多的人开始收集陨石，他的收藏只会成倍地增值。

赫斯特堡

在威廉·伦道夫·赫斯特事业的巅峰时期，他拥有数不清的地产、两座矿山、13 家全国性刊物、26 家报纸、8 家广播电台和许多其他新闻媒体。当时赫斯特每天能赚 5 万美元，这个数字相当于现在的 500 万美元。

每个成功人士都想修建一座梦想中的住宅，赫斯特也一样，1919 年他开始构思修建一座举世无双的私人城堡。赫氏堡建在距洛杉矶 360 公里的圣西蒙。这里从太平洋岸边开始到桑塔露西亚山，4 万英亩的土地都是赫家的私产。那广袤的草场，绵延的山丘，举目可望的海景，在赫斯特心中有不可替代的位置。1919 年，当能够实现城堡之梦时，他毫不犹豫地选择了此地作为基址。为了这个城堡，他大约花了 1000 万美元。20 世纪 20

年代，1000 万美元相当于一位国王的财产。有史以来，那是最昂贵的私宅。

赫氏堡是由朱莉亚·摩根设计的，她是世界上最早从事建筑设计的女性之一。不过精通艺术的赫斯特在施工的同时给予摩根很多建议，其中大部分是关于如何将几千件古董收藏填进房间而又不显突兀，好像那些古董几百年来一直在那里一样。

1925 年的圣诞节，尽管还有一些房间没能完工，但赫斯特一家仍然正式搬进了城堡。随后，著名的艺术家、文学家、好莱坞明星、政客、将军们纷纷被邀请到赫氏堡做客。作家萧伯纳参观完赫氏堡以后感慨地说："如果上帝有钱，他大约也会为自己修建这样的住所。"

赫氏堡的豪华超越所有人的想象，因为其中的艺术珍品是无价的。赫斯特一生酷爱收藏艺术品，家具、挂毯、绘画、雕塑、壁炉、天花板、楼梯，甚至整个房间都是他的收藏对象。他的收藏大多布置在城堡的房间内供人欣赏和使用，丝毫没有将藏品作为投资以期升值等功利思想。因为有了这些艺术品，整个城堡平添了浓浓的艺术气息和典雅的风韵。

赫氏堡的主楼共有 115 个房间，计有卧室 42 间，起居室 19 间，浴室 61 间，2 个图书室，1 个厨房，1 个弹子房，1 个电影厅，1 个聚会厅，1 间大餐厅。此外还有 3 栋独立的客房，整个山庄共有房间 165 间。

位于城堡主入口处的室外游泳池叫海王池。按照萧伯纳的逻辑，海王爷本人游泳的地方一定比这儿差远了。泳池长 32 米，深 1～3 米，所蓄的 1300 吨水是从山上引来的泉水。池边散落着几尊希腊罗马神话传说中的人物雕像，全部是艺术珍品。室内游泳池叫罗马池，是世界上最豪华的泳池。墙壁、池底、岸边、跳台等用了 1500 万块在威尼斯制造的玻璃马赛克拼贴表面。金色的玻璃马赛克表面贴的是一层真金。单是生产这些马赛克就花了一年零三个月的时间，整个泳池的修建则历时 3 年。城堡中的大图书室是专为客人们布置的。那里收藏的手稿、绝版书、善本书全部是世所罕见。书柜顶和书桌上放置的是公元前 2～8 世纪希腊的陶罐，书桌和扶手椅是核桃木的古董，这些东西曾经让来做客的丘吉尔声称自己可以足不出户在该图书室待好几个月。

整座城堡只有一个餐厅，餐厅内的布置是赫斯特的骄傲。进入餐厅你会以为自己到了天主教堂或修道院。餐厅墙上挂的是 16 世纪法国佛兰德壁毯，椅子是 14 世纪西班牙唱诗班的长椅，天花板是 17 世纪意大利的木制天花板，上面雕刻的圣徒像比真人还大。房间尽头的大壁炉可以容下三四个人而丝毫不用弯腰低头，也不拥挤。壁炉上挂的一排旗帜是 16 世纪意大利锡耶纳城举行宗教赛马活动时胜利者的旗帜。这些收藏中最罕见而又最昂贵的珍品之一就是一幅 14 世纪的圣母圣婴像。赫斯特堡最昂贵的专用房间，大约用了 100 万片来自意大利摩那诺的玻璃和金砖。桌上银制的餐具和烛台是 17～19 世纪英国、西班牙、法国等地的精品。赫斯特热爱动物，赫氏堡所在的牧场上建有一个动物园，是全球最大的私人动物园。赫斯特也热爱自然，修建赫氏堡时，有许多大橡树挡住了路,赫斯特宁肯花几千美元将树移走,也不愿简单地将它们伐掉。

光是修建赫氏堡的花费就相当于一个国王的身家。如果计算上所有古董和艺术品的价值,谁也说不清赫氏堡到底值多少钱。赫斯特去世后,他的儿子们将城堡捐赠给加州政府,使整个产业得以向公众开放,让世人共同领略迷人山庄的魅力。

丹莫洞

爱尔兰的基尔肯尼郡是一个风光旖旎的地方,也是爱尔兰最重要的旅游城市之一。每年都有数以十万计的游客来到基尔肯尼,他们必定参观的地方是丹莫洞遗址。爱尔兰农村牧歌般的绿色风光讲述着一个朴实的故事。农民和牧羊人过着宁静的生活。但在这宁静的风景下面,潜藏着一笔永恒的宝藏。丹莫洞位于爱尔兰的北吉尔吉尼,考古学家维克多·巴克利博士是这些发现的地区权威,对这里充满鬼魅气息的历史进行了研究,包括海盗对爱尔兰人进行的那次血腥屠杀。

丹莫洞被称为爱尔兰最黑暗的地方,因为这个洞穴记录了一次惨无人道的大屠杀。公元928年,挪威海盗来到爱尔兰,对基尔肯尼附近一带进行洗劫。当时居住在丹莫洞附近的居民为了逃命,在海盗袭来的前几个小时集体躲到洞中。丹莫洞是一个巨大的溶洞,洞里地形复杂,有成串的小洞穴一一相连,避难的人认为这是绝佳的藏身之地。他们幻想海盗抢完能抢的东西后就会离开。然而丹莫洞的入口太过明显,海盗很快发现了洞中藏人的秘密,一场血腥的大屠杀开始了。海盗进入洞里,把所有发现的人都杀死,估计有1000多人,然后守在洞口半个月,没有当场被杀死的人后来都因感染而死或者饿死了。

在之后将近1000年的时间里,丹莫洞成了爱尔兰的"地狱入口",再没有一个人敢进入洞中。可以想象,公元928年,人们害怕遭到杀害蜷缩在黑暗中的情景。根据史实得知,他们的恐惧是事出有因的。直到1940年,一群考古学家对丹莫洞进行考察,仅仅在一个小洞穴里就发现44具骸骨,多半是妇女和老人的,甚至还有未出世的胎儿的骨骼。骸骨证实了丹莫洞曾经的悲剧,1973年这里被定为爱尔兰国家博物馆,每年迎接无数游客前来纪念那些惨遭屠杀的人。

然而,丹莫洞的故事到这里还没有结束。1999年,一个导游的偶然发现证实,这里不仅是黑暗历史的纪念馆,沉默的洞穴中还隐藏了永恒的宝藏。

1999年冬天,导游约翰准备打扫卫生,因为寒冷的冬季是旅游淡季,丹莫洞将关闭一段时间。他准备仔细清理游客留下的垃圾,所以去了很多平时根本不会去的洞穴。在一个离主路很远的小洞里,导游突然看到一块绿色的"纸片"贴在洞壁上。约翰后来回忆说:"丹莫洞的旅游季节这时基本快结束了。我们冬天不开放。我有责任四处巡视,从一些远离主路,比较容易让人忽视的角落里把所有小块垃圾都捡起来。由于戴了头盔,灯光比手电筒照得更准。我转过身去,灯光直接照进一道缝隙里,那里有一点绿光在闪烁。"

约翰靠近了闪烁的光点，发现吸引他注意力的不是垃圾，而是一个露出来的银手镯。

约翰说："我把手镯拿出来，意识到一个明显的事实，所以再看一下这里是不是还有别的。我发现了藏在里面的 51 件物品。"

诚实的导游马上将发现报告政府，在接下来的 3 个月里，爱尔兰国家博物馆的工作人员从那个狭缝中挖出了几千枚古钱币，一些银条、金条和首饰，另外还有几百枚银制纽扣。这些东西应该是当时躲藏的人随身携带的。也许为了让财物更安全，他们把值钱的东西集中然后藏在一个隐蔽小洞里，甚至把衣服上的银纽扣都解了下来。海盗之所以屠杀所有的人，也许和没能发现这些财宝有关。由于在潮湿的洞里待了 1000 多年，挖出来的东西都失去了金属原有的夺目光彩。国家博物馆的几十名专家工作了几个月才让所有艺术品和钱币重现光彩。保护主义者劳利·李德和露西娅·哈内特正全力以赴，努力恢复这些珍宝的原有光泽。能做这种保护工作是令人激动的，可以研究每件物品，把它们擦干净，成为千年以来第一个真正研究它们的人。恢复原貌的文物包括出土的钱币、珠宝。还有纯银线制成的首饰。

丹莫洞遗址宝藏是爱尔兰最重要的宝藏，被收藏在国家博物馆里，一直没有完全对外展示过。虽然宝物数量不是最多，但其历史价值和考古价值远远超过其物品本身。考古人员说，有一些工艺品和纽扣的样式十分古怪，在所有和海盗有关的文物中都是独一无二的。这是一次不同寻常的发现，不仅是爱尔兰，而且在整个海盗出没的领域也没见过。因此这格外激动人心。由于它的非常价值，或许可以马上把它定义为珍宝，它的价值从 1100 多年前展现出来，延伸到现在并打动着你。在丹莫洞中被杀害的人现在可以安息了，他们为之丧命的财宝现在成了爱尔兰的国宝，将永远聆听世人的惊叹和赞美。

图瓦的黄金

图瓦许多绿色的古墓上都有凹陷的坑——这是两千多年来的盗墓者在寻找传说中的塞西亚人黄金时留下的，希腊的历史学家希罗多德对此也有提及。不管盗墓者发现了什么，对未来的人们而言，有些损失已经无可挽回——这片草原的主人是谁？他们的社会如何组织？传说中的财富是否存在？这些问题已经无从解答。

为了解开塞西亚人之谜，德国考古学院的院长赫尔曼·帕辛格对这些坟头进行了详细研究。有人说图瓦不朽的坟墓就像草原上的金字塔，这种说法并非没有道理。这里聚集了众多坟头，它们不是简单的堆砌物，而是精心建造的；它们具有一种建筑风格，是合作的产物。

2001 年夏天，一支俄德联合考古队在一座石墓厚重的石板下发现了一个坑，还碰到了完整的房梁。这些房梁位于一个精心建造的、完好如初的两居室的屋顶。它是乌拉尔地区发现的第一个完整的古墓，没有被盗的痕迹。

通过挖掘的裂缝，考古学家们看到的景象正是所盼望的，目光所及之处都是一片金色的光芒——墓室中满是黄金，它的豪华绝不亚于法老的坟墓。谁能想到，一个游牧民族竟拥有如此巨大的财富。最后，研究者们在墓里点出了9000块黄金，300件黄金器具，其中许多是无价的艺术品。这些被挖掘的财宝运到地面后就被送往圣彼得堡举世闻名的冬宫博物馆。2500年来，赫尔曼·帕辛格等研究者是第一批见识塞西亚王子奢华气派的人，并打开了一扇通向一个精彩的、未知世界的大门。

然而，石板下没有挖掘的另外80%的部分会埋藏着什么呢？

2002年2月，赫尔曼·帕辛格和他的俄罗斯同事安纳托利·耐格勒来了解修复工作的进展情况。一批由顶尖专家组成的一个强大阵容正在受命处理图瓦的黄金。数千个小时的修复工作后，图瓦珍宝又重现了昔日的光辉。许多物品在修复后才展现出它们真正的辉煌，例如一只高脚杯的黄金柄是风格别致的动物蹄子。专家们也是头一次见到这些装饰物上的动物图案的风格，它们独一无二。那些图案阐释了塞西亚人的神话世界。五千多件黄金艺术品属于一个贵族的私人财产，而这个民族却被希腊人称为野蛮人。

巨大的热情驱使人们开始搜寻更多的墓穴。2002年秋冬之际，考古学家们进行了第二次远征。他们离开圣彼得堡，向东进发，穿越了乌拉尔山脉，进入空旷无垠的西伯利亚。途经鄂木斯克和诺沃西比尔斯克，跋涉4000公里之后，他们到达了图瓦——俄罗斯南部与蒙古的接壤处，坟墓就位于地区首府喀泽尔的正北方。

图瓦人的嗓音和唱法举世闻名，发现宝藏的消息在这一地区以野火般的速度蔓延。于是，安全成了第一要务。整个冬天，坟墓周围都戒备森严。发现黄金之后，周围有太多双眼睛并不是一件好事。因此，大部分工人被派到离这一区域尽可能远的地方。

实际的挖掘工作进行得极其缓慢，考古学家们一次又一次地停下来，记录、描图和测量。这是他们的工作，也是他们与盗墓者的不同之处。

考古学家们发现了一个头颅，而且与躯干是分离的，这不符合塞西亚人的传统。后来，他们挖出了一只金耳环。专家们的工作以毫米的速度推进，而安全戒备进入一级状态。毫无疑问，在坟墓中发现的宝藏确实唤醒了邪恶的贪欲，这使得考古学家们本来就很艰巨的工作变得更加复杂。除了盗匪会不择手段窃取想要的东西外，当地人也对专家们充满了敌意。在当地人看来，专家们就是自己地盘上的入侵者，怀疑他们会惊醒死者的邪恶灵魂。

考古学家在阿尔泰山脉高处的坟墓中发现的冰冻木乃伊，提示了塞西亚人的神话。在图腾中出现的很多动物符号同样蚀刻在这里的黄金制品上。一个反复出现的重要图案是牡鹿。

塞西亚人为何对牡鹿如此念念不忘？

帕辛格顺便寻访了一种稀有马拉赤鹿的饲养者，这种鹿也被称为亚洲麋鹿。它们的茸角很有价值。这些鹿茸一年收获一次，被磨制成壮阳药。

不知 2500 多年前的游牧民族是否认识到了鹿茸的特殊功效？这跟动物崇拜是否有关？

萨满和精神信仰是这一地区日常生活中的重要部分,对于考古学家来说,这是挖掘工作中的另一个风险。随着挖掘工作的深入,16 号坟墓的真实规模在慢慢展现。这是迄今发现的最大的墓葬。一个工人在清除外层时碰到了黄金,它看上去像是一片未经打磨的金箔,已经被成吨重的石头压皱了。

在这个墓穴开挖之前,考古学家们在一节旧车厢里举行了最后一次计划会议。最后,16 号地区的挖掘工作只能由那些最值得信任的成员来进行。

16 号地区开挖后,一共有十四匹马的头骨被发现。在塞西亚人的墓穴中,这个数字很罕见。在骨头之间,挖掘者还陆续发现了金箔,它们可能是和马的鬃毛及尾巴编在一起作为装饰的。这些马头骨的牙齿仍被缰绳勒着。它们的装饰风格与贵族夫妇的如出一辙。考古学家认为,这是它们属于同一个墓葬的证据。马匹可能是供主人死后用的。在几个世纪前的西伯利亚东部,当一个伟大的头领死去后,当地人就会在第二年的头一天举办一场马赛,跑得最快的马将被杀死并埋葬在头领的墓穴里。

然而,这里共有 14 匹马,一个装满了财宝的坟墓,众多假墓堆,还有 26 个真正的坟墓。这个墓葬的一切都出人意料。这些发现都属于同一个类型。专家们暂时还无法评价它们对这一领域的重要意义。欧亚大草原上的考古工作还有很多问题悬而未决。

古代西伯利亚游牧民族的财富到底来自哪里？马匹是他们最重要的财产,但是马拥有神圣的地位吗？疑问一个接着一个,但是有一个问题的答案确定无疑:早在和希腊人接触之前,早期塞西亚人就已经制造出了复杂的黄金制品。

圣城宝藏

公元 71 年,古罗马大军占领耶路撒冷后不仅摧毁犹太教圣殿,而且将其宝库洗劫一空。一直以来,人们怀疑罗马人将劫掠的近 50 吨黄金、白银以及其他宝藏藏在了梵蒂冈拱顶中。然而,英国考古学家肖恩·金斯利却不这样认为。在《上帝的金币:探索耶路撒冷神庙财宝失踪之谜》一书中,肖恩·金斯利揭示了这批宝藏可能埋藏的地点,即今天巴勒斯坦境内约旦河西岸的一个修道院中。

圣城宝藏被看做历史上犹太人宝藏中最大的一笔,它的藏身之地一直是个谜,令哲学家、考古学家们为之着迷。一个声称宝藏在法国南部神秘的西云修道院里;另一个声称宝藏在耶路撒冷神庙的岩石圆顶里。不管宝藏在那里,因为没有足够的证据,所以只能看做是寻宝者、研究者们的假设。至于他们发现的蛛丝马迹只是追寻历史的"DNA 痕迹",即在残留的古迹或古书中的发现。因为一些重要的历史学家确实留下了可以寻找真相的痕迹。

犹太牧师弗拉维斯·约瑟夫斯是一名抵抗罗马帝国侵略的领袖,但后来他却成了一名告密者。在他的两本著作中,除了详细描写了《圣经》的历史、犹太遗物和犹太战争外,还描述了圣城宝藏是如何在公元71年从巴勒斯坦用船运到罗马的。这些宝藏被罗马人当做罗马帝国统治全球的象征,他们还在罗马进行了盛大的庆祝活动。

公元455年,罗马被再次征服。恺撒大帝和拜占庭的历史学家提奥非恩斯都透露,汪达尔首领盖塞利克将罗马的教堂、神庙的黄金屋顶刨开将那些财宝装到了自己的船上。就这样,宝藏运离罗马。然而,这些宝藏在汪达尔的首都迦太基埋藏了不到100年就又被送到耶路撒冷。

公元533年,拜占庭帝国的皇帝查士丁尼为了维护经济利益派出亲信贝利萨留攻占了汪达尔,并于公元534年取得胜利。汪达尔国王盖塞利克眼睁睁地看着这些财宝运出了迦太基。然而,查士丁尼并没有将这些宝藏运回自己的国土,反而将它们送回了耶路撒冷,因为他害怕这些属于耶路撒冷的宝藏有着不可捉摸的力量。虽然宝藏重回基督教的圣城耶路撒冷,但是并没有在此地放多久。公元614年,这些宝藏被名叫穆德斯特斯的僧侣从耶路撒冷转移到了巴勒斯坦南部朱迪亚的狄奥多西修道院。公元630年,宝藏成了永久的秘密。原来,穆德斯特斯升职为耶路撒冷的宗教领袖后于公元630年离奇中毒死亡了。从此,宝藏的秘密也随他带到了坟墓里,成了永久的秘密。

不管是考古学家还是历史学家,他们似乎都坚信宝藏证据最后的聚集点就是圣地耶路撒冷。虽然不知道公元614年后耶路撒冷到底发生了什么事情,僧侣穆德斯特斯为何把宝藏转移,但是他安置宝藏的狄奥多西修道院就在现在的约旦河西岸。在约旦河西岸的迪尔多西村庄旁边,狄奥多西修道院依然矗立着。肖恩·金斯利曾经到这个修道院参观,而且还检查了其土地、墙。在调查的过程中,他找到隐藏在地下的很多洞穴。肖恩·金斯利相信,那些宝藏就埋藏在某个洞穴之中。

经过几个世纪后,圣城宝藏之所以还能保存流传是因为它是宗教的遗产,被认为有着神圣的力量,认为是人与上帝交流的象征。所有企图拥有这些宝藏的人,不管是古罗马、汪达尔,还是拜占庭的贝利萨留,他们都希望能得到这些宝藏的庇护。正因为如此,罗马皇帝才在宝藏成功运到罗马后把他们当做自己拥有地中海的统治和权力的力量。这个从平民家庭一步登天的皇帝除了将大部分宝藏用于战争外,还建立了一些像罗马圆形剧场这样的新纪念场所。虽然花费了大部分宝藏,不过聪明的罗马皇帝保留了宝藏的主要部分。和罗马皇帝一样,当查士丁尼缴获了这批宝藏时,他也很清楚自己要什么。

对古罗马、拜占庭来说,他们需要的是宝藏的庇护,需要的是与上帝交流的象征;对更多人来说,圣城宝藏不过是几十亿美元的横财。然而,对研究者来说,宝藏就是一笔知识的财富,他们只想了解它,并不想拥有它。他们关心的是:在变迁中,这些美丽的宝藏发生了什么? 对2000年前的以色列他们到底意味着什么? 为何罗马毁灭神庙,夺了宝藏后又对它顶礼膜拜?

肖恩·金斯利说,若这些宝藏重见天日我们就会知道饰品上的图案和古老的以色列对艺术的看法。最重要的是，它的发现将使一个历史的圆环圆满闭合。

黄金城

在古代，有一个以南美秘鲁为中心的印加帝国，十分强盛，京城内所有的宫殿和神殿都是用大量金银装饰而成的，金碧辉煌，灿烂无比。16 世纪初，西班牙人推翻了印加帝国，掠夺了所有黄金宝石。西班牙统帅皮萨罗听说印加帝国的黄金全是从一个叫帕蒂的酋长统治的玛诺阿国运来的，而且那里金银财宝堆积如山，皮萨罗立即组织探险队，开赴位于亚马逊密林深处的黄金城。然而在这个广袤无垠的原始森林里，每前进一步都意味着恐惧和死亡，这里有猛兽毒蛇，有野蛮的食人部落，有迷失道路的危险，一支支探险队或失望而归，或下落不明，使皮萨罗遥望这片森林只有以想象自慰了。

随后，西班牙人、葡萄牙人、英国人、荷兰人和德国人风闻黄金城的消息，谁都想一攫千金，于是蜂拥而至，深入亚马逊密林。其中，有位叫凯萨达的西班牙人率领约 716 名探险队员向黄金城进发，在付出 550 条性命的惨重代价后，终于在康迪那玛尔加平原发现了黄金城和传说中的黄金湖，找到了价值 300 万美元的翡翠宝石，然而这仅是黄金城难以估价的财宝中的微小部分。

16 世纪以来，对黄金湖的打捞一直没有停止过。1545 年，一支由西班牙人组织的寻宝队，3 个月时间内就从较浅的湖底捞起几百件黄金用品。1911 年，英国一家公司挖了一条地道，将湖水抽干了，但太阳很快就把厚厚的泥浆晒成了干硬的泥板，当英国人再从英国运来钻探设备时，湖中再度充满湖水，这次代价高昂的打捞归于失败。1974 年，哥伦比亚政府担心湖中宝藏落入他人之手，出动军队来保护这个黄金湖，从此再也无人能够接近这批宝藏。于是，神秘的黄金湖便成为一个无法揭开的谜底了。

亚利桑那州金矿

在美国亚利桑那州，有一个称为迷信山的山区，这里荒草丛生，怪石峥嵘，猛兽出没，到处是凶狠的响尾蛇。在山中的某一个不知名的地方，有座被人们称为"迷失荷兰人金矿"吸引着无畏的探险者们。

1840 年末，一位名叫伯兰塔的探险人深入山区，几经艰险，终于发现了一处矿藏丰富的金矿，他仔细地作了标记，以便终生受用。从此很多探宝人一直想找出这处金矿，但很多人不幸葬身荒野，有些人则在途中惨遭印第安人的伏击而身亡。在通往黄金的道路上障碍重重，充满恐怖的气氛。

后来有一位德国探险者华兹终于找到了这处金矿，他经常在山上待上两三天，然后神秘地潜回老家，每次总会捎上几袋高品质的金矿石。知道这个金矿地点的还有他的两个同伴，但是他们俩全被人神秘地杀害了。凶手是谁，不得而知，大概和这座金矿一样成为永久的秘密吧。

1891 年,华兹死于肺炎,他在临终前画了一张地图,标明了这处金矿的位置。1931年,一位名叫鲁斯的男子通过种种途径弄到了这张不知真伪的地图,于是他携带地图,进入了迷信山山区,然而他却一去不返。6 个月后,有人在山区发现了他的头颅,头上中了两枪,样子很惨,可以想象他一定被一种极为可怕的景象吓呆了。那么杀手又是何人呢?

1959 年,又有 3 位探险者在这处山区遇害,是谁杀了他们呢? 无论怎样,凶手肯定是金矿的知情人,他们试图保留这不成为秘密的秘密。然而,这一切阻止不了倔强的寻宝人。因而,探险者的身影、枪声、腥血、响尾蛇、荒野的呼啸构成了亚利桑那金矿恐怖的色调。笼罩在迷信山区的迷雾更加使人混沌不安。

亚利桑那州金矿是世界上千千万万个已知或未知宝藏的一部分,它们是已经产生或未产生的惊险故事的线索。无疑,它给人们带来了惊喜、疑虑、遗憾和悲伤。

第十一章　密码未解之谜

第一节　密码历史之谜

密码的起源之谜

密码何时在人类文化中出现,目前没有一个确切的说法。但是,密码的历史十分悠久,这是不争的事实。应该说,人类文明刚刚形成的时候,就有人开始使用密码了。在人类文明几个著名的发源地,都能找到使用密码的事例。

考古发现,公元前 2000 年,古埃及的某些贵族就有在坟墓中树碑的习惯,这些墓碑上有些神秘的文字,已经具备了密码的特征。考古学家说,墓碑上的象形文字不同于已知的普通埃及象形文字,而是由一位当时的书法家经过变形处理之后写的,但是具体的使用方法已经失传。人们推测,这种做法是为了给坟墓增加神秘气氛,提高墓主的声望。到了公元前 1500 年左右,还是在古埃及,人们发现了一名陶工留下的信息,他试图用一种简单的密码掩藏自己给陶罐上釉的配方技巧。

希伯来也是较早使用密码的古老的文明之一。公元前 21 世纪,希伯亚民族发源于两河流域的美索不达米亚的吾珥(Ur)。这批游牧民族后来为了寻找牧场而迁移,他们来到迦南的巴勒斯坦之后,被称为希伯来,即迦南语"越河者"之意。希伯来民族在长期的发展过程中,曾经开发出了三种加密法,称为"atbah"、"atbash"和"albam"。这也就是著名的小说《达芬奇密码》中出现的那种密码体系。中世纪时有许多修士坚信,在《圣经》的古代写本中,就隐藏着大量的密码,那里有众多的神秘信息。甚至还有人从中读出了肯尼迪遇刺与卫星上天等预测,事后被证明大多是生硬的附会及东拼西凑而已。

希腊也有过很早使用密码的历史记载。这是一种非常有趣的传递情报的手段。有一个希腊城邦想要给对方送出一份非常重要的情报,为了保密和掩人耳目,他们把一个奴隶剃成光头,然后在头皮上写下情报内容,等头发长好后,这名奴隶就可以带着这份情报出发。到达目的地后,对方只要再剃去他的头发,就可以读到完整的信息。这种办法看上去很麻烦,但确实非常安全,因为再严密的搜查,也不可能发现头发下的秘密。希腊的密码与众不同,它属于夹带加密法,是把密文以隐藏的方式传递。但问题是,这种密码没有什么时效性，毕竟不是每次都可以等送情报的头发长到可以隐藏情报时，才能够出发将情报传送到它应该被送到的地方。

《圣经》书影

中国是著名的文明古国，历史上也不乏使用密码的记载。公元前 11 世纪的周武王时代，就已经使用了一种"阴符"系统，用不同的长度来表示战争的结果。《资治通鉴》卷二百零一载：唐高宗乾封二年（667），唐朝大军征讨高句丽，运粮使郭待封率海军舰队从海上进攻平壤，主帅李勣命冯师本运送粮秣武器在后接应。不想补给船只在海上遇险，未能及时送达前线。郭待封军中乏粮，作书向李勣告急，但他担心书信会落入高丽人之手，从而暴露军中虚实，于是将告急书信写成"离合诗"。

英国科学家李约瑟是公认的研究中华文化的外国人，他曾经称《武经总要》为"军事百科全书"。

《武经总要》是中国北宋时期的军事家、政治家曾公亮编纂的一本书，该书辑录着一种真正意义上的军事通讯密码表，大概也是世界上保存至今最早的军用密码表。当时常规军事通讯存在着严重缺陷，曾公亮创造出了一种"优雅的诗歌密码"。这种密码先在一本密码本中收集当时军中必用的 40 个军事短语，给它们分别编上相应的代码数字。如：1. 请弓；2. 请箭；3. 请刀……一直到最后：40. 战小胜。大将率兵出征时，先带上一个密码本，同时与指挥部事先约定，利用某一首五言诗作为解码密钥。这些事先约定的诗的字数正好是 40，每一个字均对应着 40 个军事短语的某一个。如果前线发生某种情况，需要向指挥部请示或报告时，就在一封普通的公文中有意写进诗中相应的一个字，并在该字上盖章，以示关键所在。指挥部接到公文后，根据这个字到约定的诗中检索一番，便可了解前线发回的意图。指挥部回复时，如果同意，就重新使用这个字，也夹杂在普通的公文中，盖章发回；如果不同意，则什么也不写，依然原样盖章发回。这种诗歌密码，不仅敌人看不出任何异常，就连送信人也一头雾水，确实属于一种可靠的密码通讯。

真正得到大部分人公认的最早的密码是斯巴达人发明的（也有说法是斯巴达人从希腊人那里学习到的）。公元前 8 至公元前 6 世纪，希腊半岛上出现了 200 多个奴隶制国家，它们以一个城市为中心，包括周围的若干城镇，这被称为"城邦"。在这些城邦之中，有两个最为强大：一个是由欧洲北部南下定居的推崇武力的斯巴达；另一个是发端于地中海沿岸的强调民主的雅典。

公元前 12 世纪，一批多利亚人来到斯巴达地区，200 年后，他们由原有的五个村落渐渐发展成一个城市,称为"斯巴达城"。斯巴达人推行武力扩张的立国信条,凭借自己强大的武装,斯巴达成功地成为希腊半岛上最强大的城邦,并将周围的其他城邦征服,成立了以自己为首的城邦联盟。

公元前431年,斯巴达和雅典以及双方的盟友发生了战争。战争持续了几十年,这段时间中斯巴达人借助波斯的力量构建了一只强大的海军。在长期的战争中,斯巴达人使用一种叫"Skytale"(中文译为"天书")的密码。斯巴达人把一个带状物,比如纸带、羊皮带或是皮革类的东西,呈螺旋形紧紧地缠在一根权杖或木棍上,之后再沿着棍子的纵轴书写文字,在这条带状物解开后,上面的文字将杂乱无章,收信人只需用一根同样直径的棍子(这两根同样直径的棍子可以是在出征前把一根棍子锯断后得到,之后将领和"情报部门"各拿一半。)重复这个过程,就可以看到明文,这还是人类历史上最早的加密器械。

公元9世纪,阿拉伯的密码学家阿尔·金迪提出解密的频度分析方法,通过分析计算密文字符出现的频率破译密码。正是利用频度分析法,英国的菲利普斯成功破解苏格兰女王玛丽的密码信,信中策划暗杀英国女王伊丽莎白,这次解密将玛丽送上了断头台。

在14世纪,密码得到了更加广泛的运用,主要被炼金术士和科学家们用来隐藏他们的发明。到15世纪的时候,欧洲的密码术简直已经成为一种产业。文艺复兴时期科学、艺术和宗教的复苏、繁荣刺激了密码术的发展,而使用秘密通信最重要的动机还是政治阴谋,尤其是在意大利。到19世纪,出现了无线电密码通信,逐步运用到军事、政治、经济等领域。第一次世界大战时,密码通信已经十分普遍。到20世纪70年代,密码普及于民用,可谓渗透到社会的方方面面。到了今天,密码更是成为人们须臾不可离的必备。

世界上最早的密码之谜

我们都知道,密码之所以会产生、发展及得到应用,根本原因在于人们想要传递一些只有我们希望或者允许的接受者才能接受并理解的信息。一套成体系的密码系统,必须要有以下特征和条件:被隐藏的真实信息称为明文(Plaintext),明文通过加密法(Cipher)变为密文(Ciphertext),这个过程被称为加密(Encryption),通过一个密钥(Key)控制。密文在阅读时需要解密(Decryption),这也需要密钥,这个过程由密码员(Cryptographer)完成。通常使用的加密方法有编码法(Code)和加密法(Cipher),编码法是指用字,短语和数字来替代明文,生成的密文称为码文(Codetext),编码法不需要密钥或是算法,但是需要一个编码簿(Codebook),编码簿内是所有明文与密文的对照表;而加密法则是使用算法和密钥。

密码在传递过程中,必定面临着被外人截获的风险,这也正是密码编制的原因。当密码落到外人手中时,可能有人凭借耐心和智慧,在没有密钥的情况下得到明文,这种方法称为破解(Break)。如何才能确保密码不被外人破解,保证情报的安全呢? 如果如上文所述,像希腊或者古埃及那种简单的掩饰方法,必定不可能做到万无一失。这就要求人们必须设计一套绝对安全或者足够复杂的密码。

就像今天的最新科技往往首先使用在军事领域内一样,最早的成体系的密码也是出现在两国交战之中。公元前405年,雅典和斯巴达之间的伯罗奔尼撒战争已进入尾声。得到了波斯帝国支持的斯巴达军队控制了海上交通,逐渐占据了优势地位。就在斯巴达准备对雅典发动最后一击的时候,原来站在斯巴达一边的波斯帝国突然改变态度,停止了对其援助。波斯帝国这样做,本意是使雅典和斯巴达在持续的战争中两败俱伤,以便从中渔利。在这种情况下,斯巴达急需摸清波斯帝国的具体行动计划,以便采取新的战略方针。正在这时,一名从波斯帝国回雅典送信的雅典信使被斯巴达军队捕获。如获至宝的斯巴达士兵仔细搜查了这名信使,可除了搜出一条布满杂乱无章的希腊字母的普通腰带外,其他任何有价值的东西都没有。那么,这名信使把情报藏在了什么地方呢?

事情传到斯巴达军队统帅莱桑德那里,他决定亲自审问这名雅典信使。莱桑德注意到了那条腰带,虽然只有一些杂乱的字母,但他觉得情报就隐藏在这其中。他与助手反复琢磨研究,把腰带上的这些天书似的文字用各种方法重新排列组合,却什么也读不出来。灰心丧气的莱桑德几乎失去了信心,当他无意中把腰带呈螺旋形缠绕在手中的剑鞘上时,奇迹出现了。原来腰带上那些杂乱无章的字母,竟组成了一段文字。原来,这果真是雅典间谍送回的一份情报,上面显示,波斯军队会在斯巴达军队发起最后攻击时,突然对斯巴达进行袭击。莱桑德根据这份情报,马上改变作战计划。他指挥斯巴达军队,首先突然攻击毫无防备的波斯军队,一举将它击溃。解除后顾之忧之后,斯巴达军队又回师征伐雅典,取得了伯罗奔尼撒战争的最后胜利。

雅典间谍送回的这份令斯巴达人百思不得其解的腰带情报,就是世界上最早的密码情报。具体方法是,通信双方首先约定密码解读规则,然后通信一方将腰带(或羊皮等其他东西)缠绕在约定长度和粗细的木棍上书写。收信一方接到后,再把腰带缠绕在同样长度和粗细的木棍上,就会看到完整正确的信息,否则,就只能得到一些毫无规则的字母。这就是最早的换位密码术,后来这种密码通信方式在西方得到了广为流传。

这种换位密码,虽然有一定的隐蔽性,但只要解密者有耐心不断尝试各种长短粗细的木棒,早晚会破译。所以,这还算不上真正安全的密码。到了公元前2世纪,还是在希腊,希腊历史学家、军事家、数学家波利比奥斯(Polybius)发明了波利比奥斯方表 Polybiussquare,也被称之为棋盘密码,它的发明为以后密码学的发展奠定了基础。

波利比奥斯是一位历史学家,撰写的历史著作共40卷,只有5卷原著保存了下来。波利比奥斯对历史学非常感兴趣,并亲自到各地探险游历,他亲眼目睹了当时的许多历史事件。例如,他经历了公元前146年北非迦太基城的毁灭,为了了解迦太基统帅汉尼拔在远征罗马途中翻越阿尔卑斯山的传奇故事,波利比奥斯还亲自作了一次旅行。

以波利比奥斯名字命名的密码方表的最大特征就是用1—5个数字的组合替代全部

字母,这是之前密码所没有的。它使用一个 5×5 的棋盘式方格来加密,把字母按照顺序填入,随后使用这个字母所在的行和列,也就是坐标,来代指这个字母。

以目前通用的英语来看,棋盘密码 5×5 的棋盘式方格不可能填入 26 个字母,这是因为希腊字母只有 24 个,因而可以成功填入这个棋盘。当这种加密思想传播开来后,人们希望这种密码可以应用于拉丁字母,英语,甚至是拼音来作为明文。故此,通常将 i 和 j 填入一个方格内。构成方阵:

A B C D E
F G H I/J K
L M N O P
Q R S T U
V W X Y Z

在这个棋盘密码中,每个字母由对应的坐标代替,比如 M 就加密为 23,E 就加密为 15。虽然在当时这是一种非常新颖的密码加密方法,但这只不过是一种单表置换加密。再复杂众多的密文,只要使用频率统计就可以轻松破译。所以这种方法是一种很不安全的方法。现在在密码学上已经基本销声匿迹,只是作为古典密码的经典被人们所了解。

埃特巴什码与圣殿骑士之谜

随着《达·芬奇密码》在全世界范围内的走红,关于其中的埃特巴什密码引起许多人的兴趣。丹布朗在小说中利用埃特巴什码寻找《圣经》中的秘密,这在历史上确有其事。

密码学在欧洲的发展,于中世纪时期遭遇了一个瓶颈时期。古希腊遗存下来的密码思想成为欧洲人主要使用的密码体系。公元 800～1200 年之间,阿拉伯人在密码方面取得了巨大成就,特别是公元 9 世纪,阿拉伯的密码学家阿尔·金迪提出了解密的频度分析方法。这是密码学上的一个重要成就。当时的欧洲人仍在使用最基本的密码。在欧洲,只有修道院里的修士还在研究密码。他们钻研圣经,寻找里面"隐藏"的信息。这种传统与圣经的古本有一定关系。事实上,《旧约》中确实蓄意包含了一些明显的密码信息。例如,旧约中的有些文字是用埃特巴什(atbash)加密的。

埃特巴什是一种传统的希伯来替代编码,其方法为,对每一个字母 x,找到他在字母顺序表中的位置,然后从字母顺序表的尾部往前数同样数目的字母,找到相应的字母 Y,用后一个字母 Y 作为 X 的替代码。在英语中,这意味着用 z 替代 A,用 Y 替代 B,以此类推。

埃特巴什密码是由熊斐特博士发现的。熊斐特博士为库姆兰《死海古卷》的最初研究者之一,他在《圣经》历史研究方面最有名气的著作是《逾越节的阴谋》。他运用这种密码来研究别人利用其他方法不能破解的那些经文。这种密码被运用在公元 1 世纪的艾赛尼/萨多吉/拿撒勒教派的经文中,用以隐藏姓名。其实早在公元前 500 年,它就被抄经人用来写作《耶利米书》。

　　埃特巴什码的系统比较单纯，但是加密往往会将人的思路引到恺撒或者维吉尼亚密码之类上面。《旧约》中发现的一个密码与这同样简单。在《耶利米书》第二十五章第二十六节和第五十一章第四十一节中，先知为通天塔写了 sheshach。希伯来文第二个字母（b）被倒数第二个字母（sh）所取代。第十二个字母（1）被倒数第十二个字母（ch）代替。（这些元音次序错乱，但在希伯来文中，元音不大重要。）这种密码被称为 Ath—bash——一个由希伯来文第一个字母（a）、最后一个字母（th）、第二个字母（b）和倒数第二个字母（sh）组成的单词。

　　熊斐特博士于《艾赛尼派的奥德赛》一书中描述他如何对圣殿骑士们崇拜的鲍芙默神痴迷，又如何用埃特巴什码分析这个词。令他惊奇的是，破译出的词"Sophia"为希腊语中的"智慧"。

　　在希伯来语中，"Baphomet"一词拼写如下——要记住，希伯来语句必须从右向左读：

　　［taf］［mem］［vav］［pe］［bet］

　　将埃特巴什码用于上述字母，熊斐特博士得到如下结果：

　　［alef］［yud］［pe］［vav］［shin］

　　即为用希伯来语从右向左书写的希腊词"sophia"。sophia 的词义为"智慧"，同时它还是一位女神的名字。许多人据此相信，圣殿骑士崇拜这位女神。

　　分析《圣经》中使用埃特巴什码的用意，与其说是用来隐藏信息，还不如说是为了增加其神秘性。但就这，已经足够激起人们对密码学足够的兴趣。最起码，圣殿骑士们通晓埃特巴什码的事实，表明圣殿骑士中间有些人来自一个拿撒勒教派。

　　圣殿骑士团与历史上的"十字军东征"有直接关系。1096 年，十字军攻占圣城耶路撒冷，很多狂热的欧洲人前往耶路撒冷朝圣。当时十字军的主力大部分已经返回欧洲，朝圣者在路上常会遭到沿途强盗的袭击。为了保护朝圣者的安全，法国贵族 Huguens de-Payns 和其他八名骑士建立了圣殿骑士团，以保护欧洲的朝圣者。圣殿骑士团成员有严格的规定，加入组织时要发誓遵从修会的三大规定：守贞、守贫、服从，还要发誓保护朝圣者，这是他们作为圣地的军事修会与一般的修会相区别的地方。

　　在宗教的名义下，加之朝圣者对圣殿骑士的崇拜，圣殿骑士在成立之初就取得了重大的成功，并在特洛伊会议后，迅速地接收了大量的新成员以及财物捐赠。很快的，圣殿骑士团在法兰西、英格兰、苏格兰以及伊比利亚半岛拥有了大量财产。在意大利、奥地利、德国、匈牙利和君士坦丁堡也拥有土地及生意。就连当时的法国国王也嫉妒他们的财富，正如一本书中所描述的那样：圣殿骑士已将自己建成为"在基督王国里最富有和强大的组织"，"只有教皇统治是唯一的例外"。

　　随着圣殿骑士团的不断发展，这个组织有了自己的法庭，拥有与教会一样巨大的庇护权。它有自己的市场和定期集市，并在议会中有自己的代表。也许很多人并不知道，现代意义上的银行就是由这个组织建立的。圣殿骑士拥有巨大的财政和政治权力，定期把货币和物资从英格兰运往巴勒斯坦。在此基础上，它发展出了一套有效的、几乎所有欧洲君主和贵族都使用的银行系统。正是在他们的部分银行系统中产生了骑士团的第一个"密码"。为了不必再随身携带大量现金，骑士团成员还设计了一套用特殊方法做成的表示信用的借据系统，这就使得钱可以存在一个地方，借据则可转到世界的另一个地方并当场兑现。正是在这个庞大的银行信用体系中，骑士团成员发展出了一系列只有他们自己才能知道的各种复杂的密码。历史告诉我们真相，那些圣殿骑士前往东方并不是为了寻找所罗门的宝藏和耶稣基督的秘密，而是为了大量的金钱与货物贸易。

玛丽女王死于密码被破之谜

玛丽·斯图尔特 1542 年 12 月 8 日出生在苏格兰林立思戈宫，她是苏格兰国王詹姆斯五世和法国王族吉斯玛丽的独生女。出生之后 6 天，其父詹姆斯五世就死于霍乱。1543 年，一岁大的玛丽在斯特灵城堡加冕为苏格兰女王。由于年纪幼小，苏格兰王后，法国吉斯公爵的妹妹玛丽·德·吉斯代为摄政。

1548 年，英国国王亨利八世开始他的"粗暴求爱"，利用军事行动施压，代儿子向玛丽求婚。苏格兰贵族会议所早就有既定的联法攻英的方案，于是玛丽女王被迅速送到法国宫廷，成了法国皇太子的未婚妻。法王亨利二世和凯瑟琳·德·美第奇王后非常喜爱她，给了她无微不至的照顾和最好的教育。玛丽女王 17 岁那年，正式与同龄的法国皇太子弗朗索瓦成婚。同年，亨利二世死在一次骑士比武大会上，弗朗索瓦成了法国国王，玛丽则成了法国王后。1560 年，一直体弱多病的弗朗索瓦二世因耳部感染引起的脑病变在奥尔良去世，年仅 16 岁。孀居的玛丽王后结束了在法国的生活，回到了家乡苏格兰。

玛丽回到苏格兰后，欧洲各皇室及苏格兰宫廷内部的各种纷争搞得她焦头烂额，但玛丽不是一个柔弱的普通女子，1565 年 7 月，她选中了新的夫婿——表兄亨利·斯图尔特·达恩利爵士。这位英俊年轻，风度潇洒的爵士有着玛丽更为看重的资本：亨利可以在伊丽莎白死后继承英格兰王位（条件是伊丽莎白没有后嗣）。

然而，玛丽女王这一次看走了眼。婚后不久，玛丽就发现亨利是个好色成性的浪子，并且其吃醋的功夫纯属一流。他大肆打击女王的宠臣们，尤其是女王的意大利籍秘书大卫·里奇奥，甚至还纠合苏格兰贵族当着女王的面杀害了里奇奥。玛丽女王决计除掉他，1567 年 2 月 9 日，达恩利勋爵被发现死在了爱丁堡柯克欧菲尔德宫的花园里，尸体有明显的被人掐死的痕迹。人们认为这是女王的情人博斯韦尔伯爵所为，但女王纠合了一群支持自己的贵族组织了一次虚假的审判，结果是伯爵本人无罪释放。

1567 年 5 月 15 日，女王和博斯韦尔伯爵在圣十字架宫成婚。这次不得人心的婚姻激怒了苏格兰贵族们，他们开始公开反对玛丽一世的统治。尽管玛丽打算做出一些让步，但最终还是被囚禁在列文湖畔的城堡里。王位传给了她和达恩利勋爵的儿子詹姆斯,玛丽的同父异母兄弟、马里伯爵詹姆士·斯图亚特摄政。

1568 年,玛丽寻找机会,成功从列文湖城堡逃了出去,她组织了几次未遂的军事政变,但在兰塞德战役中损失了全部的军队。穷途末路的玛丽被迫逃到英格兰,寻求伊丽莎白一世的庇护,希望能说服伊丽莎白帮她夺回王位。不料,玛丽不仅没有得到帮助,反而被伊丽莎白软禁在卡莱尔城堡。伊丽莎白一世之所以这样做,有着不得已的苦衷。一方面,看到与自己有亲戚关系的女王被人从王位上赶下来,她感到很不安。另一方面,为玛丽夺回王位,就必须与在苏格兰境内的亲新教、亲英格兰的派别交战,这是伊丽莎白不希望看到的。

就在这里,囚禁中的玛丽女王与伊丽莎白一世展开了近 20 年的明争暗斗。这是欧洲历史上非常著名的史实,整个过程跌宕起伏,简直就像一部小说。

我们都知道,玛丽女王的曾外祖父是伊丽莎白的爷爷亨利七世,两位女王有血缘关系。当时的苏格兰从属于英格兰又有相对的独立性,伊丽莎白一世必须要谨慎处理这层关系。她软禁了玛丽女王,一方面安抚了苏格兰的亲新教的那帮盟友,一方面也是变相保护了玛丽,这样就不会得罪国内信奉天主教的人,使他们不至于采取极端措施。

"童贞女王"伊丽莎白一世画像

当时的英格兰,新教与天主教的斗争正呈白热化的争斗局面。众所周知,伊丽莎白一世的父亲亨利八世与教皇关系紧张,甚至已经到了水火不容的敌对状态。亨利八世死后,其长女、伊丽莎白的姐姐玛丽一世,登基成为英格兰女王。玛丽一世是个极其虔诚的天主教徒,她登基后努力把英国从新教恢复到罗马天主教,为此,她曾处决了差不多三百个反对者,而被历史称为"血腥玛丽"(Bloody Mary)。伊丽莎白一世登基后,颠覆了其姐姐的政策,开始扶持新教势力。因为根据天主教的教规,伊丽莎白是亨利八世的私生女,无权继承王位。

与苏格兰女王玛丽相比,伊丽莎白一世欠缺美貌与罗马教廷的支持。但是,这位沉默寡言的女王有着难以想象的城府与意志力。她借助国内民众的支持,不断镇压天主教徒组织的一次又一次武装叛乱。而被她软禁的玛丽,则成为其手中的一枚棋子。事实上,伊丽莎白一世对玛丽有着足够的戒备心,尽管后者一直被严密封锁在卡莱尔城堡里。

按照亨利八世的遗嘱:他死后,由独子爱德华和他的后代继位;如果爱德华没有后代，爱德华死后由玛丽和她的后代继位；如果玛丽没有后代，玛丽死后由伊丽莎白和她的后代继位。伊丽莎白一世登基后，爱德华与玛丽一世都没有子嗣留下，如果伊丽莎白一世再没有后代，那玛丽有当然的承袭英王王位的权利。玛丽女王的血统就来自玛格丽特·都铎，她的母亲吉斯玛丽与亨利八世是亲姊妹关系。至于罗马教廷，由于她的父母是按新教教规结婚的，教廷早就宣称伊丽莎白一世没有资格当英国女王，而应该由玛丽女王承袭。

当时的伊丽莎白一世已经打定主意独身，欧洲各皇室向她求婚的皇族有许多，其中就包括她的前姐夫，西班牙的菲利普国王，以及她的宠臣莱斯特伯爵。伊丽莎白一世知道，许多人追求她只是觊觎英王王位，而要找到一个门当户对又信仰新教的夫君，并不是一件容易的事。不想结婚的伊丽莎白也没有指定自己的继承人，因为她明智地认识到假如她指定一个继承人的话，她的地位会被削弱，而且这一举动可以给她的敌人方便，他们有可能利用继承人来反对她。

一直遭软禁的玛丽并没有甘心老死在城堡中，她不断与欧洲各国同情她的各种势力通信，其中就包括她曾经嫁过去的法国皇室。聪明的玛丽女王为了掩人耳目，在书信中使用了许多密码，这些密码属于恺撒密码（Athbash）系统，与明文相对应的密码符号都是按照某种模式编制的。不幸的是，当时的英国王室中有精通密码的人才。当时的首席大臣弗朗西斯·沃尔辛厄姆受命监视玛丽女王的一举一动，并且此人精通频率分析。玛丽女王的信件事先都被他看到并判读，那些隐藏在字里行间的秘密几乎都被他截获。同样的，外界送给玛丽女王的密码也逃不过弗朗西斯·沃尔辛厄姆的眼睛。

伊丽莎白一世对玛丽女王的行为一直了如指掌。英国女王对这些天主教势力与玛丽的预谋时刻保持着警惕，直至到最后无法容忍。弗朗西斯·沃尔辛厄姆告诉女王，他破译出玛丽阴谋暗杀伊丽莎白女王以便继承她的皇位。

1586 年 8 月 15 日，玛丽女王因叛国罪被审判，她被指控密谋刺杀伊丽莎白女王并取而代之成为英国新女王。伊丽莎白的首辅大臣弗朗西斯·沃尔辛厄姆已经逮捕了其他的同谋者，逼供并处决了他们。最后，法庭以叛国罪成立判处玛丽极刑。

1587 年 2 月 8 日，玛丽女王在弗斯利亨城堡被处决。传说玛丽临刑前镇定自若，看上去就像去赴宴而不是去赴死。刽子手砍了三次才把玛丽的头颅斩下，当把玛丽女王冷峻的头颅展示给众人的时候，人们惊愕地发现女王的嘴还在喃喃的动。

此后，关于玛丽女王的历史评价有许多版本，这名虔诚的天主教徒在死了 400 年后的今天仍然拥有众多粉丝和崇拜者。尤其在苏格兰人眼中，玛丽女王更像一个悲剧中的女英雄而不是统治者。玛丽的英国国王的梦想最终在她的儿子身上实现——1603 年，她的亲生子、苏格兰的詹姆斯六世继承了童贞女王伊丽莎白的王位，成了名副其实的英国国王。从这个意义上说，玛丽最终与伊丽莎白一世打了个平手。而使得她最终丧命的密码破译的事实，成为西方现代密码历史的开端。

密码天才赫伯特·奥利弗·亚德利生涯之谜

在美国军事情报工作的历史上,有一个人的影响可以用"无可替代"来形容。他就是美国军事情报处(美国国家安全局的前身)和"美国黑室"(专门负责破译情报部门获得的密码信息)的创建人赫伯特·奥利弗·亚德利。他因为超强的密码破译能力被业内誉为"美国密码之父"。

此人与中国的渊源很深,曾经在抗日战争中给予了中国情报工作很大的帮助。

赫伯特·奥利弗·亚德利的一生充满传奇色彩,仅仅其在中国破译日本密码的经历就可以写成一部书,事实上,赫伯特·奥利弗·亚德利后来回国后还真的把其在中国的经历变成了铅字。细细阅读他的密码破译生涯,就会对上个世纪的密码世界有一个完整的认识。

赫伯特·奥利弗·亚德利出身普通家庭,他从小就对数字感兴趣,展现出了分析推理方面的天赋。第一次世界大战前夕,亚德利当上了印第安纳州铁路电报员的工作。在这里,他接触到了莫尔斯电码及与密码相关的许多知识。刚刚 18 岁的他不甘心一辈子

只为别人发报,于是第二年,赫伯特·奥利弗·亚德利辞去了工作,来到华盛顿,应聘了美国政府国务院密码服务员的工作。这份工作年薪只有 900 美元,但能够每日与密码为伍,亚德利还是很喜欢。

当时一战已经开打,但美国政府执行"中立"政策,不介入战争,亚德利这份密码员的工作显得相当清闲。没有实战,亚德利就把时间都投入到了对密码技术的研究上,他还对世界主要强国使用的密码给予了关注,例如日本、德国及英国的密码体系。正是在这段时间打下

美国白宫

的基础,为其日后辉煌的密码破译生涯做好了准备。

在为美国政府工作两年之后,赫伯特·奥利弗·亚德利已成为美国密码分析界的大师。当时的美国在密码加密方面很落后,与欧洲军事强国无法相提并论。亚德利对这种状况有着清醒的认识,并且经常对此表达不满。他的上司对赫伯特·奥利弗·亚德利的这种态度很厌烦,认为这个年轻人不知天高地厚。有一次,在上司拒绝接受自己的批评后,亚德利决心用一次试验来证明自己的观点。

赫伯特·奥利弗·亚德利利用业余时间,只用了几个月,就解开了所有正在使用的美国密码,然后写出一份题为《美国外交密码破解说明》的报告。在报告中,他强调以美

国密码的现状，欧洲同行肯定能轻易破解美国密码。年轻气盛的亚德利把报告呈交上去，这位上司就是编制这套密码的人，他惊讶之余，又气急败坏指责亚德利是在胡闹。亚德利胸有成竹，为了进一步证明自己，他索性孤注一掷，放肆地打开上司的保险柜，拿出密码本与其对证。结果是亚德利赢了，这份密码组合方法正如亚德利所说——是根据威尔逊总统未婚妻的电话号码设置的。

这件事情很快在美国军方传得沸沸扬扬，一时间，亚德利的威名被许多美军领导得知。此时，美国正式参加一次大战，亚德利被美国陆军情报局局长范登曼上校相中。他专门成立一个全新的军事情报处（MI8），为亚德利服务。不久，亚德利被派到法国前线，从此开始了他在美国情报史上最辉煌也是最具悲剧色彩的生涯。

法国当时拥有世界上最先进的密码编译机关——法国"黑匣子"电报处。亚德利来到法国前线后，他按照"黑匣子"的模式，建立起自己的工作部门，并培养了一批骨干密码专家。1918年，在他的领导下，小组奇迹般地破译了德国用来与法国境内间谍联系用的密码。最终，所有被派到法国的德国间谍都被协约国抓获，这是亚德利在实战中第一次光辉的战绩。

一战结束后，亚德利所在的MI8被包装成商业咨询公司，由美国国务院资助，继续为美国政府服务。此时的日本开始在世界上崛起，显示出独霸东亚的野心，并大肆扩充海军，美日互相将对方视为潜在的头号假想敌。美国国务院要求亚德利领导的"黑匣子"把工作重心放在破译日本外交密码上。这一次，亚德利又展现出了其过人的密码天赋。日本使用的密码非常复杂，特别是日本外务省的最高级无线电报经过特殊的加密机处理，密文以拉丁字母来表达日文词汇。但亚德利还是用了两年时间就把它们全部破译。

破译日本密码的直接结果在1921年华盛顿海军军备限制大会得到了体现。由于美国政府提前知晓了日本的密码，美国谈判代表、国务卿休斯知道了日本人的底线，对日本在此次大会上的动向和意图了如指掌。休斯与日本代表针锋相对，向其发出最后通牒："若是日本再顽固坚持原有立场，那么日本造一艘战列舰，美国就造四艘！"面对威胁，日本人终于屈服了。这个结果后来产生了巨大影响，日本不得不将十几艘已送上船台的战列舰拆毁，休斯也因此获得"靠嘴皮子击沉日本海军"的威名。

在华盛顿谈判中的出色表现，巩固了亚德利作为"密码魔术师"的地位，却没能保住他的"黑匣子"。由于经费不足，亚德利有时也会接手一些民间的密码任务，比如为客户调查丈夫在外偷情。1929年，保守派人士史蒂门森出任美国国务卿，他对亚德利的这种做法很反感，于是下令关闭了"黑匣子"。失业的亚德利为了养家糊口，写了一本名为《美国的黑匣子》的畅销书，书中暴露了美国情报机关的一些秘密。这招致了政府的报复，把他告上了法庭，并且在以后的日子里一直对他持不友好的态度。这场官司还在美国确立了一项极具里程碑意义的裁决：任何政府工作人员在出版著述前，都必须将原稿交由政府审查通过后才能发表。

随后，在国内郁郁不得志的亚德利经过中间人的介绍，远渡重洋来到中国，为国民政府从事密码破译工作。由于其对日本密码体系很熟悉，到中国不久，他就帮助中国破译了日军密码，抓住了隐藏在政府中的汉奸，保卫了战时陪都重庆。

1940 年 7 月，亚德利回到美国。半年多后，日本偷袭珍珠港，亚德利主动提出为美国政府服务，继续破译日本密码。但美国政府对亚德利的热情却置之不理，因为当年出版《美国的黑匣子》一事仍然余波未平，没人愿意冒这个风险。无奈之下，亚德利只好去加拿大寻找新工作 1942 年 4 月，他来到加拿大皇家陆军，帮助加拿大提高自己的密码破译技术，可美国政府随后施加压力，亚德利只干了不到半年便被解除职务。最后，走投无路的亚德利只在美国联邦政府物价管理办公室谋得一个低级职务，其密码天赋根本无从施展。

战后，亚德利成为一个无名之辈，每日过着与普通人一样的生活。失意加上过度酗酒，亚德利于 1958 年因病去世。直到 1968 年，美国军事情报部门领导人才以完全的军人礼节，将亚德利迁葬阿灵顿国家公墓内。而这位美国密码之父的传奇故事，也被更多人所熟知。

二战英德密码大战之谜

在整个密码的历史上，ENIGMA 密码机的发明称得上是一件具有里程碑意义的事件。众所周知，在 ENIGMA 发明之前，不论多么高级巧妙的密码，所有密码都是使用手工来编码的。手工编码的缺点在大规模战争中逐渐显示出致命的弱点——发送信息的效率极其低下。战争时传递信息需要既保密又快速。当大容量的信息需要快速发出时，手工编码无法胜任，除非有大量的人力支持。此外，效率低下的手工操作也使得许多复杂的保密性能更好的加密方法不能被实际应用，而简单的加密方法根本不能抵挡飞速发展的解密学的威力。无论是军方还是民用商业，世界都需要一种可靠高效的方法来保证通讯的安全。

1918 年，一个德国人注意到了这一点。亚瑟·谢尔比乌斯（Arthur Scherbius）对手工编码的效率低下深有感触，他曾在汉诺威和慕尼黑研究过电气应用，对当时刚刚兴起的电子技术有深刻了解。他认为，可以用二十世纪的电气技术来取代那种过时的铅笔加纸的加密方法。简单说，他想发明一种机器，可以高效安全地取代手工编码的工作。

为了实现这个想法，亚瑟·谢尔比乌斯创办了一家公司，并很快研制出了一种机器。谢尔比乌斯为这种全新的机器取名为"ENIGMA"，中文的意思是"迷"。这种 ENIGMA 机器外表看上去就是一个装满了复杂而精致的元件的盒子。由键盘、转子和显示器三个部分构成。用几句话是无法说清这种机器工作的效率，但有一个数据可以说明它编码的效率及威力。德军升级后的 ENIGMA 改进了连接板装置，理论上，三个转子不同的方向组成了 $26*26*26 = 17576$ 种不同可能性；三个转子间不同的相对位置为 6 种可能性；连接板上两两交换 6 对字母的可能性数目有 100391791500 种;如果有需要,这种 ENIGMA 机器可以提供 17576 * 6 * 100391791500,大约为 1000000000000000,即一亿亿种可能性。在这巨大的可能性面前,一一尝试来试图找出密匙是完全没有可能的,这使得暴力破译法(即一个一个尝试所有可能性的方法)在机器面前无可奈何。

遗憾的是,亚瑟·谢尔比乌斯发明了这种机器之后,当时还没有人真正意识到它的价值。这种机器售价大约相当于现在的 30000 美元,没有人愿意为此付出这么昂贵的金钱。

此时,德国军方却注意到了这个新颖的发明。一战中,德国饱尝密码被盟军截获破译的痛苦。用他们自己的话说:"由于无线电通讯被英方截获和破译,德国海军指挥部门就好像是把自己的牌明摊在桌子上和英国海军较量。"为了避免再一次陷入这样的处境,德军对谢尔比乌斯的发明进行了可行性研究,最终得出结论:必须装备这种加密机器。从 1925 年开始,谢尔比乌斯的工厂开始系列化生产 ENIGMA,次年德军开始使用这些机器。除了军方,德国的政府机关、国营企业、铁路部门等也开始使用 ENIGMA。为了保密,这些商用型号的机器与军方使用的不同,商用型机器的使用者不知道政府和军用型的机器具体是如何运作的。

德国人在 ENIGMA 上的投入是巨大的,十年间,德国军队总计装备了约三万台 E-NIGMA。陆海空各部队都有独立的使用方法与编制程序,德国在外界没有注意到的情况下建立了可靠的加密系统。

此时,只有一个国家对德国的这种行为保持了警惕,一战中饱受德国侵略之苦的波兰时刻关注着自己身边这个危险的邻居。他们注意到 ENIGMA 的高效与高保密性能,开始偷偷搜集相关的资料,研究这种机器。至于英国法国,这些一战的胜利国家认为德国不会发展武装,对 ENIGMA 的使用也毫不关注。

当二战打响之后,英国法国的大意让他们一上来就吃了大苦头。二战开始时,德军通讯的保密性马上显现出威力,一条条犹如天书的密电不断在战场上被截获,但没人能够破译。可以说,ENIGMA 在纳粹德国二战初期的胜利中起到的作用是决定性的,在 1942 年之前,装备了英格玛的德国潜艇部队一共击沉了盟军舰船 1000 余艘,由于短时间内不能破译德军密码,盟军在北大西洋的军事补给线面临着灭顶之灾。

此时,盟军亡羊补牢,开始重视 ENIGMA 机器的破译工作。问题是,德国人的保密工作做得如此之好,根本无法得到 ENIGMA 的具体资料。所幸的是,一个德国人的贪婪,使得英国在破译德军密码方面有了转机。

一个名叫汉斯提罗·施密特的德国人为了获取金钱利益,将有关 ENIGMA 机的资料出卖给了盟军方面。这名在德国密码通讯机构——密码处(Chiffrierstelle)工作的德国人在比利时的一间旅馆里向法国情报人员提供了两份有关 ENIGMA 操作和转子内部线路的资料。事后他得到一万马克。靠这两份资料,早就对 ENIGMA 有研究的波兰人复制出了两台 ENIGMA 样机。但是单单得到这些是不够的,必须要知道当日通讯的密钥。

为了解决大运算的破译密钥的工作,英国于白金汉郡的布莱切利公园(BletChley Park)里成立了代码及加密学校,这是归属于 40 局的新设机构。就是在这里,二战中最富传奇色彩的密码大战开始打响了。一开始在布莱切利公园工作的只有大约二百人,可是到了五年后战争结束时,城堡和小木屋中已经多达七千人!

在整个战争过程中,ENIGMA 机被不断改善,英国的破译人员也不得不随时改变破译手段。英国人能够在战争期间成功地持续破解 ENIGMA 密码,关键就在于这些破译人员中有各行各业的精英与天才。这其中,贡献最大的人就是阿兰·图灵(Alan Turing)。

图灵进入布莱切利公园工作后,对破译德军的 ENIGMA 机做出了卓越贡献。战争进入中期后,英国人研制的密码破译机器"炸弹"就是建立在图灵机基础上的。"炸弹"说简单点就是一台反向运作的"ENIGMA"机,它的作用就是利用远超手工计算的效率来找出德军 ENIGMA 机每日使用的密钥。1940 年 3 月 14 日第一台运抵布莱切利公园,这台机器起初要一个星期才找得到一个密钥。工程师们花了很大的努力来改善"炸弹"的设计,然后开始制造新的"炸弹"。到后期,经过改进的一台"炸弹"可以在一小时里找到一个密钥。

德军对英国的破译工作毫不知情,仍然认为他们的密码系统是坚不可摧十分安全的。事实上,德国人的计划和行动已经暴露无遗。如果德军计划一次进攻,英军就可以采取相应的增援或撤退措施;更妙的是,如果德国将军在他们的电报中争论己方的弱点,英国军队就可以采取德国人最担心的计划。在英伦战役之初,密码分析人员准确预告了德军轰炸的时间和地点,并且取得了德国空军(Luftwaff)极为宝贵的情报,比如飞机的损失情况,新飞机的补充数量和速度等。这些情报被送往 M16 的总部,再由那里转送战争部、空军部和海军部。

毫无疑问,布莱切利公园的密码分析专家大大地加快了战争的进程。历史学家估计,如果没有英国破译 ENIGMA 的因素,战争很可能要到 1948 年,而不是在 1945 年,才能结束。如果是这样,希特勒将能够更大规模地使用 V1 和 V2 飞弹对整个英国南部进行轰炸。2001 年 7 月,一个纪念这些功臣的基金会在布莱切利公园安放了一块基石,上面刻着丘吉尔的名言:"在人类历史上,从未有如此多的人对如此少的人欠得如此多。"这是为了纪念所有在破译 ENIGMA 的行动中做出贡献的人们。

中国密码英雄——池步洲生涯之谜

谈起世界历史上著名的密码破译专家和破译事件时,有一个人不得不提,他就是当时在国民党军委会技术研究室任职的密码天才池步洲。他在二战中作出的非凡贡献,几乎可以抵得上 10 万部队,而其连续破译日军重大密码情报的故事,更是被人津津乐道,难以忘怀。

池步洲 1908 年出生在福建省闽清县三溪乡溪源村的一个贫寒家庭,由于家境贫困,池步洲自幼没有上学。直到 10 岁的时候,他的五哥和五嫂提供了一些资助,池步洲才得以上学。聪明勤奋的池步洲只用了 3 年时间就完成了全部小学课程,之后考入福州英华书院(今福建师范大学附属中学)。读完中学后,在 1927 年前往日本留学,先是在东京大学机电专业学习。毕业后(1934 年春),又在早稻田大学工学部学习。在这期间,池步洲遇到了一位日本姑娘白滨英子,两人日后结为夫妻,相伴终生。

池步洲结婚后,生活本来平静幸福,但是,1937 年卢沟桥事变爆发,抗日战争正式开始。满怀爱国热情的池步洲坚持回到中国抗日,深明大义的妻子不惜与自己的家庭决裂,也要跟随丈夫去中国。1937 年于 7 月 25 日,池步洲携妻及三个子女自日本东京赴神户,再搭乘轮船返回中国上海,开始了他富有传奇色彩的密码破译生涯。

池步洲从日本回国后,投奔了南京国民政府。在南京寻找工作的时候,偶遇当年的留日同学陈固亭。陈时为陕西省政府社会处处长,经陈固亭的介绍,池步洲进入中央调查统计局,编入总务组机密二股,侦收日军密电码,以便进行研译。池步洲是当时中统局机关内唯一的留日学生。

刚刚在机密二股开始工作之时,池步洲年仅 30 岁,经验尚无。但是他虚心好学,谨慎细心的性格帮了他大忙。在工作过程中,池步洲通过统计发现,日军密电基本是英文字母、数字、日文的混合体,字符与字符紧密连接,多为(MY、HL、GI……)。池步洲作了进一步的统计,发现这样的英文双字组正好有十组。在密电体系中,经常被使用而又恰巧十组的极可能就是 0~9 的 10 个数字。

发现以上规律,池步洲紧接着做了一个大胆的猜想:他将这十组假设的数字代码使用频率最高的 MY 定为"1",把频率最低的 GI 定为"9",按序排出了一个密码与数字的对应表。为了验证自己的推测,池步洲把截获的日军密电中可能代表交战军队中的部队番号和兵员数目等数字的密码抄下来到部队进行核对。果不其然,他的这种推测还真不断得到了验证。由此,池步洲找到了越来越多的突破口。除此之外,熟悉日文和日本文化的池步洲结合密码中的许多隐语,如"西风紧"表示与美国关系紧张,"北方晴"表示与苏联关系缓和,"东南有雨"表示中国战场吃紧,"女儿回娘家"表示撤回侨民,"东风,雨"表示已与美国开战……顺藤摸瓜,最终破译出一份份日本军部大本营发出的密电。

这种看似技术含量不高的破译方法,其实才最考验密码破译人员的能力。众所周知,密码加密的方法千奇百怪,想要寻找到其中的规律可谓是大海捞针,更何况高级的加密方法是层层加码层层推进。池步洲于大量繁复的资料中寻找细微的变化,透过现象看到本质,及时大胆地推测和总结规律,这就是一个密码人员最可宝贵的素质和能力。

另一个证明池步洲密码破译能力的事情就是破译日本外务省电码。在中统情报机构服务的时候,池步洲经常收到许多一个字也看不懂的密电。

一开始,他以为这是日本陆军或海军的密电。因为因系统不同,日军的陆海空军的密电码差别很大。其中,陆军的密电码最难破译。整个抗战期间,日本陆军与海军的密电码始终未被破译过。后来,池步洲发现了一个规律——许多电报的收报地址遍布全世界,从报头的 TOKYO 判知它是发自东京。池步洲判断,这很有可能是日方的外交电报。由于精通日语,很快,他逐渐破译了一些字词,再根据日语的汉字读音,顺藤摸瓜,又破译出一部分相关字,直至整篇电文全部破译。

找到了破译的关键所在,从 1939 年 3 月起,池步洲用了一个月时间,把所有之前截获的日本外务省发出的几百封密电全部破译出来。被破译的密电,其特点是以两个英文字母代表一个汉字或一个假名字母,通常都以 LA 开头,习惯上即称之为"LA 码"。池步洲的这个破译堪称奇迹,要知道,破译如此级别的密码,今天就是使用计算机,也要花费相当时间,而池步洲在不到一个月就大功告成,这不能不说是破译密电史上的一桩奇迹。事后,军政部为了表彰池步洲,还给他颁发了一枚奖章。

真正让池步洲声名大振的,还是其著名的破译"日本袭击珍珠港"的密码事件。

1940 年 4 月 1 日,池步洲进入国民党军委会技术研究室工作,主要的工作重点还是破译日军密码。1941 年 5 月,池步洲在破译的日本外交密电中,发现日本外务省与檀香山日本总领事馆的往来电报数量突然剧增。池步洲对这个现象很关注,他浏览这些密电,发现电报内容很多都是外务省要求檀香山日本总领事馆报告美军舰艇在珍珠港的数量、舰名;停泊的位置;进、出港的时间;珍珠港内美军休息的时间和规律;夏威夷气候情况等。池步洲初步分析,认为日军重点关注这里,很可能未来要在此采取军事行动。1941 年 12 月 3 日,池步洲又截获了一份由日本外务省致驻美大使野村的密电:1、立即烧毁一切机密文件。2、尽可能通知有关存款人将存款转移到中立国家银行。3、帝国政府决定按照御前会议决议采取截然行动。池步洲在破译稿上作了两点估计:一、日军将要发动战争,时间可能在星期天;二、袭击的地点可能在日军之前早有了解的珍珠港。这份电稿最后呈报到蒋介石那里,他看后,立即向美军通报。4 天后,震惊世界的日军偷袭珍珠港美军基地事件如期发生。

据后来解密的二战资料显示,美国人当时显然把池步洲提供的这个情报看做是个奇怪的奇思异想,他们不相信中方具有获得这种重要情报的能力,于是对此信息未加理睬。还有人说是罗斯福总统忍痛牺牲的苦肉计,以此来激怒国内从而尽快形成向日本开战的局面。总之,池步洲破译的这份密电,令盟军对中国的密码破译机构刮目相看。

除此之外,在后来的时间里,池步洲又破译了大量日本密电,提供了大量有价值的情报。1942 年 10 月,池步洲破译了一份截获的日本密电,内容是缅甸基地的日本空军将轰炸印度加尔各答。中方当即通知英国驻印度空军总部,英国空军在中途截击,全歼日机。还有一次,孙科到外地公干,消息被日方探知,密令日机在重庆的中途拦击。密电被池步洲破译,立即通知孙科。孙科此时已到机场准备登机,得知消息后悄然返回。后来,此机果然在中途被日机击落,机上人员全部牺牲。可以说,池步洲运用自己的聪明智慧和辛

世界传世藏书　中外未解之谜　密码未解之谜

二八五

勤努力,为反法西斯战争立下了汗马功劳。

　　由于情报工作的特殊性,美国和国民党政府都对各自的情报工作保密,也从未公开池步洲在抗战中的贡献。抗战结束后,池步洲反对内战,不愿继续从事密电码研译工作,转到上海中央合作金库上海分库从事金融工作。上海解放前夕,他自问一生清白,不愿继续追随蒋介石政府,拒绝撤退台湾。在人生的暮年,池步洲携家人赴日定居,安享晚年。

第二节　密码战争之谜

神秘的 ADFGX 密码之谜

　　1917 年 4 月,第一次世界大战出现了最大转折。由于这一年德国又开始在公海用潜艇袭击过往的商船。美国利用这个借口参战,并很快组织远征军投入欧洲战场,美国参战后原本中立的拉美国家纷纷对同盟国宣战。同年 8 月,中国也对德奥宣战,并派遣近 20 万劳工到欧洲修筑工事。两个集团的力量平衡开始打破,战局对同盟国越来越不利。

　　到了 1918 年年初,德国战争力量已近枯竭。为了挽回日趋不利的局面,德军集中了近五百万人的兵力,盘踞在大巴黎外围,一场大决战一触即发。3 月中旬,协约国的英法联军也频繁调动兵力,以抵御德军进攻。此时的无线电截获与解密工作显得尤为重要,因为双方都想知道对方的真实意图,提前做好军事准备。

　　就在此时,法军截获了一份德军电报,电文中的所有单词都由 A、D、F、G、X 五个字母拼成。这是一份之前从未见过的采用全新密码加密的电报,明显是德军最新研发的密码成果,而此时起用这个撒手锏,很可能预示着德军将发起一场决定战争胜负的攻势。法国人本来就对对面的德国重兵充满忌惮,而这个新密码更是让法军坐立不安。必须要马上破译这种全新的密码,由于电报所有单词都由 A、D、F、G、X 五个字母拼成,法国人称其为 ADFGX 密码。

　　法国人的担心不是多余的,事实上,这种 ADFGX 密码正是 1918 年 3 月由德军上校弗里茨·尼贝尔发明的。它是结合了 Polybius 密码和置换密码的双重加密方案。Polybius 密码是一种非常经典的古典密码,也称棋盘密码,是利用波利比奥斯方阵(Polybiussquare)进行加密的密码方式,产生于公元前两世纪的希腊,相传是世界上最早的一种密码。

　　德军上校弗里茨·尼贝尔之所以选择这五个字母,是因为它们译成摩斯密码时不容易混淆,可以降低传输错误的机率。德国人的这种新密码,确实非常高明,因为所有信息,如今只用 5 个字母就可以全部表示。其密码转换的原理可以用下面这个例子来说明：

假设明文为：ATTACKATONCE

先用 Polybius 棋盘变换为：AF AD AD AF GF DX AF AD DF FX GF XF，接着，利用一个移位密钥加密。假设密钥是"CARGO"，将之写在新格子的第一列。再将上一阶段的密码文一列一列写进新方格里。

最后，密钥按照字母表顺序"ACGOR"排序，再按照此顺序依次抄下每个字母下面的整列讯息，形成新密文：FAXDF ADDDG DGFFF AFAXX AFAFX。到了 1918 年 6 月，德军又加入一个字 V 扩充，变成以 6×6 格共 36 个字符加密。这使得所有英文字母（不再将 I 和 J 视为同一个字）以及数字 0 到 9 都可混合使用。

再说回法军截获的这份电报上来。这份 ADFGX 密电被送到了法军密码局密码分析员乔治·潘万中尉那里。也正是这个当时只有 29 岁的年轻人，用其超凡的智慧迅速破译了密码，挽救了整个协约国的战事。

乔治·潘万于一战爆发以前被调进 Bureau du Chiffre（法国陆军部密码局）工作。刚来的时候，这个聪明的年轻人并不喜欢密码分析的工作。

但是，随着开战以后，战争态势不断变化，他渐渐喜欢上了分析密码，并很快展现出在这一领域的天赋，成为了密码局里面可以独当一面的高手。很多截获来的德军电报被送到他这里，并最终得到破译。

这一次，乔治·潘万看着这份只有 5 个字母构成的电报，他知道这一次麻烦大了。从截获的第一份使用 ADFGX 加密的电文中，潘万毫不费力地猜到了对方使用的是棋盘式代替密码。因为只有这种密码才能只用五个密文字母来代替所有的明文字母。但潘万通过对其中字母的频率进行统计，发现情况并不像想象的那么简单。他估计这种密码是在棋盘式代替的基础上又作一次换位变换。就是说，这是一种双重加密的密码，如果只有一份截获的电文，是无法纯粹依靠人的大脑来破译的。

幸好，3 月 23 日，德国人开始了对联军的进攻，其后续的电文也被法军不断截获。到 4 月 1 日，法军共截获了 18 份用 ADFGX 加密的电报。潘万把所有这些电文放在一起，发现电文中的某些部分十分相似。他抓住这一点，通过对两份开头相同的密文的对比研究和详细的频率统计的验证，首先破译出棋盘的密钥。最后，乔治·潘万根据频率统计规律，最终破译出长达二十位的换位密钥。连续工作了 48 小时后，这名年轻人终于掌握了破译这种密码的基本方法。接下来的事实证明，他的破译思路及方法是完全正确的。

到了当年的 5 月份，德军在埃纳河地区实施进攻后，形成正面 80 公里、纵深 60 公里的马恩河突出部。随后，德军统帅部计划在马恩河地区集中 3 个集团军的兵力，从蒂耶里堡、埃纳河地段突破协约国军队防线，尔后向巴黎发动进攻，以夺取战争的胜利。法国第 6、第 5 和第 4 集团军采取纵深梯次配置组织防御，并准备适时转入反攻。两军在马恩河地区都布下重兵，剩下的就看谁能准确判断对方的下一步意图了。

此时的德军在原来的 ADFGX 密码之上又多了一个字母——V,也就是说德国人将他们的棋盘扩大为 6*6 了,从而实现直接加密,使得这个密码在理论上进一步完善了。一直密切追踪德军密码动向的乔治·潘万又很快破译了这个密码,其破译原理也在法军密码分析部门得到应用。

6月1日,潘万又破译当天截收的三份相似的电文,在这次破译中,他找到了德军6月1日新的棋盘密钥和换位密钥。这是一个了不起的成就,因为两天后,这个成果破译了一份具有决定意义的德军电文。6月3日凌晨4时30分,法军截获了一份密文电报。无线电测向表明这份电报发自德军统帅部,收方是位于雷马奇的德军18集团军参谋部。这无疑是非常重要的电文,一位名叫吉塔尔的密码分析员用潘万6月1日破译的密钥破译。译后的明文清清楚楚写道:速运军需弹药如不被发现白天也运。

情报官们马上意识到,电报中提到的弹药很可能就是德军准备进攻所用,而收报单位所在地就是德军的进攻主方向。这份情报太珍贵了,它给法军指明了重点防御的地方。法军利用这宝贵的时间,立即开始调集部队加强防线,于蒙迪迪埃至贡比涅之间布下重兵。

事实果然不出法军所料,德军接下来的进攻与法军猜测的一模一样。6月9日拂晓,德军15个师发起了冲击。然而,提前六天得知秘密的法军早已进行了有效的防护,严阵以待。德军进攻失利。这一仗,德军最精锐的部队损失惨重,形势向有利于协约国的方向发展,历史发生了转变。

而破译密码的潘万,此时却因为心力交瘁住进了医院。从4月份

一战中的比利时炮兵

开始,这名年轻人连轴转不停工作。在破译密码的时间里,他体重减轻了15公斤,各项生命指标也严重失常,不得不在医院里休养了六个月。事后,他骄傲地说:(对 ADFGX/ADFGVX 的成功破译)不可磨灭地铭刻在我的心中,在我的一生中留下了极其光辉和卓越的印象。

而那位发明密码的德国的上校弗里茨·尼贝尔,战后对自己的心血结晶被协约国同行成功破解一事,非但没有异常恼恨,反而惺惺相惜,慷慨地给予了相当高的评价:我认为,ADFGVX 密码的保密性很好,可惜根本没有想到,我们会遇上潘万这样一个聪明绝顶的高手。

女裙下的密码之谜

密码的首要功能，就是它的隐秘性。各国情报机构，都有自己的密码研发部门。二次大战中，德国的情报机构突发奇想，居然利用"女装设计图"传递情报。这次经典的密码隐藏事件，前不久被英国政府正式解密，向世人透漏了战时情报工作的一个方面。据路透社报道，英国安全局近日解密的一批文件，首次向世人展示了英国情报部门破译德国"裙中密码"的事件。

二战期间，德国特工在英国大肆活动，搜集有关英国政府的所有军事、经济及社会情报。特工在收集到有价值的情报后，将这些情报传递给他们的负责人，从而决定作战方针。当间谍对获取的情报进行处理后，他就必须想方设法把情报传递给上级部门。

从古至今，谍报人员想出各种各样的情报传递方法，包括让联络员直接传送；使用物体携带情报进行传递，还有用牲畜传递情报等等。德国特工传递情报也遵循"最不起眼之处蕴藏玄机"的原则，他们把密码隐藏在各种各样的看似平常的地方。有一次，英国的检查员截获了一张设计图纸。这张设计草图上是 3 位年轻的模特，穿着时尚的服装。表面上看起来，设计草图很寻常，就是普通的服装设计图，但细心的检查人员还是看出来端倪。就在这张看似"清白"的图纸上，英国反间谍专家们识破了特工的诡计，命令密码破译员和检查员迅速破译这些密码。

原来，德国特工利用莫尔斯电码的点和长横等符号作为密码，把这些密码做成装饰图案，藏在图上诸如模特的长裙、外套和帽子等图案中。只要把这些图形密码按照莫尔斯电码的规律识别，整张设计图就是一份电报——英方最终从这张设计图纸上密码破译员们读出了这样的信息——

"大批敌方援军随时可能到来"。

除了隐藏在服装设计图上的信息，他们还会把密码藏在活页乐谱、象棋棋谱以及速记符号里面。这些带密码的情报被伪装成普通书信。德国特工运用各种巧妙的传递情报的方法，例如为了把情报伪装得"天衣无缝"从而顺利寄出，他们采用了隐形墨水密写、针刺小孔以及字母的凹进等惯用伎俩。德国特工利用这些手段，告知上级盟军的活动、轰炸式袭击和军舰建造的具体细节。德国特工还利用字母表"作弊"。看起来只是一份普通的信件，但把每个单词的第一个字母拼起来，就是一封"机密情报"。盟军情报人员和解码专家不放过任何一个细节，但最终还是有一些情报顺利被德国方面获知，这也反映了当时谍报战的激烈残酷和情报人员无穷无尽的智慧。

说到间谍隐藏密码的本事，真可谓是无所不用其极。二战时，盟军特工就曾经想到了一个绝妙的传递介质。他们将李子干里填满地图或其他秘密文件，偷偷携带给关押在集中营中的囚犯，以便为他们日后越狱提供回家路线。据知情人士透露，当时的特工们将坚硬的李子干用水泡软后挑出果核，再小心翼翼地将用蜡纸包裹好的秘密纸条卷好放进果子里,这些纸条上详细绘制了欧洲铁路线。纸条放入后,特工再将李子晒干,并装入食品袋中送给狱中的囚犯,帮助他们越狱后找到回家的路。尽管当时集中营的管理人员仔细检查所有送入集中营的物品,但这些李子干还是瞒天过海,顺利送到囚犯手中,并且在日后发挥了巨大作用。战后,这些李子干为英国女间谍多琳·穆洛所收藏,并由其侄孙理查德·马歇尔保管至今,成为证明当时谍战的一个物证。

德国特工的"女装密码",是隐藏情报的一种方法。早期的间谍,大多通过密写的方式隐藏信息。

除了密写和利用掩护传递情报,窃听及偷拍也是当代间谍掌握的最基本技术。2004年10月,美国情报部门曾展示过一种"口香糖无线电窃听器",该窃听器重约6克,从外表看和普通的口香糖一模一样,但里面却另有玄机,装置的电子器材可以将情报源源不断地发送出来。近年来,随着电脑的广泛应用,各国情报机构又将目光瞄向"键盘窃听"。当人们敲击电脑键盘时,它们发出的声音是独特并且有规律的,利用"键盘窃听"技术,情报人员可以成功地还原出电脑录入的内容及信息。

利用特殊相机窃取情报也是各国间谍们最常用的手段之一。到目前为止,最精巧的微型间谍照相机是由德国人制造出来的,它只有一粒纽扣大小,一次可以拍摄6张照片,并可多次循环使用。俄罗斯情报部门则研制出一种手表照相机,间谍们可以伪装成看时间,从而对目标进行拍照。

有照相机,就得有胶卷。微型胶卷就是间谍存储情报的重要手段。大容量的数据可以缩微到非常小、几乎无法检测的胶片里。在冷战时期,各国情报部门大量使用微型胶卷携带情报,它本身的体积很小,要藏起来也很容易。间谍们往往把微型照片藏在邮票的后面或者是夹在明信片的夹层里,普通信件就成了传递绝密情报最安全的方法。

随着科技的发展,越来越多的技术手段也被应用到了间谍战中。前几年闹得沸沸扬扬的英国俄罗斯间谍案就是这样一起例子。

英国间谍在俄罗斯活动,利用公园一块不起眼的"石头"来从事情报传递。俄罗斯特工注意到他们重点监视的一位英国间谍经常去一个公园,这位间谍到了公园从不与任何人接触,只是坐在长椅上玩一台笔记本电脑。周围既无接头的别人,也没有可疑的车辆。俄罗斯特工长期跟踪,虽然找不到这位间谍的纰漏,但总觉得事情可疑。最后,他们发现这名间谍每次到公园总是坐在同一个长椅上。恍然大悟的俄罗斯特工赶紧检察长椅及其周围的物品,最终发现了这块经过伪装的"电子石头"。

据俄罗斯联邦安全局称,这块"石头"中间全部被挖空,里面装有蓄电池和加密情报收发机。"石头"看起来很完整,没有任何孔隙,同时还涂有特殊的密封胶以防止雨淋及透气。俄罗斯特工称,这种"石头"的作用原理非常简单,英国招募的俄罗斯线人在约定时间来到街心花园,怀揣一台普通的掌上电脑,走过石头时,计算机会自动处理信息,把情报传送到石头内的电子接收装置,存入电子间谍档案。几天后,英国情报人员再前来收取情报,经过石头时同样借助掌上电脑读取情报。通过这种装置传递情报速度极快,在 20 米距离内 2 秒就能全部完成,"几乎无法阻止"。俄罗斯特工指出,这块石头的作用就像传统信箱一样,交接情报的人之间完全可以不进行直接接触。

"北极行动"中的密码大战之谜

第二次世界大战期间,英国在各条战线与希特勒德国展开交战。其中,两国情报机构为配合作战进程,在隐蔽战线上也展开了惊心动魄的斗争。在这个过程中,英国人曾经上演了破译"奇迷机"的密码大战好戏,但是,也曾经遭受重大挫折。由德国情报机构——"阿勃韦尔"策划的"北极行动"就是这样的一个案例,这次行动使英国秘密情报机构——特别行动局在荷兰的间谍组织受到了毁灭性的打击。

1941 年秋天,纳粹德国秘密军事情报机关派遣少校赫尔曼·吉斯克司到德国军事占领区荷兰指挥反间谍活动,出任德国驻荷兰反间谍机构司令一职。

赫尔曼·吉斯克司到达荷兰后,经过几个月努力终于取得突破性进展。一名打入荷兰地下抵抗组织的德国情报人员报告,两名英国间谍正要在海牙组织一个新的谍报网。

吉斯克司得到这条消息后,命令无线电监听人员加强对无线电信号的监视。很快,电讯截获室收听到一个新的秘密电台呼号,使用的是 RLS 呼号,发射地点就在海牙。这个秘密电台活动有个规律,就是每隔一周的星期五晚 6:30 会准时发报。吉斯克司非常重视这个秘密电台,命令手下密切注视 RLS 电台的活动,很快,无线电探测方位仪查明了RLS 电台的位置,并且最终锁定了具体的住址。德国人迅速出动,一举将这一电台的操作者休伯特·劳韦斯捕获,并在 2 个小时内,将这个英国间谍网的其他成员一网打尽。这次行动,为吉斯克司下一步行动开了一个良好的头。

吉斯克司得手后,并没有急于由自己的发报员发报,而是耐心地等待劳韦斯动摇。因为他知道,任何一个谍报员在发报的细微技术上都与其总部有某种默契。后来的事实证明,他的这一着棋是十分高明的。在劳韦斯被捕的第三周后,吉斯克司亲自提审了他。吉斯克司只向他提出一个简单的条件,只要劳韦斯向伦敦方面发出他在被捕时未能按时发出的三则电讯,他和他那些被捕的同伴都可以免除一死。如果不从,等待他们的则是死亡。

休伯特·劳韦斯是英国特别行动局在荷兰招募的一名志愿者,他被捕后,起初并没有慌张失措,尽管深知盖世太保的残酷与死亡的威胁;但是,他心里还存在一丝幻想,因为他与英国方面有一个别人不知的约定——发送情报时的"安全校验码"。休伯特·劳韦斯与伦敦总部有一个约定,在他发出每一则电讯时,应该在每项电文的第 16 个字母上制造一个错误,这是一种伦敦用以核查身分的暗记,如果没有这一暗记,那就表明,他已经出事,是在强迫状态下发报。休伯特·劳韦斯觉得这是一张别人不知的王牌,于是就假意答应了吉斯克司,表示愿意反水,为德国效命。

赫尔曼·吉斯克司并不知情,他对劳韦斯的叛变非常高兴,并且马上制定了一个与英国人周旋的计划,即著名的"北极行动"。

于是,遭到逮捕的休伯特·劳韦斯答应了吉斯克司,向英国发送了那三条未及发送的情报。他按照先前的约定,故意使用这样一种方法:即在两条密电中,在单词的停顿处故意加入错误,而第三条电文则保持正确。劳韦斯确信自己已经发出了明确的警报,他也相信伦敦特别行动局总部将会注意到他采取了与原来不同的错误。

问题是,如此明显的警报与"错误"的发送规则,英国方面居然没有看出来。据前几年解密的二战档案记载,伦敦总部的密码员在收报时根本就不注意安全校验码,他们认为,许多间谍经常忘记甚至根本不用这些校验标记。就这样,英国特别行动局以为休伯特·劳韦斯他们已经成功地在荷兰建立起了工作架构,行动局不仅对假"情报"信以为真,而且继续发回报告,把荷兰自由战士的行动计划传递给"劳韦斯"。就这样,由于英国工作人员的疏忽大意,赫尔曼·吉斯克司制定的"北极行动"居然顺利实施下来。

在接下来的时间里,休伯特·劳韦斯继续作出努力,在他与伦敦的发报中一再暗示自己的处境。遗憾的是,这一切始终没有引起伦敦方面的警觉,反而引起了德国人的注意。赫尔曼·吉斯克司终止了劳韦斯的发报,并向伦敦请示,由另一名"后备"发报员取代劳韦斯。就这样一个请示,居然也被伦敦方面批准。

从那以后,赫尔曼·吉斯克司利用英国方面的毫不知情,大肆开展情报欺骗与间谍大战。比如,特别行动局电告劳韦斯,英国将空投一名特工到荷兰组织地下活动。结果可想而知,德国人早早来到预定地点,毫不费力抓获了这名跳伞的特工,随后空投的8名特工也遭遇同样的结果。

赫尔曼·吉斯克司实施"北极行动"可谓像模像样,这一点也使得英国方面长时间毫无觉察。有一次,伦敦命令荷兰特工破坏德军的一个雷达站,吉斯克斯为了让英国不起疑心,居然把自己的人化装成荷兰抵抗战士对雷达站实行了一次假进攻。为了进一步向英国特别行动局证明,他还特意引爆了一艘载满金属碎片的驳船。

其后的发展可以用戏剧化来形容,在长达两年的时间里,赫尔曼·吉斯克司掌控的电台网络与伦敦无数的电讯往来中,英国方面居然未有一丝警觉,近百次的空投全部由德国人截获,五十几名谍报人员全部落网。

这场谍报大战直到1944年才开始有了完结的迹象。英国方面从这年年初开始起了疑心。1944年2月,两名被德国逮捕的英国特别行动局间谍皮埃特·多雷恩和约翰·尤宾客成功越狱回到英国。他们汇报说,他们刚刚到达荷兰时就被敌人抓获。但是伦敦特别行动局的官员却认为他们是在说谎,因为他们从吉斯克司编造的假电报中得知这两个间谍已经为盖世太保工作。后来这两个人被送到布里克斯顿监狱。

这件事情引起了英国特别行动局解码专家里欧·马科斯的重视。马科斯其实一开始就对荷兰的事情充满疑虑,不仅是因为安全校验码的丢失,他还注意到了荷兰来的电文的"异常"。根据经验,以往特别行动局的间谍在其他各种行动中常常会出现大量情报信息无法阅读的情况,因为间谍在紧张的野外作业时常常会因为匆忙发生密码错误,而来自荷兰的情报编码却一直一丝不苟,清晰完整地"令人不安"。

里欧·马科斯知道两位间谍越狱的事情之后,决定向英国特别行动局提出警告。最终,英国特别行动局也觉察到了不对,但觉醒太晚了,为了支持这个根本不存在的"荷兰抵抗运动",特别行动局已经供给德国无数炸药,8千支轻武器,50万发弹药,75部电台以及其他许多的物资,损失了52名特别行动局的间谍。

此后,赫尔曼·吉斯克司发现英国来的情报变得毫无价值。他意识到,英国人终于发现了他的"北极行动"。取得巨大成功的赫尔曼·吉斯克司决定最后再羞辱一下对手,1944年4月1日,他指令在荷兰参加"北极行动"的10部电台,同时向伦敦特别行动局发出一份内容相同的电文:"近两年来,我们收到95次空投,计有电台75部,枪8000支,子弹50万发,炸药3万磅,另有经费50万荷兰盾,足够开一个小银行,我们的合作一直很默契,很有成效。近来我们感到,你们似乎要甩开我们另有所为,我们对此感到格外遗憾,因为在这个国家里,长期以来我们是为你们办事的唯一代表,并且取得了双方满意的效果,但是我们可以向你们保证,如果你们想向大陆进行大规模的拜访,我们将对来访者采用我们一贯的殷勤态度,并且给以同样热烈的欢迎!"

吉斯克司选择愚人节这样一个特别的日子发送这样一条信息,为这起历史上著名的间谍大战划上了一个并不滑稽的句号。

美军狙击山本五十六之谜

1884年4月4日,"山本五十六"出生在日本新潟县长冈市的武士家族高野家,是这个家庭的第六个儿子。其父高野贞吉当年56岁,所以给儿子取名为"高野五十六"。

"高野五十六"自幼受到武士道和军事影响,当他10岁时,其父就用武士刀划伤他的双腿12次,代表他正式元服。1901年,17岁的高野五十六以第二名的成绩考入江田岛海军学校32期,1904年以第7名毕业后任"日进"号装甲巡洋舰上的少尉见习枪炮官,参加了1904年的日俄战争。就在对马海战中,他负重伤,左手的食指、中指被炸飞,留下了终身残疾。由于他只剩下了八个手指,同僚们给他起了个"八毛钱"的绰号。

1916年,山本五十六毕业于日本海军大学校(第14期)。此后,山本五十六开始其辉煌的职业军人生涯。他先是去美国学习,出任日本驻美国大使馆海军武官。1928年,山本从美国归国,先后在"五十铃"号巡洋舰、赤城号航空母舰上担任舰长。1930年山本晋升为少将,并出任海军航空部技术处长、第一航空队司令官等职。1940年7月,日本与德、意签订了轴心国条约。同年11月5日,山本被授予海军大将军衔。自此,年已56岁的山本五十六登上了其军人生涯的最高峰,作为海军大将,真正使其声名大振的就是其后其亲自策划和指挥的"偷袭珍珠港"事件。

山本五十六之所以能策划出"偷袭珍珠港"事件，除了其具有一定的军事智慧与发掘机会的能力之外，与其爱冒险爱赌博的性格分不开。山本本人极爱赌博，从年轻时就是个赌鬼，玩扑克、打桥牌、下围棋、打赌都称得上是行家里手。他与同僚赌，与部属赌，还常跟艺妓赌，而且赌得认真。1910年，山本为一件不大的事与他的密友掘打赌，最后赌输了3000元。虽然掘一笑了之，山本却坚持还债，每月从薪金中扣，一直扣了十几年。山本出使欧洲时，据传说由于他赌技超群，赢钱太多，摩纳哥的赌场甚至禁止山本入场。山本曾说，如果天皇能给他一年时间去赌博，可以为日本赢回一艘航母。总之，日本海军传统的先发制人战略，加上山本个人秉性等各种因素，促成了奇袭珍珠港计划的形成。

当时的珍珠港位于日、美之间太平洋东部的夏威夷群岛，距日本约3500多海里，距美国本土约2000海里，是美国太平洋舰队最重要的基地。

1941年1月7日，山本写信给海军大臣及川古志郎，正式提出了偷袭

偷袭珍珠港，给美军带来巨大损失。

珍珠港的设想，此后就和几个参谋（大西泷治郎、源田实、黑岛龟人）一起，秘密地制定"Z"作战方案。1941年12月7日凌晨，日军从六艘航空母舰上起飞的第一攻击波183架飞机扑向珍珠港。7时53分，发回"虎、虎、虎"的信号，表示奇袭成功。此后，第二攻击波的168架飞机再次发动攻击。仓促应战的美军损失惨重，8艘战列舰中，4艘被击沉，一艘搁浅，其余都受重创；6艘巡洋舰和3艘驱逐舰被击伤，188架飞机被击毁，数千官兵伤亡。日本只损失了29架飞机和55名飞行员。

珍珠港事件，给美国带来了巨大损失和惨痛教训。为了洗刷珍珠港惨败的耻辱，美国海军开始暗中准备，并首先在情报战线上加大了力量。以当时的太平洋舰队总部作战情报处为例，开战时其人员不过约30名官兵，到了1942年5月，就猛增到120名。

当时的日本海军使用的海军密码为"D－普通密码本"，美国人则称为"JN－25"。太平洋舰队总部作战情报处的主要工作就是努力破译日本海军密码。时机很快就到来了，1942年1月20日，日本海军的一艘"伊号124"潜艇在澳大利亚海军基地达尔文港外海面铺设水雷时，遭遇美驱逐舰"埃索尔号"以及三艘澳驱潜快艇的围攻，沉没在50米深的海底。当时，由于事发突然，沉没的日军潜艇并没有来得及发出遇袭警报就彻底报废。美国军方派出潜水员潜入海底，在"伊号124"的残骸里发现了一只保险柜，并在其中发现密码本。由于这艘日本潜艇等级很高，加之这份密码本经过了防水处理，事后美国情报人员判断，这种密级相当高的密码本应该就是"JN－25"。

日本方面当时并不知道"伊号124"潜艇被袭击,他们的判断是潜艇在公海由于意外事故而沉没。他们怎么也没有料到,自己的潜艇是被击沉的,而且密码本也没有被来得及销毁,最终落入美军手里。蒙在鼓里的日本海军此后一直照旧使用"JN—25",这给美国军方带来了巨大的情报价值和军事机会。

当时的美军对日本密码的使用情况一直没有最终破译,这也成为美国海军的一块心病。美军获得"JN—25"后,很快就发现了日本海军对"中途岛"的战争计划,并且也是依靠破译日本电文最终在空中狙杀了山本五十六。

时间来到1943年,经历了中途岛海战和瓜岛战役失败后的日本海军士气低落。山本决定找时间前往南太平洋前线视察,以便鼓舞士气。1943年4月14日上午11点,美国海军情报部门截获并破译了包含山本行程详细信息的电文,包括到达时间、离埠时间和相关地点,以及山本即将搭乘的飞机型号和护航阵容。上述电文显示联合舰队司令长官山本五十六大将于4月18日上午6时由腊包尔起飞,前往布干维尔岛南端肖特兰、巴莱尔、布因岛视察,希望作好一切护航准备。

这份由海军部2246室破译的日本海军密码电报由一位参谋人员汇报给了海军部长诺克斯,诺克斯马上又将电报递给美国总统。富兰克林·罗斯福命令海军部长弗兰克·诺克斯"干掉山本(Get Yamamoto)"。诺克斯授意切斯特·尼米兹海军上将执行罗斯福的命令。

接到命令后,尼米兹将军在4月17日批准了拦截并击落山本座机的刺杀任务。一个中队的P—38闪电式战斗机受命执行拦截任务,这种飞机有足够的航程。从三支不同部队精选出来的18位飞行员被命令迅速集结,并被告知他们即将拦截一名"敌方重要的高级军官",但并未得知具体姓名。4月18日早晨,山本五十六搭乘两架三菱一式陆攻快速运输机从拉包尔按时起飞,计划飞行315分钟。不久,18架加挂副油箱的P—38式战斗机从瓜岛机场起飞。经过430英里无线电静默的超低空飞行,有16架到达目标空域。东京时间9点43分,双方编队遭遇,6架护航的零式战斗机立刻开始与美机缠斗。

美军列克斯·巴伯中尉率先展开攻击,他攻击了两架一式陆攻中的第一架,事后证明是舷号 T_1-323 的山本座机。巴伯中尉紧紧咬住目标,不断射击直到敌机左引擎冒出黑烟。很快,山本的座机因为引擎失效坠落到丛林中,地点位于澳大利亚海岸巡逻队在布因岛的据点以北。

第二天,一支日军搜救小队找到了坠机地点。据带队的日军工兵中尉滨砂回忆,山本的遗体位于飞机残骸之外的一棵树下,他仍旧坐在座椅中,戴着白色手套的双手还挂着他的日本刀。解剖报告显示山本身上有两处枪伤:一发子弹自身后穿透他的左肩,另一发子弹从他的下颌左后方射入,从右眼上方穿出。就这样,臭名昭著自大狂妄的一代枭将山本五十六死在了美军情报部门的截击下。

得手后,美军情报部门为防止日军得知自己的密码已泄露,特别授意美国新闻媒体发布消息，称所罗门群岛当地人的海岸观察站目击到山本登上一式陆攻，才导致了其遭到伏击。新闻媒体也没有公开参与刺杀行动的美军飞行员的名字，因为其中一人的兄弟当时被日军俘虏，有被虐杀的可能。事件发生后，日本当局一直拖到 1943 年 5 月 21 日才公布山本的死讯。对日本方面来讲，山本之死所造成的精神打击是难以估量的，日本政府也因此被迫承认美军的战争能力正在迅速恢复，局势已经发生了深刻变化。

二战美日密码大战之谜

二次大战中，尤其到了战争后期，美国与日本的较量是整个世界战场的重要组成部分。事实上，早在 1920 年，美军就开始截收、分析和破译日本人的密码了。在这方面，美国不显山不漏水，却一直做着未雨绸缪的工作。

美国最先对日本密码进行系统研究的是赫伯特·奥斯本·亚德利（有时也翻译成雅德利），此人性格乖僻，却是一位密码天才。说起来此公与中国还有一定关系，在中国抗日战争期间，亚德利给与了中国情报工作不小的支持。1938 年，亚德利受国民政府邀请，为中国破译了不少侵华日军的电报。亚德利还为中国人提供一种新型密码，使得日本人一直无法破译。

赫伯特·奥斯本·亚德利起初与美国军方没有什么关系，只是得到军方在资金上的支持，破译了不少国家的密码，其中就有日本。1922 年，世界列强在华盛顿召开军缩会议，由于亚德利提前破译了日本外务省的密电，日方代表在这次会议上非常被动，最后没能达到他们预想的扩军计划。

1940 年 8 月，美国通信情报处成功破译了"紫密"。据说情报处几乎全部解读出"紫密"的密钥，除百分之二、三以外可全部还原，绝大多数密电可在数小时内译出。"紫密"的解读使得美国截获了日本不少重要消息，其中就包括日美谈判必将破裂，日军可能会大规模袭击美国这一极为重大的秘密。可惜，由于美国政府忽视，没有引起美国军政要人的重视，导致太平洋舰队后来惨遭日本重创。

1941 年 5 月，海军少校约瑟夫·约翰·罗彻福特被任命为第十四海军区无线电小队司令。他上任后，把无线电小队改为太平洋海军的作战情报小队，组织破译日本海军全部战术级小型密码。他本人则主攻保密程度最高的大型密码"司令长官密码"。罗彻福特是一位颇具传奇意义的密码天才，在对日密码破译工作上占有重要的历史地位。

罗彻福特 1918 年毕业于新泽西州斯蒂文斯理工学院，同年以少尉军衔入海军服役。罗彻福特外表文静，性格内向，不善言辞。但在他木讷的外表下，藏着坚定果敢和不折不挠的本性。他早先的愿望是当一个海军航空兵。1929 年至 1933 年，海军部为了更全面地理解日本这个迅速强势崛起的东方帝国，派出四个年轻的军官到日本学习日语，研究日本文化，罗彻福特就是其中的一个。到了 1941 年，罗彻福特被派往珍珠港，这时的他已经是经验丰富的密码破译专家，精通日语、熟悉日本文化。

与此同时，日本方面也在加紧军事准备工作。日本偷袭珍珠港后，虽然获得了重大胜利，但由于当时并没有美国的航空母舰在港内，对日军的海上威胁并没有根本除掉，始终难解日本的心头之患。为此，山本五十六制定了一个新的作战计划，拿下位于夏威夷群岛东北方的美国重要航空基地——中途岛，然后以它作为日军的作战基地。这就是"中途岛"战争计划。"中途岛"计划进攻的日本海军，仍由策划指挥偷袭珍珠港的山本五十六率领。

日本海军的金刚级战列舰

日军制定作战计划后，无线电波发射日益频繁，5月份达到最高峰。由于美国一直没有彻底破译"JN－25"密码，日本的具体动向无法掌握。但是，美国太平洋舰队总部领导破译"JN－25"的约瑟夫·罗彻福特少校意识到，频繁的无线电活动表明日军正在计划大规模的作战行动。那么，其攻击目标是哪里呢？1942年1月20日日本潜艇被击沉后，美军终于拿到了"JN－25"密码的样本，在以往破译的基础上，日军最高级别的密码体系被美国破译。

紧接着，由于获得"JN－25"密码，美军在日本人毫不知情的情况下破译了日军的大量情报。在这些情报中，日本人反复使用了"AF"这两个字母。约瑟夫·罗彻福特少校猜测，这应该就是日军攻击的目标。经过分析研究，他认为"AF"代码指的就是中途岛。为了证明判断的准确性，约瑟夫·罗彻福特少校领导手下来了个"验证工作"。美军情报人员先是通过可靠安全的潜艇电报系统，授意中途岛守岛指挥官西马德海军中校用普通英文发紧急无线电报，称中途岛淡水蒸馏设备发生故障，淡水变得紧缺；同时又由第十四海区司令官布洛克海军少将回电表示，有一艘供水船正前往该岛紧急供水。日本人果然中计，还不到24小时，美军作战情报处就截获日本海军在威克岛电台发出的密电，上面说"AF"缺乏淡水。接着，东京本部方面发出命令：入侵部队要多带淡水……

情况到了这里，已经很清楚了。"AF"就是中途岛的隐语，而日军很快将对此发动大规模军事袭击。约瑟夫·罗彻福特少校将这个情况汇报给太平洋舰队新任总司令切斯特·尼米兹海军上将。将军同意罗彻福特的看法，认为"AF"就是中途岛，在得到罗斯福总统之命后，他飞往中途岛，亲自领导一次大规模伏击。虽然美军的实力在太平洋方向远不如日军，但由于有准确而详细的情报，尼米兹仍有足够的信心打赢这一场战争。于是美军紧急拼凑了3艘航母和20多艘大小舰艇，组成第16、第17特混舰队，悄悄埋伏在中途岛北东洋面，等待日本人上钩。

1942 年 6 月 4 日,海军中将南云忠一带领以 4 艘航母为核心的先导部队逼进中途岛,日本舰队开始进攻了。结果可想而知,由于准确的密码破译工作,早有准备的美军以逸待劳,静静等在日军进攻的路线上……当首批日机距离中途岛还有 30 英里时,美军 25 架"野猫式"战斗机组成的拦截队,出现在日本机群前。日军"零式"战斗机上前缠住"野猫式",掩护轰炸机继续飞赴中途岛。迎着美军高射炮的猛烈火网,一颗颗 250 公斤、甚至重达 800 公斤的强力炸弹,从日机上投下。然而,岛上机场和跑道上空空如也……随后,在一团混战中,美国方面有备无患从容不迫,日本舰队惊慌失措伤亡惨重。5 日凌晨,这次计划的指挥官山本五十六不得不命令,取消中途岛行动。随后,山本五十六在自己的住舱里闭门不出,一连三天拒绝会见任何人。他做梦都不会想到,是因为电报被截获,使日军的密码被破译了。至于具体指挥战斗的日军南云中将,在率残存的日本舰队返航途中,试图自杀谢罪,但被部下阻止。

中途岛战役结束后,为了掩盖自己的失败,避免挫伤国民的士气,日本海军对内全面封锁消息。所有伤员回到横须贺军港后,就被连夜送进医院,同外界完全隔绝。日本当局也对公众谎称取得了大捷,宣布歼灭美军两艘航母和 120 架飞机。

美国取得了中途岛之战的胜利,但是,起关键作用的罗彻福特却结局悲惨。事后,华盛顿海军情报处有人硬说中途岛情报战中主要功劳是他们立下的,甚至不惜买通他手下的人做伪证。结果,尼米兹提出的军功奖名单到了华盛顿后,罗彻福特的名字被抹掉了。更糟糕的是,当年 10 月,罗彻福特以"需要专家意见"为名被调到华盛顿,实际上解除了他的夏威夷情报站站长职务。尼米兹将军听说后勃然大怒,但他的抗议也无济于事,最后,罗彻福特被派到旧金山去管理一个船坞,再也没能回到情报部门。

历史是公正的,时间来到 1985 年,罗彻福特被追授"海军杰出贡献勋章";此时,他去世已经 9 年。1986 年,里根总统向罗彻福特追授了"总统自由勋章",这是和平时期给军人的最高荣誉。2000 年,罗彻福特的名字被刻进了美国国家安全局名人厅,他的历史贡献终于得到了承认。

中美合作智破日本间谍密码之谜

1937 年 7 月七七事变后,中国展开对日抗战。11 月,国民党军在淞沪抗战中失利,南京陷入危机,国民政府自 11 月 20 日起迁往重庆作为战时首都。迁都后,日军为了瓦解中国军民抵抗的士气,开始丧心病狂对重庆发动长时间大规模的空袭轰炸。1938 年 2 月 18 日开始,至 1943 年 8 月 23 日,日本对陪都重庆进行了长达 5 年半的战略轰炸。据不完全统计,在 5 年间日本对重庆进行轰炸 218 次,出动 9000 多架次的飞机,投弹 11500 枚以上。重庆死于轰炸者 10,000 以上,超过 17,600 幢房屋被毁,市区大部分繁华地区被破坏。

日本轰炸重庆时首次大量使用燃烧弹,用以燃烧市区的房屋。这种残暴疯狂的举动,激起了中国军民更大的抗敌决心,但是,由此带来的损失也是巨大的,重庆人民付出了惨痛的代价。

当时的国民政府由于空军力量弱小,防空能力有限,日本飞机轰炸时,只能采取被动的防御措施。事实上,就在日本飞机开始轰炸重庆前,中国的情报人员已经开始破译日本军队密码的工作。1938年2月18日上午,就在日机还在飞往重庆的路上,国民党密电组就截获了一份密码电报。这份由潜伏在重庆的日本间谍发出的密码电报日文字母杂乱排列,是一种前所未有的编码方式。随后,中国密码员又截获了十几份类似的电报。正当密电组的破译专家紧张工作时,重庆上空传来了日本飞机的轰鸣声,尖厉的空袭警报响彻重庆上空。9架日军轰炸机投下十几枚炸弹,对重庆实施了抗战以来的第一次轰炸。

这次轰炸虽然没有造成太大的损失,但由于事前没有捕捉到任何关于袭击的蛛丝马迹,国民党情报部门承受了很大压力。情报部门的官员们大为光火,命令手下的密码破译人员务必早日找出这种新型日本密码的规律。

国民政府的密电组投入了很大精力,但是,仍然一无所获,那个神秘的特工的情报还是源源不断发往日军的情报部门。同年10月4日上午,28架日军飞机又对重庆发动猛烈袭击,平民死伤60余人。面对咄咄逼人的日军和无从下手的密码,密电组陷入了困境。正在这时,国民党驻美国华盛顿使馆军事副武官肖勃将一个关键人物推荐出来。他,就是美国具有传奇色彩的密码大师——赫伯特·亚德利。

当时的赫伯特·亚德利在美国的境遇不佳,生活都成问题。1938年,戴笠得知亚德利的情况后,立即报请蒋介石批准,通过中国驻美大使胡适秘密联系,以年薪一万美元为条件,聘请亚德利来华帮助破解日军密码。当年11月,化名为"罗伯特·奥斯本"的亚德利经香港抵达中国战时陪都重庆。国民政府授予他少校军衔,并安排30多名留日生,组成专职破译小组。

亚德利到达重庆后,立即投入了对日本神秘密码电报的研究。他通过观察发现,在重庆发往日军的电报中,有着一个规律。这些电报为提高发报速度,以日文48个字母中的10个字母代替10个数字进行电报编码。亚德利细细研究这些字母与数字的转换规律,对已有的电报进行初步筛查破译。很快,亚德利凭经验断定,国民政府截获的这些神秘密码,应该是间谍向日军反映重庆云高、能见度、风向、风速的气象密码电报。这些情报都与天气有关,很可能就是为了日本飞机空袭重庆所用的情报。有了这个指导思想,经过推敲论证,亚德利与破译小组破译出电报中经常出现的相同数字的含义,如频繁出现的"027"代表重庆,"231"代表早6时,"248"则为正午,"459"代表着天气不佳,"401"则通知敌方:可以轰炸。

找到了上述规律,破译小组终于有了突破。在接下来的两个月中,小组又3次截获密码电报,行动人员通过早已准备好的测向仪,捕捉到了发报信号的具体发射源。很快,搜索人员在重庆南区抓获了伪装成当地人的日本间谍。此间谍是由日本侦察机偷送至重庆,负责向位于汉口的日本空军基地发送气象密码电报。

国民党情报部门很快秘密枪决了日本间谍,亚德利亲自上阵,向日军发送假情报,希望暂时拖延敌人的轰炸。与此同时,小组截获了大量以更为复杂难解的新密码编写的电报。亚德利据此判断还有更为深藏不露的间谍埋伏在重庆城内,敌方可能会展开新一轮的攻势。果不其然,5 月 3 日上午 9 时,日军飞机从武汉直扑重庆,共投下了 100 多枚炸弹。第二天,20 多架日机再袭重庆。抗战历史上悲惨的"五三"、"五四"惨案就这样发生了,重庆 6000 民众在这次惨无人道的大轰炸中死伤。

日本人的暴行激起了亚德利和破译小组的更大愤慨,他们决心尽快抓住这个间谍。亚德利发现:国民党在重庆市区花大力气部署了防空部队,但是,历次空袭中,高射炮部队却没有打下几架敌机。这其中必有玄机。经过密切跟踪,亚德利发现日本间谍发出的新密电中开始混杂一些英文字母。通过重新的排列,他发现电报中开始出现诸如"her(她的)"、"light(光线)"、"grain(粮食)"等具有实际意义的单词,可是这些单词从何而来,又有什么意义呢? 有一份密码中出现了"he said(他说)"的字眼,这引起亚德利的注意,因为这样引起对话的词组一般出现在小说中。亚德利推测日本间谍采用了"书籍密电码"的编制方法,密码底本是一本英文长篇小说,它的前 100 页中必定有连续三页的第一个词分别是 her、light、grain,可上哪儿去找这本小说呢?

就在此时,国民党军统局提供了一个重要线索:一位名叫"独臂大盗"的国军军官有时公然使用附近一个川军步兵师的无线电台和他在上海的"朋友"互通密电,他很有可能是一名汉奸。亚德利把目光放在了"独臂大盗"身上。

亚德利假扮为美国来的皮货商,通过中国女友徐贞介绍,结识了"独臂大盗"。此人是驻守在重庆的围民党某高射炮团的一位营长,其出身于土匪,人送绰号"独臂大盗"。这人绿林出身,但居然说一口流利的英语。亚德利与其结识后,十分投机,但每当亚德利问起"独臂大盗"为何高射炮打不中目标的问题时,这位"独臂大盗"总是搪塞开去,顾左右而言他。

亚德利对"独臂大盗"深表怀疑,并且对自己的"书籍密电码"的推测很有信心,他决定采取行动,对"独臂大盗"来一个"深入虎穴"的冒险计划。

亚德利和徐贞商定,决定利用"独臂大盗"有一次请客的时机,到其家中一探虚实。徐贞是一个具有爱国热情的女子,她听了后决然应允。两人巧妙周旋,经过一番困难丛生的波折,徐贞终于在"独臂大盗"的书房中发现一本美国著名女作家、诺贝尔文学奖获得者赛珍珠的长篇小说《大地》,该书的第 17、18、19 页上第一个词用笔画过,它们果然是亚德利推导出的那三个英文单词。亚德利回家后,立即寻找到一本《大地》,连夜组织多名破译人员,终于破译出"独臂大盗"密电的详细内容。

根据密电看来,"独臂大盗"是汪伪政权安插在重庆的耳目,他与国民政府中的德国籍顾问赫尔·韦纳等人组成间谍网,密告日军轰炸机保持 3660 米的飞行高度,以避开射程仅达 3050 米的国民党军高射炮的射击。密码的秘密终于告解,"独臂大盗"等内奸被逮捕枪决。在这之后的一段时间,日军的轰炸行动有所收敛,而日军对重庆的轰炸越来越多地付出了沉重代价。

　　破获了日军的无线电通讯密码,亚德利得到了蒋介石的亲自召见,以示嘉勉。徐贞也在破获此案中立下汗马功劳。为了摆脱日伪特务机关的跟踪,徐贞决定前往香港。可是,在她渡过嘉陵江前往机场时,日伪特务制造了她所乘的舢板的翻沉事故,她被淹没在滔滔江水中。

　　1940 年 7 月,亚德利回到美国。为了保密,美方没有透露他的消息。后来,亚德利在他的回忆录《中国黑室———谍海奇遇》中才公布了此事的详细经过。

第三节　密码趣味之谜

中国的方块字密码——字谜之谜

　　中国的字谜属于谜语的一种,是使用汉字的汉民族特有的语言文化现象。谜语的起源很久远,古人在进行交流时,有时会由于某种特别原因,不便直截了当表达,要通过拐弯抹角、迂回曲折的语言来暗示另一层内容,这就有了"谜语"的萌芽。

　　有文字记载的最早的所谓"曲折隐喻"的语言现象,最早出现在黄帝时代《弹歌》诗里的"断竹,续竹,飞土,逐肉",即隐示人们制作弹弓、猎杀野兽的情形。到了春秋战国时期,这种谜语雏形已十分流行,并有了名称,叫"廋辞"和"隐语"。战国后期出现了赋体隐语,其中以荀子的《附论篇》最具代表性。

　　而最早的字谜,大约产生在汉魏年间。刘勰《文心雕龙·隐篇》说:"自魏以来,颇非俳优,而君子嘲隐,化为谜语。"刘勰说谜语产生于魏代,是因为那时的文人创作了许多独立完整的字谜。如当时大文学家孔融写的一首"离合作郡姓名字诗",每句四言,每四句或两句隐射一个字。全诗长二十二句,共八十八字。分扣"鲁国孔融文举"六字(孔融字文举)。全文如下:"渔父屈节,水潜匿方;与时进止,出寺驰张。吕公矶钩,阖口渭旁;九域有圣,无土不王。好是正直,女回于匡;海外有鼋,隼逝鹰扬。六翮将奋,羽仪未彰;龙蛇之蛰,俾它可忘。玟璇隐曜,美玉韬光。无名无誉,放言深藏;按辔安行,谁谓路长。"孔融的这首离合诗,现在已被公认为我国最早制作的完整而成熟的字谜了。

　　一个字谜,必由三个部分组成:谜面、谜底和谜目。谜面,是猜谜时说出来或者写出来给人做猜谜线索的话语,它好似密电中的明文,人人都可以得见;谜底,就是要人去猜测的本体事物,这就是密电的原本信息;而谜目,是谜面意义的真实所指,对谜底范围和数量起某种限定作用的词语,类似于密码中的密钥。

《世说新语·捷悟》记载过一个字谜。说杨修有一次为曹操修建府邸。始构屋架时,曹操前来视察,看后一言不发,只在相国府门上大题一个"活"字,转身离开了。杨修一见此字,立即叫人把相国府的门拆去重修。他解释说:"门"中加"活"字,就是"阔"字。魏王是嫌此门太小了。这件事传开之后,曹操的制谜之巧,杨修的辨谜之捷,都被当时人们传为美谈。

清朝皇帝乾隆据说也喜欢猜字谜,并且自己还写过一首绝妙的字谜诗:

绝情词

下珠帘焚香去卜卦,

问苍天,人儿落在谁家。

恨玉郎,全无一点知心话。

欲罢不能罢!

吾把口来哑。

论交情不差。

染成皂难讲一句清白话。

分明一对好鸳鸯,却被刀割下。

抛的奴力尽才又乏。

细思量,心与口都是假。

这首出于乾隆皇帝的绝情词,实际暗含了"一二三四五六七八九十"十个数字,是一首绝妙的字谜诗。

字谜不仅是文人雅士的附庸风雅之举,古代字谜中往往还隐藏着许多古人留下的具体信息。是否能准确地破译古代字谜,往往成为考证和辨识古书古物的关键。《越绝书》成书于东汉光武年代,是一本著名的历史书。但此书不撰著者姓名,只是在后序中以诗相代。诗曰:"以去为姓,得衣乃成。厥名有米,复之以庚。禹来东征,死葬其乡。不直自斥,托类自明。文属词定,自于邦贤。以口为姓,承之以天。楚相屈原,与之同名。"明代大文学家杨慎看见此书后,仔细推敲,终于揭秘了作者的身份。原来,此书为东汉会稽人袁康、吴平所著。诗中"以去为姓,得衣乃成"是"袁"字;"厥名有米,复之以庚",暗射"康"字;"禹来东征,死葬其乡",是作者自述其为会稽人;"以口为姓,承之以天"暗射"吴"字;"楚相屈原,与之同名"暗喻"平"字。此谜既解,《越绝书》也日益被人们重视,成为研究战国时期吴、越二国史地的一本重要历史书籍。

更多的时候,字谜还是为政治宣传和外交活动、军事斗争服务,这也与现代密码的功能颇为相似。《古微书》中引《孝经援深契》有谶语:"宝文出,刘季握。卯金刀,在轸北。字禾子,天下服。"卯金刀",合之为"刘";"禾子",合之为"季"。汉高祖刘邦,字季。这条谶语显然是指刘邦将要统一天下,这是为君王帝位神授制造舆论,属于政治宣传。

字谜也在外交场合中常被当作一个斗争武器。《三国志·吴书·薛综传》记：蜀国特使张奉出使吴国，当着孙权的面用字谜嘲笑吴国尚书阚泽的姓名。阚泽不善此道，不能作答。这时，吴大臣薛综出席对答，说："我有一谜向先生请教：有犬为独，无犬为蜀；横木苟（句）身，虫入其腹。"这首谜诗处处扣住"蜀"字，张奉感到国名受辱，于是勉强答道："请再用这种方法比喻你们的吴国吧。"薛综应声答道："无口为天，天口为国；君临万邦，天子之都。"在座的人听后都掩面窃笑，张奉自取其辱，尴尬异常。

很多时候，字谜也常用来作为军事行动的联络暗号。唐武则天在位时，徐敬业集合扬州军队准备谋反，中书令裴炎在朝廷内部策应。结果谋事不密，反致泄露。朝廷在审讯裴炎谋反案时，只发现他给徐敬业的一封信，上面仅写"青鹅"两字。满朝文武皆迷惑不解，最后由武则天识破，说："此乃隐语。青者，十二月；鹅者，我自与也。"原来，裴炎是以此约定徐敬业十二月起义，他再从内部动手。自此，裴炎伏法，谋反事败。

民间为了反抗统治阶级的残暴与苛政时，也会巧妙使用字谜。《后汉书·五行志》记，汉末献帝时，诸侯董卓擅权，鱼肉百姓。人民强烈不满，因而编制童谣："千里草，何青青；十日卜，不得生。"童谣中的"千里草"，合为"董"字；"十日卜"合为"卓"字；"何青青、不得生"是说董卓虽然威势赫赫，但总逃脱不了灭亡的结局。此歌谣利用字谜隐语，巧妙地诅咒了董卓的暴行。后来，董卓被其所谓的义子吕布所杀，并株连三族。

感人的密码情书之谜

二战时期，世界上的主要大国都被卷入战争，势均力敌旷日持久的战争使得许多家庭妻离子散，还有许多情侣也不得不暂时分手，为各自的国家而战。

英国人托马斯·斯克劳斯顿二战前加入了英国皇家空军，在空军担任中尉飞机机械师。1940年春天，24岁的他与21岁的薇拉·汤普森结婚。两人从小就认识，青梅竹马，两小无猜；成年后，这对青年情侣依然感情甚好，结为夫妻顺理成章。婚后，托马斯与薇拉的幸福生活刚刚开始不久，纳粹德国入侵英国，两国正式开战。托马斯·斯克劳斯顿接到部队的命令，必须马上赶回部队应战。托马斯·斯克劳斯顿只好暂别娇妻，在随后长达4年的岁月中，他先后转战于埃及、利比亚、马耳他和意大利等地。

战争既是残酷的，也是单调的。随军转战各地的托马斯·斯克劳斯顿对妻子的思念随着时光流逝而与日俱增。当时通讯不甚发达，这名年轻人只有靠写信来安慰自己的相思之苦。事实上，自从这对夫妻分别以来，他们几乎一天写一封情书，到战争结束时，信件足足有29大捆。当时的英国军方对于军人的鸿雁传书并不禁止，但出于保密的要求，军人的每封书信都要严格审查。信中绝对禁止透露发信人最近的服役地点、部队番号以及未来的行军计划。这可难坏了托马斯，为了让妻子随时了解自己的下落，聪明的他与妻子在书信里巧用密码躲避审查。

托马斯为让妻子知道他的驻扎地，就在信中写一个变体的字母"r"，薇拉只要把接下来单词的首字母相连就能拼出丈夫所在地点。至于这段带密码的文字,最后总是以单词"薇拉"结尾。就这样,夫妻之间的这个小秘密竟然一直骗过了检查信件的官员的眼睛。在托马斯离家的 5 年里,妻子薇拉一直了解丈夫的行踪,对战事的发展也很清楚。有了小小密码的帮助,两人的书信总是能够很快邮寄到对方手里。

1945 年,二战结束,托马斯回到家乡,在当地当上了一名市政府官员,直到 65 岁时退休。而薇拉除了当家庭主妇,有时也到一家商店当临时店员,他们陆续生育了 3 个孩子。战后他们感情一直很好,厮守余生。他们的孩子偶然间看到了父母早年的这些密码情书,知道实情后非常感动。当征得两位老人的同意后,孩子们把这些多达 29 捆的情书捐献给了当地的博物馆。正如负责此事的约克郡东区档案收集官员萨姆·巴特尔说:"托马斯和薇拉的儿子把它们托付我们保管,这些信件将永久保存下去。""从信中你能真切感受到他们强烈地爱着对方,思念着对方。这些信诠释了很多对夫妻战争中的经历。"

还有一个传说:有位外国亲王,只有一个独生女儿,备加疼爱。女儿长大后,与王宫内一个年轻仆人偷偷相爱。女孩身居内宫,处处戒备森严,两人难得见上一面,只能悄悄托人传递纸条,以文字互诉衷肠。为避免被发现,聪明的仆人想出了一个绝妙的办法:用长短不一的折线隐藏文字。他俩约定,将所有的字母排成一排,并打乱原来的次序,作为密钥。如果写一封密信,就从第一个字母开始,划一条直线,直到第二个字母,然后折回到第三个字母,依此类推,直至写完。这对恋人用这种方法传递感情,开始十分顺利。然而,有一天亲王发现了他们的密信。当破译了他们的密码之后,亲王大怒,立即处死了那个年轻仆人。亲王的女儿得知心上人被处死的消息后,悲痛欲绝,喝下毒药,殉情而死。

中国作家金曷也曾经在一篇散文中记述过一个密码情书的故事,同样非常凄美与感人,让人感觉爱情的力量不可阻挡。故事发生在上个世纪 70 年代,正是知识青年上山下乡阶段,在黑龙江的某个知青农场,许多来自天南海北的知识青年聚到一起,为了一个共同的目标而奋斗。时间长了,青年人的热情逐渐被艰苦的环境一点点磨掉,而远离家乡的孤独痛苦更是难以言表。众多的青年男女生活在一起,时间一长就有相互恋爱的事情发生。然而,在那个时代的那种环境下,爱情是被严格禁止的。为了逃避上级的检查,这些充满活力与智慧的年轻人就想出了用密码写情书的主意。

他们把汉字的拼音分开来,每个密码数字前的字母是要写的那个汉字的声母,韵母用数字代替。如果所用的字是韵母的拼音,那么,就直接用数字代替。至于很多的同音不同字的密码,那就靠自己分析和确定了。

韵母的数字代号如下:

a(1) o(2) e(3) i(4) u(5) ü(6) ai(7) ei(8) ao(9) ou(10) an(11) en(12) ang(13) eng(14) ong(15) ia(16) ie(17) iao(18) iou(19) ian(20) in(21) iang(22) ing(23) iong(24) ua(25) uo(26) uai(27) uei(28) uan(29) uen(30) uang(31) ueng(32) üe(33) üan(34) ün(35)

例如下面这封密码情书:

q21 7 d3 x33m8 h9 x22 n4，s28 r11 m8 t20 d10 n14 k11 d9 n4。shl3 c4 y33 h28 t7d29 z11 13，m8 sh26 g10。j21 t20 w11 shl3 x33 x4 w11 h10，n4 z7n4 m12 n6 zh4 q23 d3 zhl3 p14 s5 sh3 h10 d14 w2，w2 q5 zh9 n4。d9d1 c9 y29 119 dl w11 q5。b17 h7 pl，z11 m12 y3 b5 sh4 g11 h27 sh4。d14w2。

h5 g3

翻译出来的文字是：

亲爱的雪梅

好想你，虽然每天都能看到你。上次约会太短暂了，没说够。今天晚上学习完后，你在你们女知青的帐篷宿舍后等我，我去找你。到大草原溜达玩去。别害怕，咱们也不是干坏事。等我。

既简单又实用的密码

一般说来，普通人的日常生活中用不到密码及加密方法。但是，作为一种了解或是娱乐的手段，掌握一些简单的密码还是很有必要的。例如，给自己的同学或者女朋友写一封加密的书信，不也是非常富有趣味的一件事吗？

1. 数字谐音密码

这是最常用最简单的密码。起初是数字 BP 机上使用的简单代码，后来引申出许多代指。当然，数字谐音代码并没有一个官方的标准，大多是约定俗成。数字谐音虽然简单，但是使用得当，效果却是文字所不能比拟的。

部分常用数字谐音代码：

01925—你依旧爱我，02825—你爱不爱我，04527—你是我爱妻，04535—你是否想我，04551—你是我唯一，0837—你别生气，095—你找我，098—你走吧。

1314——一生一世，1314920——一生一世就爱你，1372——厢情愿，1392010——一生就爱你一人，1573——一往情深，1711——一心一意，1920——依旧爱你。

200—爱你哦，20110—爱你一亿年，20184—爱你一辈子，25184—爱我一辈子，25873—爱我到今生，259758—爱我就娶我吧。

507680—我一定要追你，51020—我依然爱你，51095—我要你嫁我，515206—我已不爱你了，518420—我一辈子爱你，5201314—我爱你一生一世。

609—到永久，6120—懒得理你，6785753 老地方不见不散，687—对不起。

2. 手机键盘和电脑键盘密码

普通常用的手机和电脑，也可以给信息加密。这种密码是利用手机和电脑上的常见输入法实现的。某些型号较少的手机其密码保密性更高。

2009 年 1 月 23 日，一位网友在百度贴吧上发帖求助，称最近和一个心仪的女生告白,谁知对方给他提供一个摩斯密码,说只有解出密码,她才答应跟他约会。这个女生仅仅提示他,"这是一个5层加密的密码","答案是一句英语"。男生费尽九牛二虎之力,解不出来,情急之下,跑到网上求助。帖子一发出,贴吧的网友几乎倾巢出动,各显神通积极破译。可惜,尽管大家用尽各种复杂的解密方法,但都没有收获,破译工作陷入僵局。下午4点后,一位网友通过联想手机上的键盘布局,将密码转成一个字母组合。下午6时,这位聪明的回帖称,"我已经完全解出来了……楼主你好幸福哦",并表示暂时不公布结果。晚上8时,该网友公布了最终答案:I LOVE YOU TOO(我也爱你),并揭开破译全过程。据了解,参与密码破解的网友超过百人,集体的智慧得到体现。这个女生给男生传递的信息就是使用手机键盘加密的方法,幸亏有大家的积极支持,否则,还真就错过了一次约会的大好机会。

3.维吉尼亚密码

这是一种非常经典的古典密码,也是许多现代密码的前身。维吉尼亚密码种密码实际上就是恺撒密码的延展,但引入了密钥的概念,使得加密更加安全复杂。

例如:密钥为 man,原文为 I am rich。(见下表)则原文中的 I 对应的密文为 M 行(第一个密码为 M 的那行)的 U,A 对应 A 行的 A,M 对应 N 行的 Z,R 对应 M 行的 D……以此类推。简单地归纳为:密钥:M an manm.(man 循环使用);原文:l am rich;密文:U az dipt。

附:维吉尼亚密码表:

ABCDEFGHIJKLMNOPQRSTUVWXYZ

BCDEFGHIJKLMNOPQRSTUVWXYZA

CDEFGHIJKLMNOPQRSTUVWXYZAB

DEFGHIJKLMNOPQRSTUVWXYZABC

EFGHIJKLMNOPQRSTUVWXYZAABC

FGHIJKLMNOPQRSTUVWXYZAABCD

GHIJKLMNOPQRSTUVWXYZAABCDE

HIJKLMNOPQRSTUVWXYZAABCDEF

IJKLMNOPQRSTUVWXYZAABCDEFG

JKLMNOPQRSTUVWXYZABCDEFGHI

KLMNOPQRSTUVWXYZABCDEFGHIJ

LMNOPQRSTUVWXYZABCDEFGHIJK

MNOPQRSTUVWXYZABCDEFGHIJKL

NOPQRSTUVWXYZABCDEFGHIJKLM

OPQRSTUVWXYZABCDEFGHIJKLMN

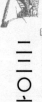

```
P Q R S T U V W X Y Z A B C D E F G H I J K L M N O
Q R S T U V W X Y Z A B C D E F G H I J K L M N O P
R S T U V W X Y Z A B C D E F G H I J K L M N O P Q
S T U V W X Y Z A B C D E F G H I J K L M N O P Q R
T U V W X Y Z A B C D E F G H I J K L M N O P Q R S
U V W X Y Z A B C D E F G H I J K L M N O P Q R S T
V W X Y Z A B C D E F G H I J K L M N O P Q R S T U
W X Y Z A B C D E F G H I J K L M N O P Q R S T U V
X Y Z A B C D E F G H I J K L M N O P Q R S T U V W
Y Z A B C D E F G H I J K L M N O P Q R S T U V W X
Z A B C D E F G H I J K L M N O P Q R S T U V W X Y
```

4. 四角号码密码

四角号码是汉语词典常用检字方法之一,可以用最多 5 个阿拉伯数字来对汉字进行归类。这种四角号码检字法由王云五发明。四角号码检字法用数字 0 到 9 表示一个汉字四角的十种笔形,有时在最后增加一位补码。由于四角号码字典随手可得,使用它反向给信息加密就变得非常简单方便。只要按照四角号码字典,就可以把明文反向加密为一串串数字,对方收到后再按照同样的字典解密就可以了。当然,这种加密未免显得过于简单,很容易被别人识破。为了增加复杂性,还可以再次加密。例如,反向加密的四角号码密码变为数字后,再利用"用数字替换密码"的方法再次加密:也即每一个数字代表一个字母,1 代表 A、2 代表 B、3 代表 C……如此,串串数字又变为毫无规律的大串字母,别人就很难识破了。

除了以上几种,其实我们还可以开动脑筋,自己创造发明一些密码。只要密钥在自己的手里,别人就很难破译。

"天书"当票密码之谜

当铺是收取动产作为抵押,向对方放债的机构。旧称质库、解库、典铺,亦称质押,最早产生在中国的南北朝时期。旧社会的当铺多由私人独资或合伙经营,当户大多是贫苦百姓。新中国成立后取消。改革开放后,有些地方恢复当铺,其性质和办法同旧时不同。

旧时的当铺主要业务是收取质押品发放高利贷款。借款人去当铺借贷,主要是应付家庭生活上的紧迫需要,也有个体小生产者用于小本经营,或农民用于生产的。当铺收受的质押品种类繁多,如衣服鞋帽、绸缎纱罗、金银首饰、古董珠宝、名人字画、陶瓷、家具甚至棺材板等。

当铺对质押品估价很低,一般只有原价值的一至四成,一口成交,不许还价。而典当利率很高,一般为月息二分至三分,按月收取利息,还规定每元当价另加手续费,实际月息高达千分之三十余,是一种变相高利贷。典当期限为 18 个月,当期将要届满时,当者若无力回赎,可先预交几个月的利息,另开新当票延期,一般一次可延长 3 个月时间。否则,就以"满当"发买处理。当铺处理当物分别到估衣店、首饰店等处发买,当铺除能收回本金外,还能得到 3～6 成利润。典当业的这种包赚不赔残酷剥削的经营方式,经常激起人民反抗。尽管官府对当铺予以保护和扶植,各地抢劫、焚掠当铺一类事件仍时有发生。

除了利率畸高之外,当铺抵押物品时也往往估价很低。为了达到这个目的,当铺写当票时不论收什么物品,一律写"破旧"字样。比如一般衣服,件件都写"虫吃鼠咬"字样,就是当物完整无缺的,也写"破旧"二字。如一件崭新皮袄,要写成"光板无毛";一只金表,也要写成为破铜表。这样做不但可以贬低典当物品的价值,而且还可在典当物品于存储期间有所蚀损时搪塞当户。又如,在当户坚持要高价,双方不能达成协议时,当铺的伙计便用当户识别不出的方法在当户的物品上做记号,以暗示同行。其方法是:把上衣的一只袖子反叠,袖口朝下;裤子折三折;如是金货,就用试金石轻磨一下;如是金表,则将表盖微启一点儿。第二家当铺一看,心里就有数了,所给的当价,就会与第一家差不了多少。如此,当户最后只得低价当出。

上文所说的"当票",就是当铺收取当物所付的收据,也是当户赎取当物的唯一凭证。清代当票主要分两部分:印刷部分和手写部分。印刷部分主要包括当铺名称、地址、抵押期限、抵押利率等内容。手写部分包括当物的名称、质量、数量、典当金额等。最有技术含量的还是手写部分,当票上的字不同于普通汉字,是当铺自创的特殊字体,还有个专用名,叫"当字"。这种字只有当铺内部的人才能辨认,外行人很难看懂。"当"字比草书还草,字体又别具一格。俗语有"当店字有头无耳"之说,就是说当票上面多用草书、减笔或变化字,如常将"衫"字写成"彡"字,"棉"字写成"帛"字,把"皮袍"写成"皮夭","花梨紫檀木"写成"紫木",玉器写成"假石"等。

写"当字"是专门的手艺,只能在当铺学徒才能学得到。因为有了当票,收买当票的机构也应运而生,俗称"当票局子"。

当铺的当票用"当字"的主要好处有二:一是简单写得快,一挥而就;二是行外人难以伪造、临摹、篡改,具有一定的防伪功能,也算是一种密码方式。

说到防伪,早期的纸币也曾经借鉴这种加密方法,以防止居心不良者盗印假钞,冲击金融秩序。以我国为例,第一套人民币已经退出流通 40 多年,除了收藏爱好者,一般人很难得见。其实,第一套人民币上,就有许多人为添加的防伪暗记。例如:一元券,票面图案左侧,一男工一女工,在厂房顶下有一"A"字,左杠是部有一个等边三角形记号;拾元券矿井灌溉图,票背面中央几何图案中心有一带圈五角星。拾元券还有火车站图案,票背面左下几何图案内藏有"人民"二字;二拾元券,古塔牧羊图,票背面右侧 2 字下藏有"人"字,二拾元券列车帆船图案,票面电力牵引车头右侧藏有"民"字;红色壹佰元券,工厂图，票背面有两个大几何图案，右藏"人民银行"，左藏"壹佰元"……事实上，整套的第一套人民币上都有暗记，只不过流通时这些都是最高机密，普通人是无法全部掌握的。

纸币上的水印图案，其实也是一种暗记，只是科技水平与防伪能力更高一些。水印是在造纸过程中当造纸纸浆刚刚处于湿纸状态时处理而成的。要在一张干燥的纸上搞出水印图案是不可能的。何况纸币用纸的强度、拉力、耐磨损性、耐折叠性等不同于普通纸张，它有放在水里不易泡烂，遇明火不易燃烧的性能，这种特殊纸张绝不是一般造纸厂所能制造的。水印技术给伪造纸币带来了难度。

目前，更为高级的暗记甚至可以防止打印机打印。假如你想扫描一张百元大钞然后用 Photoshop 打印出来的话，Photoshop 会弹出一个警告，说你正试图打印钞票。原来，世界各国的新版纸币都统一使用了一种不容易察觉的记号，即 5 个圆环。这 5 个圆环代表什么呢？原来它们是按照猎户星座排列的，而它最早是在 10 欧元（EUR）纸币上发现的，因此这种记号被命名为"EURion 星座"。机器一旦发现待印刷的图片含有这种记号，便立即拒绝打印。对全世界范围内的假钞防范工作，这种记号起了很大的作用。

黑话密码——春典之谜

"天王盖地虎，宝塔镇河妖……"这是电影《智取威虎山》里土匪对暗号的场面。其实，土匪口中的"黑话"就是一种最朴素的密码。虽然这种密码过于简单，经不起密码学家的分析，容易破译。但是，在一般人眼里，黑话仍然属于另外一个世界，局外人是无法明白的。这些黑话实际上是江湖人的第二语言系统。其内容丰富，应有尽有，囊括了从身体部位到社会职业，以及生活中的衣食住行、礼节、交往等各种元素，如果两个江湖人在使用黑话交谈的时候，不懂的第三者即使完全听到，也会是一头雾水，根本不知道两个人在说什么。黑话有一个统称，被叫做"春典"。

春典的产生，大致出于下列三种情形：一是由禁忌、避讳而形成的市井隐语。二是出于行业回避目的，免使外人知悉而形成的隐语行话。三是语言游戏类隐语。

春典涵盖的内容非常广泛，几乎浸透了生活的各个层面。有些春典造词很生动：比如帽子叫"顶天儿"、鞋叫"踢土儿"、裤子叫"蹬空子"、外行人叫"空码儿"、下雨叫"摆金"、下雪叫"摆银"、解大便叫"撇山"、解小便叫"摆柳儿"。

有关动物天气方面：猪叫"黑毛子"，马"疯子"，骡"高脚子"，驴"条子"，狗"皮子"，虎"拦路子"，狼"柴禾子"，蚕"抽丝子"，牛"尖角子"，鱼"顶水儿"，熊"仓子"；鹅"长脖子"，鸭"扁嘴"，羊"山头子"，兔"草溜子"，猫"窟子"，风"轮得急"，太阳"红光子"，月亮"炉子"，星"定盘予"，天阴"插蓬了"，起雾"挂帐了"，退雾"清明了"，天黑"老光子坠了"，下雨"摆啦"，刮风"走溜子"；东"倒"，南"阳"，西"切"，北"裂"，山"架子"，上山"登架子"等等。

再比如土匪多有武装劫掠的行为，由于地域方言的关系，各地的春典还不尽相同。

他们使用这些黑话，一是为了掩盖自己的土匪身份，以免行踪暴露，二还有辨识身份地位的作用。

四川土匪在行动时，不得直呼其名，而以"老大"、"老二"、"伙计"相称；叫枪为"通"，开枪为"生冲子"，出发叫"摇线子"，交火为"挂溜子"，撤退谓"吆舵子"，打得赢叫"吃得梭"，冲门翻墙叫"冲围子"，杀人叫"毛"，砍头谓"拿梁子"，打劫过路行商为"掸鞭子"、"宰根子"，劫船叫"打歪子"，运赃物叫"起货"，私吞赃物叫"掐股子"等等。

东北的土匪黑话也很多：枪叫"喷子"、"旗子"、"鸡脖子"，子弹叫"柴禾"，刀为"青子"，杀为"插"，配合行动叫"上托"；盗牲口称"吃毛疆"，盗墓谓"吃臭"，绑票称"接财神"；县城称"围子"，农村叫"鸡毛店"；走路叫"滑"，休息叫"押白"，侦察称"拉线"，打仗为"开克"，打伤称"踢筋"，官兵称"水"，巡警叫"狗子"，兵称"跳子"；劫路叫"别梁子"，出发叫"上道"，集合称"码头"；出事了叫"窑变"，报信叫"放笼"，烧房子叫"放亮子"，捆人叫"码上他"，解散称"越边"，散伙称"脱下"；杀了他叫"插了他"，揭发报官叫"举了"，被抓住叫"掸脚子"，逃出来为"扯出来"，多次被抓叫"底子潮"，抓俘房叫"拣蘑菇"，割耳朵叫"抹尖子"，歇歇叫"拐拐"，全村烧光叫"推大沟"，等等。

1923年，活跃在川滇黔交界的顽匪陈云武攻陷了重镇泸州城，其人自封城防司令兼永宁道尹。为了给自己名正言顺的一个名分，陈云武大摆酒席，宴请城内各机关法团、阔老士绅，为己捧场张目。就在这场酒宴上，陈云武发表了一篇假装斯文的充满土匪黑话的就职演说，成为历史上的笑柄。陈云武先对宾客说："在下陈云武，就请列位将就喝'黄汤'（水酒）、捧'莲花'（杯盏），'拈溜溜（肉片）'、'造粉子'（吃便饭），我老烟是识相的。抬头有玉帝皇天，埋头有土地老倌，在下给列位丢个'拐子'（敬礼），烧香点烛，朝贡进茶，图个官员们、绅粮们'举住'（支持）哟！"

然后，这位杀人不眨眼的惯匪又对部下讲道："哥儿一杆子张耳闭嘴，你我前有缘后有故，落在一窝'草边'（哨棚），现时我等过了'灰沟'（翻山越岭），进了'广圈'（大城市），莫比一般'生毛子'（乡巴佬）。哥儿一杆子千万要'整住'（听招呼），'摆摆渡'、'过了河'（进城当了官），要给老烟留'粉壳壳'（面子），二天再莫打"门神"（越墙开门），再莫'牵票子'（绑票拉肥），再莫'亮窑子'（烧房子），再莫'拿梁子'（砍人头）。谁若"醒二活三"（乱搞不听招呼），我老烟'认得圆的认不得扁的'（对事不对人），老子不'毛'你是'虾'的（不杀你不算人）。"

就这一番话，如果不是土匪出身，谁又能听得懂。解放后，随着社会进步与文明发展，江湖的这种春典逐渐退出了历史舞台，人们对它就更不了解了。不过，有部分词语还是流传下来，我们今天常说的"大腕"、"走穴"、"下海"等词语，其实就是旧时的春典。

袖里乾坤——手上密码之谜

民间流传的密码，除了能写能说的之外，还有一些是靠打手势或者肢体语言来实现的。在中国的乡村，每逢集市之日，常常有许多交易大牲畜的买卖。在这些交易中，活跃着一群"经纪人"的身影。一般来说，卖主和买主通常不直接叫价，通过经纪人在买卖双方斡旋。经纪人由熟悉牲口和行情的人担当，善于观牙口、看膘情，被众人公认。他们熟悉各种骡马牛的健康状况，对市场行情也颇为了解，买卖双方都愿意找其为自己服务。

这些"经纪"，从很早以前就保持着一种"捏码子"的传统，其目的是为了隐瞒掩盖讨价还价的具体过程与细节，防止别人撬行，搅了买卖。买主选定了牲畜，先与经纪人商量，双方把右手手指捏住，用袖口、衣襟或草帽遮挡，不使外人瞧见，彼此用规定的手指表示可以接受的价钱。经纪人心中有底后，与卖主以同样的捏码子方式进行讨价还价，直至买卖成交。整个交易过程，无须语言，成交情况都不露底。也有买卖双方直接捏码子的，但双方讨价还价差距太大，还需要通过经纪人用手语来回调节。每成交一笔买卖，经纪人从中抽取一小份数额做报酬。

主要是1、2、3、4、5用所伸指数为区别，一个指头为1、两个指头为2……五个指头为5；6~10以指形辨认，只有拇指和食指相捏为6，拇指、食指和中指相撮代表7，拇指、食指张开伸直为8，只有食指弯曲为9。将五指伸开翻一下为一百。如有百和千、万之大数则直接说出。

这种"捏码子"的手上密码，现在有别的行业也在借鉴。例如不方便直说或者竞争激烈的现场交易，许多人都利用"捏码子"讨价还价。比较多的有古玩收藏、玉石翡翠交易等场合，所以说，了解一些"捏码"的知识，还是很有用处的。

说到手上密语，有一个组织不得不提，这就是旧社会非常著名的帮派组织——洪门。

洪门是清朝最有历史的反政府组织，在满清统治中国期间，洪门从未停止过反清复明的武装行动。白莲教，小刀会，天地会等许多反抗组织，都起源于洪门。也许有些人还不知道，由于坚持抗清武装斗争，"洪门"会党成为了太平天国和辛亥革命的重要同盟军，孙中山、秋瑾、陶成章等辛亥革命党人曾先后加入"洪门"组织，孙中山先生甚至称"洪门"组织为"民族老革命党"。

由于清政府的不间断和残酷镇压，洪门内部设定了大量的暗语、手语和著名的茶杯阵，就是为了防止清廷奸细渗入洪门。这套东西在当时是高度机密，一旦公开便可能被朝廷的鹰犬走狗渗透。当年江湖上有所谓"宁传十套拳，不教一口仙"的传统，这个一口仙其实就是洪门组织的暗语。

洪门兄弟见面出手不离三，一定会用手势表示出数字"三"，就算闹市之中不能对话，也可用手势交流。手上摆出的是"三八二十一"，这一行数字组成了一个"洪"字：三是左边三点水，八是右边共字的下部两点，二十一就是右边共字的上部，廿字的下边再加上一横，正好组成一个"洪"字。

三八二十一是洪门兄弟相认的秘密暗号，非经过严格审查背景的人，没有加入洪门学习过暗号者，不可能解读。洪门子弟出门一般先对手势，比如递物用两个手指头，接物用三个手指头。自己人看到了就会对暗语。暗语对上了就是自家兄弟,必须接待食宿。因为根据洪门门规如"言明会中人不加关照,则用棍棒责罚"。

除了以上隐语与手势,洪门茶阵也是洪门暗号隐语文化的重要内容,洪门联络地点多设于茶铺酒肆,既避免官府的注意,又用以联络同志、传递讯息。茶阵的构成要素相当简单,一只茶壶、数只茶杯,便能幻化出不同的阵形。茶阵的主要功能有四种:试探、求援、访友、斗法。"试探"乃是以茶阵考验对方是否为洪门同志;"求援"则是以茶阵暗示己身有危难,需要同志相助;"访友"是在登门拜访朋友同志时,藉茶阵的摆设以探知对方在家与否;"斗法"则有互相较劲之意。

"茶阵"分成三阶段:布阵、破阵、吟诗。第一阶段"布阵",将茶阵摆出。第二阶段"破阵",由对方破解,通常经由茶杯的移动、茶水的倾到以达到破阵的效果;如果对方能够破阵,就可能是洪门同志。第三阶段的"吟诗",则是在破阵以后,由破阵一方吟出所破茶阵的对应诗句,达到双重确认身份的效果。

福尔摩斯与"跳舞的小人"之谜

《福尔摩斯探案全集》中有一本名为《跳舞的人》,讲述了一个匪夷所思的密码破译故事。故事的大意是:在英格兰的一个庄园里,希尔顿·丘比特先生清晨就在花园里寻找着什么,脸上满是不安与焦虑。因为近一个月以来,家里的花园、窗户与门口时不时会出现一些画着跳舞小人的小纸条。丘比特先生看不懂上面写了什么,但他深爱的妻子埃尔茜·帕特里却被这些小纸条吓得诚惶诚恐。虽然害怕,但可怜的埃尔茜似乎有难言之隐,什么也没说。这些跳舞的小人代表着什么呢?疑惑的丘比特带着几张收集而来的小纸条找到了福尔摩斯,他希望这个大侦探能给他一个明确的答案。

福尔摩斯接手了这个案子,看上去,这些跳舞的小人就是一种密码,代表着某些意思。福尔摩斯煞费苦心,终于把它破译。当福尔摩斯赶到庄园的时候,才发现丘比特夫妇已经倒在了血泊之中。经过勘察,希尔顿·丘比特系被人杀害,而埃尔茜·帕特里为自杀身亡。

悲愤的福尔摩斯此时已经破译了整个密码,他知道凶手是谁。很快的,他利用"跳舞的小人"密码给凶手写了一封信,以埃尔茜的口气邀请凶手前来。此时凶手并不知道埃尔茜自杀的事,而且他确信只有埃尔茜才懂得这种密码,所以他对这封信件信以为真,以为是埃尔茜叫他前去。当凶手如期赴约之际,被警察抓了个正着。

整个案件的真相是这样的:原来,埃尔茜有着一段难以言表的身世。这些纸条上画的"跳舞的小人"是美国芝加哥黑帮分子的密码,就是女主人埃尔茜的父亲发明的。埃尔茜少年时和凶手阿贝·斯兰尼有着很亲密的关系。后来,埃尔茜想结束那种生活并断绝和阿贝·斯兰尼的关系,便从美国来到英国。没想到,阿贝-斯兰尼追到了英国,用密码写成信请求埃尔茜和他重修旧好。在埃尔茜拒绝之后,他便开始威胁她。结果他杀死丘比特先生后仓皇逃走。埃尔茜看到丈夫被杀身亡,悲痛之下,便自杀来向丈夫赎罪。

柯南·道尔在小说中设计了一个巧妙的推理破译过程。当福尔摩斯第一次看见希尔顿·丘比特先生送来的纸条时,他就断定这些"跳舞的小人"是替换密码。替换密码的破译方法主要是对密码的信息进行"频率分析"。所谓频率分析是指对密码中每个信息出现的次数进行统计分析。在用英语写成的密码中,字母是它的信息,这种"跳舞的小人"密码中的信息,就是那些人形。在第一张纸条中,他发现在 15 个跳舞的人形中有四个是一样的。依据人们对英语的统计,E 是英文字母里使用最频繁的字母。因此,他假定这个小人就代表字母 E。另外,他还发现,在跳舞人形中,有的拿着小旗,有的则不拿。于是他断定手拿小旗的人形表示字母的间隔。

当福尔摩斯看到第四张纸条时,他非常兴奋。这条信息只有五个人形,其中第二个人形他已确认是字母 E 了,而且没有拿着小旗的人形。也就是说,这是一个由五个字母组成的单词,而且第二个和第四个字母都是 E。在英文中,由五个字母组成,而且第二个和第四个字母都是 E 的单词不多,常用的只有三个,分别是:sever(断绝),leverh(杠杆)和 never(决不)。经过排除,福尔摩斯断定这个单词是 never(决不)的可能性极大,因为另外两个单词不是日常会话所用得上的。这样,他又弄清楚了代表 N、V、R 三个字母的人形。至此,他已破译了四个字母,并依据案情断定,这张写着"Never"的纸条是埃尔茜为了表示拒绝而写给某人的。

福尔摩斯已基本掌握了破译这种密码的要诀,当他看见第五张纸条时便大吃一惊。因为在这张跳舞的小人图上,如果把已知的字母代替之后,便得出:ELSIE◎RE◎ARE-TOMEETTHYGO◎,将空缺处用字母 P、D 填入后,全句为:Elsle Dreparet,meet thyGOD(埃尔茜,准备见上帝吧。)福尔摩斯正是看到这条信息,才意识到希尔顿·丘比特夫妇有危险。当他赶去时,凶手已经做完案子逃之夭夭了。

上文中提到的频率分析法,是破译古典密码的利器。频率分析基于如下原理:在任何一种书面语言中,不同的字母或字母组合出现的频率各不相同。而且,对于以这种语言书写的任意一段文本,都具有大致相同的特征字母分布。比如,在英语中,字母 E 出现的频率很高,而 X 则出现得较少。类似地,ST、NG、TH,以及 QU 等双字母组合出现的频率非常高,NZ、QJ 组合则极少。简单说,英语中出现频率最高的 12 个字母可以简记为"ETAOIN SHR DLU"。

当然,如此精彩的破案故事还要拜柯南·道尔所赐,这位塑造了"福尔摩斯"形象的大作家是一名博学多才的多面手。除了脍炙人口人人耳熟能详的侦探悬疑小说《福尔摩斯探案全集》外,他还曾写过多部其他类型的小说,如科幻、悬疑、历史小说、爱情小说、戏剧、诗歌等。从这个故事也可以看出,柯南·道尔对密码学也有一定了解。

第四节　密码文化之谜

伏尼契手稿密码之谜

"伏尼契手稿"是迄今为止最为神秘的手稿之一，自发现至今，已有近100年的历史，在这近一个世纪里，世界各地的密码大师们都试图挑战它，均以失败告终。这份几百年前诞生的手稿，至今还是如一个沉默的谜一样，挑战着密码界。

"伏尼契手稿"发现于1912年。美国珍本书商伏尼契在罗马附近一所耶稣会大学逛图书馆时，发现了这本厚达232页的手稿，故手稿被命名为"伏尼契手稿"。这份长7英寸、宽8英寸的手稿十分独特，它的内容以奇特的天书一般的文字写成，其中还有许多不知名的奇花异草、占星术图片符号和美女出浴等奇特的图片，似乎由中世纪的炼金术士或草药医生所著。从手稿中所画人物的发式来看，当属15世纪到16世纪的作品，手稿中还有一些文字说明，1586年，这份手稿曾一度为神圣罗马帝国的鲁道夫二世所有，并从他手中流传到一些贵族和学者手中。17世纪末的时候，手稿突然消失了，直到200年后的1912年，经由伏尼契的发掘而又重见天日。

伏尼契如获至宝，认定这份手稿中隐藏着巨大的信息，将其买了下来，并广邀密码界顶尖专家来破解这份奇特的手稿。但是显然，这份手稿超出了密码专家的经验范围，它既不符合任何一种已知的语言，也无法通过现有的破译密码的方法找到破绽。顶尖的密码学家们带着极大的兴趣而来，但都扫兴失望而归，没有一个人能解开"伏尼契手稿"中的秘密。

1921年，美国宾州大学哲学教授纽柏德宣称，他破解了"伏尼契手稿"密码。他指出，将伏尼契手稿中的字母放大之后，会发现一些小笔画，这种小笔画是古希腊的一种速记文字。据此，他推断"伏尼契手稿"是13世纪的哲学科学家培根所撰，内容主要反映了他的发现。不久，他的发现即遭到了反驳，批评者证明，那些所谓的小笔画不过是墨水的自然裂痕罢了。

纽柏德的失败只是一系列错误解读的开始。随后的几十年里，陆续有人宣称自己破译了"伏尼契手稿"密码，例如，1940年，业余解码家费利和史壮，曾将伏尼契手稿中的字母以密码代换法转化成罗马字母，结果得到的文字毫无意义；美国军方密码人员在闲暇之余，破解了几乎所有古代密文，却对伏尼契手稿一筹莫展；1978年，喜欢在业余时间研究文献的史托济科指出，伏尼契文其实是以乌克兰文写成的，只不过其中的元音去掉了。但接着根据他所说的方法转译出来之后，人们发现内容与插图并不吻合……

一系列的挫败，让人们对"伏尼契手稿"的内容产生了怀疑。有人认为，"伏尼契手稿"并非什么高明的密码,只不过是某个疯狂的炼金术士制作出来用来骗鲁道夫二世的,据说,鲁道夫二世买下这份手稿总共花费了600达卡特金币(约为5万美元)。支持这一说法的人认为,伏尼契手稿可能是通过一个随即文字产生表制作出来的,而这种工具早就已经弃之不用了,所以人们很难识别出来。英国基尔大学的计算机专家戈登·鲁格还曾利用一种名为"卡丹格子"的加密工具,创作出一本与"伏尼契手稿"有着相同特征的书。鲁格认为,"伏尼契手稿"是英国伊丽莎白时期的冒险家爱德华·凯利所制,为的就是从嗜爱神秘书籍的鲁道夫二世那里骗取钱财。反对者认为,鲁格的作品不足为证,他只有制作出一本与"伏尼契手稿"完全一致的书,才能证明自己的观点。

也有人认为,伏尼契文十分之复杂,而且还有厚厚的232页,一个中世纪的骗子怎么可能制造出如此庞杂、结构和文字的分布又有许多精微规律的手稿呢?一些解码者在通过仔细地观察之后,发现"伏尼契手稿"中的文字隐藏着一些精微的规律。例如,一些常见字母每行都会出现两三次,而且文字的组成结构也具有相当的规律性。像手稿中经常出现的一个音节 qo,总是作为前缀出现,另一个常见的音节 chekd 的使用也很有规律性,它有时做前缀出现,但一旦和 qo 同时出现时,一定会出现在 qo 的后面;伏尼契手稿中的文字长度呈现二项分布的特征,也就是说,一般的常见字都是由5到6个字母组成,而那些字母较多或较少的字,它们出现的频率与对称钟形曲线的最高峰相比则大幅降低。这种分布规律与人类语言极为不同,因此,人们猜测,伏尼契手稿或许是某个失落文明或者是外星人遗留下来的作品,它超出了人类的认知经验,因此无法被人类所破解。

"伏尼契手稿"一直是密码界悬而未解的谜,也因此被认为是"世界上最神秘的书"。如今,这份令解密者蠢蠢欲动却又束手无策的手稿保存在耶鲁大学拜内克珍本及手稿图书馆内,静静地等待着世人揭开谜底的那一天。

古代中国都出现过哪些密码

根据史料记载,密码最早出现在希腊的军事中。作为文明古国,中国也是世界上使用密码通讯最早的国家之一,在一些史料中,我们可以发现密码广泛的应用于军事以及社会生活当中。

从有据可查的资料来看,最早提到密码的应该是战国时期的《六韬》。其中有一篇假托姜子牙的口气,向周文王介绍如何使用阴符,"主与将,有阴符。凡八等,有大胜克敌之符,长一尺。破军杀将之符,长九寸;降城得邑之符,长八寸;却敌报远之符,长七寸……",这其中的阴符,也即"隐蔽的兵符",就是今天所说的密码。

除了阴符,《六韬》中还提及了另一种秘密通信的方式——《阴书》,所谓阴书,就是将一封完整的密信拦腰截成3段,由3个人各持一段,在不同的时间,从不同的路线分别出发送给收信人。收信人只有收齐3段信才能看到全部内容。如果送信人中的某一个人被敌方截获,对方也很难从只言片语中读懂信的内容。

一般认为,这是中国古代最早的密码。随着军事的进一步发展,逐渐发展出一些比较有代表性的传递军情的密码,如烽火,这是古代边防军事通讯的重要手段,烽火燃起就表示有敌情,山峰之间通过烽火传递讯息,这还曾引出历史上的"烽火戏诸侯"的典故。再比如蜡丸、号炮等,都是传递讯息的工具。秦汉以后,在秘密通信中还出现了各种密诗、符号以及一些密封技术,如用蜡将信密封以防泄漏。

唐代武则天曾破译一封密信,及时地铲除了异己。武则天在唐中宗即位后,以太后名义干预朝政,行事武断,引起朝臣裴炎、骆宾王和徐敬业等的不满。徐敬业在扬州起兵反抗武则天专政,裴炎给徐敬业写了封密信。不料密信落到武则天手中,上面仅写着"青鹅"二字,武则天思索片刻便悟出了"青鹅"的秘密。"青"字乃"十二月","鹅"字拆开就是"我自与",暗示裴炎让徐敬业于十二月起兵,他将做内应。密信被破,起兵失败,武则天派兵击败了徐敬业的武装反抗。

除了实物传递外,一些信息还可以通过隐语来传递,如口头隐语、书面隐语、人体隐语等。在清朝时期的洪门,曾编制出一套隐语来实现联络,分清敌我,比如他们将酒杯叫连米,筷子叫双铜,称和尚未念三,官兵为猛风等。隐语的使用很大程度上保护了洪门中人。隐语与兵符的结合,就产生了密码。

密码在古代中国的军事中有着广泛的运用,根据北宋军事家曾公亮所著的《武经总要》记载,他在前人的基础上,研究出了中国古代最早的密码系统,他收集了40个军中常用的短语,将其编制成密码本,而密钥则是一首没有重复字的五言律诗。部将出征时,会从主将那里拿到一本密码本和一首约定用作密钥的五言诗,有了这两样,便可编制和破译密码,传递军事信息。

这种军事密码较早期的阴符有了很大的突破,在当时的军事作战中起到了很大的作用,可以算是现代密码学的雏形。

密码不仅广泛应用于军事中,在日常生活也有很广泛的应用。例如,古人常玩的"拆字游戏",即是一种编制与破译密码的活动。

拆字游戏是古代文人闲聚时常玩的一种游戏,这与汉字的特性有关:一个汉字有可能是由多个汉字组合而成,如双木成林,三口为品,古人早就发现了汉字的这种特质,于是也就有了拆字游戏。蒲松龄《聊斋志异》中有一则故事《鬼令》,其中就讲到,一个人下乡做生意时,夜间在一座古庙借宿,看到四五个鬼拿着酒在玩拆字游戏。

拆字游戏除了是文人相聚时打发时间的游戏,也可以用来形象、简洁地解释一些字词。例如,什么是"王"?按照古人的解释:"王,天下所归往也。",所谓的王者,就是那些天下人都归从他的人。这是古人的解释,再看看董仲舒的说法:"古之造文者,三画而连其中谓之王。三者,天、地、人也;而参通之者,王也。"经过董仲舒的一番"拆字游戏",把抽象的"天下所归往"说成参悟了天地人的人,简洁明了,开启心智。

如尼字母之谜

如尼字母是一种已经灭绝的字母，始于1500年前的北欧和日耳曼人，"如尼"（Rune）来自德语中的Raunen，有"神秘"、"隐蔽"之意，如尼字母也因此具有一些可以占卜的神秘因素。最早的如尼字母是老弗萨克（Futhark），它代表的是起始的6个如尼字母，也即：Feoh、Ur、Thorn、Ansur、Rad和Ken。

如尼字母并不是一种语言，而是一种书写符号，一般认为，如尼字母发端于古德国，共有24个字母，主要用于占卜和魔法。后来经传播，如尼字母在斯堪的纳维亚地区流行起来，并被简化成16个字母，而在英国人的祖先盎格鲁—撒克逊人那里，如尼字母又得到发展，扩展到33个字母。如尼字母一般刻在石头、木块上，今人在一些岩石的雕刻中发现一些如尼字符。值得一提的是，如尼字母经过传播，散布到不列颠、北欧、冰岛等地，流行大半个欧洲，所以今天所说的如尼字母，指的是包含了大半个欧洲、有不同的语言和文化背景的如尼字母的总称。

细心的人会记得，在电影《指环王》中曾出现过如尼字母，它是与魔法联系在一起的。在古代欧洲，文字与魔法之间，有着一种天然的联系，如尼字母就承载着神秘的魔力，它的每个字母都富含深刻的含义和属性。古时的人们相信，如尼字母中蕴含着一种神力，通过它，可以参悟到智慧和领略到神的引领。在北欧神话传说中，众神之父奥丁为了获得智慧，将自己吊在宇宙树上，参悟宇宙的奥秘。历经九天九夜之后，奥丁失去了一只右眼，但他获得了如尼文的智慧。

如尼字母的这种魔力为古时的人们所推崇，人们为了实现自己的愿望，常常把自己的愿望用如尼字母刻在木头上，或者写在纸上，随身携带着。撰写这份如尼手稿时，人们需要凝神屏息，精神高度集中，这样可以将人们心中所想所思的愿望传递到手稿中。当如尼字母写就的手稿产生魔力，帮助人们实现了自己的愿望之后，人们就会虔诚地将其焚烧掉，以示对如尼字母的敬意和感激之情。

如尼字母的魔力除了可以帮助人们寻求渴望的结果，还可以被用来害人。在北欧，有一种"如尼魔文"，即以如尼字母写成的一种魔文。据说，一个人如果收到别人抛给他的如尼魔文后，会出现异常的表现，隐隐之间总觉得身后有狗一样的东西始终尾随自己，尤其是在夜间，后背上有如针芒一样的注视的目光会让他坐如针毡、辗转反侧，这种奇怪的感觉会一直缠绕着他，直到他收到如尼魔文的第90天时，死神便如期而至了。

正是鉴于如尼字母的巨大魔力，它还被用在战斗中。在一些勇士所使用的剑上，会刻上如尼字母，它不但可以使勇士在战斗中愈战愈勇，还给敌人带来痛苦和更多的死亡。

当人们因为一个问题而迟迟无法做出决定时，如尼字母还可以给人们以正确的指引。这个时候，如尼字母被人们用于占卜。那些希望获得神的引领的人，会从一个装着24个如尼字母的袋子里取出一些字母，他们认为，自己的手在精神的引领下选出了一个恰当的字母。那么,这些选出的字母如何进行解读呢? 比较常见的有"十字解读法"、"3/6个如尼字母解读法"。

"十字解读法"是将5个如尼字母排成十字形,其中,位于中间位置的字母代表的是当前的处境,这个十字所指向的"西面"的字母指的是当前处境的历史。"北面"的如尼字母代表占卜人对未来所渴望的进步;"东面"预示着未来,"南面"代表通往未来途中的障碍。

按照"3/6个如尼字母解读法",第一个字母所示的是占卜人的当前处境,第二个字母暗示了前方的道路,而第三个字母指向的是接下来的行动。这是3个如尼字母的解读法,6个如尼字母的解读法与之类似,只不过以上所说的三个方面均有两个字母代表,这样它所提供的见解就更为深刻与复杂。

达·芬奇密码说了些什么

2006年盛极一时的好莱坞大片《达·芬奇密码》是根据美国畅销书作家丹·布朗的同名小说改编而成。故事从法国卢浮宫馆长雅克·索尼埃的被杀开始,他留下的一串双关语和密码线索,指引着他的孙女索菲·纳弗以及哈佛大学符号学教授罗伯特·兰登去探秘,在经过重重的解码之后,索菲和兰登教授揭开了基督教的秘密。

整个故事就是一个破译密码的过程,一个谜底往往是下一个谜的谜题。卢浮宫馆长雅克·索尼埃显然是一个密码高手,他在临死前设下了一个迷局,第一道谜题就从他身边的一串数字和一句看似莫名其妙、毫无意义的话开始。这其中就涉及到著名的斐波那契数列和变位字链,经过这两种解码之后,看似无意义的数字和话中隐藏的信息就出现了——一个神秘的账号和达·芬奇的名画《蒙娜丽莎的微笑》。

根据第一条线索,索菲和兰登找到了那副举世闻名的名画《蒙娜丽莎的微笑》,等待他们的又是一个谜——循着一串血迹,他们在画旁边的墙上看到了一行字:男人的骗局如此阴暗。这行字的谜底经兰登破译之后,又指向了达·芬奇的另一幅名画——《岩窟中的圣母》。在达·芬奇的这幅名画《岩窟中的圣母》中,索菲和兰登又找到了下一个线索:一个带白色

恢弘的卢浮宫博物馆

鸢尾花的钥匙。上面刻有苏黎世银行的地址，而雅克·索尼埃留下的那串数字正是银行的账号。在这家银行里，索尼埃藏着一个与传说中的圣杯有直接关系的秘密——藏密筒。这是一种古老的密码机器，索菲对这种密码机器十分熟悉，在她孩提时代，雅克·索尼埃似乎就有意识地在培养她破译密码的能力，亲手做了一个藏密筒给她。人们将秘密信息写在一张很薄的莎草纸上，然后将莎草纸卷在一个装满醋的易碎的玻璃小瓶上，放入藏密筒内。藏密筒的外部有 5 个圆盘，每个圆盘上都刻着 26 个字母，只有转动圆盘拼出正确的密码，藏密筒才会打开，如果有人强行将其打开，就会弄破玻璃瓶，瓶中的醋会迅速溶解莎草纸，这样一来，其中的秘密信息就无法得知。

玫瑰标志之下，正是圣杯所在，这是雅克·索尼埃临死前对杀手西拉所说的，这个装在带有玫瑰花标志的盒子中的藏密筒也许藏着圣杯的秘密，联想到"男人的骗局如此阴暗"和白色鸢尾花，研究历史的兰登教授想到了一个秘密组织：锡安会。这个组织的徽标即是一朵白色鸢尾花，它肩负着一个神圣的使命——保护上帝权力的来源。

为了了解更多的关于圣杯的历史，兰登带着索菲前往维莱特庄园，向他专门研究圣杯的朋友雷·提宾求助。提宾是兰登教授昔日的同事，同时也是一个对圣杯历史有着狂热爱好的历史学家。在提宾的介绍下，索菲了解到，所谓的"圣杯"，并非真的杯子，而是一个关于耶稣的秘密。他甚至说出了一个惊人的秘密：耶稣是人而非传说中的神，他与抹大拉的玛利亚结婚并有自己的血脉，玛利亚死后被葬在一个秘密的地方，她的后代也隐名埋姓不为世人所知，锡安会要保守的就是这个秘密。长期以来，锡安会一直有一位盟主和三大护法共 4 人保护着这个秘密，即玛利亚遗骸所在。而索菲的祖父雅克·索尼埃正是锡安会的盟主。

兰登在装着藏密筒的盒子上玫瑰花的标志下发现了新的内容，其中有一句"在伦敦葬了一位教皇为他主持葬礼的骑士"，提宾指出，这句话指的就是伦敦的圣殿教堂，这里埋葬了 10 位圣殿骑士，在过去，圣殿骑士是玛利亚的忠实护卫者。

在提宾的帮助下，兰登与索菲赶到了圣殿骑士教堂，等待他们的，不是圣杯的下落，而是提宾露出了真面目，原来他就是指使杀手西拉杀死索尼埃的"导师"。他使计抢走了藏密筒，兰登与索菲也趁乱逃脱，并在威斯敏斯特教堂与提宾再次碰面。

提宾靠一己之力无法破译藏密筒的密码，他便威胁兰登和索菲二人，要求他们打开藏密筒。兰登受到启发，最终发现掉在牛顿（他也是锡安会早期成员之一）头上的"apple"正是打开藏密筒的密码，他偷偷取出了里面的纸条，将藏密筒摔碎。

兰登和索菲根据纸条上的指示，找到了索尼埃密码提示的圣杯藏身之处——罗斯林教堂。罗斯林教堂又名"密码教堂"，位于苏格兰爱丁堡市以南 10 公里处，为圣殿骑士所建。在这里，兰登揭开了索菲的身世，她正是耶稣和玛利亚的后裔，她的身上流淌着耶稣的血液。

到这里，故事似乎已经走到了结尾。不过，罗斯林教堂只是圣杯曾经的栖身地，索菲在这里与她的祖母相认,兰登独自回到酒店。在刮脸时,兰登不慎将脸刮破,血顺着池子流淌时留下一道血痕,这让他脑子里灵光一闪,回想起索尼埃曾在他所著的《神圣女性的符号》这本书中提到"玫瑰线"的书页中留下血迹,终于明白了玛利亚遗骸的藏身之处。他在夜色中来到卢浮宫,在玛利亚静静躺着的地方蹲了下来,静穆良久。此时,玛利亚躺在大师们的杰作围成的怀抱里,天空中繁星闪闪,正暗合了那句"在繁星闪烁的天空下终于得到了安息",谜语最终被完美破解。

整个故事就是索尼埃设下的谜,随着谜底不断被揭开,故事层层推进,最终真相大白。作者丹·布朗运用历史、地理、宗教等知识组成许多密码,要揭开谜底,就必须具备相应的知识。丹·布朗有如此功力,这要得益于他深厚的家学,据介绍,他的父亲是数学教授,母亲是宗教音乐家,每一年的圣诞节,丹·布朗都要经历一番"寻宝",从父母给出的蛛丝马迹中,找到他的圣诞礼物。幼年的经历给他的创作带来灵感,《达芬奇密码》正是一个"寻宝"的过程,当所有的线索都集中起来后,宝藏也就出现了。

10 种至今难以破译的密码

随着编制密码和破译密码活动的不断进行,为了研究密码变化的客观规律,以便更好地编制密码和破译密码,密码学这门学科便诞生了。经过归纳整理,从古至今的密码大体可以分为人们所熟知的几类,如栅栏密码、恺撒密码、摩斯码等等,这些系统化的方法可以使密码的编制、破译简单易行,但世界上还有一些密码,它们的编制方法并不如密码学中所归纳的那几个套路,因此,它们的破译也就成了一道摆在密码界前面的难题。其中,有 10 个最难破译的密码,至今还吸引着无数密码爱好者前去解谜。

1. 克里普托斯雕塑(Kryptos)

克里普托斯雕像位于美国中央情报局(CIA)总部庭园内,是艺术家詹姆斯·桑伯恩创作的。1988 年,当时的美国中情局要在当时的总部后面建一幢新的大楼,于是想在两栋楼之间建一个标志性的建筑物。在众多的方案中,中情局采纳了桑伯恩的方案,在雕塑上用希腊文字刻下所要表达的内容。

这座雕塑被命名为"Kryptos",在希腊语中,kryptos 意为"隐藏的"。Kryptos 雕塑高 10 英尺,上面刻着 865 个字母密码,每个字母高 3 英寸。

创作者桑伯恩并未受过严格的密码训练,但他出的这道难题却难倒了 CIA 的密码破译员。尽管他们已经破解了 Kryptos 密码上相对比较简单的前 3 节,却对第 4 节(K4)一筹莫展。

畅销书《达·芬奇密码》掀起了一股解谜 Kryptos 第 4 节的热潮,因为作者丹·布朗在书中暗示"Kryptos"十分重要。许多人试图破译 K4,但显然它的难度远高于前 3 节,至今无人能破。不过桑伯恩半开玩笑地暗示说,揭开谜底的钥匙就在大家眼皮底下,却一直被人们所忽视了。

2. 费斯托斯圆盘(Phaistos)

费斯托斯圆盘是在希腊克里特岛的第二大古王宫遗址——费斯托斯王宫发现的,粗算起来,距今有近3600年左右的历史。1908年,考古学家普尼在这里进行考古挖掘时,发现了这个"黄泥饼"。它直径约为17厘米,与普通的菜碟无异,引起普尼注意的,是印在上面的"天书"。这些神秘的形符看上去像是有人趁着泥饼还未干透的时候,用金属印章印上去的。这些形符十分奇特,有的像人像,如男人、妇女、儿童。他们呈奔跑、站立的姿态,有的双手背在身后,好似战俘;有的形符像动植物,如羊、鱼、鸟、橄榄枝、花等;还有一些像日常生活中的器具,如刀、斧子、锤子、角规、水准仪、拳击手套、狼牙棒……这些大大小小、形态各异的形符共有241个,以竖线分隔开来,圆盘的两面分别形成30和31个形符节,以螺旋形排列。

这些圆盘作何用途?其中的形符又有什么含义?至今无人能解。有人认为它代表了一种朦胧的印制意识,是活字印刷的雏形;圆盘上的形符的排列有一定的规律性,有些形符多次出现,带着某种韵律和节拍,像是一首歌,而从它发现的地方来看,圆盘可能与祭祀有关,也许是献给神的颂歌;也有人从形符中判断,圆盘记载的是与战争有关的文献。

无论是象形文字说还是外来文明说,都无法破译费斯托斯圆盘上密码,它至今仍浑身上下都是谜。

3. shugborough 大厅牧羊人纪念碑

在英国斯塔福德郡的 shugborough 大厅,有一个著名的牧羊人纪念碑。纪念碑是18世纪时期的海军将领乔治·安森下令所建,上面刻有两行至今无法破译的密文。

纪念碑上的雕塑显示的是一位妇女遇见了三个牧羊人,这三个牧羊人都指着一座坟墓。坟墓上以拉丁文刻着一行字"Et in arcadiaego",翻译过来意为"我也在阿卡迪亚",这个雕塑是根据法国艺术家尼古拉·普桑的作品创作而成的,所不同的是,牧羊人所指向的字母与原画有所不同,在尼古拉·普桑的作品中,牧羊人指向的是 ARCADIA(阿卡迪亚)中的"R",而雕塑中牧羊人的手指断了,并指向"in"中的"n"。最为神秘之处在于,雕塑上多出了两行神秘的拉丁文字:

O·U·O·S·V·A·V·V

D·   M·

人们猜测这是安森传递爱意的一组密码,用以纪念死去的安森小姐。字母 D. M. 在罗马的纪念文中常指代"Diis Manibus"的缩写,意为献身黑暗。又有人指出,其余的字母代表的是拉丁文"Optimae Uxoris Optimae Sororis Viduus Amantissimus Vovit Virtutibus,它的含义是"最好的妻子,最好的姐妹,最忠诚的鳏夫以此向你的忠贞表达敬意"。

那些相信圣杯传说的人们,则认为牧羊人纪念碑指出了圣杯所在。根据《圣血和圣杯》一书所说,普桑是锡安会的成员,他的画中暗藏了圣杯的藏身之处。

这些说法都是基于猜测,并没有确凿的证据,它可以有多种解读,但无法仅根据密码术就判断哪一种是正确的。至今,牧羊人纪念碑还吸引着众多密码爱好者去探寻谜底。

4. 毕尔密码(Beale code)

19世纪初,美国一个名叫毕尔的年轻人带领着一支30人组成的探险队前往西部平原探险,在圣达菲北部的一个峡谷中,他们发现了丰富的金矿和银矿。历时整整18个月的开采之后,他们采到了大量的财富,在1819年到1821年间,他们历经千辛万苦将这笔财物悄悄地运回弗吉尼亚,并将它们藏在一个隐蔽的地洞之中。不久,毕尔他们一行人打算再次前往西部平原,他们需要将带回来的财富交给一个可靠的人保管。毕尔考虑再三,决定将宝藏的秘密交给一家旅店的老板来保管。

毕尔将宝藏的地点、内容和宝藏所有人的亲属的信息分别写在三张纸上,装入一个密封的盒子里交给了旅店老板,并告诉他,如果自己10年之内都没有来取盒子的话,就请老板自行打开盒子,到时会有人把钥匙寄给他。

但是十多年过去了,一直没有人来取回盒子,旅店老板左等右等不见人来,便自己打开了盒子,发现了盒子里的秘密。但是关于宝藏的具体信息,全都是以密密麻麻的数字写成,没有任何文字说明。旅店老板花了十多年的时间去破译其中的密码,直至他临终前,都无法破解其中的秘密。密码后来流传出去,有人确定那些数字是一种键盘编码的密码,经过悉心研究,破译了第二张纸上的内容,知道了宝藏的数量。但另外两张纸上的内容却始终无人能破译,1885年,这两张纸上的内容被编辑成小册子出版,出版人希望有朝一日,有人能破解它,找到宝藏。这个小册子还一度被列入美国中情局的破译密码训练内容,但至今无人能破解其中的秘密。

5. Dorabella 密码

1897年7月14日,音乐家爱德华·埃尔加给他的朋友杜拉·彭妮小姐发了一封加了密的信,至今无人知道信中的内容是什么,连彭妮小姐对此也是一无所知。

这封信,或者说是密码,由87个字符成,排列成3行,看上去像是由24个象征性的字母转化而来,其中每一个字符都包含1、2或者3个半圆。在第三行的第5个字符后面有一个小点,不过小点的含义和意义并不明确。许多人猜测这是音乐家的新作的乐谱,不过至今也没有人有幸能听到他的这首新作。

6. Chaocipher

1918年,Byrne发明了chao这种密码方法,并于1953年将其写到他的自传《沉默年》中。Byrne认为chaocipher很简单,但却不可能被破译。Byrne还宣传,他用来加密的机器可以装进一个雪茄盒子里,并承诺如果有人能破解他的密码,就能得到他的奖励。

chaocipher 由两个字母表组成,右边的字母表用来确定普通文本的位置,而左边的字母表用来读相应的次密文。它的演算法涉及到动态替换的概念,如果其中一个字母表发生了变化,另一个相应的也会发生变化,这也正是它难以破译的原因所在。

7. D'agapeyeff 密码

这个密码于 1939 年由 D'agapeyeff 编制,它曾被收录在《代码与密码》一书中,但是在该书随后的版本中,都没有收录 D'agapeyeff 密码,据说连创作者 D'agapeyeff 本人都忘了该如何破译它,所以至今也没有人能破解它,但也有人说,之所以无法破译,是因为 D'agapeyeff 本人在加密最初的文本时出现了错误。

8. Linear A 密码

这是在古克里特岛发现的由两种不同的线性文字组成的字符,在克里特文明时期,Linear A 是宫廷中使用的官方文字。它由亚瑟·伊文思发现,在 1952 年的时候,米歇尔·文屈斯发现,Linear B 是早期迈锡尼文明时期的文字,但是,尽管 Linear A 与 Linear B 之间存在着一些关联,但 Linear A 依旧无法破译,它看起来似乎是公元前 1900 ~ 公元前 1800 时期的字母表。

9. 黄金密码

1933 年,在中国上海发现了 7 块黄金,与一般黄金不同的是,这 7 块黄金上刻有一些图片和汉字,但是其中的含义至今无人能解,而这几块黄金因其所包含的密码而身价大增,据说已经超过了黄金本身的价值。

第十个留给世人的难题就是前面所说的"伏尼契手稿"之谜。这 10 种神秘密码已经超出了现代密码学的范畴,即便是在计算机技术如此发达的今天,也难以将其破译。它们成了密码界挑战,引来众多的挑战者。

纳斯卡线条,宇宙的密码

在秘鲁南部一片荒凉的平原——纳斯卡平原上,有一处令人震惊的奇迹,在方圆 50 平方公里内的地表上,有许多深大约为 0.9 米,宽度在 15 厘米到 20 米之间的"沟槽"。这些线条是由两个美国人、考索克夫妇发现的。他们在纳斯卡平原考古时,发现了这些像机场跑道一样的线条,直线条、弧线……这些线条绵延几公里。他们的发现震惊了考古界,考古人士纷纷来到这里,他们推测这些线条至少有上千年的历史,但对于这些线条的含义,却一直不得其解。直到后来,考古学家从高空俯瞰时,才发现这些或直或弯的线条,原来是许多巨大的图案中的一部分,因为图案覆盖的面积太大了,以至于人们在地面上无法看清其全貌。

这些图案的内容十分丰富,包括了各种几何图案,如三角形、梯形、平行四边形、螺旋形等,还有一些动物和植物的图案,如一只巨大的、栩栩如生的蜘蛛,猴子;有人形图案,其中有一个人形图案,只有一个头和两只手,且一只手只有 4 根手指……这些图案从北边的英吉尼奥河开始,往南延伸至纳斯卡河,面积达 200 平方公里。纽约长岛大学的保罗·科孛克博士在驾驶着飞机在空中俯瞰到这些巨大的图案之后,不由地惊叹说:"我发现了世界最大的天文书籍。"

的确,这些神秘、巨大的图案就像一本"天书"一样,至今没有人能读得懂。它是一个令人着迷的谜,吸引了许多学者来解谜。德国女数学家玛利亚·赖歇来到纳斯卡之后,就再也舍不得离开,她将自己的一生都献给了这些线条。

纳斯卡线条太大了!站在地面上,人们根本无法领略到它的魅力,那么 2000 年前的人又是如何创造出来的呢?无法想象在看不到全貌,又没有掌握现代飞行技术的情况下,古代的纳斯卡人是如何设计和制造出那些图案来的。

在纳斯卡不远的地方,矗立着一些玛雅人遗留下来的金字塔。人们猜测,与玛雅人比邻的纳斯卡人也许也掌握了建造金字塔式高台的技术,他们曾经建造过一座宏伟的高台来监督整个纳斯卡线条的制作过程。

但这种猜测很快被否定了,显然纳斯卡平原并不具备建造高台的条件,这里常年干旱少雨,没有茂密的树林,也就没有建造高台的木头。

考古学界在考察玛雅人的遗迹时有一个奇怪的发现,玛雅人似乎从来都不用轮子,他们建造的金字塔靠什么搬运材料呢?有人猜测,那是因为玛雅人已经发明了一种低空的飞行器,那么纳斯卡人也许也是乘坐着一种飞行器来监督线条的制作的。从已经发掘的纳斯卡陶器和织物上,人们发现有一些飞行的图案,比如气球风筝和鸟一样的飞人。但并没有任何的飞行器被发现。

最主要的是,人们始终猜不出纳斯卡人制作出这些巨大的图案究竟有什么意义?这些巨大的、线条勾勒出的图案背后究竟隐藏着什么样的含义呢?

有人认为,纳斯卡线条是一种天文历法的直观表示,因为这些直线中,有几条十分精准的指向黄道上的夏至点与冬至点。那些直线和螺旋形的线条代表了星球的运动轨迹,而那些动物图案,则指代的是星座。

有的科学家认为,这些图案可能是一幅很有实用价值的古地图,甚至有可能是一幅藏宝图,宝藏的秘密就藏在这幅巨大的图案之中,只是至今还无人能破译其中的密码。

显然,这些猜测都充满了神秘色彩,但也有"务实"的科学家认为,这只不过是纳斯卡人的一张供水系统图。美国麻省理工大学研究院戴维·约翰逊就持这种观点。他长期研究纳斯卡地区古代的灌溉系统,有一次他正准备探察一个岩石断层时,无意中发现那些线条正指着他所要去的那个断层。他突然意识到了什么,激动地仰起头对着天空说:"我的上帝,我想我知道它是什么意思了!"

戴维认为这些巨大的图形标记了地下水源的位置,这些神秘的线条正是古代纳斯卡人绘制的供水系统图。而那些蜘蛛、猴子、巨鸟的图案,也许是古纳斯卡人各个家族的徽标,家族之间为了分配水源,将自己家族的徽标在各自的水源地上标出来,避免了纷争。

纳斯卡线条至今还是一团谜,无论是线条的形成本身,还是那些线条勾勒出来的图案所蕴含着的意义,都是一个超越了现代密码学范畴的密码,没有一位解码者能够成功将其破译。

第五节　密码科技之谜

栅栏密码是一种什么样的密码

称为栅栏易位(Columnar Transposition)密码,是将要传递的信息中的字母交替成分上下两行,然后再把下面一行的字母排在上面一行的后边,从而形成一段密码。

例如,我们要传递的信息是:There is a chipher.

按照栅栏密码的方法,将明文分成以下两组:

Teescihr

Hriahpe

再将下面一行排在上面一排的后面,即形成了一段密码:Teescihrhriahpe。

解密时就将刚才的步骤倒过来,先将密码分成两部分:

Teescihr

Hriahpe

再按照竖着排列的顺序,就还原成:Thereisachipher,插入空格,即为明文:There is a chipher.

当然,这是栅栏密码最简单的形式。其实,加密时不一定只用两行,它也可以分成多行。

举一个例子来说明,例如密文为:

PFEE SESN RETM MFHA IR WE OOIG MEEN NRMA ENET SHAS DCNS IIAA BRNK FBLE LODI

密文共有 64 个字符,将其以 8 个字符为一栏,排列成 8 * 8 的恺撒方阵如下:

P F E E S E S N
R E T M M F H A
I R W E O O I G
M E E N N R M A
E N E T S H A S
D C N S I I A A

IEERBRNK

FBLELODI

在按照竖列的顺序读出来就是：

PRIMEDIFFERENCEBETWEENELEMENTSRESMONSIB
LEFORHIROSHIMAANDNAGASAKI

插入空格后就变成：PRIME DIFFERENCE BETWEEN ELEMENTS RESMONSIBLE FOR HIROSHIMA AND NAGASAKI（广岛与长崎的原子弹轰炸的最大区别）。

在运用到中文时，由于中文本身的特性，栅栏密码容易被破解，因此产生了一些变体，其中较为人熟悉的就是道家心法秘籍《天仙金丹心法》中采用的加密方法，这种经过变异之后的栅栏密码运用到中文中就不太容易被识别。密文为：

〇茫天：摹然月终为鼎半是真灭器轮假不但伸净著定分泥万〇无〇光人经法一从尘色返我权自法中妙大空照生屈来好路形神海〇便还未归

经过还原就变成：

〇茫

天：摹

然月终为

鼎半是真灭

器轮假不但伸

净著定分泥万〇

无〇光人经法一从

尘色返我权自法中妙

大空照生屈来好路形神

海〇便还未归

从上往下读出明文即为：天然鼎器净无尘，大海茫茫月半轮。著色空摹终是假，定光返照便为真。不分人我生还灭，但泥经权屈未伸。万法自来归一法，好从中路妙形神。

摩尔斯电码的原理何在

摩尔斯电码是美国人发明的一种古老方法，它的历史早于电话。摩尔斯电码具有精简、低成本以及高效的优点，因此在通讯科技日益发达的今天，摩尔斯电码仍有着十分重要的地位。

摩斯电码由美国人塞缪尔·摩尔斯在1839年发明的，摩尔斯也因此成为现代"电报之父"。摩尔斯原本是一位画家，1832年在从法国乘船返回美国的途中，同船的一位乘客向大家讲述了电磁铁的原理：将导线缠绕在铁块上，导线通电之后，铁块就会产生磁力，而且线圈绕得越多，或者通过的电流越大，产生的磁力也越大。摩尔斯好奇地问："电流通过导线的速度有多快?"这名乘客告诉他,几乎在一瞬间,电流就可以通过。

摩尔斯受到启发,联想起自己亲眼所见的法国信号机系统,他想如果电流可以瞬间通过无论多长的导线的话,那么也许可以用它来进行远距离信息传递。这个想法令时年已经41岁的摩尔斯十分激动,他开始钻研电磁学,终于悟出了一个道理:"电流只要停止片刻,就会出现火花;没有火花出现是另一种符号;没有火花的时间长度又是一种符号。这三种符号如果组合起来代表数字和字母,就可以通过导线来传递文字了。"这正是摩尔斯电码的原理,摩尔斯领悟到这个道理之后,用"点"(即0.1秒的通电时间)、"划"(0.3秒的通电时间)和"间隔"(断开电路)来表示各种符号。

尽管摩尔斯发明了摩尔斯电码,但他缺少相关的专门技术,为此,他与艾尔菲德·维尔签订了一项协议,由维尔帮助自己制造更加实用的设备。

最早的摩尔斯电码是一些表示数字的点和划,其中数字对应着单词,因此,要想知道每个词对应的数字,需要一本代码表。在艾尔菲德·维尔的帮助下,摩尔斯通过点、划以及中间的停顿,将每个字元和标点符号彼此独立地发送出去。1837年,威廉·库克和查尔斯·惠斯通开始利用摩尔斯码在英国发电报。相反,摩尔斯和维尔直到1844年才发出他们的第一份电报,当电流通过时,在一条纸带上会留下凹痕,这是最初显示摩尔斯码的方法,为此,他们还用了一个机械发条装置来带动纸条。后来,摩尔斯码经过进一步的改进,可以将在纸条上打印出来的凹痕转化成文本信息。

在摩尔斯最初的设计中,摩尔斯码只能用来传递数字,然后通过查阅字典,来找出它所代表的字。后来,在维尔的改进下,摩尔斯码既可以传递数字,也可以传递字母和一些特殊的符号,这样一来,摩尔斯码的适用范围就迅速扩大了。

字元的表达有两种"符号":划(–)和点(·)。其中,点的长度决定了发报的速度,划一般是三个点的长度,点划之间的间隔是一个点的长度;字元之间的间隔是三个点的长度,单词之间的间隔为7个点的长度。

一般来说,任何一种能把书面字元用可变长度的信号表示的编码方式都可称之为摩尔斯电码,不过现在它只用来指代两种表示英语字母和符号的摩尔斯电码:美式摩尔斯电码和国际摩尔斯电码。

摩尔斯码因其简洁易懂,使用时间超过了160年,远远超过其他任何电子密码系统。直到1999年,摩尔斯电码完成其在海事通讯中的使命。1997年,法国海军停止使用摩尔斯电码时发出的最后一条消息是:所有人注意,这是我们在永远沉寂之前最后的一声呐喊!

如今,国际摩尔斯电码已经在使用中,不过现在的使用者几乎全部是一些业务的无线电爱好者,而且,如今的摩尔斯电码早已不是当初摩尔斯和维尔发明的那个摩尔斯码了,现代国际摩尔斯码是由弗—克莱门斯—杰尔塔于1848年发明的,主要用于在德国的汉堡和库克斯之间发送电报。杰尔塔将字母表中的一半都进行了改动,1865年,在法国巴黎的国际电报会议上，将其标准化，并制定国际摩尔斯电码准则。而摩尔斯原始的电码仅限于在美国使用，即为现在所说的美国摩尔斯电码，美国摩尔斯电码现在已经极少有人使用了。

国际摩尔斯电码如今主要用于业余电台，直到2003年，国际电信联盟还负责给世界各地的摩尔斯电码业余爱好者发执照。按照美国的规定，只有一些特定的业余频段才能进行声音和数据的传送，而连续波是对所有业余频段开放的。在一些国家，业余无线电的一些波段仍只为发送摩尔斯电码信号而预留。

摩尔斯电码可以通过多种方式发送，如最初的通过电子脉冲发送，也可以通过声调、长短不一的无线电信号，甚至可以用一些可视的方法，例如轻便信号灯来发送。

尽管使用摩尔斯电码在许多国家都不需要执照，但在航空管制中还常常用到，例如一些飞行求助信号，像VORs和NDBs都还是采用摩尔斯码。大家十分熟悉的求助信号"SOS"，就是当年著名的泰坦尼克号遇险时用摩尔斯电码发出的求助信号，无奈当时没有人理会，直到泰坦尼克号沉没之后，SOS才被广泛接受和应用。

间谍一般使用哪些暗号和密码手段

2010年，美国抓获了一批俄罗斯间谍，引起极大的轰动。人们发现，那些似乎只有在战争年代才会现身的谍报人员，在和平时期竟然就有可能在自己周围活动，他们有可能是自己的同事、朋友，甚至是亲密的爱人，那么这些人在从事间谍工作时，都采用哪些密码手段或者暗号来传递信息呢？

在一些谍战影视作品中，我们可以看到一些常用的间谍技术。

一种是常用的摩尔斯码。摩尔斯码大家并不陌生，但由于间谍技术的隐蔽性，一些以摩尔斯码传递出去的信息显然无法通过传统的电台的方式，而需要经过一些巧妙地转换。比如电影《风声》中周迅饰演的女间谍顾晓梦在旗袍上缝出的摩尔斯码，吴志国在医院里哼出的小调里，都隐藏着摩尔斯码，这些都是摩尔斯码隐蔽的用法。

另一种是密写术。密写术也是常见的一种传递秘密信息的方式，即以牛奶或者米汤等写密信，等牛奶或米汤干了之后，字迹就会消失，读信的人只有通过光照或者在信纸上涂抹碘酒才能让文字显现出来。热播电视剧《潜伏》中，左蓝就交给敌方的马奎一封以隐形药水写就的落款为"峨眉峰"的信，马奎不知就里，结果因信惹祸，被捕入狱。不过一般来说，这种方法过于普遍，容易被识别。据说，美国一所监狱曾上演现实版的"越狱"，一名囚犯通过密写术给他的接应伙伴写信密谋出逃的线路，结果被狱警识破。由此看来，密写术过于普通，并不是谍战中传递信息的最佳选择。

还有一种就是暗语。这是一种事先约好的用以与自己人接头或者区别敌我的隐语。在电影《风声》中，吴志国站在阳台上唱了一段山西小曲儿，这段曲子即是内部接头的暗语，听到这段曲子后，同为间谍的顾晓梦与他接上了头。据说，美国抓获的俄罗斯间谍中,也有一句接头暗号——我们在北京见过面?

除了这些极为大众化的传递方式之外,历史上各国间谍传递情报的方式可谓五花八门,远远超出人们的日常经验。

例如,在二战时期,有一位逃亡到英国的挪威人汉斯—拉尔森曾创办了一份《天体运动者》杂志,该杂志以色情著称,它宣称"男人的尊严"和"非同寻常的力量",谁又会把这本开放的成人杂志与严肃的谍战联系起来呢?

不过,它可以逃脱普通人的怀疑,却难以逃过英国情报机关的火眼金睛。拉尔森和他的《天体运动者》杂志很快引起了英国军情5处的怀疑,他们逮捕了拉尔森,在审讯中得知,拉尔森是一名受过严格培训的德国间谍,他利用纸蜡,在杂志上标注一些不会引起普通人注意的标志,只有那些知道秘密标志位置的德国间谍才会找到并阅读这些情报。后来英国反间谍人员认真阅读了某一期的《天体运动者》杂志,在一篇文章中发现了隐藏的情报。

据一些媒体公开的二战时期的资料显示,当时的间谍手段可谓五花八门,往往在一些看似平常的以引人注意的地方就隐藏着巨大的秘密。

有一份文件是当时最新款的时装模特设计图纸,时装的设计精巧,手工精致,大衣、帽子和衬衣的缝针都设计出很漂亮的图案,谁能料到,这些图案的背后隐藏着一条密码:敌军每小时都会有增援部队。

还有一种暗号结合了多种密码符号,一些纳粹分子将摩尔斯码、五线谱、国际象棋棋谱和一些速记书写的符号结合起来,产生了一种难以辨认的暗号。

中国有"藏头诗",间谍战有"藏头信"。1942年,英国军方截获一封"休伯特"写给"珍妮特阿姨"的信,这封内容看似普通的家信引起了英军的怀疑,但他们一直百思不得其解。直到后来抓获了两名德国间谍后,据这两名间谍介绍,把信的每个字的首字母组合在一起,就是情报的内容。英军照间谍所说的方法读出了一条重大军情:14架"波音堡垒"战斗机昨日飞抵伦敦,准备进攻德国。

美国空军还曾出现过一名"错别字间谍",这名受过密码学训练的空军军官因背负巨额债务,打算利用职务之便,向各国出卖国家机密换钱。美国联邦调查局特工在国外的情报源接到一名不知名的情报人员的信,信中主动要求出卖情报资料。写信的人是个错别字大王,比如他把"espionage"(间谍)误拼成"esponage",根据这个特征,联邦调查局最终把目标对准了朗读困难症患者布莱恩·里根。

当布莱恩·里根登上前往苏黎世的飞机,打算与伊朗等国的官员会面商量出售情报事宜时,美国联邦调查局特工就出现在了他面前。他们从里根身上找到了一张写有伊朗等国使馆的地址,还有一个记着13个毫无关联单词的记事簿,如rocket、glove、tricycle等。从里根的钱包里,特工找到了一张写着一长串字母和数字的纸,一张写着26个词的卡片,在一个文件夹中,找到了4张写满了3位一组数字的纸。

特工很快破译了其中的三份资料，而最重要的一份，也就是写满了三位一组数字的纸上，暗藏着里根埋藏了大量资料的地址，却迟迟未能告破。密码分析员仔细分析了那些数字后，认为那可能是书籍密码，法医专家检查了里根被捕时随身携带的一本小说和一本字典，根据指纹找出了他翻得最多的那几页，但是也一无所获。不过，他们的思路是对的，只是此书非彼书，最后，还是里根本人揭穿了谜底：那些数字是依据他自己所读中学的毕业年鉴编制而成的密码。密码破译员在他的提示下，最终找到了 12 个埋藏着重要情报的地点，发现了那些事关国家安危的情报。

随着现代科技的不断进步，间谍们传递情报的手段也越来越多，越来越高科技，也越不容易被识破。

现任俄总统普京也曾为克格勃成员

维热纳尔密码并非"不可破译"的密码

16 世纪晚期，随着频率分析法的出现，单字母替换密码完全失去了效用。因此，密码编码者们试图找出一种方法来编制出更为强大、不易破译的密码。为此，编码者们做了许多尝试，例如，在编码过程中加入一些特殊的字符，或者用一些字母代表一种程式，如空格、换行等等，但这种变化都瞒不过破译大师的眼睛，他们通过一点蛛丝马迹就能找出破译密码的线索。

直到有一天，法国外交家 Blaise de Vigenere 提出了一种多字母替换密码的方法，也即用两个或者两个以上的密码表交替使用来进行加密，这样就可以防止任何人利用频率分析法来解密该条信息。关于维热纳尔密码的发明者，还有一个小插曲，早在 1553 年吉奥万·巴蒂斯塔·贝拉索出版的《吉奥万·巴蒂斯塔·贝拉索先生的密码》一书中，就有关于维热纳尔密码的记录，作者还首次引入了密钥的概念。只是这并未引起人们的注意，直到 Blaise de Vigenere 提出多字母替换密码的方法之后，维热纳尔密码才引起人们的关注，所以一直被人们称为"维热纳尔密码"。

维热纳尔密码的关键部分是表格法（tabula recta），表格法是约翰尼斯·特里特米乌斯 1508 年在《隐写术》中提出的。

我们知道，在恺撒密码中，字母表中的字母会有一定的偏移，例如偏移量为 3 的时候，字母 A 就转换成字母 D，B 就转换成了 E。而维热纳尔密码则相当于一个采用不同偏移量的恺撒密码组。

编制维热纳尔密码需要使用表格法,这个表格为 26 行字母表,后面一行是由前一行向左偏移一位得到,具体到究竟哪一行字母是用来编译的,这要取决于密钥,而这个密钥在过程中是不断变化着的。

以"attack at once"为例,我们选择一个关键词"Lemon"为密钥,明文中的首字母 A 与密钥第一个字母 L 对应,对照表格进行加密,密文的第一个字母是 L,以此类推,就可以得到一组密文。

多表密码的破译是以字母频率为基础的,但直接的频率分析却无法破解,因为 E 是英语中使用频率最高的字母,而在维尔纳尔密码中,E 被加密成不同的文字,因此,维热纳尔也被喜欢密码的人们称为"不可破译的密码"。

维热纳尔密码真的是"不可战胜的密码"吗? 对于这个说法,许多人都不认同,事实上,有不少人都成功地破译了维热纳尔密码。1854 年,英国人查尔斯·巴贝奇就因为受到斯维提斯在《艺术协会杂志》上发表声明称自己发现了"新密码"的启发,他发现,斯维提斯的密码其实只是维热纳尔密码的一个变种,从而成功地破译了斯维提斯给他的难题——破译两个不同长度的密钥加密的密文。1863 年,弗里德里希·卡西斯基公布了一个完整的维热纳尔密码的破译方法。他的这套方法被称为卡西斯基实验,卡西斯基实验的突破口是一些常用的单词,例如 the,of 等,有可能被同样的密钥字母进行加密,从而在密文中反复出现,这样就可以基本确定密钥的长度。

上世纪 20 年代,威廉·F·弗里德曼(William F. Friedman)使用重合指数(index of coincidence)来描述密文字母频率的不均匀性,从而确定密钥的长度,由此破译了维热纳尔密码。

确定密钥长度的意义在于,可以根据密钥的长度将密文写成多列,列数与密钥长度相对应,这样一来就得到了一个恺撒密码,采用破译恺撒密码类似的方法,就可以轻易地将密码破译。

考虑到了这个破绽,维热纳尔密码后来还产生了一种变体——滚动密钥密码,这种密码的密钥和密文一样长,这样一来,卡西斯基实验和弗里德曼的方法都失效了。从理论上来说,一个密钥的长度与明文的长度一致而且完全是随机的,那么维热纳尔密码的确就是"不可破译"的。据说,维热纳尔本人还曾发明过一种更强的维热纳尔密码变体——自动密钥密码。巴贝奇破译的正是这种维热纳尔密码的变体。

维热纳尔密码在欧洲的应用并不十分广泛,在欧洲有一种 Gronsfeld 密码与维热纳尔密码基本相同,由于它的强度很高,在德国和整个欧洲都有着广泛的应用。

神秘的 ADFGX 密码

观点:ADFGX 密码是一种双重加密密码,它诞生于第一次世界大战期间,它的破译对一战的结果起着十分重要的作用。

世界传世藏书

中外未解之谜

密码未解之谜

二三一

ADFGX 密码是由德国陆军上校 Fritz Nebel 发明,并于 1918 年第一次世界大战时期投入使用。ADFGX 密码是一种结合了 polybius 密码和置换密码的双重加密方案,其中的 A、D、F、G、X 即为 polybius 方阵中的前 5 个字母,它也因此被称为"ADFGX"密码。

以军事中常见的"Attack at once"这句话为例,先将它以 polybius 转换:

```
A D F G X
A b t a l p
D d h o z k
F q f v s n
G g j c u x
X m r e w y
```

这样一来,"Attack at once"就可以转换成"AF AD AD AF GF DX AF AD DF FX GF XF"这组字母,这是第一重加密,然后再利用移位密钥加密,假设密钥为"CARGO":

```
C A R G O
A F A D A
D A F G F
D X A F A
D D F F X
G F X F X
```

这是第二次加密,然后再将密钥"CARGO"中的字母调整为字母表的顺序,即 ACGOR,每个字母对应的列下面的讯息即为新的密文,例如,字母"A"对应的为"FAX-DF","C"对应的为"ADDDG"……

于是,一份新的电文就产生了:FAXDF ADDDG DGFFF AFAXX AFAFXA。不过在实际应用中,移位密钥的长度可能有二十几位字母,且每天都有变化。在此基础上,还出现过 ADFGXV 密码,就是将 polybius 其中的 5x5 的格子变成 6x6,这使得所有英文字母以及数字 0 到 9 都可以混合使用。

这种 ADFGX 密码在一战时,曾一度改变了战局。

1918 年,第一次世界大战接近尾声之际,法军截获了一份德军的电报,这份电报所有的单词都以 A、D、F、G、X 五个字母组成,与以往的电报有很大的不同,法军方面预计德军可能会发起一场生死决战,因此破解新的密电成了重中之重。

年仅 29 岁的法军密码局分析员乔治·潘万中尉接到了这个艰巨的任务。从 A、D、F、G、X 五个字母中可以判断,这是采用 polybius 密码转换而来的,但从法军不断截获的德军电报来看,这又不仅仅只是简单的棋盘式代替密码,潘万判断这些密码在 polybius 的基础上再一次经过了加密!

他的判断是对的!法军又先后截获了 18 份 ADFGX 电报,潘万在分析对比了这些电文后,从中发现了一些相似之处,经过反复的验证,终于破译出长达 20 位的移位密钥。正当潘万稍稍松了一口气的时候,情况突然发生了变化,法军在 6 月 1 号这天共截获了 70 多分德军密电,这次他们的电报中多了一个字母 V! 显然,德军将他们的棋盘扩大为 6x6 了。

日趋紧张的形势容不得潘万有丝毫的松懈,他又开始夜以继日的破译工作,在经过 24 小时的连续工作之后,德军的棋盘密钥和移位密钥又被他找出来了。功夫不负有心人,两天之后,法军截获了一份从德军统帅部发出的密电,密电是发给德军 19 集团军参谋部的。密码分析员用潘万分析出的密钥试译了一下,一条惊人的消息出现了:速运军需弹药如不被发现白天也运!

这是一条对战争起了决定性作用的消息,法军马上意识到德军在为一场进攻做准备。正所谓知己知彼百战不殆,提前 6 天知悉德军进攻消息的法军有充分的时间调集部队加强防范,在法军固若金汤的防护面前,德军的进攻以失败告终。这一役之后,整个战局发生了逆转,向着有利于协约国的方向发展,历史也由此被改写了。

托马斯·杰斐逊的轮子密码机

托马斯·杰斐逊不仅是一位著名的政治家,还是一位伟大的发明家,早在托马斯·杰斐逊还只是乔治·华盛顿身边的秘书的时候(1790 ~ 1793 年),他就发明了一种可以安全地为信息加密和解密的工具,也就是他称之为"轮子密码机"的机器。在美国独立运动期间,杰斐逊发现,那些靠人工传递的秘密函件很容易被截获,信息也很容易被暴露出去。于是,他就发明了这种可以将信息加密的机器。

托马斯·杰斐逊

轮子密码机由 26 个木头圆片构成,这 26 个圆片的中心有孔,这样就可以将它们串在一起。每个圆片上都刻有 26 个字母,人们可以利用转动这些圆片,用上面的字母来编写自己所要传递的信息,以"set up force field war has started"这条消息为例,要加密这条信息,就可以在轮子密码机上将第一个圆盘转到字母"s",第二个圆盘转到字母"e",中间无需空格与符号,这样在密码机上显示的就是:setupforcefieldwarhasstarted。然后,选择其他任意一行,记下这一行的位置以及这一行上面所显示的字母,例如:gcqplyrdhnrswzktfmuavh-pwxmb。

收信人收到加密的信息后,只需要在密码机上拼出 gcqplyrdhnrswzktfmuavhpwxmb 之后,再找隐含了秘密信息的那一行即可。杰斐逊的轮子密码机在当时算得上是一项伟大的发明,但由于将消息传递出去,需要复制一个一模一样的轮子密码机再送出去,这在 18

世纪末期 19 世纪初的时候,需要花费几个月的时间,最后,他只得放弃这项发明,改由书写密码传递信息。

有趣的是,杰斐逊的 1792 年左右的这项发明自 1802 年后就没有投入使用,后来渐渐被遗忘了。直到一个世纪后,这个轮子密码机却两次被"再发明",一次是在 1890 年,一名法国政府官员 Etienne Bazeries 发明了以他的名字命名的 Bazeries 密码机;1922 年,美国一位军官 Joseph Mauborgne 在 Bazeries 密码机的基础上,发明了 M-94 密码机。

M-94 与杰斐逊的轮子密码机不同的是,它采用的是 25 个铝片,M-94 从 1922 年发明到第二次世界大战初期,一直为美国的海陆空及联邦通信部等部门所使用,后来又将它改成"M-138-A"纸条密码机,M-138-A 是美军军官 Parker Hitt 提议设计的,它的主要特点是 25 个可选取的纸条按照预先编排的顺序编号和使用。M-138-A 于 1930 年制成,在后来的整个二战期间都发挥着作用。

杰斐逊的轮子密码机与电影《达·芬奇密码》中的藏密筒有许多相似之处,不同之处在于杰斐逊的密码机本身就可以拼出所要传递的信息,而藏密筒则更像是一个保险柜的钥匙,只有密码对了,才能看到里面藏着的信息。

第十二章　神秘巧合之谜

第一节　奇特的巧合谜团

神秘的地球与人体巧合

人类生活在地球上,地球给人类提供了赖以生存的物质基础,跟人类有着千丝万缕的联系。它不仅提供了人类生命活动所需要的一切,而且与人类有许多更密切的联系,它的结构与人类也有着许许多多惊人的相似之处。

例如:胎儿在母体中时,是靠脐带从母体中吸取生命的养料,所以肚脐是人体的供养点。肚脐位于人体中线上,恰好与把人体"黄金分割"的纬线相交。与地球相对应的是,在地球上,中东地区位于东经 30 度与东经 60 度之间,北纬 30 度穿过此地,恰好把东半球中分。如果把人体的供养点相对于地球的"肚脐",就不难发现,中东地区蕴藏着巨量的液体能源——石油。

再说说人体的头部吧!人体的头部是人生命的中枢机构,而地球的南极恰恰也是位于地球最前端。人们开发南极资源是在 19 世纪 50 年代。差不多与此同时人类才开始对大脑的深层进行研究。

另外,中医研究发现,人体上有一些绝对不能动的穴位,俗称"死穴"。"肚脐"所对应的左腰上部位,在中医称"命门区",穿过这一区的纬线称之为"保命线"。人体的死穴不仅集中在"命门区",而且正好排列成九宫图。

再看看地球吧!如果按九宫幻方计算,地球的死穴要比现在发现的"百慕大三角"的范围还要广。中东地区所对应的位置恰巧落在北纬 30 度线附近,而关于这一纬度线,人们已发现了许多神秘而有趣的自然现象。我国的长江、美国的密西西比河、埃及的尼罗河、伊拉克的幼发拉底河等大江大河的入海口竟都在北纬 30 度线附近。地球上最高的山峰——珠穆朗玛峰和最深的海沟——西太平洋中的马里亚纳海沟,也在北纬 30 度线附近。此外,像埃及的金字塔、狮身人面像、北非撒哈拉沙漠的"火神火种"壁画、死海、巴比伦的"空中花园"、远古玛雅文明遗址……还有令人惊恐万状的"百慕三角区"等世界奇迹和迷阵都在这一纬度线上。

看来，我们在一些文艺作品中称呼地球为我们人类的母亲一点不为过，因为从上面的叙述中，我们可以发现到人体中许多地方像是得到了地球母亲的"遗传"。

神奇的埃及金字塔

提起埃及，人们必定会想到金字塔，甚至还有人会说出世界上最大的金字塔是胡夫金字塔，并且还能较为准确地说出其长宽高各是多少。

一点不错，埃及的金字塔是人类建筑史上的奇迹，就拿建成时间大约在距今已有4700年的胡夫金字塔来说吧，刚刚建成时的胡夫金字塔高度为146.59米，底边长度为230米，由250多万块每块重25~50吨的巨石垒砌而成。随着岁月的流逝，经历过自然界雨雪风沙的侵蚀的胡夫金字塔已经不复当年的雄姿，现在的胡夫金字塔的高度仅为138米，而底边长度则是220米，尽管如此，它仍然不失为世界之最，高高矗立在蓝天白云与满目黄沙之间，蔚为人间的壮观。这虽然令人感到惊奇，但是最令人感到惊奇的并非是金字塔的外表，而是发生在胡夫金字塔上的数字"巧合"。

现在，我们都知道，由于地球的形状是椭圆形的，因而从地球到太阳的距离，也就在14624万公里到15136万公里之间，从而使人们将地球与太阳之间的平均距离14659万公里定为一个天文度量单位；如果现在把胡夫金字塔的高度146.59米乘以10亿，其结果不正好是14659万公里吗？事实上，这个数字很难说是出于巧合，因为穿过胡夫金字塔的子午线，正好把地球上的陆地与海洋平分成相等的两半。难道说埃及人在远古时代就能够进行如此精确的天文与地理测量吗?!

这只是胡夫金字塔中数字巧合的一点，接下来我们再看看它到底有哪些巧合吧！

早在拿破仑大军进入埃及的时候，法国人就对胡夫金字塔进行过测量，结果发现如果在胡夫金字塔的顶点引出一条正北方向的延长线，那么尼罗河三角洲就被对等地分为两半。现在，人们可以将那条假想中的线再继续向北延伸到北极，就会看到延长线只偏离北极的极点65公里。要是考虑到北极极点的位置在不断地变动这一实际情况，可以想象，很可能在当年建造胡夫金字塔的时候，那条延长线正好与北极极点相重合。

除了这些有关天文地理的数字以外，胡夫金字塔的底面积如果除以其高度的两倍，得到的商为3.14159，这就是圆周率，它的精确度远远超过希腊人算出的圆周率3.1428，与中国的祖冲之算出的圆周率在3.1415926到3.1415927之间相比，几乎是完全一致的。同时，胡夫金字塔内部的直角三角形厅室，各边之比为3:4:5，体现出了勾股定理的数值。此外，胡夫金字塔的总质量约为6000万吨，如果乘以10^{15}，正好是地球的质量！

所有的这些数字都是巧合吗？如果仅仅是巧合，又怎么会有这么多呢？既然如此，我们又将怎样去解释这一现象呢？或许有人觉得它可能是古代埃及人智慧的结晶。事实呢？我们无法知晓，因为这屹立在尼罗河畔的金字塔早已超出了地球上人们的想象力。

玛雅金字塔之谜

神奇的玛雅文明留给我们许许多多的未解谜团和无尽的遐想，因为对于它所遗留下的遗迹，我们真的难以找到一个合理而科学的理由去解释。就拿那些高高耸立在墨西哥及尤卡坦半岛上的金字塔来说吧，其规模的宏伟以及构造的精巧不仅可与埃及金字塔媲美，其中更有着许许多多比埃及的金字塔更为神奇的地方。

玛雅金字塔

首先，从它们的天文方位来说，在玛雅人所遗留下来的金字塔中，天狼星的光线，经过南边墙上的气流通道，可以直射到长眠于上层厅堂中的死者的头部；而北极星的光线，经过北边墙上的气流通道，可以直射到下层厅堂。

再说说其建造技术。库库尔坎金字塔是玛雅金字塔中的代表：它的塔基呈四方形，共分九层，由下而上层层堆叠而又逐渐缩小，就像一个玲珑精致而又硕大无比的生日蛋糕。塔的四面共有91级台阶，直达塔顶。四面共364级，再加上塔顶平台，不多不少，365级，这正好是一年的天数。九层塔座的阶梯又分为18个部分，这又正好是玛雅历一年的月数。还有就是玛雅人崇信太阳神，他们认为库库尔坎（即带羽毛的蛇）是太阳神的化身。他们在库库尔坎神庙朝北的台阶上，精心雕刻了一条带羽毛的蛇，蛇头张口吐舌，形象逼真，蛇身却藏在阶梯的断面上。只有在每年春分和秋分的下午，太阳缓缓西坠，北墙的光照部分棱角渐次分明，才能看到那些笔直的线条从上到下交织成波浪形，仿佛一条飞动的巨蟒自天而降，逶迤游走，似飞似腾，这情景往往使玛雅人激动得如痴如狂。

上述的一些现象就够令人惊奇的啦！而更令人惊奇的是，即使是在每天的同一时间，用同一设备，对金字塔内的同一部位进行X射线探测，得到的图形竟无一相同。这是一批科学家在1968年试图探测这些金字塔的内部结构时所发现的。不仅如此，美国人类学家、探险家德奥勃洛维克和记者伐兰汀在对尤卡坦进行考察时，还发现有许多与地道连通的地下洞穴，而这些地道的结构与金字塔内的通道十分相似。他们在发现这一神秘的现象后虽然拍摄了九张照片，但是，能洗出来的只有一张，而这一张所拍摄到的也只是一片漩涡形的神秘的白光。

这究竟是怎么回事呢？这让本来就已够神秘的玛雅文明变得更为神秘了。

复活节岛上的巧合

复活节岛是东太平洋上一座远离其他岛屿的孤岛。这座岛屿是由荷兰探险家雅各布·罗格文发现的,因为他们在登上那座岛屿的时候恰恰是复活节,因此就被命名为复活节岛。这座长22.5公里、总体面积17平方公里的三角形的孤岛贫瘠而干旱,中部是风沙横行的沙漠,农作物根本无法生长。岛上也绝少树木,只有杂草。没有供水,没有河流,岛民只能靠挖池塘蓄存雨水度日。除了老鼠,岛上再没有其他野生动物。居民既无法种粮,又无法狩猎,只能用简陋的木制工具打洞栽种甘薯和甘蔗,艰难度日。所以这里的岛民长年累月目所能及的除了大海、太阳、月亮和星星,实在是别无他物了。

然而就是这样一个干旱、荒凉,只有少数土著居住的孤岛,却遍布着一千多尊巨大无比的巨人石像。这些巨人石像最重的可达90吨,高9.8米,最普通的也有二三十吨重。更加令人惊异的是,这些巨大石像还大都顶着巨大的红石帽子。一顶红石帽,小的也有20来吨,大的有四五十吨。

这些巨大的石像是谁制造的呢?要制造出这样的石像并不是一项简单的工程,所需的人力以及物力也极其浩大。而复活岛是一个贫瘠的小岛,岛上的粮食最多能勉强维持2000人的基本生存需求,怎么能养活造石人像的强劳力呢?他们吃什么?

岛上的巨人石像让我们产生了无数的疑问,也引起了科学家的好奇。自1914年,科学家们就对复活节岛进行全面的考察和测绘,并逐一统计了岛上石像的分布情况,希望能够解开这一谜团,可是越来越多令人难以解释的问题出现了。

在离复活节岛500米的海面上,有3座高达300米的小岛,分别叫做莫托伊基、莫托努俟、莫托考考。它们四周是危崖绝壁,任何船只都无法靠近。然而岛民们清楚地记得,原来有几尊巨人石像就高高耸立在这危崖的顶端。法国考古学家马奇埃尔证实,这石像确已跌入海中,可石像的基座石坛还稳稳地坐落在危崖绝顶上。

考古学家面对着这3个小岛的石坛,真是目瞪口呆。因为他们知道,别说是在史前的原始社会,就是在现代,除了最先进的直升直降的飞行器,谁也无法把这些巨人石像运到悬崖绝顶。

还有,这些巨人石像是谁造的?据第一个到达岛上的罗格文在回忆录中写道:当时的岛民有的皮肤为褐色,就颜色的深浅而言与西班牙人相似,但也有皮肤较深的人,而另一些完全是白皮肤,也有皮肤带红色的人。只有数百口人,却分为多种肤色,这更加让人不可思议。为什么会有多种肤色呢?难道又是一个巧合?

更令人惊讶的是,复活节岛的居民称自己居住的地方为"世界的肚脐"。这种叫法,一开始人们并不理解,直到后来航天飞机上的宇航员从高空鸟瞰地球时,才发现这种叫法完全没错——复活节岛孤悬在浩瀚的太平洋上,确实跟一个小小的"肚脐"一模一样。

难道古代的岛民也曾从高空俯瞰过自己的岛屿吗？假如确实如此，那又是谁、乘坐什么飞行器到高空的呢？如果不是，又为什么会如此巧合呢？

除此之外，考古学家还发现，在复活节岛的悬崖下，有一堆大圆石块，上面刻有许多鸟首人身的浮雕图案，居民们称之为"鸟人"。居民为什么选择这种"鸟人"作为崇拜对象？鸟首隐喻着什么？

总之，科学家、考古家在试图解决复活节岛的石像之谜时，呈现在他们面前的是更多的谜团。这一切的一切，如此神秘的现象究竟是怎么回事呢？是巧合还是什么呢？恐怕在短时间内，我们很难寻找到一个合理的解释。

千年前死神雕像酷似布什

在2003年的某一天，考古学家在埃及的一座距今4000年的墓葬庙宇的墙壁上，惊奇地发现，其中的一座代表死神的雕刻画像，竟然酷似当时还在执政的美国总统布什。

"如果你看到画像，你一定会为他跟布什如此相似而震惊，因为太相似了。雕像的神情也与布什的非常相似。你看到了也许会怀疑自己的眼睛，或者，你甚至会怀疑这是不是搞恶作剧的人放在那里的一张照片。可是，这不可能，因为它不是一张照片，它确实是远古的雕刻品，它跟金字塔一样古老。也不是你的眼睛花了，因为这座雕像确确实实地存在着。"美国考古学家沃尼在看到这座雕像后，无不感慨地说道。

这座位于尼罗河西岸的古老庙宇是2001年左右才被发现的。据研究考证：该庙宇是埃及黄金时代的一位掌管财政的大臣为自己建造的陵墓，墙上所雕刻的与布什酷似的死神的画像预示着布什将会成为世界的征服者。如果真的是这样，那就太不可思议了。难道这座庙宇的主人在那个时候就能看到未来，看到现在？即便是他梦中所梦到的情景，又怎能巧合地梦到布什呢？

我们无法得出一个正确的答案，所有的一切都只是猜测。但是，无论如何猜测，那座雕像却真实地矗立在这座古老的庙宇之中，给现代的我们留下一个无法解释的巨大谜团。

令人咋舌的北京城图像

修建于明永乐年间的北京城，是我国历史上明清两朝的皇城，不仅具有悠久的历史，据说在修建时是严格地遵循我国古代的风水学说的。不知道是不是真的如此，还是一种巧合，近年来，科技工作者运用遥感技术从高空拍摄北京城的图像。人们从彩色遥感图上惊奇地发现北京城区横卧着两条从南向北，横贯全城，结伴而行的"巨龙"，以及盘坐着一位"巨人"。

这两条巨龙，其中一条，是北京的古建筑组成的，可称为"古建筑龙"，它从天安门开始，逶迤延伸直到钟鼓楼。天安门是龙嘴，金水桥是它的颔虬，东西长安街是它的长髯，太庙、社稷坛是巨大龙头的龙眼，故宫便是龙身，其隆起部分是景山公园。钟鼓楼成为这条"巨龙"的龙尾，故宫的四个角楼，恰似伸向八方的龙爪。

另一条"巨龙"，是由北京的水系构成的，可称"水龙"。这条"水龙"的龙头是形式半圆的南海，中海与北海联成弯曲延伸的龙身，西北方向的什刹海，则是一条摇摆着的龙尾。

而巨人呢？则是位于故宫之北，曾为皇家御苑的景山公园的园林图像。这图像酷似一尊闭目盘腿打坐的巨大人像，巍巍然端坐在那里。

会走路的岩石

有生命才会走路，一个毫无生命气息的岩石会走路，而且走过很多次，并且路径相同，难道它长了脚，有了记忆不成？世界上真有这样奇特的石头吗？说来也巧，在印度还真有一块这样的岩石。

在印度北部的一条小河边，有两个圆形的巨大岩石，大的呈人形，小的长有双腿，它们位置相对，昼夜相望，看上去很像一对亲密的恋人。当地人称他们为"夫妻"岩。

据村子里的老人讲，他们原本是一对恋人，女的叫玛丽亚，男的叫丘尔特。由于家族反对他们的婚事，他们就双双投河自杀，因而产生这对"夫妻"岩。

1965年5月的一天，牧羊人昆得斯和迫亮，发现那个小石头竟移动了，移动到了相距10米远的那个大岩石的北侧。他们马上向村里奔去，村长听后，率领村民到小河边一看，果然，那个小岩石已经移到大岩石的北侧，相距比以前近多了，大家啧啧称奇。

这件事就慢慢过去了，大家似乎有些淡忘了，可是有一天另一件奇怪的事情又发生了。

一个月后，两个牧羊人因故经过那条小河，发现原先紧靠在一起的岩石分开了，小的又回到了原地，恢复了原有的姿态。这么一块大石头没有谁能移得动，难道它长脚了，自己会走？是什么力量让它们一段时间相聚，一段时间又分离呢？

他们飞奔回村，又向村长报告了此事，好奇的人们一齐向河边跑去。一位村民惊讶地说：昨天我路过的时候，它们还靠得非常近呢，怎么一夜之间又相隔得这么远呢，而且又向一定的路径移动，真是太不可思议了。村民们也开始议论纷纷，"夫妻"岩会走的消息就不胫而走。当时热恋中的年轻人都把它当做降临的爱神，每天都去参拜。可是大家一直有一个疑惑，为什么是那块小石头移动，而那块大石头却不走呢？

村里的老人讲，这二十多年石头已经移动10次了，都是那小的在动，向北移，隔些日子又以相同的路径返回。

无独有偶，会走的岩石不只这一块。在美国内华达山脉东侧的"死亡谷"里，也有这样一种石头,自己能走路,并且能留下清晰的"足迹",这引起许多人的好奇和科学家的注意。

科学家们做了种种推测,有的认为是风吹的,有的认为是地磁感应。然而,经过进一步研究考察,这些猜测又一一被推翻。那么究竟是什么原因让这些石头走路呢?至今,仍是个未解之谜!

北京十渡风景区的天然"佛"字

到北京郊区十渡风景区去游玩的人,恐怕都会对龙山岩壁上那个巨大的"佛"字留下深刻的印象。在龙山陡峭的如同刀斧削出来的崖壁上,这个天然的巨"佛"字高3米多,宽约2米。这儿暂且不说这个"佛"字是何其巨大,我们看这个"佛"字时,却有一种奇怪的现象。远远看去字迹十分清晰明了,而走近去看却显得朦朦胧胧;特别是在一场大雨之后,字迹就更加清晰了,而在平日里,字迹似有似无。

够奇怪的吧!这陡峭的石壁上这一神奇的"佛"到底是怎么回事呢?可能有人会认为是古人刻上去的。其实并非如此,它完全是自然造化之功。这个苍劲有力的"佛"字完全是自然形成的,是水沿岩石的节理裂隙面溶蚀风化后形成的痕迹。龙山的岩石属白云岩,白云岩可被含有二氧化碳的水溶蚀,所以在有裂隙的地方,当有雨水渗入时就发生表面溶蚀。由于裂隙面的不平整、不均匀,有的地方溶蚀较重。同一岩层面上也有颜色深浅的变化,往往形成各种花斑、不规则的图案,至于它能形成"佛"字形态,那完全是偶然、巧合。

双手腹前交叉的天然石佛

北京的十渡风景区确实是一个充满神奇的区域,除了上面所说的那个巨大的天然"佛"字之外,在一个叫做平峪村的数十丈深涧之内,还有一座双手腹前交叉自然而立,五官俱全、眉须分明、形象逼真的石佛。这座石佛跟上面龙山的那个"佛"字一样,同样是自然形成的。经专家鉴定,这是一大自然奇石,它是由上水石夹杂钟乳石碎块堆积而成的像形石。石人身上长满了青苔,且在"嘴"下、眉上等凹陷部位生长少许青草。颇似胡须和长眉,身上的青苔像衣服,头部五官部位是没长青草的裸露部分,由不上水的钟乳石碎块胶结而成,两臂和手也是钟乳石碎块。石人原位于峭壁下面,从石灰岩缝隙中渗出的含碳酸钙水溶液,因水压减低和温度降低,其中的碳酸钙发生沉淀,在上水石堆积过程中掺进崩落下来的钟乳石碎块。因其形成在阴暗潮湿的地方,故上面长满青苔。它能形成直立人形,完全是各种因素共同作用下的自然巧合,是一个罕见的自然奇观。

神奇的乐山睡佛

四川的乐山睡佛已经是名满世界的旅游景点，人们在四川乐山河滨"福全门"处举目望去，清晰可见仰睡在青衣江畔的巨佛的魁梧身躯。这形态逼真睡卧在江边的巨佛是由乌尤山、凌云山和龟城山三山联襟构成。

构成佛首的是整座乌尤山，其山石、翠竹、亭阁、寺庙，加上山径与绿茵，分别呈现为巨佛的卷卷的头发、饱满的前额、长长的睫毛、平直的鼻梁、微启的双唇、刚毅的下颌，看上去栩栩如生。而佛身却是巍巍的凌云山，有九峰相连，宛如巨佛宽厚的胸脯、浑圆的腰脊、健美的腿胯。至于佛足，则是苍茫的龟城山的一部分，其山峰恰似巨佛翘起的脚板，好似顶天立地的"擎天柱"，显示着巨佛的无穷神力。人们站在"福全门"处观看睡佛时，可见到它是那样的和谐与自然，其匀称而壮硕的身段，凝重又肃穆的神态，令人惊诧不已。

乐山睡佛

乐山的睡佛长 4000 余米，已经可以说是世界的奇迹了，但是更令人惊奇的是举世闻名的乐山大佛，恰恰耸立在巨佛的胸脯上。这尊世界最高最大的石刻坐佛，身高达 71 米，安坐于巨佛前胸，正应了佛教所谓"心中有佛"、"心即是佛"的禅语，这是否乐山大佛暗示的"天机"呢？

据研究乐山大佛文化和文物部门的专家介绍，迄今为止，还没有发现和听说关于巨佛的文字记载和民间传说。那么，巨佛是纯属山形地貌的巧合吗？但为何佛体全身人工的刀迹斧痕比比皆是呢？如此令人惊叹的自然景观是怎么形成的呢？这一切是自然的杰作，还是人为的呢？这给世人留下一个个难解的谜团。

飘散香气的神秘之地

泥土会散发出香气，并且还会根据气温而变化。这算得上是一件神奇的事吧！在湖南省洞口县山门清水村西北方约 2 公里远的山腰上一块凹地处，就有这样一个飘散着神秘香气的地方。

这是一个群山环抱、人迹罕至的地方，它的上边是悬崖峭壁，下面是潺潺的小溪。第一次发现这块土地飘香的是一位经常到这儿采药的山民。这位采药的山民路经此地时，觉得有一种奇妙的香味扑鼻而来，他感到非常好奇。为了查找香味的源头，他查看了这里所有的花草树木。直到最后，他猛然间意识到，香味其实就来自脚下的土地。

这位山民将这一神奇的事情说出之后，消息立刻四散传开，充满了好奇心的人纷纷来到这里。他们发现，并非整个洼地都有这种奇特的香味，它的范围在方圆 50 米之内，只要越出这个范围，就再也闻不到了香味。而更令人感到新奇的是，这里的香味还会随气温的变化而变化，如在早晨露水未干时，香味十分浓郁；到了烈日当空的中午，香味则变淡；而在黄昏、天阴或雨后天晴，香味会渐渐变浓。

这股香味到底是从哪儿来得呢？为什么这块土地会发散出这样的香味呢？有关专家在得知这一情况后，经过分析判断，认为这种香味可能是由这里地下所存在的一种微量元素引起的。这一微量元素放射出来后，同空气接触就会形成一种带有香味的特殊气体。是否真的如专家所说的那样呢？或许，还需要进一步考证。

神奇的"毛公山"

在埃及的一座古庙中，陈列着许多神的雕像，人们发现有一座死神的雕像跟美国总统布什极其相似。无独有偶，我国的海南省乐东黎族自治县东部保国农场境内，一座叫做报国山的中部突起的花岗岩，却极像一代伟人毛泽东。这块神奇的花岗岩高约 630 米，由银白色山石组成，头东脚西，安详仰卧，其头发、额头、眉眼、鼻嘴、中山装衣领、胸腹惟妙惟肖，清晰可见。如果人们站在距离其一里外的地方观看，其形象更为清晰逼真。由此，人们便亲切地将这座山称之为"毛公山"。

说来也巧，除了此山跟伟人外貌酷似之外，在毛公山前有一黎村叫"解放村"。山后有一苗寨叫"东方红"。这两个村子都是 1950 年海南解放时命名的。

一座形象酷似一代伟人的山貌，加之如此富有纪念意义的村名，使这一奇观又增添了一层神秘的色彩，如此的巧合怎能不令人咋舌呢？

巨龟背刻"千年神龟"

在南岳衡山，一直以来流传着一个神奇而美丽的传说，就是在明末清初每逢僧人传经讲道、早晚功课之时，总会有一只乌龟来到南岳大庙的殿外静静听候，风雨无阻。而就在 2004 年 5 月 6 日下午 3 时，当地有一位叫做韩玉保的人在南岳中心景区华严湖中垂钓时，钓上一只重达 14 公斤的巨型老龟。这只老龟不仅体型比一般的脸盆还大，更令人感到惊奇的是在龟背上赫然地刻着"千年神龟"、"夏氏立清代"等字样。

南岳区农林、宣传、文化等部门工作人员在得知这一情况后，迅速赶到了韩玉保家，并通过多方考证，确定这只乌龟的年龄应在千年以上。而至于这只乌龟是怎么来的，背上的字迹是人为刻上去的，还是天生的，虽然说法各异，但是大多数人认为这只神龟是传说中的南岳大庙听经之龟。因为，华严湖水现在还是环南岳大庙而过，且与南岳大庙寿涧相通，乌龟顺水而下，逆水而上，完全印证了"神龟听经"的传说。这真是太神奇了。

这只神奇的大龟现在已在南岳大庙的放生池中安家落户，由南岳大庙管理处派专人看护。

茉莉花的每天一歌

有些电视台有《每周一歌》的栏目，这个栏目就是在一个星期内的同一时间内播放同一首歌曲。或许没有人会想到，在辽宁省辽阳市竟然有一盆茉莉花，就像是电视台的《每周一歌》一样，在每天的同一时刻准时开"唱"。

这盆神奇的茉莉花的主人是该市一位叫做康太玉的老人，老人喜欢养一些花花草草，以此怡情养性，陶冶情操。可是，最近却发生了一件奇怪的事：养了五年的一盆茉莉在一个星期前竟然"开口唱歌"，一直持续到现在，令人惊叹不已。康太玉老人说，他养了十多年的花，会"唱歌"的花还是头一次遇到。

康太玉老人说，这盆茉莉花是他五年前在花市上买的，几年来一直没有什么异常。大约在一个星期前的傍晚，他突然听见一种动听的声音。起初，他以为有虫子在作祟，就在花盆里找，但没有找到虫子，后来才发现是花发出的。此后，每天晚6时许，茉莉便会准时发出动听的声音，一直持续到晚上8点半。而且，巧的是，每天"唱歌"的时间一直没有改变。另外，奇特的是，茉莉在"唱歌"时，不管外界有多大的声音，它都照唱不误。但是，只要人的手一碰到花叶，茉莉马上就"闭口无声"了。

《北方晨报》的记者在得知这一情况后，专程前往康太玉老人家，并见到了正在"唱歌"的茉莉花，那是在2001年11月12日晚7时许。记者说，茉莉花发出的声音有点像夏夜里野外的阵阵蛙鸣，抑扬顿挫。而当记者试探着碰了一下正在"欢唱"的茉莉，声音果然戛然而止。过了一会儿，无人理会的茉莉又发出了"蛙鸣"。这真是不可思议。难道"茉莉"还有感应能力？

茉莉花唱歌这一事情，看来又是一个令人难以解释清楚的谜，亦或者是一种奇妙的巧合吧！

第二节　梦境变成现实

最佳新闻编辑

在1883年8月28日的晚上，美国《波士顿环球报》的新闻编辑爱德华·萨姆逊，因整整工作了一天而觉得有些疲惫,便躺在办公室的沙发上休息。他坐下来没过多久就迷迷糊糊地睡着了。由于疲惫,他一直睡到次日凌晨三点左右。本来睡得香甜的他应该一直到天亮才能醒,可萨姆逊好像被什么折磨着,一会大声乱叫,一会浑身瑟瑟发抖,原来他做了一场可怕的梦,他一身冷汗地从噩梦中惊醒。他微微坐起,似乎被刚才的梦惊吓到了,梦境的凄惨景象使他仍心有余悸。他站直起来走到一张桌子边坐下,想使自己镇定下来,但无法赶走脑海中一幕幕梦境的片断,那些可怕的画面让他不寒而栗,自己好像掉进了一个万劫不复的深渊,四周死一般的宁静。他为了让自己能够镇定下来,拿出一支香烟,狠命地吸了几口。大脑冷静后,他就随手拿起桌子上的一支笔,把梦见的情景原原本本写了下来。

他写道,在爪哇不远处,有个叫做帕拉拉普的小岛,他看到一群群的土著争先恐后地惨叫着冲向大海,逃避那紧跟在他们后面流淌过来的火山熔岩。

他还详细描述了海上如何掀起五十英尺高的泥浆浪花,把一些土著无情地吞噬;巨浪如何颠覆了所有的船只。直到后来,只听一声爆炸的巨响,小岛没入水中,仅留下一个还在喷着火焰的火山口。那个火山口,就像一个血盆大口,要将周围的一切事物吞噬。

他写完后,在稿子首页的上方信手标上"重要新闻"字样,就回家去了。

新闻版主编接班后,在办公桌上看到这篇稿子,以为是萨姆逊头天晚上从无线电广播里抄录的新闻消息,就赶紧把它编入当日的头条新闻,并加上横幅大标题。其他报馆得知消息,纷纷前来联系,要求提供详情。主编还用电报将稿件内容发往纽约,由美联社无线电讯转发,当即就有好几十家主要报纸以头版版面转载。

这则新闻报道顿时引起各界人士的关注,他们不断要求报馆提供更多的材料和消息,以便能及时有效地报道。环球报对外只好推称灾难发生地点遥远,暂时尚未沟通联系;而在内部,新闻主编则一再提出要萨姆逊设法弄到更多的消息。萨姆逊一看事情将无可收拾,无奈之余,只好硬着头皮,去找《波士顿环球报》发行经理,向他吐露了真情,并一再解释他并不是有意要杜撰新闻稿骗读者。发行经理听罢大怒,立即下令炒了萨姆逊的鱿鱼。萨姆逊虽然被开除了,但是报馆面临的困境仍然无法摆脱。事到如今,无他路可走,《波士顿环球报》决定自食其果,向世人公布内幕真相,并且准备忍气吞声充当整个美国新闻界的笑柄。

谁知老天爷这时却出来帮忙解围了。罕见的巨浪汹涌着扑向美国的西海岸;在马来西亚及印度一带,浪涛淹没了成千上万个村庄;澳大利亚也传来消息说北部地区听到了天空雷声轰鸣的巨大声响。

这一系列的灾难转移了人们的视线,各报也把新闻的着重点置于采集报道各地的天灾情况方面,而将《波士顿环球报》的"骗局"检讨材料暂时扣下来未发表。不久,一些船只颠簸着驶进印度洋的一些港口,带来消息说,克拉克吐阿岛火山爆发了。

记者们汇集了陆续传来的消息进行分析,证明这座沉睡了200多年的火山在1883年8月27日(萨姆逊做梦的前日)开始活动并且喷火,于次日爆炸成碎片。这座仅仅九平方公里的小岛被整个儿地炸上了天,一堆堆岩石在烟火中被崩得到处乱飞,其高度竟达十七英里。同时,海面上堆积起五英尺厚的浮石层,灼热的熔岩注入海中。激起高达七十二英尺的浪涛,这浪涛波及到五千英里外的西非泰尔布湾时,还高达二英尺!

萨姆逊的梦境逐一被事实所验证,他很快又被《波士顿环球报》请了回去。报纸在头版刊登他的照片,称他为世界新闻的"快手"。

萨姆逊关注着克拉克吐阿岛逐日详细的报道,可他不明白,为什么是克拉克吐阿岛而不是他梦中的帕拉拉普岛?

这则新闻很快传到荷兰,荷兰历史学会后来给萨姆逊寄去一份古地图,解开了萨姆逊心中的结。原来克拉克吐阿岛即为帕拉拉普岛。"帕拉拉普"是当地土著用土著语对它的称呼。令人惊奇的是,"帕拉拉普"这个旧名称早在150年前就已废止了,知晓这个岛屿旧名的人已经都不在人世了,只有史书上有相关的记载,萨姆逊有如此的梦境真是令人感到费解,这难道又是一种巧合?

不同的人相同的梦

如果两个人不约而同做了同一件事情,或许没有什么太值得大惊小怪的,因为在这个大千世界,我们每天每时每刻都可能重复别人做过的事情,只是我们没有意识到而已。倘若是两个人做了同样的一个梦呢?恐怕就令人觉得有些不可思议了吧。

在英国就发生过这样一起神奇的事。讲述这件奇异之事的是英国 SPR 名誉理事 W·H·沙特。他说,葛宙森博士(女)在1892年1月26日(星期二)晚上两点至三点之间,梦见"我站在黑暗森林中的一处孤寂的地方,一个好像我熟知的人慢慢浮现出来。他摇动我身旁的树木,于是树叶变成火焰燃烧起来,一种极大的恐惧感袭上我的心头。由于此梦如此逼真,因此,当我四天后遇着梦中的人时,我对他说:星期二晚上我做了一个相当怪异的梦。他立刻说:先不要告诉我,让我来描述那个梦,因为我知道我也梦见了与你梦中相同的事情。这位名叫乔士林的律师,这样对博士叙述了他的梦:"我梦见自己在一个我有时去打猎的寂静树林里,天黑之后,我向前走着,忽然发现一个朋友站在离道路十英尺左右的树丛里。她显然被我所看不见的东西吓住而僵立在那里,失去了知觉。我走到她的身边,摇动着那个树丛,掉落的树叶却变成了火焰。"

梦之祸

在这个世界上,被冤枉最大的人或许并不是中国古典戏曲中的窦娥,而应该是一个叫做斯特文的美国人。在 1990 年夏季的一个夜晚,在美国芝加哥一处住宅中,年轻的洛仪丝和丈夫斯特文都已睡熟。突然,洛仪丝被身边丈夫的惊叫声惊醒,她推推丈夫:"你怎么了,是不是做了噩梦?"这时是凌晨 1 点 30 分。斯特文睁开眼睛,他的头发已被汗水湿透,表情显得极其的恐慌。

他颤声对妻子说:"太可怕了,我梦见一个年轻女子被一个男人殴打致死,死后她还被强暴了。"

第二天傍晚时分,洛仪丝家来了两个陌生警察。他们询问洛仪丝和斯特文是否认识一个叫凯媛的年轻姑娘,夫妇俩回答说不认识。"昨天晚上发生了一起杀人案件,凯媛被害。她的住所离你们家只有 30 米远。你们没有发现什么可疑的情况吗?"洛仪丝和丈夫都回答说:"没有。"送走警察,洛仪丝和斯特文四目相对。斯特文梦见的事情怎么真的发生了,而且许多细节与警察说的那么相似,简直不可思议。沉默了许久,洛仪丝对丈夫说:"你愿不愿意对警察讲讲你的梦? 这看起来有些荒唐,但说不定对他们寻找罪犯有用呢?"斯特文觉得妻子说得有道理,决定到警察局走一趟。当天晚上,警察在听了斯特文讲述的梦后说:"你的梦真说不定有助于我们破案。你能不能讲得再详细些? 比如:罪犯是已婚者吗?"斯特文回答:"有可能。"警察又问:"你认为罪犯行凶后有无内疚感?"斯特文对这个问题很纳闷,但还是回答了:"大概没有吧。"得知警察提出的那些奇怪的问题,妻子皱起了眉头:"他们该不是怀疑你是凶手吧?"斯特文安慰妻子道:"不会的。警察也知道,假如我是凶犯,我怎么可能自己主动找上门去对他们说出这件事情呢?"然而,真如妻子洛仪丝所料,警察真的把斯特文当成凶手抓了起来。

1992 年 5 月,法院正式审理斯特文一案。法院当庭播放了斯特文与预审官的谈话录音,给人的印象是斯特文当时并不是在说梦,而是在讲述他的犯罪事实。法庭上下居然忽视了一个重要的事实:在案发现场取到的指纹及头发与斯特文的都不相符。法官们一味地强调:斯特文了解案件中的很多细节,而这些细节只有凶手本人才会知道。他们不相信这些细节是斯特文所梦到的,世上哪有这么巧的事情? 斯特文百口莫辩,任何的解释在他细致的描述下,都显得那样苍白无力,于是,斯特文被判刑 40 年。

斯特文不停地申诉,他相信只要自己坚持住,真理总有一天会站在自己这一边,事情一定会有水落石出的时候,法院一定会给自己一个公正的判决。在这种执着的信念的坚持下,功夫不负苦心人,这件事终于引起芝加哥一家报纸记者的关注。这位记者通过大量的深入调查,觉得法院当年在宣判时只注重了细节的证据,没有多方位的思考。面对死者家属的强烈要求——一定要严办凶手,法院很有可能误判。这位记者在斯特文的案卷中找到一个突破口:人们把注意力放在事件的细节上时,却忽略了人证物证的存在。因为当时斯特文的描述太值得人们怀疑了,有一件物证被所有人忽略了,就是在受害者身边找到的一块手帕,上面沾有精液。经化验,手帕上的精液不是斯特文的,这足以证明斯特文不是杀人犯。就这样,被误判入狱的斯特文获得了免罪释放,那年是 1995 年 8 月 17 日。走出监狱大门的斯特文,沐浴在久违的阳光下,并不为自己做的事情后悔,因为他知道人们会给他一个公正的说法。后来,经过警察署的强力执行,真正的凶手被缉拿归案。连斯特文自己也不明白为什么会做这么奇怪的梦。

甥梦舅死

这件事发生在英国北部的小岛上,那是一个宁静、与世无争的小岛,事件的主人公是一位 30 多岁的女士和她的舅舅,这位女士和她的舅舅感情非常好。因为这件事在当时太具有神秘色彩而又是真实存在的,所以引起了各界人士的注意。其事件曾被英国著名的《灵学研究会》会刊刊登,并且作为一个经典的案例来收藏,一时间成为家喻户晓的奇文。

这位女士与她的舅舅住在一起,甥舅感情很好,就像父女一样,彼此无话不谈。有一天,这位女士做了一个奇怪的梦。梦见那是一个风和日丽的春日,她和妹妹坐在舅舅家的靠近阳台的大客厅里。客厅很大,摆设也很整齐,还有一个大鱼缸,里面有十几只金鱼游来游去,甚是欢快;窗外的花园里盛开着鲜艳的花朵,奇异的花香不时地飘进屋里,进入每一个角落,给本来就很温馨的家增添了几抹诗意;几只蜜蜂和蝴蝶飞来飞去。然而有一个非常不和谐的事情出现了,本来是美丽如画的世界,花的上面却覆盖着一层薄薄的雪。那雪晶莹剔透,白的一尘不染,似乎和冬天她见过的雪有些不一样,是哪里不一样呢?她面对洁白的雪没有了思绪,她很诧异,当时正值夏天,正盛开着鲜花,怎么会有雪呢。她觉得好奇怪,她想这可能是一种自然现象吧,也就没有再多想。后来却发生了比这还让她惊讶的事情,原本健康快乐的舅舅被人发现死于离家 5000 米外的骑马路路旁。他穿着一件朴素的黑衣服,对了,这件黑衣是他最喜爱的,平时不舍得穿,只有骑马时才穿上。舅舅脸色已经没有了往日的红润,显得那样苍白,白得像那盛开的鲜花上的雪,看上去令人不寒而栗。他的马则站在他的身边,好像在静候主人的醒来,显得那样虔诚。舅舅的尸体由一辆用两匹马拉的农家马车运回,马车上垫着干草。她和妹妹在家等着运载尸体的马车的到来。似乎过了一个世纪,那辆马车才来到她们的住所,两个她认识的男人费了九牛二虎之力才把尸体抬到楼上。这两个护送舅舅尸体的人,自己认识,为什么又想不起来了,这位女士感到有些头疼。由于舅舅长得身高体壮,在搬运时,尸体的左手垂了下来,上楼时手臂与栏杆撞了一下。这个情景使她感到莫名的恐惧,从梦中惊醒了过来。啊,舅舅,这位女士,在梦里呼喊着醒来,希望自己的呼喊能将舅舅的魂魄招回来。

她第二天早上起床之后,感到非常不安,就将梦中的景像告诉了舅舅,并恳求他一定答应以后绝不要在那个特殊的路上单独骑马。舅舅听后，认为是她小孩子做噩梦，虽颇不以为然，但想想是外甥女对自己的关心，便答应了。

这位女士对此梦的记忆也就逐渐模糊了，渐渐淡忘了。2年后的一天，同样的梦境又清晰地出现在她的梦里，那样清晰，那样逼真，仿佛发生在昨天，就在眼前。这位女士马上找到舅舅，责备舅舅食言，不体谅她的关心。舅舅面对外甥女的询问，只好承认自己偶尔单独地在那条路上骑马，又劝外甥女没有什么事发生，是她多想了。就这样，又平静地过了4年，女士到了应该出嫁的年龄，因结婚而离开舅舅家迁居伦敦。在伦敦的日子，这位女士生活得幸福而美满，似乎也忘记了梦境里的事。但是有一天深夜，外面狂风乱舞，顷刻之间，大雨就下来了。在这样一个夜晚，她又做了同一个梦。与前两次不同的是，这次是在伦敦她的卧室里，而不是在舅舅的明亮的大客厅里。前来给她报丧的是一位身着黑衣的高个子的绅士，她无法看清他的面容。但是，凭感觉，她觉得她认识这个报丧的人。那个黑衣男人就站在她的床边告诉她，她的舅舅已经死了，舅舅临死前叫她不要难过，好好地生活。她在极端痛苦中苏醒过来。因为思念舅舅心切，她几天后便身罹疾患，病卧在榻。她求医生允许她出院，去看望舅舅，但是医生没有答应，最终医生允许她给舅舅写封短信，慰问平安。

女士痊愈后，一直在焦急地盼望舅舅的回信，希望能得知舅舅一切平安，希望梦境中的东西，只是虚无缥缈的。可是舅舅一直没有回信，对舅舅没给她回个只言片字她感到非常奇怪。这种焦虑一直持续到一个阴天的带有雾气的早上，她的继父匆匆忙忙来找她。他快速走进房间，站在她的床边，全身穿着黑色的衣服，和她的梦境里的完全一样。一见如此，该女士再也控制不住悲伤的情绪，便神经质地叫了起来："别说了！一定是舅舅死了。此事我知道得一清二楚，我已经多次做过这样的梦了，我都告诉过他了，为什么还是发生了呢？"

但是，更加让人感到惊奇的是，事后，有人对该女士的梦境以及事实经过对比和分析，竟然发现此梦境的细节除了花和雪有所差异外，其他的都一一应验，包括左手碰撞栏杆一事，搬运尸体上楼的也是梦中出现的那两个男人。而花和雪恰好是该女士与她的族人视为死亡象征的东西。

是该女士有着超人的感应，还是巧合呢？这无疑又是一个令人感到不解的谜。

因梦而免遭一劫

一位叫做布莱敦的先生因为梦见了自己将要发生的一些危险事情，而让自己逢凶化吉。

这个梦的原委是这样的。布莱敦先生是一艘游艇的工作人员，一天在没有游客上船的时候，由于工作劳累，就在一艘停泊着的游艇上睡着了。正当他熟睡的时候，一个非常奇怪的声音在大声呼喊,告诉他尽快离开这艘游艇,因为这艘游艇正处于被撞沉的危险中。他听到呼喊的内容后,猛然惊醒,顿了顿神,觉得非常不可思议,认为是自己太劳累所致而产生的幻觉。于是,他裹了一下上衣,又接着睡去。可是他刚刚睡着,耳边又响起了刚才同样的呼喊声,而且一声响过一声,清晰响亮。他又从睡梦中醒来,对两次相同的梦境,他好像预感到了什么,急忙走到甲板上去检视一番,以确保万无一失。他发现四周虽然大雾笼罩,但海面仍平静如初,他不介意地又回去睡觉,但同样的梦境又重新出现。他醒过来,再次走到甲板上察看。正当他为刚才的梦境疑惑时,他猛然发现前方不远处一艘巨轮正快速地向游艇逼来!他立刻使出全身的力气向对方呼叫,可能对方也听到了他的呼喊,两船幸运地擦身而过。一切灾难就这样因为一场梦而避免了。

大灾难在梦中预演

这个奇异的事件真实地发生了,那是在 1996 年 10 月 21 日上午 9 点 15 分,英国的威尔斯大矿山顷刻之间崩塌,这或许是英国有史以来最令人恐怖的大灾难。

巨大的煤堆从山上瞬间滑落下来,山下的村民们还在自己的土地上快乐地耕作,学校的孩子们正在无忧无虑地玩耍,他们怎么也没有想到,一场灭顶之灾正悄悄地向他们逼近。这是一场劫难,每个人都在劫难逃。转瞬之间,亚伯芬的一个祥和而又宁静的小村庄整个儿被掩埋起来。巨大的煤堆就像凶狠的虎豹一般,残忍地压在人们生活繁衍的家园上,当场就造成 144 人死亡,最让人痛心的是,其中 128 名是当地小学生,那些活蹦乱跳的孩子被煤堆活活埋掉。这场突如其来的浩劫,虽无人有能事先预报,但是却真实地出现在人们的梦里。

原来,有一位女士,47 岁,大家习惯叫她 CM 太太。在矿灾发生的前一天晚上,她在自家院子里乘凉时,迷迷糊糊地睡着了。她做了一个非常奇怪的梦。她先梦见村子后面这座山谷,山谷里有一所非常古老的学校建筑,在建筑物的四周是宽大的学生活动用的操场,操场上有很多孩子在玩耍。突然,她看见学校的后面有一大堆煤块沿着山坡一起向下滚动,速度快得惊人。山谷下一个正在玩耍的留着长发的男孩突然间看到了这可怕的一幕,脸上顿时显露出面对死亡的恐惧。而后这个小男孩被幸运地救走了。救他的是一位戴着黑色尖帽的大个子男人。第二天,CM 太太一起床,就将她昨晚的奇异的梦告诉给邻居以及其他人(有 7 人证明他们曾听到 CM 太太的叙述)。特大灾难发生以后,在英国电视的灾情报道中,人们真的看见了那位戴着黑色尖帽的高个子男人和他救出的那个留着长发的小男孩。而 CM 太太则惊讶地喊出了声,两个人的真实长相与她梦境中的完全一样!

与其更加巧合的是,村子里还有另外一个人做了与此相关的梦,这个人是一位 10 岁的小女孩,她刚刚过完 10 岁生日,新学期开学就可以上三年级了,她妈妈还给她买了最漂亮的儿童书包。不幸的是她在这场灾难中丧生,恶魔般的灾难夺走了她幼小的生命,她还没有来得及背上崭新的书包,就永远地离开了人世。可是就在罹难的前两个星期的一天早晨,她起床后,忽然对母亲说:"妈妈,我不怕死,因为我死后还有小朋友和我一起玩呢!"母亲诧异地回答说:"你怎么会想到死呢? 你还小得很呢。你要不要棒棒糖?" "不要,"小女孩说,"我会与彼得和琼恩在一起。"

就在灾难降临的前一天晚上,她又对母亲说:"我昨晚做了一个奇怪的梦。"母亲说:"乖宝宝,我现在没有时间,等一下再慢慢告诉我,妈妈有时间慢慢听你讲,好吗?"那个小女孩说:"不,妈妈,你一定要听我讲完才可以。我梦见我到学校去上学,但学校却不见了,有黑黑的东西把它盖住了。"第二天,她像往常一样高高兴兴地去学校了,不久就发生了惨剧。在那漆黑的煤堆里,她的妈妈找到了她的尸体,悲痛之余她妈妈简直不敢相信自己的眼睛,因为小女孩的尸首的一边躺着彼得,另一边躺着琼恩。居然和小女孩昨天讲的梦相符合,面对现实,她的妈妈后悔不已。因为她完全可以救自己的孩子,她怪自己当时大意了,但是,谁又能相信一个梦会成为现实呢?

航空事故的预言

这起航空事故发生在 1974 年 3 月 3 日,土耳其航空公司采用最新技术研发的 DC10 型喷气式客机坠落。当时,客机上的乘务员及乘客共 346 人全部死亡,无一幸免。这次空中灾难是历史上最严重的一次事故,没有谁能在事故发生时控制事态的一步步恶化,包括机长在内的所有人员只能绝望地等待死亡的降临。

事故发生的第二天,有报道称,早在这次事故发生的前半个月,美国一位名叫肖恩·罗并斯的女子对这次事故的发生已经作了详细预告。可是当时并没有人会相信一个毫无事实依据的预言,大家并没有理会。

时间是在同年的 2 月 16 日,在纽约的实验会上,美国姑娘肖恩·罗并斯好像被催眠了一样,说出一大堆让人无法理解的话,现在看来就是一个预告了。她说"去 London 的大型喷气客机坠落……数百人死亡,生存者一个没有……发生时间 3 月或 5 月……美国外交官夫妇也在遇难者当中……与 T 字有关(土耳其的字头)……机种 DC10……",她的预告并没有引起当时有关部门的注意。

巧合的是预言全部被录了音;事关重大,这关系到几百条人命,吃惊的肖恩和她的朋友,于 2 月 19 日拜会了 FBI 的纽约分局,向航空值班员提供了录音磁带,并恳请采取有效措施,防止事故发生。不幸的是,FBI 并没有采取有效措施防止这次空难发生。于是,就出现了 3 月 3 日肖恩·罗并斯所预言的空难事故,真的是肖恩有预知的本能,还是巧合?至今还是一个谜团。

梦中的警示

在桑夫兰斯科郊外,有一家医院,叫阿拉眉达医院。哈罗德正是这个医院的院长,由于医院的患者比较多,他又身为一院之长,已经连续几天没有休息了。此时此刻,医院的所有医护工作人员都在忙碌地工作,他一个人在办公室在观察前几天来的一位患者的一胸片,可能是劳累过度的原因,他不知不觉地就睡着了。他不停地说梦话,他的脸在不停地抽动,手时而在空中乱抓,时而在身上拍打,似乎看到了什么可怕的东西。突然之间,他从椅子上弹跳坐起,额头上沁出了一层汗珠。原来,他刚才做了一个非常可怕的梦。梦到在 1972 年以后,有架喷气式飞机坠落在阿拉眉达医院旁边。当时,飞机上有很人,由于飞机从空中坠落时飞机上的人们一点准备也没有,他们都受了重伤,等待着医护人员的救援。这个梦太稀奇了,他将这个梦讲给办公室的一位医术高超的主任听,非常巧合的事情发生了,这位主任在前天值班时,居然做了和他同样的梦,梦中的情节完全吻合,当时,这位主任怕影响大家的情绪和工作一直没有对别人讲这个故事。面对两个相同的梦境,院长似乎预感到了什么。于是,他细心地作了一个非常事态对策训练计划,立即交全院实行演练。

他的预感是正确的。果然,在 1973 年 2 月 7 日,海军的喷气式战斗机在库林顿大街 2071 号地、离医院不远的公寓地带坠落了。事故发生后数分钟,医院组成 6 个外科医疗队立即投入抢救工作。经过努力,最终有 10 人死亡、40 人受伤。如果不是院长相信预知,抢救便不能及时进行,死亡人数将大大增加。

慈母梦中救爱子

世界上的爱有千千万万种,在这千万种爱交织的世界中,最无私的要算母爱了。因为没有一种爱能胜过母爱的无私,它不求回报。中国有一句千古流传的诗句,就是"儿行千里母担忧",就充分地说明了这一点。

在 20 世纪的太平洋战争中,一位深爱着自己儿子的母亲做了一个可怕的梦,梦见儿子会被树干砸死。当时她的爱子正在前线服役,这位母亲与儿子之间有千里之遥。

事情是这样的,那位美国士兵的母亲在夜里做了一个非常奇怪而又可怕的梦,梦见远在太平洋某海岛服役的儿子乔治在帐篷里酣睡。突然,一阵狂风骤然而起,将一棵椰子树折断,树干正好砸在帐篷上,帐篷随后轰隆一声倒塌了。

"啊,乔治——危险!"睡梦中的母亲禁不住喊了起来,从噩梦中惊醒了。她坐起身来,害怕地回忆起刚才的梦。说来也巧,就是在这天夜晚,乔治正在帐篷里酣睡,睡梦中仿佛听到母亲在帐篷外面呼喊,声音是如此真切,那份急切让他不由得寻声奔了出去。就当乔治走出帐篷没多久,旁边的一颗椰子树真的随风而倒,不正不歪地砸倒了帐篷,巨大的椰子树将乔治的床砸坏。

千里姻缘梦中牵

这是发生在 20 世纪时的一件奇异之事，至今还被许多人所津津乐道，并且引起了许多研究神秘学说人士的注意。

这件事情的主人公叫做罗娜，是一位波兰姑娘。她在 1918 年 10 月做了一个非常可怕的梦，梦见自己失踪多年的男友史坦尼还活着，并且在一条黑暗的隧道里摸索着向前行进，随后又跪在地上痛哭。男友一向健康阳光，现在怎么如此无助、憔悴呢？更为奇怪的是，这个梦不停地重演，似乎向她暗示着什么。于是，罗娜去了警察局，要求警察帮她寻找她的男朋友——一名年轻的波兰军人，他是在一场卫国激战中失踪的。已经整整两年了，警察面对罗娜说出来的理由，感到非常不切实际，没理睬她的要求。

转眼到了 1919 年夏天，罗娜还是重复着做同样的梦。她在梦中梦到山上有一个古堡，古堡上的塔已经倒塌。她走近废墟时，听见有人呼救，她觉得声音很熟悉，好像在哪里听过一样，是史坦尼的声音！没错，就是他的声音，呼救声是从一大堆石头底下发出的。罗娜想搬开石头，但无济于事，因为石头太重了。罗娜眉头紧锁，怎么也想不出好办法。就在这时，罗娜醒了。

一连几个晚上，罗娜都做着同样的梦。她把这件事告诉了妈妈，妈妈又对村里的教士说了。教士认为这是由于罗娜思念史坦尼，心理上受到压抑而造成的。但是罗娜无法忘却梦中的事，梦中的史坦尼向她呼救的声音一直在他耳畔回响。不管是虚幻的梦境还是真实的事实，罗娜决定要弄个明白，不能让自己深爱的男友处于那种绝望之中，可是要找到这座古堡也不容易，因为欧洲到处都有破败不堪的古堡。

怎么办？同样的梦境一再出现，罗娜的心碎了。同时，她更加相信男友正处于无助的状态，需要她的救助。她尽管身无分文，却下定决心要找到那座古堡。一路上，罗娜备尝艰辛，不断向人们倾诉她的梦，希望有人可以帮她，提供一些线索，可是没有人相信她，人们还把她当疯子一样驱赶。虽然，面临种种困难，但是罗娜并没有放弃。

1920 年 4 月 25 日，罗娜来到了波兰南部的一个小村落。也就是在走近村庄时，她看到村旁立着一座古堡，而那古堡竟然同她梦中所见到的一模一样！罗娜激动得泪流满面，一下昏倒在地上。人们很快围了上来，警察走过来询问出了什么事。这时罗娜苏醒过来，看到警察，就指着那古堡说："就是这座古堡。"警察听了觉得奇怪，没错，那里是有一座古堡，可它已有几百年的历史了，这有啥奇怪的？

不管罗娜怎样向人们讲述自己梦中的经历，仍然没有人相信她。可是罗娜坚决要挖掘废墟。于是，一批好奇的人就跟着她去了。他们费劲地移开大石块，找到了入口处，整整忙了两天，果真有人听到黑暗中传来微弱的呼救的声音……史坦尼真的被困在这座百年的古堡之中。

史坦尼被救了出来,脸色苍白,衣衫褴褛,由于在黑暗中生活了两年,阳光刺痛了他的双眼。原来在两年前,史坦尼到这座古堡参观,正巧一颗炸弹炸中了堡塔,顷刻之间倒塌了的塔把入口封住了。史坦尼一直未能找到另一出口,他靠吃由军队存在古堡中的几十箱乳酪和米酒维持生命,还找到几根蜡烛用来照明。他唯一的希望就是祷告,希望罗娜能感应到他的存在。

这并不是什么传说,而是事实,这件事被波兰的军方证实。而事情的结果,就是史坦尼光荣退伍后与这位对梦境深信不疑而救了自己的女友喜结良缘,成了一对令人羡慕的情侣,过上了幸福的生活。

不幸在噩梦之后进行

著名的心理学学者莱因教授在他的《心灵秘道》一书中曾提到一个预知的梦:一位年轻的妈妈在卧室休息时做了一个可怕的梦。她梦见悬在婴儿床上方的大形吊灯架落了下来,正好将她刚出生的小宝宝压得粉碎。灯架掉的速度好快,她就站在身边,却没有一点能力去阻止这一切的发生。在梦中,这位母亲还清晰地看到,摆在婴儿用衣橱上的时钟的指针正好指向 4 点 35 分。同时,窗外伴随着雷鸣闪电,风雨大作,好像在为早逝的婴儿哀号一样。她从噩梦中惊醒后,立刻叫醒身边熟睡的丈夫,告诉他在梦中她所见到的恐怖情景。她的丈夫却笑她操心过度,神经过于紧张,没有理会这件事,翻了一下身继续睡觉。但她却因这个噩梦而变得极度不宁,她回忆起梦境,觉得甚是可怕,于是连忙起床将放在隔壁房间的正在熟睡的婴儿抱到自己床上来。她抬头看看窗外,发现夜空清朗,圆月生辉,并无梦中情景。她想,也许真的是自己神经过敏吧。

也就是在 2 个小时后,婴儿室突然传来一声巨响,她和丈夫慌忙跑过去看个究竟,发现吊灯架正坠落在婴儿床上,不偏不正准确地砸在了婴儿睡觉的位置上,这位年轻的母亲惊恐间瞥见衣橱上的钟的指针刚好在 4 点 35 分的位置,天呢,这是一种巧合吗?而窗外不知什么时候已经开始刮风下雨。在大人卧室的婴儿正睡得香呢,这真是一梦救了睡中儿。

第三节　惊喜的意外之财

一张投递错误的圣诞卡

一对失散了半个世纪的亲兄弟,互相早已认为对方不在人世了,但谁也没想到他们还有重逢的那一天。让他们再次重逢的不是别人，而是一张再普通不过的贺卡，一张投递错误的圣诞贺卡使他们在有生之年再次相逢。这个好像只能出现在艺术作品中的事情却在现实生活中如实发生了，不能不令人称奇。

这对亲兄弟分别叫做哈利·赫里凯恩和吉姆·穆尔。他们在 1930 年正处国家动乱的时候一同参了军，在开始的时候，他们很幸运，被一起分到肯特郡的查塔姆兵营，他们在同一个军营里，虽然不能天天见面，但总能听到有关对方的消息，但是后来，由于组织上的需要，军队把他俩调往不同的军营，在不同的军营里，他们再也没有机会见面，更没有对方的任何消息，就这样，他们分道扬镳，从此杳无音讯。在 52 年后的 1982 年明媚的一天，有一封寄往吉姆老家——乌波拉夫村的圣诞贺卡，竟鬼使神差般地被邮局错夹在另一张寄往新西兰首都惠灵顿给哈利的圣诞贺卡内。哈利收到那张圣诞卡后，觉得乌波拉夫村这个名字似曾相识。于是在把那张邮寄错了的圣诞贺卡转回去时，顺便在卡上附了一个条子，问对方认不认识吉姆·穆尔这个人。也许真是老天不愿再看到这对饱经风霜的老人，在人到晚年的时候还不能与亲人团聚，有意给他们做了一个巧合的安排，收信人正是吉姆的邻居，经过邻居的转达，于是这对失散了 52 年的亲兄弟终于相会了。他们再次的相聚还真得感谢那张邮寄错误的圣诞贺卡呢！

缘分

接下来所要说的，绝对是一个浪漫的令人羡慕的美丽故事。这样浪漫的邂逅也许只有在言情小说中才能够看得到，但是在现实生活中，它确如实地上演了，而且一点也不比言情小说中描写的情节逊色。

那是发生在 1973 年 10 月某日的一个深夜，一部现实版的浪漫的爱情故事在一辆从奥地利维也纳开往德国的火车上拉开了序幕。故事中的男主人公——美国动画艺术家大卫·艾力克正急匆匆地朝着自己订购的车座方向走去。此刻正值夜色深沉，车厢内空空荡荡的，没有人会打搅你做任何事情，唯一的旅客是一位和自己年纪相仿的单身姑娘。他找到自己的座号，正准备坐下，但是没有想到的是，恰好正被这位姑娘抢先占去了。

"对不起，这是我的座位，请让一让。"大卫很有礼貌地说。

"车上这么多空位子，你爱坐哪个都可以。"姑娘不肯挪窝。

此时的大卫还想据理力争。

"可那都是别人的，这个位子是我的！请你让一让。"大卫并没有因为是一位单身姑娘而放弃自己的原则，他很想坐这个位子。

"你是一个疯子！"姑娘对这个顶真的人露出了不满的情绪，更是出言不逊。

"你才是个真正的疯子！"此时的大卫更是不甘示弱，有点不争个你死我活，誓不罢休的架势。

他们互不相让地用德语大吵了起来。也许是为了表示自己绝不会轻易罢休，没有办法的大卫只好坐在了姑娘对面的位子上。他们不再争吵了，车厢内此刻变得沉默起来，过了好半天，他俩不约而同地从各自的行囊里掏出食品来吃夜点。接下来的事情就像是我们所看到的文艺影片一样发展下去：大卫拿出的是大蒜和黑面包，而那位姑娘手上拿的竟是一模一样的大蒜和黑面包。当他们俩都觉得那么的奇怪，彼此的目光再次相碰时，双方竟不约而同地笑了起来。也许是不打不相识吧。

缘分从这里悄悄地开始了。他俩开始友好地攀谈起来。似乎忘却了刚才的不愉快，大卫说自己此行从德国到奥地利是专程前去寻找一位叫做伯拉尔奇的教授，但是因没有找到而感到十分沮丧。可是没想到的是，那位姑娘听后竟惊讶得大声叫嚷起来："呀！他在一星期前和我妹妹结婚去了！现在应该外出旅游了呀！"

短笺妙把姻缘牵

据说缘分是上天早就注定好了的，很多人相信男人和女人之间的情感，仿佛在冥冥之中早就被安排好了一样。据说月下老人，事先把整个苹果分成两半，然后抛下人世间，这许许多多的半个苹果就变成了同样数目的人，当人们逐渐长大以后，就要开始寻找属于自己的另一半，如果找到了属于自己的另一半苹果，那么，从此就能过上幸福美满的生活，因为那是一个本来就应该在一起的完整的苹果，是最完美的结合。可是大千世界，茫茫人海，哪个才是自己的另一半苹果呢，找错了，就不会吻合，两个人之间就会有很多的矛盾发生，不和谐的音符会伴随他们一辈子。尽管我们对此有所怀疑，而身边所发生的一些事情却总是让我们不得不信，缘分天注定。

有一位在异国他乡的土地上流亡的捷克姑娘，在一次非常偶然的机会认识了一个名字叫做大卫的美国年轻人。他们以一种礼节性的交往给对方留下了通信地址。从此再也没有见过面，这个叫做大卫的年轻人并没有放在心上，在离别后随手就将这位姑娘所留的地址给丢弃了。直到3个月后的一天，大卫在打扫房间时忽然发现了这个曾被他丢弃的地址，出于礼仪上的动机，他便随手给这位只见过一次面的姑娘写了一封短笺，向她表示问候。姑娘很快就回了信。从此之后，他们就你来我往，书信就一直延续下去，并且孕育了一朵超越国界的爱情花蕾。在他们又通了3个月的书信后，这对年轻的不同国家、不同种族的人就结为了秦晋之好，从此过上了幸福美满的生活。

燕媒

这是发生在我国境内江苏省丰县首羡乡张庄村里的一件令人羡慕的恋爱传奇。说它传奇，是因为一个人苏北，一个人海南，相隔万里，毫不相识，在一只南飞的燕子的帮助下把两个年轻人的心紧紧地连在了一起。

故事还得从头讲起,在1991年9月的一天,秋高气爽,凉风习习,刚刚参加完高考的王君在家里等待着大学录取通知书,独自一人在家里看报纸,在报纸的右上角几起"征婚广告"引起了他的浓厚兴趣,正当仔细阅读之时,忽然梁上传来了呢喃燕语,正处于婚恋佳龄的王君看到梁上即将南飞的燕子,脑海中泛起了无限遐想:何不借燕为媒,作一次"征婚"呢?当即他便写下了自己的个人情况、征婚要求以及通讯地址,并在最后写上"我们有缘分可以做夫妻,无缘分可以做最好的朋友,盼望你的佳音",用薄塑料纸包好系在燕子的腿上。尽管这是自己一厢情愿浪漫的想法,可王君却希望能给他带来一份的惊喜,每天除了等通知书外,还多了一份期待,那就是希望这只南飞的燕子能够将自己的美好愿望传达到一位素不相识的姑娘手中,帮自己完成这个愿望。

既在意料之中又在意料之外,1个多月过去了,王君惊喜地收到一封来自海南岛的喜信。王君满怀喜悦地轻轻地打开了这封信,一张容貌俊俏的姑娘的照片顷刻间展现在王君的面前,写信的人正是一位妙龄少女,名叫宋丽,家住海南岛市郊区。信中说,燕子是吉祥鸟,燕传佳音,本身就沾了几分吉祥,表示愿意与王君通信了解。看到信中娟秀的字迹,王君知道,这是一定是一位非常美丽而又善良的姑娘,是上天赐给他的姻缘,一点也不敢怠慢,急忙写了回信,在信中他表达了自己的心声,希望能与姑娘永远保持联系。

从此以后,王君与宋丽之间的书信来往日渐频繁,情来爱往,苏北海南,情系千里。一段时间过去了,他俩终于建立了深厚的感情。宋丽姑娘表示乐意只身到苏北安家落户。王君当然感到喜从天降。

安东尼奥的故事

安东尼奥,是一位西班牙人,家住在首都马德里市区的一幢普通的别墅里。他长得非常英俊帅气,不仅如此,他还拥有一份让人羡慕不已的工作:马德里电视台娱乐节目的金牌主持人。自然,追求与崇拜他的人很多。

不过,安东尼奥与其他的影视圈里的人有些不一样。那就是,他对待感情绝对地真诚,从来不乱来。他很少与同事出去吃喝玩乐,下班后要么就待在单位学习,要么就回家看看书之类的。一句话,他的生活非常的简单,纯净。这让许多崇拜他的人大失所望,因为,很少能和他直接接触,可是,也正因为如此,他赢得了自己一直暗自喜爱的一位歌手的爱情。她就是胡亚尼达。只要看电视和听歌的人,几乎没有不知道胡亚尼达的。

胡亚尼达长期在外出差,所以两人单独待在一起的时间不多。可是,这并不妨碍两人感情的迅速升温。终于,有一天,安东尼奥在买下了一幢大别墅后就向胡亚尼达求婚了。胡亚尼达面对真诚的他,感动得泪流满面,当即便答应了他的求婚请求。并且,她决定结婚后使自己的工作量减少一些。这样,对两人的感情有好处。

1966年,安东尼奥与胡亚尼达结为恩爱夫妻。煞是羡慕了好多人,那些一直暗恋安东尼奥的女孩们也放弃了对他的追求,因为她们知道,在安东尼奥心里只有一个人,那就是他的新婚妻子——胡亚尼达。他们的婚礼举办得非常隆重。当地的一些名流几乎都到场了,这给他们后来的婚姻生活留下了许多美好的回忆。婚后,胡亚尼达真的减少了自己的工作量,在外出差的次数也减少了,挤出了更多的时间来和安东尼奥共度,为此,安东尼奥对她的牺牲非常感动。两年后的 7 月 2 日下午 7 时,胡亚尼达为安东尼奥生下了一个大胖小子,这个儿子的出生给他们原本就很甜蜜的生活更增添了许多欢乐,他们为他取名叫豪亚津,豪亚津的长相与他的父亲安东尼奥非常相似,简直就是一个翻版,一看便知以后一定是一个和他父亲一样帅气的小伙子。更为巧合的是,隔了 4 年之后,胡亚尼达居然在同月同日同时间内生下了长女。这使得他们感到非常的惊喜,这个女儿天生一副好歌喉,长得更像她的妈妈胡亚尼达。更令人惊讶的是,到了 1976 年,第三个孩子又在 7 月 2 日下午 7 时来到人间。依旧是一个漂亮健康的小宝宝,这些惊人的巧合使得他们相信他们的爱情是天注定的。

参照路边车牌号买彩票中 1500 万

买彩票中大奖,这恐怕是所有人都梦寐以求的吧！人们都希望能够在一夜之间变成巨富,然后,做自己想做的事,过上令人羡慕的日子,然而,想买彩票中大奖的人多得举不胜举,但真正能够中奖的却少之又少,那你或许不会相信,有些人绞尽脑汁想要算出中奖号码都不能中奖,而有的人只是瞄了一眼路边车牌号买下 3 注彩票,竟然中得 1500 万元,这恐怕是做梦都不敢想的事情。家住广州市的冯先生就是这个幸运儿,他一人独得了 2004 年 5 月 7 日开奖的第 04052 期广东体彩幸运七星开出 3 注头奖。

5 月 6 日下午,冯先生来到位于海珠区昌岗路 146 号的体彩销售点,看了几眼路边停放的几辆车的车牌号,随便组合了一个号码"8947044"然后买下三注"幸运七星"。5 月 8 日上午,冯先生和平常一样,五一长假过后第一天上班,由于事情太多,一上午很快就过去了,就连每天必看的报纸都没来得及细看。中午吃饭时,冯先生路过 23149 彩票销售网点,他吃惊地发现,"幸运之星"的中奖号码跟自己买了三注的号码"8947044"一个数也不差。他简直不敢相信自己眼睛,又重新看了一遍,前前后后看了不下十几次,在确认无误后,他兴奋不已地马上拨通了老婆的电话:"老婆,你马上回来,我中了大奖了！我们发大财啦。"老婆在电话那头被丈夫说得不是很清楚的话搞得很迷糊,经过冯先生的详细解释,冯太太才明白过来,什么 1500 万？这是一个什么样的数字,冯太太简直不敢相信自己的耳朵,激动得说话都有些颤抖,急忙挂了电话,往家里赶。

5 月 8 日下午 3 点左右,冯先生夫妇和大哥三人到了体彩中心。下午 4 点,冯先生夫妇领到了 1200 万元的现金支票。尽管老公中了大奖,可是,冯太太此刻的心还是平静的。冯太太对这笔意外财富进行了分配,自己一份,3 岁的儿子一份,老公一份。其中冯太太和儿子的 400 万元打算全部存进银行。冯先生对太太的分配感觉很满意。夫妇俩都没想过要炒老板鱿鱼,接下来照常上班,日子照过。

事后,冯先生说世界上的事情有很多时候真的很难预料,谁能想到会有这么一个意外的收获呢? 这也许只能够用巧合二字来解释,或者用幸运来解释更恰当吧。谁又能说得清楚呢?

错打错中

同样是在广东省,只不过不是在广州而是东莞市。有一位来此地出差的某先生没有忘记买体育彩票,因为当时的体彩销售员打错了一个号,竟误打误撞地让他中得了体彩"36 选 7"的头等大奖,奖金高达 315 万元。2004 年 3 月 23 日,当这位先生第二次来到广东省体彩中心兑奖时,连声说要多谢谢那位粗心的体彩销售员。

这位中奖的先生是广东省中山市人,数日前来到东莞市出差,并顺道看望在东莞居住的妹妹。3 月 18 日中午,他在妹妹家附近的 17244 体彩投注站花 6 元钱买了三注体彩,"36 选 7",其中一注中得头奖。"这次最应该感谢的是投注站的销售人员!"兑奖时,这位先生透露了一个大秘密,原来他的中选号码本来只中 6 个号,但销售人员打票时将"36"打错成了"35",才让他喜得头奖的。其实拿到彩票时他就注意到票打错了。但是一向对人宽容的他并没有让销售员重打,而是开心地收下了这张彩票,"如果让人重打一张票,我就只能中一万多元的二等奖了!"

这位先生说自己已经买彩三年,最喜欢的是足彩,其他彩票只是偶尔买几注,这次中奖纯粹是幸运。为了更好地研究足彩,他前年还专门购买了一台 9000 多元的电脑用来上网作足彩数据分析,可能因为对中足彩大奖的准备心理充足,他得知自己中百万大奖后,心情十分平静,只是意外竟是体彩"36 选 7"让他当上了百万富翁,而不是自己寄予厚望的足彩。

这位先生说,由于这注巨奖是出差的时候中的,目前就只有东莞的妹妹知道,准备"衣锦还乡"时才当面告知中山的家人。他表示,很多家庭因为某人的突然中奖而出过许多不愿意看到的事情。现在我家里的生活很平静,我不想因为中奖影响现在的生活。奖金先存起来,留着以后慢慢花。

读错号码巧中 500 万!

发生在东莞那位先生身上的事是销售人员打错了彩票号码,而误打误撞成为了百万富翁,而接下来所说的廖先生却是在电话投注时,将体彩与福彩的号码无意掉转了,没想到,自己无意间的这一错竟为他带来了巨额大奖。从中奖至今,廖先生仍未从喜讯中缓过神来。因为这一切来得太突然了。

2004 年 8 月 18 日中午,买号两年多的廖先生竟然念错号码,向投注站电话投注时将福彩与体彩的号码掉转了。傍晚,他郁闷地来到 44070208 投注站取票,站主想起这时已从电脑中接到第 555 期南粤风采"36 选 7"的开奖信息,于是与廖先生一起对奖。一个号对上了、两个号对上了……七个号都对上了! 两个大男人当时惊讶得张大嘴,四目对见不敢置信:这是真的吗? 大奖来得如此顺其自然,两人如坠雾中,价值 500 万元的彩票竟在眼前! 廖先生拿彩票的手顿时感到沉甸甸的。廖先生身处山区,并不知道如何兑奖,只好等见过世面的弟弟从外地回家,陪他到广州办理兑奖手续。"真是运气来了挡也挡不住!"兑奖时,廖先生难掩一脸的兴奋。有点迷信的廖先生神秘地说:"这个投注站早已中过 500 万元大奖了! 我就是冲着这个才在那里买彩票的。"据悉,这个投注站今年运气很好,不到四个月内中了 2 注 500 万元巨奖,另外 1 注 500 万元是 5 月 2 日开奖的中国福利彩票双色球第 034 期。

8 月 25 日下午,奖主廖先生在弟弟的陪同下来到广东省福彩中心兑奖。廖先生在知道中了 500 万元的这几天里,一直与老伴商量着如何支配这笔巨款。他们准备用这笔钱留一些作自己的养老金外,还为家乡做一些善事。

捡来的 500 万大奖

两位彩民在同一个福彩销售站点买走了两张彩票,这两张票的打印时间仅相差 8 秒,但竟然不可思议地同时获得了 500 万大奖! 2004 年 12 月 1 日和 12 月 2 日,随着"双色球"第 2004108 期四川泸州的两个 500 万大奖得主的分别亮相省福彩中心,两张 503 万中奖彩票的来龙去脉才"真相大白"。

12 月 1 日赶来领奖的陈先生称,他来买彩票时,站点销售人员说:"你要买彩票呀,我手中正好有一张被别人舍弃的彩票,你看你要不要?"一贯喜欢"捡懒"的他说:"是吗? 那给我吧。"于是,他便直接从销售人员手中买下了这张彩票。没想到,别人不要的彩票,他竟然中奖了。这个意外之财让他感到非常的惊喜。陈先生说,自己一直坚持买彩票,可是,一直没有中过什么奖,更别说什么大奖了。不过,他有一种直觉,认为自己总有一天会中奖的。所以他一直在坚持不懈地买彩票,这次意外的惊喜,使得陈先生再一次坚信了自己的感觉。

12 月 2 日,另一位中奖者王师傅来到成都领奖。当记者问到他中奖的经过时,王师傅说,当期他拿着自己精心选好的几注号码来到站点投注,但当销售人员打出了一张包含 5 注号码的彩票后,他却发现其中的 1 注号码输入有误,于是要求销售人员重新打票。销售人员也没有说什么,就给他重新打票了。可是,谁知道,这期的 500 万大奖就同时隐藏在这前后两张彩票中,而被王师傅认为错打的这注号码其实并没有影响到 500 万的产生。这使得王师傅自己也觉得意外,同时又有些惋惜。

一张"错彩票"中了44万

"双色球"第04037期于2004年5月13日开奖。中奖号码为:03、04、11、17、20、26＋05。当期全国一等奖1注中,单注奖金500万元;二等奖中出36注,单注奖金44万元。海南续写了第33、36期的辉煌,再度中出二等奖2注,最让人惊讶的是,这2注二等奖中出的手法与第33期三亚中出2注二奖的手法一模一样,即号码都是由一个人出,中奖人也都是两个。这两位幸运儿分别是林小姐和周先生。

5月14日上午10时半,幸运的林小姐在妈妈、姐姐、姐夫的陪同下来到省福彩中心兑奖,林小姐20刚出头,据妈妈介绍,她刚刚毕业出来工作不久,以前很少买彩票,但近段时间在喜欢买"双色球"的姐姐的影响下,逐渐摆弄起"彩经",研究起彩票来。"五一"期间,林小姐自己"算"出了一组号码,但由于忘记买了,结果开奖出来中了5个红球,虽然错失了200元的小奖,但她不觉得遗憾,反而倒觉得自己"心有灵犀",于是在接下来的这一期信心满怀地研究起来,得出号码后于13日中午到投注站打彩票。

当时打彩票的人很多,轮到林小姐时老板忙中出错,把她的一组自选号码中的一个数字打错了,细心的林小姐在走出站点门口时发现后,返回售票机前要求老板重新打过,老板给她重打过票后问她:之前的那张还要不要?她说不要,老板只好自己把票重新留下了。等到晚上开奖结果出来之后,林小姐发现恰恰是那张打了两次的票中了二等奖!且报上说当期海南中出的2注二等奖出自同一站点,两张票的出票时间前后不到5分钟,由此林小姐"断定"自己之前的那张"错票"也中奖了!

省福彩中心的工作人员分析说,可能是由于当时站点买票的人太多,老板忘记把该票注销了,又或者是老板看这些号码还顺眼,就自己留下了。下午上班后,当工作人员还在谈论会不会是站点老板中奖时,两名三十几岁的男子踏进兑奖大厅要兑奖,大家忙问:你们是不是站点老板?两名男子被问得莫名其妙,回答说不是。一问才知其中的一位周先生也是在13日那天到同一站点买的彩票,不过他是下午3点多才去的。在站点甩200元给老板让机选,就坐下来看报纸,老板打完把票给他后就走人了。

大家觉得可能是站点老板在给周先生打票时觉得反正他是机选,而老板自己又不舍得花钱把票留下,就把那张"销票"一起给他了。周先生就这样稀里糊涂地中了44万。

QQ号带来的好运

小王和小吴是一对普普通通的恋人,和世界上大多数恋人一样,小王和小吴在一起的日子虽然平淡但也温馨。不过由于小王还是个不折不扣的"彩票迷",作为女朋友的小吴自然又多了一件事——帮经常出差的男朋友买体彩。说起买"6＋1",小吴说起了令自己最难忘的一件事。那天是上上周的星期五,男友又被单位派往外地出差了,临走时千叮咛万嘱咐让小吴千万别忘了帮他买那期的"6+1"。谁料小吴工作一忙,就把男朋友交代下来的任务给忘了个一干二净,她怎么也想不到,就是这期,男友说的号码就中了当期"6+1"的一等奖。事后男友虽然没有埋怨她什么,但她也是从那次开始,无论有多忙,也会抽出时间来去帮男友买彩票。

上个星期三,小吴像往常一样翻开报纸,查找头天"6+1"开奖的结果,"159232+3",小吴的心不禁一阵猛跳,"不会吧,不会真的中特等奖了吧?"小吴握着报纸的手有点颤抖,仔细看了两遍,确定自己没有把中奖号码看错,又看了看中奖情况,特等奖三注,那就是说——自己真的中奖了!

小吴立刻拨通了男友的电话:"我们买的彩票中奖了!特等奖哦!"小吴在这边激动得已经接近歇斯底里了,电话那头刚刚出差回来还在"与周公下棋"的小王却怎么也不相信:"上期你没有帮我买彩票我没说你啥子,你也就不要说了!"无论小吴怎么解释,小王仍然不信自己的彩票还能中奖,而且还是连续两期都中奖。小吴干脆把电话一甩,抓起彩票和有开奖公告的报纸,喊了辆出租车直奔小王住所。看到了彩票和开奖公告,小王才知道,自己真的中奖了。

一个小小的QQ号码,竟然蕴涵着近两百万的大奖,这无论谁说出来都会被人笑为天方夜谭,然而小吴他们就是通过QQ号而一举中了"6+1"数字型电脑体育彩票的特等奖,获得了高达1897004元的巨额奖金。这不能不说是一个惊人的巧合。

生日号码中大奖

好运来了确实挡不住,在2004年11月2日晚6点,白林先生陪同夫人来到爱家西四环商城。他们径直来到三楼的"百强"展位,在向导购小姐详细了解此前已看好的茶几和电视柜有关情况后,双方签了一个茶几和一个电视柜的购销合同,合同金额为5816元。

前台工作人员告之:您有资格参加商城的抽奖活动。白夫人信手从幸运卡盒里抽出一张幸运卡,刮开卡号:0047663。白林先生脱口而出:最后的两位号码是我的生年呀。夫人问前台工作人员哪天开奖,"11月6日。"工作人员答道。"啊?是11月6日?"从白林先生惊异的表情可以看出这个开奖日期对他来说难以置信。"没错,11月6日!"工作人员肯定地答复。"开奖日是我生日,幸运卡号码最后两位数字是我的生年。真有这种巧合吗?"白先生感觉非常奇妙,冥冥之中他有一种预感:还会有不可思议的事情发生——我可能会中奖!

11月6日,白夫人并没有出现在提前10多分钟来到西四环商城抽奖现场的白林先生的身边。下午15时,抽奖正式开始。

三等奖和二等奖都没有他。一等奖的开奖开始了!"005……"当主持人还没有宣读完开出的第一个号码时,白林先生就绝望了(一等奖只有一个)!他不由自主地走向楼梯。当脚步移动到楼梯口时,他听到主持人宣布那个号码作废,迈到台阶上的脚又收了回来。第二个号码开出来了——"004766x"。最后一个数字还没有唱出时,王林先生已经意识到这个一等奖非他莫属了!"0047663"。后面的数字果然是"3"。"在这!"白林先生向主持人高高地举起了他手中唯一的合同单。

在规格已提升的生日晚宴上,"中奖奇遇"成了白林夫妇与亲属之间津津乐道的主题。

第四节　神奇的克隆灾难

巴姆强震在南亚强震海啸一年后降临

2003 年 12 月 26 日,伊朗巴姆古城发生了一次强烈的地震。这次突如其来的强烈地震造成 2 万多人死亡,是人类历史上空前的灾难,震惊了全世界。而就在一年之后的同一天,也许是巧合,可怕的悲剧竟然再次上演。印度尼西亚当地时间 2004 年 12 月 26 日上午 7 时 59 分（北京时间 26 日上午 8 时 59 分）,印度尼西亚苏门答腊岛附近海域突然发生了强烈的地震。

伊朗巴姆强震一角

一位来自印度尼西亚的目击者记述,地震前天空晴朗,万里无云,一切就像往常一样,没有任何异常的征兆。就在人们沉浸在平静而又祥和的美好生活中时,突然间,大海惊涛骇浪,狂风席卷着巨浪向海边的城市呼啸而来,声势浩大,顷刻之间海边的房屋就遭到了巨浪袭击。在部分地区,海水已经迅速涨到了人们的胸口。

印尼地震监测机构最初公布的报告称,这次强烈地震的震级为里氏 6.8 级,震中位于北纬 3.6 度,东经 96.28 度。

然而位于美国科罗拉多州戈尔登的美国地质勘探局公布的监测结果却表明,这次地震的震级为里氏 8.5 级。数小时后,该机构又对震级进行了更新,将其调高至里氏 8.9 级。

意大利地震专家恩佐·博齐表示,26 日大地震发生后,"整个地球都在震动"。他同时表示,此次地震甚至对于地球的自转运动都产生了一定的干扰。

美国地质勘探局的地质专家朱利斯·马丁内斯说,如此强烈的地震近百年来都十分罕见。这是自1964年美国阿拉斯加发生里氏9.2级地震以来的震级最高的地震,也是自1900年以来震级排名第五的强震。

根据美国地质勘探局网站公布的资料,自1900年以来世界各国遭遇的最强烈地震是1960年发生在智利的地震,震级达到了里氏9.5级,随后分别是发生在阿拉斯加威廉王子湾(1964年,里氏9.2级)、阿拉斯加安德烈亚诺夫群岛(1957年,里氏9.1级)和俄罗斯堪察加半岛(1952年,里氏9.1级)的大地震。

由于这次强震的震中位于海域,地震本身造成的人员和财产损失相对有限,但是地震引发的海浪高达10米的海啸却给沿岸地区带来了可怕的灾难。

截止到北京时间27日零时,这次罕见的强烈地震及其引起的海啸已经在印度、斯里兰卡、孟加拉国、印度尼西亚、泰国、马来西亚、缅甸和马尔代夫等国造成数千人死亡,受伤和失踪者人数更是惊人。

有目击者对印尼雅加达电台表示,在北部的亚齐省,至少有数百人死于地震和随后引发的海啸。在最高达10米的巨浪的袭击下,当地已有多家商店和小型建筑物倒塌,数千人在惊慌中撤离家园。

斯里兰卡受灾程度最为严重,斯里兰卡国内报道说,从该岛国东部沿海城市亭可马里到位于南部的首都科伦坡,这一段超过800公里的海岸线都遭到海啸巨浪袭击,部分地区的海浪高度超过5米。沿线的旅游胜地遭到严重袭击,其中多数被淹。斯里兰卡北部的姆图尔和亭可马里地区的部分地区也遭到袭击。

在印度泰米尔纳德邦,迷人的海滩受到海啸袭击后简直就变成了露天停尸场,海浪卷着尸体冲向岸边,将尸体留在了沙滩上,惨不忍睹。

据印度内政部长帕蒂尔公布的数据,该国南部已经有至少2016人在海啸和洪水中丧生。帕蒂尔说,在该国受灾最为严重的泰米尔纳德邦,已经有700~800人死亡。在另一个灾情严重的安得拉邦,死亡人数也达到了200人左右。此外,在喀拉拉邦和其他地区,也都有数十人罹难。

海啸形成的巨浪像一头猛兽迅速扑向泰国南部地区,泰国著名的旅游地普吉、攀牙和甲米府都未能幸免,其中又以普吉岛受灾情况最为严重。当时统计数字表明,海啸在泰国造成至少310人死亡,超过2000人受伤,死伤者中包括多名外国游客。

马来西亚副总理兼国防部长纳吉布召开新闻发布会说,位于马来西亚西北的槟榔屿州和吉打州受灾情况最为严重,共有42人被巨浪夺走性命,其中包括多名外国人。

地震引起的巨浪还袭击了印度洋珊瑚岛国马尔代夫,首都马累大部分地区被海水淹没。马尔代夫全国33万人口中的1/3居住的马累岛2/3地区被淹,部分地区水深达

12 米。

震惊世界的大地震在 85 年后的同月发生

1920 年 12 月 16 日晚上 20 点 6 分,在如今的宁夏回族自治区南部的西海固地区发生了 8.5 级的大地震。据当时资料记载,有 96 个国家的地震台记录下了这场地震,有感范围超过了大半个中国。北京的电灯摇晃,上海也有震感,广东汕头海岸外国人的海轮感到了水波震动,就连越南海防挂的天文钟都停摆。地震表面波绕地球两圈。日本在东京设置的一个放大倍数并不大的地震仪在地震波绕过地球第一圈的时候记录到了,衰减后的地震波绕过地球第二圈的时候,又被这个地震仪记录到了,当时世界地震界的人士都为之惊讶。

地震造成了巨大的破坏。宏观震中位于海原县的千盐池附近。极震区中心地带为海原,中心强度为 12 度。极震区内边缘地区为固原、隆德、静宁、通渭、会宁、靖远 6 县。烈度 10 度以上的面积为 10 万平方公里;烈度 8 度以上波及陕西西部,共 48 县,约为 20 余万平方公里;有感范围更大,面积为 400 万平方公里,占全国总面积 40%。极震区东起固原、经西吉、海原、靖远等县,西至景泰县,长 220 公里,面积达 2 万余平方公里。地震时,这里山崩地裂,河流壅塞,交通断绝,房屋倒塌,景象十分凄惨。破坏最严重地区的宏观烈度竟达 12 度。当时记载的死亡人数是 23 万。

地震引起了全世界的强烈关注。约瑟夫·W. 霍尔先生受国际救灾委员会的赞助于 1921 年 3 月首先前往灾区考察。通过他的大量报道才使中国首都的官员和沿海城市民众知道中国内陆甘肃省的这个偏远地区到底发生了什么。1922 年美国《国家地理杂志》第 12 卷第五期发表《在山走动的地方》,以大篇幅报道此次大地震:“山峰在夜幕下移动,山崩如瀑布般一泻而下,巨大的地裂吞没了房屋、驼队,村庄在一片起伏松软的土海中消失得无影无踪。这就是在 1920 年 12 月 16 日发生在中国甘肃大地震中的一些景象……就像罗马历史学家讲述庞贝城不可思议地消失那样,前往灾区的考察者们这样描述了他们的所见所闻。”而历史似乎有惊人的巧合,在过了 85 年后的同一个月份像这样的灾难在东南亚沿海国家重演。

2004 年 12 月 26 日上午,印度尼西亚苏门答腊岛附近海域发生了一场近百年来罕见的强烈地震。据美国地质勘探局公布的最新报告称,此次地震的震级高达里氏 8.9 级,是自 1964 年以来发生的最强烈地震。地震引起了高达 10 米的海啸,海浪向附近的东南亚国家沿海地区呼啸而去。地震和随之而来的海啸造成了极其严重的人员伤亡和财产损失。这次罕见的强烈地震在印度、斯里兰卡、孟加拉国、印度尼西亚、泰国、马来西亚和马尔代夫等国造成至少 8700 人死亡,受伤和失踪者人数更是惊人。

世界四城市同时遭袭击

在 2004 年,从 10 月 7 日傍晚 19 时到 8 日凌晨 5 时,伊拉克首都巴格达、阿富汗首都喀布尔、法国首都巴黎和埃及旅游胜地西奈几乎同时遭到了不同程度的恐怖袭击。这难道是巧合吗?

事情是这样的。首先遭到恐怖主义袭击的是伊拉克首都巴格达,当地时间为 10 月 7 日傍晚 19 时,位于伊拉克首都巴格达市中心的喜来登酒店遭到武装人员袭击。两枚火箭弹落在了酒店附近,随后从邻近的底格里斯河和美国驻伊拉克大使馆附近传来激烈的枪声。据附近巴勒斯坦饭店的警卫人员说,枪声持续了 10 分钟左右,美军基地附近也有枪声传来。

紧接着下来的是阿富汗。当地时间为 10 月 8 日凌晨 1 点半左右,两枚火箭弹落在美驻阿使馆附近。第一枚火箭弹击中了使馆区大选媒体登记站附近的一处停车场,距美国使馆约二三百米,但没有造成人员伤亡。

而发生在巴黎的恐怖袭击时间则在当地的时间 10 月 8 日清晨,一枚装有自动引爆装置的中等型号的炸弹在巴黎的印度尼西亚大使馆前面爆炸,造成 10 个人不同程度的受伤,伤者中包括 5 名使馆人员。这枚炸弹被安置在使馆前不远处,并用旗子掩盖着。剧烈的爆炸在现场留下一个大坑,方圆 30 米内的一些建筑物的玻璃被震碎。

近年来,俄罗斯发生的系列恐怖事件、西班牙"3·11"大爆炸和印尼、沙特、摩洛哥、土耳其等国发生的多起惨案均有"基地"的阴影。更具杀伤与冲击力的袭击逐渐成为"时尚",以"基地"为核心的全球恐怖势力正暗中合流,四处蔓延。而像上述的在同一时间内四个国家同时遭遇到恐怖袭击恐怕不仅仅是一种巧合那么简单吧?

通古斯爆炸与广岛废墟

1908 年 6 月 30 日凌晨,在俄国西伯利亚森林的通古斯河畔,突然爆发出一声巨响,巨大的蘑菇云瞬间腾空而起,天空出现了强烈的白光,气温灼热烤人,爆炸中心区草木都被烧焦,70 公里以外的人也被严重灼伤,还有人被突如其来的巨大的声响震聋了耳朵。这次爆炸不仅令附近居民惊恐万状,而且其影响巨大,还涉及其他的国家:英国伦敦市的许多电灯骤然熄灭,人们处于一片黑暗之中;欧洲许多国家的人们在夜空中看到了白昼般的闪光;甚至远在大洋彼岸的美国,人们也似乎感觉到了大地在抖动……

当时俄国的沙皇统治正处在风雨飘摇之中,无力对此事进行调查。人们笼统地把这次爆炸称为"通古斯大爆炸"。十月革命后,苏维埃政权于 1921 年派物理学家库利克率领考察队前往通古斯地区考察,不过,他们也没有找到引起爆炸的真正原因。库利克随后又两次率队前往通古斯考察,并进行了空中勘测,发现爆炸所造成的破坏面积高达 2

万多平方公里。同时人们还发现了许多更加奇怪的现象,如爆炸中心的树木并未全部倒下,只是树叶被烧焦了;爆炸地区的树木生长速度加快;其年轮宽度由 0.4~2 毫米增加到 5 毫米以上;爆炸地区的驯鹿都得了一种奇怪的皮肤病等等。不久第二次世界大战爆发了,库利克投笔从戎,在反法西斯战争中献出了宝贵的生命。至此,前苏联对通古斯大爆炸的考察也被迫中止了。

直到第二次世界大战结束后,前苏联物理学家卡萨耶夫于 1945 年 12 月访问日本,在到达四个月前被美国投下了原子弹广岛,看着广岛的废墟时,卡萨耶夫突然想起了通古斯的大惨案,因为两者有着众多的相似之处:

爆炸中心受破坏,树木直立而没有倒下。

爆炸中人畜死亡,是核辐射烧伤造成的。

爆炸产生的蘑菇云形相同,只是通古斯的要大得多。

特别是在通古斯拍到的那些枯树林立、枝干烧焦的照片,看上去与广岛上的情形十分相似。为什么会如此巧合呢? 因此,卡萨耶夫产生了一个大胆的想法;他认为通古斯大爆炸是一艘外星人驾驶的核动力宇宙飞船在降落过程中发生故障而引起的一场核爆炸。

此论一出,立即在前苏联科学界引起了强烈反应。大家议论纷纷,各持观点。直到今天,通古斯爆炸与广岛废墟的神秘巧合,对大家来说仍然是一个谜。

相隔 911 天的西班牙"3·11"与美国"9·11"

在 2004 年 3 月 11 日马德里连环爆炸案发生,爆炸当天恰好与 2001 年美国纽约"9·11"恐怖袭击相隔整整 911 天。以至于不少西班牙人因此将 2004 年 3 月 11 日这一天称作"西班牙的'9·11'"。"3·11"与"9·11"正好相隔 911 天,是纯属巧合,还是幕后凶手有意识的安排?

西班牙国家电台 13 日报道,西班牙马德里恐怖爆炸事件的死亡人数已升至 200 人,而第 199 名遇难者是一名出生才 7 个月的波兰女婴。

这名 7 个月的女婴叫帕特里卡,12 日她成了马德里大屠杀的第 199 名遇难者。11 日,爆炸发生后,救援人员在埃尔·波佐火车站的站台上发现她受了伤,但她的父母却不在身边。12 日下午,这名女婴在马德里市中心儿童大学的儿童耶稣医院死去。帕特里卡将是新西班牙的一份子。她的父母都是波兰人,他们来到马德里是想给小帕特里卡有一个更好的未来。如今,小帕特里卡再也看不到未来了,她的父亲或许也看不到了,直到 12 日晚人们仍无法找到她的父亲,而她的母亲仍在靠生命维持机支撑着。

当时的德国《焦点》周刊援引了德国联邦刑侦局的消息报道说,西班牙民族分裂组织"埃塔"曾经在致德国旅游机构的信中发出过袭击警告。还说"埃塔"组织在信中明确宣布,袭击行动将会发生在"旅游行业"。因为在那年的 2 月 4 日,德国科隆一家旅游企业首先收到了"埃塔"发出的警告信。两天后,德国 TUI 集团位于汉诺威的办事处也收到了内容相同的警告信。

四位美国总统的相同命运

美国在历任总统中,有 4 人被刺身亡,其中的 3 位总统之死似乎都与他有关。他的名字叫做罗伯特·托德·林肯,是美国第 16 任总统亚伯拉罕·林肯的长子。在美国南北战争的最后岁月中,罗伯特在格兰特将军麾下任上尉参谋。

1865 年 4 月 14 日,罗伯特到华盛顿看望他的父亲,谁知那天竟是他父亲的末日。当天晚上,为了庆祝南北战争结束,林肯总统在华盛顿的福特剧院看戏,被一个南方联邦的同情者开枪击中头部。林肯总统没有逃过此劫,这是第一次谋杀美国总统的事件。

1881 年 7 月,第 20 任总统詹姆斯·艾布拉姆·加菲尔德在华盛顿召见了罗伯特,要他叙述关于他父亲遇刺的全部经过。总统专心致志地听罗伯特讲了一个多小时。两天后,加菲尔德总统在华盛顿的一个火车站上遇刺,由于伤情严重,不治身亡。

1901 年 9 月,这时的罗伯特已经是一个家喻户晓的百万富翁,他带领全家到了纽约州的布法罗,准备去参见第 25 任美国总统威廉·麦金莱。他行装甫卸,就听到了总统遇刺的消息。总统一周后就死了,罗伯特未能见上最后一面。

在经历了 3 次总统遇刺的事件后,罗伯特就特别小心翼翼地避免再去见新的总统。特别是威廉·麦金莱的遇刺,使罗伯特甚至有一种从此不敢怀有再见总统的念头。他说,我一旦去见哪位总统,那位总统肯定会像其他总统一样发生不幸的事情。

事情说来也凑巧,罗伯特死后的第 37 年,美国第 4 位遇刺身亡的总统约翰·肯尼迪被刺,这一次虽然与罗伯特无关,但他俩死后都被埋葬在华盛顿郊区的阿灵顿国家公园墓地,相距只有一百码。

第五节　孪生传奇故事

40 年未见的双胞胎姐妹经历却如同一人

这个事情发生在 1939 年,在伦敦医院刚刚出生不久的一对双胞胎是一对芬兰夫妇的女儿。出生后没有多久,妹妹巴贝拉就由在这家医院工作的一位妇女收养了,姐姐戴弗里则被送到了另一户人家,这个家庭位于伦敦的北部,成为了叫做柏德弗郡的一对夫妇的养女。妹妹巴贝拉的养父是市政园林处的园丁,在她十岁那年的时候,养父母双双去世，无依无靠的巴贝拉继由一位护士照管她的生活起居。姐姐戴弗里的养父是一位科学家，曾经为沃克斯豪汽车公司服务，后来在美国陆军汽车总公司任职。尽管两姐妹的家境和教育有相当大的差别，但她俩却都爱读同一个作者的著作，经专家考核证明，两人所掌握的词汇与词汇量也不分上下。两人都具有相同的幽默感，都非常爱笑，都喜欢英国广播公司播送的商业节目。

她俩彼此也非常陌生，因为她们分别生活在两个毫无联系、相距480公里的两个不同的家庭，但却有着相同的人生经历和思想。就连两个人上下楼的姿势都出奇的一致，都有紧紧抓住楼梯扶手的习惯，这个习惯还都是因为在她们十五岁那年，两人都发生了相同的事故，在她们十五岁时从梯子上摔跌下来过，而且都跌伤了脚踝，别处都没有受伤，在她们十六岁那年，两人都在各自居住的城里的舞厅里结识了自己现在的丈夫，更加巧合的是，这两个不曾相识的男人居然后来都在地方政府供职。二十岁时姊妹俩不约而同地分别在教堂里举行盛大的婚礼，后来两人都有早产的经历，所生儿女均为两个男孩一个女孩。两个人在相同的日子里，各自为自己买了同样的裙子和鞋子，在同一天的同一个时辰，买了同样的一本书。通过电话了解到，她俩在同一天的午餐做了同样的菜，而且菜的做法都是依照各自在十个月前从同一期杂志上剪下来的菜谱做的。两人曾经在同一天向美国的同一家杂志社写信，询问有关打扮穿戴的同一问题，而且她俩均不知道对方已经写过相同的信。她们的小指在小时候因为在学校的一次运动会上，都曾受过同样的伤，因为当时伤到了小指，都没有治愈，最终两个人都不能打字。

除此之外，两人还有许许多多的我们意想不到的相同之处，这些相同之处体现在，两人的志趣与爱好上，她们的志趣亦有许多巧合之处。两个人从小都爱喝一种凉的且无糖的黑咖啡，而且都喜爱在饭后喝这种咖啡，都爱吃一种进口的巧克力，还有边吃巧克力边听轻音乐的习惯，喝一种浓度很高的叫做利久的酒，都害怕登高而且都爱迷失方向，分不清东西南北，出门经常都要带上地图，以便检查路线，都喜爱穿蓝色的衣服。两人均为贤妻良母，对待丈夫和孩子的方式也一样，对待金钱所持有的态度也丝毫不差，完全一致。更令人感到非常惊奇的是，在当地新闻界的大力帮助之下，离散了近40多年的亲姊妹相见了，她们相遇在伦敦金十字火车站在一个很宽敞的大的会客厅内。她们相会时，令在场的所有人都惊呆住了：大家感到惊奇的是，两个人穿着同一样粉红色的衣服，头发都不约而同地被染成了赤褐色。她们都手拎一个相同的凡布面的小花包，小花包上面绣有相同的图案，是一只深蓝色的帆船，在小花包里面的化妆品的品牌也出奇的相同，都是当时最盛行的品牌，最有趣的是，她们吃饭的姿势更是大家关注的焦点，因为她们都是左撇子。都喜爱辛辣食物。

一对40多年没有见过一次面的姐妹，即使是双胞胎，具有上述这些巧合之事，也属于罕见之事吧。

孪生姐妹同日生下姐妹

下面所要讲述的事情是一对发生在英国双胞胎姐妹身上的事,这对双胞胎姐妹的名字分别叫做积茜和姬茨,她们出生在英国的一个非常普通的工人家庭之中,父母紧靠每月那点微薄的工资来养育她们这对双胞胎姐妹,因为她们是一对不同寻常的双胞胎姐妹,在她们身上有很多让人感到特别奇特的东西,因为有好多无法解释的奇怪的事情经常发生在她们身上,这还得从她们出生说起,自从她们出生后,就几乎形影不离。她们在当地同一所学校上学,在同一个教室上课,就连每次考试,得的分数都是一样的,而且更加巧合的是,她们错的题目都完全一样的,难道她们不但长得相似,而且连思维都是一模一样的吗?就是连生病也在同一时刻进行。而且还经常生一样的病,因为她们所喜爱的食物,生活习惯都完全一样,就连她们结婚也是在同一个年份里,而让人更为感到惊奇的是两个人的丈夫竟然同样都是健身房的教练。类似于这么多相似之处,这对孪生姐妹并不以为新奇,而是有一件事至今却不得不令她们感到奇怪。因为这件奇特的事,并不是发生在她们自己身上,而是发生在她们都刚出生的女儿身上,这是让她们感到是诧异的事情了。

因为,她们居然在同一家医院,同一间产房,同一个时间同时生下一个外貌、体重都完全一样的女孩,就好像和她们当年一样,是一对双胞胎,可是她们所生的这两个孩子并不是双胞胎呀,却有这种生命中神秘的巧合,这样奇妙的相似之处,令她们不得不惊叹和信服。这两名英国双胞胎妇女,在同一天住进了谢菲尔德的北方总医院。积茜在次日凌晨5时58分产下了重3.4千克的女儿卡拉,姬茨也在次日凌晨5时58分产下了重3.4千克的女儿艾米。这两个新出生的婴儿看上去完全一模一样,没有谁能看出她们的有什么差别,因为就连她们是最亲的人——她们的母亲都感到惊讶。因为她没有见过这么相似的人,因为她们并不同父同母的双胞胎,唯一能让医院的医护人员有办法区别的,就是挂在她们身上的名字卡片,这个好用的能迅速区分艾米和卡拉的办法,一直被她们的父母所使用,因为就连她们有时也很难分辨出自己的亲生女儿和外甥女。

分离39年之久再次相遇的双胞胎

出生在美国的约翰·斯普林格尔与约翰·刘易斯是一对孪生兄弟。他们的母亲是一个单身女子,因为疯狂地爱上了一个人,而执意要为他生下本不应该生下的孩子。生下孩子后,孩子的父亲就再也没有出现过。可是,她也不恨他,她理解他。而且,因为这是她自己的选择,所以她也没有什么话可以说的。可是,因为她的经济状况,她不得不把自己心爱的一对双胞胎约翰·斯普林格尔与约翰·刘易斯送给了别人。这使得她非常的伤心。为了让兄弟俩长大后能够相认,她在他们的脖子上都挂了一个一模一样的玉。这两块玉是她妈妈传给她的,说是家里的传家宝。就这样,约翰·斯普林格尔与约翰·刘易斯在降生后尚未满月就"各奔东西"。而谁也想不到,在事隔 39 年之后,这对自小分离的孪生兄弟,却因为一个偶然的机会相见。并且在他们聊天时,发现对方竟然是自己的孪生兄弟。两个孪生兄弟高兴地拥抱在一起了。

　　他们一起到酒吧里喝酒聊着这么些年来各自的经历。约翰·斯普林格尔说:"我开始的时候与一个叫琳达的女人结婚了。可是,我们两个人的性格差别太大,根本无法两个人生活。于是,我们只好分手了。分手后,我们之间仍然保持着联系。后来,我遇到了贝茜,也就是现在的妻子。我现在的妻子非常的好,我很爱她。我们已经有儿子了。"

　　在约翰·斯普林格尔叙述自己的结婚经历时,约翰·刘易斯的眼睛睁得大大的。约翰·斯普林格尔感到不解,便问:"你怎么啦?为什么表现的如此惊讶?难道有什么不对的吗?"

　　约翰·刘易斯惊叫着说:"天啦,这太不可思议了。我的前妻也叫琳达,我们也是因为性格不合而分手的。后来,我们也还保持着联系。而且,我现在的妻子也叫贝茜。我们现在的生活也非常的美满。天呀。"

　　约翰·斯普林格尔也惊讶地叫起来:"天啊,太巧合了。我们现在已经有两个孩子了。我的大儿子叫詹姆斯·阿伦……"

　　"你说什么?你的大儿子叫詹姆斯·阿伦?天啦,我的大儿子也叫詹姆斯·阿伦。为了这么多的相同,我们干杯。"兄弟俩高兴地干起杯来。

　　在他们深入地交往后,他们又发现了另外两个相同点:他们各有一辆同一型号的湖蓝色高级宝马轿车,还各有一只名叫"伊"的法国名犬。真是太不可思议了!

不生育则已,一生育吓你一跳

　　达娜·卡尔森结婚已经四年多了,快 35 岁的她一直想要个孩子,但始终没能成功,但是一旦成功却把生育专家吓了一跳,她居然怀上了四个孩子,而且更为奇特的是其中两个是人工授精怀上的,而另外两个孩子则是自然怀孕怀上的。

　　由于多年没有怀孕,在她 34 岁那年的春天卡尔森夫妇决定求助医学专家,于是美国斯坦福大学的妇产专家们对他们采取人工授精法,他们取了卡尔森先生的精子和卡尔森太太的卵子在试管中受精,然后把两个受精卵置入达娜·卡尔森的子宫中,两个受精卵居然都成功地着床了。

　　肚子里的宝宝一天天在长大,达娜按医生吩咐去做超声波检查,可是让医生大吃一惊的是他们居然在达娜的子宫中发现了 4 个胎儿!他们一直认为能发现两个呢,因为他们清楚地记得只给达娜放置了两个受精卵。医生后来发现,就是在医生取出达娜的卵子进行试管受精的那一天她也自然怀孕了。

斯坦福大学的妇科医学和产科学副教授阿明·米尔基博士说在从达娜体内采卵的那一天,躲在她输卵管里达5天之久的一个精子与她的一个卵子结合了。而那个卵子也是采卵进行试管受精过程中的一个"漏网之鱼",之后这个以自然的方式成功的受精卵裂变成两个,发育成了两个胎儿,加上人工授精的两个胎儿,达娜最后怀了4个。

在谈到达娜好几年没有怀孕为什么偏偏那一天又怀孕了时,米尔基博士说那是因为凡是接受人工授精的妇女都必须提前一段时间服用促进生育的药物,这使得达娜体内的雌激素水平上升,从而为精子与卵子的结合创造了很好的条件。

采卵5天后,也就是说在达娜不知不觉怀孕了5天后,医生又把两个受精卵置入到她的子宫中,完成了人工授精的过程,当然,医生当时并没有意识到达娜已经怀孕。米尔基博士感叹道:"真是不可思议,4个胎儿居然都成活了,而且都非常健康,这种机会真是百万分之一。"

达娜住了6个星期的院后终于生下了4个健康的婴儿。

在说起达娜的这件事时,米尔基,也就是替达娜做人工授精手术的那位医学博士仍是感叹不已,他说卡尔森一家的事是少有的,而且也是美好的,因为毕竟有了一个幸福的结局,要知道怀4胞胎的孕妇中有一半多要提前10周生孩子,而且还伴随着许多并发症,而达娜居然万事大吉。卡尔森夫妇激动地说,尽管他们没有那样期望,但他们家一下子成了一个大家庭仍让他们感到幸福。

怀孕仅22周顺利产下六胞胎

31岁的伊达利娜·桑托斯是来自马德拉岛的一名普通的妇女。她已有一个8岁大的儿子。几年前,她曾怀有三胞胎,但由于怀孕并发症,最终不幸流产了。而令人意想不到的是,就在她再次受孕的22周后,却顺利的生下了六个子女。这是发生在2002年2月10日,葡萄牙首都里斯本的一家妇产医院的事情。

此次生产前,医生曾建议桑托斯说:"你不如进行流产手术,只保留两个胎儿,以便他们出生后能更好地存活下来。因为,六个胎儿有很大的危险性。能不能顺利生下来,能不能存活,都是一个未知数。"但桑托斯拒绝了这一建议,她说:"不可能,我不可能做流产手术。我让想自己的六个孩子顺利地生下了。如果做流产手术,只保留两个胎儿的话,我以后肯定会后悔的,也会非常的伤心。我不能这么做的。"

但是这六个小家伙还是顺利的来到了人世,这6个小家伙(三男三女)的体重最小的仅为408克,最大的为563克,头48个小时对小家伙们的生命至关重要。全球各地曾有大约100名妇女生过六胞胎,但六个孩子都能最终活下来的还不多见。医生说这就要看小家伙们的运气了。不过,看现状应该是不会有什么问题的。因为这六个小家伙现在状态良好。

孩子虽然顺利的出生了，但对桑托斯来说，如何养活这些孩子还真是个大问题，因为她丈夫只是个木匠，月收入只有 350～400 欧元，而她本人则是家庭主妇。不过，桑托斯表示，无论如何，她都会让自己的孩子们健健康康地成长的。她说尽管目前经济条件不好，但是会好起来的。

两家中国养子是孪生兄弟

美国亚利桑那州的一对叫罗斯·维尼克拉森的夫妇领养了一名现年 3 岁的中国小男孩西卫。而阿拉巴马州的朱塔·沃尔特夫妇也领养了一名 3 岁的中国男孩陶陶。之前，这两个家庭毫无瓜葛，互相不认识。

日前，这两个家庭通过互联网相互认识。他们认识是一件非常偶然的事情。因为聊得来，所以他们经常交流各自的生活。就这样，随着网上交谈的深入，这两个家庭吃惊地发现，他们都是从中国领养了孩子，孩子的年龄也都相同。这两名孩子是同一天遭遗弃的，他们的上腭都有先天性腭裂。

这些共同特征引起了这两个领养家庭的浓厚兴趣。莫非他们是一对孪生兄弟？天下竟有如此巧合的事情？为了弄清楚真相，这两个孩子的养母分别交换了孩子的照片。从照片上看这俩小家伙竟像是从同一个模子里倒出来的。

接着，在 2004 年 7 月，他们对孩子进行了 DNA 测试，结果表明，这对幼小的孩子在血红细胞遗传上具有 98% 的相似性。这个意外的巧合让两个家庭吃惊不已。都说："这个世界真的是太巧合了。如果不是从网上认识，这两个小孩子也许这辈子都不可能认识，也不可能知道自己还有一个孪生的兄弟。"

9 月 30 日，思亲心切的陶陶和养母沃尔特乘机从阿拉巴马州抵达亚利桑那州的图森国际机场。在异国机场，3 岁的西卫终于和陶陶团聚了。

妹妹猝死，姐姐厌世

2000 年 9 月 28 日中午，台北市发生一双胞胎的妹妹猝死、姐姐闻讯 20 分钟也出现求生意志薄弱的奇事。这对是一对关系非常好的孪生姐妹，两人在母亲眼中就像是一个人一样。打小的时候开始，姐妹俩一起上学，一起下课，甚至一起喜欢上了她们英俊的班主任。她们两人喜欢穿一模一样的衣服，做一样的发型，穿一样的鞋子，这使得父母有时候也经常犯糊涂，也分不清究竟哪个是姐姐，哪个是妹妹。不过，她们长大后结婚了，就没有再住到一起了。只不过有时候会相约一起回家，看看父母。

这天中午，孪生姐妹刚好在父母的家里。她们一起在原来住过的屋子里玩耍，聊天。孪生中的姐姐突然发现身体不好的妹妹口吐白沫，眼神涣散，便赶紧叫来爸妈送她去医院。可是,因为没来得及,妹妹终于不治而亡。当爸爸告诉姐姐妹妹已经死了后,姐姐突然就眼神呆滞,并且不再说话了。她的爸妈害怕极了,也把姐姐送进了医院。平时宝贝她们的爸妈急得直哭。

精神科医师在分析这件事的时候说,双胞胎之一若猝死,另一方常常会产生厌世的念头。尤其是同卵双胞胎,基因和生长环境都一样,情感连接比一般兄弟姐妹还强,常常会出现"感同身受"的情况。

孪生姐妹偏偏爱上同一个他

同卵孪生的兄妹有着许许多多令人难以解释清楚的相似之处,而相似性最大的,恐怕要算英国约克城的一对孪生姐妹。

这对孪生姐妹的相貌、性格、思维、行动和爱好完全一样。她们都长得非常的漂亮,有着一头金黄色的头发。她们的眼睛同样大大的,她们对待事情都比较执着。而且,她们的爱情观、人生观几乎都是一模一样的。

对外界事物,她们几乎异口同声地表达她们的感情。而且,她们的声调都一样。甚至走路时,手脚的动作也相同,说话时打手势以及手所指的方向也是一致的。她们如此地相似,所以父母经常弄不清楚到底谁是姐姐,谁是妹妹。

如果有人想把这对孪生姐妹分开,她们会不自觉地哭个不停。她们无论做什么事情都要在一起做,一起上学,一起下课,一起出去玩耍。她们几乎没有一个人独处的时候,因为,她们都不希望一个人单独活动。

为使她们能习惯各自分开活动,三十年来,她们的父母跑了许多医院,但是,无论怎么努力都无济于事。

更有趣的是,这对孪生姐妹一天一起坐出租车,出租车的司机长得非常帅气,她们同时喜欢上了他,并且事后经常与这个司机约会。这个司机也没有说自己究竟喜欢哪一个,就这样与她们姐妹俩交往着。时间一天天地过去了,这个司机闹到后来自己也不知道该如何处理这件事情。因为她们姐妹都疯狂地爱着自己。于是,为了避开麻烦,这个司机与别人结了婚。可是,这对姐妹经常尾随他,有一次,她俩竟然躺在这位司机的汽车前面,以示"抗议"。

神奇的孪生心灵感应事件

我们听说过许许多多有关于孪生子的故事,而这些故事大抵上给我们带来同一种感觉,那就是孪生子之间好像有着特殊的感应。下面就是发生在孪生子身上的一些奇特的似乎存在心灵感应的事件。

鲁思·格罗费和南希·格罗费是弗吉尼亚州的一对孪生姐妹。鲁思·格罗费说起了她与妹妹之间的一则有趣的故事:我和我的孪生妹妹,年轻时都在纽约州奈亚克中学读书。有一次我们一起参加考试,有六个考题可供选择。监考人从这张桌子走到那张桌子,观察着每个考生的情况。当我交上考卷时,监考人请我留下,给我看了她在南希的考卷末尾写的几行字:南希和鲁思分开坐在本教室的对角位置。她们选择了相同的考题,并且几乎每句话、每个字都写得一样,我们推测她俩是孪生姐妹。看完这段文字后,我对监考人员点了点头,离开了考场。

还有这样一对孪生姐妹,妹妹正在发生腹疼的时候,有人告诉她,她的孪生姐姐因阑尾炎而住进了医院。她和母亲赶到医院时,姐姐已被送到手术室。她们只得在外面等候。等了好久还不见人出来。母亲说:"手术大概快结束了吧!"而双胞胎的妹妹却说:"不,妈妈,我能感到医生割阑尾和缝合刀口的时刻,现在医生刚刚开始手术。"果然如此,后来医生证实,手术的时间推迟了。

另一位住在洛杉矶的妇女,她的同卵双胞胎的妹妹因飞机坠毁而身亡,恰恰就在那时,她突然感到全身炎热,剧疼,眼前漆黑一片,并且从那时开始,心神不安,不久就传来了这个噩耗。

47岁的奥斯卡和杰克是一对出生在千里达岛的双胞兄弟,父亲是犹太人,母亲是德国人。出生不久,奥斯卡由母亲带到德国抚养,并且成为一个天主教徒,杰克则由父亲按照犹太人的风俗抚养,住在加勒比海一带,目前住在美国。这两兄弟的工作、生活和家庭状况都完全不同,可是当他们阔别40年第一次见面时,却带着相同的眼镜,穿着同一类型的衣服,留着同样的胡子。在他们接受一组问题测验时,也显示出同样的态度和习惯。

布莱吉特和乐丝是一对现年39岁、英国籍的同卵双胞胎姐妹。她们分手于第二次世界大战,直到最近初次见面。两人都带了7个戒指,其中一个手腕戴了一个手镯,另一个戴了两个手镯。一个人的儿子取名李查·安德鲁,另一个的儿子则叫安德鲁·李查。而她们的女儿,一个名叫凯瑟琳·露易丝,另一个则叫卡伦·露易丝。唯一不同的是,生活在贫穷家庭里的,有着一口坏牙。

迪拉和斯特拉是印地安那州的一对双胞胎。有一天,迪拉去参加狂欢节,斯特拉留在家里熨衣服。斯特拉不小心被电熨斗烫了手,这时她忽然感到一阵恐惧,恶心地直想吐,预感将有不幸的事情发生。斯特拉立即奔向正在举行狂欢节的公园,看到很多人围在一架已经倒塌的滑车前。抬头望去,有个座舱在架子上晃来晃去,眼看就要断开,可怕极了,上面坐着的,正是她的姐姐迪拉。当抢险队赶到,把姐姐救下来时,姐姐跑过来,看也没有看就问她:"怎么又把手烫了? 你什么时候才能学会使用熨斗呢!"

一对自小分居、寄养两地的双胞胎兄弟,兄在上海,弟在无锡农村。有趣的是1981年某天傍晚,两人都在当地感到有一种莫明其妙的气恼情绪,结果都与他人吵嘴。从此一个人在市区同人怄气时,在乡下的那个就会心里懊丧难受,在乡下的弟弟感到有人作弄他时,城里的那个哥哥也会闭门不出,免得受人欺负。

女婴肚里藏寄生胎

本来怀上了三胞胎,但出生前其中两个胚胎被他们的同胞姐妹包入腹中。这样的怪事让家住南山的黄先生夫妇遇上了:他们刚出生的女儿出生不到两月就腹胀如鼓,经过手术,医生竟然从该女婴腹中取出了两个已经成形的胚胎。专家介绍,像这样被同胞姐妹包住的寄生胎十分罕见,概率为百万分之一。目前,婴儿各项身体指标很平稳,医生说再过几天就可以出院,以后的生活也不会受到影响。

包住自己"兄弟姐妹"的女婴叫小慧,刚出生60多天。婴儿的妈妈说,她和丈夫住在南头南山村,自从知道自己怀孕后,一家都非常开心。生下小慧后,父母百般呵护,可出生40天左右,她突然发现小慧的肚子渐渐鼓起,而且越胀越大,20天内肚子胀得像个小西瓜。父母感到不对,带着小慧去惠州做检查,医生说是肿瘤。

惊慌的父母把小慧带到了市儿童医院,外二科主任王涛经过检查,发现小慧腹中竟是极其罕见的寄生胎。王涛介绍,寄生胎属于连体婴中非常罕见的一种,原来共存于母体中的三胞胎,在胚胎时期,其中一个或两个被另一个包进体内,被包后这两个胚胎就不可能发育成真正意义上的生命。"这种概率是百万分之一。"王涛说,他从医20多年,在全国各地的医院工作过,从来没见过这种病例,在深圳也是首例。

王涛说,经过检查,小慧腹中的寄生胎已经非常大了,重量占了她体重的1/7,把腹腔内的肝脏、肾脏等脏器压迫得像白纸一样薄,"如果再不医治,小慧很可能性命不保"。那年的12月,经过数小时的手术,医生成功地从小慧体内取出一对已经成形的双胞胎。

失散孪生姐妹同交一男友

一对墨西哥裔的同卵双胞胎姐妹出生后不久,便因母亲的经济原因而被不同的美国养父母收养,从此这对姐妹天各一方。这对姐妹一天天地成长起来。可是,因为收养家庭的隐瞒,她们一直都不知道自己的身世。而且,她们过得非常的好,养父母一直把她们当作自己的亲生女儿对待。然而巧合的是,两个收养家庭竟都居住在美国纽约附近。不过,两个家庭之间是互相不认识的。令人难以置信的是,这对双胞胎姐妹长大后竟先后认识了同一个男朋友!这两姐妹都非常爱自己的男朋友,当然,她们是不知道对方的情况的。不过,这名男朋友是先与这对姐妹中的姐姐分手后,又认识妹妹的。而且,是在一次非常偶然的情况下认识的。

这名男朋友认识了这对姐妹中的妹妹后,惊讶于自己前后两个女友的惊人相似。他告诉这对姐妹的妹妹也就是现在的女朋友说:"你知道吗?我以前的女朋友跟你现在长得几乎一模一样。你相信吗？你们甚至连说话的语气、走路的姿态、穿的衣服都非常的相似。难道，你们是姐妹吗？"他的女朋友表示不相信有这么巧合的事情。这名男朋友决定要证明给她看，于是经过他的安排，这对双胞胎姐妹终于相见了。相见了之后，经过深入了解与调查，她们发现两人真的是姐妹，而且是孪生姐妹！就这样，这对双胞胎姐妹在分离20年后，终于奇迹般地再次走到了一起！

同母异父的双胞胎姐妹

有这么一对双胞胎姐妹，她们确同母异父，够令人感到惊奇的了吧！这到底是怎么回事呢？恐怕大家都很想知道。

这对姐妹分别为玛利亚·埃琳娜和弗朗西斯科·哈比尔，当时已经2岁。可爱的两姐妹现在与母亲在一起。但是，她们的母亲因前男友最近拒绝给孩子的生活费，而将这名一直被认为是这两个小女婴的亲生父亲告上法庭。为此，法庭让她们的母亲先在智利做亲子鉴定，结果却大出意料。鉴定结果显示，玛利亚·埃琳娜确实是这名男子的女儿，而她的妹妹弗朗西斯科·哈比尔的父亲却是没有确定的一名男人。

孩子的母亲矢口否认："这不可能，这两个孩子都是他的。他应该给两个孩子生活费。一定是弄错了。"但后来在欧洲国家又做了3次亲子鉴定，都得到同样的结果。

2001年，玛利亚·埃琳娜的父亲已经恢复给孩子生活费，但只给1个孩子。玛利亚·埃琳娜的父亲说："玛利亚，埃琳娜确实是我的孩子，可是另外一个女孩就不是了。我不可能给两个人的生活费的。"

科学家认为，显然这名妇女曾经在很短的一段期间内与两名男子发生性关系，这两名男子各有1个精子与卵细胞相遇，使其受精，然后卵细胞分裂而成为罕见的同母异父双胞胎。只是这种情况发生的概率很低，专家估计为百万分之一。科学家说这是一个奇迹的巧合。令人难以相信，可是又必须相信。

同日生同日死的双胞胎

毫无疑问双胞胎肯定是同年同月同日生的，而同年同月同日死的并不多见。在芬兰就有这么一对双胞胎兄弟。

据芬兰警方透露，这对不幸的双胞胎兄弟生于1931年，一个住在帕蒂约基，另一个住在拉海，两地距离仅有2~3公里。这两起车祸发生在芬兰首都赫尔辛基市北方约600公里的拉阿镇。这对孪生兄弟中的一人骑自行车通过那条马路时，没注意到一辆卡车驶来，卡车来不及刹车，孪生兄弟中的一个当场被撞倒在地。出事时，正刮着暴风雪，能见度很差。当交通警察赶到时，他已经停止了呼吸。

两小时后，孪生兄弟中的另一人在中午时分骑自行车外出，天气已转晴，但路面很滑。在离兄弟死亡地点南边一公里多的地方,穿越同一条马路,这时正巧一辆汽车通过,但他没有看到汽车后面还有一辆卡车,因而也被撞倒。当交通警察赶到时,他也早已经停止了呼吸。当时,警察还感到非常的奇怪,因为这两个人太相像了,简直认不出是两个人,经过调查,才知道是孪生兄弟俩。

当地一警察表示,第二起车祸的丧生者不可能知道孪生兄弟遇难的事情,因为警方直到第二起车祸发生前不多久,才辨认出第一起车祸的死者身份。这个警察慨叹道,这样的双胞胎兄弟还真少见,不但同日同地生,而且还同日同地死。难道真的是命中注定的吗? 这谁又能解释得清呢?

孪生兄弟撰写奇文

罗伯·盖伊阿和罗伯·加罗迪是一对孪生同胞,他们是法国人。从孩提时代起,他们就分居于法兰西的南国与北疆,那是因为他们的父母在他们 3 岁的时候就因为一方有外遇而离婚了。他们的父母离婚后,就再也没有见过面了。

罗伯·盖伊阿和罗伯·加罗迪兄弟是长大了之后,才各自从一些非常秘密的信件里知道自己还有一个孪生兄弟。可是,当他们问起现在的父母时,他们的父母都表示说已经多年没有联系,所以也不知道对方现在究竟在哪里。后来,在他们各自的调查下,终于相互联系上了。

不可思议的是,他们成年后都不约而同地矢志于医学。他们两人对医学的痴迷,都让同学们感到惊讶。

当他们各自以优秀的成绩从医学院毕业后,分别在昂鲁和尼姆的两家医疗机关就业。

不久,罗伯·盖伊阿和罗伯·加罗迪兄弟两人灵感来临,各自写下了一篇题为《精神治疗之研究》的文章。写下后,两人又不约而同地修改了一番。他们觉得这篇文章写得还不错,于是,就找到了法国的《大众健康》杂志的地址,在同一天时间里投给了这家杂志。就这样,罗伯兄弟同时向法国的《大众健康》杂志投寄了题为《精神治疗之研究》一文。

当编辑部的人员收到这篇文章的时候,他们都惊讶了。由于这两篇文章的内容、段落安排以及措辞造句,甚至连标点都是惊人的一致,这可使编辑部的工作人员满腹疑团了:"到底谁才是真正的剽窃者呢? 怎么会如此地相同呢? 而且,从他们的邮戳来看,他们是在同一天把这篇文章寄出来的。这真是太不可思议了。"

当编辑部的人员知道他们两个是一对双胞胎后,更加惊讶了。医生说,这纯属是一种天衣无缝的巧合。

一双胞胎妈妈生下两对双胞胎

2004 年 8 月 13 日,一位是双胞胎的妈妈,又生下两对双胞胎,这种连说起来都十分拗口的事情发生在美国人贾娜·莫里斯身上。而更加令人称奇的是,13 日这天刚好是莫里斯 34 岁生日。如今,母亲、母亲的同胞姐妹、两对新双胞胎,都有了同一个生日。这真是一个意外的奇迹。

帮助她顺产两对双胞胎的美国宾夕法尼亚州兰可诺医院说,莫里斯产下了两对同卵双胞胎,为一对男孩和一对女孩,母子 5 人均平安。

自己就是双胞胎之一的莫里斯说:"这个'生'日对我来说实在是太特别了,我太高兴了。这是一个多么意外的奇迹与巧合呀,我的四个宝宝竟然与我一起过生日。我真是太幸福了。我的宝宝们都很健康。"莫里斯的幸福洋溢在脸上,连生产的疲累也没有挡住幸福。

助产医生安德鲁·格尔森说,这种情况在 100 万组四胞胎中才会出现一次。也就是说,这是一个奇迹中的奇迹。不过事实上,这一"奇迹"也掺杂了"人工成分"。此前已经有一个 2 岁儿子的莫里斯今年 1 月接受了胚胎移植手术。为确保"万无一失",当时医生向莫里斯子宫内一次植入两个胚胎细胞,没想到结果出乎意料。4 个宝宝早产两个多月,每个体重都在 2 ~ 3 磅之间。尽管他们出生时还得依靠呼吸机辅助呼吸,但医生们预计他们会健康成长。

医生说,这种情况发生的概率为百万分之一。

印度孪生姐妹同日结婚同日死

在印度,有这么一对孪生姐妹,她们不仅在同一天结婚,并且在活到 114 岁时于同一天去世,这个巧合在当地成为一时佳话。

这对孪生姐妹叫卡利和巴图利,出生于印度中部西耶市,两人从小就感情非常的深厚。她们两人不但长得一模一样,就是兴趣爱好也几乎是一模一样的。两人都喜欢穿绿色的衣服,都喜欢跳舞等等。巧合的是,她们同时爱上了各自的男友,又同时与男友谈婚论嫁。更为巧合的是,她们在同一天分别嫁入两个家庭,从此分开生活。不过,因为她们感情好,两个家庭之间经常来往,好得就像一家人。

但是,她们的丈夫相继因病去世。卡利知道妹妹的丈夫也去世后,就对妹妹说:"妹妹呀,你的丈夫现在也去世了,我们就在一起住吧。这样,我们也好有个照应呀。"于是,两人又再住在一起,共度余生。两姐妹共有 125 名孙子和曾孙,可谓儿孙满堂。

卡利和巴图都成为百岁老人,有一天,卡利突然感觉身体不舒服,家人赶紧把她送往医院。可是,不幸的是,当他们把卡利送往医院后,医院经过简单的检查,遗憾地对她的家人说："对不起,她已经停止呼吸了。请你们节哀。"家人顿时哭作一团。

不知巴图利是否和卡利心有灵犀,她也差不多在同一时间,在家中寿终正寝,这两姐妹享年 114 岁。

卡利和巴图利的后人知道她们姐妹情深,决定将她们合葬,令两人永不分离。

孪生姐妹同日产下孪生兄弟

2004 年 12 月 14 日,在美国佐治亚州的同一家医院,一件令人不可思议的事情正在发生,那就是一对孪生姐妹,分别生下一对活泼可爱的双胞胎兄弟,而前后时间只差了一个小时,真是一个令人不可思议的巧合与奇迹。

据报道,今年 21 岁的阿诗丽·史宾克斯和安德丽亚·史普林格是一对美丽迷人的孪生姐妹,几乎长得一模一样,经常让亲朋好友认错人。她们两人更是好得像一个人。更令人不可思议的是,这对孪生姐妹生活在一个奇特的双胞胎家庭,她们的父母和老公都有双胞胎兄弟或姐妹。今年年初,这对幸福美满的孪生姐妹结了婚,不久又几乎同时怀上了孩子。当怀胎六个月时,她们两人分别去医院进行体检。通过医院的 B 超发现,她们腹中的胎儿竟然都是双胞胎,而且都是两个男孩。更凑巧的是,她们两人的预产期也都是 2005 年 1 月 1 日。消息传出后,她们一家人喜出望外。几周前,姐姐阿诗丽从印第安纳波利斯来到了乔治亚州,与自己的孪生妹妹安德丽亚居住在一起,翘首祈盼两对双胞胎的降生。经过商量之后,这对孪生姐妹决定选择同一天在同一家医院进行剖腹产。

12 月 14 日在家人的陪伴下,这对孪生姐妹来到了在乔治亚州的南方医院进行剖腹产。推进产房没多久,两对活泼可爱的双胞胎兄弟就呱呱落地,前后只差了一个小时。看着这 4 个手舞足蹈的小家伙,这对孪生姐妹露出了幸福的微笑。

当天,阿诗丽的丈夫伯特·米恩斯千里迢迢赶到了乔治亚州。米恩斯说:"我做梦也没想到她们姐妹俩竟然同时生下一对双胞胎,而且都是清一色的儿子,简直是一个奇迹!"据米恩斯透露,他们家有生双胞胎的历史,而且从来没有使用药物或其他方式进行人工授孕,所有双胞胎都是自然怀孕。

在谈及这一事件时,美国妇产科专家拉里·松本说,这种情况十分罕见,双胞胎姐妹同日生下双胞胎的几率大约是百万分之一,而都是儿子的几率则更小。

两对不协调的孪生姐妹

1985 年 9 月 3 日,在拉丁美洲的波多黎各大学附属医院。在相隔几个小时之内,有两对双胞胎在这里诞生。这两对都是女孩子,而且双方母亲的姓相同。由于这些巧合产生了换错婴儿的不幸事件。

一位母亲叫做罗兹拉·赫鲁楠迪斯,另一位母亲叫做杜珞斯·赫鲁楠迪斯,虽然她们俩姓相同,可是并没有亲戚关系。罗兹拉把双胞胎姐妹取名为莎曼沙和杰妮华。杜珞斯的两个女儿取名为泰丽和玛丽。可是,在住院期间婴儿当中的莎曼沙不知什么时候开始被护士搞错,竟和泰丽调换交给了对方的妈妈。

这场调错婴儿的悲剧,原来是由几个偶然的巧合为开端,造成两家人的苦恼和不安,幸亏最后还是通过一次戏剧性的偶遇,迎来可喜的大团圆。那时两对双胞胎已经一岁半多了,杜珞斯的妹妹格洛利亚小姐因身体不适,到波多黎各首都圣胡安市内某医院里看病,恰巧罗兹拉也带着两个女孩到这个医院看病。真是"无巧不成书",当格洛利亚小姐正在候诊室候诊的时候,看到罗兹拉迎面走过来,格洛利亚从来没有和罗兹拉见过面,可是她看到罗兹拉带来的两个孩子,不觉惊叫一声。因为其中一个和姐姐杜珞斯的女儿玛丽长得一模一样,大眼睛,宽而凸出的额头,看人的神气,反正一切的一切都是和玛丽一个模子印出来似的。格洛利亚顾不得冒昧,主动靠近罗兹拉,向她问好聊天,又故意把话题引到孩子们的身上,从而了解到这两个女孩是双胞胎,是和自己姐姐的双胞胎女儿同一天,在同一个医院诞生的。格洛利亚有意谈到双胞胎姐妹为何不相似。这时罗兹拉才慢吞吞地说出她自己也为此想不通,甚至由于过分烦恼而彻夜不眠。格洛利亚于是把姐姐杜珞斯也有"同病相怜"的详情告诉罗兹拉。当下双方互告住址和电话号码。又是一次惊奇!罗兹拉和杜珞斯的姓竟然都是"赫鲁楠迪斯"!不难推测,这也是造成院方换错婴儿的原因之一。

经过双方再次商讨,他们在圣胡安市租下一座房屋,两个家庭在一起共同生活,使四个孩子彼此不分,和睦相处,设法使莎曼沙和泰丽都逐渐熟悉自己的亲生母亲,还使她们慢慢习惯更改后的名字。经过双方家长种种艰苦而耐心的工作,被错换的两个孩子,终于在满两岁生日的那一天,回到各自生身母亲的怀抱中。

第六节　大难不死有后福

127 次与死神擦肩而过的老人

人们常说猫有九条命,可以死上几回,也没有关系,因为还有剩余的命可以继续来用,人类与猫不同,因为人类只有一条珍贵的命,失去了就再也没有生还的能力了。但是在波兰有一位神奇的老太太,她似乎不只有一条命,她的命似乎比猫还多上几倍,提起巴巴拉这位年过半百的老太太,当时在波兰可以说是无人不知无人不晓,因为当时她是波兰最富有传奇色彩的风云人物,在她身上经历了非寻常人所经历的很多令人吃惊而又恐惧的事情。她因为一生经历了两次飞机失事，四次火车相撞，也发生过沉船事件，她都能死里逃生，化险为夷而上了国际新闻，一刹那成为了这一时期的焦点人物，因为这在人们的眼里是必死无疑的，无论是在空中还是在陆地，或者是在汪洋的海面上，无论哪一个事故都能轻而易举地要了她的命，但是她都能安然无事，这简直就是一个奇迹，成为了当时倍受人们关注的对象，大家把她当成了当时的传奇人物，这些故事听起来感觉有些令人不可思议，但是这却真实地发生了，而且多次不同环境的发生在一个没有任何安全保障的老人身上。

巴巴拉·罗雅从幼年开始，灾难似乎就和她较上了劲，下面就是她和灾难一起成长的历史。那是在她两岁时，家中的大人由于工作都外出了，只有她一个人在家，由于年幼不懂事，更没有安全意识，可能是好奇心使然吧，她便一个人爬到五楼的窗子上，意外就这样发生了，她从家里五楼的窗子上掉了下来，恰巧掉在一堆纸板上，竟然毫发未伤。在巴巴拉十岁那年，上学的路上，在她穿越马路时，正好一个胖男人骑车而过，没有躲闪及时，两个人相撞了，结果巴巴拉没有事，而胖子却摔断胳膊，住进了医院。巴巴拉一生经历了四次飞机失事，七次车祸，十二次莫名其妙地从大楼或楼梯摔下来，她在阳台上看楼下小朋友玩游戏时，阳台断裂，华沙剧院屋顶吊灯坠落，两次火车相撞，煤气爆炸，罪犯突然袭击，快艇沉入水底等灾难，但她每次都安然无恙。

上述的这些绝对真实的事情我们每一个人可能只要摊上一次可能就一命呜呼了，为证实这些故事的真实性，巴巴拉还保留着有关她的报纸剪报和目击者证词，根据这些资料的记载，她一生中 127 次与死神擦肩而过，可以说是人间奇迹。波兰一些著名的科学家和星象学家都到她的家中进行实地研究，和她的父母兄弟姐妹进行详谈，希望能从他们那里获得一些有关巴巴拉的有价值的线索，因为这些神奇的事情不是能随便的发生在我们的周围，但是最终都无法找到合适的理由来解释巴巴拉的特殊经历，因此当地就有人怀疑巴巴拉是天神下凡，有神体护身，是老天在处处保护她，才幸免于难的，但是也有人不赞同这种"天神保护"的说法，他们说巴巴拉是那种命很硬的扫帚星，是会克人的，只有她身边的人遇难，自己却没有事。

跳伞史上的奇迹

在 1993 年 5 月 10 日晚 6 时，法国某军队正在进行一场对新兵跳伞的第一轮训练，目的是为了选拔一批优秀的跳伞人员，以备在今后的国家航空建设方面有所成就。当时参加训练的官兵一共有 22 人，其中有老兵 5 人，新兵 15 人，另外有 2 名特级跳伞教练，之所以有 5 名老兵参加训练，是因为这是一场新的技能训练，为了克服新兵的心理恐惧，特别采用了这种以旧带新的训练方式。跳伞开始了，为了能给新队员一个好的示范，也为这次艰巨的训练任务能有一个好的开端，两名经验丰富的教练决定，先由一名老队员进行第一跳,给其他队员在机舱里实地观摩,进行准备工作。然后跳伞队员一起从距离地面500 米的高空处从飞机上跳下来,一切准备就绪,教练的一声令下,剩下的 19 名队员一起跳进了云海之中,随后他们都打开了自己的伞包,开始时他们相距还比较近,可能是由于体重的关系,再加上高空气流的作用,他们所处的空气环境开始有所不同,他们都有了各自的降落方向。其中最特别的要属于那位叫做达朗的年轻人了,之所以说他特别是因为,他在跳伞的一开始就发生了奇迹,他刚一开始跳出机舱,就感觉与教练之初所讲述的有些异同,因为他并没有像其他队员那样向下降落,而是被一股强大的气流推向了高空,瞬间消失在九霄云外之中,2 小时后他才走入正轨,跌落在离跳伞地点 60 千米外的一片农田里。幸运的是,他当时被正在农耕的一位农民及时地发现了,当时迪迪埃·达朗腰系降落伞躺在地上失去了知觉,这位农民被这突如其来的事情吓呆了,连忙将达朗送进了医院进行检查,医生发现这位跳伞队员虽然晕迷了,但是气息均匀,应该不会有什么生命危险,同时还发现他的手和脚都被严重的冻伤了,但身体其他部分却完好无缺,并从他随身携带的高度计显示数据中,可以不难推测出他是被气流推到距地面 7000 米高空才掉下来的。7000 米高空?那是一个什么样的概念,在 7000 米高空中,大气层中氧的含量稀少,气温一般是在 - 30℃ ~ - 40℃,在那种恶劣的环境下,人类是无法生存的,寒气加上氧气不足,都会让人休克而死,当时达朗跌落下来,通过检查体温基本正常,这充分地证明了他在 7000 米高空停留时间并不长,较长时间处于温度不那么低且氧含量较多的气团之中,才幸免于难的。

摔不死的飞行员

1944 年 3 月 23 日深夜,英国皇家空军出动飞机空袭柏林,21 岁的尾炮手阿克麦德参加了这次行动。不幸的是,飞机在返航途中被德军夜航机击中,右舷机翼严重受损,飞机立即着火。

阿克麦打开舱门进去取降落伞,可惜太晚了,舱内一片火海。他好不容易把降落伞的背带系在身上,可降落伞已着火了。火势越来越猛,他用劲旋开炮座边上的门,不顾一切地向茫茫夜空跳去。他刚一离机,飞机就在他的上面爆炸了。

阿克麦德脚朝下,头朝上,急速下落着。闪烁的繁星在他脚边不住地跳动,冰冷的夜风扑面而来。他绝望地闭上了双眼等待着死神的到来。片刻之后,他突然感到太空倒转,星星飞到了脚下……为了证实自己还活着,阿克麦德扭动了一下身子,用手摸遍了全身。天哪,除了几块严重的青肿、多处擦伤和飞机上的烧伤外,自己竟然奇迹般地活着。他清楚地记得自己是从一万八千英尺的高空跳落的。阿克麦德此时此刻并没有为生命幸存而惊讶,直到几个小时后,他表情上的冷淡才慢慢消失,代之而来的是一种不可抑制的欣喜若狂。在眼睛逐渐适应了夜色之后,他站起来对自己进行了彻底的检查,结果发现脚上的两只靴子不见了，这可能是在疾速下落中让松树枝给扯掉的。飞机制服的两个裤管被火熏黑而且撕裂了。唯独只有降落伞的背带还完好无损，他当时根本没有想到这根背带以后会对他的无伞降落起到证明的作用，便毫不在意地解下丢在雪地里。

阿克麦德环顾四周，只见积雪最厚的地方有 1.8 英尺。雪从松树林外的旷野吹来，堆积在树下，外面空旷的大地上却一点雪也没有，如果自己当时是跌落在树林里，那必死无疑。现在他终于明白了自己之所以能死里逃生的原因：先坠落在弯曲的松树枝上，接着，从树枝上跌落下来时，拥抱他的是松软的积雪。阿克麦德试图离开树林。可腿却抬不起来，他记得腿是从飞机炮座上跳离时扭伤的，他意识到，目前最要紧的是让人发现自己，就拿出系在飞行服上的哨子，连续吹了起来。

一会儿，阿克麦德听见了人声和脚步声，手电筒光朝他脸上射来，搜捕的人是德国哨兵。他们拿出一块大帆布把他推到上面，像拖一袋马铃薯似的拖回营房。最后纳粹德国的秘密警察赶来了，用汽车把他送到医院。第二天上午开始审问，德国人想知道降落伞藏在哪儿，当审问官听到阿克麦德没有使用降落伞时，不相信地哈哈大笑起来。

"那么，你们可以去找我扔在树林里的那根降落伞背带。"

德国人马上找到了那根背带，几天之后又在 20 英里外一架英国飞机的残骸里发现了烧坏的降落伞。当他被押到战俘集中营时，德国人把同盟国的战俘集中起来，讲述了这一不可思议的降落。后来德国当局还交给他一个证书，上面写道："经调查核实，英国人塞金特·阿克麦德从一万八千英尺的高空不用降落伞而落到地面，着陆时没有受伤。"

错数楼层，警察破大案

前不久，在澳大利亚的布里斯班小镇，发生了一件有趣的事情，一位警官正在值班室里休息，这一天本来是属于他例行的休息日，是因为一位同事临时有事，需要他替班，所以大周末的，本来计划出去旅游的他一个人在值班室里无聊地打发着时间，正在这时桌子上的电话响了，有命令，因为这是一根内线，明显的是上级领导的电话，他很有礼貌地接起电话，等待命令，电话那头非常有力度无法抗拒的声音传来了，原来上级领导刚刚得到最新消息：在离警局不远的一幢公寓里有非法聚赌的赌徒，他们正在进行一次赌徒交易，似乎带有黑社会性质，这位警官被命令带队去搜捕，临挂电话前，领导特别强调这群赌徒的具体窝点是在这幢公寓的 4 楼，因为怕走漏风声，只有秘密行动，所以确切的窝点只有他一人知道，警官满心不快，觉得没有必要为这些赌徒如此兴师动众。无奈这是命令，只得无条件执行。当他心不在焉地带着一队警探冲上公寓时，竟数错了楼层，一直冲到了 5 楼。也没有细看眼前的门牌号，就一脚将门踹开，率领警探冲进行了房间。本以为会看见一群赌徒烟雾弥漫的屋子里，麻醉在金钱的诱惑之中，可是房间里根本没有看见赌钱的人，更别说什么赌徒的交易了，却有几位神色慌张的家伙，见到警察进来更是被吓得浑身发抖。一看便知，虽然他们不是在赌钱，但一定在做非法的活动，经过一番审讯，原来这伙人是一群非法贩运武器的罪犯。此次是他们最后的一笔交易，因为其中有3个人由于杀人在逃，为了能及早地得到一笔救命钱，今天才铤而走险。此时此刻他们正在房间里包装枪械，进行交易，被这突如其来的状况吓懵了，警官如获至宝。把武器贩子当场抓获归案，带回警局后继续审讯，得到了更为重要的线索，原来他们的背后是一个走私团伙，他们只是其中的一个小小的下手，此线索一经上报得到了领导的高度重视，下令由他全权负责此案。由于掌握了充分的线索，没有多久便一举捣毁了一个武器走私集团，成为当地老百姓的最爱戴的警官，因此，当地的治安由此有了很大的好转，这位误打误撞的警官因此立功升职，喜得他整日咧着嘴。而当时在4楼里的赌徒，则全部闻风逃散了。事后，当人们问及他当时是怎样得知消息，又如何一举将犯罪分子抓获的时候，他只是笑而不语。也许这就是幸运。

救命的假胸

我们都知道，子弹一但穿越我们的血肉之躯，即使不死也得在鬼门关上走一回。没有谁能是例外，但是有一位澳洲姑娘当遇到子弹从自己的胸部穿过时，不但没有一点生命危险，而且还能清醒地观察这一切。难道她不是血肉之躯，她不知道疼痛，或者她有什么东西护身，难道她穿了避弹衣，这些理由都不成立啊。因为发生枪击的地点是一家夜总会，这位姑娘是一名模特，她穿避弹衣是没有理由的呀，这究竟是怎么回事呢。原来，这位模特的名字叫杰恩，模特是她最钟爱的职业，那天，她在悉尼的一家夜总会演出时，适逢两名男子发生口角，他们执有不同的口音，听不出他们在争吵什么，但观察他们的神态，知道两人有很大的矛盾，当时有夜总会的保安来调和也没成功，他们愈吵愈烈，好像非要争个你死我活，这时候突然有人开枪，人们在惊乱中各自逃命，杰恩正在后台的休息室内化妆准备演出，一颗子弹从敞开的门中飞入，不幸杰恩意外被击中，当时从手枪射出的子弹无情地射穿她的左胸。当时化妆室的工作人员都惊恐地望着杰恩，因为大家谁也不愿意见到这位年轻的姑娘死于非命，此时，那名射击者已经逃之夭夭。此时此地，尖叫声不断，因为大家一致认为杰恩已经死了，当人们在极度的恐慌中回过神来时，发现杰恩依旧站在他们的身旁，而且没有一点被子弹击中要害的样子，杰恩镇静地对大家说："我没有感觉到疼痛的原因是我的左胸是假的，它是人造的，我不会有生命危险的，大家别害怕。"这时惊恐的人们才如梦初醒，知道杰恩没有中弹倒地的原因，急忙送她到了医院，希望医生能给她做进一步的检查。"如果不是做过隆胸手术，你将必死无疑。"医生对她说，如果她的乳房是真的话，子弹会留在乳房里，时间一分一秒地过去，子弹中的有毒物质会在她的身体中逐渐扩散，当扩散的面积达到一定程度时，就再也没有办法将她抢救了，她可能因此一命呜呼，所以说是假胸救了她一命，但因为她做过隆胸手术，肌肉和组织被假胸的软体所取代,子弹可轻而易举地穿过她的身体。二十七岁的杰恩说:"警方告诉我,那颗子弹是当时火力最强的子弹,它可以射穿避弹衣,是当地出了名的警察杀手。"她忆述当时的情景说:当时我听到外面有很强烈的争吵声,自己在屋子里,只当是普通客人的争吵,一会就会有人解决的,没有想到这突如其来的灾难顷刻之间会降临到我身上,我听到'砰'的一声,用手向胸口一摸,一种湿湿的东西,原来是血,见到有血,还以为是别人的血溅到自己身上,但当看真一些时,发现那血是从自己的胸口向外涌,有一个子弹孔。"当杰恩被送往医院急救的时候,杰恩没有庆幸自己尚在人间,只是担心她的"乳房"会因为枪击而出现什么问题。因为她一名模特,她很爱这个职业,想到自己花钱做的一个假胸居然救了自己一命,成为自己的救命恩人,杰恩就觉得非常好笑。这绝对是充满了惊险却并没有发生任何危险的事。杰恩是幸运的!

现实版的小鬼当家

美国好莱坞是许多电影名家的向往之地,因为那里不但是名利与事业的象征,更是自身价值的一种崇高体现,因为美国好莱坞出产的影片不仅畅销全球,而且早已家喻户晓,我们看的影片中大多数来在好莱坞。其中有一部叫做《小鬼当家》的影片,更受小朋友们的喜爱,影片中的小鬼可够灵活机智的,他利用自己的聪明才智,屡屡能使得坏人的阴谋破灭,却又拿他无可奈何,或许像这么聪明机灵的小鬼只能存在于艺术作品之中,现实生活中很难寻找得到,但很难并不是代表一定没有,例如在加拿大就有这么一个小鬼,他和《小鬼当家》影片中的主人公一样,在现实生活中机灵聪明,常常做一些让人们哭笑不得又非常正确的事,而这些可爱的事情好像只有在文艺作品中才能看到哦。

上面所提到的这个小鬼出生在加拿大的温尼伯市,他是一名刚刚足岁的小宝宝,看上去和别的宝宝没有什么不同,圆圆的粉嫩的脸蛋上有一对黑得发亮的大眼睛,不是很多的头发很听话的趴在头顶上,单从外观根本看不出他和影片中的小鬼会有什么必然联系,因为他看上去那么娇小,不堪一击,就连生活起居还得依靠大人来照料才能完成,这样一个小不点,某一天晚上在家中玩电话时,竟无意间拨通了911热线(类似我国的110报警电话),刚巧在他的家中正好窝藏了一名警方正在通缉的罪犯,使得警方在极短时间内不费吹灰之力将犯人擒获。原来,这名好奇的小宝宝当晚正坐在电话旁边百般无聊,因为他的妈妈正在忙于别的事情,没有时间来陪他,他一眼就看见了摆在面前的电话,他经常见到妈妈拿起话筒讲话,当时他多么想也能像妈妈一样,可是他没有得到批准,今天真是一个机会,只有他一个人在客厅,妈妈根本不会来约束他,他兴奋地拿起电话,如获至宝,左看看右看看,把这部电话当成了他的最新奇的玩具,因为在众多玩具中,只有这个是独一无二的,是能说话而且短暂拥有的,一会妈妈回来还要物归原主,所以他尽一切可能地玩耍,一会按按这一会按按那,总是带给他新奇的感觉,他开始一个人随便地胡乱按动电话上的数字键，还不认识数字的他刚好拨通了加拿大 911 热线。那是一个免费的报警电话，加拿大法律规定，如果有人打 911 热线，无论天气如何，不论对方是谁都要及时出警，确保报案人的平安，当电话接通后，警察局的接线员听到电话里传来阵阵婴儿的哭泣声，以为发生了什么大事，马上派出一辆警车赶往现场。当警察到达时，发现这栋公寓一切平安，没有往日办案时的那种打斗的场面，公寓的主人是一对男女，他们看似是一对夫妻，女的正是这名刚刚拨通电话的小宝宝的母亲，今年 23 岁，她对警察的到来感到莫名其妙，因为她家好像是没有发生什么值得报警的事情，正在她怀疑之际，站在她身后的这个男人引起了警方的注意，因为他太像警方近日在大力抓捕的通缉犯了，这个男的是她男朋友，此时显得有些慌张，更是加大了警察的怀疑，经查问并将该男子的姓名输入电脑后，电脑资料显示这名 25 岁的男子正是被警方通缉的犯人。年轻女子才如梦初醒，自己刚刚结交的男朋友竟然是一个警方在全力通缉的罪犯，而且救了自己的人竟是自己不到一周岁的儿子。

警官约翰逊向记者诉说这宗趣事时开玩笑地说，如果这名小宝宝知道警方防止犯罪组的电话号码的话，一定可以帮助警方抓到更多的歹徒，加拿大的犯罪率可能由此下降呢！

被子弹击中心脏而活下来的人

这又是一件被子弹击要害部位而没有任何生命危险的实际例子，上次说的是一子弹击中了一位女士胸部，由于是假胸而幸免于难，而这次被击中要害部位的可是心脏，我们都知道如果人的心脏出现了毛病，随时都有生命危险，因为心脏是全身血管的总汇之处，心脏如果停止了工作，那么这个人就只有等待死神的宣判了，任何人也没有回天之力，但是任何事情都有个例外，你可能不会相信世界上会有这样奇特的事情，一个人被子弹击中心脏后，还能存活，而且还很健康，在我国的广州市就有这么一个神奇的人。

事情发生在 2004 年 9 月 10 日下午 3 时 30 分左右，家住广州市白云区同和镇东平村的李先生像往常一样到白云山上取水。这本来是一个非常平常的日子，因为每天下午这个时候都是他去山上取水，一年四季从未间断过，因为他取回来的水正好够明天一家人的用水，所以无论是刮风还是下雨，他都照去不误，这天在他取水回来的路上，一颗不知道从哪里飞来的步枪子弹击中了他的心脏部位。他强捂住胸口，向村子的方向艰难地移动，他费力地坚持着，因为他知道，一家老小还在等着他，他必须活着回去。

李先生是带着 4 岁的女儿一起上山取水的。两人取完水后有说有笑地下山回家时，李先生突然感到左胸一阵剧痛。强烈的剧痛使他难以行动，并出现短时休克。他的四岁的女儿吓坏了，可是又不知道怎么帮助爸爸。只是一个劲地哭喊，任凭女儿怎样的呼喊，在空旷的山上也没有什么人能听得见，几经艰辛，李先生终于慢慢地回到了家中。到家后为了不让家人担心,李先生一个人躲在屋里掀起衣服一看,在左胸位置上有一个黄豆大小的空洞,上面有少许的血丝,他以为被气枪击中。所以还不以为然,以为过一会就好,也没有放在心上。

这时,李先生的同乡听说此事后来看望他,其他村民也都闻讯赶来。当大家知道情况后,曾想试着用夹子将子弹夹出,因不知子弹的确切位置,所以不敢贸然动手。于是,李先生的老乡陪同他到同和镇某医院做了胸部 CT 扫描,结果发现心脏部位有一金属异物,如果不取出,此金属异物开始扩散就麻烦了,因为扩散会带有大量的细菌,会使身体局部感染而溃烂,所以必须尽快做手术,否则会有生命危险。

同时医生还告诉他,由于此伤口正处于心脏部位,手术风险很大,成功的概率很小,会给患者带来很大的危险。因为手术危险系数太高,李先生只好转院到 157 医院。可是,医院里没有一个医生能做得了这样的手术,于是,李先生只好又于 12 日转到南方医院。面对来回转院的事情,李先生似乎也明白了,手术的危险随时都有可能带走他的生命,他在接下来的日子里,更是珍惜生活,经常和家人聊天,好像要把这一辈子的话都要讲完。历经千辛万苦,终于在南方医院,一名胸外科的医生将深埋在体内数天之久的子弹成功取出了。看到取出来的子弹头,李先生还心有余悸,因为他是不幸中的万幸,不幸的是飞来横祸,使他倍受肉体和精神的折磨,幸运的是终于脱离了危险。

术后这位医生说,遭遇飞来之祸的李先生创造了一个"奇迹"。因为这种情况在全国罕见,其中还能够存活下来的例子更是非常之少。

《风》之传奇

大千世界无奇不有,有离奇古怪之说,有死人复活之事,但也有的事情巧合得不得不令人咋舌,因为在世界上的万事万物中,有些事情就像天公故意捉弄我们一样,一模一样的树叶难以找到,但是找到巧合之事却不是什么难事,因为诸如此类事件都巧得天设地造,令人难以相信,但在事实面前我们必须承认那是千真万确的,令人毋庸置疑。

那是在 1900 年出版了一本名字叫做《不可知的事》一书,看到书名,顾名思义,就知道里面记载的肯定是一些人类无法想象的一些新奇的事情,因为只有那些不可知的事情才有条件被收录进来,在这本书中,其中有一章记载着一个非常有趣的巧合故事。

故事发生在 19 世纪,在法国北部的一个偏远的城市里,有一个叫做卡米尔·费莱伦姆的著名的天文学家,他不但知天文懂地理,而且非常喜爱写作,他常常一个人在家一整天,足不出户,只为了完成一篇文章而已,他性格恬静与世无争,因为他有这样的韧劲和执著的精神,所以在当地很有名气。很多出版商都认识他,而且非常喜欢他的稿件。有一天午后,正午的骄阳似乎有些厌倦了每天重复的在空中无聊的生活,想及早地溜回家,所以在午后刚过,阳光便不那么灼人了,微微起了小风。此时的费莱伦姆正在为书中的最后一张《风》而冥思苦想,不知道微风带给他的灵感,还是他此时思路畅通,总之,苦想了一个多月的文章在此时此刻似乎得到了灵感,写得非常顺手,奋笔疾书,不一会,一份满意的稿件诞生了。可是,当他刚刚写完放下笔,想休息一下时,突然刮来一阵风,将他刚刚写完的稿子卷出了窗外,随后不知道去向,他十分恼火,这可是他好长时间钻研出来的心血呀,可是恼火归恼火,再大的恼火也无济于事,还是解决不了任何的实际问题。他也只好打算重写这一章了。这件事过了几天,费莱伦姆有些淡忘了此事,因为他已经重新写好了新的一章《风》。

几天后,他十分奇怪地收到了出版社的一个收据,寄来的居然是稿件《风》的收据。这使他觉得很不能理解。这份稿件不是被风吹走了吗?怎么会在出版社呢?而且给邮寄来了收据,这是怎么回事呢?于是,他带着疑问就到出版社去问情况。是一个编辑接待了他。

编辑问:"请问你有什么事吗?费莱伦姆先生。"

卡米尔·费莱伦姆说:"我的稿件《风》被投到你们出版社,我刚刚收到了收据,可是,我觉得非常奇怪的是,我并没有给你们出版社投过稿呀。而且,这个稿件在我写完的当天就被风给吹走了。一直没有找到过,我想问一下这究竟是怎么一回事。我自己都感觉莫名其妙,这也太奇怪了呀!"

编辑听完了他的讲述后,就给他解释了其中的原因。原来,当天那阵风把稿纸吹到大街上时,正好有一名出版商的公务员从此经过,他看到满街的稿纸,凭借着职业的敏感,他知道肯定是一位名家的著作散落在此,于是随手将一张张散落的稿纸拾起来,然后带回出版社,把它交给了出版商。

就这样,一份几乎丢失的稿件居然在原先预计的日子发表了,费莱伦姆的辛苦没有白费。他非常感谢那位拾起这份稿件的人。

迟到者全部幸免于难

在美国,这件事情当时被人们看作是有一种神奇的力量在召唤她们,因为当晚的排练,所有人都因为种种原因而迟到,这一次并不是普通意义上的迟到,因为这次迟到给她们带来的不是教练严厉的惩罚,而是一件被人们普遍认为一件幸运的事,有些人还模仿她们中的一些人来买彩票。因为大家都有一种信条在里面,那就是大难不死,必有后福。这种集体躲过浩劫的事件在美国历史上还是头一次,在全球也实属罕见。事情是这样的。

位于阿比特丽斯市中心的某教堂定于 1950 年 1 月 13 日晚上 15 名唱诗成员唱诗排练。原本工作很繁忙的约翰逊先生,今天特地抽出时间来给这次排练做指导,约翰逊先生是一个非常守时而且要求非常严格的人,他从来不迟到,而且他本人也非常讨厌迟到的人,但是,当晚 15 名等待排练的队员全部迟到,这对于一向严格要求的约翰逊先生简直就是一个耐性的考验,但是令人感到惊讶的是,今晚的约翰逊先生出奇的平静,他好像很习惯大家的这种行为,时间一分一秒地过去了。约翰逊先生一直很有耐性地等待,终于在正点时间的 20 分钟后所有的人都陆续来齐了。

迟到的 15 人当然要接受负责人的盘问。参加排练的 15 名唱诗成员各有各的原因。这些理由听起来似乎合情合理,又似乎感到有此牵强,有人说:"我的汽车发动不起来,也不知道是什么原因。平时都好好的。而且,今天上午我还开车出去遛了一圈呢。"

有的人说:"我是因为服装还未熨好。本来我要我妈妈熨的,可是,我妈妈为了给妹妹梳头发,就把给我熨服装的事给忘记了。而我自己,也因为要扎头发而耽误了熨服装。我还因为这个埋怨了我妈妈呢。"

有的人说:"我同学突然来拜访我,因为有 3 年多没有见面了。所以我们非常的高兴。我们聊呀聊,聊了许多的往事。这些往事让我们都既兴奋又怅惘。正因为如此,我们交谈的时间拖得太久了,所以,我就迟到了。本来我也知道迟到是一件不好的事情,而且我也知道自己快迟到了。可是,就是不知道是什么原因,我竟然没有把我同学赶走。这可不像我平时的风格。"

有的人说:"我下午本来准备好了要早一点过来排练的,可是,因为我下午没有吃饭,我就到饭店去吃饭。结果,在饭店吃饭的时候被粗心的服务员把我的衣服给弄脏了。只好又跑到家里去换衣服……"

……

但是,令人们意想不到的是,好在他们 7 点 15 分一个也没有到,因为 7 点 25 分教堂突然发生爆炸了。而这 15 名唱诗成员因为迟到全部幸免于难。像这样 15 人不约而同迟到的离奇巧合,经计算,恐怕在 100 万人次中才有一次。事后,人们对事故发生的具体原因似乎关注得更少,而对事故中的幸运儿则充满了好奇。

因开枪自杀而医好顽疾

不知道在这个世界上有没有死神存在,如果真的有的话,那么这个死神肯定是一个非常喜欢恶作剧的家伙。它不是专为催人的命而来,而是给那些面临死亡的人一个新的开始,也许死神也不喜欢人们痛苦的分离吧。下面的这个年轻人就是一个和死神擦肩而过的幸运之人,死神不但没有把他带入另一个世界,而且还大开善心,医治了他多年的疾病。

24 岁的意大利青年亨利·芬克患上精神病已有 14 年之久,当时患病的他只有 10 岁,小小年纪竟然患上这样的病,令家人都感到惋惜,家人决定要不惜一切代价治好他的病,因为他的人生之路还很漫长。大家为他四处求医问药,使用了各种哪怕只有一丝线索的方法，但始终没有能将他得的这种怪病治好，他的行为怪诞，无法自制。和他同龄的小伙伴也渐渐地远离了他，正因为如此，他如今仍然没有女朋友。其实，他是有一个心上人的，但是他觉得自己配不上人家。因为他不是一个正常人，不能给心仪的姑娘一个正常的家庭。

有一天，亨利·芬克觉得在家实在太闷了，于是在征得家人同意的情况下，去街上散心，这次他在街上碰到了他喜欢的那个女孩子。而这个女孩并没有理睬他，当时正在与一位很帅的男孩道别，那位男孩拥抱了这个女孩，并且亲吻了她的额头。女孩的脸笑成了一朵灿烂的花，甚是美丽。男孩说："明天见。亲爱的。"向女孩挥了挥手就离去了。女孩还在看着这个男孩的背影不愿意离开，似乎在回忆刚才那幸福的一幕，而这一切都被亨利·芬克看在了眼里。亨利·芬克顿时感觉自己的心非常的痛，有一种被撕裂的感觉，一时间，他觉得自己的人生真的已经没有任何意义了。

回到家里，他谁也不理睬，把自己关在了房子里。他找出了自己的手枪。自从生病以来这把枪他还从来没有用过，可是，如今，他想让这把枪来结束自己的人生。他觉得自己如果再活着真的是太悲哀了。他不能拥有自己心爱的人，不是说不行，而是他根本就没有这个权利。他想如果继续这样活下去对自己的人生一点意义也没有，活在这个世界上的只是一个躯壳而已，自己的灵魂早已远离了这个世界。因为在这个世界上有太多的痛苦，他没有正常人的生活，连自己喜欢的人也没有权利去追求，他觉得一切看起来都是那么灰暗，可是，其实，他是多么舍不得离开这个世界呀。这里有他至亲的人，有养育过他的父母双亲，他还什么都来得及享受过，但是他觉得自己又是他们的一个包袱。他处在一种极其痛苦的挣扎中。

就在这个时候，他的病痛又发作了，他已经记不清楚这是 10 年来他第几次发作了。由于不堪忍受病魔的纠缠，他竟然在最后的关头，真的向自己头部开了一枪。家人听到屋子里传出的枪声，急忙闯入将他送往了医院。经过医生的检测，宣布这一枪不但没有夺去他的生命，反而歪打正着，医好了他的脑部顽疾。虽然射入脑部的子弹至今仍留在他的头内，但是他却变成了一个正常的人，从此有了一个新的人生。

遭雷击而复明的盲人

家住在美国南部的缅因州茅斯镇的埃德温·鲁滨逊或许是一个不幸的人，在他 53 岁那年，他遭受到了严重的意外事故，这起意外事故导致了他双目失明，而且连耳朵也聋了。面对这个病人，就连当地最高明的医生也认为他根本没有复原的希望。这一"死亡"的宣判，将他原本幸福的生活打得支离破碎，使得他一直生活在痛苦与黑暗当中。可是，就在 1980 年 6 月一个风雨交加、雷电轰鸣的日子里，幸运之神没有忘记这位饱经风霜的老人，眷顾了他，一道闪电不偏不倚地击中了他的脑部，本来受电击致残或致死才是正常的情况，但埃德温·鲁滨逊是幸运的，他没有上一次那么倒霉，这一次的雷击让他重见到了光明。

那天，天气很糟糕，外面狂风闪电，大雨倾盆，鲁滨逊想起他家里饲养的小鸡还在屋外，心叫："糟了，我的小鸡惨了。它们还没有进窝，我得赶紧去把它们找回来。这么大的雨天，它们一定受不了的。"心急的他连忙拿起铝制的拐杖，戴上医院给他配制的助听器到屋外去找他的小鸡。风吹得他几乎要站立不稳。但是，他一想到小鸡还在屋外，没有可避雨之处就不顾危险地坚持下去。当他走到一棵白杨树下面时，突然"喀嚓"一声巨响，一道犹如白昼的闪电从天而降，击得他当场不省人事，昏厥过去了。20 分钟后，奇迹发生了，来势汹汹的狂风与闪电像完成了任务似的，瞬间销声匿迹，阳光明媚，被大雨冲洗过的树叶绿得像翡翠，他醒来后，睁开眼睛，发现自己什么都看得见了，眼前的一草一木，都像以前那么熟悉。如今，一切都看见了。让人感到更为奇特的是，听力也随之完全恢复了。这个意外的惊喜让他高兴得不知如何是好了。他还以为自己是在梦中，因为他做过许多次这样的梦。可是，这不是梦，这一切确确实实是真的。

当他站在当年宣判没有机会治愈的医生面前时，这位医生目瞪口呆，简直不敢相信自己的眼睛，连连说："这简直是不可思议呀！"经医院全方位检查他的身体后，尤其着重检查他的双眼和耳朵后，医生认为是永久的痊愈。这一好消息让这位年过半百的老人看到了人生的希望，一个月后，奇迹又再次发生了，他已经秃了 30 年的光头上竟然重新长出了头发。

据统计，美国死于闪电击死的人平均每年为 150 人，而因遭雷电击中而复明的盲人只有他一例，这一特殊案例令科学家也无法解释。被雷电烧毁的是白杨树和助听器，而他却治好了病，是偶然的巧合吗？还是雷电中带着某种不为人知的特殊功能？看来这个谜目前是无法解开的了。

大难不死必有后福

在我国有句古话叫做"大难不死必有后福"，这或许是一句宽慰那些暂时处在逆境中的人的话。然而，有时它并不是一句简单的安慰的话，它就像一位魔法师一样，让你在曲曲折折的人生当中再添一笔漂亮的色彩而已，下面这位叫做斯拉克的人，就是在一次与死亡之神擦肩而过之后，中得 60 万英镑的彩票大奖。

74 岁的斯拉克已经到了退休的年龄，他在退休前的最后一份职业是一名音乐教员。他当时在当地的一所大学当音乐教师，这是他最得意的事情。他第一次面临死神的威胁是在 1962 年，当时他正乘坐在从萨拉热窝开出的高速列车上，列车突然之间出轨，冲进路边的河里，17 名旅客当场溺死，但幸运的斯拉克爬出车窗获救，性命是保住了但是断了一条胳膊。1963 年，为了能去一个很远的城市里探望病重中的母亲，他说服航空公司官员,给他在满座的飞机上找到一个空位,和空中小姐同坐。就在航班着陆之前,机舱后门突然打开,他和空中小姐同时被抛出舱外,3 名机组人员和 17 名旅客死于坠机事故,但斯拉克幸运地掉到了干草堆上,奇迹般地幸存了下来。

接下来的 3 年里一直平安无事,但随后在克罗地亚的斯普利特市,他搭乘的巴士栽进路边的河里,那条河很深,负责打捞的工作人员几乎没有抱有任何的希望,一具具尸体都有人来认领,最后唯独没有看到斯拉克。人们当时都以为他被河水冲到下游去了,对他也不抱有什么希望了。但是幸运之神再次眷顾了他,他落入水中之前,被空中的一个树枝拦了一下,所以没有摔成重伤,保持好了体力游到了安全之处。所以他又免遭一劫。在接下来的 30 年中间,他没有像其他人那么顺利,他又经历了几次车祸,但是每次都有惊无险。

最后一次,斯拉克驾车在狭窄山路上为躲避一辆联合国的卡车突然转向,结果撞坏路边拦网,掉下悬崖。在最后的关键时刻,他把车门打开,纵身一跃,最后落到树上,亲眼目睹小轿车坠入 300 英尺深的悬崖内爆炸起火。心有余悸的斯拉克在车祸 3 天后,破天荒第一次买了一张彩票。

他终于交了好运。几周之后,传来了好消息,他中了彩票大奖,赚了 60 万英镑。斯拉克激动地说:"我一听到这个喜讯,我就知道自己从此交好运了!"斯拉克准备用这笔彩金买车子、房子和游艇。不过,他中奖后做的第一件事是向家乡捐款数千英镑建造了一座新礼拜堂。他说:"神多年来照应我逃过许多灾难,我想做点善事谢恩!这个问题可以从两方面看,我要么就是世界上最倒霉的人,要么就是最走运的人,我更愿意相信我是后者。"

飞来横财

2004 年 6 月 12 日上午 9 时 30 分左右,在新西兰奥克兰市的菲尔·阿切尔和布兰达·阿切尔夫妇位于艾勒斯利的家发生了一件奇怪的事情。清晨,正在为全家人忙活早餐的家庭主妇布兰突然听见外边发生了一声惊天动地的巨响,那声音好像什么东西发生爆炸一样,她惊恐地跑出厨房想看个究竟,发现房间已经发生惊天动地的变化,干净工整的房间不见了,到处充满了灰尘烟雾,伸手不能见物,等灰尘慢慢平息后,布兰达的丈夫菲尔发现在家中的计算机旁边躺着一块黑色的石头,看上去和普通的石头没有什么两样,据夫妻两人回忆,家中好像没有这样的石头啊,但是此刻一声巨响后突然出现这个不明飞行物,着实让夫妻俩疑惑不解,他们一致认为可能是家中的什么物件由于剧烈声音震动掉下来的,于是丈夫菲尔便用手去拿,"啊!"一声惨叫传出,布兰达闻讯赶到,发现丈夫拿那块黑石头的手已经烫得无法回拢,"原来它很热,让人无法用手去摸。"丈夫菲尔指着那块神秘的石头说道。

据专家现场勘察发现,这块黑石头原来是一块从外太空飞进大气层的陨石残骸,它先是穿透了阿切尔夫妇家的屋顶和天花板,接着砸中了他家的皮躺椅,再反弹向天花板,最后落在了菲尔夫妇家的一台计算机旁,它像陀螺一样不停地旋转。所幸的是,当时没有人在房间里,没有造成人员伤亡,否则后果将不堪设想。因为这块陨石的自然成分到目前为止,还没有人研究明白,万一伤到人,由于还没有掌握它的物理和化学性质,很难在短时间内得到很好的救助。所以说布兰达一家算是不幸中的万幸了。

专家说,天外陨石砸穿房屋的概率只有几十亿分之一,比买彩票中大奖还难。自阿切尔夫妇家被陨石砸中的消息传开后,一些美国陨石收藏专家纷纷出动,寻求与阿切尔夫妇获得联系的机会,争相希望以高价买下这块天外石头。据《陨石杂志》编辑和奥克兰大学数学讲师乔尔·斯奇夫说,这块天外陨石的价格至少高达 1 万美元以上,而砸穿居民屋顶的事件更使它的价格飙升。斯奇夫认为这块陨石是新西兰的国宝,应该留在新西兰的土地上,他希望新西兰博物馆能出资买下它。事实上,一些收藏专家除了对阿切尔夫妇的陨石感兴趣外,甚至已表示有意购买他家被砸穿的天花板和躺椅,阿切尔夫妇真可说是有惊无险,"因祸得福"。他们计划于 14 日将它送往奥克兰大学进行检验。

这块 13 厘米长、7 厘米宽的球粒状陨石重达 1.3 公斤,专家分析,它可能是小行星的一部分,而不是来自月亮碎片或火星岩石。

谎言成真

在英国北部的一个不知名的小城镇,住有一对年轻夫妻,男的叫霍华德,女的叫凯西,他们过着幸福美满的生活,后来由于生活的一些矛盾,夫妻俩经常吵架,关系曾一度恶化到分手的边缘,但是,霍华德很爱自己的妻子,所以,他努力想办法试图挽回妻子的心。他记得凯西曾经说过,如果买彩票中奖,生活中的所有问题都将迎刃而解。有一次,他带着凯西到商场为妻子买鞋子,当看到凯西望着心仪已久的鞋子恋恋不舍的样子时,而苦于自己囊中羞涩,为了给妻子一个意外的惊喜,霍华德萌生出了一个谎称自己中了1.2 亿元英镑的彩票大奖的想法。

从那时起,为了使自己编织的这个弥天大谎不被拆穿,让妻子一起沉浸在喜悦中的霍华德干脆打肿双脸充胖子。他答应妻子购买一栋570 多万元的洋房、订购 3 辆豪华轿车,还答应给每名亲友送上 36 万元并且捐款给慈善机构。

当然这一切全部都未能兑现,原来霍华德其实是向情妇借了 11 万元和一辆小汽车,以此来冒充中奖富翁,完成他这场虚拟的游戏。同时他为了做得更像富翁一样,还向银行透支了 14 万元。起初,凯西对丈夫中奖一说信以为真,因为家中的日子过得比以前殷实了许多,但当他渐渐摆不出"富豪"的排场时,甚至连举行庆贺中奖的派对时,也只以火腿三文治宴客时,凯西便起了疑心,中了那么多的奖金,怎么连一次小小的派对还办得那么寒酸呢。这种疑问令她非常不解，于是她向奖券机构查证未遂，索性当面质询丈夫是否真的中奖，直到这时霍华德看纸包不住火，没有退路了才承认撒了这个谎言。霍华德面对妻子的一脸惊慌心里很是心疼，他忙对凯西说这全都是因为爱她，但是，令他感觉可怕的是，妻子没埋怨他，而且很绝望地坐到了地上，面对这种突如其来的变故，霍华德不知所措，他此时找不到更好的语言来安慰受伤的妻子。最后，妻子说出了让他感到更加可怕的事，原来，当霍华德宣称自己中奖时，妻子凯西认为自己终于可以过上富太太的生活了，便约了有 7 年未见面的老朋友蒂娜一起去赌钱，当年之所以不来往了，是因为这位蒂娜嫁给了一位富翁，凯西觉得自己很寒酸，现在有钱了，她可以扬眉吐气了，她刚刚从赌场回来，输掉了近一半的彩金，她打算回家让霍华德还给赌场，否则那些放高利贷的人不会放过她，听完凯西的讲述，霍华德犹如五雷轰顶，没有想到自己的一句谎言害得妻子背负这么大的外债，此地他没有更好的办法解决这个问题，只有安慰妻子凯西一定会有办法的，可是连他自己也不知道办法在哪里，凯西一直还是非常伤心的。

霍华德后来因为欺诈罪名被判入狱一年半，凯西为了那巨额的赌债每天给别人洗衣服做饭，挣钱来偿还，不过凯西知道丈夫只是因为爱自己才说谎，最终原谅了他。霍华德出狱后两人和好如初。俩夫妇的故事已被拍成电视连续剧，更巧的是，近日霍华德真的中了七万元的彩票奖金，这一次，凯西没有对丈夫起疑心，两人从此过上了幸福的生活。

失足坠楼而大难不死的女子

2004 年 9 月 3 日上午 11 时 30 分左右，一名女子失足坠楼，却碰巧被买烟回来的丈夫接住。这真是一个意外的巧合。如果不是丈夫接住，也许，悲剧就发生了。也许，他们以后再不会吵架了吧。

当时，在肖家河街 70 号楼下开杂货铺的黄婆婆端着小板凳坐在树阴下乘凉。突然，"啊！"的一声尖叫惊得黄婆婆心头一紧。她抬头一看，一名女子从 5 楼上摔了下来。该女子先掉在了 3 楼一住户的雨篷上，接着又掉在了 2 楼的电线上。"哗，哗！"两声，两根电线断了。该女子又往地下落去，一名青年男子飞身上前，接住了该女子。

"好险哦！""要不是小伙子接住，那女的就没命了！这真的是太巧了。"围观的路人纷纷说。

几分钟后，高新巡警大队肖家河巡组的禺翔与廖璐两名巡警赶到现场。坠楼女子一个劲地叫疼，她全身多处被擦伤，疼得不能走路。

救人男子在一旁不断地说："咋个我买个烟，你就掉下来了嘛？好在我来得及时，要不然，就不知道该出什么事了。"据邻居介绍，坠楼女子与在地上接住她的男子是夫妻，他们住在 5 楼。

据该男子说，他上午因为一些小事和妻子吵了一架。本来以为吵了就完了，哪知道中午又吵了起来。他无意吵架,觉得有些闷,就独自一人下楼去买烟。"刚刚把烟买了,回来看到她坐在阳台边上,她一站起来,谁知就滑下楼了。"看见妻子掉下楼,他想都没想就冲上去,接住了妻子。

坠楼女子告诉巡警,她不是跳楼,是失足掉下来的。正巧,被自己的丈夫接住了。这也算自己命大了。

该女子随后被巡警与120送到了医院。经医生检查,该女子身上多处软组织挫伤,脚在跌下楼时碰到硬物被扭伤。

最准的直觉

在6年前的一场大火中,科瑞丝不仅失去了美国费城住所,并且连出生仅10天的女儿都化为了灰烬。可是,这位伟大的母亲却一直相信自己的女儿还活着,并凭借着"母性的直觉"找到了"复活"的女儿以及找到了当年纵火的疑犯。

31岁的科瑞丝是在一个朋友的生日派对上发现了她失散6年的女儿的。看到小女孩的第一眼,科瑞丝就呆住了:可爱的酒窝、美丽的黑发、似曾相识的眼神。她有一种强烈的预感:"眼前的小女孩就是我的亲生骨肉,我必须证明这一点。可是,该如何证明呢?"

科瑞丝曾看过通过基因检验进行亲子鉴定的电视节目。于是,她走上前,亲切地对小女孩说:"你好,你长得真漂亮。你的头发简直美极了。"然后,她装着去看小女孩的头发,并装作意外地说:"哦,亲爱的,你的头发上沾了口香胶,我帮你弄一下吧。"于是,科瑞丝借为小女孩整理头发拿到了小女孩的5根头发。科瑞丝找了一张干净的餐巾纸,小心翼翼地将头发包好,装在塑料袋内。

DNA测试证明,小女孩果然就是科瑞丝的女儿。科瑞丝因此报警了。因为科瑞丝的发现,警方不得不对当年那场火灾重新调查推断。当初曾认为是短路造成失火,小女孩已被烧成灰烬,现在看来,是狡猾的犯罪分子将孩子偷走后,故意制造火灾,企图永远掩盖罪行,把孩子变成自己的"亲生骨肉"。

因找到女儿而万分激动的科瑞丝也向媒体说出了久藏在心中的疑点:"当我冲进了女儿的房间后,床上什么都没留下,但我发现,一扇窗户竟然是开着的,而当时是冬季。

另外,在我女儿出生后没几天,住在新泽西州的亲戚克芮就远道来访,并称她自己怀孕了,火灾当天,克芮还来过我家,但此后再未上门,直到在那个派对上重逢。"

死而复生三次的老人

这位老人是肯尼亚的莫卡·姆兹塔。关于他三次复活的事情,在当地成为一段佳话。

他的第一次死而复生是发生在他 3 岁时的事。那次，他不小心从楼梯上摔下来，随即昏迷。当父母把他送往医院抢救时，医生告诉他的父母，他已经没有呼吸了。伤心的父母哭泣着准备埋葬他。可是，正当父母伤心欲绝地准备埋葬他之前，却听到莫卡·姆兹塔大声地啼哭。他的父母惊喜地发现，莫卡·姆兹塔复活了。这真是一个奇迹。带到医院去检查，医生也说不出究竟是什么原因使他复活。

他的第二次复活经历时在他 22 岁那年，这一次莫卡·姆兹塔去向不明。家里的人问遍了，也找遍了，就是不见莫卡·姆兹塔的踪影，都非常担心。他的父母以为他又一次死去了。六天后，一位牧羊人发现了已经冰凉的他。原来，他从一个很高的悬崖上摔到了深渊里，这个深渊一般人是不会进去的，这位牧羊人是为了寻找一只调皮的羊才不得不进去，这也是一个巧合了。当时的莫卡·姆兹塔已经没有呼吸了。他的父母就像十几年前一样，伤心欲绝地准备安葬他。而就在即将入土的瞬间，莫卡·姆兹塔醒来了，他顶开了棺盖，逃脱了死神的魔爪。家人不禁为他的命大而庆幸着。村里的人也对他的事情感到惊奇不已。

大家以为他可以从此平安地度日了。毕竟，他两次大难不死了。可是，事实上并不是这样的。在他 60 岁时，又上演了一幕死而复生的奇事。莫卡·姆兹塔不幸得了霍乱，而且日趋严重，最后家属们认定他已归天。但整整一天后，他突然坐起并且连声呼唤："我想喝水！"莫卡·姆兹塔又一次复活了。

三次死而复生，这真是一个奇迹。可是，这个奇迹究竟该如何来解释呢？难道仅仅是巧合吗？

救命的硬币

因为在上衣口袋中装了 4 枚硬币，挡住了强盗射出的一颗子弹，救了自己的命，这是发生在巴西一名叫卡内罗的彩票小贩身上的事情。

一天，两名男子走近他的彩票摊，手里拿着枪，凶狠地说："快来钱来。要现金。要不然，你就没命了。"卡内罗感到非常的害怕。他还从来没有碰到过这样的事情，以前，他只是在电视上看到过，没想到，现在自己遇到了。不过，他还算有些镇静，毕竟，他也曾经经历了不少的风雨。

为了保命，他平静地对两个男子说："我的钱都不在这里，在我的家里。你们可以陪我去拿。不过，请你们不要伤害我。你们要什么我都可以给你们。"

一名男子说："少废话，你带路。"于是，卡内罗就真的把他们带到了自己的家里。其实也就是彩摊的后面。当他打开门让他俩进屋时，一名歹徒开了枪。卡内罗以为自己死定了。可是，子弹碰巧射中硬币弹了回去，卡内罗毫发未损。于是，他使劲将两歹徒推入屋内，自己夺门而逃，直奔街道。

他赶到街边的警厅,告诉警察刚才发生的事情。警察马上派了几个人去。不过,两名男子已经逃跑了。卡内罗发现自己的家里几个存折不见了,同时,还有一些现钱和贵重的首饰不见了。于是,他马上打电话给银行挂失。

脱险的卡内罗向警察提供的线索,两名歹徒无一漏网。

横飞过街而毫发未损的小超人

2004年7月27日,在英国爱丁堡一条繁忙的交通公路上,一辆轿车与一辆有篷货车相撞,事故发生地点旁边的一辆婴儿车受到牵连也被撞,童车内婴儿被撞飞过一条街,竟然毫发未损。

据这位神奇婴儿的父母说,他们是在吃过晚饭后,推着童车,带着2个月大的女儿到街上散步。当他们走到伊斯特路和伦敦路交界处的交通繁忙的十字路口,站在人行道上等待绿灯,准备过马路时,突然,一辆轿车在准备转弯行驶时,由于车速太快,撞上了一辆有篷货车。

两车相撞之后,轿车被货车弹到一边,打着转撞向路边人行道上等待过马路的一家三口。看到轿车撞向自己,婴儿的父母急忙推着童车躲向一边。可是,轿车的速度太快了,这个三口之家还没跑几步,推在前面的童车就被打转而来的汽车撞到,将车内2个月大的女婴撞飞出去,飞过一条街,一直飞到马路对面。

吓得脸色苍白的婴儿母亲以为自己的女儿被撞死了,尖叫一声后晕倒在地。婴儿的父亲急忙穿过马路,快步跑到婴儿身边,抱起躺在地上的婴儿,以为孩子撞得不轻的父亲含着眼泪检查女儿的身体。谁知,这个悲伤的父亲意外地发现婴儿不仅仍然有意识,只是头上有一点点擦伤的痕迹,而且全身没有一处伤。这个神奇的婴儿躺在父亲怀中,还对着焦急的父亲咯咯地笑。

婴儿的父亲看到孩子安然无恙后松了一口气。他唤醒妻子,将女儿送到当地的儿童医院进行检查。检查结果确定这个幸运的女婴身上没有一处伤。但是为了安全起见,婴儿被留在儿童医院接受观察。医生说这真是一个奇迹。

而轿车司机在撞上童车后,又撞到路边的一棵树上,晕了过去。

盲女想不开撞墙自杀而重见光明

在英国,有一位名叫伊云妮·布朗的18岁姑娘,长得非常漂亮,无论谁见了她,都会为她的美貌而感叹的。而令人遗憾的是,这个美丽的姑娘在11岁时因一场大病而失明。

不幸并没有使她自暴自弃,而是更加努力向上。她努力地学习盲文,她努力地学习做各种正常人能够做的事情。邻居家的男孩觉得她非常坚强,于是,两人在频繁的交往中慢慢地喜欢上了对方。可是,当男孩的爸妈知道自己的儿子喜欢的竟然是一个盲人時,坚决反对他们的交往。

尽管伊云妮·布朗的男友仍然不肯断绝与她的关系,但随着时间的推移,他也觉得她的双目失明是一件不可忍受的事情了。确实,双目失明给生活带来了许多的不便。这天,当她的男友对她说:"伊云妮,我们分手吧。我的爸妈不同意我们在一起。如果你不是双目失明,就不会有这个问题了。真的很对不起。"

伊云妮哭了。她说:"你一句对不起就够了吗?你这样说我,你太过分了。"

无论伊云妮如何地向男友诉说,男朋友都不肯回头了。他们终于分手了,他再也没有来找过她。情感失意的伊云妮非常伤心,想要以头撞墙求一死。当她的父母亲发现时,已经来不及了。她的父母当场脸变得惨白惨白的。岂料数分钟后,她的父母却发现她破涕为笑,高兴得跳了起来。原来她的头往墙上一撞,竟然奇迹般地使她从 11 岁起因一场大病而失明的双目恢复了视力。她立即找来男友,告知他这一喜讯。结果,两人又和好如初,并很快结了婚。

夜宿热带蚂蚁巢穴旁,风湿疾病离奇痊愈

威尔斯是美国一所大学生物系的学生,爱好探险和旅游,这一次是利用暑假期间,采集巴西热带雨林中的珍稀植物。森林中的野兽、昆虫和疾病频频向他袭来,他又黑又瘦,疲惫不堪,膝关节又红又肿,举步艰难。由于长时间地处在潮湿阴暗环境中,他患了风湿性关节炎。

这天傍晚,他又累又痛,再也走不动了,只得坐下长时间地按摩患处。又勉强支撑着,在两棵树中张开一张吊床,倒上去迷迷糊糊地睡着了。

半夜时分,威尔斯醒了过来,耳边到处响着窸窸窣窣的声音,身上被爬着的什么东西乱螫乱咬着。他一下惊坐起来,伸手一摸,抓了一把,借着月光一看,是一种热带蚂蚁。他知道,热带雨林中的蚂蚁十分厉害,成群的蚂蚁包围起来,可以把猛兽啮成一堆骷髅。他一急之下,吓出了一身冷汗,双手乱抓。可是蚂蚁闻到了人的汗味,越聚越多。原来吊床拴扣的那棵树,恰是这一群恶蚁的老巢。他急中生智,翻身下床,向附近的一条小河跑去,迫不及待地跳进河中。蚂蚁遇到水,便都浮了起来,威尔斯这才脱了险。

第二天早上,威尔斯发现身上多处被蚂蚁咬伤,因携带的药品丢失了,只好苦熬着。可是到了下午,不仅身上的肿块消退了,折磨其多日的关节炎疼痛竟也神奇地消失了。

威尔斯当时搞不清关节炎痊愈的秘密,后由美国迈密市的研究所揭开了这个谜底。实验表明蚁毒对风湿性关节炎有良好的治疗作用。威尔斯关节炎的痊愈正是他与蚂蚁不期而遇的结果。

第七节　惊人巧合的预言

路易斯的预言

1886 年出生于英国利物浦的路易斯,在他很小的时候就跟母亲学习看手相,当他 11 岁时看手相的技艺已十分精湛。没过几年,年仅十几岁的他就只身远涉重洋到了印度,在那儿花了两年时间专攻秘术。他的一生充满了传奇的色彩,而赋予他传奇的就是他所说出的预言。

他从印度回到英国不久,在伦敦以看手相谋生。起初生意清淡,但是有一天他突然在幻觉中窥见了一件谋杀案,连凶手的模样都看得一清二楚。后来,他果真找到了案发地点。当他赶到现场时,伦敦的警察正在那儿进行调查。于是他向警官报告说,杀人犯是个年轻的富家公子,裤袋里有一块金表,而且是被害者的近亲。

第二天罪犯被捕归案,正如路易斯所说,他果然是个年轻的豪门弟子,裤袋里有一块金表,而且正是被害人的儿子。消息传开后,路易斯一跃成了首屈一指的手相家。此后,他每看一次手相,都得到丰厚的报酬。

路易斯立刻成了太子爱德华七世的朋友。1902 年 6 月,爱德华宣誓就位,但因病未能加冕。于是他召见路易斯,请他看手相。路易斯看后,让国王不必担心,微恙不久便会痊愈,并预言国王去世的日期。后来国王正好那天逝世。事实证明他的预言正确无误。

路易斯还有个朋友,名叫史德特,是伦敦一家报纸的编辑,终日担心自己死于歹徒之手。路易斯说他不会被人杀死,但将被溺死,并劝告他 1912 年 4 月不要在水上旅行。可是史德特没有认真对待这一忠告。他作为泰坦尼克号船上的乘客,1912 年 4 月 15 日这一天随着这艘"冰海沉船"葬身鱼腹。

路易斯的许许多多预言中,最引人注目的是关于意大利国王汉勃特的事。国王让他看手相,想知道自己的死期。他握着国王的一只手左看右看了半天,最后直言不讳地说,他在三个月内将被人谋杀而死。事实果然如此,预言后的三个月,即 1900 年 7 月 29 日,汉勃特国王被人杀害了。

可惜路易斯对自己的前途却未能未卜先知。1935 年的一天早晨,有人发现他躺在好莱坞的一条岔路上,人们急忙把他送到医院去,但他在半路上就咽了气。

这位极富传奇与神秘色彩的人,写过一本教人如何看手相的书。

凶钻的故事

世界上最著名的钻石要算是那颗重量为 1125 克拉,名叫"希望"的金刚钻了。

"希望"钻石原产于印度,后被偷窃,运到法国,由一名宝石商买下。因为这颗钻石太有名了,所以后来被法国国王路易十四知道后,路易十四买下了它。路易十四把它琢磨成两块心形的钻石,每颗重量67克拉,称为"王冠上的蓝钻石"。路易十四逝世后,钻石由路易十六及玛丽·安东尼继承。1789年法国爆发资产阶级大革命,路易十六及王后被送上断头台,"希望"钻石也与其他王室珍宝一同被政府没收封存。

1792年"希望"钻石又一次被盗,曾一度销声匿迹,直到1830年才又在伦敦重新出现。此时这颗钻石重量为44.5克拉。由英国实业家亨得哈卜以9万英镑的高价买下。后来,由弗朗西斯·哈卜继承。但是,不久,其继承人弗朗西斯·哈卜就破产了。

破产后,钻石流入东欧。一位王子曾把它赠给一位女演员。若干年后,这位女演员被王子开枪打死。后来钻石一度被一名希腊富商占有,但他却在一次可怕的撞车事件中丧生。钻石旋即落入土耳其苏丹哈米德二世手中。他得到这颗钻石才9个月,就发生了1909年由青年土耳其党发动的军事政变,苏丹被赶下台。

艾浮林·维尔西·马克林太太是第一个占有"希望"钻石的美国人。她请人将它制成一串由62颗白钻石组成的项链,又由著名法国首饰匠贝雨尔·卡尔梯进行加工。马克林太太为此付了18万英镑。正当她戴着这串价值连城的项链到处炫耀富贵时,不想却连遭不幸:两个儿子相继死亡,丈夫得了精神病。

1947年,马克林太太死后,珠宝商哈里·温斯顿买下她所有的珠宝,其中包括"希望"钻石。也许是他对前人所遭遇到的种种厄运有所忌惮,1958年他把珠宝全部捐给美国赛米斯·苏犬协会。

总的来说,无论是谁在得到这颗钻石的同时,厄运也从此降临。

充满诅咒的木乃伊

埃及是一个神秘的国家,除了令世人瞩目的埃及金字塔外,被人们津津乐道的恐怕是木乃伊了。而关于木乃伊的传奇故事,受到关注的恐怕是亚曼拉公主的木乃伊,因为那是一具充满了诅咒并且给人们带来不幸的不祥之物。

1800年末,4位英国年轻人来到埃及。当地的走私犯向他们兜售一具古埃及棺木,棺木中就是这位亚曼拉公主的木乃伊。其中最有钱的那个人以数千英镑的高价买下这具木乃伊,从此,这位在古埃及历史上默默无闻的公主便给许多人带来了一连串离奇可怕的厄运。

买下木乃伊的那位英国人将棺木带回旅馆。几个小时后,没有人知道为什么,这位买主竟然无缘无故地离开了饭店,走进附近的沙漠,从此消失了踪影,再也没有回来。第二天,他的一位同伴在埃及街头遭到枪击,受了重伤,最后不得不将手臂切除。剩下的两个人也都先后遭到了厄运。其中一人回国后无缘无故地破产;另外一人则生了重病,最后沦落在街头贩卖火柴。

这具神秘的木乃伊后来还是被运回了英国，但沿途依旧怪事不断。运到英国本土后，一位钟爱古埃及文化的富商买下了这具木乃伊。不久后，富商有3位家人在一场离奇的车祸中受了重伤，富商的豪宅也惨遭火灾。在经历了这样的变故之后，这位富商迫不得已，只好将这具木乃伊捐给了大英博物馆。

在载运木乃伊入馆的过程中，载货卡车失去控制撞伤了一名无辜的路人。然后，两名运货工人将公主的棺木抬入博物馆时，在楼梯间棺木失手掉落，压伤了其中一个工人的脚，而另外一个工人则在身体完全健康的情况下，两天后无故死亡。

亚曼拉公主的棺木后来被安置在大英博物馆的埃及陈列馆中。在陈列期间，夜间的守卫报告说，常常在她的棺木附近听见敲击声和哭泣声。更有甚者，连陈列室中的其他古物也常发出怪声。不久之后，一名守卫在执勤时死去，吓得其他守卫打算集体辞职。

因为怪事接连不断，最后大英博物馆决定将木乃伊放入地下贮藏室。事实证明，这一切都是徒劳的，因为一个星期还没过完，决定将木乃伊送入地下室的博物馆主管无缘无故地送了命。

至此，这具充满诅咒的木乃伊已经声名大噪。有一位报社的摄影记者特地深入地下室，为这具木乃伊拍了一些照片，结果却在其中一张照片上洗出了可怕的人脸。

后来，实际情况如何，没有人知道，只知道这名摄影记者在第二天被发现陈尸自己家中，死因是开枪自杀。

不久以后，大英博物馆将这具木乃伊送给了一位收藏家，这位收藏家当即请了当时欧洲最有名的巫婆拉瓦茨基夫人为这具木乃伊驱邪。在经过了繁杂的驱邪仪式后，拉瓦茨基夫人宣布这具木乃伊上有着"大量惊人的邪恶能量"，并且表示要为这具木乃伊驱邪是不可能的事，因为"恶魔将永存在她的身上，任何人都束手无策"。最后，拉瓦茨基夫人给这位收藏家提出忠告：尽快将它脱手处理掉。

但是，到了这个地步，已经没有任何博物馆愿意接受亚曼拉公主的木乃伊了。因为在以往的10年时间里，已经有20人因为她而遭到不幸，甚至失去了生命。

然而，故事至此并没有画上句号。不久以后，一位不信邪的美国考古学家不顾亚曼拉公主以前的可怕历史，仍然花了一笔可观的费用将她买下，并且打算将她安置在纽约市。

1912年4月，这位考古学家亲自护送她，将她运上一艘当时轰动造船界的巨轮，也就是"泰坦尼克号"。为了慎重起见，他还将她安置在船长室附近，希望她能安安稳稳地抵达纽约。可是，大家都知道，"泰坦尼克号"沉没了。

雪上加霜的战地大雪崩

在第二次世界大战期间,见风使舵的意大利为了自己的利益,从同盟国转向协约国,掉转枪口向德国、奥地利作战。意大利的这一背叛行为,使德国、奥地利恼怒万分,恨不得将意大利军一举歼灭。

1916 年 12 月,奥地利的一个师和意大利的一个师,为了夺取杜鲁米达山谷这一咽喉要道,展开了一场激烈的争夺战。12 月的杜鲁米达山谷,寒风凛冽,天寒地冻。双方官兵穿着军大衣,匍匐在冰天雪地里,眉毛、胡子上挂着白霜,用冻僵了的手互相开炮、开枪射击。

战斗持续了三天三夜,双方的伤亡都很惨重。参战的双方原来有 24000 人,现在只剩下 18000 人左右双方都打红了眼,炮声隆隆,子弹呼啸,山谷两边山腰的雪地上,炮弹炸出一个个大坑。

老天爷似乎要有意中止这场战斗,忽然下起了鹅毛大雪,30 米开外,就看不清人影。在这种恶劣天气下,双方都被迫停止了攻击。

风越刮越大,漫天大雪在空中飞舞,在零下 20 度的酷寒中,双方的官兵都吃尽了苦头。他们不停地搓着手,跺着脚,彻夜不敢睡眠,生怕冻僵在战壕中。

这场大雪下了四天四夜,山谷两边山头上的积雪更厚了。太阳终于露了脸,双方的军队都准备重新展开战斗。有的清除战壕里的积雪,有的擦拭大炮,双方都在抢时间,为尽早地向对方发起进攻作准备。

奥地利的军队首先发起攻击,大炮重新发出轰鸣,他们打算一举歼灭背信弃义的意大利人,为阵亡的战友报仇。

时隔不久,意大利的大炮也吼开了,炮弹不断地落在对方的阵地,意大利的步兵为炮兵的准确射击欢呼。

激烈的战斗又进行了一天一夜,受尽严寒煎熬、缺乏睡眠的官兵已经精疲力竭。官兵们都在想:再这样对峙下去,非得冻死不可!

奥地利指挥官向部下下达了命令:炮兵进行一番猛烈的轰击后,步兵立即发起冲锋。步兵接受了命令,高兴得直跳,与其在战壕里冻死,不如冲出去跟那些该死的意大利佬拼个你死我活。

指挥官一声令下,奥地利的大炮一齐发出轰鸣,炮声在山谷中震得人头皮直发麻。意大利的大炮也响起来了,轰鸣声似乎要把人们的耳朵震聋,官兵们不由自主地捂起耳朵。

奥地利步兵正要发起冲锋,阵地后面山顶上的积雪突然发生雪崩,只听得震天的一阵响,两边山头的积雪奔腾着滚滚而下。一刹那的工夫,奥地利军队背后的山谷已被崩塌下来的积雪堵住。这下子奥地利军队没有退路了，只有歼灭意大利军队，才能从山谷的另一端冲出去。

奥地利步兵知道自己的危险处境，一个个爬出战壕，踏着齐膝深的积雪，蹒跚着直往前冲。

在这样的气候条件下，防守易于进攻，奥地利士兵的躯体成了意大利士兵射击的活靶，奥地利士兵纷纷中弹毙命。活着的奥地利士兵伏在雪地上，顽强地向意大利军队的阵地爬去。

突然间，又是一阵山崩地裂般的轰响，意大利军队阵地后面的山头也发生了雪崩，一转眼的工夫，意大利军队后面的山谷也被崩落的积雪填死，意大利的军队也没了退路。

这下子两国军队的官兵都傻了眼，再打下去已经失去了意义，双方都要困死在山谷中。枪炮声突然停止了，战场上死一般寂静。

意大利指挥官突然猛吼一声："别打啦，再打下去大家都没活路。我们应当联合起来，开辟一条通道，从山谷里逃出去。"

奥地利指挥官接着喊道："对，还打什么，大家齐心协力，开辟出一条通道吧。"

他的话音刚落，身后又是一阵巨响，雪崩发生连锁效应，附近的积雪又崩塌下来。好在奥地利的步兵已经冲出战壕，只有炮兵和大炮被埋在 10 多米深的雪下。

奥地利步兵惊惶失措，急忙向意大利阵地跑过来，意大利士兵不再开枪，让他们跑到自己阵地这边来。

双方的指挥官再也没有敌意，在一起商量如何撤出谷地。两人略略商量了一会儿，打算让双方官兵一齐动手，赶紧在意大利一方的谷口开辟出一条通道撤出去。

命令刚刚下达，双方的军队还没出发，"轰隆隆"一阵震天动地的巨响，意大利这方又发生了雪崩。山谷的两头都被积雪堵死了！雪崩不断发生，山谷中的空地越来越小，双方残存的几千名士兵挨肩擦背地挤在一起，只盼雪崩就此停止。

不幸的事终于发生了，两边山头的积雪一齐崩落，将挤在一块的几千人全部埋入雪中。山谷再也没有一个人影，再也听不到一点儿声音。

这次雪崩，双方共有 10000 多名官兵被活埋，包括他们的最高指挥官。只有 3 名奥地利士兵、2 名意大利士兵被积雪埋得不深，从雪堆里爬了出来，幸免于难。

事后，人们把这场灾祸归咎于天气。直到第一次世界大战结束以后，才有人诅咒这场该死的战争。

接二连三的厄运

1829 年 10 月 16 日的早晨，一艘名叫"玛梅德"的英国快速帆船载着 21 名水手，乘风破浪驶出了悉尼港。帆船出发以后，连续 4 天都是风和日丽的好天气。可是，到了第 5

天下午,乌云密布,天气骤变。入夜,狂风大作,海面上掀起了惊涛骇浪。一场大风暴刮翻了帆船,船员全部落水,他们拼着性命同狂风恶浪进行了顽强的搏斗。值得庆幸的是,几个小时以后,筋疲力尽的船员们发现前方的海面上有块突出的礁岩。大家纷纷朝它游去,攀上礁岩,等待救援。

3天以后,一艘名叫"斯依英特修阿"的轮船通过附近海面时发现了遇难者,把他们全部搭救上船。死里逃生,人们非常地激动。谁知到了第3天,"斯依芙特修阿"也遭到厄运,陷入了强大的海流之中,被卷上了浅滩,搁浅翻船了。

可是,非常巧合的是,过了8小时,"嘎巴拿·莱迪"号船从浅滩旁驶过,救起了两艘失事船上的船员。但是,灾难并没有停止。"嘎巴拿·莱迪"号仅航行了3个小时,船上突然发生火灾,熊熊的烈火吞噬了一切。船员们几乎都孑然一身,乘上救生艇仓惶逃命。他们在大海上漂流,又冷又饿。突然有人喊了起来,原来一艘澳大利亚政府的独桅快艇"库梅特"号正朝他们驶来,船员们又一次获救了。

船员们以为从此没事了,可是,没多久,"库梅特"号遇到风暴在海上沉没。命运似乎在戏弄他们。18个小时之后,在海上挣扎的遇难者们又奇迹般地被邮船"丘比特"号发现救了起来。人们以为这次彻底摆脱了死神。出乎意料,"丘比特"号又撞上了暗礁,15名船长和123名船员重又落水。绝望之际,又出现了救星!英国客船"希蒂·奥普·里兹"号正好经过附近海面,船员第5次终于得救了。

令人不可思议的是,在不到两个星期的时间里,竟然连续5次遇难,5次获救,而且没有一个人死亡!

更叫人吃惊的是,在"希蒂·奥普·里兹"号上有个身患重疾的妇女,生命垂危,弥留之际,频频呼唤儿子的名字。医生见状,想找人顶替她的儿子安慰病人。正在这时,船员中有人自称是妇人的儿子。果然,妇人一眼认出眼前正是自己阔别多年朝思暮想的亲骨肉,顿时病情大愈……

招灾电影编剧兼制片人艾伦

不知道是不是巧合,专门拍灾难电影的编剧兼制片家艾伦,所拍摄的每一部灾难片在上演时往往会发生同类灾难。

例如,他的电影《海神号遇险记》所描写的大邮轮"海神号"在新年前夕遭遇大风浪,船被整个翻覆过来,船上大批乘客千方百计逃生。其中,以牧师吉恩·哈克曼为首的一组人同心协力越过重重障碍爬到水面上,成为少数战胜灾难的生还者。这部影片是在1972年下半年上演,同年英国豪华邮轮"伊利沙白皇后"号沉没。

1974年上演的《冲天大火灾》描述摩天楼大火,这一年巴西有3幢摩天楼失火。如巴西圣保罗焦玛大厦火灾,死亡188人。

而在 1980 年,他所拍的火山爆发片《末日》上演时,美国华盛顿州的圣海伦斯火山爆发。美国西北部华盛顿州的圣海伦斯火山是旅游者熟悉的景点之一,圆锥形的峰峦及其颇有特色的雪冠,隆起在一片美丽的森林景观之上。1980 年 3 月 18 日,圣海伦斯火山永远地改变了它的外貌。人们已预料到可能要发生火山喷发,几个月来火山一直隆隆作响,火山上空不时出现小片水汽和火山灰云。但没有人预料到,圣海伦斯火山喷发会酿成如此巨大的灾难。当火山爆发时,它掀掉了山顶,留下一个巨大的裂口。燃烧着的火山灰和有毒气体横扫整个风景区,沿途一切荡然无存。火山峰冰雪融化,挟带碎石、泥沙的水流冲入山下谷地。遭受破坏的地区绵延 32 公里。圣海伦斯山的高度从喷发前的 2950 米减至后来的 2560 米。洪水摧毁了桥梁,冲走了建筑材物,但令人惊奇的是只有 63 人死亡。

我们真的不知道怎么解释这些事情,但是却让艾伦成了一位招灾电影的制造者。

最倒霉的船

"夏仑霍斯特"号巡洋舰是希特勒征召科学家们尽全力建造的 4 万吨级的战舰,船上配备最新式的电子装置,其航速之快、战力之强,连当时世上最庞大的英国舰艇也无可相比,堪称海中之王。

可是谁也想不到的是,就是这艘巨舰从开始建造直至最后毁灭,倒霉的事却接二连三地不断发生。因此,它是德国军最忌讳的,也被人们称呼为世界上"最倒霉的船"。

在该舰工事进行到 2/3 时,船体无缘无故地突然断裂,使在场的 61 人死亡,110 人受伤。当船体重新修造完毕,计划将要为之举行下水典礼时,这艘倒霉的"夏仑霍斯特"号巡洋舰却在前一天的晚上神不知鬼不觉地自己离港了,撞坏了两艘浮船和船上的乘员。

在炮轰尚未抵抗的"但吉号"时,"夏仑霍斯待"号上的舰炮炮门又突然破裂了,造成 9 名水兵死亡,11 名炮手因炮塔的换气装置发生故障而全部丧生。

在同英国海军交战时,"夏仑霍斯特"遭到英军"奥斯陆"号舰的猛力炮击,官兵死伤惨重,同时,舰上又严重失火,几乎导致沉没。在友舰"达奈杰纳"号的大力协助下,它好不容易脱离危险,而勉强停泊在耶鲁贝港时,却又被在黑夜中误行航路的"布莱蒙"号舰撞个正中。虽然"布莱蒙"号因而沉没,可是,"夏仑霍斯特"号也受到了严重的创伤。

待该舰花了很大精力被修复后,刚驶出耶鲁贝港后不久,又遭到英国舰队劈头盖脸的轰击,终于使"夏仑霍斯特"号彻底葬身于北海之中,舰上仅有两人乘橡皮艇逃离劫难,其他所有的官兵全部阵亡在冰冷的北海上。数月后,人们发现他俩已死在漂浮到海岸边的皮艇上。

"哥伦比亚"号航天飞机爆炸惊人巧合

2003 年 2 月 6 日,美国"哥伦比亚"号航天飞机在高空分裂解体,导致 7 人死亡。这震惊世界的意外事件立刻令人联想到 17 年前相差不到几天,刚刚升空没多久就爆炸的"挑战者"号的悲剧。比较发现,两者有着惊人的相似之处。媒体认为,这些巧合简直是小说也杜撰不出来的情节。

纽约 1010 频道"天天赢"电台说,"哥伦比亚"号这次升空特地挑选"挑战者"号升空周年的时间,用意就是纪念那组航天员。"挑战者"号的 7 名航天员来自美国各族群并拥有不同肤色,"哥伦比亚"号的 7 名航天员也具备不同种族背景,包括一名印度出生的美国人以及以色列第一位航天员。

美国"哥伦比亚"号航天飞机

其他令人惊奇的"巧合"包括:载着以色列空军上校拉蒙的这个飞行器在得州东部一个叫做巴勒斯坦的小镇上空爆炸裂解。《纽约时报》说,这些巧合简直是小说也杜撰不出来的情节。

拉蒙也是以色列第一位出任太空任务的太空人,但并非第一位出任太空任务的犹太人,在他之前即有蕾丝妮(Judith Resnik)参与过 1986 年的挑战者号太空任务。然而,挑战者号升空爆炸后,蕾丝妮也不幸丧命。这两名犹太人的先后罹难,耐人寻味。

哥伦比亚号在太空执行任务长达 16 天,并在降落前 16 分钟解体;哥伦比亚号和挑战者号都载有 7 名宇航员,且都是 5 男 2 女。

纽约"天天赢"电台报道说,拉蒙最后一封给家人的电子邮件说,太空之旅无限的平静,他真希望"永远待在太空"。

这不是犹太人第一次参与航天飞机探险任务,不过却是第一次太空总署应拉蒙要求准许航天飞机携带犹太食物上太空。48 岁的拉蒙先前担任过以色列空军战斗机飞行员,且曾参与过 1973 年以色列与阿拉伯国家之间的战争。

拉蒙的母亲曾于第二次世界大战期间遭纳粹德国囚禁于奥斯维辛集中营,被带至该集中营的犹太人多数遭屠杀,但拉蒙的母亲最后未遭到毒手。拉蒙此次就特地携带了一张犹太男孩金兹 14 岁那年在奥斯维茨集中营遇害之前完成的画,登上哥伦比亚号太空梭。

1986 年 1 月 28 日,"挑战者"号升空爆炸后,美国总统里根曾说,在冒险扩大人类活动领域的过程中,这类痛苦事件在所难免,可是"未来不属于怯懦者,未来属于勇者"。

航天飞机计划停顿了两三年,又继续执行。布什也称,在对这次悲剧彻底检讨之后,航天飞机计划也将继续,"但愿上帝继续保佑美国"。

美国曾计划在"9·11"袭击前进行飞机撞楼演习

2001年9月11日,纽约世界贸易中心就被两架飞机撞上了。来历不明的恐怖组织在美国时间9月11日上午向美国大都会纽约和首都华盛顿展开有系统、有组织的恐怖袭击行动,以其劫来的飞机和炸弹攻击纽约世界贸易中心和华盛顿一带的政府机关,美国政府几乎陷入瘫痪状态。世界贸易中心两座塔楼在爆炸起火后相继倒塌,死伤惨重。但具体人数未晓。首都政府机关被炸后冒起浓烟,情况危急。同样位于美国东岸的宾夕法尼亚州西部的匹兹堡有一架联合航空公司巨型客机离奇坠毁,但详情未明。

可是又有谁知道美国一个情报机构——国家侦查局曾经在"9·11"袭击发生前准备进行一次飞机撞大楼的演习,以检验下属对突发事件的应对能力。报道说,按照国家侦察局领导层的设想,当天早晨,一架出了机械故障的小型飞机将撞向他们位于弗吉尼亚总部4座大楼中的一座,对大楼造成一定的破坏。当然,他们不会出动真的飞机,但为了模仿撞楼造成的破坏,他们将封闭一些楼梯以及出口,让雇员们自己想办法逃生。

国家侦查局发言人表示:"很难相信会出现这样的巧合,几架飞机真的撞向我们的设施了。当真的袭击事件发生后,我们立刻取消了此次演习。"

该发言人还表示,为了进行此次演习,他们已经筹划了好几个月的时间,但按照他们的设想,恐怖分子不会在其中扮演任何角色,这将仅仅是一个意外而已。

可是,没想到的是,就在演练后没过多久,惨剧真的发生了。

得意忘形的潜水艇被坦克击中

这是发生在第二次世界大战期间的事。当时英国有一艘"奥立弗·伯朗奇"号运输舰,该舰艇是一艘非常现代化的运输舰,它凭着现代化的技术与装备为战争立下了不少的功劳。这不免让运输舰上的人有了些粗心大意,他们感觉自己这艘舰可以所向无敌。可是,事实上却并不是这样的。

德国早就已经痛恨这艘运输舰了,他们决定想尽一切办法除掉这艘运输舰。于是,德国决定派出一艘他们当时最好的潜艇去偷袭英国运输舰"奥立弗·伯朗奇"号。他们运动神速,而且目标准确。由于运输舰"奥立弗·伯朗奇"号当时没有任何准备,也没有任何的防备。而且,德国这艘潜艇是从水下出其不意地进行偷袭的,所以该舰被炸得四分五裂。舰上的人全部遇难,刹时间,血染红了海面。

德国因为潜艇偷袭成功,非常高兴。他们为自己的聪明而高兴。可是,因为是在水下面,他们觉得庆贺得不过瘾,所以决定到水面上去好好庆贺一番。就这样,这艘德国潜艇得意忘形地潜出了水面。他们高兴地庆贺胜利。可是,他们却不知道,死神就跟在他们的后面。

也就在此时,英舰上一辆被轰上半空中的三吨重的坦克从天而落,恰恰击落在潜出水面的艇中间,一下子把潜艇劈为两半,潜艇上的官兵全部葬身海底。

这个意外巧合使人除了目瞪口呆之外,没有任何话可说。

被诅咒的跑车

这辆被人称之为被诅咒的跑车的第一个主人是美国电影明星詹姆斯·迪恩。年轻的詹姆斯·迪恩在加利福尼亚学习表演和法律时,偶然在一个电视节目中表演了一次,便走红起来,随后他离开加利福尼亚去了纽约,在百老汇名声大噪。他轻柔自然的表演打动了华纳兄弟娱乐公司,他们与迪恩签了拍电影的协议。到1955年车祸去世之前,他一共演出了三部影片,其中两部是在迪恩死后才开始放映。《伊甸园以东》《没有动机的叛变》和《巨人》赢得了广泛的好评,让美国人首次看到了"另一种风格"的表演。艺术家沃赫尔·安迪称,迪恩"是我们那个年代被损坏却又美丽的心灵代表"。

1955年,詹姆斯·迪恩驾驶自己的名牌跑车兜风时死于车祸。他那辆被撞毁的跑车后来被拖到了一个修理厂里,在拆卸过程中,用千斤顶支撑的车突然坠地,砸断了一名修理工的腿。

该车发动机后来卖给了一名医生,这位医生将发动机安装在了自己的赛车上。可是,奇怪的是,这名医生后来开着赛车比赛时死于车祸。因为这样,所以有些人觉得詹姆斯·迪恩的这辆跑车非常的神奇,能够给人带来灾祸。不过,大多数人并不信这个,而且,因为这是明星的车,所以很多人愿意买这个跑车的哪怕只是一个零件。

可是,不久,另一名购买了迪恩报废汽车方向轴的赛车手也死于车祸。迪恩汽车的外壳被人用来展览,然而展厅却突发火灾,事故原因一直不明。还有一次,它从展台上跌落,砸碎了一游客的臀骨。这个时候,大家才相信这辆跑车真的是应该被诅咒的。

神奇的报警电话

有一天,美国加利福尼亚州里士满市警察局里的电话铃声响起,值班警察在接通电话后,就听到一个年轻女子焦急地说道:"喂,喂,是警察局吗?赶快到马克德纳尔德街的铁道来,再派一辆救护车!"

"发生了什么事?"警察忙问。"开往圣菲的快车和一辆大卡车相撞,一个男人受了重伤!请你们赶快来。""什么?火车和卡车相撞,这可不得了,我们马上来,请不要离开!"警察放下电话,马上与医院取得了联系,不到一分钟,警车和救护车相继出动,不一会儿就来到了铁道口。但是,那里一片寂静,根本没有发生车祸,快车尚未通过,卡车连影子也没有看到。人们都以为这是谁在搞恶作剧,都纷纷抱怨。

就在警察感到疑惑时,远处传来火车的汽笛声,转眼间,一阵轰鸣,火车风驰电掣般地朝铁道口直驶而来,这时,铁道口突然出现了一辆大卡车,在铁轨上抛锚了,怎么也发动不起来。瞬间,只听见一声巨响,在众目睽睽之下,火车与卡车猛烈相撞了!

大卡车被火车甩出好几十公尺远。当驾驶员德尔富·布鲁斯被人从驾驶室里拖出来时,已经奄奄一息,脸上、胸部和四肢都受了重伤。眼前发生的事和刚才电话里说的居然一模一样!这不可思议的事使得几分钟前还在愤愤不满的人们,个个吓得目瞪口呆。

大伙儿七手八脚地把德尔富抬上担架,用救护车送进附近的医院进行抢救。德尔富大量出血,伤势十分严重,但由于抢救及时,终于保住了性命。"要是再迟十分钟的话,后果不堪设想。"医生手术后说。可是,那个打电话给警察事先报警的年轻女人究竟是谁呢?事后,警方立即设法寻找她,但是始终找不到一点线索。

预知自己死亡的人

1979 年初,西班牙饭店经理卡斯塔尔在梦中听到"3 个月后出生的孩子,肯定是见不到了"的声音。醒来后,卡斯塔尔一直在思索着这个声音。他的妻子已经怀有 6 个月的身孕,这使得他对梦中的这个声音很是恐惧。他确信自己很快将死去的。因为,这个声音是那么地清晰。卡斯塔尔天亮后立即投下了 5 万英镑的生命保险。

当卡斯塔尔把这个梦告诉妻子的时候,妻子说他是因为这段时间太累了,所以就胡思乱想。卡斯塔尔温柔地抱着她,他怕自己真的快要死去了。如果是这样的话,她会有多么痛苦呀。

几周后的一天,卡斯塔尔处理完工作后以时速 160 公里的速度驾车回家。途中,对面车道驶来一辆时速 160 公里的汽车撞上护栏,又在空中翻了几个筋斗,恰好落在卡斯塔尔的车上,两车司机都当场死亡。

保险公司向卡斯塔尔的妻子支付了 5 万英镑的保险金后说:"按常规,投这样的保险不久就死亡,公司应进行彻底的调查。但是对于这个令人难以置信的事故,没有置疑的必要。因为只要差几分之一秒,他就不会撞上。"此时,卡斯塔尔的妻子早已哭成了泪人。她伤心地说:"原来他真的预知了自己的死亡。这太不可思议了。原来,他是怕他死后我没有经济保障才买下生命保险的。可是,他还是把我一个人扔下了。"

主教准确预言自己死亡日子

2002 年 9 月 23 日早上 7 时 05 分,天主教香港教区枢机主教胡振中因患骨髓癌于在香港玛丽医院病逝。原助理主教陈日君即日接任香港天主教教区主教一职,而教会亦已安排胡振中的丧礼在本周六举行,遗体安葬跑马地天主教坟场。

对于胡振中枢机的逝世,行政长官董建华深感痛惜,并赞扬胡振中毕生献身天主教,为教友奉献力量,造福社群,行政长官还代表特区政府向天主教徒致以深切慰问。

已退休的陈子殷神父主持弥撒时,透露了胡枢机生前一件事。他说:"胡枢机有很强的预知能力。他曾经向同僚说,香港以前的两位华籍主教徐诚斌以及李宏基,先后于 5 月 23 日及 7 月 23 日病逝。按次序排列,自己或会在 9 月 23 日死。"

结果,胡枢机最终真的在自己预言日子逝世,巧合得令人难以置信。而且,香港过去五位教区主教,同样均在"3"字尾的日子逝世;最奇妙是连同刚离世的胡振中在内,历任 3 位华籍主教,均在"23 日"魂归天国。

香港过去五位主教,逝世日尾数均是"3"字。

第一任的恩理觉主教殁于 9 月 3 日;

第二任白英奇主教则于 2 月 13 日逝世;

第三任兼本港教区首位华人主教徐诚斌殁于 23 日;

第四任的华籍主教李宏基殁于 23 日;

最后的胡振中枢机主教,则亦殁于 23 日。

而刚接任主教一职的陈日君的生辰是在 13 号。

这究竟是怎么回事呢? 它们之间是不是有着某种联系?

一家三代命丧同一座桥

美国加利福尼亚这么一座桥,出现过一家三代人都在此桥上遇车祸丧生,而被人们叫做"死亡之桥"。

1957 年,美国加利福尼亚的比辛格准备出去办事。他在出门的时候还与家人微笑着说再见,但就在走过家附近的一座桥时,一辆汽车突然失去控制,当场把比辛格压死。面对他的突然死亡,家人感到悲痛万分。好好的一个活人转眼间就与家人生死相隔了。

两年后,他的儿子希拉姆出门了。他准备出去给家里人买一些日常用品,顺便给自己的儿子戴卫·威斯勒买生日蛋糕与生日礼物。儿子在他出门前还期待地对希拉姆说,自己希望生日礼物是一辆遥控玩具汽车。希拉姆答应了。

可是,当他走过两年前父亲被车压死的那座桥时,心神突然就恍惚起来,好像突然有种神志不清的感觉。他想,也许是自己有些累了。就在这个时候,他听到后面一辆卡车突然刹车的声音,接着,他就什么也不知道了。当他苏醒过来的时候,周围已经围满了人,当然,还有他的儿子戴卫·威斯勒。他艰难地睁开双眼,抱歉地对戴卫·威斯勒说:"对不起,儿子,我可能无法满足你的生日愿望了。我……"话还没有说完,希拉姆就永远地闭上了眼睛。

6 年后,比辛格 14 岁的孙子戴卫·威斯勒、也就是希拉姆的儿子在桥上玩耍。他看到什么东西都好奇,而且与同伴追追打打的。一辆小汽车高速驶过,威斯勒避让不及,就这样,威斯勒被压死了。威斯勒的同伴被吓得大哭起来,从此一直做噩梦。

闻名天下的预言

在 16 世纪,一位名叫诺斯特劳姆的人也有过几次闻名天下的预言。

诺斯特劳姆是一个非常聪明具有预见性的人。他预言 100 年后的 1666 年,伦敦将发生一场大火。他写道:"正气迫使伦敦在 1666 年蒙受一场大火。"后来正是这年伦敦果然烈焰冲天,全城几乎化为灰烬。这样的巧合使得诺斯特劳姆世人皆知。因为这太神奇了。这个时候,诺斯特劳姆刚好去世一百年。

1558 年 7 月 27 日,在给国王亨利二世的信中,他预言了一次反对教会的起义。他指出:"起义将于 1792 年发生,到那时每个人都认为它能革新时代。"这一事件真的发生了,并且导致了 1792 年法国南特市的暴行。当时,1000 名反对革命者的市民,或者被送上断头台,或者被剥光衣服淹死在卢瓦尔河中。预言里说:"南特市的哭泣和呻吟,令人惨不忍睹。"的确是如此。

诺斯特劳姆还能对自己的未来未卜先知。他预言了自己会在 1566 年去世。而且,他在 1566 年去世前,曾要求他的一个朋友给他刻一块石碑,死后一道在墓里下葬。石碑上刻了什么,仅他们两人知道。他死后,朋友从来没有公布墓碑上的字。诺斯特劳姆死后盛名仍在。

人们的好奇心与日俱增。到了 1770 年,人们决定掘开他的墓看看。墓穴打开后,在场的人都面面相觑,惊诧不已,因为石碑上刻的正是"1770"这几个数字。原来他早知道自己的棺木将于这一年被人打开。这真是太神奇了。

精确预言大地震

1993 年 8 月的一个夜晚,正记录甚高频无线电波(VHF)变化、追踪太空陨石的串田发现,记录仪上出现了一连串"很特别的基线波动"。最初他以为设备出了故障,没在意。

1995 年元月中旬,这种电波波动与地震的"巧合"重演,他仍未在意,直到两天后即 1 月 17 日,打开电视机的他看到惨不忍睹的画面:神户大地震导致 6400 人丧生,近 50 万人无家可归。

"我被彻底震住了,以后几天我一直在想:如果我能严肃地对待自己的工作,也许会有很多人活着。"串田随即召开新闻发布会,宣布自己的发现,但地震专家对此的评价全是嘲笑与不屑一顾。

面对地震科学家的敌意以及媒体的嘲弄,串田并没有灰心。而是决定放手一搏:他放弃了对彗星的研究——尽管此前已发现了两颗彗星——转而一心扑向地震预报。

目前全球每年发生几千次地震,其中震级在里氏 7 级以上的强震一般有十来次。在过去一个世纪,世界各国均为地震研究投入了不计其数的人力与物力,研究对象更是无所不包:岩石、地面温度、地下水水位、太阳黑子、月亮、潮汐乃至狗与鲶鱼的异常行为,概而言之,几乎所有可以与地震预报挂钩的现象均纳入了地震研究范围。但专家们无计可施。1997 年,地震学界的 4 位扛鼎学者——凯勒、杰克逊、卡岗与穆拉吉亚在《科学》杂志发表台署论文断言:地震无法预报。

但串田并不认同这一说法。串田的妻子是日本首屈一指的超新星专家。当串田决定开始地震预报后,她就全力地支持丈夫。

夫妇俩于 1995 年筹措了 1000 万日元(约合 75 万元人民币)以购置新设备。

串田骄傲地宣称,过去 10 年,他至少准确预报了 36 次大震。今年 8 月,仪 99 突然又发出信号,串田据此预言:"超强地震会在 9 月 16 日或 17 日袭击东京,前后误差各两天。"

能预测地震的奇人

2004 年 11 月 8 日深夜,台湾再度发生里氏 6 级地震。据此间媒体报道,岛内号称有"预知能力"的李振吉出面表示,此前他的"耳鸣"早已发出地震"预告",为证实自己绝非"马后炮",他拿出了 8 日清晨 8 点多自己贴在网络上警告网友与台湾气象部门的讯息作证据,并告诉媒体这项重要讯息并未被气象部门理睬。

消息传出,岛内舆论再次哗然。事实上,自从台湾上月接连发生两次强烈有感地震后,有关地震的"预言"在岛内一直没有停止过。家住台中的保险经理李振吉表示自己"能通过耳鸣预测地震"。据他自己说,每次地震前都会伴有强烈的耳鸣,他已经准确预言了台湾发生过的大大小小的地震,包括 1999 年的"九·二一"大地震和上个月发生的两次地震。

他向媒体表示,11 月 8 日凌晨 4 点钟左右,他的耳鸣又发作了,声音与上次发生里氏 6·2 级地震前的耳鸣声音差不多,于是他再也睡不着,当日上午便通过网站将"预测"发给网友和气象部门,认为 3 日内必有地震,结果 8 日晚真的又发生了地震。

李振吉在其"独特本事"不久前被媒体报道后,已经成了名人,随之"预测"地震的请求几乎将他的电话打爆。还有一些"预测"专家也搭上了媒体的"顺风车",一时间"预言"满天飞,搞得人心惶惶。台气象部门则不以为然,他们发文提醒,随便预测有地震,除了可能会被气象法处罚之外,也有可能会按照社会秩序维护法处罚,希望媒体不要推波助澜,为这些不负责任的"预测"提供阵地。但具有讽刺意味的是,耳鸣奇人此次"预测"到了 8 日的地震,而台气象局自己却摆了"乌龙"。地震中心原先公布的地震时间是深夜 11 时 55 分,规模里氏 5.7 级,震中在宜兰南澳地震站西北方 1 公里,深度约 19 公里。但重新更正后的地震时间提早到深夜 11 时 54 分,规模达里氏 6.7 级,震中在花莲市地震站东方 96.6 公里,深度 10 公里。据介绍,规模 5.7 地震与规模 6.7 地震释放出的能量相差很大,令岛内民众很是诧异。对此,台气象部门解释说,地震侦测失误主要是因为一分钟内发生两个地震,原先有一个小地震使得后来较大地震的定位受影响,所以才会有规模与震中的差异。

也有研究专家认为,这些会做出地震预测的人,并不见得有什么特殊目的,可能只是具有"灾难症候群"的人格特质,一看到大地震的画面就会紧张,进而引起耳鸣或其他生理反应,然后再将这种生理反应与地震联系起来。也就是说,这些预测只能算是巧合而已。

被公布的预言

通常,对于预言或预知信息的报告仅限于事件发生之后,但是,偶尔也有事前被公布的预言。

把自己的命运与"泰坦尼克号"连在一起的英国著名记者史狄德,曾写了一篇客船撞击冰山的小说,讲述撞击冰山的客船因携带的救生艇不足而酿成悲剧的故事。作者在小说的最后还加了一段预言性的话:"如果客船没有配备足够多的救生艇出海航行,那么这样的事故说不定真的会发生,不,肯定会发生。"

显然,史狄德心里已有预感,但他是否预知了自己的未来还不能确认。事实上,在"泰坦尼克"号事件中,正是因携带的救生艇不足而使很多人遇难。史狄德小说里的事情真的变成了现实。可悲的是,史狄德自己也是遇难者之一。

也有预言被报纸偶然公布的情况。1978 年 12 月 6 日,苏格兰报纸刊登了标题为《预言者无票乘车》的消息,内容是威尔士一名失业的预言者爱德华·皮尔逊(当年 43 岁)12 月 4 日乘从因弗内斯到珀斯的火车,因没有买票受到州法院起诉。据说他乘火车的目的是去找环境大臣,报告格拉斯哥将受地震袭击的消息。

显然没人相信地震会发生,因为英国发生地震是很罕见的事,它只是失业者无票乘车的一个借口而已。可是,几周后的一个夜晚,大地震果真袭击了格拉斯哥,并对苏格兰各地的建筑物造成巨大损害。预言者爱德华·皮尔逊因此成为大名人。

泰坦尼克号的凶兆

超级巨轮"泰坦尼克号"沉没的悲惨故事被拍成一部好莱坞的灾难爱情片而风靡世界,为人们所耳熟能详。然而这条巨轮的悲剧,却早在上世纪末就显出凶兆。

1898 年,英国作家摩根·罗伯森写了一本名叫《徒劳无功》的小说。小说写了一艘号称永不沉没的豪华巨轮,名为泰坦(Titan)号,从英国首航驶向大洋彼岸的美国。这是人类航海史上空前巨大也最豪华的客轮,船上装备了当时力所能及的一切华贵设施,满船乘载的都是有钱的乘客,人们在这巨轮上尽情地享受着。但是,这艘巨轮首次出航就在途中撞上冰山,悲惨地沉没,许多乘客葬身海底。

颜回

谁也没有料到,这部小说中写的故事,竟成了 14 年后不幸的现实。人们都说"泰坦尼克号"是不会沉没的。这艘当年在水上航行的最大客轮,在甲板下建有水密舱,即使这些水密舱中有 3 个进了水,客轮仍然能浮在水面上。1912 年 4 月 11 日,"泰坦尼克号"从英国南安普敦港出发驶往纽约,开始了她的处女航。船上有乘客 2224 人,还有船员 800 人。"泰坦尼克号"向西行驶,一连三天三夜,安全无事。

到第 4 天的半夜左右,在纽芬兰海岸外,"泰坦尼克号"在全速行驶时与一座巨大的冰山碰撞。在甲板下面,"泰坦尼克号"的水密舱有了破裂,海水涌入舱内。想不到的事竟发生了——"不沉之船"正在慢慢地沉下去。

当"泰坦尼克号"在纽芬兰海岸外与冰山相撞时,人员开始撤离该船。但由于救生艇不够,乘客惊慌失措。最终随着船尾翘起,船身滑向大西洋底,1513 人与船一起沉没。

悲剧发生后,有人想起这篇小说,发现不仅船的名字几乎相同,两者还有众多的极其相似之处:

两船都是初次出航就沉没,其原因都是撞上冰山,肇事地点都在北大西洋。

两船航行的时间都是在四月份,航线都是从英国到美国。

"泰坦号"所写的乘客和船员人数为 3000 人,"泰坦尼克号"乘客和船员人数为近 3000 人。

"泰坦号"设想重量为 7 万吨,"泰坦尼克号"实际重量为 6 万 6 千吨。

"泰坦号"长度为 800 英尺,"泰坦尼克号"长度略多于 800 英尺。

两船的螺旋桨数均为三个,碰撞冰山的时速均为 23 海里。

还有一点相同的是,两船出事后乘客伤亡惨重的原因都是因为船上的救生艇不够。

有人比较了《纽约时报》所刊登的"泰坦尼克号"沉没的消息,其情节、过程与罗伯森笔下的小说如出一辙。以至可以说,小说中的故事就是提前了 14 年出现的"泰坦尼克号"沉没的写照。这一切仅仅是巧合吗? 如果不仅仅是巧合,那么又该如何来解释呢?

第八节　遭遇飞来横祸

鱼雷也疯狂

这是发生在第二次世界大战中的事,那天天色微明,一艘美国"唐格"号潜艇,它接受了美国海军司令部的作战指令,从珍珠港出发,神不知鬼不觉地驶入太平洋东面海域,准备对担任繁重运输任务的日本船舰进行伏击。

日本运输船队,没有防备在这段水域里会隐伏着一只凶猛的"海鹰",接连有十三艘船被不知来自何方的鱼雷击沉。

威力巨大的鱼雷正是从水下潜艇"唐格"号上发射的。它的命中率几乎百分之百!

"唐格"号几乎成为美国海军的秘密武器,制服日本船舰的"魔鬼"!

"唐格"号上的全体官兵,个个喜形于色,脸上露出胜利的欢笑和自豪。

只有船长默不作声,保持着往日的冷漠和严峻,看着官兵有说有笑也不插话,不干涉。

他暗暗祝愿这些年轻勇敢的海军官兵永远幸福快乐!

他的祝愿完全是出自对官兵的爱护,然而谁也料不到 1 分钟以后出现的怪事。

忽然,潜艇发出了警报。水面上出现了一艘日本运输船,正悄悄地越过太平洋东南水域。"唐格"号从深水层一连发出了数枚鱼雷,穿过黑黝黝的深水区,贴着水面,直向目标疾飞而去。按照船长的命令,"唐格"号又升出水面,向目标发射了第二批鱼雷。是天意的安排,还是死神在作祟,海面上忽然出现了人世间罕见的奇象——一只飞向日本船的鱼雷,猛然掉头,打了一个 180 度的大转弯,像条凶猛的鲨鱼一般,朝着"唐格"号袭击过来!

船长立刻命令全体官兵采取防范措施。可是晚了一步,正当潜艇开始偏离原先的航道,朝左面离开时,鱼雷已经撞上潜艇的尾部,发出了猛烈的爆炸!

"唐格"号严重受创。接近尾部的三个舱室都涌进了水。

潜艇操纵失灵,船身迅速下沉。负伤的官兵迅速离开自己心爱的战船,许多官兵跳入大海,随波逐流,不知去向,大多数人葬身大海,有幸生还的只有十名。这枚不分敌我的鱼雷,也许是方向系统出现了"错乱",就像一个人的大脑神经发生错乱似的,造成了如此令人震惊的人间悲剧!

原本不应该发生的悲剧

1967 年,那年娜沙·麦克尤芬刚好 17 岁,在那年 7 月 8 日早上,她开着一辆卡罗马轿车正以每小时 45 英里的速度行驶在美国的布鲁克林城外的一条高速公路上,赶着到父亲的建筑公司去参加暑期劳动。一场原本不应该发生的悲剧就在这个时候发生了,也就是在八时四十分左右,她开着车子驶过波洛米海滩,刚要驶向岔道时,她的头部挨了重重的一击，顿时歪倒在驾驶座上，不省人事。失去控制的轿车，好像一匹脱缰的野马冲向了公路旁的灌木丛中……一位上班的工人开着汽车从后面赶到，他设法叫来了一辆救护车，把姑娘送进了医院。然而已经迟了！医生采取了一切急救措施也没有将她从死神手里夺回来。十时十五分，医生宣布娜沙·麦克尤芬死亡，死亡鉴定书上写着：死者左脑勺上有一无血小弹孔，系遭来福枪子弹袭击而亡。

布鲁克林城的侦探长西德曼和他的同事们在出事地点转了三天，也没有找到那颗罪恶的来福枪子弹壳！他们有足够的理由推翻医生的结论：因为娜沙的汽车时速为四十五英里，即使是神枪手也难以从车外准确击中娜沙的头部，除非凶手的车子与娜沙的车子同速并行。而据那位急救过娜沙的工人讲，当时除了他的车子在姑娘的车后行驶以外，公路上并无任何车辆。再说，娜沙车子的所有车窗都关得严严实实，完好无损，如果医生的鉴定准确，那么只有车前的反照镜可能是子弹的唯一入口了。也就是说，凶手是从姑娘轿车的左前方向她射击的，而轿车的左边是茫茫的波洛米海滩和一望无际的波洛米海湾……总之，可能射出子弹的地方实在太少了，但凶手在哪里呢？西德曼两眼盯着办公室墙上的布鲁克林城大地图，他朝地图的下半部任意一指，决定这里开始搜查吧！

西德曼手指的地方是布鲁克林城的雅各布斯区域，它位于出事地点前面约一英里处，子弹是绝对不可能从那个方位射来的。侦探们明知西德曼是漫无目的乱折腾，但却不敢违拗他的指令，一场稀里糊涂的搜查就这样开始了。

第二天上午，两名侦探踱到莫比尔车站，车站办公室里有个四十开外的男人正在算账，他叫西奥多·迪利塞。

"喂，你有没有一支来福枪？"侦探们例行公事地问。

"来福枪？对了，有一支。"迪利塞答道。

"有个叫娜沙的女孩被人用来福枪杀死了，你知道吗？"

"知道，电视上都播放了嘛。唉，娜沙这孩子可惜了，她和我还做过邻居呢！"迪利塞惋惜地说。

"是吗？"

"嗯，那是住在北坤斯的时候！所以，所以我总觉得，娜沙可能是被我打死的。"

"怎么回事？"两名侦探瞪大了眼睛。

迪可塞慢慢地放下账册，向侦探们讲述了这样一段经过：六月底，迪利塞和其他两个人合买了一条船，打算利用假日到洛克韦海湾去捕鱼，同时又买了一支来福枪，那是用来对付鲨鱼的。7月8日是个捕鱼的好天气，他们的船缓缓地驶过洛克韦海湾航道上的七号浮标，进入了海洋。

突然，迪利塞看见一只啤酒罐头漂浮在七号浮标旁，他就举枪瞄准，一枪命中。他得意洋洋,对着那只在水中打转的罐头又打了一枪。

第二枪可没有打中罐头,子弹拍打水面漂射出去,与水面之间构成了一个钝角。速度如此之快的子弹,却没能打入水中,水面似乎成了一块坚硬的钢板。子弹"扑"的一声朝北飞去,以离水面约四英尺的高度越过了浴克韦水湾,以同样的高度飞过沙滩,穿过洼地和波洛米海滩的芦苇丛,越过停车场和环形大道,当它接近鲜黄色轿车时,已离小船差不多一里之遥了,子弹开始减速,如果娜沙的轿车左边的反照镜关上的话,子弹会被撞落下来,然而事实与此相反,子弹的余力打穿了娜沙的左脑勺……西德曼侦探长和他的同事们经过周密的调查取证和模拟实验证明,的确是迪利塞闯的祸。但是法庭无法追究迪利塞的刑事责任,因为这次意外事故在国际上是绝无仅有的,实属罕见。

杀人汽车

世界上杀人最多的汽车,是一部鲜红色座位的游览车。它不仅引发了第一次世界大战,而且接着又使 16 人丧了命。这辆车是特别为奥国的大公爵法兰兹·斐迪南制造的。

1914 年 6 月 28 日,大公爵夫妇坐在这部崭新的车子里,慢慢行进在波斯尼亚首府萨拉热窝的大街上。忽然一个年轻人挥动着手枪从一个门里跑出来,跳到车子旁边的踏板上,在近距离内一枪又一枪地向车内发射。等卫兵们把这刺客打倒在地,大公爵夫妇均已死去了。

这对皇族夫妇的死,就成了第一次世界大战的导火线。在这场战争中,战死的人有 2000 万。这当然不能归咎车子,但此后凡沾它的人均遭受厄运,就不可思议了。

在欧洲开战之后一个星期,奥国的布狄洛克将军占领了萨拉热窝的总统府,他也因此得到了这部车子。但他在 21 天之后,就在华里也和战役中惨败,失去了职位,被调回维也纳,成了一个贫穷的人,后来死在穷人收容所里。

布狄洛克失职之后,这部车子转到了他手下的一个上尉的手里。这上尉在一次高速行驶中撞死了两个农夫,他自己撞在一棵树上,军队把他的尸体从破车的残骸中取了出来。

停战后,新任的南斯拉夫总督成为这部车的新主人。他下令把它修好,翻新到一流状态。但是在四个月之内,这部车连续发生四次事故,在第四次事故中,总督失去了右臂。

这位总督下令要把这车毁掉,但是一位史尔基斯医生却偏偏想得到它,他根本不相信有关此车的不祥之说,他几乎是免费得到了这部车。但是找不到一个愿意为他当司机的人,他只好自己驾驶它。他用了六个月,一直平安无事。

后来有一天早上,这车被人发现翻倒在路边,只是略为损坏而已,而医生的尸体就在车旁。

医生的遗孀把车子卖给了一位富有的珠宝商,这珠宝商用了一年,就自杀身亡了。

接下来的车主也是一位医生,他的病人知道他买了这辆车后,都因害怕遭遇不测而不再找他就诊。医生只得把车转卖给一位瑞士的赛车手。这赛手在驾车参加山间的车赛中,被抛出来,撞死在一堵石墙上。

这车又转到萨拉热窝一位富农手里。他把它修好,用了几个月都没出事。有一天,车子忽然在路上停下来开不动了,他请一个农民用马车把这车拖回城里。没想到汽车刚刚系好在马车上,却忽然自己开动了,把马和马车撞开,并沿路冲下,在一个急转弯处翻车,把这个农民轧死了。

接手这部车的是一个修车铺的老板,他把这破车买下来,修好后漆成蓝色,但又卖不出去,只好自己驾驶。一天,他用车载着六位朋友去参加一个婚礼,他想以高速越过另一车,结果撞车后死了四个人。

此后,此车就由政府出资修好,放入维也纳一家博物馆,就再没人坐过。第二次大战时,盟军飞机轰炸了博物馆,这辆车子也不再存在了。

生死不离的好姐妹

这对姐妹是居住在美国阿拉巴马州的多里斯和谢拉。她们的感情十分深厚,小时候两人一起上学,一起下课,一起上床睡觉,形影不离。无论买什么吃的穿的,都是一人一份,两人好得就像一个人似的,有人欺负其中一个了,另外一个绝对会出面。爸妈说她们两个是影子姐妹,邻居们也说很少见过关系这么好的姐妹。

两人渐渐地长大了。出嫁后,住的地方离得比较远,并且都有自己的公司,再加上各自有儿女,这使得她们很少有时间在一起了。虽然如此,她们还是会忙里偷闲,抽空去找对方的。

这一天是星期天,多里斯突然很想见见妹妹了。她想,自己都快一年没有见到妹妹了,现在自己去找她,先不给她打电话,给她一个惊喜。于是,多里斯化了个淡妆,穿上了妹妹最喜欢自己穿的衣服,收拾好东西,准备出门。提着手提包的多里斯快出门时才对正在看报纸的丈夫说:“我要去拜访一下我妹妹。我突然很想看到她了。孩子就由你照看了。”丈夫爽快地答应了,并且说了声:“路上开车小心呀。”当孩子吵着也要去时,多里斯拒绝了。

于是,多里斯开着汽车从家中出发,沿第 25 公路朝妹妹家中行驶。很巧的是,妹妹谢拉也是很想见姐姐,也开着车去姐姐家而没有事先告诉姐姐,她也想给姐姐一个惊喜。然而,就在路中间的某个路段,这对姐妹俩的车子不知怎么回事,突然就碰到了一起。姐妹俩当场死亡。

猎手被兔子杀死

南淮滨县马集镇上有个叫王冬才的农民,打小便练就了一手好枪法,不管天上飞的还是地上跑的,都是一枪一个准儿,所以远近的人都称他是个打猎好手。每当麦收季节王冬才便扛着火药枪在村外地里转悠,时不时便打回些野味来打打牙祭。

这年6月1日正午,有人从田里收工回来,告诉王冬才田边有些山雀子在抢麦子吃,赶也赶不走。他闻听之后,便赶到田边,果然看见山雀在争抢麦穗,叽叽喳喳闹得正欢。

王冬才找到一条田沟边蹲下,小心地端起枪,把眼一眯,正要勾动扳机,猛听得身边的田沟里一阵躁动,那些山雀子一见有动静,便扑楞楞飞了个精光。王冬才暗骂一声,操起枪管往田沟里探了探,冷不防一个灰影子蹿了出来,一蹦蹦到另一个田沟里。这下,王冬才一边想一边往沟里摸去,不一会儿,果然在沟底里找到一只身圆腿壮的大灰兔。王冬才一阵狂喜,这可是难得碰上的好猎物,可别让它给溜了;谁想端着枪的手因为太兴奋竟发起抖来;这下可糟了,枪子是打出去了,可惜失了准头,没打中要害。

那兔子耳朵上挨了一枪,便不顾一切地从沟里跳了出来,撒开四腿没命地逃。偏又窜错了地方,不小心一头扎进了田边的一口废枯井里。王冬才一见,乐得连嘴也合不上了:"这兔子今儿个可吃定了!哈哈,看你还往哪儿逃?"王冬才匆匆赶到井边,往里一瞧,更高兴了。那井底离井口足有两米深,那兔子在井底的烂泥里扑腾了半天,非但没有跳出来,还把四只爪子给陷了进去,任它怎么折腾,愣是挪不了地方。

王冬才抬头见井边有一破水桶,忙找来一段粗麻绳绑上,想把那兔子捞上来,无奈那兔子也机灵,四只爪子乱扒乱踢,就是不肯进到桶里。

火辣辣的太阳晒得那王冬才浑身上下直冒油汗。王冬才又热又渴,可那兔子硬是不肯就范,急得他火冒三丈,把衣服脱了甩在一边,跟这只兔子较上了劲,他提了那桶又往里捣弄了一阵。就这样折腾了好一会儿,人和兔子都没劲儿了。王冬才仍不死心,往井边一蹲,暗自寻思开了。

突然,他的眼光落在了那把心爱的火药枪上,不由心生一计:这枪身再加上手臂的长度倒可以够着那只兔子了,不如先用枪托把它砸昏砸死了,再捞时可能就省劲多了。

想到这里,王冬才拎上枪又来到井口,把枪倒转了过来,枪托朝下枪口朝上,伸出大半个身子往里一探,嘿!刚好够着那兔子。

王冬才这下又来了劲头,把枪上上下下提起撞下,往那兔子身上狠劲地砸。那兔子没头没脑地挨了一顿枪托,吃了痛,再加上耳朵上的枪伤时时发痛,早已是晕头转向,身子在井底里滚了一滚,就把肚皮翻了上来,四只爪子朝天乱舞。眼见这兔子四只爪子越舞越慢,就快断气儿的当口,王冬才发了狠劲儿:给它下巴上再来一枪托,送它上西天吧!

那兔子本来已是奄奄一息了,下巴上猛地吃了一记痛打,反而发着狠劲儿把两只前爪子蹬了出来。这兔子猛一蹬腿，不偏不倚便踢在了火枪扳机上，还未等王冬才有所反应，"砰"的一声，要命的枪子便飞了出来，正好打中了王冬才的脑门，他当场丧了命。就这样，一个枪法惊人的猎手竟死在一只野兔的手里。

倒霉透顶的间谍

第一次世界大战期间，间谍彼得·卡尔平受命潜入法国。他一边干着一份工作（工作只是为了掩人耳目），一边寻求各种情报。就在他以为可以顺利完成任务时，不久，却因同事告密被法国情报部门逮捕。当然，这些只是后来才知道的。被逮捕后的彼得·卡尔平一直不肯交待己方的情况，更不肯交待他已经获得的有关情报，于是，法国情报部门一直对他不客气。

卡尔平在受尽了苦头后，最终还是老实地交待了一切。因为，他觉得这样子耗下去是没有任何用处的。并且他交待了后，或许还能够有其他的出路。

在卡尔平被捕之后，因为法国一直封锁他被捕的消息，造成他还在法国工作的假象，以至于卡尔平的薪水从来没有间断过，而他的那些薪水被一位法国官员没收了，并买了一辆汽车。这辆汽车很酷。这位法国官员非常喜欢这辆汽车，他经常开着这辆汽车到处兜风。这一天，他照常开着这辆汽车出门了。天气非常好，这让他心情顿时开朗了许多。不过，战争的阴影并没有彻底消失。而且，到处不平静的战争状态也让他感觉自己的心是不平静的。就这样，在一个拐角处，他来不及刹车，在法军占领区撞死了一个人。这个官员赶快下车看究竟是谁时，他惊讶地发现，这个人恰巧就是彼得·卡尔平。

遭遇 127 次车祸的人

你或许不信，一个年仅 59 岁的男子至目前为止总计遭遇多达 127 次"包括坠机和撞车在内的重大交通事故"，平均算起来每年达到 2.1 次。这个倒霉的家伙是一名英国男子名叫内尔，有 5 个孩子，是一名建筑业经理。

他的第一次车祸是在他 17 岁时发生的。当时他正在考驾驶执照，不料手中的换档杆突然脱落，汽车像脱缰的野马一般横冲直撞，最终猛地撞到一堵墙上才停住，把现场考官吓得目瞪口呆。他印象中最恐怖的事故发生在 2002 年 2 月，当时他正在乌克兰工作。在短短的 3 天时间里，就发生了 3 次交通事故。第一天，他乘坐的飞机坠落在一片野外的雪地上，幸好他本人只受了一点轻伤。第二天，他乘坐汽车去办事，结果汽车在冰面上失去控制，猛地撞中了一棵大树，车上所有乘客都受了伤，唯独他毫发无损。第三天，内尔决定亲自开一辆崭新的马自达汽车出门。然而，当他在一个汽车维修站加油时，一辆乌克兰司机开的大卡车从后面狠狠地撞中了他的汽车。由于冲力过大，他的马自达汽车一头栽进了路边阴沟。

他的"最高车祸纪录"是在 1969 年——在短短 8 个小时内,他竟出了 3 次车祸。内尔说,当天早上 8 点,他正开车前往上班途中,突然,一辆摩托车从后面猛地撞向他的汽车尾部,那名摩托车手则因巨大的惯性从他的汽车顶部飞过,落地后当场死亡。由于心烦意乱,半小时之后,内尔第二次与人撞车,幸好这次未造成伤亡。当天下午 4 点下班回家的路上,第三次车祸发生了——另一辆摩托车鬼使神差地再次撞中了内尔的汽车。

内尔如今和妻子瓦莱丽居住在英国哈尔地区,开一辆银色菲斯特汽车。2004 年 12 月 8 日,内尔刚刚经历了平生第 127 次交通事故——由于一时疏忽,他的汽车掉进了一个 2 英尺宽的洞中,汽车前灯被撞坏。不过,内尔仍然是大难不死,没有生命危险。这真是一件不可思议的事情。也许是巧合吧。

内尔在说起自己的这些遭遇时说,由于工作关系,他去过世界许多地方,但不管是在国内还是在国外,噩运就仿佛幽灵一般跟随着他。几十年中,他总共遭遇了大大小小共计 127 次包括坠机和撞车在内的重大交通事故。

父女在同一铁道口被列车撞死

家住在英国埃塞克斯市的利莎·波特,从小就失去了父亲,可以说是一个非常不幸的孩子。在她很小的时候,父亲有一次外出办事。为了能节省点时间,便走了一个近路回家,但是这条近路必须经过一个铁道口,其实每天都有很多的人从此处进进出出的。父亲也几乎天天从这里走过,这一天像往常一样,父亲在经过这个铁道口时向远处张望了一下,此时没有车要驶过,于是父亲弯下腰准备通过,没有想到的是父亲的一只脚陷进了铁道口的一个裂缝里,很难拿出来,这时远方呼啸的火车正在向这边扑过来,父亲没有能在最后的时刻拨出脚而当场死亡。由于父亲在这一次意外中丧生了,利莎·波特是在母亲一个人的辛苦抚养下长大的。虽然缺少父亲的爱,不过,利莎·波特的性格并没有因为父亲的去世而变得忧郁,相反,她似乎有一种超强的忍耐力,她变得非常地坚强。就连她的母亲有时候都很佩服自己的女儿,因为,母亲在遇到困难的时候都会很脆弱。她的母亲一直以来都没有忘记自己已经去世的丈夫,因为身边的女儿是那么的酷似自己的丈夫,正因为如此,母亲一直都没有改嫁,她只希望利莎健康快乐地成长。

利莎·波特就这样在只有妈妈的呵护下慢慢长大了。她已经是一个大姑娘了,能帮助妈妈分担很多生活中的事了。1995 年 8 月的一天,利莎·波特与母亲一起走过埃塞克斯莫茨线铁路的铁道口。这个铁道口正是当年父亲出事的地点,面对此时此景母亲很伤感,虽然这件悲伤的往事早已经随着岁月的流逝有些淡忘,她的母亲说:"利莎,你的父亲 11 年前正是在该铁道口被一辆路过的火车轧死的。你肯定不记得了,因为,那个时候你还非常小。可是,我一直都记得的,我不想从这里穿过去,我们换一条路走吧。"利莎·波特说:"妈妈,别害怕,都已经过去这么多年了。当年只是一个不幸的意外,再说,爸爸的在天之灵也会保佑我们的。我们过去吧。"可是,她的母亲拒绝了。因为当年那悲惨的一幕至今还让她沉浸在痛苦之中,因为丈夫的去逝,把这个家推向了艰难的境地,她的母亲坚持要改走另外一条路。

但是,利莎·波特觉得如果改走另外一条路的话,虽然能回家,可是那样会浪费很多时间,没有那个必要,这条近路就在眼前,多好啊,她的这种想法和当年她父亲的想法出奇的巧合。当年要不是自己的丈夫为了节省时间走这条近路,能出现这样令人终身遗憾的悲剧吗?她的妈妈越想越害怕,她似乎感觉到有一种死亡的阴影在笼罩着她,她坚决反对女儿的想法。而此时已经长大的利莎早已经有了自己的见解,觉得这是母亲的潜意识里的恐惧在作怪。父亲死亡的阴影一直没能从母亲的生活中消失,这是她从小长到大一直看在眼里的。利莎认为要消除母亲的恐惧心理,帮助恢复健康的心态,自己就应该先穿过铁路,证明给母亲看,于是利莎·波特说:"妈妈,这样,我先过去,你再接着过来。"于是她向铁路走去。此时,利莎的母亲好像有种东西堵在嘴里,任由利莎去做,但是一句话也说不出来。

然而就在此时,一辆列车突然开过来,将利莎撞死在铁道口上。利莎·波特的母亲亲眼目睹了女儿的惨剧,当场晕过去了。没能再醒过来,丈夫和女儿都没有了,可能她也不愿意一个人面对孤苦的生活吧。

这个令人落泪的惨剧真实地发生在英国的埃塞克斯莫茨线铁道口,有人说,也许是利莎的父亲爱女心切,想把她带走吧。

深情女子跳楼自杀撞死负心汉

这是一个真实的故事,它发生在捷克首都布拉格,故事中的女主人公是一名家庭妇女,叫做维拉·捷马克,他的丈夫在一家知名度很高的公司上班,由于丈夫工作出色,所以经常得到老板的嘉奖,生活过得相对富裕,就这样,这个家庭也不需要维拉出去工作,她就在家里当起了全职太太,每天就是给全家人做做饭,收拾一下屋子,整理一下房间而已,由于长期脱离社会这个大的工作环境,她变得不再像以前那样聪明漂亮,每天和家里的佣人一样,渐渐地与丈夫的关系也日趋紧张起来。有一天,她在整理卧室时,发现一些她从来没有见过的相片与信件,这些照片和信件是用一个非常漂亮的信封装着,她很好奇,因为丈夫并没有跟自己提起过这些,打开后发现里面有一个女人的相片,这个女人长得非常漂亮,自己不认识她,丈夫是从哪里拿来的?里面还有一些信,是这个女人写给维拉·捷马克的丈夫的。维拉浑身颤抖着把这些信件看完了。从这些信件中,维拉知道了自己深爱的丈夫居然和这个女人关系非浅,原来她的丈夫已经与这个女人有了三年的婚外情,他们是在一次旅游的途中相识的,然后一直保存着这样的关系。最近,这个女人在逼维拉的丈夫向维拉摊牌,并且要他离婚与自己结婚。

维拉·捷马克看完了这些信件后,感觉浑身冰冷。因为这一切来得那么突然,她是多么爱自己的丈夫呀,她一直认为自己是一个幸福的女人,可是,丈夫却如此对待她。打碎了她幸福的生活,她更恨那个女人,她认为自己的一切都是她造成的,但是苦于自己不认识她,没有办法为自己出气,只好忍气吞声。她一个人在屋子里,默默地流泪,回忆与丈夫的点点滴滴,回想起自己与丈夫恋爱的每一个美丽的情节,那些回忆让她暂且忘记了这些不愉快,可是当美好的回忆结束时,她又回到了现实,这些回忆让她痛苦万分。她最后彻底地明白了丈夫的异常行为,经常说公司加班,每天凌晨才回家;很多星期六星期天都要出去,说是去见客户。她原来毫不怀疑自己的丈夫,认为丈夫的工作忙是一件很正常的事,因为她是那么地爱他。可是,事情原来是这样,原来丈夫一直在欺骗自己,他的种种借口都是与别人约会去了。这让她更加伤心,她此刻觉得一切都是虚伪的,一切都是在欺骗中度过。

她想到了自杀,因为她觉得已经没有活着的乐趣了,于是,她写了一封遗书,在遗书中她愤怒地谴责了丈夫。然后,她就从三楼跳了下去。她想以这种方式告别这个世界,这样可以减轻她的痛苦。她想等人死后到另外一个世界,一切从新开始,会忘掉以前的痛苦。她闭上双眼,等待着那一瞬间的到来,可是,她好像不是落在了地上,因为她没有感觉到疼痛,好像一种软绵绵的东西垫住了自己,她睁开眼睛一看,原来自己下落的时候正好落在了一名刚刚从公寓底下走过的男人身上,冲撞力砸死了这名男人,而自己幸运地没有死去,维拉只受了点轻伤。维拉·捷马克爬起来一看,这个男人正是她已变心的丈夫!这样的巧合让维拉自己也目瞪口呆起来。也许是上天看到维拉这样死去对她太不公平了,于是安排了这样的巧合,也算是她的丈夫对她的一种补偿吧。可见婚外情补偿的代价要高得惊人。

老鼠搬家主人死亡

这是发生在第二次世界大战以后的事情,故事发生的地点在美国。在纽约从事电影工作的莱蒙德·马西夫妇退掉了价格高昂的旅馆的房间,在东区印号街租了一间房租低廉的房子住下了。因为此时的他们收入并不高。

在一个星期天的下午,天空有些阴沉,好像要下雨的样子,马西夫人记起丈夫出门时,并没有带雨具,所以很是担心他在路上淋雨,她不时地从二楼窗口探头眺望,希望丈夫能早些回来,她突然瞥见对面房子的地下室许多老鼠倾巢而出,列队窜过马路,拼命朝自己家的方向涌来,这些老鼠行动迅速,整齐划一,好像经过演练一样,没有一个乱了队形,径直走过来。马西夫人吃惊地望着这一切,不知道这是怎么回事,心里想:"这么多的老鼠过街,会不会有疫情呢?"

马西夫人赶紧给卫生局挂电话,寻求灭鼠的方法,还从朋友家借来了两只猫。可是,因为老鼠太多，一时间除鼠的办法不怎么有效，只能任由这些猖狂的家伙横行霸道，也无可奈何。

大批老鼠"搬"进来后不久，虽然马西夫人很是反感，但是好在相安无事，因为这些老鼠似乎很守规矩，只是挤在自家一层的一个空着的仓库里，从来不进入主人的房间，马西夫人也就把此事放在一边了，因为她的确没有一个好的办法能解决此事。一天早上，马西夫人照例打开报纸，看早间新闻，这是她多年来养成的习惯，报纸上头条有几个醒目的大字，刊登了富豪B夫人自杀的消息，还登了死者的照片。她不禁一愣："啊呀！这不是对面楼里的太太吗？那些老鼠就是从她家里逃过来的。她衣食无忧干嘛要自杀呀？自己过这样的日子还很开心呢！"想不通的马西夫人自语道。B夫人一死，那幢楼房就被拍卖了，当新的主人入住时，那些老鼠又成群结队地"回家"了，让人感觉非常诧异。

日子就这样过了许久，楼里又搬来了新主人，是个衣着入时、满头金发的女人。听说她曾经当过舞女，马西夫人从邻居那里听来的消息，似乎对这些很感兴趣，后来她就经常趴在二楼的阳台上，表面上像是在看自己的丈夫是否下班，实际上她更关心对面发生的情况。此后她发现时常有个年轻男人出入她家。一天，这个经常来的男人在楼里突然心脏病发作，由于没有得到及时有效的抢救而死亡了。就在他猝死之前，这座楼里的老鼠又像上一次一样集体逃到马西夫妇住的楼里来了。

年轻男人死后，女主人搬家了。奇怪的是，老鼠又依旧回了"旧窝"。不久，又有个年轻的实业家搬进去住。

很长一段日子，周围太平无事。可是，有一天，又出现了老鼠"搬家"的现象。

"又要发生什么不测了！"马西夫人不由得担心起来。果然，没多久《纽约时报》登出一则消息："一个年轻实业家因飞机失事死亡。"

"啊！就是对面楼里的房客！早知如此，趁老鼠搬家的时候告诉对方就好了。"马西夫人深感懊丧。

接下来发生的不测使人们对这幢楼房望而却步，再也没人敢去租用，只得空关起来。只有那些老鼠重返家园，在楼里肆无忌惮，悠哉游哉。

据说，这幢楼最早是由一个有名的律师出钱建造的。房子造好不久，律师突然精神失常，住院治疗，但是迟迟没能康复。一天，律师从医院里溜出来，跳入赫德森河死了。

令人毛骨悚然的奇怪声音

这是发生在1918年8月末，苏联著名的研究传感信息的学者贝尔纳鲁特·卡金斯所经历的奇异事件。

19岁的M是卡金斯基的好友，他卧病在床已经几周了。卡金斯基每天工作结束后，就到他那里去探望。M的住处和卡金斯基家相距1公里左右。

一天夜晚,他从 M 处回家后非常累,一头倒在床上睡着了。夜深人静,卡金斯基酣睡着。忽然,一个清晰的音响划破这沉寂无声的卧室,把他惊醒了。这响声多么像银调羹和玻璃杯撞击的声音啊。他以为是猫在桌子上淘气,碰得茶具乱响。卡金斯基起身打开台灯向桌上看去:没有玻璃杯,没有羹匙,甚至连猫的影子也没有。他一看表,正是深夜两点钟。

次日下班后,他马上从工作岗位向 M 家走去。可是,越走近 M 家,他越是忐忑不安起来。一到门口,他就知道 M 家出事了。对着大街的门大开着,卡金斯基慌忙跑进房中,他的密友 M 已经静静地躺在那里,长眠不醒了。

M 的母亲坐在床边,哭肿了双眼。卡金斯基在帮助把死者尸体从床上抬到棺材里去的时候,不小心碰到了枕边的小桌子。这时,"叮"地一声,一种银器的音响传到耳边。这声音多么熟悉呀,它和昨天夜里卡金斯基在睡眼蒙眬中从自己房里听到的声音完全相同。卡金斯基打了一个寒战,他惊异地看着那张小桌子。桌子上放着一只盛有银调羹的玻璃杯。他本能地拿起那个银调羹,敲打着玻璃杯,发出的音响和昨夜听到的声音还是完全一样。我怎么能在昨夜里听到这种声音呢!?

M 的母亲和姐姐丧失亲人,已经悲伤到极点,她们颓丧得连一点儿应对外界的能力也没有了。在这个时刻里,卡金斯基本来想帮她们的忙。可是,这种意外的奇遇,使他忘记了这一切,呆呆地沉思在那里。

他从木然呆想中清醒了,向那位老妈妈询问 M 死时的情景。老妈妈说:"正好是深夜两点钟的事。因为医生吩咐在这个钟点让我儿子喝药,我就把杯中的药用调羹喂他。可是,当调羹中的药送到嘴边时,他已经断气了。他的心脏停止了跳动,药也不能喝了……"卡金斯基一定要老妈妈表演给他看一下。老妈妈用颤抖的手拿起调羹,把玻璃杯底的药盛取出来。这时,和昨夜完全相同的声音在卡金斯基的耳边,又叮当作响了。他毛骨悚然,浑身颤抖。

在床上睡觉被人砸晕

大家形容一个人倒霉时,常常说喝凉水都塞牙,格利就是这样一个倒霉之人。格利住在美国明尼苏达州的明尼阿波利斯城,他是一名明尼阿波利斯城的大学生,有一天深夜,格利由于一天紧张的学习早已经进入梦乡,一个人睡在租住房间内的床上,似乎只有这一时刻才能让他在紧张的学习生活中解脱出来。因为,最近正忙于毕业论文的答辩,这涉及到他的工作分配问题,所以他一头倒到床上,就打起酣来。可是令他没有想到的是,天上飞来横祸,从空中掉下一个人来将他砸晕,被送往医院急救。

他楼上的邻居是一名重 180 公斤的胖妇人,名字叫做贝萨。贝萨是一个热衷于跳舞的人,其时,贝萨跳舞的目的并不因为她喜爱舞蹈,最重要的原因是,她听一位朋友说跳一种舞可以健身减肥,这可是对贝萨有相当大的诱惑力,于是在楼上不分昼夜地跳舞,总是在深夜传来咚咚的巨响,今晚又是楼上的贝萨在跳健身舞减肥了。此时的响声似乎比以往还要凶狠,不过对于格利来说,对此已习惯了,所以并不在意。可能是由于长时间的在巨响中睡觉,格利居然能做到充耳不闻,依然蒙头大睡。突然咔嚓一声巨响,头上巨物落下,正巧砸在熟睡的格利身上。格利在睡梦中被突如其来的疼痛击醒,睁眼定睛一看,原来是楼上的肥婆贝萨压在自己身上。他模糊的记得自己睡觉前一个人在屋子里,而且门窗也紧锁。肥婆贝萨在楼上跳舞啊,她是怎么进入的,此时又怎么会在自己的床上,睡梦中的格利怎么也想不到贝萨是从天而降,并不是从正门走入,而且早已经弄坏了他租赁的房子,他觉得疼痛难忍,当场昏迷过去后,也没有弄明白这是怎么回事。

事后据救护人员称,格利一根肋骨被压断,全身多处有瘀青和擦伤的痕迹,能够保住性命已经够幸运了。而那位从天而降的肥婆贝萨却因为有格利这张"软垫"的保护,身体并无大碍,事后,贝萨负责了格利的所有医药费用,并负责每天过来照顾他,因为医生说格利得半年后才能完全康复,需要一直有人照顾,这个责任贝萨责无旁贷。在之后的日子里,贝萨每天都按时过来为格利料理生活起居,从此也改掉了在楼上跳舞的习惯。经过一段时间的相处,格利发现她并不像他想象的那样没有生活规律。原来贝萨是一个非常苗条漂亮善良的女孩,一年前由于一场怪病,让她的身体逐渐发胖,没有控制的可能,这对一向漂亮受别人称赞的她倍受打击,当她从朋友那里听来这跳舞的方法可以减肥,她便深信不疑,为了恢复以往的身材,她每天都加紧练习。她入住的时候,楼下还是空着的,并不知道有人住进来,所以才发生了今天的闹剧。后来贝萨去了一个减肥瘦身训练基地,没有过多久,又恢复了以往的形象,性格也开朗了许多。但是她一直都没有忘记过来照顾被她砸伤时至今日还抱伤在床的格利,经过聊天,原来格利和贝萨居然是同一所大学的学生,而且他们的专业居然一样,都是房屋设计,这样共同的兴趣爱好拉近了彼此的距离,他们成为了一对非常的朋友,后来发展成为一对恋人,每当他们回忆起当年的趣事时,都说一定要设计出一幢坚固的房子。

20 年后子弹终于击中了他

这个故事虽然让人觉得不可思议,却完全是事实。

1893 年,在得州经营霍尼克洛乌牧场的亨利·席格兰特结婚后,又喜欢上了另外一个名门闺秀。席格兰特感到十分的苦恼,于是对爱人梅莉开始感到嫌恶。他看她的什么都不顺眼,觉得她既长得难看,又没有什么趣味,她一点也不可爱,整个人没有一点值得让他欣赏的。这个时候的席格兰特,已经完全忘记了自己当初是如何追求现在的妻子的。正因为如此,席格兰特对待自己的妻子十分冷淡无情,经常无故打骂妻子。这让可怜的梅莉经常独自哭泣,她不知道究竟发生了什么事情,她也不知道丈夫怎么就不爱她了。终于有一天,梅莉伤心地自杀身亡了。

梅莉的兄长对于席格兰特的行为感到无比愤慨,他知道是席格兰特害得梅莉自杀的,他发誓要为梅莉报仇。于是有一天,梅莉的兄长就带着手枪向席格兰特开了枪。子弹从席格兰特的脸颊擦了过去,击中了身后的一棵大树。但是,梅莉的哥哥以为自己杀死了席格兰特,接着就举枪自杀了。

席格兰特终于与自己心爱的人在一起了。事情经过了 20 年之后,有一天,席格兰特要把那棵大树砍倒,但因树太硬,很不容易砍倒,于是他就用炸药来炸。当然,席格兰特并没有忘记,20 年前从脸颊上擦过的那颗子弹仍留在大树上。他做好了一切准备之后,便点燃炸药,当炸药爆炸时,波及了这颗嵌在树上的子弹,它弹了出来,正巧击中了席格兰特的头部。席格兰特终于一命呜呼了。命运让席格兰特还是死在了这颗子弹下。

离奇巧合的死亡

这是一些离奇的死亡,巧合得让人难以相信,可是,你又不得不相信,因为这些都是真实的事情。

1983 年 7 月,一场风暴席卷意大利那不勒斯市。一位名叫维多利亚路易士的 45 岁男子,在驾车返家途中被狂风连人带车吹落激流中,几经艰辛,他才打破车窗,挣扎上岸。正当他为自己庆幸时,一株大树被狂风连根拔起,刚巧击中他的头部,就此一命呜呼。

1983 年,厂主路达史华兹,在台风中,侥幸从被狂风荡平了的小型厂房中逃了出来,只受了轻伤。他当时还为自己庆幸。但台风后,他返回废墟视察,一堵未被摧毁的砖墙突然塌下,压在他身上,使他丧命。

1977 年,纽约市有个男人,在街道上行走时被一辆货车撞倒。奇怪的是,他竟然没有受伤。正当他觉得自己算是幸运,从地上爬起来准备离开时,一个过路人劝他说:"你躺在地上,不要动,假装受伤。这样,你便可以向保险公司索赔。"他觉得很有道理,于是听从劝告,横躺在货车前面。就在他躺下的时候,货车司机以为他已经走开,把车子开动,结果他被车子碾过,一命呜呼。

1979 年,英国列斯市 26 岁的商店售货员和路达赫拉斯,由于一双龋齿疼痛异常,而他又最怕见牙医,于是请他的朋友在他的牙床骨外重击一拳,希望把龋齿打落。他的朋友不好意思推却,于是打了他一拳。不料和路达赫拉斯被击中以后,身躯往后倒下,头部撞在一块凸起的大石上,头骨破裂而死。

一念之差,命丧黄泉。

命硬的劳工领袖

布莱克曼是英国伊斯特本的劳工领袖,因为与妻子性格不合而离婚了。离婚时法院要布莱克曼付钱赡养妻子。但是，布莱克曼一直不肯付钱赡养妻子。他觉得既然已经离婚了，就应该自己养活自己，怎么能再让他付钱赡养呢？这太不公平了。布莱克曼的妻子因此上诉法院。离奇的是，那些判他付钱的人，一个个遭到了厄运。

布莱克曼坚拒付赡养费，所以在 1922 年 4 月首次遭到起诉，并被判入狱。审判他的一名地方法官名叫杜克，不久就去世了。

虽然如此，布莱克曼仍拒绝付钱，因而再遭判刑。聆讯后，地方法官莫林诺斯郎莫名其妙地得了重病，很快就去世了。

布莱克曼第三次为此事出庭受审时，在宣判后几分钟，地方法官法内尔突患脑溢血，不省人事，就此与世长辞。

布莱克曼仍坚持自己的观点是对的，就是不付赡养费，于是又于 1923 年 10 月在伊斯特本郡法院由法官麦卡尼斯审讯。他再度入狱。这位法官不久死亡。布莱克曼出狱时，正赶上这位法官的葬礼。

1924 年 7 月末，布莱克曼五度被判刑。布莱克曼让法院的人伤透了脑筋。到 9 月间，审讯此案的一名地方法官赫尔比也没有任何征兆地死了。

有记者因此采访了布莱克曼，问他为什么会有如此奇怪的事发生，这些事情是不是与他有关。布莱克曼就 5 名法官的死亡事件表白说："那可能只是个无意义的巧合，我对他们绝无半点恶意。这些事情跟我没有任何关系的。"

第九节　时空奇迹再见

遗信百年救后人

一封来自一百年前的信，竟然使得一百年以后的人脱离险境，而写信的人与收到信的人竟然是祖孙关系，这件事够新奇的吧！

1914 年 8 月，爆发了同盟国和协约国之间的第一次世界大战。1915 年 4 月，一支法国军队和数倍于己的土耳其军队，在埃及战场的西奈半岛展开了激战，一时间战场上到处都是尸体。到了 4 月 14 日傍晚，法国军队仅剩下了 35 人，并且也已弹尽粮绝，四周被土耳其军队紧紧地包围着。此刻，马什尔上尉手里掂着一颗子弹，眼望着派出去寻求救援的一个个信使的尸体，他想起了他的曾祖父老马什尔上尉牺牲之处，也是在西奈半岛的一个荒凉地方。

正在这时，他看见仍充满斗志的中尉领着一个身披斗篷的阿拉伯老人站在眼前，老人确认他就是马什尔上尉时，很激动地从怀里慢慢地掏出一个皱巴巴的发黄的旧报纸袋,颤抖地递给马什尔上尉。上尉接过纸袋一看,只见上面很潦草地写着"马什尔上尉"五个字,字迹几乎辨认不清。马什尔小心翼翼地打开纸袋,拿出一封发黄的信来。借助微弱的火光,马什尔仔细地辨读着信的内容,由于字迹很潦草,马什尔费了很大的劲才断断续续地认出来。"亲爱的马什尔:接到此命令,请立即……这封信由一位年轻的阿拉伯人转交给你……看完信后,立即寻找埋在堡垒和地下的食物、军需……拿出你们最需要的,然后把剩下的物品毁掉……你们从埃及前线撤离……有三条路,但不可走滨海那条……从中间那条可一直穿过沙漠……要像保护眼睛那样保护附在信内的地图,并根据地图找到……废墟后面有一泉眼,能……胜利。1798 年 4 月 14 日,波拿巴·拿破仑。"

老人告诉他,这封信是拿破仑将军在 1798 年交给老人父亲的。那是 1798 年,拿破仑将军率领一支法国劲旅远征埃及。4 月份,其部下老马什尔上尉率领的一支军队在西奈半岛陷入了土耳其军队的重重包围。拿破仑得知情况后,立刻给老马什尔上尉写了一封信,信的大概意思是指导他们如何突破重围绝处逢生。拿破仑把这封信交给了一位熟悉当地地形的年轻的阿拉伯军人马洛卡。马洛卡接受任务后,立刻昼夜兼程地赶往交信地点,但是已经迟了,没有找到老马什尔上尉及其军队。原来老马什尔上尉率军在经过一番激战后,突破了土耳其人的包围,但是由于不熟悉当地地形,被沙漠吞噬了。

马洛卡不知道马什尔上尉已带领部队走上绝境,一直自责自己没能完成任务。1874 年,90 余岁的老马洛卡去世前,还一直悔恨自己没有完成送信的任务。临闭眼时,老人郑重地把信交给了他的儿子小马洛卡,并再三嘱咐一定要找到马什尔上尉,亲手把信交给他。

小马洛卡为了完成其父的嘱托,整整寻找了 40 年。也许是命中注定吧,他终于把这封历时一个多世纪之久的信件,在同一个地点亲手交给了收信人"马什尔上尉"——老马什尔上尉的曾孙。

马什尔上尉激动异常。在老人的指点下,马什尔上尉他们在要塞的后边找到了废墟,出人意料地找到了他们最急需的弹药和食粮,这使他们个个惊愕不已。不过这些食物和弹药并不是拿破仑遗留给他们的,而是大战刚开始时,德国人和土耳其人储藏在那里的。获取了弹药和食物以后,马什尔上尉他们按照地图上的路线终于走出重围,绝处逢生。

一封拿破仑于 1798 年 4 月 14 日写给其在埃及同土耳其人作战的部下军官老马什尔上尉的信件,在 100 多年以后拯救了同样率军在埃及同土耳其军队作战而陷入绝境的老马什尔上尉的曾孙小马什尔上尉的性命。真是一个奇迹。

"泰坦尼克"号幸存者神秘再现

1912 年 4 月 15 日,"泰坦尼克"号超级游轮在首航北美的途中,因触撞一座漂浮流动的冰山而不幸沉没,酿成死亡、失踪达 1500 多人的特大悲剧。

80 余年过去了,正当人们对它已经淡忘时,却又连连爆出了惊煞世人的新闻。

1990 年 9 月 24 日,"福斯哈根"号拖网船正在北大西洋航行,在离冰岛西南约 360 公里处,船长卡尔·乔根哈斯突然发现附近一座反射着阳光的冰山上有一个人影,他立即举起望远镜对准人影,发现冰山上有一位遇难的妇女用手势向"福斯哈根"号发出求救信号。当乔根哈斯和水手们将这位穿着 20 世纪初期的英式服装、全身湿透的妇女救上船,并问她因何落海漂泊到冰山上等问题时,她竟然回答:"我是'泰坦尼克'号上的一名乘客,叫文妮·考特,今年 29 岁。刚才船沉没时,被一阵巨浪推到冰山上。幸亏你们的船赶到救了我。""福斯哈根"号上的所有船员都被她的回答弄糊涂了,这究竟是怎么一回事?

考特太太被送往医院检查时,发现她除了在精神上因落难而痛苦外,其他方面的健康状况良好,丝毫没有神经错乱的迹象。血液和头发化验也表现她确系 30 岁左右的年轻人。这就出现了一个惊人的疑问,难道她从 1912 年失踪到现在,竟会没有一点衰老的迹象?海事机构还特地查找了"泰坦尼克"号当时的乘客名单记录表,确认考特太太登上了这艘豪华游轮。这太离奇怪诞了,以致人们无法用科学常理作出合乎逻辑的解释,难道她真的一直存在于所谓的"时空隧道"中?

正当人们为此而争论不休时,另一件意外巧合的奇事又发生了。

1991 年 8 月 9 日,欧洲的一个海洋科学考察小组租用的一艘海军搜索船正在冰岛西南 387 公里处考察时,意外地发现并救起了一名 60 多岁的男子。当时,这名男子安闲地坐在一座冰山的边缘,他穿着干净平整的白星条制服,猛吸他的烟斗,双目眺望无际的大海,脸上显示出一副早将生死置之度外的表情。但谁也不会想到,他就是失踪近 80 年的"泰坦尼克"号上大名鼎鼎的船长史密斯,并且曾几次拒绝对他的援救。

著名的海洋学家马文·艾德兰博士在救回史密斯船长之后,告诉新闻记者说,没有任何事情的发生会比此事更让他吃惊。他不知道在北大西洋那儿发生了什么,被救的人并非行骗之徒,而是"泰坦尼克"号上的船长,是最后随船一起沉没后失踪的人。更为惊奇的是,史密斯虽已是 140 岁高龄的老人,但仍然像位 60 岁的人,而且在他获救时,一口咬定是 1912 年 4 月 15 日,并几次劝阻救助人员不要救他,船既然已被冰山撞沉了,最后的气浪把他抛到了冰山上,他这个船长也只有与冰山共存了。

精神病心理学家扎勒·哈兰特对他进行了一系列的检查后,认为他的生理和心理很正常。哈兰特博士曾于 1991 年 8 月 18 日的一个简短新闻会上指出,通过保存在航海记录中的指纹验证,可以确认他的身份就是船长史密斯。

欧美的有关海事机关认为,史密斯船长和考特太太均属于"穿越时光再现"的失踪的人。不过,史密斯船长和考特太太能够差不多同时再现并且被救起,这也应该只是一个意外的巧合吧。

46 年后战机重回人间

一架二次大战纳粹德国战斗机,在 1942 年一次执行出击任务后,便音讯全无,再也没有返回基地报到。然而,经过整整 46 年,它又突然出现,降落在苏联一个机场上;而机舱内的机师,早已变成了一副白骨! 你是否相信这是真的呢? 然而,这听起来让人不可思议的事却是真的。

这架失踪了 46 年而又神秘出现的战斗机属于 BF109－G 型的单引擎战斗机,据说外壳虽然明显地非常残旧,但机件状况却仍十分良好。对于这架古老战机突然重现一事,有关方面并没有立即作出解释,事实上也无人能这样做,而同样令苏联官员感到大惑不解的是,机上的机师早已死掉并腐化成一副白骨,又如何操纵飞机,在 1988 年 6 月 5 日的清晨安然降落到明斯克机场去?

"我称这是近代航空史上一个最神秘之谜,相信也不为过,"西德法兰克福一位第二次世界大战历史专家艾美·却巴博士说,"苏联方面并没有发放所有他们知道的这架飞机和机师的资料,但从莫斯科新闻的有关报道中,我们知道这架战机是因为燃料用罄才降落在沿海的明斯克机场。"

"那个机师的身份已经证实是空军中尉狄斯·西格,他在 1942 年 12 月 5 日一次飞往苏联上空执行作战任务时失踪,事后当局再也没有收到他的半点音讯。"

"我们也不知道为什么会有这件事发生,我们唯一知道的,就是有一架 1942 年的战斗机,在失踪了差不多半个世纪后,又再次出现在人间。"除了报章上刊载的消息外,苏联当局再也不愿透露更多有关这件怪事的进一步详情。

从机师的骸骨和破烂的制服来看,他们估计西格中尉是在 1942 年他执行那次作战任务时,被苏联战机的子弹击中而当场死掉。当这架幽灵战机突然降落苏联机场的怪事传出后,西方不少科学家都表示愿意协助调查个中真相。

冰封 70 年的活人

1986 年,一支英国登山队来到了阿尔卑斯山。当这支英国登山队攀到阿尔卑斯山 5100 米的高度时,在一条雪崩形成的斜坡底下,隐约看见一个人体半埋在其间。大家都觉得很奇怪,以为是登山遇难的人。于是,登山队便立即派人协助挖掘。

经过两小时的挖掘,竟挖出一具男性"尸体"。大家看见他身旁有一套古老军服。于是,有人到他的军服里去翻,翻出了一本《士兵手册》。大家从他身上的《士兵手册》中,知道他名叫普里斯,是法国步兵团第二旅的下士,1890 年出生。

发现一个失踪数十年的士兵尸体并非奇事,大家对这种事情都习以为常了,因为这样的事情经常会发生。大家协力把尸体运到了山下登山总部。经医学专家利巴奴详细检查,竟然发现这具尸体仍有极其微弱的心跳——他仍在生存,并非已死亡。这真是生物学和医学上的奇迹。大家都觉得不可思议。

利巴奴医生立即把这具仍然生存的尸体放入一个氧气罩内,然后又把"活尸"运到英国一家著名的生物研究所去进行拯救工作。有关权威专家说:"我们用尽所有方法和尝试,都不能令普里斯醒转过来。但他仍是活着的,他的心脏机能仍然存在,只是其他一切都停顿了。这真是一个奇迹呀。如果不是巧合,又怎么会如此呢? 这真是一个谜呀。"

弄巧成拙的一场糊涂仗

兵不厌诈。在任何一场战争中所比拼的不仅仅是武器与装备,在很多的时候,还有智慧与谋略。然而,在第一次世界大战中,却发生了一件双方因使用诡计而弄巧成拙打了一场糊涂仗的奇事。

它们是属于不同阵营的英国与德国,为了取胜,双方都竭尽本国的人力、财力投入了这场战争。随着战争的发展,两国海军力量都受到了很大损失。为此,两国政府均下令将部分运输船改为军舰,以参加鏖战正酣的海战。英国将一艘两万吨级豪华客轮"卡门尼亚"号进行了改装,配备了各种火炮,不久便俨然以重巡洋舰的雄姿出现在大西洋上了。与此同时,德国也把一艘吨位相当的巨型客轮"特拉法加"号改装成巡洋舰。

为了蒙骗对方,德国船长巧生一计,决定把已改装好的战舰伪装成一艘英国客轮,而他恰恰选中的是英国的"卡门尼亚"号,按照该船的照片进行改装。于是,德国的"特拉法加"号便摇身一变,成了英国的"卡门尼亚"号了。真是无巧不成书。英国船长为了迷惑敌人,也决定把自己的船伪装成德国客轮,而且刚好选中了德国的"特拉法加"号。这两艘改装好的船又被本国海军部一同派往南大西洋,去执行海上巡逻任务。

1914 年 9 月 14 日上午,海天如洗,万里无云。突然,德国船长发现远处有一艘客轮正迎面驶来。令其大惑不解的是这艘船竟酷似自己原来的模样。他想,这艘船也许是自己的船出自同一个轮船公司的姊妹轮吧。于是,他命令信号兵要求对方表明身份。此时,英国船长也因同样的原因被弄糊涂了。他也认为对方可能是自己的兄弟船,为了避免误会,立即悬起旗帜表明自己是英国轮船。"特拉法加"号知道其中有诈,遂全速向敌舰冲去。"卡门尼亚"号见状,先发制人,向对方开炮。经过一番恶战,结果是两败俱伤。德舰被击坏,15 名官兵葬身海底;英舰被重创,9 人阵亡。最富戏剧性的是,直到海战结束,双方生还的人仍然不识对方的真面目,真可谓是一场糊涂仗。

漂流瓶的故事

2000 年，一个 44 年前被人放有字条从一艘船上丢进海里的玻璃瓶，竟然在新西兰距离写这个字条人住处不远的地方被找到。

写这张字条的是奥地利人舒华司，他在 1956 年乘船到澳洲参加墨尔本奥运会，他以英文和德文写了该字条。写完了后他就把这个玻璃瓶扔到了海里。他希望这个玻璃瓶能够帮助他实现自己的愿望。可是，一等等了 44 年，一点消息都没有。据说他也没有实现自己的愿望。

这张写了包括一句"寻找一个太平洋女人"的字条是被一个住在距离惠灵顿北部舒华司现居处大约 70 公里的男人找到的。他是在一种非常巧合非常意外的情况下发现飘流瓶的。刚开始，他找到飘流瓶后并没觉得有什么惊奇，只是觉得很好玩，因为这个玻璃瓶非常精致。但是，从玻璃瓶的外面看来，又似乎年代久远了。于是，他好奇地打开了这个飘流瓶。当他打开飘流瓶，看到飘流瓶里面的内容后，才知道这个飘流瓶已经在海上整整漂了 44 年了！这真是一个奇迹。漂了那么久，竟然没有被打破，或者出现搁浅的意外，这太不可思议了。

报道又说，没有消息透露该玻璃瓶在哪里被发现及字条上的其他内容，原因是这名没有被点名的发现者已经与传媒机构签了一份独家合约。

巧遇 40 年前的新娘

当 58 岁的汤姆·普莱恩兹驾着他的新帆船绕着一条标志醒目的旧船在可怕的魔鬼三角区划行时，他希望能找到船上的水手。然而，普莱恩兹却吃惊地看到了一位年轻漂亮的妇女，她是 40 年前与他成婚的新娘。"有那么一阵，我以为我死了呢，是在天堂里。"整整两天两夜，普莱恩兹和她的第一个也是真正的恋人说笑、进餐、谈情说笑。他说这位女郎名叫瑞吉娜（和他的新娘名字一样），并回忆起只有他失踪的新娘才能回忆起的点滴往事。"她告诉我，我们举行婚礼的教堂，牧师的名字，甚至讲出新婚那天我穿了两只不同颜色的袜子。毫无疑问，我找到了我的瑞吉娜。我觉得自己好幸福。"

普莱恩兹在 1940 年还是个 22 岁的棒小伙子，刚从美国海军退役。他在纽约娶了自己青梅竹马的恋人，一对年轻快乐的新人在佛罗里达欢度蜜月。汤姆用一笔遗产购置了一条小帆船，并命名为"瑞吉娜小姐"号。他们两人乘船从迈阿密出发，参观了亚热带巴哈马的外国港口。之后，在天气晴朗的一天，小船随着平静、闪亮的海水，向东驶去，进入了魔鬼三角地带。普莱恩兹回忆道："本来我们航行得很好，突然，碰到了一阵险恶的狂风，像地狱里伸出的手抓起我们又扔回水面。我被掷到船外，我能听到瑞吉娜在呼唤我但我游不回去，我晕过去了。"当他清醒过来时，水面平静，他被一只渔船救起。"船长说他根本没看到风暴,他们只看到我在一根木头上漂浮着,瑞吉娜号帆船再没找到,我失去了我的新娘。"

普莱恩兹一直没有结婚,他说:"我一直没有忘记瑞吉娜。我忘记不了她。因为我实在是太爱她了。"于是去年夏天,普莱恩兹买了一只新船驶回那个多年前改变了他命运的三角海域,结果奇迹发生了。"在我们两天的重逢之后,我累垮了,"普莱恩兹说,"我睡了20个小时,当我醒来后发现她又一次地消失了。"

这真是一次奇怪的经历。难道只是幻觉?可是,这是不可能的。一切发生得如此真实,不可能是幻觉的。那么,这样一次神秘的巧遇究竟又是怎么一回事呢?

17年后景色重现的巧合

大千世界无奇不有,有很多超自然的现象经常发生在我们的身边,也许你会认为这只是一种巧合,或是一种机缘,但是无论是哪种情况,它都给我们原本平淡的生活带来一抹亮丽而神秘的色彩。奥古斯塔斯·J·C·黑尔就是这个巧合事件的主人公,他出生于1830年,他是一个在艺术方面很有造就的人,是当时维多利亚时期著名的作家和艺术家。在当时,有很多人都认为奥古斯塔斯·J·C·黑尔一定出生在一个环境优越的家庭,或者他的父母一定在艺术方面有着很大的成就,要不然怎么会有如此出色的儿子呢,可是谁又知道,就连一个普通的家庭生活对于当时的奥古斯塔斯·J·C·黑尔来说都是一种奢望。因为在他出生仅仅14个月时就被过继给他人。收养他的人是他的婶子,当时由于家境贫寒,父亲早逝,身体多病的母亲一个人没有能力将他抚养长大,为了能让他有一个比较好的生活环境,看着日渐长大的孩子,母亲怕孩子将来长大后有阴影,所以趁他刚刚14个月大的时候,母亲毅然决然地将他送给了别人,他由婶子,也就是他后来的继母抚养,他的继母对他非常好,就像亲生儿子一样,在继母的精心培育下,奥古斯塔斯·J·C·黑尔成为了牛津大学的一名高材生,从牛津毕业后主要住在欧洲,偶尔访问英国。他在自传中谈到这样一件事:

"在我被过继17周年那天,我们全家赶到曼海姆,在一家旅馆里进餐。就在这家旅馆里,17年前我仅仅14个月时被送给了婶子,她也是我的教母,我将要像她的孩子一样同她永远生活在一起……这天晚上,当我们回到车站……站台上有一个怀抱孩子的可怜女人在痛哭。奥古斯塔斯·J·C·黑尔走上前去问她是不是有什么伤心事。这女人答道:'是的,那是我的孩子,他只有14个月大,就将乘下一趟火车永远离我而去。他的婶子将把他带去收养。她也是他的教母。而我将永远不能再照料我的孩子了'。"说着这位母亲流下了辛酸的泪水,这对于一个母亲而言无疑是最残忍的事情了。

黑尔显然是把这境况联想到了自己17年前离开母亲的苦楚。但奇怪的是,怎么都是14个月大的孩子,怎么都是送给其婶母收养呢?这巧合是故意安排的吗?真是一个令人费解的谜。

地下生活 20 年未死之人

据科学研究表明,一个人在不吃不喝的情况下,生命只能维持一周,那么,一旦没有了氧气,人可能连 10 分钟都活不过去。这不是危言耸听,是科学家经过多次试验得出的结论,这个结论告诉了人类在无氧条件下生存的极限。但是,在这个世界上就有一位神奇的人,他在地下被整整活埋 20 年,20 年后好奇的人们没有看到他枯烂的尸体,看到的是从地下走出来的一个鲜活的人,20 年过去了他的容颜依旧,没有那些在地面正常生活的人那种岁月沧桑的感觉,和 20 年前一模一样,简直就是时空逆转。这位怪诞的奇人就是被印度称为"圣僧"的人——巴巴星·维达殊。在 1971 年里的一天,巴巴星·维达殊命令他忠实的追随者将他活埋在地下,他想证实在没有任何生存条件的环境下,人类依然能存活,他想创造奇迹,这件事在当时被人们看做是一种怪异的事情。有人说他疯了,有人说他不是普通的人,可能是有神灵保护,否则谁也不能在地下生存那么长的时间,大家更不愿意拿自己的生命来开玩笑,当时巴巴星·维达殊曾成为轰动全世界的一大新闻人物。到 1991 年年底,20 年已经过去了,人们对当年荒诞怪异的他渐渐有些忘却了,20 年前被深埋地下,如今还能活吗?简直就是痴人说梦,但是追随他的信徒们对此却深信不疑,每日每刻都在盼望这一天的到来。当 20 年后的今天到来的时候,和当年活埋围观一样,来看热闹的人很多,围得水泄不通,他的信徒遵照他的嘱托,没有耽误一分一秒,完全按照他的要求,又将他从不见天日的棺材里挖了出来。当年用来装他的棺木早已经腐朽了,剩下的只是一些残渣,人们站在高处向里望,并没有看见他本人,大家更是觉得当年巴巴星·维达殊太过于执着了,以至于稀里糊涂地送了性命,正当人们议论纷纷时,眼尖的人发现土壤里有一些动的迹象,人们都不约而同地向里面望,啊!令人惊奇的是他还活着,他没有死,而且容颜依旧,只是胡子长长了些,和 20 年前一模一样,没有任何衰老的迹象。据他自己说,人们在挖棺木的时候,大家的谈话,都听见了,本来是打算和大家道谢的,只是迷迷糊糊的又睡着了。人们听了他的话都感到异常的惊讶,能在地下生存 20 年不死,已经算是一种奇迹了,就连上边的人的话语都听得见,让大家再次震惊。一位在挖掘现场的目击者、科学家凡云戴·尼比西也博士说:"这真是一种令人无法想象的神奇现象。"一位追随圣僧多年的忠实信徒对记者说:"他的这次复活,显示了人类确有某种神奇的力量。"

死去 18 年重回故里

人死了,就如一缕青烟,飘向远方,从此在这个世界上再也没有这个人存在了。可是在海地却发生了一件骇人听闻的事,当年亲戚亲手埋葬的、死去了 18 年的人找回家门,和亲朋好友团聚了。他鲜活地回来了,这究竟怎么回事呢?世界上真有这起死回生的法术吗?我们只在《西游记》里看过,孙悟空有回天之术,难道有现代的孙悟空不成?

当事人是个名叫纳西斯的黑人,来自海地的勒斯特耶村,一向非常健康。1962年,他突然莫名其妙地病倒了,他的姐姐把他送进德沙贝尔镇的艾尔伯·薛维泽纪念医院进行治疗,但是,没有医生能查出他得了什么病,纳西斯一天不如一天,开始呼吸困难、昏迷不醒,全身僵硬冰冷。

医生对他的姐姐说:"对不起,他死了。"随即签发了一张死亡证。当天稍后时分,朋友们都来到家中瞻仰遗容。亲人们在痛苦中把他的棺木拉到坟场,用泥土掩埋上,相继离开,慢慢的,人们已经习惯了没有纳西斯的日子,时间一长,大家都淡忘了。

1980年1月的一天,他的姐姐在家中给他烧香的时候,觉得有人在敲门,那声音轻轻的,似有似无,疑惑中姐姐站起身来走向门边,咯吱一声门自己开了,走进一个人,啊!姐姐尖叫一声,昏吓过去,原来走进屋里的人不是别人,正是18年前不明原因死去的纳西斯。这是人还是鬼?这究竟是怎么回事呢?

原来在海地有一种巫毒教术有起死回生的魔力。一些术士将死尸的灵魂偷走,然后使死尸复活,变成一具能够活动但没有意志的"还魂尸"。那么,"还魂尸"是假死还是真的还魂?其实,当年纳西斯并没有死,而是他的哥哥买通巫师,将他陷害的,用药物麻醉后误认为已经死去,入葬后术士再把他从墓中掘出,继续麻醉他,作为奴隶,在田间工作。

纳西斯恍惚记得自己被奴役了大约两年。后来有一天,管工忘记给他服药,他才恢复神志,伺机逃脱。可是,他不敢回到村里,直到1980年1月,他听闻哥哥已经去世,才决定重回勒斯特耶村。

于是,就有了上面的一幕。

海地的"还魂尸"是被人用作奴隶的在田间工作的神志迷糊的人。一名据称曾沦为"还魂尸"的人侥幸说出了自己的经历,关于"还魂尸"的无数报道才有了可信的根据。

第十节　如此的不谋而合

虚构的故事,真实的灾难

一百多年前,欧洲有位名记者曾发表一则短篇故事,说的是有艘船在航行途中不幸撞在冰山上沉没,船上人员几乎无一生还。该记者在讲述这个故事时对遇难的具体情节作了细致描绘,令人读后心存余悸。几年后,又有一位英国作家写了一本畅销小说。书中写的是"泰坦尼克"号邮船,在从英国南安普顿港向美国航行途中,被冰山撞沉的故事,当然故事写得非常具体、生动,成为许多船员都爱读的小说。

可是谁也没有想到这原本是作家杜撰、虚构的故事,却在 14 年后,成了现实,尤其令人不解的是,海难事故竟和两部小说中描述的具体情节几乎不差分毫。

1912 年 4 月的一天,一艘海上宫殿式的邮轮启航了。邮轮豪华别致,满载了有钱的绅士、太太和小姐。这些阔气的男女们,在船上华丽酒吧或包厢里饮酒作乐,一阵阵爵士音乐和人们的欢声笑语打破了海上的宁静。几天以后,也就是 4 月 14 日那天晚上,海面风平浪静,皓月当空。邮船上强光探照灯不断在海面上旋转搜索,不见有任何危险。可是细心的船长和大副又打开海图,确定邮船此时所处的位置,并无暗礁险滩,因此依然和白天一样全速航行。

半夜时分,雾气上升;担任守望的水手只见海面一片茫茫白色,心中顿生疑窦:这是怎么回事?水手尚未回过神来,只见一座白色晶莹的冰山迎面扑来,他急欲呼喊已不及,只听轰然一声巨响,船头切入冰缝,船体裂开,顷刻间海水涌入船舱。船上的人们先听得巨响,接着邮船震颤不停,并迅速倾倒,慢慢下沉。惊恐的人群狂奔呼号,左冲右突,企求抓到一件救命的东西。无奈船上救生设备不足,全船 3000 余人,除少数劫后余生外,大多数人葬身海底。

事故发生后轰动了全世界,一些有心人想起了十几年前曾读过的小说,便翻找出来重新阅读一遍,发现遇难邮船名称和船的大小、载客人数以及出事原因、地点、时间和具体情景,都和小说中的大致相仿。最令人不可思议的,还是那位写短篇故事的记者,他曾在文章中写道:"这真是可怕的沉没,我真害怕自己也会沉入海底,在冰山底下永存!"想不到他果然言中,成了这次事故中的不幸遇难人。

随着时间的推移,几十年后,又发生了一起类似事故。那是 1935 年 4 月的一天,有一艘"泰坦尼克"号货舱,由英国启航驶向加拿大。14 日傍晚,年青水手李夫斯轮到值班守夜。他站在船头上见海面风平浪静,不见有何异样,于是便放松了精神,先想起情人、父母;后来不知怎的,思绪中冒出了那两篇小说和"泰坦尼克"号邮轮遇难的报道,心中一阵紧张。到了午夜时分,他突然感到货船似乎就要出事,因为,当年邮船出事也在此时此地,并和自己眼前所见一样。他愈想愈觉得不是个好兆头,便想报警停止航行,可又怕被别人瞧不起,说自己是"胆小鬼",于是又忍了下来。不多时,李夫斯再也忍耐不住了。因为他想起今日午夜时分正是他自己的生日,不由自主大叫道:"难道我就要死于今晚吗?"他的叫声像是警报,大副立时睁大充血的双眼朝前眺望,只见朦胧的月色中,一座硕大的冰山就在眼前,大副急发倒车命令,开足马力向后倒退。船慢慢停了下来,众人细细一看,都吓得魂不附体,此时船头离冰山已不到几码。再看四周,几座大小不等的冰山先后从水下冒了出来,把货船围在中间。后来,从纽芬兰叫来几条破冰船,花了九天时间,才在冰山中开出一条生还之路。

随着时光流逝，人们对"泰坦尼克"号邮轮遇难事故和以后出现的事情已经淡忘。可是到了1990年发生了一起令人震惊的神秘事件。一位当年遇难的女乘客考特被人发现，从冰山中救出。一年后，人们又发现当年"泰坦尼克"号邮轮船长史密斯，按年代计算，事情已过70年，当年29岁的考特已108岁，船长史密斯139岁。

然而，当人们发现他们时，其容貌依然年轻，而且他们都认为自己还生活在1912年。

从虚构的小说，到巧合的事故，直到最近发现七八十年前遇难的幸存者，这一连串的事件，引起学者和大众的好奇。作家们请他俩追忆往事，要给那本小说写续书，说"泰坦尼克"号的故事还未结束，那些医学、心理学家们则对他俩反复研究，试图找到考特和史密斯在半个多世纪后生还的奥秘。

在同一处发生的海难，生还者姓名相同

在发生意外事故时，能够幸存活下来的人少之又少，而幸存活下来的人再有许多巧合之外，那就更让人感到不可思议了。故事发生在麦莱尔海峡附近，曾经有三艘航船在此处沉没，而且每次都是在夜晚，在这三次事故中，每次只有一人幸免于难，而这三位幸存者居然同名同姓，都叫休·威廉斯，够令人感到奇怪吧！

这三次海难，第一次是发生在1644年11月5日夜晚，有一艘从北威尔斯开出的航船驶向麦莱尔海峡，当这艘船到达麦莱尔海峡的时候，突然巨大的海浪飞起数十米，同时夹杂着一种怪风，航船沉没了。当时船上共有81人，其中有工作人员10人，经验丰富的船长还没有来得及指挥人员撤退，事故就发生了，来得很突然，走得也很突然，感觉就像一瞬间的事情，没有一丝挣扎和恐惧，之后大海就恢复了平静。这时一艘在远处的航船的人们所看到的场面，不幸中的万幸，在那瞬间的灾难中还有一个人幸存，他的名字叫"休·威廉斯"。

第二次海难事件发生在1785年11月5日，同样也是一个平静的夜晚，这艘客轮同样是从北威尔斯开出的，当它行驶在麦莱尔海峡同一地点时，好像海底里事先安排好了刽子手一样，和百年前发生的那次沉船事件一样，在悄无声息中这艘客轮也不幸沉入海底，船上共有60位乘客，也仅存活一人，他也叫"休·威廉斯"。

这两次海难在开始的时候并没有引起人们的注意，一直到1860年，第三次海难发生了：一艘载有25个乘客的轮船又在同一时间，同一地点沉没，这次的沉没和前两次一样，唯一幸存者的名字，还是叫"休威廉斯"！

值得一提的是，三次发生的海滩事故，幸存的人名字完全一样，但可不是一个人哦，因为他相隔数百年呢！

发生的都是海难事故，而且只幸存一人，且名字相同，又是在同一地点出现险情，这些事情的交集能够完全凑到一起够让人感到惊奇吧！

转了一圈儿又回来的胶卷

这是发生在第一次世界大战之后的事,当事人是一位德国妇女,她的名字叫做劳丽斯。她是一位贤良的母亲。

在 1914 年,正值第一次世界大战爆发之际,德国治安一片混乱,人们每天都生活在危险当中,因为不知道什么时候就会有流弹光临你的家,德国到处充满了火药味,这让当时很多居民都倍感不安。有一天,劳丽斯看到外面的街道似乎平静了许多,没有战乱中的那种硝烟了,觉得应该没有什么问题。就想到自己的儿子出生这么长时间了,还没有一张照片,于是这位德国妇女便到斯特拉斯堡市一家照相馆为自己年幼的儿子拍一卷胶片,胶卷留在照相馆冲洗。自己就回来了,可是,当照片还没有洗出来,就爆发了震惊世界的第一次世界大战。当然,她也就不可能重返斯特拉斯堡市取回胶卷,为此她感到有些遗憾,但是除了遗憾之外又有什么其他的办法呢?当时人们自顾保命去了,即使去了照相馆也不见得就一定能拿照片,因为当时社会动荡,也许那家照相馆早已经不在了。后来他们搬家到一个乡下亲戚家居住,因为在乡下没有城里的那种硝烟,相对平静了许多,她的儿子在这里健康地成长。

然而令人感到惊讶的事情在两年后发生了。这位德国女士在这年生了一个可爱的女儿,女儿的出世为整个家庭增添了更多的温馨,夫妇两个决定,为了纪念女儿的出生,也为了弥补当年儿子照片的缺失而留下的遗憾,她们就到一百英里之外的法兰克福买了一卷胶卷给她新出世的女儿拍了照片。当照片冲洗出来后,他们两人都争先恐后看,劳丽斯惊奇地发现,她女儿的形象重叠在她儿子的形象上。她做梦都想不到,自己竟然买回了当年给自己的儿子拍照的胶卷。这种奇特的巧合之事,在当时还是第一次发生,也弥补了当时夫妇俩的遗憾。

一幅图画抓获凶手

1985 年,前苏联圣彼得堡发生了一宗案件:一位 14 岁的女孩莉萨一个人待在家中。她的父母都出门买东西了。莉萨觉得不好玩,她有一些后悔没有与父母一起出去。

正在这时,有人敲门。莉萨想起父母的警告:不要随便开门,现在的坏人很多。于是,她就没有理会。可是,敲门声一直在持续着。而且,有人在喊叫:"莉萨,我是你爸爸的朋友,请你开门。"虽然这个声音比较陌生,不过,听说是爸爸的朋友,莉萨就放心了。她走过去,把门打开了。

这个陌生人对还存有戒备心的莉萨说:"我是你爸爸的朋友,你爸爸没有提起过我吗?我都知道你呀。"莉萨半信半疑地看着他。陌生人说:"我是路过这里的。你倒一杯水给我喝好吗?"莉萨于是转身去厨房倒水。就在这个时候,陌生人从怀里拿出一把斧子把莉萨当场砍死了。

凶手把莉萨砍死后,偷走了莉萨家中许多值钱的东西。莉萨的父母回到家中时,莉萨已经永远地离开了人世。面对这个惨剧,莉萨的母亲当场晕倒了。过了好长一段时间,莉萨的母亲才恢复过来。她非常后悔,是自己让莉萨一个人呆在家里的呀。

一位名叫波叶的画家从报纸上看到报道,出于激愤画了一幅表现这一悲剧题材的油画。画面按报载再现了阁楼上血淋淋的情景,一个小姑娘四肢伸展躺在地上,画家还特意在阴暗的背景下,虚构了一个要逃跑的凶手形象。凶手的相貌画的颇为丑陋:驼背,大嘴,下巴一把棕黄的胡须,脸上嵌着一双恶狠狠的小眼睛……半年以后,圣彼得堡的市政厅举办义展,波叶把画送去展出。一天,观看画展的人群中突然响起一声尖叫,一个人倒在地上,浑身抽搐。人们扶起他才惊讶地发现,此人的容貌竟和画上的凶手十分相像。警方经过侦讯,最终确认此人正是杀害小姑娘的凶手。

307 号旅客的巧合

《勒克夫人:概率论》当时在加拿大是一本非常受青少年喜爱的书,它的作者沃伦·韦弗博士在当地也是非常有名气的一个风云人物,因为在他的著作中收藏了一些让人们感到新奇而又真实的事件,这本著作中讲到了下面的故事,发生的时间可能是 50 年代末:

一位名字叫做乔治·D·布莱逊的康涅狄格州商人是一位旅游爱好者,每当有闲暇的时间他都乘火车到南方旅行,因为他非常喜欢一个人沉浸在大自然的风光之中。经过一路沿途观光,当到达肯塔基州路易斯维尔车站时,他决定下车作短暂观光,因为他以前从未造访过这个城市,只是在书中阅读过有关这座古城的一些美丽传说,而且当地的许多的古老建筑物更让他着迷,他不慌不忙地下榻于布朗饭店,被安排住进了 307 号房间。他准备在这多停留几日,刚进屋没有几分钟,门铃突然响了,原来是侍者送来一封信,信封上写着:"布朗饭店 307 号房间乔治·D·布莱逊收"。这位布莱逊先生感到莫名其妙:"我刚一下车怎么就有人写信给我呢? 没有人知道我在这儿住呀,这是怎么回事呢?"带着疑问布莱逊先生打开信件,发现里面的内容他完全陌生,因为他根本不认识这个写信的人。他急忙把信件退还给了侍者,说明事情的经过。后来经过饭店的一系列调查才明白事情的始末。原来,这纯属一种自然巧合。307 号房间原先的房客也叫乔治·D·布莱逊,来自加拿大蒙特利尔市。自然这封信是给那位布莱逊先生的。只是这封信在没有邮寄到饭店之前,那位先前的乔治·D·布莱逊就退房了,恰巧后来的乔治·D·布莱逊先生入住才发生了这巧合之事。

在宾夕法尼亚州也发生过类似的巧合。1914 年有一名男子因流浪罪被捕,当警察审讯他时,他硬说警察搞错了,因为他说他在麦金尔维恩街 714 号有住所,并没有犯流浪罪。如果一个人没有固定的居住环境,就会流浪到街头给社会治安带来很多隐患,所以当地的法律规定,如果通过调查没有确定的住所,就视为犯罪,所犯的罪名字叫做流浪罪。这名男子成为了法庭上的被告,立即被传审讯,法官罗宾逊·劳里问他从哪儿弄到这个地址的? 此人支支吾吾:"这个地址……"法官接着说,"今天算你倒霉,你说的这个地址是我的住址,我在那里已经住了30年了。怎么从来没有见过你呀!"

原来,这名男子真是一位无家可归的流浪汉,早已经被警察盯上好久了,他为了能逃脱罪名便信口胡说了一个地址,他连做梦也没有想到,自己瞎编的这个地址居然和审讯他的法官的家庭住址一样,当场被人识破,原形毕露。

美国白宫和英国首相发言人辞职巧合

在2003年5月19日,英国首相布莱尔的官方发言人戈德里克·史密斯表示,他希望"在今年晚些时候"辞去自己所担任的职务。

史密斯认为,发言人是一份非常好但要求很高的工作,但他觉得自己不能永远从事这个职业。史密斯说:"经过深思熟虑后,我感到现在是做些其他事情的时候了。"

史密斯表示,这完全是他自己的决定,没有任何深层原因,他也不知道今后是否会继续从事行政事务或者转行。

然而就在同日,美国白宫主要发言人阿里·弗莱舍也宣布,他将于今年7月辞去白宫新闻秘书职务,进入私营部门工作。据报道,五角大楼的发言人维多利亚·克拉克或白宫副新闻秘书斯科特·麦克莱伦可能是接替他的人选。弗莱舍在接受电话采访时说,他离开白宫的时候已经到了,他希望在布什连任总统竞选攻势全面展开前辞去白宫发言人这一艰难的职务。弗莱舍还表示他辞职后将在私营行业谋职。

经过"9·11"恐怖袭击事件、阿富汗战争和伊拉克战争,弗莱舍俨然成为布什政府的"形象代言人"。报道称,现年42岁的弗莱舍已在政府中工作了21年。他有时与白宫的新闻班子发生矛盾,而且与布什手下一些高级助手关系紧张。但是弗莱舍说辞职决定是他自己作出的,他已将此决定告知布什总统。

这真是一个意外的巧合,出现这样的巧合令人觉得非常"怪异"。

奥运纪念邮票巧合

为纪念奥运会的召开,我国曾多次发行邮票。它们分别是,1980年,我国运动员首次参加第13届冬奥会,我国邮电部发行了"第十三届冬季奥林匹克运动会"纪念邮票;1980年11月发行了"中国重返国际奥委会一周年"邮票;1984年、1988年、1992年分别发行了奥运会纪念邮票;1996年发行了"奥运百年暨第二十六届奥运会"邮票。

在发行的这么多的奥运邮票中,特别值得一提的是,我国1984年洛杉矶奥运会开幕前发行的一套六枚的纪念邮票,它与我国运动员在这届奥运会上的比赛成绩,竟有好几个巧合。这些巧合至今还是人们的美谈。

女运动员吴小旋夺得了射击比赛金牌,成为我国历史上第一个奥运会女冠军,而这套邮票的第一枚画面就是一个女射击运动员。

女运动员周继红在跳台跳水比赛中，夺得最后一枚金牌，而这套邮票的最后一枚画面又正好是一个女跳水运动员。

这套邮票的第四枚是"体操——鞍马"，面值"10分"，而在这届奥运会的"鞍马"决赛中，李宁正好得了一个"10"。

这套邮票的第五枚，即倒数第二枚的主题是"女排"，而我国女排获得的金牌也恰好是我国15枚金牌中的倒数第二枚。这枚邮票的面值是"20分"，而我国女排在这届奥运会决赛中三局比分加起来，正好赢了美国女排"20分"。

这真是令人叫绝的惊人巧合。

欧洲杯东道主"逢4的年份夺冠"的宿命

在2004年的欧洲杯足球赛中，贝克汉姆于里斯本卢斯球场两次罚点球失误使得本届欧洲杯的决赛变成了揭幕战的翻版，这是欧洲杯44年历史上的头一遭，仿佛23天的比赛只不过是两支球队的一场游戏。其实，荷兰队在1988年欧洲杯有过跟葡萄牙队同样的遭遇，只不过荷兰队的首场比赛并不是揭幕战而已，而如果葡萄牙队当日清晨夺冠，那他们的命运将跟1988年的荷兰队一模一样，而且他们国家的俱乐部也恰恰夺取了当年的欧洲冠军联赛（1988年为欧洲冠军杯）冠军，这就是巧合。

在欧洲杯的历史上，每一届都有东道主球队杀进4强，而且东道主一旦杀进决赛就能够夺冠。在1988年之前，东道主获得了3个冠军、1个季军。从1988年开始，东道主连续4届都是获得季军。而如果葡萄牙队当日清晨夺冠的话，还将延续欧洲杯东道主"逢4的年份夺冠"的宿命，就像1964年的西班牙队和1984年的法国队一样。

2004年欧洲杯1/4决赛结束后，欧洲5大联赛的国家队全部出局，其中西班牙队、意大利队和德国队在小组赛就已经出局。这样的局面与今年的欧洲冠军联赛的格局何其相似，这就证明其实本届欧洲杯的种种迹象实在并不存在"冷门"，这一切在欧洲冠军联赛上已经有了苗头，我们不应该只是说这是一种巧合，更应该清晰地知道这是欧洲足球发展到如今的一种必然。

英格兰队除了本届欧洲杯上是因为在"点球大战"中负于葡萄牙队外，在1990年的世界杯和1996年的欧洲杯、1998年的世界杯上，都是在"点球大战"中被淘汰出局。有意思的是，贝克汉姆在本届欧洲杯上陷入了"点球魔咒"，他先是在小组赛对阵法国队时射失一个点球，导致英格兰队被法国队"逆转"击败，在1/4决赛的"点球大战"中又一次射失点球。巧合的是，小贝射失两次点球的地方都是卢斯球场。

而荷兰队终于在本届欧洲杯上改写了12年的"点球厄运"，他们在1/4决赛中凭借点球以6:5击败瑞典队。

意大利队又一次博得了大家的同情，由于瑞典队和丹麦队打成2:2，卡萨诺终于打进本届欧洲杯最"悲情"的进球,意大利队成为欧洲杯历史上第一支一场不败依然被淘汰的球队。

虽然瑞典队和丹麦队的"默契球"跟2002年韩日世界杯的"黑哨"一样让意大利人找到了借口,然而,这次他们的出局与1996年欧洲杯时何其相似。

自娱自乐制字谜,无意泄露登陆计划

诺曼底登陆战役是第二次世界大战中转折性的战略,它的成功登陆为战争取得了胜利。可是又有谁知道,就在1944年诺曼底登陆战役之前,一个意外的事件震动了英国保安部门。

1944年5月下旬的一天,英国最高司令部一位参谋乘火车上班时闲坐无聊,便猜《每日电讯》上的字谜消磨时间。猜出第一个单词时这个参谋不禁大吃一惊,谜底竟是诺曼底作战计划中两个主要登陆点之一的代号"犹他"！更让他吃惊的是,第二个字谜的谜底竟是另一个登陆点的代号"奥马哈"！他接着猜下去,一连串诺曼底登陆计划中的重要机密陆续出现。其中,有盟军在西北欧战略计划的代号"霸王";有秘密修建的海港代号"桑树";有大举进攻计划的代号"尼普顿"……这位参谋顿时目瞪口呆起来。

这位参谋赶紧向保安部门汇报这件事情。参谋这意外的发现,使盟军面临一场严重的危机。保安部门非常重视这件事情,他们觉得这是一个严重的泄密事件。

保安部门立即将字谜作者秘密逮捕。在调查中发现,作者只是一个普通的小学校长。小学校长说:"这个字谜我只是用来娱乐的,并没有什么秘密。而且,我对机密事件根本就不感兴趣的。我感兴趣的是我的家庭与我的学生。"保密部门知道了情况后,就释放了这位普通的小学校长。因为他们发现,字谜是在发表前6个月编成的,而那时盟军的"尼普顿"计划尚未制定。很显然,这次被疑为"重大泄密事件"的不过是一场罕见的巧合。

亚特兰蒂斯与史前文明巧合之谜

埃及是四大文明古国之一,其金字塔可谓是其古老文明的标志,埃及法老的尸体被制成木乃伊保存在这里,从这看来金字塔似乎只不过是一座座用以盛装尸体的坟墓而已。但你是否会提出这样的一个问题,这些坟墓为什么不是矩形的、方型的呢？现代科学的实验证明金字塔形容器具有独到的防腐性能,它能利用微波振荡形式防腐,是保存尸体的绝妙方式。

然而,这一切现代方才证明了的方法,竟被古老埃及人利用,难道这是偶然的吗？再有,建造金字塔所用的如此多的巨大石块,就是用现代的设备来搬运也足以令人们绞尽脑汁了,而在缺少人力物力的古埃及是什么力量使得这些庞然大物规整地排列成这副模样的呢？

无独有偶,在远隔重洋的南美洲玛雅人和印加人也建造了同样类型的金字塔。这仅仅是巧合吗? 我们姑且认为金字塔防腐性原理古埃及人并不知晓,建造金字塔型只不过是一种巧合,而搬运石块也是用的人力(假设这些),这一切都是偶然的,但下面一例就不能说仅仅是巧合了。

据考古学证明,几百年来非洲马里的多根部落一直在拜祭一颗肉眼无法看见的恒星——天狼 β 星。就是小型望远镜都难以将其从天狼星的辉光中分辨出来,何况多根人仅用肉眼。更为奇怪的是,多根人还知道它是在以椭圆型轨道绕天狼星运转,知道它的运转周期,知道它有很大的比重,并且知道它含有一种地球上所没有的物质。直到 1865 年天文学家才用大望远镜发现天狼 β 星,后来发现它有椭圆形轨道;到 20 世纪,方才测出天狼 β 星的比重约为每立方英尺两千吨,这与多根人所知道的是多么的吻合呀! 然而这是近代利用了先进的仪器设备才发现的,且到现在为止都未真正发现天狼 β 上所含的"地球"上没有的那种物质,这是否说明现代人的科学水平不如千百年前的多根人的科学水平高呢? 显然不是。那多根人到底是通过什么方法准确地知道这么多关于天狼 β 星的奥秘的呢?

中美洲印第安人的霍皮斯部落,在他们的编年史里记载着地球的三次特大灾难:第一次是火山爆发;第二次是地球脱离轴心后疯狂地旋转;第三次是 12000 年前的特大洪水,这第三次灾难曾使全球的水位上升,淹没了大西洋、地中海、加勒比海等地区的一些陆地及岛屿。后来又由于海底火山的爆发部分陆地下沉形成世界性的特大洪水,这场洪水使得一个具有高度文明的国家顷刻间变得无影无踪。这就是现在的最常见的一种关于古代高度文明的发源地——大西国失踪的说法。其出处最早见于古希腊哲学家柏拉图的著作《齐麦观》和《克里奇》中。在柏拉图著作中写道:公元前 9600 年左右,存在一个名叫亚特兰蒂斯的地方,其陆地面积比小亚西亚与北非之和还要大,这里气候温和森林茂盛,其文化水平相当发达,这里的人口估计有 3030 万,这个大陆由于一次特大洪水一夜之间便沉入了海底。这个故事与印第安人记录的那一次 12000 年前的特大洪水不谋而合。

我国《藏经》中记载,公元前 9564 年,在今天的巴哈马群岛、加勒比海以及墨西哥湾处的一片大陆地可能沉入了大西洋。暂且不管写《藏经》的人是怎样知道这件事的,这从时间上与大西国的传说有着惊人的相似之处。再如有关诺亚方舟、大禹治水等等传说,都说明在公元前 10000～公元前 9000 年左右,的确发生过一场全球性的特大洪水,可能毁灭了一个已具有了高度文明的国家。如果这个文明社会确实曾经存在过的话,那南美与非洲的一些惊人相似的奇迹就有可能共同来源于亚特兰蒂斯人,其创造奇迹所需的技术亦极可能是亚特兰蒂斯人提供的,而印第安人和多根人所具有的天文学、数学等知识也是由亚特兰蒂斯传播而来的,大西国不但将其自己的文明传播给了印第安人和非洲人,而且还充当了南美和非洲之间文化的媒介,它的存在对当时的整个地球文明的发展起着巨大的推动作用,要不是由于那场灾难深重的洪水的袭击,说不定目前地球实际文明比现在高得多。虽然说从大量证据来看,大西国的存在是可以肯定了,但我们终究没有拿出一个真正的物证来,甚至连亚特兰蒂斯大陆的确切位置还众说不一。

美国两届总统的巧合之处

大家对美国的总统林肯和肯尼迪都知道吧,他们两人之间有很多的巧合之处,就连名字不也有一个"肯"字重合吗? 不只是一个字的巧合,他们还有很多的巧合之处,下面就一一介绍了:

1. 林肯于 1860 年被选为总统,整整 100 年以后,即 1960 年,肯尼迪当选为总统。

2. 两人都深深卷入黑人公民权的问题中。

3. 两人都在星期五他们的夫人在场在情况下遇刺的。

4. 两位总统夫人在白宫生活期间各失一子。

5. 两位总统都因为子弹从背后击中头部而死。

6. 林肯死于福特剧院,而肯尼迪死于由福特公司制造的林肯牌敞蓬车行进中遇刺的。

7. 两人死后总统一职都由名叫约翰逊的副总统接任,他们都是南部民主党人和前参议员。

8. 安德鲁·约翰逊生于 1808 年,林凳·约翰逊生于整整 100 年后的 1908 年。

9. 林肯的私人秘书的名字与肯尼迪相同,都叫约翰,肯尼迪的私人秘书的姓与林肯相同,都是林肯。

10. 刺杀林肯的凶手生于 1839 年,刺杀肯尼迪的凶手出生在整整 100 年以后的 1939 年。

11. 两名刺客均在送审前遭到暗杀。

12. 林肯和肯尼迪的名字都是由 7 个英文字母组成。

13. 两名接任的副总统的名字都是由 13 个英文字母组成。

14. 两名凶手的名字都是由 15 个英文字母组成。

极其相似的两人同日而亡

1900 年 7 月 20 日,意大利国王温贝尔德一世为了出席次日在意大利北部城市蒙扎举行的运动会来到蒙扎市,与随同的巴格利亚将军一同来到一家餐馆进餐。

在餐馆里,国王的眼光像被磁铁吸住一般,紧紧盯住了正忙着招呼客人的长着白胡子的餐馆老板。因为他觉得那个老者十分面熟,好像在什么地方见过,于是他就让跟随自己来的巴格利将军将老者叫过来。

当将军把老板带到了国王面前,老板诚惶诚恐地低下头说道:"陛下,您一定在镜子里看到过我的脸,非常荣幸,很多人说我长得和陛下很相像。请陛下饶恕我对您的无意的冒犯。"将军听此,不禁愕住了,这位老板的嗓音与国王的简直难以分辨。

"你叫什么名字?"国王感到仿佛真的是在面对镜子对着自己说话。

老板随即回答:"和您一样,叫温贝尔德。从1844年3月14日上午10点30分诞生到这个世界时开始,我就一直是这个名字。"

国王一听,吃惊得差点蹦了起来:"什么?1844年3月14日上午10点30分?这是我的出生时间啊!那么,出生地点呢?"

"是特里诺,陛下。"老板毕恭毕敬地回答。

"特里诺?我也在那里出生的呀!"国王十二分的惊讶,"温贝尔德先生,你肯定早就结婚了吧?"

"是的,陛下。我在1866年4月2日举行的婚礼,妻子叫玛尔格利特。"

"天哪!和我同一天结婚,皇后的教名也叫玛尔格利特。"国王喃喃私语,感到好像在梦中。

"温贝尔德先生,你的孩子呢?"

"贱民有一犬子,叫庇特里奥。"

"嘿!和皇太子一样的名字!"国王几乎要晕过去了。

"那么,你是从什么时候开餐馆的?"

"1878年1月7日,陛下。"

"啊!这正是我登上意大利王位的日子。彼此居然如此相似,真令人难以相信。太好了!明天我要出席运动会的开幕式,你也来参加吧!我要送些纪念品给你。"

餐馆老板受宠若惊,朝国王深深鞠了一躬,小心翼翼地退了下去。

第二天,在运动会开幕式上,国王专门指派大臣在会场寻找老板,结果却未找到。这时,巴格利亚将军前来报告,"陛下,那个白胡子老人刚才突然去世了。他是在擦拭手枪时不小心走了火被打死的。"

"啊,这太惨了,我得去参加他的葬礼……"国王话音未落,突然身旁窜出一个刺客,用手枪朝着他连发数枪。国王温贝尔德一世的葬礼与餐馆老板的葬礼同时举行。

第十一节　神奇的奇妙趣事

钥匙巧合

威廉德是美国的一位独身妇女,她有一个爱好就是旅行。这种旅行的爱好已经达到了一种近似疯狂的地步,每隔一段时间,她就要出去游玩一次。她的大部分时间都用在了旅游上。

有一次，当她从外地旅行回来之后，翻遍了所有装东西的口袋，都没有能够找到自己家的钥匙。什么时候丢失的更不知道了。她只好一个人孤单地站在大门外，没有任何可想的办法，因为她唯一的亲人住在很远的另一座城市，旅途一身的疲惫，让她此时感到非常的焦燥不安，也就是当她站在门口看着紧锁的大门感到着急时，一位邮递员给她送来了一封信。

那封信是他远在华盛顿的哥哥寄来的，是一份挂号信。她拆开了那封信，不禁高兴地大声尖叫起来，因为在信中夹着一把钥匙，而那把钥匙恰恰就是威廉德家的。真是天降及时雨，解决了威廉德丢失钥匙的难题。威廉德的哥哥在信中称，上次他由华盛顿来探访妹妹时，威廉德曾给了他一把多余的大门钥匙，当他回华盛顿时却忘记了还给她，只好用信寄给她了。

可是，她的哥哥没有想到他所寄出的这份信就在妹妹被家门挡住时及时送到了妹妹的手中。这不能不说是一个及时的巧合。

从天而降的电话号码

在澳大利亚有一个狂热的球迷，大家叫他托得，他最喜欢看足球比赛了，并且一有机会他就会到现场去观看比赛。可以说逢场必看。在 1990 年的一天，有一场他期待已久的比赛在就要开始了，他飞快地奔到比赛现场，找了一个人少的地方坐下。在那个时候，他正好带着一本当地邮局印刷的电话号码簿。聚精会神地开始专注场地里球员的变化，太棒了，他一直看好的那支球队又进球了，紧张而又激烈的比赛，让托得变得十分的激动，好像自己就是那赛场上拼杀的球员，他控制不住自己的情绪，常常手舞足蹈，进入了完全忘我的境界状态，随手竟然将电话号码簿中的纸张撕成了碎片，并且撒向空中。他就是这样一个足球迷。

纸张的碎片漫天飞舞缓缓飘落，似乎增添了现场的些许气氛，这时托得也没有注意到自己的言行有些过了头，还一个劲地在呐喊，似乎他的喊声能帮助比赛的球员们。这时，有一张碎片飘到了他的脸上，他感觉有些痒痒，他便随手捡起来，不经意地扫了一眼，当他看到碎纸片上的文字之后，眼睛都直了，因为太巧合了，那张碎纸上居然写着的是托得的名字、地址和电话号码。在诺大的电话号码簿中，他的名字只是微不足道的一点，在这一点微小的纸片中居然有这么大的巧合，其它散落的纸片没有进入他的视线，唯独有这一片，那么神奇呀！

哈雷彗星与马克·吐温

马克·吐温是当时美国最著名的小说家、幽默作家。因为他的著作有着让人们着迷的地方，同样我们为马克·吐温所创作的这些作品而感到感动。可是，很少有人会知道马克·吐温,这位伟大的作家,他的出生与逝世却跟哈雷彗星之间似乎有着一种难以说清的联系。

在1835年一个晴朗的日子,也就是马克·吐温出生的那天,正好是哈雷彗星出现的日子。而到了1909年,哈雷彗星将要再次出现的前一年,马克·吐温却好像知道自己即将离开人世一样,无限感慨地说:"我出生的那一天,哈雷彗星出现。明年它再次出现时,我希望能随着它的到来而离去。"结果,在1910年哈雷彗星再次出现的那天,马克吐温与世长辞。

马克·吐温

难道说哈雷彗星真的跟这位伟大的作家之间有什么特殊的联系吗?还是只是一种离奇的巧合呢?这确实有些令人值得回味的地方。

下次中奖号码在本期公布

这绝对是一个错误,而谁又曾料想到这次的错误对下一次来说,却是准确无误的。这是发生在美国一家叫做"Oregon's Columbian"报纸上的事。

2000年6月28日,这家报社在公布这一次的抽奖得奖数字的时候,由于一名工作人员的疏忽,写成了一组错误的数字:6855,为此,这位工作人员受到了报社的惩罚,险些丢失了这份工作,因为报错中奖数字,带来的影响是无法预计的,许多彩民可能再也不相信这家报纸了。报社的信誉度如果因此下降而带来的损失将是无法估计的。可是没想到的是当下一期的抽奖数字出来之后,令所有的人都感到无比震惊,因为得奖号码是6855,而这个数字恰恰就是上期所公布的那个错误数字。为此,这家报社的预先报错的号码,居然让大家认为有什么内幕消息,他们以后每期都关注这家报纸,希望能在此报纸上找到一些蛛丝马迹,就因为这些,此报社的知名度越来越大,那位曾经报错数字的工作人员为此得到了嘉奖,真是因祸得福呀。

书之缘

Anthony Hopkins 是英国的一名演员,有一天,他乘车到伦敦去买一本书,因为他将在改编自这本书的电影中担任主角。然而他找遍伦敦也没找到,结果在他要回家的路上,长凳上有本被人丢弃的书,他拿过来一看,正是他所要的那本书。两年后,这本书的作者拜访了 Anthony,并提起自己都没有这本书,因为唯一的一本被朋友借去丢在了一个长凳上。

Anthony Hopkins 回想起自己得到那本书的经历,大为吃惊,在他将两年前捡到那本书的经过说出来之后,知道了 Anthony 那天捡到的书,恰恰是 Anthony 遗失的。

他们为这件感到惊奇的同时,并觉得这是一种难以说清的缘分。Anthony Hopkins 将把那本书物归原主,而后他们因此成了好朋友。

被雷电追击的人

Major Summerford 这辈子不知道是不是得罪了闪电。闪电就像是阴魂不散一样紧紧的跟随着他,并且给他带来一次又一次的厄运,即使是在他死后,都不能幸免。

1918 年 2 月,Major summerford 在战斗中从马上摔下来致使腰部以下瘫痪,原因是当时一道闪电使他的马受惊。6 年后的一天,当他坐在河边一棵树下钓鱼时,一道闪电击中了那棵树,致使他左半身瘫痪。再 6 年后,当他在一个公园中时,又一道闪电击中了他,使他成了全身瘫痪。再 6 年后,也是他死去的 4 年后,一道闪电又击中了他的坟墓,致使他的墓碑被毁。

影响世界的两次诺曼底登陆事件

我们都知道在第二次世界大战中,因为诺曼底登陆而使得当时的整个战局发生了扭转,可是又有谁知道在历史上却有两次著名的的诺曼底登陆事件,而这两次登陆事件都对世界的历史带来了巨大的影响。

第一次是在 1066 年,威廉一世从诺曼底登陆并征服了英格兰之后。另一次就是著名的第二次世界大战时期的诺曼底登陆。两次的主要指挥将领都叫蒙哥马利,一个协助威廉一世,另一个协助艾森豪威尔。第一次的登陆结果让第一批主要的犹太人移民英国,第二次的登陆结果让犹太人重返以色列。

孪生兄弟无关系

美国人埃米尔·玛吉斯和约翰·托勒看起来就象一对一模一样的双胞胎,但他们俩却丝毫没有亲缘关系。他们是在美国堪萨斯城的一家书店相遇的,当他们彼此打量时才发现自己跟对方竟是如此相似:妻子都是金发碧眼,都叫玛丽,都是 4 个孩子,年龄分别为 7 岁、9 岁、10 岁和 12 岁,都在银行工作,都收集邮票和硬币,最奇特的是两人左肩上都有如鸡蛋状的胎记。不仅如此,两人还都是业余拳击手,都驾驶着 1983 年产的 MG 敞篷车,还都喜欢吃墨西哥菜肴。托勒今年 47 岁,比埃米尔大 2 岁。托勒说,埃米尔和我长的一模一样,虽然我们没有亲缘关系,我们分别是在大西洋两岸出生的,埃米尔来自比利时布鲁塞尔,而我是堪萨斯土生土长的。我们确定自己都不是别人领养的,所以不可能是出生就分开的双胞胎。经医院权威的 DNA 鉴定后,证实他们根本没有任何血缘关系。

流星救命

斯求阿特·瓦特夫妇是在非洲承继了利文斯通精神的英国传教士,与他们的 4 个年幼的孩子一起传播为神之道。

但是,在他们传教的地区,居住着一个狂热的民族,他们处于一种极不稳定状态,随时都可能爆发叛乱的境地。驻守在这一地区的英国行政官员想派武装士兵,将瓦特一家护送到安全地带,但有着浓厚畏神之心的瓦特夫妇不肯离开当地,说:

"我们应该生死在神灵召唤、赐予我们的地方。"

一天,几千名充满杀机的土著人手持弓箭,将传教所的小丘团团围住,呼喊着越过栅栏,逼近建筑物。瓦特夫妇在家中双膝跪地,祈求神灵的保佑。孩子们也合着小手掌虔诚祈祷。瓦特一家人的生命危在须臾。

正在这时,随着一声巨响,炫目的奇光划过夜空,一团火焰从人们头顶飞过。野蛮人这一惊非同小可,他们以为是世界末日来临了,当下四散而逃。自此之后,他们再也不敢袭击瓦特夫妇了。其实,那不过是关键时刻,恰巧有一颗巨大的流星陨落而已。

骗子遇上老千

这是发生在 1943 年 10 月 28 日的事。那天深夜,一个自称是阿尔巴尼亚人的矮个子,走进了德国驻土耳其首都安卡拉的大使馆,要见大使馆的最高负责人齐什。齐什名义上是大使馆商务参赞,实际上是德国使馆情报处的头目。他对这个矮个子的来访充满了好奇,问他有什么事。矮个子告诉齐什,他叫道伯罗,手中有一份绝密情报胶卷,必须付高价才能得到它。

两天之后,齐什又单独秘密地接见了道伯罗,并付出了一笔巨款,从道伯罗手里买下了胶卷。当齐什将胶卷洗出放大后,仔细审视和分析了照片,大为惊喜。因为照片拍摄的文件上,有英国派到土耳其的间谍名单、美国向苏联提供武器的种类等重要内容。这对德国纳粹部署指挥第二次世界大战,控制交战国苏、美、英十分有利。

这样重要的情报,那个自称是阿尔巴尼亚人的道伯罗是怎样获得的呢?德国驻安卡拉大使馆对道伯罗如何窃取绝密文件的手法非常感兴趣。

原来道伯罗是个音乐爱好者,对意大利古典歌剧十分熟悉。由于共同的爱好,使他结识了英国驻安卡拉大使,并且将自己珍藏的意大利歌剧唱片,无代价地赠送给英国大使,并陪伴他一起饮酒、欣赏音乐而取得了英国大使的宠爱和信任,当了大使的贴身侍从,与大使形影不离。

他仔细观察大使的一举一动,注意他可能出现的疏漏之处。

机会来了!他从衣柜的一件西装口袋里,找到了大使忘记带走的一把钥匙。

他找人复制了一把,并用这把钥匙,打开了大使馆的保险箱,偷拍了机密文件。

从此,他不断地向德国商务参赞齐什提供重要情报。

当时英、美、苏等国正在拉拢土耳其,动员其参加对德战争。

德国探知这一情报后,立刻通知派驻在安卡拉的德国大使,要他出面威胁土耳其,使其保持中立。

德国大使在会见土耳其外长时,谈话中过多地引用了道伯罗所提供的文件内容,立刻引起土耳其外长的怀疑。

他断定英国驻土耳其大使馆里出了问题。他马上召见了英国大使,说明了德国纳粹非常准确、具体地掌握了有关情报。

第二天,英国政府派来了专家,在大使馆里安装了精密报警装置,防止以后再发生不测事件。

然而,情报仍不断地泄露出去。原来,道伯罗把精密的报警装置破坏了,使它失去报警的功效。

好景不长。后来,英国大使馆派人监视道伯罗,发现他经常出入于德国使馆。

英国大使没有对他采取其他行动,只是把他赶走了。因为土耳其已经加入美、英、苏同盟国,一起对德开战。

道伯罗感到十分轻松自在。他乘上飞机来到拉丁美洲,打算改姓换名当一个大企业家。他的皮包里装满了用出卖情报换来的百万英镑。他找了一家豪华饭店住下,他要好好地休息休息,享受享受。可是他做梦也想不到的是,当他仔细清点着那笔钞票时,德国商务参赞齐什给他的货币原来都是假的。

救命回力镖

当暮色渐渐地笼罩着澳大利亚雪山,连绵起伏的雪山在苍茫的暮色中闪烁着神秘的光泽。四周是一片荒野,显得格外静谧。独自一人来攀登这座雪山的朱那汉·巴利猛然间发现,左上方的一块岩石突然活动起来,也就在片刻之后,那块岩石骨碌碌地从白茫茫的雪山半山腰向下滑落。"糟了,雪崩!"朱那汉·巴利脑中闪过这个念头,随即本能地想抓住点什么。然而,"轰隆隆"一声巨响,大大小小的石头相互推动,飞滚而下,扬起了漫天的尘雾。

巴利的身子紧紧贴在雪山上,双手牢牢地攀住一块突出的尖石头。忽然,他感到背上像被什么东西猛击了一下,双手不由地松开了。巴利绝望地紧闭双眼,人完全失去了控制,从山坡滚了下去……一阵剧痛使昏迷过去的巴利渐渐苏醒了。当他意识到自己还活着,挣扎着想挪动一下身体。可是,他浑身的骨头像散了架似的,怎么也动弹不了,只感到左腿一阵钻心的痛。这条腿已经断了,巴利悲哀地想。他无力地倒在地上。

在那一刻,巴利真有些后悔,不该不听朋友的劝阻,独自一人来爬这座雪山。他凭着多年的爬山经验和年轻力壮的体魄,并没有把朋友的话放在心上。

"难道就这样等待死神的降临吗?"巴利默默地想,他不能就这样离开自己的亲人,告别自己挚爱的大自然。"不,我一定要想办法活下去!"想到这里,一种神奇的力量使他忘记了痛苦、饥寒和疲劳,开始迅速地思考如何获救的办法。

正在这时,远远的、灰蒙蒙的天空中出现了一个小小的点子;巴利定睛一看,这个点子在移动,可能是一架飞机!巴利心中一阵狂喜,情不自禁地挥舞双手。只要把飞机的注意力吸引到这里,他就有救了!

巴利一下子振作起来,艰难地抱着伤腿,在地上爬着寻找可以点燃的树枝。可是,他失望地发现,这里到处是光秃秃的,竟然找不到半根树枝。而且,他的电筒、打火机也在滚下山时丢失了。

那个点点越来越大,可以确认那是架飞机了,飞机在向这里靠近。怎么办? 巴利急得手心都捏出汗来了。

他的手触到了一个硬梆梆的东西,是他的背包。背包没有在滚落时丢失。巴利突然灵机一动,想到了自己带着的"武器"。他飞快地从背包里取出一把回力镖。这种镖是澳大利亚当地居民用坚木制成的。要知道,巴利是位飞镖专家。早在他还是个孩子的时候,就迷上了飞镖,现在他无论到哪里,总要随身带着它们。

巴利似乎从他的回力镖上找到了生存的希望。他顾不上一阵阵袭来的伤痛,又从包里找到了用作路途标记的荧光漆,迅速地涂在镖上。立即,一支支回力镖泛出了银闪闪的光泽。

这时,飞机已经出现在雪山上方,可以隐约看到它的轮廓了。巴利使尽全身力量,站了起来,抢起右臂,一支接着一支地用回力镖向夜空中划着漂亮的弧线。与此同时,驾驶这架飞机的纳汉·赫莱惊奇地发现,在雪山上方的天空中有一种银光闪闪的东西飞到五层楼似的高度。这下引起了赫莱的注意。他降低飞行速度,仔细观察,发现那银光闪闪的光在空中划出的竟是一个"S"字形。紧接着,又出现了"O",随后又是"S",整个过程持续了十五分钟。

赫莱意识到,这里一定有人遇到了危险。他立即向当局发出电讯,准确地通报了出事方位。

一小时后,一架直升飞机降落在雪山附近,救援人员很快发现了又一次昏迷过去的巴利。

巴利用回力镖使自己获救的事引起了人们的兴趣。大家对这位顽强而聪明的年轻人充满了敬意。目前,巴利正在埋头于研究,希望用回力镖通报紧急事故的新技术能得到广泛运用。

躺在解剖台上的复活者

这件怪事发生在前苏联时期的一个冬天。顿涅茨克医学院的解剖室跟往常一样肃静，虽然这里明亮宽敞，但室内到处陈列着尸体，以及瞪着眼珠的死人头颅、死人的腿臂内脏和各种人体器官，给人一种阴森恐怖的气氛。如果你不是学医的，来到这里后肯定会觉得窒息难受，甚至把你吓昏过去。

此刻，室中央的陈尸桌上躺着一具女尸。

满头银发、手握解剖刀的老教授站在一边，正要开始给身边的几位实习生讲授解剖学。

女尸仰躺着，浑身的皮肤呈灰白色，年纪大约在三十岁左右，从她还未完全硬化的肌肤看，生前大概是个身强力壮的女人。

老教授镇定自若。不难想见，对眼前这类尸体他早已司空见惯。而站在陈尸桌两边的那几位年轻的医学院实习生，眼睛里却露出恐惧的神色。有一个女生显然已经吓得有些哆嗦了。

老教授用非常平静的语气向学生们讲述了解剖要领后，缓缓地举起了手术刀。然而当刀尖接触到女尸的皮肤时，怪事发生了——女尸突然动了一下！

实习生们吓得顿时惊呼起来，那个胆小的女生尖叫着逃到门外去了。

老教授也感到意外，在他几十年的医学生涯中，曾亲手解剖过无数具尸体，从未遇到过在陈尸桌上活动的尸体。但他很快作出了判断：她没有死！至少心脏还未完全停止跳动。

"别害怕，可能她还没有死。"老教授一边镇定学生们的情绪，一边继续观察女尸。

女尸又动了一下。教授的判断是正确的。救死扶伤是医生的天职。"快！"老教授扔下了解剖刀，在学生的协助下，将女尸从解剖室火速转移到抢救病房。

原来，三天前，在顿涅茨克市近郊彼得罗夫斯卡娅煤矿的贮木场里，一些人在挖掘地下管道。操作工人不慎将一条380伏的电缆挖断了。正在这时，三十七岁的女吊车工尤利娅·费奥多罗夫娜路过这里，不小心踩到了断裂的电缆上，当即被电流击倒，不省人事。当工人们把尤利娅送到顿涅茨克医学院附属医院抢救时，她早已停止了呼吸。值班医生确定尤利娅已死，于是停尸三天后，被送到了医学院的解剖室。

事情果然不出老教授所料，尤利娅没有死，当时她只是被电流击昏，处于半死状态，虽然呼吸已经停止，但心脏仍在跳动，只是跳得极其微弱。由于值班医生马虎，认为她已经死亡。事实上，因为尤利娅平时体格健壮，直到她进入解剖室后心脏仍在微微跳动，在解剖室的适当温度及其他条件的作用下，"女尸"加快了心跳的速度和力度，终于造成了解剖室里心惊胆战的一幕。

经过全力抢救和两星期的精心护理，尤利娅终于逃脱了死神的魔爪，从地狱归来——她苏醒过来了。

然而，由于电流对脑神经的刺激，使她无法像正常人一样睡眠。尤利娅经受了长达半年之久的磨难——失眠180多个日日夜夜，脑袋里好像终日都有东西在震动、在爆炸。

接着,尤利娅突然又睡着了,而且一睡就是一个星期,似乎完全失去了知觉。等她再醒来后,这才觉得身体出现了明显的好转。

可是就在这时,新的奇迹出现了:夏天的一个早晨,值班医生推开病房门去巡诊每一位病人。病房里除了尤利娅外都醒来了。医生查完了病人的病情后,最后来到尤利娅的床边。

自从尤利娅在陈尸桌上复活后,她的名字和故事已通过报纸传遍了顿涅茨克市,也成了医院里注意的中心。

此刻,她正静静地躺在病床上,早晨的阳光照在她红润的脸上,忽然,她闭着的眼睑突然跳动了一下。显然她已醒了。值班医生俯下身去,想问问她今天感觉怎样。

尤利娅的眼睛慢慢地睁开了,她环视了四周,又把眼光集中到医生的身上。突然她尖声叫起来,她说她自己的眼睛能透过衣服和皮肤,将医生的五脏六腑看得清清楚楚。

在场的人都不信,说她会不会看花了眼。尤利娅看了每个人,一一说出他们吃进胃里的早餐是什么。所有在场的医生和病人都惊讶得说不出话来。

尤利娅变成"奇人"的消息不胫而走。好奇的人纷至沓来,医院门庭若市。后来,顿涅茨克医院干脆将她留下来,让她代替 X 光透视机,帮助医生诊断病情,解决了不少疑难病例。曾经有位记者对此抱有怀疑的态度,而令他感到惊奇的是,尤利娅在第一眼看到他时,就说出了记者胃中未消化的面包与果子羹。记者震惊了,不得不相信这是事实。

突然变得疯狂的河面

尼亚加拉瀑布是美国与加拿大的边境处一个瀑布。瀑布的水自上至下陡然间下降 50 米,每秒钟约有 3 万立方的水汹涌冲下,然后打旋翻腾,流入烟波浩渺的安大略湖。

在一个晴朗的夏日中午,一艘 4 米长的绿色小汽艇在尼亚加拉河上灵巧地疾驶。霍尼卡特坐在船尾掌舵,17 岁的姑娘迪恩欢快地坐在船头,她 7 岁的弟弟罗杰穿着救生衣倚在霍尼卡特身边。船头高高昂起,在宽阔、平静的河面上划出一道道白色的波纹。

汽艇顺流而下,不知不觉到了距离尼亚加拉瀑布崖 1.5 公里的地方。

迪恩忽然感到害怕,因为刚才还是那么平静的河面,突然间变得狂暴起来。河水凶猛地向下游冲去,在闪烁的岩石上激起无数浪花。远处,瀑布跌入深潭的轰鸣声,变得越来越响。当汽艇与戈特岛大致平行时,霍尼卡特终于调转了船头。万万没有想到,这时螺旋桨对水流的拍打已显得有气无力,汽艇在急流中几乎原地踏步。突然,发动机一阵哀鸣,螺旋桨插销折断了。失去了动力的汽艇顿时像一片树叶,朝下游飞速滑去。

霍尼卡特对迪恩大声喊道:"快!快穿上救生衣!"

迪恩惊慌地把剩下的一件救生衣缚在身上。

小罗杰在艇尾喊:"姐姐,我害怕。"边说边跌跌撞撞地向她走去。

"坐下!不要过来!"姐姐尖叫着,担心汽艇会立刻倾翻。

汽艇在急流中颠簸着飞快地滑向断崖,四周是一片白色水浪。突然,一股激流把汽艇笔直地掀了起来。

"抓住!"霍尼卡特高喊着。但是,没有东西可抓。汽艇倾覆了,他和罗杰被抛到迪恩头上。巨浪向迪恩扑去,她挣扎着去抓汽艇,汽艇却在她手指底下滑了过去。

霍尼卡特紧紧抓住罗杰的手臂,挣扎着把他举出水面。一个巨浪打来,把他俩冲散了。罗杰在水中滚滚向前。突然,他被腾空抛到瀑布边缘,从半空中向令人目眩的深潭摔落下去。

戈特岛上,一位女游客尖叫一声昏厥在地。目击这一情景的游客无不深信,落水者必死无疑。

另一位游客叫约翰·海斯,在龟岩上惊呼一声,即向河边跑去。他发现了迪恩鲜艳的橘黄色救生衣。他向上游飞奔,试图靠近迪恩。在瀑布的轰鸣声中,他隐隐听到了姑娘的呼救声。

他扑到护栏上大喊:"姑娘,向这儿游!"

急流挟着她从护栏前方冲过,迪恩悲哀地朝他摇摇头。

"再试试!"海斯高声喊。他向下游跑去,又赶在她前头。急流卷着迪恩靠近了瀑布边缘。海斯从护栏上不顾一切地俯出身子,但还远远够不着她。

大瀑布张开血盆大口准备吞噬迪恩。"救救我!"姑娘哭喊着,从声音中听得出她已精疲力竭。

海斯迅速爬上护栏,一只手抓住栏杆,另一只手几乎碰了奔腾咆哮的水面。"来!听见了吗?再试试!"

迪恩用最后一点力气,再一次和急流搏斗,低下头死命地划了起来。她拼命伸出手来,但只抓到海斯的两根手指。这时,奔腾倾泻的大瀑布距离迪恩只有 3 米远了。

刹时,迪恩全身力量集中在海斯的两根手指上。海斯咬紧牙关坚持着,一面向身后大声呼救。一位男子冲了过来,他敏捷地跨过护栏,伏下身去抓住迪恩的手腕。两名男子一起奋力将姑娘从急流中拉了出来,并将她拖进护栏内。

迪恩奇迹般得救了。她躺在地上喘着气,喊:"我弟弟还在水里,请救救他!"

有人早已看到罗杰被冲下了瀑布,便低声回答迪恩说:"为你弟弟祈祷吧。"

那么,罗杰又怎么样呢?

这时,周围的落水声隆隆,湍急的水面白浪翻卷,一艘叫"雾中少女号"的游艇正在下游游弋,准备返航。正在掌舵的船长发现正前方水里有个橘黄色的物体在一沉一浮。他惊愕地伸长脖子,冲着船舱里大喊道:"有个穿救生衣的小孩向我们漂来,好像还活着。"

"雾中少女号"小心翼翼地向孩子靠近。两台发动机全速倒退,才使游艇在滚滚急流中稳住脚跟。

两名船员向那小小的身影扔去一只救生圈。但救生圈离孩子太远,只好重新拉上再扔。第三次,救生圈才上下颠簸着漂到孩子眼前。孩子果然还活着,他很快爬上了救生圈。

几分钟后,罗杰得救了。他是世界上第一个被冲下瀑布而没有死的人。他躺在"雾中少女号"的甲板上,哀求着:"请找找我姐姐,她和霍尼卡特先生也掉进水里了。"

游艇在滚滚的波涛中搜寻了半小时,只找到霍尼卡特的汽艇备用的汽油箱,却不见他的身影。

这时,在戈特岛上几百人目睹了小男孩被救上游艇的场面,人们把这个消息告诉了迪恩。

迪恩高兴得流下了一串串泪珠。

那么,霍尼卡特又如何呢?对于他,怒瀑可没有开恩。第四天,他的尸体才浮出水面。

善有善报

1930年6月的一天晚上,美国得克萨斯州埃尔帕索高速公路巡逻队队长阿兰·福尔比正在紧追一辆高速行驶的卡车。卡车转弯时减速,福尔比的汽车躲避不及撞在卡车上。福尔比一条腿上的动脉破裂,要不是恰好行驶过来一辆车子在旁边停住,开车的司机阿尔弗莱得·史密斯下来,用一条止血带给阿兰·福尔比止住血,等到一辆救护车及时赶到才救了他的命,保住了他的那条腿。几个月后,福尔比伤愈出院重新上班。

五年后,福尔比在夜间巡逻时,收到无线电信号,说80号公路发生恶性事故,要他去救援。原来是一辆小汽车撞在树上,司机生命垂危,福尔比赶到现场时救护车尚未赶到,他发现车里的那个人已失去知觉,他的右腿动脉断裂,因失血过多已奄奄一息,福尔比用一条止血带竭力把血止住。这时他看了一眼受伤者的脸:他是阿尔弗莱德·史密斯。

会"怀孕"的石头

在我国江苏省苏溧地区有一座山,常年山青水秀,地下有温泉,那山离市区很近,是人们休闲度假的好去处。

在山脚下有一个大大的岩洞,在这岩洞里有一个怪石,它呈灰黄色,质地坚硬,圆形。从表面上看,它外观平凡无奇,但是,当人们用铁锤轻轻敲击它的背部时,从岩石的前面就会滚出一些小岩石,这些小岩石呈圆形,直径大约有2厘米,大小一致,颜色和母石相同,成分与母石也完全一样,这些小石头好像是母石生出来的一样。当地人因此管这个母石叫做"孕子石"。从此,"孕子石"的名声越来越大,引来了不少观光游客,有很多外地游客慕名而来,有的游客还拜石求子,在当时,人们都把它当成当地的一种吉祥的象征。

地质工作者说,这种石头怀子的现象,世界罕见,在中国岩石学上也是首例,历史上也没有这种现象的记载,相关人员正在做进一步的研究和分析。

神奇火柴盒的故事

当英王爱德华七世还没有登上王位,还是威尔士亲王的时候,他是一个热心的猎狐者。常伴同他捕猎的人之一是一位名叫爱德华·A·萨森的演员。有一天,为表示对这位友人的尊敬和欢心,亲王给了他一个金火柴盒,上面还连着一根表链。萨森不论走到哪里都带着这个火柴盒,但有一天,他外出捕猎时从马上摔了下来,火柴盒丢失不见了。他到处搜寻也未能找到。于是萨森请人复制了一个,后来送给他的儿子利顿作为礼物。

利顿也是一个演员,他在澳大利亚旅行期间把这个金火柴盒送给了那里的一位朋友拉伯塔奇。当利顿回到英国时,他的兄弟乔治正骑马纵狗打猎,他同他的父亲一样也是一个热心的猎狐者,那天他来到他们常去狩猎的一个旧庄园。当庄园主得知乔治是爱德华·A·萨森的儿子,就将那个遗失了20年的金火柴盒交给了他。这个火柴盒是当天早晨一个庄园工人耕地时刚拾到的。

这件事发生时,利顿和乔治的兄弟,这一家的又一个演员爱德华·H·萨森正在美国旅行,乔治把这件惊人的消息写信告诉了他。当爱德华读到这封信时,他正同另一位演员亚瑟·劳伦斯在旅途的火车上,那天是他们初次相逢。爱德华把这件不可思议的事情告诉了劳伦斯,并对那个复制的火柴盒的下落表示关切。这时,只见劳伦斯从衣袋里掏出一根表链拿到爱德华眼前晃动着,上面挂着一个金的火柴盒,那是拉伯塔奇先生送给他的。

神奇布丁

葡萄干布丁与其说是法国特产不如说是英国特产。不过法国人埃米尔·德尚在大约1800年他尚是奥尔良的一所边境学校的孩子时,一位刚从英国回来的福特吉卜先生就曾给他尝过一块,他对这种点心的美味难以忘怀。

十年后,有一次德尚正从巴黎的一家饭店门口走过,看见里面有一块非常精美的葡萄干布丁,于是他就走进去要购买一块,可是他被告知这块布丁已经被另一个顾客买下了。"福特吉卜先生",柜台里的女招待向一位正走过来的顾客喊道,"你能不能把这块布丁让一点给这位先生?"这位福特吉卜先生正是曾经送给德尚葡萄干布丁的那一位,他现在已是老人了,头发稀疏,穿着一件上校军服。他非常高兴地再次同德尚共享布丁。他们互致问候之后,两人又回想起早先吃过的葡萄干布丁。

又是很多年过去了,德尚应邀去参加一个晚宴,他被告知,宴会上将供应葡萄干布丁。"既然这样,我想福特吉卜先生也会光临的。"德尚把他的故事讲给女主人听,女主人觉得很有趣。

宴会的那天晚上,当吃过肉菜之后,一块巨大的葡萄干布丁被端上来放在十位客人面前。就在这时门开了，福特吉卜先生慢悠悠地走了进来。现在他已经是老态龙钟了，原来他弄错了他要去的地方的地址，他是误闯入这次宴会的。

神奇的《山海经》

我国古代的文学作品《山海经》，可以说是是世界上最古老的有关地理的著作，本书记载了公元前 2500 年的山川、民族、物产等情况。可是，到了公元前 3 世纪，人们发现书中所包含的地理学内容和已知的陆地对不上号，于是《山海经》就被列为怪诞的神话，被认为是编撰此书作者的谎言。但是，几年前，美国的科学家重新鉴定其中的若干篇章时，惊奇地发现了它的重大价值。科学家发现，书中《东山经》有四卷描述"东海"以外的山川形势，竟与中国东海以外的太平洋彼岸——北美洲中西部的地形默然契合。《东山经》不仅描绘了那里的地理，而且每一卷还描述了当地的风物。

在《山海经》的第九经和第十经里，还描述到美洲不少地方。第十四经中描述的"光华之后"，"河水流进无尽深渊"，"日生如此"等，任何一个曾经在北美科罗拉多大峡谷旅行和观赏过日出的人，都会极明显地看出《山海经》中这段内容指的正是那里。此外，还有不少笔墨是描述五大湖及密西西比河域等北美东部地区的情况的。

两个史密斯

埃里克·W·史密斯是英国制铁公司的冶金学家，住在设菲尔德郊区名叫埃克莱萨的地方。他的屋后是一片树林，人们常到那里骑乘和散步，史密斯习惯于在林中漫步，享受那里静谧和平的气氛，同时捡拾马粪施在他的番茄地里。为此，他随身携带一个簸箕和一个旧的油布袋。

1950 年末的一天，他正在慢慢沿着林间小路走着，不时停下来铲起马粪。这时他看到一个人顺着小路慢慢向他走来，也不时弯下身子铲起什么东西。史密斯想，这肯定又是一个捡拾马粪的人。

在两人之间同样远处有一只长椅，两人同时走到那里坐了下来。那个陌生人也带着一个簸箕和与史密斯同样的油布袋。原来两个人都是到树林里捡马粪为他们的番茄地积肥的。既然已经坐到一起，就不能不打打交道。史密斯拿出自己的烟斗和烟丝罐，那个人掏出一个烟斗。史密斯递上一斗烟丝，"噢，不，谢谢，"那人说，"我抽我自己这个牌子的。"说着他拿出自己的烟丝——他用的烟丝和史密斯的是同一种牌子。

他们两人都感到有些奇怪和吃惊了，便接着交谈下去，没想到他们一样的事情竟然是那样的多。

"我姓史密斯。"史密斯说。

"我也姓史密斯。"那人答道。

"我叫埃里克·史密斯。"第一个史密斯说，

"我也叫埃里克·史密斯。"第二个史密斯回答。

"埃里克·W·史密斯。"

"我也是。"

"我的 W 是沃尔泽的缩写。"第一个史密斯说。

"噢,这回我们就不一样了,我的 W 代表沃尔特。"

天降活牛撞沉船

《朝日新闻》是日本最大的报纸,日本人民都非常喜爱它,因为它与以往的报纸不同,总能报道一些令人感到新奇的新闻,在人们闲暇时间既是一种消遣又是一种掌握时事的好帮手。下面就是日本《朝日新闻》曾经报道过的一则新闻:

一艘日本渔船正在海上作业,突然一头活生生的牛从天而降,刚好砸到这只渔船上,当时由于情况突然,渔民们没有一丝准备,渔船因而被这头牛撞沉了,船上渔民后来被正在值勤的俄罗斯水警救起。被救起的一名渔民仍对当时的情况心有余悸,他对俄罗斯警员说,他们亲眼看到一头活牛从天上掉下来,打中了船头。于是渔船就翻了,可是,这个事情让人听起来就像是在编故事,让人无法相信,俄罗斯警方认为船员说谎,于是将他逮捕。

直到后来由于多人看到此场面,所以才弄清楚了事情的来龙去脉,该船员才无罪释放。原来有一群俄罗斯的士兵从西伯利亚盗走了数头牛,准备用运输机运到黑市去贩卖,就在他们运输的途中,其中一头牛突然凶性大发,在飞机中乱跑,没有人能降服得了,使得飞机左摆右晃,为了保住大局,最后机长下令把这头牛轰出机外,保住了这架飞机。而掉下的这头牛正巧撞上了这艘渔船。于是有了上面发生的一幕。

跳伞撞毁小型飞机

美国人彼德斯是一位跳伞爱好者,在他的跳伞生涯中,一直都是一帆风顺的,所以他每次出去跳伞都得到了家人的支持,有的时候还到降落地点去为他祝贺。然而不是所有的事情都是一成不变的,就在一次跳伞的过程中,发生了一件不要说他自己,就是连所有的人都不敢相信的事。他们以前失事的跳伞爱好者不同,因为他这次发生的事故,还是美国史上的第一次,所以成为当时人们的焦点。事情是这样的,就是在他跳伞时,一架小型飞机飞过,此时他已经出舱,不偏不倚地撞在这架经过此空的小型飞机上,当时由于他的作用力再加上外界空气影响,这架小型飞机不堪重击,最终导致飞机坠毁,当时机上 4人全部丧生,无一人幸免,可是幸运的是他只是撞断了一条腿,并无大碍。

美国联邦航空局和全国交通安全局展开调查后表示,出事的小型飞机连同驾驶员在内共载有 4 人,原定由纽约州的波基普西飞往波士顿,但当飞至马萨诸塞州北定普敦附近时出事。联邦航空局发言人库尔维说,当彼德斯的男子从另一架飞机跃下跳伞,却正好撞向正在飞行的小型飞机的尾部。由于撞击力太大,小型飞机开始俯冲地面,结果在北安普敦机场东南面不到 1 千米处坠毁,机上 3 名乘客全部罹难,驾驶员身受重伤,后来不治。

第十二节　离奇家族巧事

成双成对的出生

在英国伦敦的比尔德家所有成员的出生日期可谓凑巧得有点离奇,祖母、父亲、母亲和儿子的出生日期全部成双成对,分别是 10 月 10 日、11 月 11 日、4 月 4 日和 6 月 6 日。

当比尔德在 11 月 11 日出生的时候,祖母就为这个巧合高兴得合不拢嘴。因为她自己是 10 月 10 日出生的。家人都觉得这是一个奇迹。

比尔德渐渐地长大了,他在一家电子公司上班。公司有一女孩叫罗丝,长得非常漂亮,追她的人非常多。比尔德也非常喜欢她,但是,因为比尔德觉得自己的条件平平,而追求她的人又实在太多了,所以,没有抱任何的希望,只是淡淡地和她相处。正因为这样,罗丝觉得他这个人非常有意思,不像其他人那样做出一些令她厌烦的事情。有一次,两人几乎不约而同地到一个旅游景点去旅游。当他们相遇的那一刻,他们都惊喜不已。

从那以后,他们经常在一起会面。两人都喜欢旅游,所以经常相约去爬山。慢慢地,两人都感觉离不开对方了。一天,两人在街上散步的时候,被罗丝的母亲看到了,罗丝的母亲一眼就喜欢上了比尔德,她高兴地对女儿说:"你什么时候带这个帅小伙子去我们家做客吧。这个小伙子不错。"于是,比尔德在接下来的日子里顺理成章地成为了罗丝的丈夫。

他们结婚的时候,比尔德才知道,罗丝是 4 月 4 日出生的。他们成双成对的生日巧合让他们非常高兴。他们觉得他们两人在一起是一种缘分。是上天的安排。

但想不到更凑巧的事情还在后头。一年以后,他们有了自己的孩子。他们的新生女婴竟然在 12 月 12 日中午 12 时 12 分出生,巧合得真令人难以置信。

天造地设的一对

在南京朝天宫附近的张公桥小区,有这么一对神奇的夫妇,丈夫叫余建林,妻子叫江根红。他们之间竟然有着 20 多处的相同点。

这对夫妻不仅连出生日期相同,身份证号码也只是在最末的数字不同之外,他们的经历都有着神奇的相同之处。例如,他们曾经经过反复的求证和核实,结果表明他们不但是同年同月同日在同一家医院同一个产房出生,而且几乎是同时来到这个世上的,都是早晨,先后进产房,只相差不到 5 分钟。

除了上面的"七同"外,他们还同血型、同托儿所、中学同校同届、同学历、同职业、父亲同单位同部门、母亲同单位同职业、在家同是排行老七、两家老大同届同班、两家同是八兄妹而且兄妹间出生相隔年数相同,除了有这些相同点外,更神奇的是夫妻俩在右侧颈部都有一个相同的肉痣,肉痣长的位置以及大小也基本相同。有趣的是,这些相同之处没有一处是"刻意设置"的,都是"天然形成"的。

或许是因为两个人身上有太多的相同之处,他们都特别珍惜这份缘,每次下班回来,两个人都是抢着做家务,有了女儿后,他们从自己的名字中各取一个字,给女儿起了一个很特别的名字:余江。

都是从事会计工作的这对夫妻说,同年同月同日生的人有许多,但能成为夫妻的就很少了,像他们这样有这么多相同之处的就更少了,但他们觉得除了缘分外,更多的是相互的理解和体谅。

番禺夫妇惊奇七同欲申"婚庆吉尼斯"

在广州番禺区市桥镇有一对普通的夫妇,他们结婚已经有 7 年零 4 个月,而不普通的是这对夫妇足足有"七处相同":同年同月同日出生、血型同是 AB 型、同单位、同职业、而且还是多门自考课程的同学。

这对夫妇男的叫吴贤洪,女的叫杨永松。吴贤洪和太太杨永松都出生于 1970 年 11 月 14 日,不过,按照吴贤洪的说法,两人出生地和成长历程绝对"风马牛不相及",能走到一起只能用"缘分"来解释。

据了解,吴贤洪祖籍顺德,出生于清远,在韶关长大,1988 年到番禺工作,先在一个电子厂上班,1992 年进了番禺人民广播电台,做节目主持人一晃就是 11 个年头。杨永松祖籍梅县,出生于四会,在那里读书长大,第一份工作是在四会电视台做新闻播音员,1995 年调入番禺电视台做主持人,是当年的番禺电视"第一张脸"。同在番禺广播电视局共事几个月后,吴贤洪和杨永松有了第一次相处的机会,她即对他一见钟情。此后,在一次共游中,各自拿出身份证登记住宿时,杨永松惊奇地发现两人居然是同年同月同日生。一年后,1996 年 6 月 18 日,他们走进了婚姻的殿堂。

7 年多的生活里,许多有意思的事情接踵而来,两人性格爱好十分相近,逛街、旅游、唱歌等都是双栖双飞,做许多决定也是不约而同,不过是谁先开口的问题;由于两人都太"唯美",两年来保姆一换再换,至今已经换了不下 60 人;在事业上双方的追求方向十分一致,因而他们还是两门自考本科、两门自考大专的同班同学……

夫妇俩的同事、番禺电台副台长齐格辉说:他们俩都是性格直率、做事认真的人,思维方式也很相似,似乎真是天生的一对。平时单位搞活动,他们都是夫唱妇随的,一起唱歌,一起演小品。

2月29日夫妻同出生

很多人都说他们是天定姻缘，而在同月同日出生并结为夫妻，就非常罕见。陈家添和王秀琼就是这样一对恩爱的夫妻。

陈家添是在1960年的2月29日出生，而王秀琼则是在4年后的2月29日出生。巧的是，他们还结成夫妇。夫妇同月同日生，而且都是4年才庆祝一次生日，顿时传为佳话。

一般来说，要在茫茫人海中，觅得同月同日生的伴侣，已非一件容易的事，更何况是每4年才出现一次的2月29日。但月下老人却特别眷顾陈家添（44岁）和王秀琼（40岁），让他俩同时在2月29日出世，再让他们相遇、相知而相恋，继而结为夫妻，携手走过人生路。

目前从商的陈家添说："当初我与太太认识时，并不知道她也和我一样，都是在2月29日出生。直到我们相互喜欢上对方，我准备在她生日时送上礼物的时候，才愕然发现原来两人竟是同月同日生。当时，我吓了一跳，没想到世上竟有这么巧合的事。那一刻，我决定，自己要好好地爱她，不让她伤心。"

两人相恋也是非常浪漫而幸福的。两人的心可以说是紧紧地拴在一起，结婚这么多年，从来没有红过脸。两人在很多兴趣爱好上也是相同的，当然，一些生活上的小摩擦在所难免，但是，一般都是陈家添先让步、投降，这使得他们的"战争"总是打不起来。

在同日死亡的夫妻

1975年1月，查尔斯·戴维斯没有带妻子儿子，一个人来到英国列斯特市他姐姐家中度假。

查尔斯在姐姐家中度假的时候，情绪表现得非常的低落。同时，他还在吃药。查尔斯的姐姐关心地问他："你怎么啦？是不是发生了什么不愉快的事情？以前你来度假都是与家人一起来的呀。而且，你好像不太开心的样子，似乎还在吃药。你怎么啦？"

查尔斯听姐姐这样问，顿时觉得自己很无助。他告诉姐姐，自己得病了。医生说自己活不了多久了，因为查尔斯不想自己的妻子担心，所以只好借口来度假。其实，他是多么舍不得自己的家人呀。

查尔斯的姐姐听了，非常的伤心。当她知道是家族的遗传病时，更是伤心得不得了。为了让弟弟在最后的日子里能够快快乐乐地，她尽量抽出时间陪他，陪他到处走走，陪他散心。原来，查尔斯本想告诉妻子实际情况的，可是，因为这段时间他的妻子实在太忙了，忙得几乎整天不着家，看着她忙碌的样子，他实在没有勇气告诉她真相。

也就是在这个月28日的清晨，大概在3时左右，查尔斯·戴维斯突然死去。临死前，他要求姐姐能够抽出一些时间去陪陪自己的妻子。他说妻子肯定会接受不了这个打击的。姐姐含着眼泪答应了。当他姐姐打电话到查尔斯在里兹的家,准备把这个不幸的消息告诉他的家人时,哪知道查尔斯的妻子也是在同一天清晨 3 时突然离开了人世,就好像是事先跟自己的丈夫约好了一样。

母女婆媳同日去世

在 2001 年 2 月 21 日,江苏南京发生了一件稀奇的"巧"事,四位属"牛"的老太太(分别为母女、婆媳)在同一天死去。

这对母女俩的感情非常好。她们住在南京市五佰村,女儿非常孝顺,出嫁了后就把母亲也接过来了。母亲苏老太的 80 岁了,身体一向比较好,可是,2 月 21 日凌晨,母亲苏老太突然去世。

65 岁的女儿艾老太十分伤心,她只要一看到母亲的遗物,眼泪就会止不住地流。一家人强忍悲痛为苏老太举行了葬礼。举行完葬礼后,他们很快将苏老太送往浦口东门火化。

8 点多钟,艾老太捧着母亲的骨灰盒离开火葬场准备登车返家时,忽然捧住心口喊疼,并一头栽倒在地。家人慌慌张张地把她扶起来,并且将她火速送往浦口医院。医院也立即进入抢救状态。但是,当医生仔细检查了之后,没有对苏老太进行抢救。医生非常遗憾地对他们说:"人已经死了。再实施抢救也没有用了。请你们节哀吧。"

无巧不成书,该市大厂区的一对婆媳也于同一天死去。婆婆也是 80 岁,媳妇也是 65 岁。婆媳平日感情非常深,就像母女一样。婆婆也是当天早晨猝死,媳妇悲伤过度,一下子病倒了。正当家人着急地找医生时,媳妇已经不行了。悲痛的媳妇于当晚撒手人寰。

两家人悲哀的同时都感到非常惊奇,大家都觉得这实在太不可思议了。据说,这两家同于 24 日开追悼会,前者在浦口东门,后者在六合。

同生共死的恩爱夫妻

在四川省绵阳市游仙区街子乡二村有一对同年同月同日出生的夫妇,又于同年同月同日病逝,这在当地传为佳话。

这对老夫妻男的叫赵永发,女的叫常桂英,二位同时生于 1904 年 3 月 24 日。据说,两人属于自由恋爱。两人真正相爱之后,赵永发问常桂英的生日,当她说出自己的生日后,赵永发惊喜不已,因为他们竟然是同年同月同日出生。正因为如此,他们两个格外珍惜这段缘份。当他们的爱情终于成熟后,两人去登记结婚,工作人员对他们两个竟然是同年同月同日出生也感到惊奇不已。

自二人结婚以来,70 多年中,从未发生过争吵,从未红过脸。夫妻恩爱相敬如宾。养育的三男二女都成材立业,孝顺识理,现共有儿孙 54 人。1997 年 6 月 3 日,二老同时生病,被送进医院,晚上 8 点刚过,老太婆因抢救无效病逝。老头于是强忍着泪,给儿孙们吩咐了他们死后合葬及另外一些身后事以后，大叫一声："老婆子，等等我！"也于当晚11点溘然长逝。两位老人享年94岁。

这两位老人的口碑非常地好。他们对邻居很友好，只要邻居有什么需要帮忙的，他们绝对不会坐视不管。而且，他们经常把自己家里好吃的东西送给邻居吃。在这对老夫妇一周年祭日，四周的村民及他们的儿孙，自发组织拜谒，送去了花圈等。有人说，这两个老人同年同月同日出生，又同年同月同日去世，应该算是一个奇迹了，也许是上天给他们的缘分吧。毕竟，这样的事在这个世界上是非常少的。

一家人12生肖占全

在浙江省东阳市巍山镇，有一户普通人家，祖孙三代总共12口人，恰好每人各占一个生肖属相，可以说是属相的集合。

这个奇特家族的男主人叫赵鹤良出生于1941年8月，属蛇。女主人卢素芳生于1946年，属狗。两人自由恋爱，并于1963年终成眷属，结成良缘。

1967年6月，大女儿赵琳琳来到了人间，这一年是羊年；一年后儿子赵向东出生了，他属鸡。1973年7月，赵家又增添了一名属牛的小女儿赵玎玎。

1985年，19岁的大女儿赵琳琳与风趣幽默的阮荣伟（属马）举办了订婚仪式。1988年3月，女儿阮吉呱呱落地，给赵鹤良带来了一个属龙的外孙女。1995年6月，依据有关规定，赵琳琳又生育第二胎，给小阮吉带来了一个属猪的弟弟阮锦。

赵家儿子赵向东1991年与属鼠的方亚珍结了婚。第二年，生下了一个属猴的儿子赵佳群。

十二生肖最后是由小女儿"小牛"玎玎来完成的。能干的小女儿与属虎的王小红谈上了恋爱。这时候，赵鹤良和老伴在无意间发现，当时家中的11个人有11个属相，唯独缺一只兔。1995年，小女儿玎玎与王小红也喜结良缘。结婚的时候，赵鹤良对小女婿、小女儿说："我们一家中的11个人有11个属相，唯独缺一只兔。如果你们给我生出一只'小兔子'，我奖励你们1万元！好不好呀？这也是我现在唯一的人生愿望啦。"

孝顺的赵玎玎和王小红为了满足父亲的这一愿望，采取了晚育措施。1999年9月，"小兔子"王超洋来到了世上。赵鹤良手抱"小兔子"，想着十二生肖自己家里全有了，真是乐开了怀。

王超洋十二生肖同聚一家，在当地被传为趣谈。

一家四代同月同日生

在现代社会中，四代同堂的家庭已属难得，四代同月同日生的情况更是罕见现象，美国威斯康星州密尔瓦基市居民希德布兰就遇上这种难得的巧合。

希德布兰于23日出生的儿子雅各与希德布兰本人、希德布兰的母亲及外婆皆于8月

23 日来到人间。

这个家庭已将此事告诉吉尼斯世界纪录的工作人员，他们会把雅各的出生列入四代同月同日生的纪录。根据吉尼斯纪录，另外两个四代同月同日生的家族为 1982 年 7 月 4 日出生的美国人威廉斯及其家人以及 1997 年 3 月 21 日出生的芬兰人特雅迪。

8 月 23 日满 35 岁的希德布兰与妻子金姆说："我们儿子的出生绝对没有事先计划，而是巧合中的巧合。我们谁也没有想到真的会有这巧合的事情。虽然我们非常希望会有这样的巧合。"原来，他们的儿子雅各出生的时间不迟不早，刚好在预产期 8 月 23 日。

希德布兰的亲人原本就为家族中有 3 人同月同日生而高兴，金姆分娩前，他们也盼望新生儿能让同月同日生的亲属增加到 4 人。不过，他们问了主诊医生，主诊医生告诉他们说，只有 5% 的新生儿会按照预产期的日子准时出生。

希德布兰与妻子金姆对儿子在这个特别的日子来到人间感到分外欣喜。金姆在分娩后说："真是不可思议，婴儿就是要在今天出生。"

同名妇女同时同地离婚

台湾苗栗县有两个同名同姓的妇人，分别为 58 岁与 47 岁。她们都生有三名子女，都因丈夫好赌被拖累，不约而同向法院诉请离婚获准。法官原先以为两案是同一人，得知两人同名同姓且际遇相同，不禁感叹造化弄人。

这两名谢姓妇人，年长的谢姓妇人结婚已 36 年，她告诉法官说："我丈夫酗酒、好赌，经常打骂我。甚至，有时候还拿菜刀要杀我。而且，他从来不帮我做事情。一天游手好闲，靠我赚的钱来养活全家。更可气的是，他只要赌博输了钱，一回到家就向我要钱。我哪有那么多的钱给他赌博？并且，他从来就没有赢过什么钱回家。所以，我经常不愿意给。可是，如果我不给，他就会打我。我觉得这样的日子过够了。再也过不下去了。请法院批准我们离婚。"

较年轻的谢姓妇人则结婚 20 多年，丈夫同样沉迷赌博，积欠多笔赌债，常有人上门讨债，让家人提心吊胆。较年轻的谢姓妇人说："这样的日子再也没法过了，我一定要离婚。不离婚我就不想活了，因为债台高筑，已经无力偿还，我丈夫竟将家中的金饰变卖，房屋、汽车都设定质押借款，并申办多张信用卡、现金卡使用。真是太气人了。他这样子拖累了家人，这样的日子再也无法过了。"

这两起离婚案判决时间仅相隔两天，两人同名同姓，且人生际遇雷同，法官都认为太巧了。

四马同喜

古代中国人对马可谓情有独钟，往往将自身境遇与马类比，如："人贫志短，马瘦毛长"、"路遥知马力，日久见人心"、"好马不吃回头草，好汉不走回头路"等等。在十二生肖之中，马是最能使人类产生认同感、最容易引人自比的动物。几乎没有人不喜欢马的。

2002 年是中国农历的马年，在马年的新春里，天津动物园河马、斑马、野马、果树下马四个"家族"中各有一名于马年之中产仔的"孕妇"，这一现象是天津动物繁殖史上一个极为惊奇有趣的巧合。

现年 24 岁的母河马"七儿"是天津动物园园龄最长的"马"，自 1980 年从日本神户来到天津后，就成为这里首批"居民"。正因为如此，母河马"七儿"受到大家格外的"宠爱"与"优待"。

这只母河马"七儿"在与来自非洲的性情憨厚、体型膘悍的野生公河马的长期相处中，互相产生了"好感"。终于有一天，公河马向"七儿"求爱，两只马就这样结为"伉俪"了。

两只马结为"伉俪"后，一直比较"恩爱"。到目前为止，已成功繁殖了 10 胎。恰逢今年的"本命年"里，"七儿"又一次怀孕，令所有的人们都喜出望外。大家都喜笑颜开，都觉得这是一个非常巧合的奇迹。

一向被人们视为珍宝、誉为活化石的一对已进入性成熟期的野马"夫妇"也是人们关注的对象。这对野马"夫妇"同样不负人们的"厚望"，也于 4 月中旬的一个夜晚产下野马宝宝，创下野马在天津繁殖史上首例成功的纪录……

第十三节　另类传奇轶事

重逢的手镯

英国的芭芭拉·赫顿，是一个富家的千金小姐，因为衣食无忧，又加上女孩子爱美的天性，她经常光顾一些珠宝商店，那里的商家几乎都认识她。这一天，她又来到了纽约最豪华的一家珠宝店，在这家珠宝店里她已经消费的数字可以够一个普通的上班族三年的薪水，这天她又相中了一副古董手镯。她非常喜欢这副手镯，几乎每天都戴着这副手镯。有一天，她在洗手间洗漱的时候，不小心将古董手镯冲下了卫生间的下水道。

芭芭拉·赫顿为此失落了好一阵子，因为她太喜欢这副手镯了，她就又来到那家珠宝店想重新购买一只手镯。然而，那副手镯是世界上唯一的一对，是从南非进口的，已经没有第二对了，为此芭芭拉更是失望，然而就在她刚刚走进去没有多久，却见到一名男子戴着一只手镯进入珠宝店，要求店老板估一下价。而那名男子手中所拿着的手镯恰恰就是芭芭拉·赫顿不小心掉到卫生间下水道的那副手镯。

原来，这名男子是一个水道清理工，他是在清理下水道时发现了这副手镯的，芭芭拉马上以高价买回了这只手镯,心爱之物失而复得让芭芭拉更加珍惜它了。

英国六岁男孩寻找前世住宅

在英国格拉斯哥市,有一个六岁小男孩卡梅伦·兰姆经常谈论他的母亲和家庭,并在纸上画他的家——一栋海滨白房子。但是令卡梅伦42岁的母亲诺玛寒到脊梁骨的是,卡梅伦谈的母亲不是她,而是另一个40年前的姓罗伯逊的"妈妈";卡梅伦画的房子也不是他们现在的家,而是"前世"的他位于英国巴拉岛的住宅。

据英国《太阳报》报道,自卡梅伦会讲话时起,他就经常向母亲和家人谈论自己以前在巴拉岛的生活,让家人困惑万分。42岁的母亲诺玛回忆说:"当他还是个婴儿时,就会喊爸爸妈妈,可他嘴中冒出的第三个词,却是'巴拉岛'。当他长大一点后,他经常会说:'我曾是一个巴拉岛男孩。'"

然而,巴拉岛却是一个距格拉斯哥市足有220英里远的偏远小岛,岛上只有一千多居民。诺玛称,她不知道儿子是如何知道巴拉岛的,因为他们一家从未去过。可是卡梅伦却经常谈论他在巴拉岛的"家",他还抱怨格拉斯哥的家只有一个卫生间,而巴拉岛的家却有三个。

母亲诺玛对六岁儿子心中还有"另一个母亲"感到非常震撼,她无法接受这个荒唐的事实。诺玛承认说:"我十月怀胎生下了他,可他却感到自己属于另一个女人。"由于卡梅伦坚持要回"巴拉岛的家",诺玛终于带着卡梅伦一起飞往了这座从未去过的小岛。

当卡梅伦看到那座白房子时,他兴奋极了,说:"我没骗你吧,快进去和我一起玩玩具!"然而当他们靠近那座房子的前门时,兴奋的神采从卡梅伦的脸上褪了下去,原来那只是一座空房子。卡梅伦的眼中含着泪水,和母亲一起参观了这座空房子,令诺玛震惊的是,那座房子中果然有三个卫生间,从房间中能够看到海景。

诺玛将儿子带回了格拉斯哥市,一些研究者后来在英国斯特林市追寻到了曾在上世纪60年代到巴拉岛度假的罗伯逊家庭的一个成员——吉莉安·罗伯逊,但吉莉安无法回答他们提出的任何问题,也记不得家庭中有个叫谢恩·罗伯逊的人。

卡梅伦的离奇经历已经被英国电视五台拍成了纪录片《这个男孩以前活过》,对于在他身上发生的一切,目前科学家无法做出解释——研究人员无法确定,卡梅伦的"巴拉岛记忆"真的是从"一个人"身上传到了"另一个人"的身上?还是这些"记忆"都是他幻想出来的?而"记忆"和现实如此地一致又如何解释呢?

杀手的童话

在巴西圣保罗市,有这么一对年轻夫妇,男的是一名地产商,今年30岁了,叫做汤玛士,拥有资产500万美元,可以说是富甲一方。他的妻子的名字叫做莎拉芬娜,今年34岁了,刚刚过完生日,以前他们曾经是一对令人羡慕的恩爱的夫妻,后来不知道是什么原因，他们因感情破裂而反目成仇，往日的恩情早已经荡然无存，剩下的只有对对方的仇恨。因为在他们的眼里一切都是对方的错，没有人能够冷静的面对离婚的现实，这种积怨导致了一种可怕的想法，他们便各自暗中雇请刺客暗杀对方。这种冲动的想法也许是为了报心头之恨吧，妻子莎拉芬娜雇请的是当地一名非常有名气的男杀手，丈夫雇请的是一名冷美人，一位非常有手段的女性杀手。当他们为自己精心策划的事情而暗自得意时，孰料这对夫妇竟分别爱上了这一男一女刺客，一场悲剧遂瞬间化作一场喜剧收场。结束了一场即将展开的血腥场面。

飞弹传情

这是发生在美国南北战争期间的事。

1863 年 5 月 12 日，一位名叫亨利·劳伦斯的年轻士兵，在战斗中被引爆的地雷碎片击中阴囊，左侧睾丸不翼而飞。同时，在邻近的一间房内，17 岁的少女诺尔·塔尼莉也被飞来的弹片击中左腹。经过救治，两人都痊愈了。奇怪的是：过后不久，塔尼莉竟发现自己怀孕了！278 天后，产下一个男婴。对此，人们议论纷纷，有人指责塔尼莉偷尝禁果，甚至还有人认为这是天神播的种子。自己也感到诧异的塔尼莉有口难辩，只好含泪吞声。婴儿出生后，总是号哭不止，又一时找不出原因，后经医生再三检查，才发现婴儿身上隐藏着一枚小小的弹片。通过分析鉴定，确定当年击中劳伦斯和塔尼莉的同是这一块弹片。它先击中劳伦斯，然后又带着他的精子飞入塔尼莉的腹腔，而使少女的卵子受精成胎。事实上，婴儿的长相与劳伦斯极为相像。后来，在医生的撮合下，劳伦斯与塔尼莉缔结百年之好。有趣的是：尽管他们婚后又生了三个儿女，但都不如"弹片之子"那样酷似父亲，一时引为佳话。

六十年前失散的儿子近在咫尺

家住在英国伦敦的安·巴克菲尔德夫人，60 年前的她因为年少不谙事故，深爱上一个男子，并且怀孕生下了一个孩子，而那名男子却抛弃了她。没有办法的她只好将自己的孩子送给他人抚养。一晃 60 多年过去了，在这 60 年的时间内，安·巴克菲尔德夫人常常回想起当年的那个孩子，而天下之大谁又能知道这个孩子现在在什么地方呢？她做梦也想不到，其实她的那个孩子就在她的身边，他们几乎每一天都见面，只不过，并不知道对方的存在而已，直到安·巴克菲尔德夫人在为了给 12 岁的孙子买一辆合意的自行车，便去翻查电话簿，结果找到一家叫做伍尔西的自行车店，他们在谈论价格时，才发现店主原来就是她在 60 年前未婚时生下而送给人家的亲生儿子。不可思议的是唐纳德和他的妻子每天开车去上班时，都把汽车停在巴克菲尔德夫人的家门外，然后转乘火车到店里，他根本不知道那一家竟是他母亲的家。唐纳德一直在想念不知下落的母亲，但他担心母亲婚后不愿丈夫知道她曾未婚生子，因此，拿不定主意是否去寻找母亲，这次买自行车的偶然事件,竟使一别六十载的母子相会。

老天乱点鸳鸯谱

一双孪生兄弟竟然结为夫妻,你相信世上会有这么离奇的事吗? 你不用怀疑,在这个世界上却真实的发生过这样的事。

32 岁的澳洲青年达德·廷士戴尔,与同龄女友玛丽缔结鸳盟。蜜月过后,他发觉妻子的相貌酷似自己,后来无意中看到一些旧照片,又经过仔细查问,终于揭开了妻子身世的秘密。"她"竟是自己的孪生兄弟!

这对在墨尔本出身的孪生子,幼时父母因飞机失事而双双身亡,他们后来分别被人领养,长大后仍不知自己的身世。几年前,达德的养父母告诉他,他的亲生母亲除生下他,还有一个孪生兄弟。岂知他的孪生兄弟接受了变性手术而成为一个"她"——即为玛丽。阴差阳错,"她"又选中了同胞孪生的达德作丈夫。

获知真相的达德震惊得几乎晕厥过去,他欲哭无泪,冲动之下割脉自杀,幸被及时发现。达德难堪地说:"有什么事情比娶自己兄弟为妻更恶心可怕的呢?"他的"妻子"玛丽则说,"她"永远记住得知真相一霎那惊呆的情景,"当我注视达德的眼神时,我却不知道自己是谁。"

还有一瑞士夫妇,在蜜月期间往访亲戚时,惊愕地发现他们竟是一对孪生兄妹。

他们于 1985 年 7 月相识并一见钟情。双方志趣极为相投,当年 11 月即注册结了婚。1986 年 1 月,汉士带玛嘉烈探访抚养他长大的姨妈,在姨妈家中,汉士发现自己娶的竟是孪生妹妹,真是晴天霹雳。

原来他俩出生后两星期,妈妈就去世了。姨妈无力同时应付两个婴儿,遂决定抚养汉士,而将玛嘉交给人家领养。怎料 20 多年后,两兄妹长相没有一点相像。邂逅相识,双双堕入爱河,结为夫妻。真相大白后,他俩不得不分手;汉士还算能承受住这一打击,而可怜的玛嘉烈则陷入了极度的情绪低谷中,终日郁郁寡欢,无法接受无情的命运如此残酷的安排。

死而复生

在秘鲁有一个落后的小村庄——马度兰度。那里住一个又聋又哑的年轻人尼维杜·柏斯伽,本来残疾的他应该在这个宁静的小乡村过上平静的生活,度过一生,可是上苍好像有意在捉弄他,在他 27 岁那年,也就是 1981 年 11 月,不幸毫无征兆地降临到了他的身上,从此柏斯伽过上了长达两年的人不是人鬼不是鬼的地狱般的生活。

事情是这样的,有一天,柏斯伽因发热而服用了退热药,结果药物不服,发生了不良反应,当场他昏迷不醒,发生了休克,而且意识完全丧失。他家人误以为他已经死了,便将他埋葬了,就这样,可怜的柏斯伽进入了墓地生活,他仅靠食身旁的蚂蚁、蚯蚓、苔藓和草根来维持生命。

当地，地势低洼，河流经常泛滥，人们都认为把墓地放入地下是不吉利的，所以人死后，坟墓是在地面以上建成的，柏斯伽就葬在这样的墓中。虽然，每个星期日都有很多人来扫墓，可是在坟墓里的柏斯伽，又聋又哑，没有办法向外呼救，厚厚的砂石砌成的墓壁掩盖了坟墓内的任何声响，所以一直无人发觉柏斯伽依然生存。

两年过去了，当地发生了洪涝，冲毁了这片墓地，墓地的工人进行维修，当他们把柏斯伽的墓门打开的时候，几个工人都吓得瘫痪在地上，他们看见柏斯伽，呆坐在自己的棺木上，他的脸布满秽物，还长有青苔，胡子、头发和脓疮粘作一团。简直就像小说里的魔鬼。

3 个小时过去了，一位天主教神父才知道了这件离奇可怕的怪事，钻进去把他背了出来，从此，柏斯伽结束了他可怕的地狱般的生活，重见天日，他的家人马上将他送往最近的一家医院进行治疗。伯斯伽脱离了生命危险，但由于长期的不见阳光，再加上营养不良，他一直没有痊愈，在医院仍接受监测治疗。

但至今令人费解的是，柏斯伽是依靠什么力量在暗无天日的坟墓中生存下来的呢？科学家们还没有找到答案。

萨尔姆斯死里逃生

一名盗窃犯在判处死刑后，屡次执行，却总是出现意外，让他死里逃生。这是发生在 1830 年澳大利亚悉尼市的事情，而这位幸运儿叫萨尔姆斯。

事情是这样的，一帮小偷在盗窃一张藏有金币和银币的小桌子时，当场被一名警察发现，罪犯向警察袭击，造成那名警察因伤势过重而死亡。这起盗窃案发生不久，萨尔姆斯就被捕。警察在他的口袋里找到了被盗去的金、银硬币。就立即控告萨尔姆斯犯有谋杀罪。萨尔姆斯矢口否认此事与他有关，并不停地说，口袋里的金、银硬币是从赌桌上赢回来的，同时还提到了几名证人，以此证明案发时他根本不在现场，而是在另外一个地方正喝得酩酊大醉。不过，警察还是对他毫不放过，并使用各种方法向他施加压力，在警方高压逼供下，萨尔姆斯最终不得不承认了盗窃罪，但决不承认谋杀，尽管如此，他还是被判定谋杀罪名成立，判处死刑。

这时，与萨尔姆斯合伙作案的另一个罪犯西蒙兹也被警方抓捕拘留，但是他施出百般花招，坚决不认罪。为了恐吓他，逼使他招供，警察局宪兵司令下令："把西蒙兹带到刑场，让他亲眼看着萨尔姆斯被当众绞死。看他认不认罪！"

执行绞刑那天，一辆马车把绝望的萨尔姆斯拉到刑场，警察把绞索套在他的脖子上。只要一声令下，马就会被赶得往前跑，让犯人吊在那里，直到断气。

刑场上早就密密麻麻地聚集了好多人，萨尔姆斯获准在执行前向人们说几句话。他连喊："我是冤枉的，我承认我参加了打劫，但确实没有谋杀。请相信我。我可以发誓。"

他还说,"真正的凶手就是站在我面前的被警察看押着的西蒙兹。就是西蒙兹把那个警察给杀死的,西蒙兹才是真正的凶手。我是冤枉的。"西蒙兹听到这句话后立刻大声呼叫,企图把萨尔姆斯指证的声音掩盖过去。但是人们已经很清楚地听到了他的声音,这时人群大乱,他们不断地往前拥挤,高喊着要求释放萨尔姆斯,审判西蒙兹。一名正在维持秩序的警察慌乱中一不小心把马屁股戳了一下,马群受惊逃窜,萨尔姆斯一下被吊在半空。但一瞬间,奇迹发生了,绳子断了,人们被眼前的情景惊呆了。

警察立刻把犯人重新围住,又赶快去准备第二条绳子。这时群情汹涌,宪兵司令命令赶快把萨尔姆斯再套上绞索,一声吼叫,马车被赶走,萨尔姆斯又被吊在半空。令人吃惊的是,绳子各股开始松开,恰恰把萨尔姆斯安全放在地上站着,连惊魂未定的萨尔姆斯都觉得如坠云雾。

这时人们的情绪再也无法控制了,他们确信自己看到了奇迹的发生,同声高呼"放了他、放了他"。但是第三条绳索又套在萨尔姆斯的脖子上。这次,绳子就在他头上的地方断了。宪兵司令这一次真是觉得不知所措,他翻身上马直奔总督府,向总督报告这件怪事,总督立即下令暂缓执行死刑。

事情过后,宪兵司令仍然对这事有怀疑,他仔细地一遍又一遍检查曾经套在萨尔姆斯头上的三根绳子,但是没有任何破绽。尤其是第三条绳子更是崭新的,他又用四百磅的重量测试了几次,都没有任何怀疑,即使三股中两股割断了,也依然可以承受四百磅的重量,但体重轻得多的萨尔姆斯怎么能一吊上绳子就断呢?

西蒙兹终于受到审判,审判的结果是因谋杀罪被判绞刑。

萨尔姆斯离奇地死里逃生。连他自己也无法解释当时为什么会发生那样的情况。难道仅仅是巧合吗?还是上帝知道他是冤枉的,伸出了无形的援助之手?这就不得而知了。

子弹射进枪膛

一个幸运的人在被敌人发现,并且向他开枪射击时,对方的子弹竟然射进了他的枪膛。这是发生在第一次世界大战时的一件奇事,而这位幸运者是英军二等兵史密斯。

有一次,史密斯出去巡逻,不小心与战友们走散了。这时候天又黑了,史密斯对这一带不熟悉。他东转西转,却怎么也找不到自己要回去的地方了。他迷路了。

快黄昏的时候,他走到了一个自己从来没有来过的村庄。在一个非常偏僻的地方,他看到前面大约50米外的地方有一个德国兵,机灵的他立刻想把自己隐藏好。可是,这个偏僻的地方除了野草外,没有可以隐藏的地方。于是,史密斯决定把这个德国兵处理掉。他迅速把枪上好子弹,瞄准,准备消灭他。

可是,万万让史密斯想不到的是,那个德国兵其实已经发现了他。德国兵领先一步,首先向史密斯开了枪。德国兵的枪法非常的准,他以为史密斯一定死定了。可是,令德国兵没有想到的是,枪响了,史密斯却并没有被打死。

原来,德国士兵的子弹正射进了史密斯的步枪枪膛。这个意外的巧合就这样救了史密斯的命。

现在这支步枪还保存在英国美斯顿博物馆内。

鱼腹里的戒指

有一对新婚夫妇在罗兹岛上度蜜月。因为两人是克服了重重困难而结合在一起的,所以两人的感情非常的甜蜜。

这对新婚夫妇格外珍惜这份感情,他们觉得两个人结合在一起这么困难,现在应该好好地享受两人甜美的日子。于是,在岛上度蜜月的日子里,他们两人都非常的快乐。两人似乎抛开了一切,回到了相识时的那种感觉。两人在大海边的沙滩上跑呀,跑的同时,两人都在海边发下了誓言:永远不会背叛对方。

突然,丈夫想跟妻子开个玩笑,于是,就抱起妻子往海水里跑。妻子大叫着要丈夫把她放下来。两人在嬉闹中,不觉已经来到了海里。就在这时,手垂下的妻子不幸将结婚戒指掉入了大海。当妻子告诉丈夫发生了什么事时,两人找了一会儿,但是,大海捞针是不可能的,他们没有找到结婚戒指。

妻子非常伤心,因为结婚戒指上有两人的名字。而且,把结婚戒弄丢了毕竟不是一件好事。丈夫安慰妻子说:"亲爱的,别伤心了。我们再重新去订一个一模一样的。"妻子勉强地擦掉了眼泪。

25年以后,这对夫妇旧地重游。这时候,他们已经有两个孩子了。而且,孩子已经都长大了。正因为如此,他们才有时间来旅游。这对夫妇回忆起25年前的一点一滴时,都感觉非常的甜蜜。不过,他们在说起曾经遗失的戒指时,都感觉有些可惜。

他们快快乐乐地玩了一会儿后,都感觉有些饿了。于是,他们找了一家看起来非常干净的饭店吃饭。从这个饭店的窗口,可以把外面的美景一览无余。他们都觉得心旷神怡。

令他们感到非常意外的是,他们在吃鱼时,竟在鱼腹里发现一只戒指——正是他俩结婚时的戒指,连两人的名字也依然清晰。两人欣喜若狂,都觉得这简直是前所未有的奇迹。饭店里吃饭的客人知道这件事情后,都为他们感到高兴。

这样神奇的巧合,谁能够解释其中的谜呢?

20多年的密友是亲兄弟

20多年前相遇并成为密友的巴尔班和克拉尔竟然是亲兄弟。这件事情不要说我们难以置信,恐怕连当事人都在短时间难以反应过来。

克拉尔是巴尔班婚礼男傧相,他曾在一张照片上写下这样一句话:"你是我真正的兄弟。"当有关人员在查询收养记录时发现 49 岁的巴尔班和 52 岁的克拉尔真是亲兄弟。这太巧合了。

在船运业工作的巴尔班说："克拉尔和我一直感觉到有一种特殊的关系。可是,我们一直不知道是一种什么样的关系。我们更没有想到,我们竟然会是亲兄弟。"他说,他们是在一间酒吧相遇,而且立即成了好朋友。

据某媒体报道,3 年前,一名男子因健康原因与州政府官员联络,要求查询他的收养记录。这名男子还发现,他是被父母抛弃的 9 个孩子之一。儿童与家庭部的社会工作者西特利找到有关的档案记录,决定与其他 8 个孩子联络。她首先联络的是克拉尔。克拉尔得知他是被领养的消息后非常吃惊,因为收养他的父母一直没有告诉他真相。于是克拉尔对西特利说："我最好的朋友也是被人领养的,我想请你帮忙查询一下他的情况。"

然后,西特利问："你的朋友叫什么?"当克拉尔告诉她时,她沉默片刻后告诉克拉尔,他 25 年的好朋友是他的亲兄弟。这个消息让克拉尔非常地意外。

更让克拉尔意外的是,他还发现,他的一个工作伙伴是他的另一个兄弟。而他曾约会过的一个女孩子是他的妹妹。而且,他们之间的感情还一度很深。

美国全国广播公司也播出了这个巧合的家庭故事。

结婚 53 次最终还是发妻

马来西亚一位老人一生共结婚 53 次。然而,历经数十年情感风波,他的第 53 任妻子竟然是当年的发妻。这位老人名叫卡马鲁汀·穆罕默德。对自己一辈子的沧桑婚姻历程,穆罕默德说："我并不是一位寻欢作乐的花花公子,只是喜欢美丽的女子。我一生结这么多的婚,并不是说我在玩弄感情。感情这东西是靠缘份的。"穆罕默德目前的妻子现年 74 岁,正是当年的结发妻子。

据了解,自从穆罕默德几十年前第一次离婚后,他的优越条件和英俊相貌便屡屡博得女子的欢心。在他的妻子中还包括一位英国女子和一位泰国女子。他与那位泰国妻子生活的时间最长,共持续了 20 年,而他最短的一段婚姻只持续了两天。

穆罕默德至今仍念念不忘那位泰国妻子。他说,所有的妻子都是因离婚才分开的,只有这位泰国妻子与自己生活很融洽,只可惜她患有癌症很早就死去了。在 1992 年退休之前,穆罕默德一直经营着多家跨国公司,他的家产和经常出国的机会创造了寻找漂亮未婚妻的几率。尽管经历了 50 多次婚姻,穆罕默德始终坚持一夫一妻制。他说这是他的原则。

他说,我不喜欢别人讥笑我一生结婚 50 多次,同时也不相信人的一生之中只有一个女子做伴。感情有就有,没有就没有,何必强求呢? 如果两个人没有感情了还硬是要在一起,对两个人来说都是一种痛苦。目前,与第一任妻子可罕迪贾再次结合是我最大的幸福。当时,我与她的婚姻只维持了一年的时间,现在回想起来真有点儿后悔。

可罕迪贾说她将接受穆罕默德的求婚。据了解,她的第三任丈夫也死去了,目前也是独居。可罕迪贾说,穆罕默德承诺将给予我最大的幸福,并表示再不离婚。

读"奇书"顷刻成富翁

这是一件发生于上个世纪的事情。

一天,大学生约翰·勃罗·拉科斯特迈着沉重的步伐,走进了市立图书馆。

约翰自小就失去了父亲,是由母亲一手把他养大的。母子相依为命,生活十分困苦。但约翰从小就显示出读书才华,他能过目不忘,后又考进了大学。可惜由于经济条件差,不得不退学,到市立图书馆来找约班尼·美尔卡神父,求他在图书馆替他安排一个工作,以维持母子的生活。

"对不起,神父刚出去,我想他大概很快就会回来,请你坐下等一会吧!"图书馆的职员很客气地对约翰说。

约翰走进了接待室,在椅子上坐了下来。

接待室的四周都是书架,书架上摆满了各种各样的书籍。

约翰等了一会儿,觉得很无聊,为了消磨时间,便随意浏览书架上的图书。这时候,一本包着书皮、装帧别致的书把他的目光吸引住了。

书的上面落满了灰尘,看样子是很久没人读过了。书脊上写着《动物学》,作者是叶密鲁·德非布里。

约翰从中学时代起就非常喜欢研究动物学,他立刻将此书从架上抽出来,从第一页读起……他越读越起劲,以至于差点把找神父的事也忘了。

不知过了多长时间,他终于读完了。

他发现最后一页的空白处有红墨水写的几行字,不过,从墨水的颜色看,写的时间已经很久了。

书页上这样写着:"有一件意想不到的幸福在等待着这本书的读者。你如果对我这本书感兴趣,便立刻到罗马市帕拉兹·秋斯特街去,在公证处领取 E·P·十四第七十五号的密封文书。"

好奇心使约翰等不及神父的归来便跑到公证处去,办理了阅读密封文书的手续。

过了不大一会儿,公证处的职员拿来了一个信封交给他,他迫不及待地打开一看,里面只有一张纸条,上面写着:

你是第一个把我的书从头读到尾的人,所以我决定把我自己的全部财产赠给你,这封信就是我的遗嘱。我虽然写了这本动物学,可是世界上谁也不肯读它。我的亲属也好,我的朋友也好,他们只是在表面上颂扬我的研究和著作,实际上谁也不肯认真地读我著的这本书。我心中既懊悔又烦恼,于是我只留下这一册,其余的全部烧毁了。剩下的这一册,我也送给了市立图书馆。世界上只有你一个人把我的书读完,我非常感谢你,祝

叶密鲁·德非布里

约翰在看完这份遗嘱之后，喜出望外，高兴得像风一般地跑到驻罗马的法国领事馆，把事情向领事馆人员详细地说了一遍，又把《遗嘱》交给领事馆人员。

可是，领事馆的工作人员怎么也不相信约翰说的话，特意打电话到公证处询问，直到公证处的答复与约翰所说的一样后，才大吃一惊地对约翰说：

"啊！真出乎我们意料之外，事情真如你所说的那样。德非布里的遗产一共是四百万里拉（意大利币），但只凭这份遗嘱还不能把这份财产交给你。如果留下遗嘱者的父母、子女或兄弟姐妹不来办理移交手续，这笔财产是谁也不能给的。不过，法律仍然是尊重遗嘱的，你得到款项的机会仍然很大。"

这时，约翰像是突然被唤醒了记忆，他喃喃说道：

"德非布里……德非布里……对！这是我母亲家的姓啊！我怎么忘记了呢？我一定高兴得昏了头了，叶密鲁不就是我外祖父的名字吗！"

法院在领事馆的协助下作了详细的调查，结果证实了约翰所说的完全是事实，著《动物学》一书的作者叶密鲁·德非布里的女儿就是约翰的母亲。于是，约翰和他母亲终于在1926年继承了四百万里拉的巨额遗产。

这一意外的收获是多么离奇幸运啊！

从此，约翰再也不必担心贫困，他可以无忧无虑地继续他的学业了。

约翰的奇遇传开后，众人对此莫不羡慕之极，更有傻瓜到图书馆去乱翻积落厚尘的图书。

特别提示：

本书在编写过程中，借鉴和参考了大量文献和作品，谨向诸位专家、学者致以崇高的敬意。但由于部分作者的地址或姓名不详等原因，截止发稿之前，仍有部分作者没有联系上，但出版时间在即，只好贸然使用，不到之处，敬祈谅解，在此也敬启作者，见书后，将您的信息反馈与我，我们将按国家规定，第一时间对相关事宜作出妥善处理。

联系电话：010－80776121　　　　联系人：马老师